헌법연구(1)

정 연 주 저

법 영 사

개정판 서 문

이 책은 2014년 출간한 '헌법연구'를 수정 · 보완하여 두 권으로 정리한 책 중 제1권이다. 이는 기존의 '헌법연구'가 지나치게 많은 분량을 단행본으로 출간한 것에 대한 독자 및 학생들의 지적을 염두에 두면서 그동안 축적된 새로운 관련 판례와 제정 · 개정된 관련 법령들을 반영하고, 기존의 '헌법연구'의 체계와 내용을 수정 · 보완한 것이다. 기존의 '헌법연구'에서처럼 이 책에 실린 글은 대부분 우리 헌법재판소의 결정을 대상으로 한 것이지만, 우리 대법원과 독일 연방헌법재판소 및 미국 대법원의 판례도 대상으로 삼았다. 글의 순서는 관련 판례의 선고일자를 기준으로 했다. 독일 연방헌법재판소와 미국 대법원의 판례에 대한 평석은 뒷부분으로 배열했다. 아무쪼록 이 책이 전문가 및 학생들의 효율적이고 체계적인 헌법연구와 수험준비 등에 도움이 되길 바란다. 한편 다시 한번 이 자리를 빌어 수익성이 없을 이 책의 출판을 기꺼이 맡아준 법영사 고호균 대표님과 관계자들께 감사의 말씀을 드린다.

2019년 2월

정 연 주

서 문

이 책은 헌법판례를 중심으로 헌법이론을 전개하는 헌법논설집이다. 즉 중요한 헌법적 쟁점을 지닌 헌법재판소의 판례들을 소개하고 이에 대한 헌법적 의의를 설명하며, 동시에 그에 대한 학문적 비판과 대안 제시를 통해 평석함으로써 헌법이론을 체계적으로 정리한 일종의 헌법연구집이다. 주지하는 바와 같이 헌법분야에 있어서 추상적인 헌법규정과 이론을 체계화시키고, 실제로 현실문제에 적용시키며, 살아있는 헌법으로서의 규범력을 확인하는 실습장이 바로 헌법판례라고 할 수 있다. 따라서 헌법강의와 연구 및 실무에 있어서 헌법판례에 대한 이해는 필수적이며, 각종 국가시험에서 헌법판례에 관련된 문제가 상당수 제출되는 것도 그 때문이다. 이에 따라 오늘날 헌법판례에 대한 이해와 지식 없이 법을 공부하고 각종 국가시험에 응시한다거나 법조실무에 종사하는 것은 불가능하게 되었다.

그동안 우리 헌법재판소는 수많은 판례를 남겨 헌법이론의 발전과 헌법의 규범력 강화 및 기본권보장에 많은 기여를 해왔고, 아울러 대법원 등 일반법원의 판례에도 심대한 영향을 미쳐, 명실상부 헌법의 수호자로서의 역할을 충실히 이행해왔다고 평가할 수 있다. 이는 실로 과거에는 상상하기 어려웠던 커다란 업적이라고 할 수 있다. 다시 말해 법학과 법조실무에서 그동안 별 기능을 못했던, 심하게 말하면 장식적 기능만을 행사했다고도 볼 수 있는 헌법을 명실상부 최상위의, 그리고 가장 핵심적이고 근본적인 규범으로 자리매김 시켰다고 평가할 수 있을 것이다. 따라서 이러한 역할을 하는 가장 핵심적이고 직접적인 도구인 헌법판례를 살펴보는 것이야말로 헌법을 이해하고, 법전반의 체계화를 구축하며, 법치주의를 구현하기 위한 가장 기본적인 출발점이라고 할 수 있다.

그러나 다른 한편 헌법재판소의 판례들 중에는 상당한 문제점을 지니고 있는 경우가 적지 않다. 따라서 이렇게 중요한, 그러나 문제점도 함께 내포하고 있는 헌법판례를 분석하고, 비판하며, 대안을 제시하는 과정을 통해 헌법의 쟁점과 이론을 체계적으로 정리하는 것은 헌법과 헌법판례의 발전, 헌법재판소의 권위와 위상제고, 기본권보장과 권력통제 및 헌법수호라고 하는 헌법재판제도의 기능 확립을 위해 매우 긴절히 요구된다고 하겠다. 그리고 이는 학자나 법조인 등의 법률전문가 뿐 아니라, 전문가나 학자의 길을 걷고자 계획하는 법학전문대학원생과 일반대학원생 및 각종 국가고시를 준비하는 일반학생들에게도 상당한 도움을 줄 수 있는 나름대로 필요한 작업이라고 생각한다.

이러한 목적하에 집필한 것이 바로 이 책이다. 이 책에 실린 글은 대부분 우리 헌법재판소의 결정을 대상으로 한 것이지만, 예외적으로 우리 대법원과 독일 연방헌법재판소 및 미국 대법원의 판례도 사안의 중요성과 우리 제도에의 적용가능성 및 헌법적 의의를 고려하여 대상으로 삼았다. 그리고 상당부분 이미 발표한 글을 실었지만, 아직 발표되지 않은 글도 실었으며, 제목을 바꾸거나 과거의 글을 현재의 시점에 맞게 고치고, 새로운 판례와 개정된 법령을 보완·수정한 부분도 적지 않다. 글의 순서는 관련 판례의 선고일자를 기준으로 하되, 최근에 선고된 판례부터 시작했다. 독일 연방헌법재판소와 미국 대법원의 판례에 대한 평석은 뒷부분으로 배열했다. 아무쪼록 이 책이 전문가 및 학생들의 효율적이고 체계적인 헌법연구와 수험준비 등에 도움이 되길 바란다.

끝으로 이 자리를 빌어 수익성이 없을 이 책의 출판을 기꺼이 맡아준 법영사 고준영 대표님과 관계자들께 감사의 말씀을 드린다.

2014년 2월
정 연 주

차 례

1. 토지거래허가제에 대한 헌법적 검토

– 헌재 1989. 12. 22. 88헌가13 국토이용관리법 제21조의3 제1항, 제31조의2의 위헌심판[1] –

[目 次]

Ⅰ. 머리말

이 글은 오래전부터 문제가 되어온, 그러나 이제는 이미 해결된 것처럼 보이는 토지거래허가제를 헌법적 시각에서 재조명해 본 것이다. 주지하는 바와 같이 토지

1) 헌재 1989. 12. 22. 88헌가13, 판례집 1, 357.

거래허가제는 토지재산권에 대한 사회적 기속과 국가적 규제의 전형적인 예로서 1980년대부터 유행어처럼 되어온, 그리고 최근에 다시 등장한 이른바 '토지의 공개념'의 일환으로 법제화된 것이다. 그런데 이 제도는 다른 여타의 토지규제 제도에 비하여 토지재산권에 대한 제한 내지 침해의 정도가 심하여 사유재산제도와 재산권보장의 측면에서 위헌의 논란이 있었던 것인데, 1989. 12. 22. 헌법재판소에 의한 합헌결정이 있은 이후 오랫동안 시행되어 왔다.

그러나 당시의 헌법재판소의 합헌결정에 대하여는 상당수의 위헌의견이 있었으며, 학자들 간에도 이 제도에 대한 의견이 갈리고 있어, 토지거래허가제에 대한 헌법적 평가를 명확히 내린다는 것이 쉬운 일은 아니다. 헌재의 합헌결정이 있었다고 하여 이 제도가 헌법상 정당화되어지는 것도 아니고 언젠가는 이 제도에 대한 헌법적 평가가 달라질 수 있는 가능성은 항상 존재하고 있는 것이며, 이 제도가 갖는 헌법상의 문제점이 존재하는 것도 사실인 만큼 토지거래허가제에 대한 헌법적 고찰은 일응 나름대로의 의미가 있다고 할 것이다. 따라서 여기서는 토지거래허가제와 관련한 헌재결정의 내용 및 학설을 간단히 소개한 후, 이 제도와 관련된 헌법적 문제점을 분석·정리해 보고자 그 대안을 제시하고자 한다.

Ⅱ. 토지거래허가제의 내용과 문제점

1. 내 용

구 국토이용관리법상의 토지거래허가제는 토지의 투기적인 거래나 급격한 지가상승을 억제하기 위하여 일정한 절차에 따라 지정된 규제구역내의 토지 등의 거래에 허가권자의 허가를 받도록 하는 제도를 말한다. 즉 건설부장관이 일정한 절차에 따라 지정·공고한 규제구역내에 있는 토지에 관한 소유권 또는 지상권 기타 사용·수익을 목적으로 하는 권리(이러한 권리의 취득을 목적으로 하는 권리를 포함한다)의 이전 또는 설정을 체결하고자 하는 자는 일정한 절차에 따라 관할 도지사의 허가를 받아야 한다(국토이용관리법 제21조의3 제1항). 동법 제21조의3 제1항의 규정에 의한 허가신청을 받은 도지사는 동법 제21조4 제1항 각호의 1에 해당하는 경우에는 허가를 해서는 안되며, 거래허가를 받지 아니한 토지 등의 거래에 대해서는 그 거래자체를 무효로 하고(동법 제21조의3 제7항), 무허가토지거래와 위법하게 토지허가를 받은 자는 2년 이하의 징역 또는 500만원 이하의 벌금에 처하도록 규정하고 있다(동법 제31조의2).

다만 규제구역내의 토지라 할지라도 일정한 용도면적 이하의 토지의 경우에는 당사자가 거래계약을 체결한 후에 관할 시장 · 군수 또는 구청장에게 신고만 하도록 하는 예외가 인정되어 있고(동법 제21조의3 제2항), 국가 또는 공공단체 등이 쌍방 또는 일방당사자가 되어서 행하는 토지거래와 경매법에 의한 토지거래에 대해서는 토지거래허가제의 적용을 받지 않도록 규정하고 있다(동법 제21조의9).

이러한 토지거래허가제에 의하여 발생되는 권리침해에 대하여 국토이용관리법은 두 가지 권리구제방법을 마련해 놓고 있는데, 토지거래를 금지하는 행정관청의 불허가처분에 대한 이의신청제도(동법 제21조의5)와 토지거래를 금지당한 토지 등의 소유자가 도지사를 상대로 하는 토지매수청구권이 그것이다.[2)]

2) 국토이용관리법은 2002년 「국토의 계획 및 이용에 관한 법률(법률 제6655호, 2002. 2. 4., 제정)」로 바뀌었는데, 당시 이 법 제10장 '토지거래의 허가 등'에서 토지거래허가구역의 지정, 토지거래허가, 불허가처분을 받은 토지에 관한 매수 청구, 벌칙 등에 관하여 다음과 같이 규정했다.

제117조(허가구역의 지정) ① 국토교통부장관 또는 시 · 도지사는 국토의 이용 및 관리에 관한 계획의 원활한 수립과 집행, 합리적인 토지 이용 등을 위하여 토지의 투기적인 거래가 성행하거나 지가가 급격히 상승하는 지역과 그러한 우려가 있는 지역으로서 대통령령으로 정하는 지역에 대해서는 다음 각 호의 구분에 따라 5년 이내의 기간을 정하여 제118조 제1항에 따른 토지거래계약에 관한 허가구역으로 지정할 수 있다.

1. 허가구역이 둘 이상의 시 · 군(광역시의 관할 구역에 있는 군을 포함한다) 또는 구의 관할 구역에 걸쳐 있는 경우: 국토교통부장관이 지정
2. 허가구역이 동일한 시 · 군 또는 구 안의 일부지역인 경우: 시 · 도지사가 지정

② 국토교통부장관 또는 시 · 도지사는 제1항에 따라 허가구역으로 지정하려면 중앙도시계획위원회 또는 시 · 도도시계획위원회의 심의를 거쳐야 한다. 다만, 지정기간이 끝나는 허가구역을 계속하여 다시 허가구역으로 지정하려면 중앙도시계획위원회 또는 시 · 도도시계획위원회의 심의 전에 미리 시 · 도지사(국토교통부장관이 허가구역을 지정하는 경우만 해당한다) 및 시장 · 군수 또는 구청장의 의견을 들어야 한다.

③~⑦ 생략.

제118조(토지거래계약에 관한 허가) ① 허가구역에 있는 토지에 관한 소유권 · 지상권(소유권 · 지상권의 취득을 목적으로 하는 권리를 포함한다)을 이전하거나 설정(대가를 받고 이전하거나 설정하는 경우만 해당한다)하는 계약(예약을 포함한다. 이하 '토지거래계약'이라 한다)을 체결하려는 당사자는 공동으로 대통령령으로 정하는 바에 따라 시장 · 군수 또는 구청장의 허가를 받아야 한다. 허가받은 사항을 변경하려는 경우에도 또한 같다.

② 경제 및 지가의 동향과 거래단위면적 등을 종합적으로 고려하여 대통령령으로 정하는 용도별 면적 이하의 토지에 대한 토지거래계약에 관하여는 제1항에 따른 허가가 필요하지 아니하다.

③ 제1항에 따른 허가를 받으려는 자는 그 허가신청서에 계약내용과 그 토지의 이용계획, 취득자금 조달계획 등을 적어 시장 · 군수 또는 구청장에게 제출하여야 한다. 이 경우 토지이용계획, 취득자금 조달계획 등에 포함되어야 할 사항은 국토교통부령으로 정한다. 다만, 시장 · 군수 또는 구청장에게 제출한 취득자금 조달계획이 변경된 경우에는 취득토지에 대한 등기일까지 시장 · 군수 또는 구청장에게 그 변경 사항을 제출할 수 있다.

④ 시장 · 군수 또는 구청장은 제3항에 따른 허가신청서를 받으면 「민원사무처리에 관한 법률」에 따른 처리기간에 허가 또는 불허가의 처분을 하고, 그 신청인에게 허가증을 발급하거나 불허가처분 사유를 서면으로 알려야 한다. 다만, 제122조에 따라 선매협의 절차가 진행 중인 경우에는 위의 기간 내에 그 사실을 신청인에게 알려야 한다.

⑤ 제4항에 따른 기간에 허가증의 발급 또는 불허가처분 사유의 통지가 없거나 선매협의 사실

2. 문제점

주지하는 바와 같이 토지거래허가제는 토지가 투기의 대상이 되는 것을 방지하고 유한한 자원인 토지가 합리적으로 이용되어 적정하게 거래되도록 함으로써 국토의 균형 있는 발전을 도모함과 동시에 공공복리의 증진에 이바지한다는 국토이용의 기본이념에 그 바탕을 두고 있다. 특히 그동안 우리나라의 토지거래의 실상, 즉 실수요중심의 건전한 토지거래보다는 투기목적의 거래가 성행해 왔고, 그로 인해 일부지역 지가의 급격한 상승을 초래하여 심각한 경제발전의 장애요인으로 작용하였을 뿐 아니라 토지의 균등소유라는 사회정의실현의 측면에서 많은 문제점을 노정하고 있었던 현실에 비추어 볼 때 국토의 효율적이고 균형있는 이용·개발과 보전을 위해서 종합적인 국토이용계획의 수립과 이에 따른 일정한 토지거래에 대한 규제는 필요하고, 또한 헌법상 정당화되어 질 수 있을 것이다.

그러나 이러한 국가적 규제는 어디까지나 헌법질서의 테두리내에서 이루어져야 하고, 따라서 헌법상의 재산권보장과 사유재산제도 및 자유경제질서와 조화되는 범위내에서만 정당화되어질 수 있는 것이다. 이와 관련하여 토지거래허가제가 재산권의 처분권을 침해하는 것이라는 점에서 사유재산제도의 본질적 내용을 침해하고, 아울러 헌법상의 자유경제절서에 위배된다는 점에서 제도의 도입단계에서부터 이미 위헌시비가 있었다.

의 통지가 없는 경우에는 그 기간이 끝난 날의 다음날에 제1항에 따른 허가가 있는 것으로 본다. 이 경우 시장·군수 또는 구청장은 지체 없이 신청인에게 허가증을 발급하여야 한다.

⑥ 제1항에 따른 허가를 받지 아니하고 체결한 토지거래계약은 그 효력이 발생하지 아니한다.

⑦ 제2항에 따른 토지의 면적 산정방법에 관하여 필요한 사항은 대통령령으로 정한다.

제123조(불허가처분을 받은 토지에 관한 매수 청구) ① 제118조제1항에 따른 허가신청에 대하여 불허가처분을 받은 자는 그 통지를 받은 날부터 1개월 이내에 시장·군수 또는 구청장에게 해당 토지에 관한 권리의 매수를 청구할 수 있다.

② 제1항에 따른 매수 청구를 받은 시장·군수 또는 구청장은 국가, 지방자치단체, 한국토지주택공사, 그 밖에 대통령령으로 정하는 공공기관 또는 공공단체 중에서 매수할 자를 지정하여, 매수할 자로 하여금 예산의 범위에서 공시지가를 기준으로 하여 해당 토지를 매수하게 하여야 한다. 다만, 토지거래계약 허가신청서에 적힌 가격이 공시지가보다 낮은 경우에는 허가신청서에 적힌 가격으로 매수할 수 있다.

제141조(벌칙) 다음 각 호의 어느 하나에 해당하는 자는 2년 이하의 징역 또는 2천만원(제5호에 해당하는 자는 계약 체결 당시의 개별공시지가에 의한 해당 토지가격의 100분의 30에 해당하는 금액) 이하의 벌금에 처한다.

1.~4. 생략.

5. 제118조제1항에 따른 허가 또는 변경허가를 받지 아니하고 토지거래계약을 체결하거나, 속임수나 그 밖의 부정한 방법으로 토지거래계약 허가를 받은 자

그 후 2016년 '토지거래의 허가 등'에 관한 이 법 제10장이 삭제되었다.

Ⅲ. 헌재결정의 내용

1. 사건의 개요와 심판의 대상

(1) 사건의 개요

이 사건은 서울지방법원 남부지원 88고단5205 국토이용관리법 위반사건의 피고인이 위 재판의 전제가 된 국토이용관리법 제21조의3 제1항, 제31조의2의 위헌여부심판을 제청신청함에 따라 위 지원이 토지거래허가제가 재산권의 본질적 내용을 침해한다는 등의 이유로 헌법재판소에 위 법률의 조항들에 대한 위헌 여부의 심판을 제청한 것이다. 위 피고인은 도지사의 허가없이 규제구역으로 고시된 지역의 토지를 미등기 전매하여 전매차익을 취득한 혐의 등으로 구속 기소되어 위 지원에서 심리, 같은 해 징역 1년의 구형을 받은 자이다.

(2) 심판의 대상

심판의 대상이 되는 법률은 첫째, 국토이용관리법 제21조의3 제1항의 "규제구역 내에 있는 토지에 관한 소유권 또는 지상권 기타 사용·수익을 목적으로 하는 권리(이러한 권리의 취득을 목적으로 하는 권리를 포함한다)로서 대통령령이 정하는 권리를 이전 또는 설정(대가를 받고 이전 또는 설정하는 경우에 한한다)하는 계약(예약을 포함한다)을 체결하고자 하는 당사자는 공동으로 대통령령이 정하는 바에 의하여 관할도지사의 허가를 받아야 한다. 허가받은 사항을 변경(계약예정금액을 감액하는 경우를 제외한다)하고자 할 때에도 또한 같다."라는 토지 등의 거래계약에 대한 허가규정과, 둘째, 위 법률 제31조의2의 "제21조의3 제1항의 규정에 위반하여 허가없이 토지 등의 거래계약을 체결하거나 사위 기타 부정한 방법으로 토지 등의 거래계약 허가를 받은 자는 2년 이하의 징역 또는 500만원 이하의 벌금에 처한다."라는 벌칙규정이 각 헌법에 위반되는지의 여부에 관한 것이다.

2. 위헌여부심판제청의 이유와 관계인의 의견

(1) 제청법원의 위헌여부심판제청의 이유

헌법 제23조는 사유재산권을 보장하고 있고, 헌법 제37조 제2항에 의하면 이러한 재산권은 법률로써 제한할 수 있으나, 그 경우에도 재산권의 본질적인 내용이 침해될 수 없는데, 국토이용관리법 제21조의3 제1항, 제31조의2는 재산권의 주된 내용인 처분의 자유를 제한(허가)내지 금지(불허가)하는 것이므로 헌법 제23조, 제37조 제2항에 위반되는 규정이라고 해석될 여지가 있으므로 위헌여부의 심판을 제청한다.

(2) 제청신청인 대리인의 의견

오늘날 소유권관념의 변천에 따라 소유권의 사회성을 인정하여야 하지만 소유권의 사회성을 강조한다고 하여 자본주의, 자유민주주의의 근본이념을 훼손하여서는 안된다.

법률에 의한 기본권의 제한은 헌법 제37조 제2항에 나타나 있는 최소제한의 원칙과 본질적 내용 침해금지의 원칙에 따라야 한다. 그런데 토지거래허가제는 토지의 처분과 취득을 금지하는 것이므로 이는 계약자유의 원칙을 완전히 부정하고 재산권의 본질적 내용을 침해하는 것인 동시에 토지거래규제에 있어서 가장 극단적인 방법에 해당되어 최소제한의 원칙도 부정하고 있는 것이다.

(3) 법무부장관의 의견(서울지방검찰청 남부지청검사의 의견 포함)

1) 헌법 제23조 제1항 후문 및 제122조에 의하면 사유재산권 특히 토지소유권의 내용과 한계는 법률로 정하도록 되어 있다. 그런데 국토이용관리법 소정의 토지거래허가제는 투기적인 거래라고 인정되는 경우 일정한 기간 동안만 토지의 처분권을 제한하는 것이므로 헌법상의 재산권 법정주의에 형식적으로나 실질적으로 합치되는 것이어서 위헌이라고 볼 수 없고, 오히려 토지의 정상적인 거래를 유도함으로써 헌법 제23조 제2항의 이념을 실현시키는 것이다.

2) 재산권의 본질적인 내용의 침해라 함은 그 침해로 재산권이 그의 본래 목적을 달성할 수 없을 정도로 유명무실하게 되는 것을 말하는데, 토지거래허가제는

토지의 처분을 전면적으로 금지하는 것이 아니라 특정지역에 한해서 일정한 기간을 정하여 정상거래가 아닌 투기적 거래 등일 경우에만 제한하는 것이고, 또한 구제절차로서 토지소유자에게 불허가처분에 대한 이의신청권과 토지매수청구권을 부여하고 있으므로 사유재산권의 본질적인 내용을 침해하는 것이라 할 수 없다.

3) 토지거래허가제는 선진 외국의 여러나라에서도 이미 시행하고 있으며 특히 우리나라는 국토면적이 협소한데다 이용가능한 면적이 세계에서 유래가 없을 정도로 협소하여 그 한정된 국토의 효율적인 이용에 대한 노력이 더 많이 요구되고 있는 만큼 토지재산권에 대한 제한과 의무가 더 많이 따르게 된다. 따라서 토지거래허가제에 따른 제한은 국민 모두가 수인하여야 할 토지재산권에 내재된 부담으로서 토지재산권의 본질적인 내용을 침해하는 것으로 볼 수 없다.

(4) 건설부장관의 의견

건설부장관은 위 법무부장관과 같은 의견을 제출한 외에도 다음과 같은 의견을 제출하였다.

1) 1989.4.25. 현재까지 토지거래허가제 실시를 위한 규제구역은 1985.8월초 28평방킬로미터를 지정한 이래 1988.2.19. 653평방킬로미터, 1988.9.7. 8,638평방킬로미터(전 국토의 9.4%)를 지정한 바 있고, 그 지정기간은 각각 3년이었다. 1988년 한해동안 2회에 걸쳐 규제구역을 지정하게 된 것은 1987년부터 전국의 지가가 전년대비 23%이상 급격히 상승하였고 1988년에는 전년대비 46%이상 극심하게 상승하였기 때문이다. 우리나라의 국토는 9만9천2백평방킬로미터인데 인구는 4천 2백만이나 되며 2000년대에는 5천만명을 넘을 전망이다. 전 국토중 산림이 66%, 농경지 23%, 여타 11%인데 그 중에서도 도로, 철도, 하천 등 공공시설과 산업용지를 제외하면 국민의 주거에 이용될 수 있는 토지는 4%에 불과한 것이다. 그런데 전국적으로 상위 소득계층 5%가 전체사유지의 65.2%를, 상위 10%가 전체 사유지의 76.9%를, 상위 20%가 전체사유지의 90.8%를 소유하고 있는 실정이다.

2) 투기적 거래 및 지가의 급격한 상승을 억제하는데는 토지거래신고제로서는 그 한계가 명백히 드러났고 조세적 방법도 실제 과표의 현실화율이 지나치게 낮고, 단기 전매시에 그 실효성이 적을 뿐 아니라 그 기능이 사후적 조치에 불과하여 사전방지의 효과를 기대할 수 없었기 때문에 토지거래허가제를 실시하였다.

또한 실제로 규제구역을 지정함에 있어서는 투기우심지역을 엄선하고 구역범위를 최소화하여 시범적으로 실시함으로써 투기의 외연확산을 방지한다는 기본방침하에

투기적거래 및 지가의 급격한 상승지역을 대상으로 집중조사를 실시한 후 토지거래허가제의 실시가 불가피하다고 인정되는 지역을 극히 제한적으로 선정하였다.

3) 토지거래허가제의 실효성을 확보하기 위하여는 위법한 무허가거래 계약행위를 무효화시키는 외에 행정형벌에 의한 제재가 불가피하고, 투기적거래에 따르는 고액의 불로소득 및 부동산범죄의 계속적인 증가추세등을 감안하건대 벌금형 이외에 자유형을 통한 제재는 필요하고도 적정하다.

3. 주 문

(1) 국토이용관리법(1972.12.30. 법률 제2408호, 1978.12.5. 개정 법률 제3139호, 1982.12.31. 개정 법률 제3642호) 제21조의3 제1항은 헌법에 위반되지 아니한다.

(2) 같은 법률(1989.4.1. 개정 법률 제4120호) 제31조의2는 헌법에 위반된다고 선언할 수 없다.

4. 판시사항

(1) 재산권 행사의 사회적 의무성과 토지재산권의 행사
(2) 토지재산권의 본질적인 내용
(3) 국토이용관리법 제21조의 3 제1항의 위헌여부
(4) 같은 법률 제31조의 2의 위헌여부
(5) 위헌결정 정족수 미달인 경우의 주문 표시방식

5. 결정의 요지

(1) 법정의견

1) 사유재산제도의 보장은 타인과 더불어 살아가야 하는 공동체생활과의 조화와 균형을 흐트려뜨리지 않는 범위내에서의 보장이다.

2) 토지재산권의 본질적인 내용이라는 것은 토지재산권의 핵이 되는 실질적 요소 내지 근본요소를 뜻한다.

3) 국토이용관리법 제21조의3 제1항의 토지거래허가제는 사유재산제도의 부정이 아니라 그 제한의 한 형태이고 토지의 투기적 거래의 억제를 위하여 그 처분을 제한함은 부득이한 것이므로 재산권의 본질적인 침해가 아니며, 헌법상의 경제조항

에도 위배되지 아니하고 현재의 상황에서 이러한 제한수단의 선택이 헌법상의 비례의 원칙이나 과잉금지의 원칙에 위배된다고 할 수도 없다.

4) 같은 법률 제31조의2가 벌금형과 선택적으로 징역형을 정함은 부득이한 것으로서 입법재량의 문제이고 과잉금지의 원칙에 반하지 않으며, 그 구성요건은 건전한 법관의 양식이나 조리에 따른 보충적인 해석으로 법문의 의미가 구체화될 수 있으므로 죄형법정주의의 명확성의 원칙에도 위배되지 아니한다.

(2) 재판관 이시윤의 보충의견 및 위헌의견

1) 국토이용관리법 제21조의2 내지 4의 토지거래허가제는 공공복리의 해당성이 있고 또 재산권의 본질적 내용의 침해금지원칙에 저촉되지 아니하여 헌법에 위반되지 아니하고, 같은 법률 제21조의15는 헌법 제23조 제3항의 정당보상원리에 저촉되나 이 사건 재판의 전제성이 없어 주문에 밝힐 필요까지는 없고 보완입법을 촉구한다.

2) 같은 법률 제31조의2는 헌법 제37조 제2항의 과잉금지의 원칙에 위반된다.

(3) 재판관 한병채, 최광률, 김문희의 위헌의견

국토이용관리법 제21조의3 제1항과 같은 법률 제21조의2, 같은 조의 3 제3항, 제7항, 같은 조의 4, 5, 15는 불가분의 관계에 있으므로 함께 심판의 대상이 되어야 하고, 위 제21조의15가 헌법 제23조의 제1항, 제3항에 위반되므로 위 법조 전체가 헌법에 위반되나 즉시실효에 따른 혼란을 피하기 위하여 위 제21조의15를 상당기간내에 개정할 것을 촉구한다. 위헌인 토지거래허가제를 전제로 한 같은 법률 제31조의2는 당연히 헌법에 위반되는 형사법규이므로 즉시 위헌임을 선언하여야 한다.

(4) 재판관 김진우의 위헌의견

국토이용관리법 제31조의2 뿐만 아니라 같은 법률 제21조의3을 위헌으로 선언하여도 국가존립에 위해가 미칠 정도의 법의 공백이나 사회적 혼란이 예상되는 것은 아니므로 입법촉구는 불필요하다.

Ⅳ. 토지거래허가제의 위헌 여부에 관한 학설

1. 합헌설

(1) 유한하고 생산·이전이 되지 않는 등 수요공급의 원칙 또는 시장경제원리에 내맡길 수 없는 토지의 속성과 한국에 있어서의 토지의 소유·이용현황 및 토지공개념 내지 사회국가원칙을 뒷받침하는 헌법상의 제 근거 규정에 비추어 볼 때 토지거래허가제는 합헌이다.[3)]

(2) 헌법의 재산권의 내용과 한계를 법률에 유보한 규정, 생존권적 기본권을 보장한 규정, 사회적 시장경제원칙을 채택한 규정, 국토의 이용·개발과 보전을 위한 제한과 의무를 과할 수 있게 한 규정, 그리고 토지소유권이 갖는 특수성에 비추어 볼 때 거래의 제한인 토지거래허가제는 헌법에 위반되지 아니한다.[4)]

(3) 토지거래허가제는 토지재산권의 처분권능을 제한하는 것이기는 하지만 실질적으로는 그 수익의 제한을 의미하는 것이므로 사유재산제의 보장을 전제로 하고 있으며, 아울러 토지재산권의 특성과 토지와 관련된 현실적 여건 그리고 토지의 투기적 거래를 억제하는 기타의 여러 조치나 수단들이 부동산 투기억제를 위하여 실효성을 거두고 있지 못하고 있는 현실을 감안할 때 토지거래허가제는 헌법에 위반되지 아니한다.[5)]

2. 위헌설

(1) 토지거래허가제는 헌법이 보장하는 재산권에 대한 과잉제한으로서 헌법 제37조 제2항의 과잉금지원칙에 위배될 뿐만 아니라, 그로 인해서 헌법이 추구하는 자본주의 경제질서조차 위태롭게 하는 위헌적 제도이다.[6)]

(2) 자본주의 경제체제하에서 처분권은 소유권의 본질적 내용이다. 따라서 토지거래허가제에 의한 처분권의 제한은 헌법 제37조 제2항에 위배된다. 또한 이 제도는 사유재산권제한의 한계인 비례의 원칙, 즉 처분권제한의 적합성과 필요성 및

3) 김남진, 한국에서의 토지공개념확대도입을 위한 입법, 고시연구 90. 12, 127쪽 이하.

4) 박윤흔, 토지거래계약허가제, 월간고시 90. 5, 110쪽 이하.

5) 석종현, 일반행정법(하), 1991, 525쪽 이하.

6) 허영, 토지거래허가제의 헌법상 문제점, 고시연구 89. 8, 175쪽 이하.

상당성의 원칙에도 저촉된다.[7)]

V. 토지거래허가제에 대한 헌법적 검토

1. 토지거래허가제와 재산권의 사회적 기속

(1) 토지거래허가제를 합헌이라고 주장하는 견해에 따르면 이 제도가 재산권의 사회적 기속의 범주에 해당되는 것으로서 헌법상 문제가 없다고 한다. 즉 헌법 제23조 제1항은 모든 국민의 재산권을 보장하고는 있지만, 다른 한편 "그 내용과 한계는 법률로 정한다."고 규정하고 있고, 제2항에서 "재산권의 행사는 공공복리에 적합하도록 하여야 한다."고 규정함으로써 모든 재산권은 공익상 일정한 사회적 기속을 받고 있으며, 토지재산권의 경우는 토지의 특수성에 비추어 다른 여타 재산권에 비하여 보다 강한 사회적 제한을 받게 되고, 이에 따라 헌법도 제120조 제2항에서 "국토와 자원은 국가의 보호를 받으며, 국가는 그 균형있는 이용· 개발과 보전을 위하여 필요한 계획을 수립한다."라고 규정하고 있고, 제122조에서 "국가는 국민 모두의 생산 및 생활의 기반이 되는 국토의 효율적 이용· 개발과 보전을 위하여 법률이 정하는 바에 의하여 그에 관한 제한과 의무를 과할 수 있다."라고 규정하는 등 토지재산권에 대한 공익상의 무거운 제한을 천명하고 있다고 주장한다. 따라서 토지거래허가제 관련법규는 헌법 제23조 제1항 및 제2항에 따른 토지재산권의 내용과 한계를 정한, 즉 토지재산권의 사회적 기속을 구체화한 법률에 해당된다고 한다.

(2) 주지하는 바와 같이 토지거래허가제는 재산권의 3가지 본질적 내용인 사용권· 수익권· 처분권 중의 하나인 처분권을 제한 내지 침해하는 것이라고 할 수 있다. 즉 처분행위를 함에 있어서 당사자 쌍방의 합의에 의하여 거래가격을 임의로 정할 수 있는 자유와 거래의 상대방을 임의로 선택할 수 있는 자유 및 기타 거래의 내용과 목적(거래 이후의 토지재산권의 용도 등)을 임의로 정할 수 있는 자유 등이 제한 또는 침해당하게 된다는 것은 자명하다. 아울러 이러한 처분권의 제한을 통해 결국 일정한 이윤추구를 목적으로 토지를 처분하고자 하는 토지재산권에 내포된 수익권이 제한 내지 침해당하는 것도 명백하며, 이를 통해 재산권자의 직업의 자유와 거주· 이전의 자유도 침해될 수가 있다.

---

7) 조규창, 사유재산제도의 위기, 월간고시 89. 8, 62쪽 이하.

이러한 토지재산권의 처분권과 수익권의 침해를 내용으로 하는 토지거래허가제는 헌법 제23조 제1항 내지 제2항에서 규정하고 있는 재산권의 사회적 기속의 범주에 해당된다고 볼 수 없다. 왜냐하면 토지거래허가제에 따른 토지재산권의 처분권과 수익권의 침해는 이미 단순한 재산권의 사회적 기속의 범주를 넘어선, 즉 그 침해의 내용과 강도면에서 재산권자의 수인의 기대가능성이 없는 특별희생을 야기시키는 재산권에 대한 공익적 침해이기 때문이다. 물론 토지거래허가제가 토지에 대한 전면적인 거래의 금지가 아니라 일정한 요건하에서의 거래의 제한이긴 하지만, 일정한 요건을 충족시키지 못하여 공익적 견지에서 토지거래를 허가받지 못한 재산권자 및 그 상대방에게 있어서는 결국 토지거래가 금지되는 것이고, 따라서 토지재산권에 대한 특별희생을 야기하게 되는 것이다. 헌법 제23조 제1항 내지 제2항에서의 재산권에 대한 사회적 제한은 그 제한의 내용과 절차 및 강도면에서 피해자의 수인의 기대가능성을 전제로 한 단순한 일반적 희생을 초래하는 경우만을 의미하는 것이지 토지거래허가제의 경우처럼 재산권자에게 특별희생을 초래하는 제한까지를 포함하는 것은 아니며, 이는 공공필요에 의한 재산권의 수용·사용·'제한'과 이에 대한 보상의 문제를 규정한 헌법 제23조 제3항에서도 명백히 나타나고 있다. 따라서 같은 재산권의 제한이라 할지라도 헌법 제23조 제1항 내지 제2항에 따른 단순한 재산권의 사회적 기속의 범주에 속하는 제한과 동조 제3항에 따른 공용침해의 범주에 속하는 제한은 엄격히 구별되어야 하며,[8] 여기서 토지거래허가제에 따른 일정한 요건하에서의 토지거래의 제한이 재산권의 단순한 사회적 기속의 범주에 속하지 않는다고 하는 것은 다언을 요하지 아니할 것이다. 그러므로 토지거래허가제의 관련법규는 헌법 제23조 제1항 및 제2항에 근거한 토지재산권의 내용과 한계를－공익적 견지에서의 사회적 기속의 일환으로－정한 법률이라고 할 수 없고, 결국 이 규정들은 헌법 제23조 제1항 및 제2항에 위반된다고 아니할 수 없다.

2. 토지거래허가제와 공용침해

앞서 언급한 바와 같이 토지거래허가제는 헌법 제23조 제1항 및 제2항에 따른 재산권의 사회적 기속의 원리로는 정당화되어질 수 없고, 따라서 토지재산권에 대

8) 일반희생만을 야기시키는, 따라서 보상을 요하지 않는 재산권의 사회적 기속과 특별희생을 초래하는, 따라서 보상을 요하는 공용침해와의 구별에 관하여 정연주, 재산권의 사회적 기속과 공용침해, 연세법학연구 제2집, 1992, 95쪽 이하 참조.

한 사회적 기속의 한계를 넘어선 재산권에 대한 특별희생을 초래하는 토지거래허가제가 헌법 제23조 제3항에 따른 공용침해의 근거법률로서 정당화되어 질 수 있는 지의 여부가 검토되어야 할 것이다. 왜냐하면 토지거래불허가결정으로 인해서 발생하는 특별희생은 외관상 공공필요에 의한 재산권침해로 인하여 야기된 것으로 볼 수 있기 때문이다. 즉 토지거래를 원하는 재산권자에게 토지거래를 금지시킴으로 인해서－토지재산권의 처분권 · 수익권이 침해되면서－발생하는 재산적 손실은 일응 재산권의 사회적 기속의 한계를 넘는 보상을 요하는 공공필요－토지의 투기적 거래 및 지가상승억제의 목적－에 의한 특별희생이라고 볼 수 있고, 따라서 토지거래허가관련법규에 근거한 토지거래불허가결정은 일종의 행정청의 공용침해결정행위로 볼 수 있는 것이다.

그런데 토지거래허가제가 헌법 제23조 제3항에 근거한 공용침해제도로서 정당화되기 위해서는 기본적으로 다음과 같은 3가지 전제조건을 충족시켜야 한다.

(1) 공공필요의 원칙

헌법 제23조 제3항에서도 규정되어 있듯이 공용침해는 공공필요에 의해서만 허용될 수 있다. 여기서 토지거래허가제의 목적, 즉 토지의 투기적 거래 및 지가상승억제가 공용침해를 정당화시킬 수 있는 공익적 목적이라는 점에는 의문의 여지가 없고, 따라서 공공필요의 원칙은 충족되었다고 볼 수 있다.[9)]

(2) 비례의 원칙

공용침해는 법치국가원리의 파생원칙인 비례의 원칙을 준수해야 한다. 따라서 공용침해의 수단이 그 해당 공익사업의 수행을 위하여 효율적이고 적합한 것이어야 하고, 그 공익목적의 실현을 위하여 방법과 정도면에서 가장 최소한도로 침해하는 것이어야 하며, 공용침해로 달성되는 공익과 침해되는 이익 사이에 비례관계가 유지되어야 하는 것이다. 이러한 관점에서 토지거래허가제를 평가해 보면 다음과 같다.

첫째, 토지거래허가제가 토지의 투기적 거래 및 지가상승억제를 위한 효율적이고 적합한 방법이라고 하는 것에 대하여 의문이 제기된다. 즉 토지거래허가제의 실효성에 대하여 의문이 제기될 수 있는데, 토지거래허가제가 실시된 이후에도 토

9) 공공필요의 원칙에 대하여는 정연주, 공공침해의 허용조건으로서의 공공필요, 연세법학연구 제1집, 1990, 156쪽 이하 참조.

지투기는 여전히 성행했고, 특히 재벌들의 투기적 토지매입이 계속되는 등 토지거래허가제 도입으로 인하여 소기의 목적을 효율적으로 달성했다고 하는 가시적 현상이 나타나는 것 같지는 않았다.

둘째, 토지거래허가제가 토지의 투기 및 지가상승의 억제라는 공익달성을 위한 불가피하고 해당 재산권자의 기본권을 방법과 정도에 있어서 최소한도로 침해하는 것이라고 보기가 어렵다. 왜냐하면 소기의 목적달성을 위하여 토지거래허가제 대신 재산권침해의 정도가 보다 적은 다른 수단이 고려될 수 있기 때문이다. 예컨대 토지거래신고제의 확대실시, 조세제도(종합토지세, 공한지세, 양도소득세, 종합부동산세 등), 행정감시 및 행정지도, 개발이익환수제, 부동산등기의무화와 토지거래실명제 및 부동산 거래에 대한 공증제도의 도입, 중간생략등기제 및 가등기제도의 개선보완 등 토지거래허가제 이외의 각종의 관련 토지규제제도의 개선·보완·도입 등을 통하여 소기의 목적이 달성될 수 있었다고 볼 수 있다.[10)]

그런데 다수의견은 이러한 토지거래허가제 이외의 수단들을 통해서는 토지투기 및 지가상승의 억제라는 공익달성이 불가능하기 때문에 토지거래허가제의 도입이 불가피하고 따라서 과잉금지원칙을 위반하는 것은 아니라고 주장하고 있으며, 또한 그동안 위에서 예시한 여타 제도들의 실시를 통해서도 소기의 목적이 효율적으로 달성되지 못한 것도 사실이다. 그러나 이는 어디까지나 이러한 제도들의 구체적 내용과 당국에 의한 실제 운용상의 문제점에서 기인하는 것이지 이들 제도 자체에서 기인하는 것이라고 단정하기는 어렵다. 토지거래허가제의 실시 이후에도 토지투기와 지가의 현저한 상승이 효율적으로 억제되지 못했던 현실도 다수의견의 설득력을 약화시킨다고 볼 수 있다. 따라서 중요한 것은 토지거래허가제보다 해당 재산권자의 기본권을 적게 그리고 간접적으로 침해하는 기존의 관련 토지규제제도의 개선과 보완, 상기 예시한 새로운 토지규제제도의 도입 및 이러한 토지규제제도의 효율성 제고를 위한 실제 운용상의 문제점의 제거이지, 재산권자에게 수인의 기대가능성이 없는 특별희생을 야기시키는 직접적 침해제도인 토지거래허가제의 실시가 아닌 것이다. 따라서 그동안의 정부의 그릇된 토지정책에 대한 재고없이 무조건 토지거래허가제를 실시한다고 하는 것은 다분히 행정편의주의적인 발상에서 나온 재산권에 대한 과잉침해라 아니할 수 없다.

셋째, 토지거래허가제로 달성되는 공익과 침해되는 이익 사이에 비례관계가 유지된다고 보기 어렵다. 비록 토지거래허가제가 공익달성을 위하여 인정되는 것이

10) 허영, 전게논문, 179쪽 이하 참조.

기는 하나 이를 통해 달성되는 공익이 토지거래불허가로 인하여 침해되는 이익－해당 재산권자에게 발생하는 특별한 재산적 희생과 직업선택의 자유, 거주 · 이전의 자유의 침해 및 사적자치의 원칙과 자본주의 시장경제질서에 대한 제한 등－보다 월등히 우월하다고는 볼 수 없으며, 따라서 해당 재산권자의 수인의 기대가능성이 있다고 보기 어렵다.

이상 언급한 이유로 외관상 공용침해제도의 일종으로 파악될 수 있는 토지거래허가제는 비례의 원칙을 충족시켰다고 볼 수 없다.

(3) 불가분조항 및 정당보상의 원칙

1) 헌법 제23조 제3항은 "공공필요에 의한 재산권의 수용 · 사용 또는 제한 및 그에 대한 보상은 법률로써 하되, 정당한 보상을 지급하여야 한다."라고 규정하고 있다. 이에 따라 공용침해의 근거법률에는 보상의 근거가 반드시 동시에 규정되어 있어야 하고(불가분조항의 원칙),[11] 보상의 기준 · 방법 및 범위에 관한 제반사항이 정당한 보상이 이루어질 수 있도록 규정되어 있어야 한다(정당보상의 원칙). 이러한 관점에서 보았을 때 토지거래허가제는 일응 불가분조항의 원칙을 충족시킨 것처럼 보인다. 왜냐하면 공공필요에 의한 토지거래불허가 결정으로 야기된 해당 재산권자에 대한 손실(특별희생)의 구제방법으로 국토이용관리법 제21조의15에서 규정한 토지매수청구제도가 거론되는데, 이러한 토지매수의 대가가 일응 재산적 손실에 대한 보상으로 간주될 수 있기 때문이다. 즉 동법 제21조의15 제1항은 "제21조의3 제1항의 규정에 의한 허가신청을 한 경우에 있어서 불허가의 처분을 받은 토지 등의 소유자는 도지사에 대하여 당해 토지 등에 관한 권리의 매수를 청구할 수 있다."고 규정함으로써 토지거래불허가처분으로 인해 발생한 재산권의 사회적 기속의 한계를 넘는 특별희생에 대한 구제수단으로서 해당 재산권자에게 도지사에 대한 매수청구권을 인정하고 있고, 따라서 매수청구권행사로 얻게 되는 대가는 손실보상에 해당된다고 볼 수 있다.

이 토지매수청구제도는 현행 「공익사업을 위한 토지 등의 취득 및 보상에 관한 법률」상의 토지수용법상의 잔여지 등의 매수 및 수용 청구제도와 유사하다고 볼 수 있다. 동법 제74조 제1항은 "동일한 소유자에게 속하는 일단의 토지의 일부가 협의에 의하여 매수되거나 수용됨으로 인하여 잔여지를 종래의 목적에 사용하는 것이 현저히 곤란할 때에는 해당 토지소유자는 사업시행자에게 잔여지를 매수하여

11) 이에 관하여는 정연주, 공용침해와 불가분조항, 고시연구 92. 4, 117쪽 이하 참조.

줄 것을 청구할 수 있으며, 사업인정 이후에는 관할 토지수용위원회에 수용을 청구할 수 있다. 이 경우 수용의 청구는 매수에 관한 협의가 성립되지 아니한 경우에만 할 수 있으며, 그 사업의 공사완료일까지 하여야 한다."라고 규정하고 있고, 동법 동조 제3항은 "제1항에 따른 토지의 취득에 관하여는 제73조 제3항을 준용한다."라고 규정하고 있는데, 동법 제73조 제3항은 "사업인정고시가 된 후 제1항 단서에 따라 사업시행자가 잔여지를 매수하는 경우 그 잔여지에 대하여는 제20조에 따른 사업인정 및 제22조에 따른 사업인정고시가 된 것으로 본다."라고 규정함으로써 일정한 공익사업의 시행과 이에 따른 토지수용으로 인하여 해당 재산권자의 잔여토지에 발생한 특별희생－잔여지를 종래의 목적에 사용하는 것이 현저히 곤란해짐에 따라 야기된 토지재산권의 사용권에 대한 침해와 이에 따라 결과적으로 발생할 수 있는 토지재산권의 수익권과 처분권에 대한 침해 등－에 대한 구제수단으로서 잔여토지의 매수 또는 수용 청구제도를 마련하고 있고, 이 경우 잔여토지에 대하여도 사업인정이 있는 것으로 보아 공공필요에 의한 토지수용으로 간주하는 것에 비추어 볼 때, 토지매수청구제도는 불가분조항의 원칙과 정당보상의 원칙에 따른 재산상의 특별희생에 대한 손실보상제도로도 볼 수 있는 것이다.

2) 그런데 국토이용관리법상의 토지거래불허가처분에 따른 매수청구제도는 「공익사업을 위한 토지 등의 취득 및 보상에 관한 법률」상의 매수 또는 수용 청구제도와는 달리 헌법상의 정당보상의 원칙을 충족시켰다고 보기는 어렵다. 왜냐하면 토지불허가처분에 따른 매수청구권은 그 행사방법과 내용 등이 해당 재산권자에게 발생한 특별희생을 정당하게 보전해 주기 위한 것으로 볼 수 없기 때문이다. 즉 국토이용관리법 제21조의15 제2항은 "제1항의 규정에 의한 토지 등에 관한 권리의 매수청구를 받은 도지사는 당해 토지 등에 대하여 국가 · 지방자치단체 · 한국토지개발공사 기타 대통령령이 정하는 정부투자기관 및 공공단체 중에서 매수할 자를 지정하여 당해 토지를 예산과 제21조의 4항 제1호에 규정된 가격의 범위내에서 매수하게 하여야 한다."라고 규정하고 있는데, 이에 따르면 도지사에 대한 매수청구가 확실히 실효를 거둔다는 보장이 없고, 설사 매수가 이루어진다 하더라도 그 토지 등의 매수가격이 정당보상의 내용에 부합된다고 볼 수 없기 때문이다. 이를 부연 설명하면 다음과 같다.

첫째, 매수청구권 자체가 실효성을 가진다고 보기 어렵다. 토지 등의 매수청구권에 관한 규정인 국토이용관리법 제21조의15에 따르면 토지거래허가처분을 받은 토지 등의 소유자에 의한 당해 토지 등에 관한 권리의 매수청구가 도지사와의 사이에 매매관계를 성립시키는 것도 아니고, 도지사로부터 당해 토지를 매수할 자로 지정을 받은 국가·공공단체 등을 매수에 응하게 하는 강제수단이 존재하는 것도 아니다. 따라서 토지소유자의 매수청구권은 도지사에게 매수의 의무를 강제한 형성권이 아닌 단순한 매매의 알선을 촉구하게 하는 내용의 것에 불과하고, 그 결과 당해 토지를 매수할 자로 지정을 받은 국가·공공단체 등이 예산상의 이유를 들어 매수에 불응하게 되면 토지 등의 소유자는 그 소유의 토지에 대한 처분할 기회를 봉쇄당할 수밖에 없고, 이를 통해 결국 헌법상 보장된 재산권자의 거주·이전의 자유와 직업선택의 자유까지도 제한받는 결과를 초래할 수도 있는 것이다.[12] 이 점에서 국토이용관리법상의 매수청구제도는 매수 내지 수용이 강제되는 「공익사업을 위한 토지 등의 취득 및 보상에 관한 법률」상의 잔여지 매수·수용 청구제도와 구별된다. 왜냐하면 잔여지 매수청구는 매수에 관한 사업시행자와의 협의가 성립되지 아니한 경우에는 토지소유자가 관할 토지수용위원회에 토지의 수용을 청구할 수 있기 때문에 그 실효성이 확보되어 있다고 볼 수 있고, 결국 토지매수나 수용을 통해서 해당 토지의 정당한 가격－정당보상－지급을 전제로 한 처분가능성이 재산권자에게 항상 존재하고 있기 때문이다.

둘째, 매수가격의 결정에 관한 규정이 정당보상의 원칙에 부합된다고 보기 어렵다. 국토이용관리법 제21조의15 제2항에 따르면 매수할 자로 지정된 국가 또는 공공단체 등이 매수에 응하는 경우라 하더라도 그 매수가격은 '예산의 범위내'에서 그리고 동법 제21조의4 제1항 제1호에 규정된 가격, 즉 '표준지가를 산출근거로 하여 결정되는 금액내'에서 이루어지도록 하고 있으며, 그 표준지가를 산출근거로 하여 결정되는 금액을 상한으로 하는 반면 하한에 대한 아무런 제한을 받고 있지 않다. 그런데 국토이용관리법 제21조의4 제1항 제1호가 규정하는 가격의 상한은 구 토지수용법 제46조 제2항에 의하여 산출되는 보상가격과 흡사한 표준지가에 대통령령이 정하는 적정률(국토이용관리법 시행령 제26조 제1항에 따라 100분의 20)을 곱한 금액 및 일정비용의 합산액이므로 그 금액만으로는 일응 일반적인 토지수용의 경우에 비하여 부당히 적은 것이라고 보기 어려우나, 이것은 어디까지나 상한가격이고 실제로는 하한가격에 대한 제한없이 이 금액보다 적은 가격, 그것도 예산의 범위내에서 매수가격이 이루어질 수 있도록 국토이용관리법 제21조의15 제2항은 규정하고 있기 때문에, 이는 공공필요에 의한 토지거래불허가처분으로 해당 토지

12) 재판관 한병채, 재판관 최광률, 재판관 김문희의 위헌의견(헌재 1989. 12. 22. 88헌가13, 판례집 1, 357, 402-403); 허영, 전게논문, 182쪽 이하.

재산권에 발생한 특별희생에 대한 정당보상이라고 볼 수가 없다.[13)]

결국 이는 토지소유자로 하여금 당해 토지를 장기간 계속 보유하게 함으로써 사실상 처분과 수익을 금지시키는 것이라 할 수 있으며, 아울러 이를 통해 재산권자의 거주·이전의 자유와 직업선택의 자유까지도 제한받는 결과를 초래할 수 있는 것이다. 그리고 이점에서 국토이용관리법상의 매수가격 결정방법이 구 토지수용법이나 현행 「공익사업을 위한 토지 등의 취득 및 보상에 관한 법률」상의 매수 또는 수용가격의 결정방법과 구별된다. 왜냐하면 앞서 언급한 바와 같이 구 토지수용법이나 현행 「공익사업을 위한 토지 등의 취득 및 보상에 관한 법률」상의 잔여지의 매수나 수용이 이루어진 경우에는 그 해당 토지에 대하여도 공익사업의 인정이 있는 것으로 간주해서 일반토지수용에 준하여 토지매수 또는 수용가격이 정해지게 되고 이는 정당보상의 원칙에 부합되기 때문이다.

이상 언급한 이유로 헌법 제23조 제3항에서 요구하고 있는 공용침해의 요건을 충족시키지 못한 국토이용관리법상의 토지거래허가제는 헌법 제23조 제3항에 근거한 합헌적인 공용침해에 해당하지 아니하며, 따라서 토지거래허가제 관련 규정은 헌법 제23조 제3항에 위반된다. 결국 토지거래허가제는 헌법상의 재산권 규정인 제23조 제1항, 제2항 및 제3항의 어느 규정에 근거해서도 정당화되어질 수 없는 위헌적 제도라고 할 수 있다.

3. 규제구역지정의 기준과 방법의 자의성

토지거래허가제가 적용되는 규제구역에 대한 건설부장관의 지정행위에 있어서 그 기준과 방법이 명확하지 아니하고 자의적일 위험이 있다.

(1) 건설부장관의 규제구역지정의 기준이 명확하지 아니하고 자의적일 가능성이 있기 때문에 규제구역내의 재산권자와 규제구역 외의 재산권자 사이에 평등의 원칙이 관철될 수 없는 가능성이 있다.

국토이용관리법 제21조2 제1항은 "건설부장관은 토지의 투기적인 거래가 성행하거나 성행할 우려가 있고, 지가가 급격히 상승하거나 상승할 우려가 있는 구역을 5년내의 기간을 정하여 규제구역으로 지정할 수 있다."라고 규정하고 있다. 따라서 규제구역지정의 기준이 되는 요건은 바로 "토지의 투기적인 거래가 성행하거나 성행할 우려가 있고, 지가가 급격히 상승하거나 상승할 우려가 있는 구역"이다.

13) 같은 의견: 재판관 한병채, 재판관 최광률, 재판관 김문희의 위헌의견(헌재 1989. 12. 22. 88헌가13, 판례집 1, 357, 403).

그런데 여기서 "토지의 투기적인 거래가 성행하거나 성행할 우려가 있다"고 하는 기준이나 "지가가 급격히 상승할 우려가 있다"고 하는 기준 자체가 매우 불명확하고 주관적인 기준이 아닐 수 없다. 따라서 건설부장관의 규제구역지정행위가 다분히 자의적으로 이루어질 가능성이 있으며, 이로써 규제구역내의 재산권자와 규제구역외의 재산권자 사이의 평등의 원칙이 준수되는지의 여부에 의문이 제기될 수 있다. 왜냐하면 이러한 막연한 기준은 규제구역과 비규제구역의 차별을 정당화시키는 구체적이고 객관적인 기준으로 보기가 어렵기 때문이다. 물론 동법 동조 제2항이 건설부장관이 규제구역을 지정하고자 할 때 국토이용계획심의회의 심의를 거치도록 요구하고 있지만 이로써 그 자의성과 주관성이 완전히 배제될 수 있다고 보기는 어렵다.

더욱이 이는 토지거래계약신고구역과의 구별을 어렵게 한다. 토지거래계약신고구역과 관련한 국토이용관리법 제21조의7 제1항은 "건설부장관은 토지의 투기적인 거래가 성행할 우려가 있고 지가가 특히 상승할 우려가 있는 구역을 5년내의 기간을 정하여 토지 등의 거래계약신고구역으로 지정할 수 있으며,…"라고 규정하고 있고, 따라서 토지거래계약신고구역의 지정기준은 "토지의 투기적인 거래가 성행할 우려가 있고 지가가 급격히 상승할 우려가 있다"는 것인데, 이는 바로 앞서 언급한 규제구역지정기준의 하나에 해당되는 것이다. 따라서 규제구역지정과 신고구역지정의 구별을 정당화시키는 합리적 차별기준을 정하기 어렵고, 그 결과 규제구역으로 지정하느냐 신고구역으로 지정하느냐의 여부는 매우 자의적이고 주관적일 가능성이 있는 것이다.

또한 이러한 규제구역지정을 위한 불명확한 기준은 법률의 명확성의 원칙에 반하고, 아울러 법치주의원리, 특히 법률유보의 원칙에 위배될 가능성이 있다. 왜냐하면 법률유보의 원칙은 기본권의 제한·침해 및 형성에 관한 본질적 사항이 반드시 법률에 규정되어 있어야 하고, 이러한 기본권의 제한·침해 등에 관한 본질적 사항이 명확하고 구체적일 것을 요구하기 때문이다. 토지거래허가제의 경우에 있어서 토지거래허가규제구역의 지정행위는 두말할 것도 없이 해당 토지재산권자의 기본권의 제한 내지 침해에 대한 본질적 사항이고, 따라서 그 기준과 요건이 구체적이고 명확해야 하는 것이다. 아울러 해당 재산권자의－자신의 토지재산권이 구체적으로 어떤 경우에 제한 내지 침해될 수 있는가 하는 것을 관련 법률규정을 통해 예견할 수 있는－예측 가능성과 법적 안정성의 보장을 위해서도 절실히 요구된다고 하겠다.

그러므로 규제구역지정의 기준과 요건은, 예컨대 구체적인 지가상승률이나 토지의 투기적 거래가 성행한다고 판단될 수 있는 정도에 대한 객관적인 수치나 비율 등의 대강이 명시되는 방법 등을 통해 보다 객관적이고 구체적이며 명확하게 규정되어야 할 것이다.

(2) 건설부장관의 규제구역지정의 방법과 과정이 자의적일 가능성이 있다. 즉 건설부장관이 토지거래허가 규제구역을 지정하기까지에는 앞서 언급한 바와 같이 국토이용관리법 제21조의2 제2항에 따른 국토이용계획심의회의 심의를 거치는 것 이외에는 어떠한 행정적 절차－특히 규제될 구역내의 토지거래를 예상하는 토지소유자나 기타의 이해관계인의 참여나 의견진술의 기회－도 마련되어 있지 않기 때문에 규제구역지정행위의 객관성과 해당 재산권자의 사전적 권리구제의 측면에서 문제가 제기될 수 있다.

따라서 규제구역 지정행위의 객관성과 적정성확보 및 재산권자의 사전적·효율적 권리구제의 보장적 견지에서 해당 재산권자 및 이해관계인의 참여 및 의사반영의 기회를 절차적으로 마련하는 것이 절실히 요구되며, 이는 민주행정의 원리에도 부합된다고 하겠다.

4. 토지거래불허가결정과 행정절차

토지거래허가신청에 대하여 도지사가 불허가결정을 내릴 경우 사전에 아무런 행정절차－특히 신청인과 상대방 등 이해관계인의 의견진술의 기회－가 마련되어 있지 않다. 즉 도지사의 토지거래불허가처분에 대하여는 국토이용관리법 제21조의5에 규정한 이의신청이나 동법 제21조의15에서 규정한 매수청구권 등 불완전하고 사후적인 권리구제제도만이 마련되어 있고, 행정절차 등의 사전적 권리구제절차가 마련되어 있지 않다. 따라서 도지사의 토지거래불허가처분의 객관성과 적정·타당성 및 해당 재산권자를 위한 효율적인 사전적 권리구제의 보장을 위하여 신청인 등 이해관계인의 의견진술의 기회를 부여하는 등의 행정절차가 절실히 요구되며, 이것이 민주행정의 원리에도 부합된다고 하는 것은 앞서 언급한 바와 같다.

5. 국토이용관리법 제31조의2의 벌칙규정의 위헌성

허가를 받지 않고 체결한 토지 등의 거래계약은 국토이용관리법 제21조의3 제7항에 따라 그 효력을 발생하지 아니하는데, 이 경우 토지거래허가제의 실효성을 확보하기 위하여 허가없이 토지 등의 거래계약을 체결한 자 등에 대하여는 별도로 동법 제31조의2의 규정에 따라 2년 이하의 징역이나 500만원 이하의 벌금에 처하도록 되어있다. 여기서 동법 제31조의2의 벌칙규정의 위헌성이 문제되는데, 이미 앞서 살펴본 바와 같이 토지거래허가제 자체가 헌법에 위반되는 이상 그에 대한 처벌규정인 동규정은 헌법에 위반된다고 할 것이다.[14]

또한 토지거래허가제 자체의 위헌성과는 별도로 동법 제31조의2의 벌칙규정의 위헌성을 판단해본다면, 동법 제21조의3 제7항의 '효력규정'만으로도 토지거래허가제의 실효성이 확보될 수 있고 소기의 공익적 목적이 달성될 수 있음에 비추어 볼 때, 효력규정 이외에 추가로 자유형과 벌금형을 과하도록 한 동법 제31조의2의 벌칙규정은 비례의 원칙에 부합된다고 볼 수 없기 때문에 헌법에 위반된다고 하지 않을 수 없다.[15]

Ⅵ. 맺는 말

이상 살펴본 바와 같이 토지재산권에 대한 강력한 규제수단인 토지거래허가제는 헌법상의 재산권규정인 제23조 제1항, 제2항 및 제3항의 어떠한 규정에서도 그 근거를 찾을 수 없고 따라서 헌법상 정당화되어 질 수 없는 위헌적 제도이며, 결국 국토이용관리법상의 토지거래허가제 관련규정은 헌법 제23조에 위반된다고 아니할 수 없다.

그런데 앞서 소개한 바와 같이 그 후 2002년 국토이용관리법을 대체한 「국토의 계획 및 이용에 관한 법률」상의 토지거래허가제에 관한 규정인 제117조(토지거래허가구역의 지정), 제118조(토지거래허가), 제123조(불허가처분을 받은 토지에 관한 매수 청구), 제141조(벌칙) 등은 구 국토이용관리법상의 규정과 비교하여 다소의 변화는 있었으나 기본적 내용은 과거와 유사하다는 점에서 역시 위헌의 소지가 있었다.

따라서 토지투기방지 및 지가안정이라고 하는 본래의 제도적 목적달성의 실효성에 대하여도 의문이 제기될 수 있는 토지거래허가제를 폐지하고 다른 대체가능한, 토지거래허가제보다 해당 토지재산권자를 적게 침해하는 합헌적인 토지규제제도를 개발시키고, 토지거래허가제 이외의 기존의 토지규제제도가 그 소기의 목적을 효율적으로 달성시킬 수 있도록 기존의 토지규제제도를 보완·개선할 필요가

14) 같은 견해: 재판관 한병채, 재판관 최광률, 재판관 김문희의 위헌의견(헌재 1989. 12. 22. 88헌가13, 판례집 1, 357, 405); 허영, 전게논문, 181쪽.

15) 같은 견해: 재판관 이시윤의 위헌의견(헌재 1989. 12. 22. 88헌가13, 판례집 1, 357, 396).

있었다. 만일 토지거래허가제의 소기의 목적달성의 실효성이 입증되고, 토지거래허가제 이외의 그 어떤 토지규제제도를 통해서도 토지투기억제 및 지가안정이라고 하는 절실한 공익적 목적이 효율적으로 달성될 수 없다고 한다면, 위에서 언급한 토지거래허가제가 가지고 있는 헌법상의 문제점을 제거하도록 관련법규를 개정·보완해야 할 필요가 있었다. 그런데 그 후 2016년 '토지거래의 허가 등'에 관해 규정한「국토의 계획 및 이용에 관한 법률」제10장이 삭제되었다.

2. 토지수용과 정당보상의 원칙

- 헌재 1990. 6. 25. 89헌마107 토지수용법 제46조 제2항의 위헌여부에 관한 헌법소원[1)] -

[目 次]

Ⅰ. 머리말

헌법 제23조 제3항에 따라 토지수용 등 공용침해의 경우 반드시 정당한 보상이 지급되어야 한다. 그런데 이 정당보상이라고 하는 것은 무엇인가? 정당보상을 한마디로 정의하기란 매우 어렵다. 도대체 '정당한'이라는 용어 자체가 매우 추상적이고 다의적인 용어이기 때문에 이 정당보상의 내용에 대해서도 그 해석과 의견이 다양하다. 예컨대 정당보상의 내용을 완전보상이라고 하거나 또는 상당보상이라고 하는 등 다양하고, 그 범위에 있어서도 시가 이상의 보상도 있을 수 있고 시가 이하의 보상도 있을 수 있다고 하는 등 일정치가 않다. 이처럼 정당보상의 본질과 내용에 대한 올바른 이해 없이는 정당보상의 범위·방법 및 종류 등에 대한 올바른 그리고 일관된 기준의 정립이 어려우며, 이는 재산권자의 재산권보장과 평등원칙의 관철이라는 면에서 매우 심각한 문제를 야기하게 된다. 결국 이 정당보상의

1) 헌재 1990. 6. 25. 89헌마107, 판례집 2, 178.

내용은 헌법속에서 찾아야 할 것이고, 따라서 헌법상 보장된 손실보상의 본질과 기능 속에서 그 해결의 실마리를 찾아야 할 것이다.

이와 관련하여 헌법재판소는 1990. 6. 25. 89헌마107 결정[2)]에서 헌법상 정당보상은 원칙적으로 피수용자의 객관적인 재산가치를 완전하게 보상하여야 한다는 완전보상이라고 정의를 내리면서 이 문제에 접근하고 있다. 이 헌재결정의 내용은 헌법상 정당보상의 원칙이라고 하는 근본적인 사항을 다루고 있어 매우 그 의의가 큰 반면, 그 논거가 빈약하고 용어선택에 있어서도 오해의 소지가 있다. 따라서 여기서 헌재결정의 내용을 살펴보고, 구 토지수용법상의 손실보상에 관한 규정의 위헌 여부를 헌법상 정당보상의 원칙에서 고찰해보는 것은 매우 의미있는 작업이라고 하겠다.

Ⅱ. 헌재결정의 내용

1. 사건의 개요와 심판의 대상

(1) 사건의 개요

청구인들은 서울고등법원에 토지수용재결처분취소청구의 소(88구7318)를 제기하고, 그 재판의 전제가 된 구 토지수용법 제46조 제2항(1971. 1. 19. 법률 제2293호 신설, 1981. 12. 31. 법률 제3534호 개정)이 유독 기준지가가 공시된 지역에 대해서는 손실보상을 산정함에 있어 피수용토지의 기준지가를 기준으로 하되 도매물가상승률 등을 참작하여 결정한다고 규정하고 있는데 이는 객관적 거래가격과는 달리 경험칙상 그에 밑도는 가격을 보상금액으로 결정하도록 규정한 것으로서 헌법의 정당보상원칙에 명백히 반하는 규정이고, 한편 개발이익은 피수용토지 뿐 아니라 인근의 토지에서도 발생하였음에도 불구하고 피수용자에 대해서만 그 이익을 환수하는 결과가 되므로 결국 인근의 토지를 소유하고 있는 자들에 비하여 수용여부에 따라 합리적 이유 없이 차별하는 것이 되어 평등의 원칙에 부합하지 않게 되는 등 헌법에 위반된다 하여 위 법원에 위헌여부심판의 제청을 신청하였으나 그 신청이 1989. 5. 19. 기각되자, 1989. 5. 24. 이 사건 헌법소원의 심판청구에 이른 것이다.

---

2) 유사판례 헌재 1991. 2. 11. 90헌바17등; 1995. 4. 20. 93헌바20등; 1999. 12. 23, 98헌바등.

(2) 심판의 대상

청구인이 이 사건 헌법소원의 대상으로 삼은 법률의 조항은 토지수용으로 인한 손실보상에 있어 손실액의 산정시기 및 방법을 규정한 구 토지수용법(1981. 12. 31. 법률 제3534호) 제46조 제2항이다.[3)]

구 토지수용법 제46조 ① 손실액의 산정은 수용 또는 사용의 재결당시의 가격을 기준으로 하되 수용할 토지에 대하여는 인근토지의 거래가격을, 사용할 토지에 대하여는 그 토지 및 인근토지의 지료, 차임 등을 고려한 적정가격으로 하여야 한다.

② 국토이용관리법 제29조 제1항의 규정에 의하여 기준지가가 고시된 지역에서의 토지에 대한 보상은 고시된 기준지가를 기준으로 하되, 기준지가대상지역 공고일로부터 재결시까지의 관계법령에 의한 당해 토지의 이용계획 또는 당해 지역과 관계없는 인근토지의 지가변동률·도매물가상승률 기타 사항을 참작하여 평가한 금액으로 행한다.

---

3) 구 토지수용법 제46조에 해당하는 현행 「공익사업을 위한 토지 등의 취득 및 보상에 관한 법률(법률 제15309호, 2017. 12. 26)」(이하 '공토법'이라 함) 제70조(취득하는 토지의 보상) 및 제71조(사용하는 토지의 보상 등)의 규정은 다음과 같다.

제70조 ① 협의나 재결에 의하여 취득하는 토지에 대하여는 「부동산 가격공시에 관한 법률」에 따른 공시지가를 기준으로 하여 보상하되, 그 공시기준일부터 가격시점까지의 관계 법령에 따른 그 토지의 이용계획, 해당 공익사업으로 인한 지가의 영향을 받지 아니하는 지역의 대통령령으로 정하는 지가변동률, 생산자물가상승률(「한국은행법」 제86조에 따라 한국은행이 조사·발표하는 생산자물가지수에 따라 산정된 비율을 말한다)과 그 밖에 그 토지의 위치·형상·환경·이용상황 등을 고려하여 평가한 적정가격으로 보상하여야 한다.

② 토지에 대한 보상액은 가격시점에서의 현실적인 이용상황과 일반적인 이용방법에 의한 객관적 상황을 고려하여 산정하되, 일시적인 이용상황과 토지소유자나 관계인이 갖는 주관적 가치 및 특별한 용도에 사용할 것을 전제로 한 경우 등은 고려하지 아니한다.

③ 사업인정 전 협의에 의한 취득의 경우에 제1항에 따른 공시지가는 해당 토지의 가격시점 당시 공시된 공시지가 중 가격시점과 가장 가까운 시점에 공시된 공시지가로 한다.

④ 사업인정 후의 취득의 경우에 제1항에 따른 공시지가는 사업인정고시일 전의 시점을 공시기준일로 하는 공시지가로서, 해당 토지에 관한 협의의 성립 또는 재결 당시 공시된 공시지가 중 그 사업인정고시일과 가장 가까운 시점에 공시된 공시지가로 한다.

⑤ 제3항 및 제4항에도 불구하고 공익사업의 계획 또는 시행이 공고되거나 고시됨으로 인하여 취득하여야 할 토지의 가격이 변동되었다고 인정되는 경우에는 제1항에 따른 공시지가는 해당 공고일 또는 고시일 전의 시점을 공시기준일로 하는 공시지가로서 그 토지의 가격시점 당시 공시된 공시지가 중 그 공익사업의 공고일 또는 고시일과 가장 가까운 시점에 공시된 공시지가로 한다.

⑥ 취득하는 토지와 이에 관한 소유권 외의 권리에 대한 구체적인 보상액 산정 및 평가방법은 투자비용, 예상수익 및 거래가격 등을 고려하여 국토교통부령으로 정한다.

제71조 ① 협의 또는 재결에 의하여 사용하는 토지에 대하여는 그 토지와 인근 유사토지의 지료, 임대료, 사용방법, 사용기간 및 그 토지의 가격 등을 고려하여 평가한 적정가격으로 보상하여야 한다.

② 사용하는 토지와 그 지하 및 지상의 공간 사용에 대한 구체적인 보상액 산정 및 평가방법은 투자비용, 예상수익 및 거래가격 등을 고려하여 국토교통부령으로 정한다.

2. 청구인들의 주장과 관계인의 의견

(1) 청구인들의 주장요지

1) 헌법 제 23조 제3항이 규정한 '정당한 보상'이란 피수용재산의 객관적 가치를 기준으로 하는 완전보상을 뜻하는 것으로서 그 보상의 시기나 방법에 어떤 제한이 가해져서도 아니된다는 취지이다. 법 제46조 제1항이 보상액의 산정은 거래가격과 적정가격을 기준으로 하여야 한다고 규정한 것도 바로 그러한 원칙을 명시한 것이라고 볼 것이다.

그런데도 법 제46조 제2항은 유독 기준지가가 공시된 지역에 대해서는 손실보상을 산정함에 있어 피수용토지의 객관적 거래가격을 기준으로 하는 것이 아니라, 기준지가를 기준으로 하되 도매물가상승률 등을 참작하여 결정한다고 규정하고 있다. 이는 소비자물가상승률이 아닌 도매물가 상승률을 참작한다는 점에서도 나타나듯이 객관적 거래가격과는 달리 경험칙상 그에 밑도는 가격을 보상금액으로 결정하도록 규정한 것으로서 헌법의 정당보상원칙에 명백히 반하는 규정이다.

기준지가에 의한 손실보상이 부동산투기의 억제라는 토지정책의 효율적인 수행을 위하여 도입된 것이라 하더라도 이는 헌법상 정당보상의 원칙과 기본권제한에 있어서의 과잉금지의 원칙에 어긋나는 규정이다. 투기적 거래에 의한 지가상승의 억제라는 정책목표는 토지거래신고제의 확대실시나 조세제도의 개선 등에 의해서도 충분히 그 성과를 기대할 수 있기 때문이다.

2) 법 제46조 제2항이 이미 고시된 기준지가를 기준으로 하여 보상금액을 산정하려는 것은 개발이익을 환수하기 위한 것으로서 실질적으로는 수익자 부담금의 과징으로서의 성격을 지닌다.

그러나 이와 같이 보상금액을 감액하는 방법으로 수익자 부담금을 과징하게 되면, 개발이익은 피수용토지뿐 아니라 인근의 토지에서도 발생하였음에도 불구하고 피수용자에 대해서만 그 이익을 환수하는 결과가 되므로 결국 인근하여 토지를 소유하고 있는 자들에 비하여 수용여부에 따라 합리적 이유없이 차별하는 것이 되어 평등의 원칙에 부합하지 않게 되는 것이다. 이점은 이 사건 토지수용 이후 개발이익환수에 관한 법이 제정되었다 하여 결론을 달리할 수 없는 것이다.

또한 같은 공익사업지역내에 있는 토지 가운데에도 기준지가가 고시된 지역의 토지소유자와 그 고시되지 아니한 인접지역의 토지소유자는 각각 법 제46조 제2항과 제1항의 서로 다른 기준에 의한 보상을 받게 되어 보상액이 균형을 이루지 못하게 되는 것은 필연적이므로 이 점도 평등의 원칙에 부합되지 않는다. 이는 국토의 대부분에 대하여 기준지가가 고시되어 고시되지 아니한 지역이 극히 예외적으로 존재한다 하더라도 달리 보아야 할 것은 아니다. 더욱이 이 사건 토지수용이후 지가공시및토지등의평가에관한법률이 제정되어 전국토에 대하여 지가공시가 이루어진다고 한들 이 사건 토지수용의 합헌성 여부에 어떤 영향을 줄 수는 없는 것이다.

(2) 법무부장관 및 건설부장관의 의견

기준지가에 의한 보상제도는 공공사업으로 발생하는 기대, 투기가격 및 개발이익을 국민 모두에게 돌아가게 하기 위하여 환수함으로써 투기적 목적의 부동산거래를 억제하여 효율적인 토지정책을 수행하기 위한 것이다.

법 제46조 제2항에 의한 보상의 기준이 되는 기준지가는 대상지역 공고일 현재 표준지의 정상가격을 조사·평가하여 결정되는 것이므로 거래가격을 반영하고 있는데다가, 보상의 기준이 되는 재결시까지는 시점보정이 행하여지게 되므로 결과적으로 보상당시의 객관적 거래가격을 반영하는 것이다. 더구나 기준지가 자체가 재고시의 제도적 장치에 의하여 현실가격과 동떨어지지 않도록 배려하고 있으며, 보상평가시 평가자의 자의를 배제하는 기능을 가지고 있다. 법 제46조 제2항에 의하여 보상가격을 결정함에 있어서는 지가변동에 영향을 미치는 토지 이용계획 등을 고려함으로써 개발이익을 배제하기는 하나, 개발이익은 원래 국민 모두에게 돌아가야 할 몫이므로 헌법이 보장하는 정당보상의 범위내에는 포함될 수 없는 것이다. 따라서 법 제46조 제2항에 의하여 결정되는 손실보상은 공공사업으로 인한 가격변동 부분만을 배제한 산정당시의 거래가격이라 할 것이다.

기준지가 고시된 지역은 전국토의 약 97퍼센트에 이르므로 실제로는 거의 전국토가 법 제46조 제2항에 의하여 보상받게 되어 고시지역에 포함되는지의 여부에 따라 토지소유자가 차별된다고 볼 여지는 거의 없고, 앞으로 지가공시및토지등의평가에관한법률에 의하여 전국을 대상으로 지가공시가 이루어질 전망이므로 그러한 차별문제는 더욱 존재할 수 없게 된다. 또 국토이용관리법 제3조의 2는 이미 공공사업의 시행으로 인한 개발이익을 인근 토지소유자로부터 환수할 수 있도록 규정하고 있고, 그에 따라 장차 개발이익환수에 관한 법이 제정될 것이므로(이미 1989.12.30. 법률 제4175호로 제정되었다.) 손실보상을 산정함에 있어 개발이익을 배제하는 것이 토지를 수용당하지 아니한 인근토지의 소유자보다 부당한 처우를 받는 것이라고도 볼 수 없다.

3. 주 문

1989.4.1. 개정전의 토지수용법 제46조 제2항(1971.1.19. 법률 제2293호 신설, 1981.12. 31. 법률 제3534호 개정)은 헌법에 위반되지 아니한다.

4. 판시사항

(1) 구 토지수용법 제46조 제2항(1989.4.1. 법률 제4120호로 개정되기 전의 것)과 구 국토이용관리법 제29조 내지 제29조의 6(1989.4.1. 법률 제4120호로 삭제되기 전의 것)에 의한 보상액산정이 헌법 제23조 제3항의 정당보상원리 위반여부

(2) 구 토지수용법 제46조 제1항과 제2항의 보상액산정방법의 상위와 헌법상 평등의 원칙

(3) 단계적 제도개선과 헌법상의 평등의 원칙

5. 결정요지

(1) 1) 헌법 제23조 제3항에서 규정한 '정당한 보상'이란 원칙적으로 피수용재산의 객관적인 재산가치를 완전하게 보상하여야 한다는 완전보상을 뜻하는 것이지만, 공익사업의 시행으로 인한 개발이익은 완전보상의 범위에 포함되는 피수용토지의 객관적 가치 내지 피수용자의 손실이라고는 볼 수 없다.

2) 법률 제4120호로 삭제되기 전의 국토이용관리법 제29조 내지 제29조의 6에 의하여 평가된 기준지가는 그 평가의 기준이나 절차로 미루어 대상토지가 대상지역공고일 당시 갖는 객관적 가치를 평가하기 위한 것으로서 부적절한 것으로 볼 수 없고, 구 토지수용법 제46조 제2항이 들고 있는 시점보정의 방법은 보정결과의 적정성에 흠을 남길만큼 중요한 기준이 누락되었다거나 적절치 아니한 기준을 적용한 것으로 판단되지 않는다.

3) 구 토지수용법 제46조 제2항이 보상액을 산정함에 있어 개발이익을 배제하고, 기준지가의 고시일 이후 시점보정을 인근토지의 가격변동률과 도매물가상승률 등에 의하여 행하도록 규정한 것은 헌법 제23조 제3항에 규정한 정당보상의 원리에 어긋나지 않는다.

(2) 보상액을 결정함에 있어서 구 토지수용법 제46조 제1항과 제2항이 비록 그 산정방법은 다르지만 모두 개발이익을 배제하여야 한다는 원칙에는 일치하고 있으므로 기준지가고시지역내의 토지인가 아닌가라는 우연한 사정에 의하여 보상액에 개발이익의 포함여부를 달리하여 토지소유자들을 합리적 이유 없이 차별한다고 볼 수 없다.

(3) 1) 헌법상 평등의 원칙은 국가가 언제 어디서 어떤 계층을 대상으로 하여 기본권에 관한 상황이나 제도의 개선을 시작할 것인지를 선택하는 것을 방해하지는 않는다. 만약 어떤 경우든지 모든 사항과 계층을 대상으로 하여 동시에 제도의 개선을 추진하여야 한다면 그 시행이 불가능하다는 결과에 이르게 되어 불합리할 뿐 아니라 평등의 원칙이 실현하고자 하는 가치와도 어긋나기 때문이다.

2) 비록 수용되지 아니한 토지소유자가 보유하게 되는 개발이익을 포함하여 일체의 개발이익을 환수할 수 있는 제도적 장치가 마련되지 아니한 상황에서, 기준지가가 고시된 지역내에서 피수용토지를 둔 토지소유자로부터서만 이를 환수한다고 하여, 합리적 이유 없이 수용여부에 따라 토지소유자를 한 것이라고는 인정되지 아니한다.

Ⅲ. 정당보상에 관한 헌법적 고찰

이 사건에서의 핵심은 토지수용법 제46조 제2항이 정당보상의 원칙에 위반되는지의 여부이고, 따라서 먼저 헌법 제23조 제3항에서 규정하고 있는 정당보상의 원칙의 내용을 다루어야 할 것이다. 그런데 앞서 언급한 바와 같이 결국 정당보상의 내용은 헌법상 보장된 손실보상의 본질과 기능속에서 찾아야 하기 때문에 이 문제를 먼저 고찰한 후 토지수용법 제46조 제2항의 위헌 여부와 헌재결정의 의의와 문제점을 살펴보고자 한다.

1. 정당보상의 원칙

(1) 손실보상의 본질과 기능

주지하는 바와 같이 재산권 보장의 내용은 일차적으로 해당 재산권의 구체적 대상 그 자체의 존속보장이며, 예외적으로 제23조 제3항에서 규정한 공용침해의 모든 전제조건이 충족되었을 경우에만 이차적으로 재산권의 대상 그 자체가 가지고 있는 가치의 보장으로 전환되는 것이다.[4] 따라서 손실보상이란 공용침해에 의한 재산권의 존속보장의 파괴를 재산권의 가치보장을 통해 회복하는 것이며, 이에 따라 손실보상의 본질은 공용침해로 야기된 재산권자의 특별희생에 대한, 재산권보장과 사회적 공평부담의 견지에서의 조절적 의미를 가지는 사회적 상계라고 할 수 있다.[5] 결국 손실보상은 특별희생의 사회적 공평부담이라고 하는 평등원칙과 재산권보장의 이차적 내용인 가치보장의 확보를 그 본질로 하고 있다.

이처럼 손실보상이란 평등원칙의 관철하에서의 침해된 재산권의 가치보장 확보를 통해 존속보장의 파괴를 치유하는 것을 그 이념으로 하며,[6] 이에 따라 손실보상은 재산권자로 하여금 침해된 재산권과 동종·동가치의 재산권을 획득할 수 있는 상태로 회복시켜 주는 기능을 가진다.[7] 그런데 여기서 침해된 재산권과 동가치라고 하는 의미는 침해된 재산권과 액면 그대로의 평면적으로 비교한 동일한 가치를 의미하는 것이 아니라 앞서 언급한 바와 같이 공용침해로 인해 해당 재산권에 야기된 개인이 평균 부담해야 할 정도를 넘어선 특별희생을 사회적 공평부담의 견지에서 상계시키는 사회적으로 조절된 가치를 의미한다. 즉 이는 손실보상을 통해 회복되어질 재산권의 가치로부터 해당 공익사업을 위하여 재산권자가 마땅히 부담해야 할 개인적 지분, 다시 말해 해당 재산권의 사회적 기속부분이 공제된 나머지 가치분이 실제로 손실보상의 기준이 된다는 것을 의미한다. 주지하는 바와 같이 모든 재산권은 보상을 필요로 하지 않는 일정한 사회적 기속을 수반한다. 따라서 이러한 단순한 사회적 기속에 의한 일정한 재산권의 침해 내지 제한에 의한 가치감소 내지 손실을 재산권자가 감수해야 할 헌법상 의무가 있으며,[8] 이를 헌법 제23조 제2항이 확인하고 있다. 그러므로 공용침해에 이르지 아니한 단순한 재산권의 사회적 기속분에 해당하는 일정한 재산적 가치는 손실보상을 통해 회복되는 침해된 재산권의 가치영역에서 가치감소적 요소로서 고려되어야 하는 것이다.[9] 따라서 해당 재산권에 내재된 일정한 사회적 기속에 의한 재산권의 일반희생을 넘어서

---

4) 존속보장과 가치보장에 대한 자세한 것은 정연주, 재산권보장과 수용유사침해, 고시연구 1991.5, 103쪽 이하 참조.

5) 이러한 손실보상의 본질과 기능에 대하여 자세한 것은 정연주, 손실보상, 목촌 김도창박사 고희기념논문집, 1993, 413쪽 이하 참조.

6) Vgl. Papier, in: Maunz/Dürig, Grundesetz Kommentar, Art. 14, Rdnr. 511.

7) Vgl. BGHZ 26, 273(374); 29, 217(221); 39, 198(200); 59, 250(258f.); Kreft, Öffentlich-rechtliche Ersatzleistungen, Rdnr. 88.

8) Vgl. Papier, in: Maunz/Dürig, Grundgesetz Kommentar, Art. 14. Rdnr. 531.

9) Vgl. Rüfner, Die Berücksichtigung der Interessen der Allgemeinheit bei der Bemessung der Enteignungsentschädigung, in: Festschrift für Ulrich Scheuner, S. 524ff.

는 특별희생부분만이 보상을 통해 회복되는 재산적 가치의 기준이 될 것이다.[10)]

이처럼 재산권의 사회적 기속과 관련하여 일정한 특별희생만이 보상에서 고려되기 때문에 피침해자의 경우 자신의 침해된 재산권의 전가치를 인정받지 못하는 반면, 다른 일반 재산권자의 경우는 자신의 재산권의 사회적 기속부분이 공제되지 않는 재산권의 전가치를 여전히 향유하고 있기 때문에 이 양자 사이에는 손실보상을 통해 극복되지 않는 불평등부분이 존재할 수 있는 것이다. 그러나 이는 공용침해로 인해 야기되는, 해당 재산권의 사회적 기속의 구체적 실현의 시기상의 차이에서 필연적으로 나타나는 현상이지 본질적으로 평등원칙의 위반은 아닌 것이다.[11)] 즉 피침해자인 재산권자의 경우에는 자신의 재산권이 우연히 공익사업에 연루된 관계로, 그 해당 공용침해에 대한 손실보상과정에서 당해 재산권의 사회적 기속부분이 가치보장 영역에서 공제됨으로써 구체적으로 현실화되어진 것이고, 공익사업과 관련 없는 다른 일반 재산권자의 경우에는 아직 자신의 재산권의 사회적 기속이 구체적으로 실현될 기회가 없었을 뿐이며 언젠가는 자신의 재산권도 이 사회적 기속의 실현을 감수해야 할 경우도 있다는 잠재성을 항상 내포하고 있다는 면에서 결국 평등의 원칙은 관철되고 있는 것이다.[12)]

(2) 비교형량의 원칙

1) 정당한 형량

이처럼 손실보상의 대상에 해당되는 공용침해된 재산권의 가치보장부분에서 그 해당 재산권에 내재된 사회적 기속분이 공제되어야 할 것이고, 이는 헌법 제23조 제2항에 따른 모든 재산권이 가지는 사회적 기속성에서 도출된 법리라 할 것이다.

---

10) Vgl. Papier, in: Maunz/Dürig, Grundgesetz Kommentar, Art. 14, Rdnr. 523.

11) 참고로 이 사건에서 헌재의 "헌법이 규정한 평등의 원칙은 국가가 언제 어디에서 어떤 계층을 대상으로 하여 기본권에 관한 상황이나 제도의 개선을 시작할 것인지를 선택하는 것을 방해하지는 않는다. 말하자면 국가는 합리적인 기준에 따라 능력이 허용하는 범위내에서 법적 가치의 상향적 구현을 위한 제도의 단계적 개선을 추진할 수 있는 길을 선택할 수 있어야 한다. 이러한 점은 그 제도의 개선에 과다한 재원이 소요되거나 이 사건에서와 같이 전제되는 여러 제도적 여건을 동시에 갖추는 데에는 기술적인 어려움이 따르는 경우에 더욱 두드러진다. 그것이 허용되지 않는다면, 모든 사항과 계층을 대상으로 하여 동시에 제도의 개선을 추진하는 예외적 경우를 제외하고는 어떠한 개선도 평등의 원칙 때문에 그 시행이 불가능하다는 결과에 이르게 되어 불합리할 뿐 아니라 평등의 원칙이 실현하고자 하는 가치와도 어긋나기 때문이다."라고 하는 판시내용도 이러한 논리를 뒷받침한다고 볼 수 있다. 때문이다. 헌재 1990. 6. 25. 89헌마107, 판례집 2, 178, 197.

12) Vgl. Rüfner, aaO, S. 527; Kimminich, Eigentum-Enteignung-Entschädigung, Rdnr. 362. Dagegen aber Schulthes, Die Höhe der Enteignungsentschädigung, S. 77f.

그런데 다른 한편 이러한 손실보상의 대상인 침해된 재산권의 가치보장부분에는 그 해당 공용침해로 직접 야기된 재산적 이익도 함께 고려되어야 한다. 예컨대 공익사업으로 인해 공용침해될 토지의 지가가 상승되는 등 공용침해로 인하여 직접 재산권자에게 일정한 재산상의 이익이 발생되었을 경우, 이러한 이익은 재산권자 자신의 노력과 관계없이 순전히 공익사업을 직접 원인으로 하여 발생한 것이므로 사회환원적 차원에서 마땅히 손실보상을 통해 회복되는 침해된 재산권의 가치보장부분에서 마땅히 공제되어야 할 것이다.

아울러 손실보상을 통해 회복되는 이러한 재산권의 가치보장부분에는 재산권자 자신의 고의 또는 과실로 인해 야기된 손실의 증가분도 함께 고려되어야 할 것이다. 즉 공용침해로 인해 발생한 손실에 재산권자 자신의 책임으로 인해 야기된 일정한 재산상의 손실이 포함되어 있을 경우, 이 재산권자 자신의 책임영역에 속하는 재산적 손실부분은 손실보상을 통해 회복되는 재산권의 가치보장 부분에서 공제되어야 할 것이다.

이처럼 손실보상의 대상이 되는 공용침해된 재산권의 가치보장부분에는 해당 재산권에 내재된 사회적 기속분, 공용침해로 야기된 재산상의 이익, 재산권자 자신의 책임 등 공용침해와 관련된 제반사항이 고려되어야 하며, 아울러 재산권의 사회적 기속의 정도 자체가 해당 재산권의 종류와 성질, 그 처해있는 상황과 시대적 배경 등에 따라 달라지기 때문에 손실보상의 대상으로서의 재산권의 가치는 일률적이 아니고 이러한 다양한 요소에 따라 차별적일 수밖에 없다. 이것은 재산권보장의 정도와 범위의 차별성에 기인한다. 즉 재산권보장기능은 그 보장되는 재산권의 종류와 성질 및 상황과 사회적 기속도에 따라 차별적으로 작용하고,[13] 이러한 재산권보장의 정도와 범위의 차별성이 필연적으로 재산권보장의 이차적 내용인 가치보장의 차별화를 초래하게 되며,[14] 결국 가치보장의 차별화가 손실보상의 차별화를 초래하게 된다.

그러므로 손실보상의 내용과 범위는 이처럼 가치보장의 차별화를 초래하는 다양한 요소에 따라 달라지기 때문에 손실보상의 확정은 필연적으로 앞서 언급한 제반요소의 정당한 비교형량을 전제로 하고, 이러한 정당한 비교형량의 결과가 바로 손실보상인 것이다. 즉 손실보상은 그 구체적 실현을 위하여 필연적으로 그 해당 재산권의 사회적 기속도, 공용침해로 야기된 재산상의 손실과 이익, 재산권자 자신

---

13) Vgl. BVerfGE 53, 257ff.

14) Vgl. Papier, in: Maunz/Dürig, Grundgesetz Kommentar, Art. 14, Rdnr. 526.

의 책임, 공용침해로 달성되는 공익 등 공용침해와 관련된 제반사항의 총체적 비교형량 과정을 수반하며, 이러한 제반 사항의 정당한 비교형량의 결과가 손실보상의 내용과 범위인 것이다. 결국 이러한 공용침해와 관련한 공익 및 관계자의 이익의 총체적인 비교형량이 바로 헌법 제23조 제3항이 규정한 정당보상의 실현형식이며 내용인 것이다.[15)]

2) 비교형량의 주체

과거 제5공화국 헌법 제22조 제3항 제2문은 "보상은 공익 및 관계자의 이익을 정당하게 형량하여 법률로 정한다."고 규정하고 있었기 때문에 정당한 비교형량의 주체는 보상의 기준을 법률로 정하는 입법자임을 명백히 알 수 있었다. 그러나 현행 헌법 제23조 제3항은 단순히 "… 보상은 법률로써 하되, 정당한 보상을 지급하여야 한다."라고만 규정하고 있기 때문에 정당보상의 구체적 실현과정으로서의 정당한 형량의 실천자가 누구인지가 외견상 분명치 않다. 그러나 현행 헌법상 보상의 기준은 법률로써 입법자가 정하도록 되어 있고, 입법자가 법률에서 보상의 기준을 정하기 위해서는 필연적으로 보상과 관련되는 제반이익의 정당한 비교형량이 입법자 스스로에 의하여 이루어져야 한다. 따라서 현행 헌법에서도 정당한 비교형량의 주체는 입법자인 것이다.

그러므로 입법자는 이러한 형량의 원칙에 따라 공용침해와 관련된 공익 및 관계자의 이익을 비교형량하여 보상의 기준, 즉 보상의 종류, 방법 및 범위에 관한 기본적 사항을 법률에서 정해야 한다. 그런데 이 보상의 기준은 일반적이고 추상적인 것이기 때문에 당해 행정청은 각각의 개별적 상황에 이 법률에서 정한 기준을 적용시켜 구체적인 보상의 종류와 방법 및 범위를 정해야 하며, 법원은 이 구체적인 보상이 법률에서 정한 기준에 합치되는 것인지, 즉 정당보상에 해당되는지의 여부를 심사하게 된다. 그리고 법률에서 정한 보상기준 자체가 헌법이 요구하는 정당보상의 이념에 부합되는지, 즉 공익 및 관계자의 이익 등 보상과 관련된 제반사항의 정당한 비교형량의 결과 정해진 것인지의 여부에 대한 심사는 헌법재판소

15) 현행 헌법 제23조 제3항은 단순히 "… 정당한 보상을 지급해야 한다."라고만 규정하고 있는 반면, 과거 제5공화국 헌법 제22조 제3항은 "… 보상은 공익 및 관계자의 사익을 정당하게 형량하여 법률로 정한다."라고 구체적으로 규정하고 있고, 이에 해당되는 독일 기본법 제14조 제3항은 "… 손실보상은 이익 및 관계자의 이익의 정당한 형량하에 정해진다(Die Entschädigung ist unter gerechter Abwägung der Interessen der Allgemeinheit und der Beteiligten zu bestimmen). …"라고 규정하고 있는데, 위에서 언급한 바와 같이 공익 및 관계자의 이익의 정당한 비교형량의 결과가 바로 정당보상이기 때문에 이 세 가지 헌법규정은 표현형식만을 달리할 뿐 그 본질에 있어서는 대동소이하다 하겠다.

의 관할에 속하는 것이며, 법원은 해당 법률에 대한 헌법재판소에의 위헌제청을 위한 한도 내에서 위헌 여부를 심사할 수 있을 것이다.[16)]

이에 따라 입법자는 보상규정에서 정당한 보상을 도출해 내기 위한 일정한 보상기준을 제반사항의 정당한 비교형량의 결과 정하게 되며, 이 정당한 형량의 결과에 따른 보상이 공용침해에 의해 상실된 재산권에 대한 시중 거래가격에 따른 완전보상일 수도 있고, 완전보상에 하회할 수도 있을 것이다.[17)] 결국 어떠한 내용의 보상기준이 정해지느냐 하는 것은 제반사항의 정당한 형량에 따른 입법자의 입법재량에 속하는 문제이며, 헌법 자체에 의해 정해진 사항은 아니다.[18)] 따라서 구체적인 보상의 종류와 방법 및 범위는 이러한 형량의 결과 달라질 수 있는 것이다.

여기서 입법자의 입법재량의 한계의 문제로서 한 가지 유의해야 할 중요한 사항은 입법자가 비교형량의 과정에서 고려해야 할 공익에 국가 내지 공행정주체의 재정상의 이익이 포함되어서는 결코 안된다고 하는 것이다.[19)] 이는 국가의 재정적 확충과 국고의 증진 등의 목적을 위하여 공용침해가 허용될 수 없는 것과 궤를 같이 한다고 하겠다.[20)] 만일 이러한 국가재정상의 이익이 입법자에 의한 제반사항의 비교형량과정에서 공익의 한 내용으로서 고려되고 그 결과가 보상에 반영된다면 국가재정상의 이유에서 야기되는 모든 손실보상의 제한 내지 배제는 헌법상 정당화되어질 수 있을 것이고, 이러한 재산권자의 희생위에서 국가의 재정은 확충될 것이며, 결국 이로써 헌법상의 손실보상을 통한 재산권보장의 기능은 형해화되어 질 것이다.

2. 정당보상의 내용

정당보상이란 앞서 언급한 바와 같이 공용침해 및 이에 대한 보상과 관련된 모든 제반사항, 즉 공익 및 관계자의 이익을 정당하게 비교형량한 결과로서, 이러한 형량에 따라 정해지는 보상의 종류와 방법 및 범위가 바로 정당보상의 내용이 되는 것이다. 아래에서는 이러한 구체적 내용을 공토법을 중심으로 살펴보고자 한다.

---

16) Vgl. Kimminich, aaO, Rdnr. 360.

17) Vgl. BVerfGE 24, 367(421); 45, 63(75f.); 46, 268(296).

18) Vgl. BVerfGE 24, 367(285); BGHZ 67, 190(192); Opfermann, Die Enteignungsentschädigung nach dem Grundgesetz, S. 99ff.; Papier, in: Maunz/Dürig, Grundgesetz Kommentar, Art. 14, Rdnr. 513f.

19) Vgl. Opfermann, aaO, S. 101.

20) 공용침해를 허용하는 공익목적에 대하여는 정연주, 공용침해의 허용조건으로서의 공공필요, 연세법학연구 제1집, 1990, 150쪽 이하 참조.

(1) 보상의 종류

보상의 종류는 입법자가 공익 및 관계자의 이익을 정당하게 형량하여 정한다. 이에 따라 보상의 종류로서는 현금보상과 더불어 토지(대토)나 토지에 대한 각종의 물권 등 현물보상과 각종의 권리에 의한 보상 등이 고려될 수 있을 것이다.

1) 현금보상의 원칙

공토법 제63조 제1항은 현금보상을 원칙으로 하고 있다. 이는 현금이 그 유통에 있어서 가장 자유롭고 객관적 가치의 변동이 적기 때문에 보상의 완전성의 확보라는 측면에서 일반적으로 가장 정당보상의 이념에 부합되기 때문이라고 하겠다. 재산권자도 별도의 규정이 없는 한 원칙적으로 현금보상에 대한 권리만을 가진다고 하겠다.[21]

2) 다른 종류에 의한 보상의 문제

손실보상의 관련 법규들은 예외적으로 현금 이외의 다른 종류에 의한 보상을 허용하고 있는 바, 구 도시재개발법 제31조 제1항에 따른 대지 또는 건축시설의 분양에 의한 보상, 공토법 제63조 제1항 단서에 따른 토지보상, 공토법 제63조 제7항, 8항에 따른 채권에 의한 보상 등이 그 예이다. 앞서 언급한 바와 같이 공용침해된 재산권자는 별도의 규정이 없는 한 원칙적으로 현금보상에 대한 청구권만을 가지기 때문에 이러한 예외적 규정에서처럼 특별히 현금 이외의 종류에 의한 보상을 허용하는 한에서만 그 특정종류의 보상을 청구할 수 있을 뿐이며, 이러한 예외적 규정이 없는 한 현금 이외의 종류에 의한 보상을 청구할 수는 없다. 이는 보상의 종류를 정하는 것은 오로지 입법자의 권한에 속하는 문제이기 때문이다.

그런데 현금 이외의 종류에 의한 보상과 관련하여 유의해야 할 점은 이러한 특별한 종류에 의한 보상은 보상과 관련한 제반사항의 정당한 비교형량의 결과로 정해진 것으로서, 이것이 그 특수한 상황과 관계자－특히 재산권자의－의 이익을 고려할 때 재산권자의 측면에서 현금보상보다 더욱 정당보상의 이념에 부합되기 때문이라는 점이다. 즉 상실된 재산권에 대한 동종·동가치의 회복이라는 손실보상의 기능에 더욱 합치되는 것이기 때문이다. 예컨대 토지를 수용당한 재산권자가

21) Vgl. Nüßgens/Boujong, aaO, Rdnr. 391.

인근에서 동종·동가치의 다른 토지를 획득함이 매우 어려운 오늘날의 상황을 고려해 볼 때 현금에 의한 보상은 재산권자에 대한 손실보상을 통한 존속보장의 회복가능성의 부여라는 면에서 적절한 기능을 할 수 없을 것이고, 대토에 의한 보상이 해당 피수용자를 위한 재산권보장과 정당보상의 측면에서 보다 적합한 방법이 될 수 있을 것이다.

이처럼 다른 종류에 의한 보상방법은 본질적으로 재산권자의 이익의 측면에서 고려되는 것이기 때문에 논리필연적으로 해당 재산권자, 즉 손실보상 청구권자의 신청이나 동의를 그 전제로 하며, 청구권자의 의사에 반하여 강제적으로 이루어질 수는 없는 것이다.[22] 왜냐하면 다른 종류에 의한 보상이 청구권자의 의사에 관계없이 강제적으로 이루어진다면 이것은 오히려 재산권자의 이익과 정당보상의 이념에 역행하는 것이 되기 때문이다.

이에 따라 대지 또는 건축시설물의 분양에 의한 보상을 규정한 구 도시재개발법 제31조 제1항과 관련하여 동조 제2항에서는 "시행자는 다음 각호의 1에 해당하는 자의 토지·건축물 기타의 권리는 제1항의 규정에 불구하고 국토의계획및이용에관한법률 제95조의 규정에 의하여 수용할 수 있다. 1. 분양신청을 하지 아니한 자 2. 분양신청을 철회한 자 …"라고 규정하고 있고, 동법 제32조 제1항은 "재개발사업의 시행을 위한 수용 또는 사용에 관하여는 이 법에 특별한 규정이 있는 경우를 제외하고는 공익사업을위한토지등의취득및보상에관한법률을 준용한다."라고 규정함으로써 대지 또는 건축시설의 분양에 의한 보상은 피침해자인 재산권자의 신청이나 희망을 전제조건으로 하고, 그렇지 않은 경우에는 현금보상을 원칙으로 함을 시사하고 있다. 공토법 제63조 제1항 단서조항도 "다만, 토지소유자가 원하는 경우로서 사업시행자가 해당 공익사업의 합리적인 토지이용계획과 사업계획 등을 고려하여 토지로 보상이 가능한 경우에는 … 토지로 보상할 수 있다."라고 규정하고 있어 대체로 같은 입장을 취하고 있다.

이는 독일의 경우에도 마찬가지이다. 대토(Ersatzland)에 의한 보상을 규정하고 있는 연방건설법(Baugesetzbuch) 제100조 제1항은 "손실보상은 '재산권자의 신청에 따라' 적절한 대토로써 이루어질 수 있는데, 이는 그 재산권자가 자신의 직업활동 내지 영업활동의 안정을 위하여 또는 자신에게 부과되는 과제의 수행을 위하여 대토에 의한 보상에 의존되어 있음을 … 전제로 한다."라고 규정하고 있고, 토지에 대

---

22) Vgl. Dietlein, Verfassungsrechtliche Probleme der Enteignungsentschädigung, DÖV 1973, S. 263; Kimminich, aaO, Rdnr. 314.

한 다양한 권리에 의한 보상을 규정하고 있는 동법 제101조 제1항은 "공용침해되는 토지의 소유자에게는 '자신의 신청에 따라' 전부 또는 부분적으로 다른 토지에 대한 다음과 같은 각기 상이한 권리에 의한 보상-이러한 보상 방법이 '관계자의 이익형량의 결과 정당한 것이라면'-이 이루어질 수 있다. …"라고 규정함으로써 대토나 토지상의 다른 권리 등에 의한 보상방법은 공익과 관계자의 이익의 형량결과 재산권자의 이익을 위한 정당한 보상방법으로 간주되고 아울러 해당 재산권자의 신청이 있는 경우에만-즉 재산권자의 의사에 따라서만-허용됨을 명시하고 있다.

3) 공토법 제63조 제7항 · 제8항에 의한 채권보상의 문제점

이런 맥락에서 공토법상의 채권보상이 문제될 수 있다.

공토법 제63조 제7항은 "사업시행자가 국가, 지방자치단체, 그 밖에 대통령령으로 정하는 「공공기관의 운영에 관한 법률」에 따라 지정 · 고시된 공공기관 및 공공단체인 경우로서 다음 각 호의 어느 하나에 해당되는 경우에는 제1항 본문에도 불구하고 해당 사업시행자가 발행하는 채권으로 지급할 수 있다.

1. 토지소유자나 관계인이 원하는 경우

2. 사업인정을 받은 사업의 경우에는 대통령령으로 정하는 부재부동산 소유자의 토지에 대한 보상금이 대통령령으로 정하는 일정 금액을 초과하는 경우로서 그 초과하는 금액에 대하여 보상하는 경우"라고 규정하고 있고,

제8항은 "토지투기가 우려되는 지역으로서 대통령령으로 정하는 지역에서 다음 각 호의 어느 하나에 해당하는 공익사업을 시행하는 자 중 대통령령으로 정하는 「공공기관의 운영에 관한 법률」에 따라 지정 · 고시된 공공기관 및 공공단체는 제7항에도 불구하고 제7항 제2호에 따른 부재부동산 소유자의 토지에 대한 보상금 중 대통령령으로 정하는 1억원 이상의 일정 금액을 초과하는 부분에 대하여는 해당 사업시행자가 발행하는 채권으로 지급하여야 한다.

1. 「택지개발촉진법」에 따른 택지개발사업

2. 「산업입지 및 개발에 관한 법률」에 따른 산업단지개발사업

3. 그 밖에 대규모 개발사업으로서 대통령령으로 정하는 사업"이라고 규정하고 있다. 그런데 이 규정은 정당보상의 원칙에서 볼 때 다음과 같은 문제점을 내포하고 있다.

첫째, 채권보상을 허용하는 목적과 취지가 위헌적이다. 이 규정이 채권보상을 허용하는 주된 이유는 국가나 지방자치단체 등의 불충분한 재정 상태에 기인한다.

즉 수용·사용된 토지에 대하여 모두 현금에 의한 일시불로 보상을 지급하기에는 국가의 재정상태가 충분치 못한 것이다. 그러나 현금 이외의 종류에 의한 보상은 공익 및 관계자의 이익의 형량결과 재산권자의 이익의 측면에서 정당한 보상으로 간주될 경우에만 허용될 수 있는 것이지 국가의 재정적 이해관계 때문에 인정될 수는 없는 것이며, 더욱이 정당한 비교형량과정에서 고려되어야 할 공익의 내용에 국가의 재정확보나 국고증진 등의 목적이 결코 해당될 수 없음은 이미 위에서 살펴본 바와 같다. 만일 국가의 재정적 이해를 이유로 보상의 종류 등 손실보상의 내용이 달라진다면 국고증진을 위한 입법자에 의한 어떠한 종류의 보상내용도 헌법상 정당화되어질 수 있게 되고 공용침해 및 이에 대한 손실보상제도는 국고확충을 위한 자의적 도구로 전락될 것이며, 결국 정당보상을 통한 재산권보장의 기능은 형해화되어질 것이다. 국가재정의 문제는 공용침해 및 손실보상과 관련한 수단을 통해서가 아니라 다른 수단, 예컨대 조세나 경제정책적 수단을 통해서 해결해야 할 문제인 것이다.

둘째, 채권에 의한 보상이 강제적이라는 점이다. 즉 공토법 제63조 제7항은 채권보상이 허용되는 경우로서 제1호에서는 '토지소유자나 관계인이 원하는 경우'라고 규정함으로써 해당 재산권자의 의사에 따르도록 하고 있지만, 동조항 제2호와 동법 동조 제8항에서는 일정한 조건하에서 재산권자의 의사에 관계없이 채권보상을 할 수 있거나 채권보상이 강제되도록 규정하고 있다. 이는 앞서 언급한 바와 같이 현금 이외의 종류의 보상은 공익 및 관계자의 이익, 특히 재산권자의 이익에 부합될 경우에만 인정될 수 있고, 따라서 재산권자의 의사에 반하여 강제적으로 이루어질 수 없음에 비추어 볼 때 정당보상의 이념에 역행하는 것이며, 이에 관한 국내외의 입법례에도 상치되는 것이다.

셋째, 보상의 종류로서의 채권 자체가 정당보상의 종류로서 적합치 않다는 것이다. 채권은 현금의 경우와는 달리 유통이 자유롭지 못하고 그 객관적 가치가 안정적이지 못하다. 물론 채권을 자유롭게 양도하거나 담보에 제공할 수는 있지만, 원칙적으로 일정한 상환기한이 경과되어야만 현금화시킬 수 있기 때문에 상실된 재산권의 동종·동가치의 회복이라는 손실보상의 기능면에서 볼 때 채권보상은 정당보상의 이념에 부합된다고 보기 어렵다. 더욱이 일반물가의 폭등 및 채권의 실질가치의 폭락의 경우를 고려할 때 채권에 의한 보상이 상실된 재산권의 가치의 명목적·형식적 보장으로 전락할 위험은 항상 도사리고 있는 것이다. 물론 동법 동조 제9항이 "제7항 및 제8항에 따라 채권으로 지급하는 경우 채권의 상환 기한은 5년을 넘지 아니하는 범위에서 정하여야 하며, 그 이자율은 다음 각 호와 같다. …"라고 규정함으로써 채권보상이 정당한 보상이 될 수 있도록 만전을 기한 것처럼 보인다. 그러나 오늘날에 있어서의 현저한 물가상승과 폭등하는 토지가격을 생각해 볼 때 과연 이 규정을 통해 상실된 재산권의 실질적 가치의 보장이 확보될 수 있는지는 의심스럽고, 따라서 채권보상의 경우 헌법이 요구하는 정당보상 및 이를 통한 재산권보장의 기능이 형해화되어질 위험이 여전히 남아있는 것이다.

이상 언급한 이유로 채권보상제도는 정당보상의 원칙의 측면에서 볼 때 문제의 소지가 있는 것이다. 물론 앞서 언급한 바와 같이 국가재원이 부족하다는 나름대로의 절실한 상황을 이해 못할 바 아니고, 또한 그 대상이 부재부동산소유자의 토지, 즉 소유자가 거주나 직업활동 등 현재 직접 긴절한 용도에 사용하는 토지가 아니라는 점에서 현금보상이 아닌 채권보상도 정당화될 수 있고, 아울러 이익형량이라는 측면에서 상실되는 토지소유자의 이익 내지 기본권보다 국가 재정 및 공익사업의 시행 등의 공익이 더욱 크다고 평가되어 채권보상을 규정한 것이 아닌가 생각된다. 그러나 아무리 국가재원의 부족도 이해가 되고 긴절한 공익사업의 신속한 시행도 중요하지만 헌법상의 정당보상의 원칙과 재산권보장정신에 비추어 볼 때 이러한 채권보상제도는 개선되어야 할 것이다.

(2) 보상의 방법

공토법은 정당한 보상의 방법과 관련하여 다음과 같은 원칙을 정해놓고 있다.

1) 사업시행자 보상의 원칙

손실보상은 사업시행자가 행한다(제61조). 여기서 사업시행자란 해당 공익사업을 수행하는 자를 말한다(제2조 제3호). 즉 사업시행자는 공익사업의 수행자로서 공용침해의 원인을 제공했으며, 그 공익사업의 수행을 위하여 해당 재산권을 획득한 자이기 때문에 당연히 손실보상의 의무자가 되는 것이다.[23)]

여기서 사업시행자에는 국가 또는 지방자치단체 등의 공행정주체 뿐 아니라 사기업 등의 사인도 해당된다. 사인도 국가의 공적 과제를 수임하는 한도내에서 공익사업의 주체가 될 수 있으며, 이러한 사인을 위한 공용침해[24)]의 경우 당연히 사업시행자로서의 사인이 손실보상의 의무자가 되는 것이다.

23) Vgl. Nüßgens/Boujong, aaO, Rdnr. 398; Papier, in: Maunz/Dürig, Grundgesetz Kommentar, Art. 14, Rdnr. 555.

24) 이에 관하여는 정연주, 사인을 위한 공용침해, 현대공법이론의 전개, 석정 허영민박사 화갑기념논문집 1993, 921쪽 이하 참조.

2) 개인별 보상의 원칙

손실보상은 토지소유자나 관계인에게 개인별로 행하여야 한다. 다만, 개인별로 보상액을 산정할 수 없는 때에는 그러하지 아니하다(제64조).

3) 사전보상의 원칙

사업시행자는 당해 공익사업을 위한 공사에 착수하기 이전에 토지소유자 및 관계인에 대하여 보상액의 전액을 지급하여야 한다. 다만, 제38조의 규정에 의한 천재·지변시의 토지의 사용과 제39조의 규정에 의한 시급을 요하는 토지의 사용 또는 토지소유자 및 관계인의 승낙이 있은 때에는 그러하지 아니하다(제62조).

(3) 보상의 범위

앞서 언급한 바와 같이 손실보상이란 공용침해로 인해 야기된 특별희생을 사회적 공평부담의 견지에서 조절하는 사회적 상계이므로 보상의 범위란 재산권자에게 발생한 특별희생, 즉 회복되어져야 할 가치보장의 범위를 의미한다. 그런데 손실보상의 범위는 공익 및 관계자의 이익의 정당한 비교형량의 결과 정해지는 것이므로, 보상범위의 확정에 있어서는 기본적으로 공용침해로 야기된 재산권의 상실과 공익 및 해당 재산권의 사회적 기속, 그리고 상황에 따라서는 공용침해로 발생한 재산상의 이익과 재산권 손실영역에서의 재산권자 자신의 책임 등의 제반사항이 고려되어야 할 것이다.

보상의 범위확정을 위해서는 먼저 공용침해로 상실된 재산권이 그 토대가 될 것이고, 여기에 공익 및 해당 재산권의 사회적 기속분,[25] 그리고 공용침해로 발생한 재산상의 이익[26] 및 재산권자 자신의 책임부분 등이 가치감소의 원인으로서, 즉 보상범위의 축소요소로서 고려될 것이다.

그런데 여기서 유의해야 할 점은 보상의 범위확정의 기준이 되는 재산권자에게 발생한 손실은 반드시 공용침해로 인하여 '필연적으로' 그리고 '직접' 발생한, 헌법상 보장되고 있었던 '재산권'의 손실이어야 하며[27], 이러한 손실이 '객관적·합

25) Vgl. Schulthes, Die Höhe der Enteignungsentschädigung, S. 77ff.

26) Vgl. auch Leisner, Sozialbindung des Eigentums, S. 128; Opfermann, Die Enteignungsentschädigung nach dem Grundgesetz, S. 102ff.

27) Vgl. BGHZ 84, 223f.; 84, 230ff.; Nüßgens/Boujong, aaO, Rdnr. 394.

리적'인 범위내에서만 고려되어져야 한다[28]는 것이다. 따라서 공용침해로 인하여 단지 간접적으로 발생한 재산권의 손실, 예컨대 기대이익이나 장래의 가설적 이익 또는 공용침해가 없었더라면 발생할 수도 있었을 해당 재산권의 가격상승 내지 투기에 의한 예상되는 지가상승 등은 고려되어 질 수 없으며,[29] 공용침해로 인해 직접 야기되었다 하더라도 헌법상 보장된 재산권 이외의 권리 내지 이익 또는 신체나 정신상의 침해 등은 손실보상에서 역시 고려될 수 없고, 아울러 공용침해로 직접 야기된 재산권의 손실이라 할지라도 객관적·합리적 범위를 넘어선 재산권자 개인의 특수한 주관적 상황에서 유래하는 손실부분은 고려될 수 없는 것이다. 공토법 제70조 제2항이 "토지에 대한 보상액은 가격시점에서의 현실적인 이용상황과 일반적인 이용방법에 의한 객관적 상황을 고려하여 산정하되, 일시적인 이용상황과 토지소유자나 관계인이 갖는 주관적 가치 및 특별한 용도에 사용할 것을 전제로 한 경우 등은 고려하지 아니한다."라고 규정하고 있는 것도 같은 맥락이라고 볼 수 있다.

또한 이 점이 바로 손해배상과 구별되는 손실보상의 특성인 것이다. 손해배상이란 일반적으로 공익과는 관계없는 불법행위에 의해 발생한 손해를 개인적 책임주의의 견지에서 배상하는 것으로서 그 위법한 침해가 없었던 상태로의 완전한 회복을 그 이념으로 하기 때문에, 해당 불법행위에 의하여 직접·간접 야기된 모든 재산적·비재산적 손해에 대한 완전한 배상을 원칙으로 한다. 따라서 직접 발생한 재산적 손해 이외에 상실된 기대이익이나 위자료 등이 아울러 손해배상의 대상으로서 고려될 수 있다.[30] 반면에 손실보상은 앞서 언급한 바와 같이 공공필요에 의한 적법한 재산권침해로 인해 야기된 특별희생의 사회적 공평부담의 견지에서의 조절적 의미를 가지는 사회적 상계이기 때문에 그 침해가 발생하지 않았던 상태로의 완전한 회복을 그 이념으로 하지 아니하며, 따라서 공용침해로 직접 야기된 재산상의 손실만이 보상의 대상으로서 고려될 수 있는 것이다.[31]

여기서는 보상의 범위확정과 관련하여 고려되어야 할 기본사항으로서 보상범위의 기준이 되는 공용침해에 의해 상실된 재산권과 공용침해로 인해 발생한 재산상의 이익 및 재산권 손실 영역에서의 재산권자 자신의 책임 등에 대하여만 언급하기로 한다.

---

28) Vgl. Kreft, aaO, Rdnr. 90.

29) Vgl. Kimminich, aaO, Rdnr. 315.

30) Vgl. BGHZ 57, 359(368); 59, 250(258); Kreft, aaO, Rdnr. 85.

31) Vgl. BGHZ 59, 250(258f.); Kreft, aaO, Rdnr. 86.

1) 재산상의 손실

보상의 범위 확정을 위해서는 먼저 공용침해로 야기된 재산상의 손실이 고려되어야 할 것이다. 이러한 재산상의 손실은 크게 공익사업에 공여된 재산권의 대상 그 자체의 손실(Substanzverlust)과 공용침해로 야기된 기타의 부수적 손실(Folgeschäden)의 두 가지로 나눌 수 있다.[32)]

가. 공익사업에 공여된 재산권의 손실

보상의 범위 확정을 위하여 맨 먼저 고려해야 할 사항은 공익사업을 위하여 상실된 재산권의 대상 그 자체이다. 이는 손실보상이 상실된 재산권의 동가치의 회복을 그 기능적 출발점으로 하고 있기 때문이다.

여기서 손실보상의 범위는 원칙적으로 상실된 재산권의 시중 거래가격(Verkehrswert)을 기준으로 정해진다.[33)] 공토법 제67조 제1항은 "보상액의 산정은 협의에 의한 경우에는 협의성립 당시의 가격을, 재결에 의한 경우에는 수용 또는 사용의 재결 당시의 가격을 기준으로 한다."라고 규정함으로써 이 원칙에 따른다고 할 수 있고, 이 규정에 상응하는 독일의 연방건설법 제95조 제1항도 "공용침해로 인하여 상실된 재산권에 대한 보상은 공용침해되는 토지 또는 기타의 공용침해의 대상의 거래가격에 따라 정해진다. 시기적으로는 공용침해에 대한 당해 행정청의 재결시점에서의 거래가격이 기준이 된다."라고 규정함으로써 이 원칙에 따르고 있다. 여기서 거래가격이라 함은 공용침해시(재결시) 일반시중에서의 통상의 거래관행에 따라 해당 재산권의 성질과 위치 및 기타의 제반사항의 고려하에서－그러나 재산권자 개인의 주관적 이해나 특수한 상황 등은 고려됨이 없이－정해지는 가격을 의미한다.[34)]

그런데 이와 관련하여 공토법 제70조는 제1항에서 "협의나 재결에 의하여 취득하는 토지에 대하여는 「부동산 가격공시에 관한 법률」에 따른 공시지가를 기준으로 하여 보상하되, 그 공시기준일부터 가격시점까지의 관계 법령에 따른 그 토지의 이용계획, 해당 공익사업으로 인한 지가의 영향을 받지 아니하는 지역의 대통령령으로 정하는 지가변동률, 생산자물가상승률(「한국은행법」 제86조에 따라 한국은행이 조사·발표하는 생산자물가지수에 따라 산정된 비율을 말한다)과 그 밖에 그 토지의

---

32) Vgl. §93 Abs. 2 BauGB.

33) Vgl. BGHZ 59, 250(258); 67, 190(192); 83, 61(64); Kreft, aaO, Rdnr. 83ff.

34) Vgl. §194 BauGB.

위치 · 형상 · 환경 · 이용상황 등을 고려하여 평가한 적정가격으로 보상하여야 한다."라고 규정하고 있으며, 제3항과 제4항에서 "사업인정 전 협의에 의한 취득의 경우에 제1항에 따른 공시지가는 해당 토지의 가격시점 당시 공시된 공시지가 중 가격시점과 가장 가까운 시점에 공시된 공시지가로 한다." "사업인정 후의 취득의 경우에 제1항에 따른 공시지가는 사업인정고시일 전의 시점을 공시기준일로 하는 공시지가로서, 해당 토지에 관한 협의의 성립 또는 재결 당시 공시된 공시지가 중 그 사업인정고시일과 가장 가까운 시점에 공시된 공시지가로 한다."라고 규정함으로써 보상액산정에 있어서 일정한 공시지가를 기준으로 하게하고 있어, 손실액 산정방법에 있어서의 재결 당시의 가격(시가)의 원칙을 규정한 제67조 제1항과 외관상 모순되는 것처럼 보인다.

그러나 이는 제70조 제1항에서 "… 해당 공익사업으로 인한 지가의 영향을 받지 아니하는 지역의 …"라고 밝히고 있듯이 해당 공익사업으로 인한 지가상승 등의 지가변동을 보상액산정에서 고려하지 않음으로써 당해 공익사업과 관계없는 정상의 시가를 파악하고자 하는 것이며, 재결 당시의 거래가격을 기준으로 손실액을 산정한다는 원칙에는 변함이 없는 것이다. 공토법 제67조 제2항이 "보상액을 산정할 경우에 해당 공익사업으로 인하여 토지 등의 가격이 변동되었을 때에는 이를 고려하지 아니한다."라고 규정하고 있는 것도 바로 이러한 취지이다. 왜냐하면 당해 공익사업이 사업용지지가에 크게 영향을 미치는 경우에, 만일 이 경우까지도 재결 당시의 현실적인 시가에 의하여 보상액을 산정하게 되면 당해 공익사업으로 인한－재산권자 자신의 노력과 관계없는 일종의 불로소득으로서의－일종의 개발이익[35]을 모두 해당 재산권자에게만 귀속시키는 결과가 되어 이는 공익 및 관계자의 이익의 총체적 비교형량 결과로서의 정당보상의 원칙에 반하는 것이며,[36] 아울러 사회적 정의와 조리에도 반하기 때문이다. 따라서 공익사업의 시행으로 지가가 상승하여 피수용자에게 발생하는 개발이익을 환수하는 것은 이러한 정당보상의 원칙의 이념에 부합될 뿐 아니라, 평등의 원칙에도 부합된다고 할 수 있다.[37]

35) 개발이익환수에관한법률 제2조 제1호에 따르면 개발이익이라 함은 "개발사업의 시행이나 토지이용계획의 변경, 그 밖에 사회적 · 경제적 요인에 따라 정상지가상승분을 초과하여 개발사업을 시행하는 자나 토지 소유자에게 귀속되는 토지 가액의 증가분을 말한다."을 말한다.

36) Vgl. Kimminich, aaO, Rdnr. 160.

37) 그런데 다른 한편 일반적으로 공익사업으로 인한 지가상승은 공용침해된 토지에 대해서 뿐만 아니라 인근지역에 광범위하게 그 영향을 미치기 때문에, 이 경우에는 공용침해와 관련없는 인근의 다른 일반 재산권자의 토지에는 지가상승 이익이 그대로 소유자에게 귀속되는 결과가 되어 피침해자와 다른 재산권자 사이의 불평등성이 문제될 수 있다. 물론 수용되지 아니한 토지의 소유자가 보유하게 되는 개발이익을 포함하여 일체의 개발이익을 환수할 수 있는 완전한 제도적 장치가 마련되지

따라서 이 경우 대상토지의 당해 공익사업과 관계없을 때의 지가(공시지가)를 파악하고, 그때부터 협의성립 또는 재결시까지의 관계법령에 의한 당해 토지의 이용계획, 당해 공익사업으로 인한 지가의 영향을 받지 아니하는 지역의 대통령령이 정하는 지가변동률, 생산자물가상승률 그 밖에 당해 토지의 위치·형상·환경·이용상황 등을 참작하여 평가한 적정가격을 보상액으로 정하는 것이며, 이것이 바로 공익 및 관계자의 이익 그리고 기타 해당 재산권과 관련된 제반사항의 총체적 비교형량결과로서의 정당보상이며, 공익사업에 의한 피침해자와 공용침해와 관계없는 일반 재산권자 사이의 평등의 원칙의 관철에도 부합된다고 하겠다. 특히 오늘날 각종의 공익사업이나 투기 등으로 인하여 지가가 엄청나게 폭등하는 우리의 현실을 감안할 때 이는 너무나 당연한 처사라고 하겠다.[38] 이렇게 볼 때 공토법은 구 토지수용법의 그것에 비하여 이익형량의 원칙을 실현하기 위한 보다 세분화된 규정들을 마련하고 있다고 하겠다.

나. 기타의 부수적 손실

손실보상에는 공익사업에 공여된 재산권의 대상 그 자체 외에 공용침해로 인해 야기된 기타의 부수적 손실도 고려되어야 한다. 여기서도 물론 앞서 언급한 바와 같이 공용침해로 인하여 '직접' 그리고 '필연적'으로 발생한 객관적·합리적 범위의 부수적 손실만이 고려되어야 할 것이다.

이러한 부수적 손실로서는 예컨대 공용침해로 인해 발생한 재산권자의 직업 내지 영업활동에 있어서 손실, 일단의 토지의 일부만의 공용침해로 인해 발생한 나머지 잔여토지의 가격하락, 공용침해로 인해 필연적으로 야기된 이사비용 등을 들 수 있을 것이다. 그러나 상실된 재산권과 동종의 재산권의 구입과정에서 소요되는 부대비용, 상승된 건축비용, 예상되었던 지가상승 이익 등은 공용침해로 인해 직접적·필연적으로 야기된 객관적 손실이 아니기 때문에 보상액 산정에서 고려될 수 없을 것이다.[39]

아니한 현재의 상황에서 피수용자와 인근의 토지소유자 사이의 불평등이 존재할 수 있는 것은 사실이다. 그러나 그렇다고 하여 피수용토지만의 개발이익환수가 평등의 원칙위반이라고 보기는 어렵다. 왜냐하면 헌법재판소(1990. 6. 25. 89헌마107)도 적절히 지적하고 있듯이 평등의 원칙은 국가가 언제 어디서 어떤 계층을 대상으로 하여 기본권에 관한 상황이나 제도의 개선을 시작할 것인지를 선택하는 것을 방해하지는 않기 때문이다. 즉 만약 어떤 경우든지 반드시 모든 사항과 계층을 대상으로 하여, 그리고 반드시 동시에 제도의 개선을 추진하여야 한다면 그 시행이 불가능하다는 결과에 이르게 되어 불합리할 뿐 아니라, 결국 평등의 원칙이 실현하고자 하는 가치에 배치된다고 보지 않을 수 없기 때문이다.

38) 독일의 경우도 연방건설법 제95조 제2항에서 공익사업 등으로 인한 지가상승 등의 각종의 가치변동사항은 보상액산정에서 고려되지 않음을 자세히 규정하고 있다.

그런데 구체적으로 어떠한 부수적 손실이 이익형량과정에서 고려되어 보상액산정에 포함될 수 있는지의 여부는 결국 이러한 정당한 이익형량의 주체로서의 입법자의 입법재량에 속하는 문제라 하겠다.[40]

2) 이익상계

한편 비교형량을 방법적 기초로 하는 정당보상의 원칙은 보상의 범위확정에 있어서도 이익상계의 원칙이 지켜질 것을 요구하고 있다.[41] 공용침해로 인하여 재산권의 상실 이외에 일정한 재산상의 이익이 초래되었을 경우에는 형평의 원칙과 조리상 당연히 이러한 이익은 손실보상의 범위확정과정에서 고려되어 보상액 산정에서 공제되어야 할 것이다. 만일 이 경우 이러한 공용침해로 인해 야기된－재산권자의 노력과 관계없는 일종의 불로소득으로서의－재산상의 이익을 공제함이 없이 그대로 재산권자에게 귀속시킨다면 이는 사회적 정의에 반할 뿐 아니라, 해당 재산권자와 공용침해와 관련없는 일반 재산권자와의 사이의 형평의 원칙에도 반할 것이다. 아울러 이는 정당보상의 실현과정으로서의 비교형량의 원칙에서 볼 때도 당연한 것이다. 왜냐하면 형량원칙은 공용침해와 관련된 공익 및 관계자의 이익의 정당한 비교형량을 요구하고 있기 때문이다.

이러한 이익상계의 원칙은 관련법규가 이를 명시적으로 규정[42]하고 있는지의 여부에 관계없이 적용되어야 할 것이다.[43] 물론 여기서는 해당 공용침해와의 합리적 관련하에서 직접 발생한 객관적인 재산적 이익만이 고려되어야 할 것이다.[44] 예컨대 동일한 소유자에 속하는 일단의 토지의 일부를 수용하는 경우 해당 공익사업의 시행으로 인하여 잔여지의 가격이 증가되었을 경우, 이러한 공익사업으로 인한 재산상의 이익은 손실보상에서 상계되어야 할 것이다.[45]

그런데 이러한 이익상계의 원칙과 관련하여 공토법 제66조는 “사업시행자는 동일한 토지소유자에 속하는 일단의 토지의 일부를 취득 또는 사용하는 경우 당해 공익사업의 시행으로 인하여 잔여지의 가격이 증가하거나 그 밖의 이익이 발생한

39) Vgl. Papier, in: Maunz/Dürig, Grundgesetz Kommentar, Art. 14, Rdnr. 549.

40) Vgl. Papier, aaO, Rdnr. 516.

41) Vgl. Nüßgens/Boujong, aaO, Rdnr. 395; Kimminich, aaO, Rdnr. 367.

42) Vgl. §93 Abs. 3 S.1 BauGB.

43) Vgl. Papier, aaO, Rdnr. 546.

44) Vgl. BGHZ 6, 270(295); 21, 388(398).

45) Ebenso BGHZ 21, 388.

때에도 그 이익을 그 취득 또는 사용으로 인한 손실과 상계할 수 없다."라고 규정함으로써 이러한 이익상계의 원칙을 명시적으로 무시하고 있다. 이와 유사한 조문인 구 토지수용법 제53조 역시 "동일한 토지소유자에 속하는 일단의 토지의 일부를 수용 또는 사용하는 경우에 당해 토지를 수용 또는 사용하는 사업의 시행으로 인하여 잔여지의 가격이 증가되었거나 기타의 이익을 가져온 경우에도 그 이익을 수용 또는 사용으로 인한 손실과 상계하지 못한다."라고 규정하고 있다.

이는 아마도 잔여지의 가격의 증가분이 미실현 이득인 경우가 있을 수 있고, 그 계량화가 어려우며, 또한 그 등락이 유동적이라는 등의 이유로 잔여지의 가격이 증가했다 하더라고 그 이익을 해당 토지의 취득 또는 사용으로 인한 손실과 상계할 수 없게 한 것으로 보인다. 또한 만일 상계를 인정할 경우 잔여지의 가격증가폭이 손실보상액 보다 클 경우에는 전혀 보상을 안해주거나 심지어 토지소유자로부터 차액만큼 환수해야 한다는 모순도 이론적으로 성립할 수 있다는 이유도 있을 것이다.

그러나 앞서 언급한 바와 같이 원칙적으로는 잔여지에 발생한 이익은 토지소유자의 노력과 관계없는 일종의 불로소득으로서 이는 오로지 공익사업의 시행으로 인한 것이며 따라서 당연히 국가와 사회로 환원되어야 할 것이고, 이것이 앞서 언급한 이익형량보상을 방법적 기초로 하는 정당보상의 원칙 등을 비롯한 헌법상 재산권보장의 법리와 평등의 원칙에도 부합될 것이다. 아울러 공토법이 보상액의 산정에 있어서 당해 공익사업으로 인하여 토지 등의 가격에 변동이 있는 때에는 이를 고려하지 아니하는 등(제67조 제2항), 법 전반에 걸쳐있는 기본원칙이 공익사업으로 인한 불로소득을 토지소유자에게 귀속되지 않도록 하고 있는 점에 비추어 볼 때도 그러하다. 또한 잔여지에 발생한 이익이 실제로 현실화된 이익인 경우에는 더 이상 미실현이득이 아니고 계량화가 불가능한 것만은 아니라는 점에서 더욱 그러하다. 한편 공토법 제73조가 "사업시행자는 동일한 소유자에게 속하는 일단의 토지의 일부가 취득되거나 사용됨으로 인하여 잔여지의 가격이 감소하거나 그 밖의 손실이 있을 때 또는 잔여지에 통로·도랑·담장 등의 신설이나 그 밖의 공사가 필요할 때에는 국토교통부령으로 정하는 바에 따라 그 손실이나 공사의 비용을 보상하여야 한다. 다만, 잔여지의 가격 감소분과 잔여지에 대한 공사의 비용을 합한 금액이 잔여지의 가격보다 큰 경우에는 사업시행자는 그 잔여지를 매수할 수 있다."고 규정함으로써 공익사업 등으로 인하여 잔여지의 가격이 감소할 경우 등 그 밖의 간접적인 손실이 발생할 경우 이를 보상을 통해 보전함으로써 손실상계를 하고 있는 것과의 균형상 내지는 논리적·규범조화적 해석상 사업시행 이익과의 상계는 이루어져야 할 것이다. 따라서 이 규정은 잔여지에 발생된 이익의 보다 정확한 계량화가 마련되고, 공시지가와 실제거래가격의 접근을 통해 공시지가가 현실화되며, 건전하고 투명한 토지거래가 확립된다는 전제하에서 잔여지에 발생한 이익을 상계하는 방향으로 개정되든가, 아니면 세제보완을 통해 그 해당 이익을 확실하게 환수할 수 있는 방향으로 법제가 보완될 것이 요구된다고 하겠다.

3) 재산권자의 책임상계

한편 손실보상산정에 있어서는 재산권손실영역에서의 재산권자 자신의 책임, 즉 공용침해로 인해 발생한 재산상의 손실범위에서 재산권자 자신의 책임에 기인한 부분이 고려되어야 한다.[46] 이러한 책임상계의 원칙은 평등의 원칙과 조리상 당연히 인정되는 것으로서 실정법상의 규정[47] 여부에 관계없이 적용되어야 할 것이다.[48] 아울러 이는 정당한 비교형량의 원칙의 견지에서도 당연히 이익형량과정에서 고려되어야 한다. 공토법 제25조 제3항이 "제2항의 규정에 위반하여 건축물의 건축·대수선, 공작물의 설치 또는 물건의 부가·증치를 한 토지소유자 또는 관계인은 당해 건축물·공작물 또는 물건을 원상으로 회복하여야 하며 이에 관한 손실의 보상을 청구할 수 없다."라고 규정하고 있는데, 이 역시 이념적으로는 이러한 책임상계의 원칙을 구현하는 것이라고 볼 수 있을 것이다. 그러나 보다 명시적이고 책임상계에 대하여 규정을 한다면 보상액산정에 있어서 분쟁을 줄이고 보다 합리적인 산정을 가능하게 할 수도 있을 것이다.

Ⅳ. 구 토지수용법 제46조 제2항의 위헌여부

1. 기준지가와 관련하여

위에서 언급한 바와 같이 손실보상의 범위는 원칙적으로 상실된 재산권의 시중거래가격(시가)을 기준으로 정해진다.[49] 구 토지수용법 제46조 제1항은 "손실액의 산정은 수용 또는 사용의 재결 당시의 가격을 기준으로 하되 수용할 토지에 대하여는 인근토지의 거래가격을, 사용할 토지에 대하여는 그 토지 및 인근토지의 지

46) Vgl. BGHZ 45, 290(294ff.); 56, 57(64ff.); Kreft, aaO, Rdnr. 36.

47) Vgl. §93 Abs. 3 S. 2 BauGB.

48) Vgl. Nüßgens/Boujong, aaO, Rdnr. 396.

49) Vgl. BGHZ 59, 250(258); 67, 190(192); 83, 61(64); Kreft, aaO, Rdnr. 83ff.

료, 차임 등을 고려한 적정가격으로 하여야 한다."라고 규정함으로써 이 원칙에 따르고 있고, 이 규정에 상응하는 독일의 연방건설법 제95조 제1항도 "공용침해로 인하여 상실된 재산권에 대한 보상은 공용침해되는 토지 또는 기타의 공용침해의 대상의 거래가격에 따라 정해진다. 시기적으로는 공용침해에 대한 당해 행정청의 재결시점에서의 거래가격이 기준이 된다."라고 규정함으로써 이 원칙에 따르고 있다. 여기서 거래가격이라 함은 공용침해시(재결시) 일반 시중에서의 통상의 거래관행에 따라 해당 재산권의 성질과 위치 및 기타의 제반사항의 고려하에서－그러나 재산권자 개인의 주관적 이해나 특수한 상황 등은 고려됨이 없이－정해지는 가격을 의미한다.[50)]

그런데 이와 관련하여 토지수용법 제46조 제2항은 "국토이용관리법 제29조 제1항의 규정에 의하여 기준지가가 고시된 지역에서의 토지에 대한 보상은 고시된 기준지가를 기준으로 하되, 기준지가대상지역 공고일로부터 재결시까지의 관계법령에 의한 당해 토지의 이용계획 또는 당해 지역과 관계없는 인근토지의 지가변동률·도매물가상승률 기타 사항을 참작하여 평가한 금액으로 행한다."라고 규정함으로써 보상액 산정에 있어서 일정한 기준지가를 기준으로 하고 있어, 손실액 산정방법에 있어서의 재결당시의 거래가격(시가)의 원칙을 규정한 동법 동조 제1항과 모순되는 것처럼 보인다.

그러나 이는 동규정에서 '… 당해 지역과 관계없는 인근토지의 지가변동률 …'이라고 밝히고 있듯이 해당 공익사업으로 인한 지가상승 등의 지가변동을 보상액 산정에서 고려하지 않음으로써 당해 공익사업과 관계없는 정상의 시가를 파악하고자 하는 것이며, 재결당시의 거래가격을 기준으로 손실액을 산정한다는 원칙에는 변함이 없는 것이다. 왜냐하면 당해 공익사업이 사업용지지가에 크게 영향을 미치는 경우에, 만일 이 경우까지도 재결당시의 현실적인 시가에 의하여 보상액을 산정하게 되면 당해 공익사업으로 인한－재산권자 자신의 노력과 관계없는 일종의 불로소득으로서의－개발이익을 모두 해당 재산권자에게만 귀속시키는 결과가 되어 이는 공익 및 관계자의 이익의 총체적 비교형량 결과로서의 정당보상의 원칙에 반하는 것이며,[51)] 아울러 사회적 정의와 조리에도 반하기 때문이다.

따라서 이 경우 사업인정고시일 이전까지 거슬러 올라가 대상토지의 당해 공익사업과 관계없을 때의 지가(기준지가)를 파악하고, 그때부터 재결시까지의 관계법령

---

50) Vgl. §194 BauGB.

51) Vgl. Kimminich, aaO, Rdnr. 160.

에 의한 당해 토지의 이용계획, 당해지역과 관계없는 인근지역의 지가변동률, 도매물가상승률 및 기타의 제반사항을 고려하여 평가한 적정가격을 보상액으로 정하는 것이며, 이것이 바로 공익 및 관계자의 이익 그리고 기타 해당 재산권과 관련된 제반사항의 총체적 비교형량 결과로서의 정당보상이며, 공익사업에 의한 피침해자와 공용침해와 관계없는 일반 재산권자 사이의 평등의 원칙의 관철에도 부합된다고 하겠다.[52)]

2. 개발이익환수와 관련하여

한편 위에서 언급한 바와 같이 비교형량을 방법적 기초로 하는 정당보상의 원칙은 보상의 범위확정에 있어서도 이익상계의 원칙이 지켜질 것을 요구하고 있다.[53)] 공용침해로 인하여 재산권의 상실 이외에 일정한 재산상의 이익이 초래되었을 경우에는 형평의 원칙과 조리상 당연히 이러한 이익은 손실보상의 범위확정과정에서 고려되어 보상액 산정에서 공제되어야 할 것이다. 만일 이 경우 이러한 공용침해로 인해 야기된－재산권자의 노력과 관계없는 일종의 불로소득으로서의－재산상의 이익을 공제함이 없이 그대로 재산권자에게 귀속시킨다면 이는 사회적 정의에 반할 뿐 아니라, 해당 재산권자와 공용침해와 관련없는 일반 재산권자와의 사이의 형평의 원칙에도 반할 것이다. 아울러 이는 정당보상의 실현과정으로서의 비교형량의 원칙에서 볼 때도 당연한 것이다. 왜냐하면 형량원칙은 공용침해와 관련된 공익 및 관계자의 이익의 정당한 비교형량을 요구하고 있기 때문이다. 따라서 이 사건의 경우 공익사업의 시행으로 지가가 상승하여 피수용자에게 발생하는 이른바 개발이익을 환수하는 것은 이러한 정당보상의 원칙에 부합될 뿐 아니라, 평등의 원칙에도 부합된다고 할 수 있다.

그런데 다른 한편 일반적으로 공익사업으로 인한 지가상승은 공용침해된 토지에 대해서 뿐만 아니라 인근지역에 광범위하게 그 영향을 미치기 때문에, 이 경우에는 공용침해와 관련 없는 인근의 다른 일반 재산권자의 토지에는 지가상승 이익이 그대로 소유자에게 귀속되는 결과가 되어 피침해자와 다른 재산권자 사이의 불평등성이 문제될 수 있다. 물론 수용되지 아니한 토지의 소유자가 보유하게 되는 개발이익을 포함하여 일체의 개발이익을 환수할 수 있는 완전한 제도적 장치가 마

52) 독일의 경우에도 연방건설법 제95조 제2항에서 공익사업 등으로 인한 지가상승 등의 각종의 가치변동사항은 보상액 산정에서 고려되지 않음을 자세히 규정하고 있다.

53) Vgl. Nüßgens/Boujong, Eigentum-Sozialbindung-Enteignung, Rdnr. 395; Kimminich, aaO, Rdnr. 367.

련되지 아니한 현재의 상황에서 피수용자와 인근의 토지소유자 사이의 불평등이 존재할 수 있는 것은 사실이다. 그러나 그렇다고 하여 피수용토지만의 개발이익환수가 평등의 원칙 위반이라고 보기는 어렵다. 왜냐하면 헌법재판소도 적절히 지적하고 있듯이 평등의 원칙은 국가가 언제 어디서 어떤 계층을 대상으로 하여 기본권에 관한 상황이나 제도의 개선을 시작할 것인지를 선택하는 것을 방해하지는 않기 때문이다. 즉 만약 어떤 경우든지 반드시 모든 사항과 계층을 대상으로 하여, 그리고 반드시 동시에 제도의 개선을 추진하여야 한다면 그 시행이 불가능하다는 결과에 이르게 되어 불합리할 뿐 아니라, 결국 평등의 원칙이 실현하고자 하는 가치에 배치된다고 보지 않을 수 없기 때문이다.

3. 결 어

상기 언급한 바와 같이 토지수용법 제46조 제2항은 헌법 제23조 제3항의 정당보상의 원칙에 위반되지 아니하며, 평등의 원칙에도 위반된다고 보기 어렵다. 그런데 "헌법이 규정한 '정당한 보상'이란 … 손실보상의 원인이 되는 재산권의 침해가 기존의 법질서 안에서 개인의 재산권에 대한 개별적인 침해인 경우에는 그 손실 보상은 원칙적으로 피수용재산의 객관적인 재산가치를 완전하게 보상하는 것이어야 한다는 '완전보상'을 뜻하는 것으로서 보상금액 뿐만 아니라 보상의 시기나 방법 등에 있어서도 어떠한 제한을 두어서는 아니된다는 것을 의미한다고 할 것이다."라고 한 헌법재판소의 판시는[54] 헌법상의 정당보상을 완전보상과 동일한 것[55]으로 표현하고 있어 오해를 일으킬 수 있는 소지가 있다. 사실 헌재의 결정내용에는 앞서 언급한 헌법상의 손실보상의 본질과 기능 및 이에 따른 이익형량을 방법적 기초로 하는 정당보상의 원칙에 관한 언급과 이에 대한 체계적 논증이 매우 부족하다.

그러나 헌재가 "인근유사토지의 거래가격은 직접 피수용토지의 객관적 가치와 완전히 일치하는 것이라고는 볼 수 없으므로 이를 기준으로 하여 양 토지간의 가격형성에 영향을 미치는 제요소를 종합적으로 고려한 합리적인 조정을 거쳐야 비로소 피수용토지의 객관적 가치로 평가될 수 있는 것이다."라고 판시하고,[56] 이에 따라 "… 구 토지수용법 제46조 제2항 및 지가공시및토지등의평가에관한법률 제10조 제1항 제1호가 토지수용으로 인한 손실보상액의 산정을 공시지가를 기준으로

54) 헌재 1990. 6. 25. 89헌마107, 판례집 2, 178, 188-189.

55) 이러한 견해로서는 허영, 한국헌법론, 2017, 533쪽.

56) 헌재 1990. 6. 25. 89헌마107, 판례집 2, 178, 189.

하되 개발이익을 배제하고, 공시기준일부터 재결시까지의 시점보정을 인근토지의 가격변동률과 도매물가상승률 등에 의하여 행하도록 규정한 것은 위 각 규정에 의한 기준지가가 대상지역 공고일 당시의 표준지의 객관적 가치를 정당하게 반영하는 것이고, 표준지와 지가산정 대상토지 사이에 가격의 유사성을 인정할 수 있도록 표준지의 선정이 적정하며, 대상지역 공고일 이후 수용시까지의 시가변동을 산출하는 시점보정의 방법이 적정한 것으로 보이므로, 헌법 제23조 제3항에 규정한 정당보상의 원리에 어긋나지 않으며 …"라고 판시함으로써 결과적으로는 재산권의 종류, 위치, 특성, 용도, 공익사업의 종류와 목적, 공용침해를 통해 발생되는 손실과 이익 등 공용침해와 관련된 제반사항의 총체적 비교형량을 통해 보상이 이루어진다는 이익형량보상의 입장에 기초하고 있다고 볼 수 있다.57)

V. 맺는 말

두말할 나위 없이 손실보상은 국민의 기본권에 직결되는 매우 중요하고 시사성 있는 문제이다. 그러나 이러한 손실보상제도의 중요성에도 불구하고 이에 관한 깊이 있는 이론의 정립은 아직 미흡한 실정이며, 아울러 관련 법규의 규정내용과 그 적용현실에 있어서도 많은 문제점이 노정되고 있다. 따라서 손실보상의 방법과 범위에 있어서 정당성과 일관성이 결여되어 있으며, 이는 결과적으로 국민의 재산권 보장과 평등의 원칙 및 법적 안정성의 측면에서 심각한 문제점을 제기할 수 있다. 헌법상 보장된 기본권으로서의 손실보상의 내용은 결코 입법자나 행정청의 자의에 의해서 결정되거나 그때그때의 사회정책이나 국가의 재정상태에 의하여 좌우될 성질의 것은 아니며, 국가의 은혜적 배려에 의해 비로소 보장되어지는 것은 더더욱 아니다.

결국 이러한 문제점은 위에서도 강조했듯이 손실보상의 본질에 대한 헌법적 규명과 인식의 부족에서 온다고 볼 수 있다. 이와 관련하여 이 글에서는 관련 헌재결정의 내용과 헌법상 정당보상의 원칙을 살펴보았다. 이러한 손실보상에 관한 헌법상의 원칙이 준수되어질 때 비로소 공용침해제도와 손실보상제도는 사회적 공공선의 실현과 국민의 재산권보장이라고 하는 상호 대립되는 갈등구조를 조화롭게 해결할 수 있는 열쇠가 될 것이다.

57) 앞서 소개한 바와 같이 구 토지수용법 제46조에 해당하는 현행 공토법 제70조(취득하는 토지의 보상) 및 제71조(사용하는 토지의 보상 등)의 규정은 이러한 이익형량보상의 이념에 따라 보다 다양하게 세분화된 사항의 비교형량을 통한 보상액의 산정방법과 기준을 정하고 있다.

3. 법규명령에 대한 헌법소원

- 헌재 1990. 10. 15. 89헌마178 법무사법시행규칙에 대한 헌법소원[1] -

[目 次]

Ⅰ. 머리말

이 글은 법규명령에 대한 사법심사, 특히 헌법소원에 의한 심사와 통제의 문제를 다룬 것이다. 법규명령에 대한 사법심사에서는 주로 그 관할권, 제기요건, 결정의 효력 등이 문제가 되는데, 여기서는 이 문제를 최초로 다룬 헌재의 89헌마178 사건을 중심으로 법규명령에 대한 심사가 헌법재판소의 관할이 될 수 있는지를 결정하는 중요한 기준인 헌법소원심판의 제기요건, 특히 법규명령에 의한 기본권침해의 직접성 문제를 중심으로 고찰하고자 한다. 헌법재판소에 의한 위 결정이 내려진 이후 결정내용에 대한 타당성 여부와 더불어 법규명령에 대한 사법심사의 관할권을 대법원이 가지느냐 헌법재판소가 가지느냐를 놓고 헌법 제107조 제2항 등 관련 규정의 해석 및 법규명령에 대한 헌법소원심판의 제기요건 등과 관련하여 법조계와 학계에서 많은 논란이 있었다. 이 문제를 해결하기 위해서는 역시 헌법 제107조 제2항에 대한 정확한 규범조화적 해석과 기본권침해의 직접성에 대한 명확하고 일관된 기준이 제시되어야 하고, 근본적으로는 입법적으로 해결하여야 할 것

1) 헌재 1990. 10. 15. 89헌마178, 판례집 2, 365.

으로 본다. 이러한 문제를 다루기 위하여 이 글에서는 먼저 위 결정내용을 소개하고, 이 결정에서 나타난 기본권침해의 직접성에 대한 문제점을 살펴본 후, 그 문제점 극복을 위한 해결책과 입법론을 헌재와 대법원과의 위상과 기능의 차이점 등을 중심으로 고찰해 보고자 한다.

Ⅱ. 헌재결정의 내용

1. 사건의 개요와 심판의 대상

(1) 사건의 개요

청구인은 법무사사무소 사무원으로 15년, 변호사사무소 사무원으로 12년을 종사해 오면서 법무사가 되고자 법무사시험의 준비를 하여 왔는데 구 법무사법시행규칙 제3조 제1항은 법무사시험을 반드시 정기적으로 실시하도록 한 구 법무사법 제4조 제1항 제2호의 취지에 반하여 법무사시험의 실시여부를 전적으로 법원행정처장의 자유재량에 맡김으로써 법원행정처장이 법무사시험을 실시하지 아니할 수도 있게 하였고, 이 때문에 법원행정처장은 법정기간 이상을 근무하고 퇴직한 법원공무원이나 검찰공무원만으로도 법무사 충원에 지장이 없다는 이유로 법무사시험을 실시하지 아니하고 있는 바, 결국 구 법무사법시행규칙 제3조 제1항은 본법인 법무사법 제4조 제1항 제2호에 의하여 청구인이나 그밖에 법무사가 되고자 하는 사람들에게 부여된 법무사시험 응시의 기회를 박탈함으로써 평등권을 침해한 것이므로 이러한 시행규칙의 취소 또는 그 위헌확인을 구한다는 것이다.

(2) 심판의 대상

따라서 이 사건 헌법소원심판청구의 대상은 법무사시험실시에 관한 구 법무사법시행규칙 제3조 제1항의 규정이다.[2)]

---

2) 헌재의 위헌결정 이후 법무사법이 개정되어 법무사는 시험을 통해서만 자격을 취득할 수 있도록 일원화되었다.
현행 법무사법(법률 제15151호, 2017. 12. 12) 제5조(법무사시험) ① 법무사시험은 대법원장이 실시한다.
② 법무사시험은 제1차 시험 및 제2차 시험으로 구분하여 실시한다.
③ 법무사시험의 응시자격, 시험과목, 시험방법, 그 밖에 시험에 관하여 필요한 사항은 대법원규칙으로 정한다.
제5조의2(시험의 일부 면제 등) ① 법원, 헌법재판소, 검찰청의 법원사무직렬 · 등기사무직렬 · 검찰사

구 법무사법 제4조 ① 다음 각호의 1에 해당하는 자는 법무사의 자격이 있다.

1. 7년 이상 법원·헌법재판소·검찰청에서 법원주사보나 검찰주사보 이상의 직에 있던 자 또는 5년 이상 법원·헌법재판소·검찰청에서 법원사무관이나 검찰사무관(수사사무관을 포함한다) 이상의 직에 있던 자로서 법무사업무의 수행에 필요한 법률지식과 능력이 있다고 대법원장이 인정한 자

2. 법무사시험에 합격한 자

② 제1항 제1호의 규정에 의한 법무사의 자격인정 및 동항 제2호의 규정에 의한 법무사시험의 실시에 관하여 필요한 사항은 대법원규칙으로 정한다.

구 법무사법시행규칙 제3조 ① 법원행정처장은 법무사를 보충할 필요가 있다고 인정되는 경우에는 대법원장의 승인을 얻어 법무사시험을 실시할 수 있다.

2. 주 문

법무사법시행규칙(1990.2.26. 대법원규칙 제1108호) 제3조 제1항은 평등권과 직업선택의 자유를 침해하는 것이므로 헌법에 위반된다.

3. 판시사항

(1) 사법부에서 제정한 규칙의 헌법소원의 대상성

(2) 위 규칙에 대한 헌법소원과 보충성의 원칙

(3) 직업선택의 자유의 침해여부(법무사법시행규칙 제3조 제1항의 입법취지, 비례의 원칙의 내용)

(4) 평등원칙의 침해여부(입법형식의 자유의 영역)

무직렬 또는 마약수사직렬 공무원으로 10년 이상 근무한 경력이 있는 자에게는 제1차 시험을 면제한다.

② 다음 각 호의 어느 하나에 해당하는 자에게는 제1차 시험의 전과목과 제2차 시험의 과목 중 대법원규칙으로 정하는 일부 과목을 면제한다.

1. 법원, 헌법재판소, 검찰청의 법원사무직렬·등기사무직렬·검찰사무직렬 또는 마약수사직렬 공무원으로 5급 이상의 직에 5년 이상 근무한 경력(해당 분야에서 고위공무원단에 속하는 일반직공무원으로 근무한 경력을 포함한다)이 있는 자
2. 법원, 헌법재판소, 검찰청의 법원사무직렬·등기사무직렬·검찰사무직렬 또는 마약수사직렬 공무원으로 7급 이상의 직에 7년 이상 근무한 경력이 있는 자

③ 제1차 시험에 합격한 자에 대하여는 다음 회의 시험에 한하여 제1차 시험을 면제한다.

4. 결정요지

(1) 법정의견

1) 헌법 제107조 제2항이 규정한 명령·규칙에 대한 대법원의 최종심사권이란 구체적인 소송사건에서 명령·규칙의 위헌여부가 재판의 전제가 되었을 경우 법률의 경우와는 달리 헌법재판소에 제청할 것 없이 대법원이 최종적으로 심사할 수 있다는 의미이며, 명령·규칙 그 자체에 의하여 직접 기본권이 침해되었음을 이유로 하여 헌법소원심판을 청구하는 것은 위 헌법규정과는 아무런 상관이 없는 문제이다. 따라서 입법부·행정부·사법부에서 제정한 규칙이 별도의 집행행위를 기다리지 않고 직접 기본권을 침해하는 것일 때에는 모두 헌법소원심판의 대상이 될 수 있다.

2) 이 사건에서 심판청구의 대상으로 하는 것은 법원행정처장의 법무사시험 불실시 즉 공권력의 불행사가 아니라 법원행정처장으로 하여금 그 재량에 따라 법무사시험을 실시하지 아니해도 괜찮다고 규정한 법무사법시행규칙 제3조 제1항이다. 그런데 법령자체에 의한 직접적인 기본권침해 여부가 문제되었을 경우 그 법령의 효력을 직접 다투는 것을 소송물로 하여 일반 법원에 구제를 구할 수 있는 절차는 존재하지 아니하므로 이 사건에서는 다른 구제절차를 거칠 것 없이 바로 헌법소원심판을 청구할 수 있다.

3) 법무사법시행규칙 제3조 제1항은 법원행정처장이 법무사를 보충할 필요가 없다고 인정하면 법무사시험을 실시하지 아니해도 된다는 것으로서 상위법인 법무사법 제4조 제1항에 의하여 모든 국민에게 부여된 법무사 자격취득의 기회를 하위법인 시행규칙으로 박탈한 것이어서 평등권과 직업선택의 자유를 침해한 것이다.

(2) 재판관 이성렬의 반대의견

1) 법무사의 업무내용의 특수성, 법무사의 자격에 관한 규정방식의 특수성을 검토하여 보면 법무사법 제4조 제2항이 법무사시험의 실시에 관하여 필요한 사항을 대법원규칙으로 정하게 한 것은 법무사시험에 합격한 자는 누구나 법무사업을 선택하여 이를 행사할 수 있게 하려는 데에 있는 것이 아니고, 오히려 시험실시에 관한 구체적 방법과 절차뿐만 아니라 그 실시시기가지 아울러 규정할 수 있도록 위임한 것이라고 해석된다.

2) 시험의 방법에 의하여 법무사의 자격을 취득하는 것을 제한하는 위 규정은 그 제한의 목적 및 필요성, 제한되는 직업의 성질 및 내용, 제한의 정도 및 방법 등 여러 측면에서 이를 검토하여 보면, 방법의 적정성, 제한의 필요성 및 피해의 최소성의 원칙의 어느 것에도 반하지 아니하므로 헌법 제37조 제2항에서 정하는 비례의 원칙에도 저촉되지 아니한다.

3) 법무사제도와 관련하여 그 제도의 본질을 어떻게 이해할 것인지 및 그 업무의 내용은 어떠한 것으로 규정할 것인지 따라서 그 자격을 어떠한 방법으로 어떠한 능력이나 경력을 가진 자에게 부여할 것인지의 문제는 근본적으로 입법기관의 입법형성의 자유에 속하는 영역으로서 그 판단은 일차적으로 입법기의 재량에 맡겨져 있으며 그 판단이 명백히 불합리하고 불공정하지 아니하는 한 이는 존중되어야 한다.

5. 해 설

헌재의 결정내용은 이 글의 주제와 관련하여 크게 두 가지로, 즉 헌법 제107조 제2항의 해석 문제와 보충성의 원칙 문제로 나눌 수 있다.

(1) 전자의 문제와 관련하여서는 첫째, 헌법 제107조 제2항에 따라 명령이 헌법이나 법률에 위반되는 여부가 재판의 전제가 된 경우에, 즉 명령이 직접 기본권을 침해한 것이 아니라－일반적인 경우로서－간접적으로 침해한 경우, 즉 행정처분 등 다른 집행행위를 매개한 경우에는 이러한 집행행위의 위법여부가 직접적인 소송물이므로 이에 대한 행정쟁송을 제기한 후 집행행위의 근거가 된 명령의 위헌·위법여부가 재판의 전제가 되는 경우이므로 이를 선결문제로서 대법원이 최종적으로 심사한다는 것이고, 둘째, 예외적으로 명령이 어떠한 집행행위를 매개함이 없이 직접 기본권을 침해한 경우에는 명령의 위헌·위법여부 자체가 직접적인 소송물이고, 명령의 위헌·위법여부가 선결문제로서 재판의 전제가 될 수 없는 경우이므로 처음부터 헌법 제107조 제2항이 적용될 수 없고, 따라서 명령은 행정쟁송 등 다른 법률의 구제절차의 대상이 되지 아니하므로－이른바 보충성원칙의 비적용－불가피하게 헌법소원의 대상이 될 수밖에 없다는 것이다.

(2) 후자의 문제와 관련하여서는 청구인이 이 사건에서 심판청구의 대상으로 하는 것은 법원행정처장의 법무사시험 불실시, 즉 공권력의 불행사가 아니라 법원행정처장으로 하여금 그 재량에 따라 법무사시험을 실시하지 아니해도 괜찮다고 규

정한 구 법무사법시행규칙 제3조 제1항이고, 헌법재판소법 제68조 제1항 후단 소정의 다른 법률에 의한 구제절차란 소원의 목적물인 공권력의 행사 또는 불행사를 직접 대상으로 하여 그 효력을 다툴 수 있는 절차를 의미하는 것이지 최종 목적을 달성키 위하여 취할 수 있는 모든 우회적인 구제절차를 의미하는 것이 아니기 때문에, 법원행정처장에게 법무사시험 실시를 요구하고 그 결과(거부처분이나 부작위)에 대한 행정쟁송의 제기를 고려할 수는 있으나, 이는 우회적인 절차로서 신속한 권리구제를 받기란 기대하기 어려운 것이어서 헌법재판소법 제68조 제1항 후단 소정의 구제절차에 해당되지 아니하고, 결국 다른 구제절차를 거칠 것 없이 바로 헌법소원 심판을 청구할 수 있다는 것이다.

Ⅲ. 헌재결정의 문제점

1. 이 글의 주제와 관련하여 앞서 언급한 헌재결정에 대한 해설에 있어서 헌재의 전자의 견해, 즉 헌법 제107조 제2항의 해석과 적용에 대한 견해와 이 사건의 결론, 즉 이 사건에서는 결국 헌법소원심판의 대상이 될 수밖에 없다는 결론에 대하여는 동의한다. 그러나 그 논거에는 동의할 수 없다. 왜냐하면 이 사건의 경우에서 구 법무사법시행규칙이 헌법소원의 대상이 될 수밖에 없는 이유가 동규칙에 의한 기본권침해의 직접성인데 이러한 직접성이 인정된다고 보기 어렵기 때문이다.

사실 헌재의 위 결정이 있은 이후 법규명령에 대한 사법심사의 관할권과 관련하여 대법원과 헌재간에, 그리고 학계에서 첨예한 의견대립이 있었는데, 여기에는 헌재가 그 직접성의 기준을 명확하고 엄격하게 그리고 일관되게 유지하지 못한 데에도－물론 현실적으로 무수하게 많은 다양한 사건에서 이러한 요구는 이행되기에 매우 어려운 것은 사실이지만－그 원인이 있다고 여겨진다. 즉 그동안의 헌재의 관련 판례를 보면 직접성의 판단 기준이 상당히 유동적이라 대법원과의 관할권다툼을 야기하는 측면도 없지 않아 있었다. 물론 그동안의 대법원의 사법소극주의, 특히 법규명령에 의한 직접적인 기본권침해의 경우에 대법원의 심사가능성을 대법원 스스로 인정했음에도 불구하고 실제로 인용되어 명령에 대한 위헌 · 위법판결이 내려진 예가 한 번도 없었다는－명령의 위헌 · 위법여부가 재판의 전제가 된 경우가 아닌 직접 침해의 경우만을 의미함－점을 고려할 때, 헌재가 기본권의 효율적이고 두터운－가능한 한 사각지대 없는－구제를 위하여 가능한 한 직접성을 넓게 인정하여 헌법소원의 대상으로 삼음으로써 관할권을 인정하고자 한 취지는 충분히 이해가 되고, 이점에서 근본적인 책임은 대법원에 있음은 두말할 것도 없지만, 이 사건에서 이 문제와 관련한 논리전개에는 문제가 있다고 하겠다. 사실 앞으로 대법원이 적극적인 권리구제와 법규명령에 대한 사법적 심사와 통제를 강화한다면 이러한 기준이 모호하고 유동적인 직접성에 대한 헌재의 판단은 문제가 있어 대법원과의 갈등을 야기시킬 가능성이 상존하고 있으며, 더욱이 재판에 대한 헌법소원 심판의 제기가 장래에 인정된다면 어차피 법규명령에 대한 헌법적 심사와 통제를 그르친 대법원판결에 대하여 최종적으로 헌재에서의 심사와 통제가 가능하게 되고, 또한 원칙적으로 법규명령에 대한 법률심과 사실심 및 그에 따른 사건해결과 권리구제는 일반법원의 몫이라는 보충성원칙의 정신과 관련하여 볼 때 헌재의 직접성에 대한 판단은 엄격하고 일관되어야 할 것이다.

2. 이러한 맥락에서 헌재의 입장을 살펴보면 이 사건에서는 구 법무사법시행규칙에 의한 기본권침해의 직접성을 인정하지 말고, 오히려 부작위, 즉 헌법소원제기 당시 법원행정처장의 법무사시험의 불실시라고 하는 행정청의 부작위를 대상으로 헌법소원을 제기하도록 하고, 이 부작위의 위법여부를 판단하면서 그 근거가 된 구 법무사법시행규칙의 위헌·위법 여부도 아울러 판단하여 주문에서 부작위의 위헌·위법을 선언함과 동시에 구 법무사법시행규칙에 대하여도 위헌결정을 내렸어야 한다고 생각한다. 왜냐하면 간접적으로 침해의 원인이 된 것은 물론 법원행정처장에게 법무사시험실시 여부에 관한 재량을 부여한 법무사법시행규칙 제3조 제1항이지만, 직접적으로 청구인의 직업의 자유 등의 기본권을 침해한 것은 바로 구 법무사법시행규칙에 의하여 법원행정처장에게 부여된 재량에 따른 시험불실시라고 하는 부작위이므로, 즉 구 법무사법시행규칙과 기본권침해 사이에는 부작위라고 하는 소극적 행정작용이 매개되므로, 구 법무사법시행규칙에 의한 기본권침해의 직접성은 인정될 수 없다고 하겠다. 이와 관련하여 헌재는 법원행정처장에게 법무사시험실시를 요구하고 그 결과(거부처분이나 부작위)에 대한 행정쟁송의 제기를 고려할 수는 있으나, 이는 우회적인 절차로서 신속한 권리구제를 받기란 기대하기 어려운 것이고, 또한 부작위가 소송물로 될 경우에는 무조건 행정쟁송의 대상이 될 수밖에 없는 것처럼 판시하고 있으나,[3] 여기서 헌법소원의 대상이 되는 부작위는 법원행정처장에게 시험실시를 요구한 이후 그 결과로서의 시험불실시라고 하는 부작위가 아니라－이런 의미의 부작위라면 이는 헌재의 견해처럼 우회적인 절차로서 신속한 권리구제를 받기란 기대하기 어려울 것이다－바로 헌법소원을 제기할 당시 현재 자신의 기본권을 직접·구체적·최종적으로 침해하고 있는 시험

3) 헌재 1990. 10. 15. 89헌마178, 판례집 2, 365, 371.

불실시라고 하는 부작위를 의미하는 것이고, 이 경우 법원행정처장은 상당한 기간내에 일정한 처분에 해당하는 법무사시험을 실시할 법률상 의무가 있음에도 불구하고 이를 실시하지 아니하는 경우이므로(행정소송법 제2조 제1항 제2호 참조), 이러한 부작위는 일반적인 경우라면 당연히 행정소송의 대상이 될 수 있는 것으로서, 구체적으로는 시험불실시의 위헌·위법 여부를 직접 소송물로 하여 부작위위법확인소송을 관할법원에 제기하고, 동시에 근거명령인 구 법무사법시행규칙의 위헌·위법 여부가 재판의 전제가 되는 경우이므로 대법원이 최종적으로 이를 선결문제로서 심사할 수 있는 것이다.

3. 여기서 시험불실시의 위헌·위법여부가 행정소송이나 상황에 따라서는 헌법소원의 대상이 될 수 있는 부작위인가, 이를 위해 청구인에게 원고적격 내지 청구인적격이 인정될 수 있는가, 청구인에게 시험실시에 대한 신청권이 요구되는가 그리고 신청권을 가지고 있는가 등의 문제가 제기될 수 있는데, 먼저 법무사법 제4조 제1항 제2호 및 제2항의 규정으로 부터－법원행정처장의 시험실시의무가 도출됨과 동시에－명문으로 또는 해석상 직업선택의 자유라고 하는 법률상 이익이 도출될 수 있고, 이에 따라 상당한 기간의 경과후 시험에 응시하고자 하는 자에게 시험불실시라고 하는 부작위의 위법확인을 구할 법률상 이익이 인정됨으로 청구인에게 원고적격이 인정된다. 또한 법원행정처장은 당연히 상당한 기간내에 시험을 실시해야 할 법률상의 의무가 있기 때문에[4] 시험실시에 대한 청구인의 신청이 별도로 요구되는 것은 아니고, 가사 요구된다 하더라도 청구인이 시험응시를 의도하는 한 법률해석상 상당한 기간의 경과 후 당연히 청구인에게 시험실시에 대한 신청권이 인정된다고 할 것이며, 아울러 위 법률이 제정된 이후 청구인의 헌법소원제기 당시까지 한 번도 시험이 실시된 적이 없기 때문에 이미 상당한 기간이 도과한 경우이므로 청구인의 신청권은 당연히 발생되었다고 보아야 할 것이다. 따라서 법원행정처장의 이러한 법률상 의무의 위반에 대하여 청구인은 시험불실시라는 부작위의 위법확인을 구하는 행정소송을 제기할 수 있다고 볼 것이다.

4. 그런데 이러한 부작위와 관련하여 앞서도 언급한 바와 같이 이 사건의 경우 첫째, 구 법무사법시행규칙의 기본권침해의 직접성이 인정될 수 있는지의 여부가 객관적으로 불명확하고, 둘째, 직접성이 인정될 수 없어 이 사건 부작위를 소송물로 행정소송을 제기한다 하더라도 이 경우 재판의 전제가 되는 구 법무사법시행규

---

4) 구 법무사법 제4조 제2항은 법무사시험실시에 관한 세부적인 사항만을 시행규칙으로 정하도록 위임한 것이지 시험실시 여부 자체에 관하여도 시행규칙에 위임한 것은 아니므로, 법원행정처장은 직접 동법 동조 제1항 제2호 및 동법 동조 제2항에 의하여 상당한 기간내에 시험을 실시할 의무를 진다.

칙의 위헌·위법여부에 대한 판단과 관련하여 볼 때 동규칙이 바로 대법원규칙이므로 과연 대법원이 객관적인 제3자의 입장에서 중립적으로 동규칙의 위헌여부를 심사할 수 있을지가 심히 의심스러운 경우이므로 권리구제의 기대가능성이 없다고 볼 수 있다. 따라서 주지하는 바와 같이 이는 보충성원칙의 예외에 해당될 수 있는 경우이므로 이 사건 부작위에 대한 헌법소원심판청구는 적법하게 제기된 것으로 볼 수 있다. 아울러 이 경우 헌재는 본안문제로서 이 사건 부작위의 위헌·위법여부를 심사한 후 헌법재판소법 제75조 제3항에 따라 이 사건 부작위가 위헌임을 확인할 수 있고, "헌법재판소는 공권력의 행사 또는 불행사가 위헌인 법률 또는 법률의 조항에 기인한 것이라고 인정될 때에는 인용결정에서 당해 법률 또는 법률의 조항이 위헌임을 선고할 수 있다."고 규정한 동법 동조 제5항의 유추적용과 직권심리주의를 통해 이 사건 부작위의 원인이 된 근거명령인 구 법무사법시행규칙에 대한 위헌결정도 동시에 이루어질 수 있는 것이다. 또한 헌재는 청구인이 이 사건에서 심판청구의 대상으로 하는 것은 법원행정처장의 법무사시험 불실시, 즉 공권력의 불행사가 아니라 법원행정처장으로 하여금 그 재량에 따라 법무사시험을 실시하지 아니해도 괜찮다고 규정한 법무사법시행규칙 제3조 제1항이라고 주장함으로써, 청구인의 주장에 따라서만 그리고 청구인이 소송물로 제기한 공권력작용만을 대상으로 위헌심사를 할 수 있는 것처럼 판시하고 있으나,[5] 이는 당사자가 주장하지 아니한 사실에 대하여도 판단할 수 있다는 직권심리주의의 원칙을 강하게 가미하고 있는 헌법소원제도의 본질과 특성 및 그동안의 헌재결정의 입장에 정면으로 배치되는 주장으로서 설득력이 없는 것이다. 따라서 이 사건의 경우 헌재는 직접성 여부와 관련하여 당사자의 주장에 관계없이 직접적으로 청구인의 기본권을 침해한 공권력작용을 밝혀내고, 이에 대한 헌법소원심판청구의 적법성 여부, 보충성원칙의 예외 여부, 직접적으로 기본권을 침해한 공권력작용의 원인이 된 근거법령의 위헌 여부, 침해된 기본권의 종류 등을 직권으로 심사·통제할 수 있고 또한 하여야 하는 것이다.

결국 이 사건에서는 보충성원칙의 예외로서 법원행정처장의 시험불실시라고 하는 부작위와 이의 근거가 되는 구 법무사법시행규칙에 대한 헌법소원심판을 인정하는 것으로 논리를 전개했어야 했다. 이것이 직접성에 대한 명확하고 일관된 판단기준의 요청에 더욱 부합되면서, 직접성과 관련한 대법원과의 불필요한 관할권과 관련한 갈등도 억제할 수 있는 논리인 것이다.

5) 헌재 1990. 10. 15. 89헌마178, 판례집 2, 365, 369.

Ⅳ. 헌법재판의 특성과 입법론

1. 헌법재판소의 기능상의 특성과 대법원과의 차이점

이 사건의 경우에는 앞서 언급한 바와 같이 법원행정처장의 시험불실시라고 하는 부작위와 이의 근거가 되는 구 법무사법시행규칙에 대한 헌재의 위헌확인 및 위헌결정이 이루어져야 할 것인데, 헌법재판소에 의한 위헌결정의 경우에는 대법원에 의한 위헌판결의 경우와는 달리 법무사법시행규칙에 대한 위헌·무효선언을 할 수 있는 것이고, 따라서 이 명령은 무효가 되는 것이다. 이는 헌법재판소에 의한 헌법소원의 경우 법규명령의 위헌여부가 본안소송물로서 직접통제의 대상이 되기 때문이다. 이에 반하여 대법원의 경우에는 위헌적 법규명령에 대한 무효를 이유설시에서는 언급하면서도 주문에서 이를 선언하는 것은 아니다. 왜냐하면 대법원판결의 경우 주문에는 그 직접적인 소송물－본안문제로서의 처분 등의 위법여부－인 행정처분이나 부작위의 취소나 위법확인만을 하는 것이고, 법규명령에 대한 심사는 사건해결을 위한 부수적인 선결문제일 뿐이기 때문이다. 아울러 대법원은 분쟁해결기관이지 일반적인 규범통제기관이 아니고, 행정소송 등의 경우 행정처분 등의 위법여부에 대한 판단과 권리구제를 주임무로 하기 때문에 대법원의 경우에는 당해사건에서 위헌·위법이라고 판단된 명령의 적용을 배제할 수 있을 뿐이라고 하겠다.[6] 또한 이러한 견해가 “명령·규칙 또는 처분이 헌법이나 법률에 위반되는 여부가 재판의 전제가 된 경우에는 대법원은 이를 최종적으로－무효나 취소시키는 것이 아닌 단지－[7] ‘심사할’ 권한을 가진다.”라고만 규정한 헌법 제107조 제2항의 취지에도 부합된다고 하겠다.

2. 입법론

(1) 그런데 사실 이러한 기본권 침해의 직접성 여부에 대한 명확하고 일관된 판

6) 대법원은 1971. 6. 22. 70다1010 판결에서 “법원은 법률, 명령, 규칙 또는 그 법률 등의 조항의 위헌결정의 효력은 그 법률 등을 무효화 하는 것이 아니고 다만 구체적 사건에 그 법률, 명령, 규칙 또는 그 일부 조항의 적용을 거부함에 그치는 것이고, …”라고 판시함으로써 법원의 법규명령에 대한 위헌결정의 효력은 일반적 효력을 갖지 못함을 분명히 하고 있다. 이는 법원과 헌재의 설립취지와 기능의 차이에서 오는 당연한 귀결이라고 할 수 있다. 같은 견해 김남진, 행정법Ⅰ, 1997, 180쪽; 김동희, 행정법Ⅰ, 140쪽; 박윤흔, 행정법강의(상), 1996, 229쪽.

7) 필자가 삽입한 표현임.

단은 현실적으로 매우 어렵다. 워낙 사안이 다양하므로 이러한 다양한 사안에 대해 일관되게 적용될 기준을 마련한다는 것은 사실상 불가능하고, 보충성원칙의 예외에 대한 판단도 그 일관성에 한계가 있기 때문에, 이 관할권과 관련한 해석을 통한 해결에는 결국 한계가 있을 수밖에 없고, 따라서 헌재와 대법원 양기관간에 갈등의 불씨는 상존하며, 이에 따라 양 기관의 갈등과 관할권다툼, 양 기관의 판결의 불일치는 결국 국민의 불이익으로 돌아가고, 양 기관의 권위와 신뢰에도 부정적인 영향을 미칠 것이다. 따라서 결국 이 문제는 입법적으로 해결해야 할 것으로 본다.

그에 대한 방법으로는 첫째, 직접성을 매우 좁게 인정해서 현재 기본권을 침해한 최종적인 공권력작용이 법규명령이고 그것과 기본권침해 사이에 행정처분 등 그 어떠한 집행작용이 매개되지 아니한 경우에는 보충성원칙이 적용될 여지가 없는, 즉 행정소송 등 다른 법률에 구제절차가 없는 경우인 이른바 보충성원칙의 비적용의 경우이므로 불가피하게 헌법소원을 제기할 수밖에 없을 것이고, 둘째, 그 이외의 경우에는 법규명령에 근거한 집행작용이 매개된 경우이므로 이 최종적으로 기본권을 침해한 공권력작용에 대한 행정소송을 제기하여 선결문제로서 해당 법규명령에 대한 심사와 통제 및 권리구제를 받도록 하며, 만일 이로써 만족스러운 법규명령에 대한 통제와 권리구제가 이루어지지 못했을 경우에는 그 법원의 판결에 대한 헌법소원을 허용함으로써 최종적으로 헌법재판소에 의한 기본권구제와 더불어 해당 법규명령에 대한 헌법적 심사와 통제가 이루어질 수 있도록 하여야 할 것이다. 그럴 경우 굳이 헌재가 무리하게 법규명령에 의한 기본권침해의 직접성을 인정해서 자신의 관할로 삼을 필요가 없고, 대법원도 법규명령에 대한 충분한 관할권을 행사하면서 신중하고 적극적으로－왜냐하면 위헌적 판결에 대하여는 결국 헌법소원으로 이어지기 때문에－법규명령에 대한 사실적·법률적 심사와 통제를 할 수 있을 것이고, 아울러 이로써 효율적 권리구제가 이루어질 수 있을 것이며, 이러한 절차를 통해 권리구제를 받지 못한 국민은 최종적으로 헌재에서의 규범통제와 권리구제를 모색할 수 있을 것이다.

(2) 이러한 논리는 법규명령의 상위규범인 법률에 대한 심사와 통제의 경우에도 적용된다. 즉 법률에 의한 기본권 침해의 직접성을 헌재가 무리하게 인정할 필요가 없이 매우 좁고 엄격하게 해석함으로써 가능하면 법률과 기본권침해 사이의 집행행위를 대상으로 한 일반법원에의 제소를 유도하고, 아울러 관할법원에서의 위헌법률심판제청신청으로 법률에 대한 구체적 규범통제를 활성화함으로써 법원의

기능과 위상도 확립될 것이다. 그런데 청구인의 이러한 의도가 좌절되어 재판의 전제가 된 법률에 대한 헌법적 통제의 기회를 인정받지 못하고, 이로써 권리구제를 받지 못했을 경우에는 그 법원의 판결을 대상으로 헌법소원을 제기함으로써 최종적으로 헌재에 의한 규범통제와 기본권구제를 받을 수 있는 것이다. 이를 통해 양 기관의 불필요한 갈등이 줄어들고, 효율적인 규범통제와 법질서의 통일성유지 및 기본권구제를 실현시키고, 국민의 양 기관에 대한 신뢰도 제고될 것이다.

아울러 이 경우에는 헌법재판소법 제68조 제2항에 따른 이른바 위헌법률심사형 헌법소원제도도 불필요해진다. 사실 이 제도는 우리 헌법소원제도가 법원의 재판에 대한 헌법소원을 인정하지 않는 결과 어쩔 수 없이 마련된 매우 이형적이고 문제가 많은 제도이다. 즉 관할법원에 재판의 전제가 된 법률의 위헌제청을 신청한 후 이것이 관할법원에 의하여 기각된 경우 그 법률의 위헌여부에 대하여 헌법재판소에 헌법소원을 제기하는 것으로서, 이는 법원의 재판에 대한 헌법소원이 인정되지 않기 때문에 해당법률에 대한 헌재의 심사와 통제의 기회를 예외적으로 부여하기 위하여 불가피하게 인정되는, 즉 법원의 재판에 대한 헌법소원을 제외시킴으로써 야기된 문제를 해결하기 위한 불합리한 타협적 탈출구라고 할 수 있다. 이에 따라 헌법 제111조 제1항 제1호 및 헌법재판소법 제41조에 의하여 법원에 부여된 법률에 대한－위헌결정권이 아닌－위헌심사권과 합헌결정권이 형해화되고, 헌법재판소법 제41조에 따른 위헌법률심판제도가 상당부분 그 기능을 상실하게 된다고 볼 수 있다. 왜냐하면 청구인은 위헌법률심판의 제청을 신청한 후 그 기각에 대하여, 즉 법원의 법률에 대한 위헌심사와 합헌결정에 관계없이 언제든지 헌법소원을 제기할 수 있기 때문이다. 이처럼 예외적으로 위헌법률심판제청신청에 대한 법원의 기각결정에 대해서만은 헌법소원을 인정하는 유형은 법원의 재판에 대한 헌법소원을 허용하지 않고 있는 헌법재판소법 제68조 제1항의 입법취지와도 상호 모순되고, 본래의 헌법소원제도의 본질과 기능에도 반한다.

(3) 따라서 이를 위하여 관련법규를 개정해야 할 것인데, 먼저 헌법 제107조 제2항에서의 '최종적으로'라는 표현을 삭제해야 할 것이고, 헌법재판소법 제68조 제1항 본문에서의 '법원의 재판을 제외하고는'이라는 표현도 삭제하여, 대법원이 아닌 헌재에 의한 최종적인 규범통제와 이를 위한 법원의 재판에 대한 헌법소원[8]을 인정해야 할 것이다. 이러한 해결책이 한편에서 모든 사건의 일반적·원칙적 관할권

8) 법원의 재판에 대한 헌법소원의 허용문제와 관련하여 자세한 것은 정연주, 재판에 대한 헌법소원, 고시계 1992. 2, 172쪽 이하; 헌법재판소법 제68조 제1항에 대한 한정위헌결정의 문제점, 고시계 1998. 2, 113쪽 이하 참조.

(보충성의 원칙을 상기하라)을 가지면서 규범통제기관이 아닌 법률심과 사실심을 바탕으로 한 사건해결기관으로서의 지위와 기능을 가지는 법원과, 그리고 다른 한편에서 최종적 기본권구제와 헌법심을 바탕으로 한 규범통제를 주임무로 하면서 전체 법질서의 통일성 수호기관으로서의 지위와 기능을 가지는 헌재의 차이점과 역할분담에 충실히 부합되고, 양 기관의 불필요한 갈등을 줄이면서, 결국 국민의 효율적 기본권구제와 국가사법기관에 대한 신뢰를 제고하는 절충적 방법이라고 생각된다.[9]

3. 이른바 처분적 법규명령의 문제

(1) 법규명령의 기본권 침해의 직접성 문제와 관련하여 처분적 법규명령의 경우 그 심사관할권이 문제된다. 이는 법규명령이 직접, 그리고 이를 구체화시키는 그 어떤 집행행위도 매개됨이 없이－그리고 매개될 수도 없이－행정청이 행하는 구체적 사실에 관한 법집행으로서의 공권력의 행사(행정소송법 제2조 제1항 제1호 참조)로서 기본권을 침해하는 경우로서, 이 경우에는 법규명령이 더 이상 일반적·추상적이지 아니하고 그 내용이 구체적·개별적·최종적인 것으로, 이로써 바로 권리변동이 초래되어 그 실질적 효과와 기능면에서 행정처분과 동일하므로 이를 처분적 명령이라고 할 수 있다.[10] 이러한 침해유형도 넓게는 명령에 의한 직접적인 기본권 침해의 한 유형에 해당되는 경우인데,[11] 특히 처분성을 가지므로 그 법규명령이 행정소송의 대상인지 헌법소원의 대상인지의 여부가 문제될 수 있다. 결론적으로 말해 이 경우도 헌법소원심판의 대상이 된다고 보아야 할 것이다.

물론 앞서 언급한 바와 같이 그 실질적 기능이 처분적이므로 행정소송법 제2조 제1항 제1호에 따라 당연히 행정소송의 대상이 되어야 한다고 볼 수도 있고, 대법

---

9) 조례에 대한 사법적 심사와 통제의 문제 및 그 개선방안에 대하여는 정연주, 조례제정권의 헌법적 한계와 통제, 심천 계희열박사 화갑기념논문집, 1995, 153쪽 이하 참조.

10) 사실 처분적 명령은, 처분적 법률과 마찬가지로, 법규범이 가지는 특성인 일반성과 추상성을 상실한 것으로서 개별적 사안만을 규율하는 결과 다른 일반 법규범과는 달리 형평의 원칙에 위반될 수 있다는 비판이 제기되는 등 여러가지 문제를 야기하기 때문에, 이는 이러한 규율형식을 불가피한 것으로 정당화시키는 특별한 사유가 존재할 때에만 예외적으로 인정되는 것이지 법규명령제정자가 제한 없이 정립할 수 있는, 즉 제정자에게 자유로운 선택의 여지가 부여되어 있는 것은 아니다. 이와 관련하여 소위 처분적 법률의 허용 여부와 그에 따른 문제점－특히 권리구제방법과 절차와 관련하여－에 대하여는 정연주, 공용침해의 헌법상 허용조건, 연세법학연구 제3집, 1995, 458쪽 이하; Yon-Ju Jung, Das deutsche und das koreanische Enteignungsinstitut, 1991, S. 30ff. 참조.

11) 직접성 가운데 처분성이 포함된다. 즉 기본권에 대한 모든 직접적 침해가 곧 처분적인 것은 아니지만, 처분적 침해는 직접적인 침해로 보아야 할 것이다.

원도 이와 관련하여 1954. 8. 19. 4286행상37 판결에서 “법령의 효력을 가지는 명령이라도 그 효력이 다른 행정행위를 기다릴 것 없이 직접적으로 … 그 자체로서 국민의 권리훼손 기타 권리침해의 효과를 발생케 되는 성질의 것이라면 행정소송법상 처분이라고 보아야 할 것이고, 따라서 그에 관한 이해관계자는 그 구체적 관계사항과 이유를 주장하여 그 명령의 취소를 법원에 구할 수 있는 것”이라고 판시함으로써 법규명령이 처분성을 가질 때 행정소송의 대상이 될 수 있음을 명백히 했고, 아울러 1996. 9. 20. 95누8003 판결에서도 “조례가 집행행위의 개입 없이도 그 자체로서 직접 국민의 구체적인 권리의무나 법적 이익에 영향을 미치는 등의 법률상 효과를 발생하는 경우 그 조례는 항고소송의 대상이 되는 행정처분에 해당하고, … ”라고 판시함으로써 또 다른 행정입법인 조례 역시 처분성을 가질 때에는 항고소송의 대상이 됨을 선언하고 있다. 그리고 이를 대체적인 학설[12)]이 뒷받침하고 있다.

(2) 이러한 입장이 공권력작용의 절차와 형식보다는 그 실질적 내용과 기능에 따른 논리로서 보충성원칙의 정신에도 부합하는 일리 있는 견해라는 점을 인정한다. 그러면서도 다음과 같은 이유에서 이러한 견해를 따르는 데는 다소의 의문이 제기된다.

1) 첫째, 헌법 제107조 제2항이 “명령 · 규칙 또는 처분이 헌법이나 법률에 위반되는 여부가 재판의 전제가 된 경우에는 대법원은 이를 최종적으로 심사할 권한을 가진다.”라고 규정함으로써 먼저 명령과 처분을 절대적으로 구별하고 있고, 명령의 경우에는 그것이 직접적으로 대법원의 심사대상이 된다기보다는 구체적 사안의 해결을 위한 선결문제로서 간접적으로만 심사의 대상이 된다는 것을 전제하고 있음을 시사하고 있다는 점에서, 그리고 이 헌법조항을 구체화하고 있는 행정소송법 제2조 제1항 제1호가 “‘처분등’이라 함은 행정청이 행하는 구체적 사실에 관한 법집행으로서의 공권력의 행사 … ”라고 규정함으로써 행정소송의 대상이 되는 처분에는 헌법 제107조 제2항에서의 명령은 당연히 제외되고 동조항에서의 처분에 대해서만 행정소송법에서 구체적으로 정의를 내리고 있다는 점에서, 행정소송의 대상은 실질적 기능 뿐 아니라 그 형식과 절차면에서도 명실상부한 행정처분만을 행정소송의 대상으로 한 것이라고 보아야 할 것이다.

또한 행정소송법 제2조 제1항 제1호에서의 ‘법집행’에서의 ‘법’에는 단순히 국회에서 제정된 형식적 의미의 법률 뿐 아니라, 법률보다 상위규범인 헌법과 하위규

12) 예컨대 김동희, 전게서, 140쪽; 박윤흔, 전게서, 229쪽.

범인 명령·규칙·조례 등의 행정입법 등도 포함되는 넓은 의미의-행정법의 법원으로서의-법규범을 의미하는 것으로 보아야 하므로 행정소송의 대상이 되는 처분에는 그 실질적 내용과 기능에 관계없이 명령은 제외된다고 보아야 할 것이다. 만일 그렇지 아니하고 공권력작용의 실질적인 내용과 기능 및 효과만을 기준으로 한다면 처분적 '법률'의 경우에도 그 실질적 내용 등은 행정처분과 동일하므로 당연히 헌법소원 등의 헌법재판이 아닌 행정소송의 대상이 되어야 한다는 불합리한 모순에 빠지게 된다. 왜냐하면 위에서 언급한 바와 같이 행정소송법 제2조 제1항 제1호에서의 '법집행'에서의 '법'에는 광의의 행정법의 법원으로서의 헌법도 포함될 수 있고, 따라서 이러한 헌법집행으로서의 법률도 예외적으로 그 실질적 내용 등이 처분성을 가지면 당연히 행정처분에 해당되고 따라서 행정소송의 대상이 되어야 한다고 보는 것이 논리적이기 때문이다. 이처럼 헌법과 법률의 관련규정의 취지에 비추어 볼 때 행정소송의 대상이 되는 처분은 그 실질적 내용과 기능 및 법적 효과 뿐 아니라 그 행위형식과 절차도 아울러 고려한 것으로 보아야 할 것이므로 처분적 명령이 마땅히 행정소송의 대상이 되어야 할지는 의문이다.

2) 둘째, 앞서 언급한 바와 같이 직접성과 처분성은 구별되어야 하고 이에 따라 명령의 직접적인 침해인 경우에는 헌법소원, 처분적 명령의 경우에는 행정소송의 대상이 되어야 한다는 것이 일반적인 견해인데, 현실적으로 이 양자의 구별이 항상 용이한 것은 아니므로 이 처분성의 인정 여부와 관련하여 또 다시 헌재와 대법원간의 관할권다툼의 소지가 있을 수 있다. 따라서 처분적 명령의 경우에도 다른 법규명령에 의한 직접적인 기본권침해의 경우와 마찬가지로 헌법소원의 대상이 되는 것으로 일원화하는 것이 나름대로 타당성이 있을 것이다. 이러한 직접성과 처분성의 구별의 모호성과 그를 통해 야기되는 문제점은 한편에서는 법규명령이 직접적으로 국민의 법적 지위에 영향을 미치는 것인 때에는 취소소송의 대상이 된다고 주장하면서, 이러한 침해의 직접성을 이유로 앞서 소개한 두 가지 대법원 판례를 지지하면서도, 다른 한편 침해의 직접성이 인정되는 법규명령의 경우에는 헌법소원의 대상이 될 수 있다고 하면서 이를 인정한 앞서 소개한 헌재의 구 법무사법 시행규칙에 대한 헌법소원사건에 대한 결정을 지지하는 상호 논리적으로 모순되는 견해[13]를 통해서도 엿볼 수 있다.

3) 셋째, 연혁적으로 헌법 제107조 제2항에서 정한 명령 등에 대한 대법원의 관할은 헌법소원제도가 존재하지 않았을 때 규정되고 적용되던 조항이고, 따라서 그

13) 김동희, 전게서, 140쪽; 박윤흔, 전게서, 229쪽.

와 관련된 법리는 헌법소원에 의한 법규명령 등 법규범에 대한 심사와 통제를 전혀 예상하지 못한 상태의 것이다. 따라서 본래 규범통제기관으로서 법질서의 통일성을 수호하고, 대법원과는 달리[14] 법규범을 무효화시킬 수 있는 헌법재판소의—법규범의 위헌여부와 청구인의 헌법상의 기본권침해가 문제된 경우—헌법소원제도로써 이러한 처분적 명령도 심사·통제하는 것이 바람직 할 수도 있다.

4) 넷째, 앞서 소개한 바와 같이 대법원은 이미 1954년에 법규명령이라도 그 자체가 직접 국민의 권리·의무를 침해하는 것인 때에는 행정소송의 대상이 될 수 있음을 원칙적으로 인정하였으나, 지금까지 실제로 이를 이유로 사건을 인용하여 법규명령을 취소한 예가 단 한건도 없다는 사실에서 과연 처분적 법규명령의 경우 행정소송의 대상으로 삼아야 할 것인지에 대하여 의문이 제기된다. 사실 이러한 대법원의 소극적 입장에 비추어 볼 때 처분적 명령에 대하여는 이론적으로 헌법소원의 대상이 되는 것인지 행정소송의 대상이 되는 것인지의 여부에 관계없이 현실적으로 보충성원칙의 예외로서—예컨대 다른 법률에 구제절차가 있는지가 불분명, 즉 그 관할기관이 불분명하다거나 또는 법원에서의 효율적인 통제와 권리구제가 기대가능하지 않다는 이유에서—헌법소원심판의 대상이 된다고 보는 것이 신속하고 기대가능하며 효율적인 권리구제의 요청에 부합되는 견해일 수도 있을 것이다.

결국 이러한 여러 가지 이유에서 처분적 명령도 헌재의 헌법소원의 대상으로 삼는 것이 나름대로 설득력이 있어 보인다. 이것이 헌재와 대법원간의 불필요한 갈등을 억제하고, 규범통제와 이를 통한 법질서의 통일성유지 및 기본권수호를 위한 기관으로서의 헌법재판소 본래의 기능을 유지시키고, 다른 한편 법원이 법률심 및 사실심을 통한 구체적 사건해결의 기능에만 전념할 수 있도록 하는, 따라서 결과적으로 헌법과 헌법재판소법 및 행정소송법의 관련규정 상호간의 규범조화적 해석과 운용에도 부합되는 견해라 하겠다.

---

14) 법규명령이 위헌·위법이어서 무효인 것으로 대법원에 의하여 확정되는 경우라도 앞서 언급한 바와 같이 당해 규정은 당해사건에서 적용이 배제될 뿐이고, 그것이 공식절차에 의하여 폐지되지 않는 한 이 규정은 형식적으로는 여전히 유효한 것으로 남아 있게 된다. 따라서 위헌·위법인 법규명령이 이후의 다른 사건에서 또 다시 적용될 수 있다는 불합리한 문제가 남게 되므로, 이러한 모순을 제거하기 위하여 당해규정에 대한 위헌·위법판결을 공시할 필요성이 있고, 이를 위해 행정소송법 제6조는 행정소송에 대한 대법원판결에 의하여 명령·규칙이 헌법 또는 법률에 위반된다는 것이 확정된 경우에는 대법원은 지체없이 그 사유를 행정안전부장관에게 통보하여야 하고, 이러한 통보를 받은 행정안전부장관은 지체없이 이를 관보에 게재하도록 규정하고 있다.

V. 맺는 말

지금까지 법규명령에 대한 사법심사와 관련하여 헌재의 결정내용과 그 문제점, 해결방안으로서의 해석론과 입법론 등을 살펴보았다. 앞서도 언급한 바와 같이 헌재결정의 결론에는 찬동하지만, 그 논거에는 문제가 있으므로 앞으로 이 문제에 대한 신중한 재검토가 있어야 할 것이다. 그리고 보다 근본적인 해결방법은 직접성을 매우 엄격하게 해석·적용함으로써 일반법원의 기능을 보다 활성화시키면서, 동시에 입법적으로 해결하여 법원의 재판에 대한 헌법소원을 인정하는 방향으로 나가야 할 것이다. 이것이 이 글에서 논의된 법규명령에 대한 관할권문제를 비롯하여 위헌법률심사형 헌법소원의 문제 등 제반문제를 해소하고, 헌재와 대법원 상호간의 불필요한 갈등을 줄이면서 양 기관이 상호 배타적이 아닌 상호 보완적·협조적·조화적으로 제 기능을 다할 수 있도록 하여, 결국 양 기관이 효율적인 기본권 구제에 최선을 다하고 그로써 국민으로 부터의 신뢰를 얻을 수 있는 해결책이 될 수 있으리라고 생각한다.

4. 신입생선발입시안에 대한 헌법소원

– 헌재 1992. 10. 1. 92헌마68 등 1994학년도 신입생선발입시안에 대한 헌법소원[1] –

[目 次]

Ⅰ. 머리말

이 글은 헌법재판소 1992. 10. 1. 92헌마68 등 1994학년도 서울대학교 신입생선발입시안(이하 '입시요강'이라 함)에 대한 헌법소원 사건을 다룬 것이다. 이 사건에서 헌법재판소는 국립대학교인 서울대학교가 2년의 유예기간을 부여하면서 입시요강 변경을 통하여 일본어를 외국어선택과목에서 제외한 것이 대학입학시험을 준비하

1) 헌재 1992. 10. 1. 92헌마68 등, 판례집 4, 659.

고 있던 수험생들의 기본권을 침해하는 것은 아니라고 판시하면서 심판청구를 기각하는 결정을 내렸다. 주지하는 바와 같이 이 결정에서는 공법인 내지 공법상의 영조물 등의 기본권주체성 여부, 이들 공법인 등과 사인간의 법률관계, 대학의 자율성과 학문의 자유의 문제, 대학입시요강의 법적 성격과 헌법소원의 대상이 될 수 있는 공권력행사에 해당하는지의 여부 등 다양한 쟁점이 대두된 매우 주목할 만한 결정이라고 할 수 있다.

그런데 이러한 쟁점에 대한 헌법재판소의 결정내용에는 수긍하기 어려운 점이 있고, 그 논증과정에도 논리적 모순이 있어 보인다. 따라서 여기서 본 결정의 내용과 그 문제점을 살펴보는 것은 매우 의미있는 작업이라고 여겨진다.

Ⅱ. 헌재결정의 내용

1. 사건의 개요

(1) 교육부는 교육법 제111조의2, 동법시행령 제71조의2의 각 규정에 의하여 지금까지 실시되어 온 대학입학방법이 전인교육에 미치지 못하고 입시위주교육과 대학의 자율성 제약 등 문제점이 많다는 국민적 비판에 따라, 1985년부터 교육개혁심의회 등 5개의 심의기구를 통해 6년간 연구해 온 입시제도를 대학교육심의회가 최종적으로 심의하여 건의한 내용을 받아들여, 앞으로 3년간의 준비기간을 거쳐 1994학년도부터 적용될 새로운 대학입학시험제도를 확정하여 대학입학시험제도개선안을 작성하여 1991. 4.2. 각 대학에 통보하였는데 그 주요내용인즉, 입시유형으로서

제1유형: 고등학교 내신성적만으로 선발

제2유형: 고등학교 내신성적 + 대학수학능력시험

제3유형: 고등학교 내신성적 + 대학별 고사성적

제4유형: 고등학교 내신성적 + 대학수학능력시험 + 대학별 고사성적

등 네 가지 방법을 정하고 위 네 가지 유형 중 어느 것을 선택할 것인지와 대학수학능력시험성적을 반영하는 경우에 있어서의 반영비율 및 방법, 대학별 고사를 실시하는 경우에 있어서의 시험성적반영비율, 과목선택 및 배점비율 등을 대학의 자율에 맡기고, (대학별 고사과목은 고등학교 교과과목에 포함되어 있지 않은 과목을 시험에 넣어서는 아니된다는 제한이 있는 외에는 자유이나 될 수 있으면 고등학교 교육과정상의 3과목이내에서 하도록 권장) 다만 고등학교 내신성적은 반드시 40%이상을 반영

하도록 하는 등의 내용으로 된 것이며 교육부는 위와 같은 입시제도개선안을 각 대학에 통보하면서 고등학교 내신성적 이외의 전형자료별 반영비율, 대학별 고사 과목은 가능한 한 새 제도 시행 2년전에 각 대학별로 발표하도록 지시하였다. 그리고 교육부가 마련한 입시제도개선안은 대학입학방법을 규정한 교육법시행령 제71조의2가 그것을 뒷받침할 수 있게끔 개정될 것을 전제로 한 것이다.

(2) 교육부로부터 대학입학시험제도개선안을 통보받은 서울대학교는 1년간의 연구·검토 끝에 1992. 4. 2. '1994학년도 대학입학고사 주요요강'을 발표하였는데(2년간의 준비기간을 둔 것이다) 교육부가 마련한 네 가지 입시유형 중 제4유형을 선택한 것으로서 고등학교 내신성적 반영비율을 40%로 하고 대학수학능력시험성적 반영비율을 20%로 하며(예술계열은 별도), 대학별 고사의 반영비율을 40%로 하되 인문계열의 경우 국어(논술), 영어, 수학1 등 3과목을 필수과목으로 하고 한문, 프랑스어, 독일어, 중국어, 에스파냐어 등 5과목을 선택과목으로 정하여 그 중 1과목을 선택하도록 하는 등을 내용으로 한 것이다.

(3) 대원외국어고등학교 일본어과 1학년에 재학 중이어서 1995학년도 대학입학고사에 응시예정인 청구인 신규진과, 같은 고등학교 2학년에 재학 중이어서 1994학년도에 대학입학고사에 응시예정인 청구인 노광현은, 서울대학교가 대학별 고사방법을 정함에 있어 인문계열의 선택과목에서 일본어를 제외시킨 것을 문제삼아 각각 이 사건 헌법소원을 제기한 것이다.

2. 청구인들의 주장

(1) 대원외국어고등학교는 교육법시행령 제111조 제3항에 따라 외국어의 전문교육을 주로 하는 학교로서 동법시행령 제112조에서 고등학교교과로서 인정된 외국어 과목들을 다시 전공별로 세분하여 학과를 나누고 모든 재학생을 선택에 따라 1개 학과에 속하게 하여 그 학과에 따라 각각 다른 외국어를 교육시키는 외에는 일반의 고등학교와 동일한 교과과정에 따라 교육시키고 있다.

(2) 그런데 서울대학교가 '1994학년도 대학입학고사 주요요강'에서 일본어를 선택과목에서 제외시켰고 이 요강은 특별한 사정변경이 없는 한 1995학년도 대학입학고사에도 적용될 것이 분명하므로 1994학년도 및 1995학년도에 대학에 진학할 청구인들을 비롯하여 고등학교에서 일본어를 선택과목으로 공부한 학생들은 서울대학교를 입학하는 데 있어 큰 불이익을 입게 되어 있다. 교육부장관이 지정한 고등학교교육과목 속에는 프랑스어, 독일어, 중국어, 에스파냐어와 함께 일본어도 외

국어 교과의 선택과목의 하나로 채택되어 있고 그 때문에 청구인들을 비롯한 많은 학생들이 일본어를 선택하게 된 것인데 교육부의 방침을 믿고서 공부한 학생들이 대학입학시험에 불이익을 입게 된다는 것은 옳지 못하다. 대학별 고사과목의 선택이 대학의 자율에 속한다 할지라도 이는 무한정한 자율이 아니며 대학별 고사과목에 제2외국어를 포함시킬 것이냐의 여부는 대학의 자율범위에 속한다고 할 것이나 제2외국어를 고사과목에 포함시키는 이상 교육법에서 인정된 제2외국어간에 차별을 두는 것은 대학의 자율범위를 벗어난 것이며 대학입학에 있어 부당하게 차별대우를 하는 것으로서, 헌법 제11조 제1항이 선언한 평등의 원칙에 위배하여 헌법 제31조 제1항이 보장하고 있는 균등하게 교육을 받을 권리를 침해한 것이다.

3. 주 문

심판청구를 기각한다.

4. 판시사항

(1) 서울대학교가 "94학년도 대학입학고사주요요강"을 제정하여 발표한 것에 대하여 제기된 헌법소원심판청구의 적법여부(공권력행사 해당여부, 보충성, 권리보호의 이익)

(2) 헌법 제31조 제4항 소정의 교육의 자주성, 대학의 자율성 보장의 헌법적 의의

(3) 서울대학교의 94학년도 대학입학고사주요요강에서 인문계열 대학별고사의 제2외국어에 일본어를 제외한 것이 헌법에 위반하는지 여부

5. 결정의 요지

(1) 법정의견

1) 국립대학인 서울대학교의 '94학년도 대학입학고사주요요강'은 사실상의 준비행위 내지 사전안내로서 행정쟁송의 대상이 될 수 있는 행정처분이나 공권력의 행사는 될 수 없지만 그 내용이 국민의 기본권에 직접 영향을 끼치는 내용이고 앞으로 법령의 뒷받침에 의하여 그대로 실시될 것이 틀림없을 것으로 예상되어 그로 인하여 직접적으로 기본권 침해를 받게 되는 사람에게는 사실상의 규범작용으로 인한 위험성이 이미 현실적으로 발생하였다고 보아야 할 것이므로 이는 헌법소원

의 대상이 되는 헌법재판소법 제68조 제1항 소정의 공권력의 행사에 해당된다고 할 것이며, 이 경우 헌법소원외에 달리 구제방법이 없다.

2) 헌법 제31조 제4항이 규정하고 있는 교육의 자주성, 대학의 자율성보장은 대학에 대한 공권력 등 외부세력의 간섭을 배제하고 대학인 자신이 대학을 자주적으로 운영할 수 있도록 함으로써 대학인으로 하여금 연구와 교육을 자유롭게 하여 진리탐구와 지도적 인격의 도야라는 대학의 기능을 충분히 발휘할 수 있도록 하기 위한 것으로서 이는 학문의 자유의 확실한 보장수단이자 대학에 부여된 헌법상의 기본권이다.

3) 가. 서울대학교가 1994학년도 대학입학고사주요요강을 정함에 있어 인문계열의 대학별고사과목에서 국어(논술), 영어, 수학Ⅰ을 필수과목으로 하고 한문 및 불어, 독어, 중국어, 에스파냐어 등 5과목 중 1과목을 선택과목으로 정하여 일본어를 선택 과목에서 제외시킨 것은 교육법 제111조의2 및 앞으로 개정될 교육법시행령 제71조의2의 제한범위(법률유보)내에서의 적법한 대학의 자율권 행사이다.

나. 고등학교에서 일본어를 선택하여 공부한 학생이 다른 제2외국어를 선택한 학생에 비하여 입시경쟁에서 불리한 입장에 놓이는 것은 사실이나 이러한 불이익은 서울대학교가 헌법 제22조 제1항 소정의 학문의 자유와 헌법 제31조 제4항 소정의 대학의 자율권이라고 하는 기본권의 주체로서 자신의 주체적인 학문적 가치판단에 따른, 법률이 허용하는 범위내에서의 적법한 자율권행사의 결과 초래된 반사적 불이익이어서 부득이하다.

다. 서울대학교가 일본어를 선택과목에서 뺀 대신 고등학교 교육과정의 필수과목으로서 모든 고등학교에서 가르치고 있는 한문을 다른 외국어와 함께 선택과목으로 채택하였을 뿐더러, 위 입시요강을 적어도 2년간의 준비기간을 두고 발표함으로써 고등학교에서 일본어를 배우고 있는 1·2학년 학생들로 하여금 그다지 지장이 없도록 배려까지 하고 있으므로, 그들이 갖는 교육의 기회균등이 침해되었다고 말할 수 없다.

(2) 재판관 김진우, 재판관 이시윤의 별개의견

1) 청구인 신규진 청구부분에 관한 한 재판관 조규광의 별개의견과 같다.

2) 고등학교 2학년에 재학중인 청구인 노광현의 경우 고등학교 입학 이래 약 1년간에 걸친 일본어의 수학은 특단의 사정이 없는 한 앞으로 시행될 대학학력고사에서 제2외국어로 일본어가 계속 포함된다는 신뢰하에서 대비학습을 하였다고 보

아야 할 것이며 청구인측의 이와 같은 신뢰는 법적으로 보호할 만한 정당한 이익으로 보아야 하는 점에서 신뢰이익의 침해를 대학의 적법한 자율권행사의 결과 초래된 반사적 불이익으로 보는 다수의견과 견해를 달리하나 다만 이 사건에 있어서 비록 신뢰이익의 침해의 문제가 생긴다 하여도 비례의 원칙에 반하지 아니하여 헌법위반이라고 까지는 보기 어렵다.

(3) 재판관 조규광의 청구인 신규진에 대한 별개의견 및 청구인 노광현에 대한 반대의견

1) 이 사건에 있어서 대학의 자율권이란 대학의 국가에 대한 관계에 있어서의 기본권적 측면으로부터 파악되는 것이 아니라, 오히려 피청구인이 공권력의 담당자로서 영조물인 대학시설을 이용코자 하는 입학희망자들에 대하여 그 전형선발에 관한 행정적 규제를 과하는 권한의 측면으로부터 보아야 하며, 청구인들과 피청구인의 관계는 기본권주체와 공권력담당자와의 관계일 뿐 기본권주체 상호간의 관계로 볼 수는 없다.

2) 청구인 신규진과 같은 고등학교 1학년의 경우에는 피청구인이 94학년도 대학입학고사주요요강을 정함에 있어 인문계열대학입학고사의 선택과목 중 일본어를 배제한 것이 헌법 제11조 제2항, 제31조 제1항에 위반한 것으로서 위헌이라고는 할 수 없으나 청구인 노광현과 같은 고등학교 2학년의 경우에는 선택과목에서 일본어를 배제한 부분은 종전의 대학입시제도에 대한 청구인의 신뢰를 저버린 것으로서 헌법 제11조 제1항, 제31조 제1항이 보장하고 있는 평등권, 균등하게 교육을 받을 권리를 침해하는 것으로서 취소하는 의미에서의 위헌선언을 하여야 한다.

(4) 재판관 김양균의 반대의견

서울대학교의 94학년도 대학입학고사주요요강은 그것이 1994년부터 시행된다면 청구인들은 물론 청구인이외에도 현재 고등학교에서 일본어를 공부하고 있는 선의의 1학년, 2학년 학생, 특히 그 중에서도 일본어를 선택과목으로 하여 대학에 진학하고자 하는 학생들에 대하여 법치국가원리에서 파생되는 신뢰보호의 원칙에 위배하여 헌법 제11조, 제31조 제1항에 의하여 보장되고 있는 취학기회의 균등 내지 수학권을 침해하는 것이어서 그 시행시기는 1996년도 이후로 미루어져야 온당하다고 할 것이며 그렇지 않고 1994년도부터 강행된다면 충분한 경과조치의 미비로 위헌적인 공권력의 행사가 된다.

Ⅲ. 평 석

1. 사건의 쟁점

(1) 대학입시요강의 법적 성격과 헌법소원의 대상이 될 수 있는지의 여부

(2) 서울대의 기본권주체성 여부 및 서울대와 청구인과의 법률관계－기본권의 충돌관계인가 아니면 공권력행사에 의한 기본권제한의 관계인가

(3) 기본권제한을 정당화시키는 공익의 존재 여부와 기본권제한의 방법상의 요건 충족 여부

2. 대학입시요강의 법적 성격과 헌법소원의 대상이 될 수 있는지의 여부

(1) 대학입시요강의 법적 성격

이 사건 서울대 입시요강의 법적 성격과 관련하여 다수의견은 “국립대학인 서울대학교는 특정한 국가목적(대학교육)에 제공된 인적·물적 종합시설로서 공법상의 영조물이다. 그리고 서울대학교와 학생과의 관계는 공법상의 영조물이용관계로서 공법관계이며, 서울대학교가 대학입학고사시행방안을 정하는 것은 공법상의 영조물이용관계설정을 위한 방법, 요령과 조건 등을 정하는 것이어서 서울대학교 입학고사에 응시하고자 하는 사람들에 대하여 그 시행방안에 따르지 않을 수 없는 요건·의무 등을 제한설정하는 것이기 때문에 그것을 제정·발표하는 것은 공권력의 행사에 해당된다. 그러나 서울대학교의 ‘94학년도 대학입학고사 주요요강’은 교육부가 마련한 대학입시제도 개선안에 따른 것으로서 대학입학방법을 규정한 교육법시행령 제71조의2의 규정이 교육부의 개선안을 뒷받침할 수 있는 내용으로 개정될 것을 전제로 하여 제정된 것이고 위 시행령이 아직 개정되지 아니한 현 시점에서는 법적 효력이 없는 행정계획안이어서 이를 제정한 것은 사실상의 준비행위에 불과하고 이를 발표한 행위는 앞으로 그와 같이 시행될 것이니 미리 그에 대비하라는 일종의 사전안내에 불과하므로 위와 같은 사실상의 준비행위나 사전안내는 행정심판이나 행정쟁송의 대상이 될 수 있는 행정처분이나 공권력의 행사는 될 수

없다."고 판시함으로써 입시요강의 법적 성격을 사전안내의 기능을 가지는 사실상의 준비행위 내지 법적 효력이 없는 단순한 행정계획안이라고 규명하고 있는데, 일단 이러한 견해는 타당하다고 여겨진다. 즉 다수의견이 지적하는 바와 같이 교육법시행령 제71조의2의 규정이 교육부의 개선안을 뒷받침할 수 있는 내용으로 개정될 것을 전제로 하여 제정된 것이어서 위 시행령이 아직 개정되지 아니한 현 시점에서는 법적 효력이 없고, 따라서 이는 아직 청구인 등의 법적 지위 내지 기본권을 제한하는 구속력 있는 공권력행사가 아니며, 결국 행정쟁송의 대상이 되는 행정처분이 아님은 물론, 원칙적으로는 헌법소원의 대상이 되는 공권력의 행사라고도 볼 수 없는 것이다.

(2) 대학입시요강이 헌법소원의 대상이 될 수 있는지의 여부

앞서 언급한 바와 같이 서울대 입시요강은 법적 효력이 없는 비구속적 행정계획에 불과하므로 원칙적으로 헌법소원의 대상이 될 수 없을 것이다. 그런데 이와 관련하여 다수의견은 "이러한 사실상의 준비행위나 사전안내라도 그 내용이 국민의 기본권에 직접 영향을 끼치는 내용이고 앞으로 법령의 뒷받침에 의하여 그대로 실시될 것이 틀림없을 것으로 예상될 수 있는 것일 때에는 그로 인하여 직접적으로 기본권침해를 받게 되는 사람에게는 사실상의 규범작용으로 인한 위험성이 이미 발생하였다고 보아야 할 것이므로 이러한 것도 헌법소원의 대상은 될 수 있다고 보아야 하고 서울대학교의 '94학년도 대학입학고사 주요요강'은 교육법시행령 제71조의2의 규정이 개정되어 그대로 시행될 수 있을 것이, 그것을 제정하여 발표하게 된 경위에 비추어 틀림없을 것으로 예상되므로 이를 제정·발표한 행위는 헌법소원의 대상이 되는 헌법재판소법 제68조 제1항 소정의 공권력의 행사에 해당된다고 할 것이며 헌법소원 외에 달리 구제방법도 없다는 말이 된다."라고 판시함으로써[2] 비록 서울대 입시요강이 사전안내의 성격을 가지는 비구속적 행정계획에 불과하지만 국민의 기본권에 직접적으로 영향을 끼치는 내용이고, 앞으로 법령의 뒷받침에 의하여 그대로 실시될 것이 틀림없이 예상될 수 있기 때문에 권리침해의 위험성을 가지는 일종의 공권력행사로 간주될 수 있고 따라서 예외적으로 헌법소원의 대상이 될 수 있다고 한다.[3]

---

2) 헌재 1992. 10. 1. 92헌마68 등, 판례집 4, 659, 668-669.

3) 헌법재판소는 2000. 6. 1. 99헌마538 등 개발제한구역제도개선방안 확정발표 위헌확인사건에서도 "…개발제한구역제도개선방안은 건설교통부장관이 개발제한구역의 해제 내지 조정을 위한 일반적인 기준을 제시하고, 개발제한구역의 운용에 대한 국가의 기본방침을 천명하는 정책계획안으로서

결론적으로 이러한 다수의견 역시 타당하다고 하겠다. 왜냐하면 비구속적 행정계획이라도 그로 인한 청구인의 기본권침해의 위험성이 존재하고 권리보호의 필요성이 인정되는 경우에는 예외적으로 헌법소원의 대상이 될 수 있는 가능성을 배제할 필요는 없을 것이며, 이는 사각지대 없는 효율적인 권리구제와 공권력 통제를 이념으로 하는 법치주의원리와 재판청구권의 보장 및 헌법소원제도의 취지에도 부합할 것이기 때문이다. 이러한 맥락에서 이 사건 입시요강은 헌법소원의 대상이 될 수 있다고 할 것이다.

(3) 기본권침해의 현재성과 관련하여

그런데 여기서 이러한 공권력행사가 헌법소원심판의 대상이 되기 위해서는 그 공권력행사에 의한 청구인의 기본권에 대한 침해의 자기관련성 · 직접성 · 현재성이 충족되어야 한다. 먼저 자기관련성은 청구인 자신이 이 사건 입시요강에 의하여 서울대학교에의 입학시험경쟁에서 불리한 입장에 놓이기 때문에 인정될 수 있을 것이다. 그 다음 직접성은 청구인 자신의 기본권이 어떠한 별도의 행정작용 내지 집행행위의 매개 없이 입시요강에 의하여 곧바로 침해되기 때문에, 즉 입시요강이 제2외국어 선택과목에서 일본어를 제외시킴으로 인해 곧바로 청구인의 서울대 입시에서 불리한 입장에 놓이게 되므로 일응 침해의 직접성도 인정될 수 있다고 할 것이다.

문제는 침해의 현재성인데, 앞서도 언급한 바와 같이 입시요강이 현재 법적인 대외적 구속력을 가지는 것은 아니므로 실제로 청구인의 기본권이 현재 침해된 것은 아니고, 따라서 원칙적으로 침해의 현재성은 인정될 수 없을 것이다. 그러나 다수의견이 "청구인들은 서울대학교 대학별 고사의 선택과목에서 일본어가 제외되어 있는 입시요강으로 인하여 그들이 94학년도 또는 95학년도에 서울대학교 일반계열 입학을 지원할 경우 불이익을 입게 될 수도 있다는 것을 현재의 시점에서 충분히 예측할 수 있는 이상 기본권침해의 현재성을 인정하여 헌법소원심판청구의 이익을 인정하는 것이 옳을 것이다. 기본권침해가 눈앞에 닥쳐올 때를 기다렸다가 헌법소원을 하라고 요구한다면 기본권구제의 실효성을 기대할 수 없기 때문이다."라고

비구속적 행정계획안에 불과하므로 공권력행위가 될 수 없으며, 이 사건 개선방안을 발표한 행위도 대내외적 효력이 없는 단순한 사실행위에 불과하므로 공권력의 행사라고 할 수 없다. … 비구속적 행정계획안이나 행정지침이라도 국민의 기본권에 직접적으로 영향을 끼치고, 앞으로 법령의 뒷받침에 의하여 그대로 실시될 것이 틀림없을 것으로 예상될 수 있을 때에는, 공권력행위로서 예외적으로 헌법소원의 대상이 될 수 있다."라고 판시함으로써 이러한 견해를 확립하고 있다.

언급하고 있듯이[4] 장래 입시요강이 시행될 것이 거의 확실하고, 그 장래에, 즉 침해가 현실화되는 시점에는 권리구제에 소요되는 시간 등 여러 가지 여건과 사안의 특성상 효율적인 기본권구제가 거의 불가능하여 청구인에게 회복할 수 없는 손해가 발생될 수 있기 때문에 침해의 현재성 내지 성숙성을 인정하는 것이 타당할 것이다.[5][6]

3. 서울대의 기본권주체성 여부 및 서울대와 청구인과의 법률관계 – 기본권의 충돌관계인가 아니면 공권력행사에 의한 기본권제한의 관계인가?

(1) 서울대의 기본권주체성

1) 법인 등의 기본권주체성

주지하는 바와 같이 기본권의 주체는 자연인이 되는 것이 일반적이지만 기본권의 성질이 허락하는 한 법인은 물론 이에 준하는 권리능력 없는 사단도 기본권의 주체가 된다고 보는 것이 통설과 판례의 입장이다.[7] 즉 법인 등의 경우 자연인에

4) 헌재 1992. 10. 1. 92헌마68 등, 판례집 4, 659, 669.

5) 조규광 재판관도 "위 요강이 교육부가 마련한 대학입시제도 개선안에 터잡은 것으로서 대학입학방법을 규정한 교육법시행령 제71조의2의 규정이 교육부의 개선안을 뒷받침할 수 있는 내용으로 개정될 것을 전제로 한 영조물규칙안으로서의 교육행정계획에 해당하나, 행정계획이라고 하더라도 그 내용이 국민의 기본권에 관련한 법적 지위, 권리관계에 직접 영향을 끼치는 것이고 장차 그 근거법령이 제정되어 그대로 그것을 시행할 것이 확정적으로 예상되어 이에 대응하여 행하여진 확정적 행정계획이 국민의 기본권을 침해하는 것이라면 그로 인하여 직접적으로 기본권침해를 받게 되는 사람에게는 사실상의 규범작용으로 인한 위험성이 이미 발생하였다 할 것이므로 이러한 경우에는 예외적으로 침해의 현재성을 확장 인정하여 이에 대하여 곧 헌법소원을 제기할 수 있다고 보아야 할 것이다. 더구나 위와 같은 확정적인 행정계획에 대한 헌법소원을 제기할 수 없고 장차 관계법령이 정비·완성되고 난 후에 이를 근거로 한 행정행위에 대하여 비로소 행정쟁송이나 헌법소원을 제기할 수 있다고 한다면, 또 이로 인하여 장기간의 구제절차 소요시일 때문에 시기를 놓쳐 장차 기본권침해를 받는 사람에게 회복 불능이거나 중대한 손해를 감수할 것을 강요하는 결과가 된다면, 이는 기본권보호의 의무가 있는 국가가 기본권향유자에게 기대가능성 없는 행동을 취할 것을 요구하는 것밖에 되지 아니하여 부당한 것이다."라고 판시함으로써 같은 입장을 취하고 있다. 헌재 1992. 10. 1. 92헌마68 등, 판례집 4, 659, 679-680.

6) 독일의 경우에도 이와 같은 입장을 취하고 있다. Vgl. BVerfGE 60, 360(372); 65, 1(37); 75, 246(263).

7) 예컨대 헌재 1991. 6. 3. 90헌마56 "우리 헌법은 법인의 기본권향유능력을 인정하는 명문의 규정을 두고 있지 않지만, 본래 자연인에게 적용되는 기본권규정이라도 언론·출판의 자유, 재산권의 보장 등과 같이 성질상 법인이 누릴 수 있는 기본권을 당연히 법인에게도 적용하여야 한 것으로 본다. 따라서 법인도 사단법인·재단법인 또는 영리법인·비영리법인을 가리지 아니하고 위 한계내에서는 헌법상 보장된 기본권이 침해되었음을 이유로 헌법소원심판을 청구할 수 있다. 또한 법인아닌 사단·재단이라고 하더라도 대표자의 정함이 있고 독립된 사회적 조직체로서 활동하는 때에는 성질상 법

게 전속적인 기본권을 제외한, 성질상 법인이 향유할 수 있는 종류의 기본권에 한하여 그 주체가 될 수 있는 것이다.

이처럼 법인에게 그 구성원과는 별개로 독자적인 기본권주체성을 인정하는 논거는 대체로 다음과 같이 요약될 수 있을 것이다.

첫째, 법인의 구성원의 기본권보호와 개성신장 및 그의 극대화 내지 촉진을 위하여, 그리고 그 구성원의 사회공동체에의 참여와 기여 가능성 확대를 위하여 필요가 있기 때문이다.[8)]

둘째, 법인의 해당 과제수행의 효율성과 그 기능의 극대화 및 그를 통한 일반인 내지 사회공동체에 대한 기여를 위하여 필요하기 때문이다.

셋째, 결사의 자유를 효율적으로 보호하기 위하여 필요하기 때문이다. 즉 자연인 개개인의 기본권을 극대화시키고 사회의 통합을 촉진시키기 위해 현대사회에서는 결사가 필수적이며, 특히 결사활동의 자유를 보장해야 하는데, 그를 위해 결사의 구성원뿐 아니라 결사 그 자체, 즉 법인 등의 기본권주체성을 인정할 필요가 있기 때문이다.

넷째, 기본권의 양면성, 특히 기본권의 객관적 가치질서로서의 성격으로부터 기본권이 가지는 상대성, 즉 권리이자 동시에 책임 내지 의무라고 하는 기본권의 이중적 성격이 도출될 수 있고, 따라서 기본권주체는 객관적 가치질서를 실현하기 위한 권리와 동시에 의무와 책임을 가지며, 이는 자연인뿐 아니라 법인의 경우에도 적용되어야 객관적 가치질서의 실현과 사회의 통합이 촉진될 수 있다. 따라서 법인의 경우도 자연인의 경우처럼 권리와 더불어 일정한 의무와 책임을 져야하고 이를 위해서는 법인의 경우도 일정한 범위내에서의 기본권의 주체가 되어야 할 것이기 때문이다. 그럴 경우에만 비로소 사회의 통합과 객관적 가치질서의 실현이 촉진될 수 있는 것이다.

인이 누릴 수 있는 기본권을 침해당하게 되면 그의 이름으로 헌법소원심판을 청구할 수 있다(민사소송법 제48조 참조)."

독일의 경우도 같은 입장을 취하고 있다. 예컨대 독일 기본법 제19조 제3항은 "기본권은 그 성질상 적용될 수 있는 경우 국내 법인에게도 적용된다."고 규정하고 있고(vgl. dazu Dürig, in: Maunz/Dürig, Grundgesetz Kommentar, Art. 19, Abs. 3, Rdnr. 29ff.), 연방헌법재판소도 사법인이나 정당 등의 기본권주체성을 인정하고 있다[vgl. BVerfGE 3, 383(391); 53, 1(13); 53, 336(345)].

8) Vgl. Schlaich, Das Bundesverfassungsgericht, 4. Aufl., S. 135; Isensee, Anwendung der Grundrechte auf juristische Personen, in: Isensee/Kirchhof, Handbuch des Staatsrechts, Bd. V, 1992, Rdnr. 24; BVerfGE 21, 362(369); 61, 82(101); 68, 193(205f.); 75, 192(195f).

2) 공법인 등의 기본권주체성

공법인이나 공법상의 영조물 또는 국가기관의 일부 등은 그 자체 공적 과제를 수행하는 공권력의 담당자이고 기본권의 객체 내지 수범자이기 때문에 원칙적으로는 기본권주체가 될 수 없다고 하겠다.[9] 그러나 예외적으로 공법인 등이 수행하는 공적 과제가 자연인의 기본권보호영역에 관계되고, 그러한 공적 과제수행을 위하여 그 공법인에 대한 해당 기본권의 보장과 공법인의 국가로부터의 독립성이 필수적으로 요구되는 경우에는 공법인 등의 기본권주체성을 인정할 수 있을 것이다.[10] 그 대표적인 예로서 바로 이 사건에서처럼 학문의 자유와 관련된 대학과 방송 및 보도의 자유와 관련된 방송국을 들 수 있다. 특히 대학은 비록 공법상의 조직 내지 공법상의 영조물이라 할지라도 그가 수행하는 공적 과제가 학문과 교육의 실현에 있고, 그 과제의 효율적 수행을 위해 학문의 자유와 대학의 자율성 등의 기본권보장이 필수적이며, 대학의 국가로부터의 독립성이 요구되어지기 때문에 그 한도내에서 대학은 학문의 자유와 자율성이라고 하는 기본권의 주체가 될 수 있는 것이다.[11]

이러한 맥락에서 이 사건 다수의견이 공법상의 영조물인 서울대의 기본권주체성을 학문의 자유 및 대학의 자율성과 관련하여 인정하고 있으며, 별개의견이나 반대의견이 이를 부정하지 않고 있는 것은 일응 타당하다고 하겠고, 그러한 점에서 그 이후의 결정에서 공법인 등이 기본권의 주체가 될 수 없다고 하여 예외 없이 공법인 등은 기본권의 주체가 될 수 없는 듯 표현하고 있는 것은 일관성이 없는 잘못된 판시로 여겨진다.[12]

---

9) Vgl. BVerfGE 61, 81(101); 75, 192(196); Hesse, Grundzüge des Verfassungsrechts der Bundesrepublik Deutschland, 20. Aufl., S. 130; Schlaich, aaO, S. 135; Gusy, Die Verfassungsbeschwerde, 1988, S. 36; Isensee, aaO, Rdnr. 24.

10) Vgl. Pestalozza, Verfassungsprozeßrecht, 1991, S. 171f.; Schlaich, aaO, S. 136f.; BVerfGE 31, 314(322); 59, 231(254); 61, 82(102); 75, 192(196f.); 78, 101(102f.).

11) Vgl. BVerfGE 15, 256(261f.).

12) 헌법재판소는 1994. 12. 29. 93헌마120 불기소처분취소 사건에서 "헌법재판소법 제68조 제1항은 '공권력의 행사 또는 불행사로 인하여 기본권을 침해받은 자는 헌법소원의 심판을 청구할 수 있다'고 규정하고 있다. 여기서 기본권을 침해받은 자만이 헌법소원을 청구할 수 있다는 것은 곧 기본권의 주체라야만 헌법소원을 청구할 수 있고, 기본권의 주체가 아닌 자는 헌법소원을 청구할 수 없다는 것을 의미하는 것이다. 기본권 보장규정인 헌법 제2장의 제목이 '국민의 권리와 의무'이고 그 제10조 내지 제39조에서 '모든 국민은 … 권리를 가진다'고 규정하고 있으므로 국민(또는 국민과 유사한 지위에 있는 외국인과 사법인)만이 기본권의 주체라 할 것이다. 한편 국가나 국가기관 또는 국가조직의 일부나 공법인은 기본권의 '수범자(Adressat)'이지 기본권의 주체로서 그 '소지자(Träger)'가 아니고 오히려 국민의 기본권을 보호 내지 실현해야 할 '책임'과 '의무'를 지니고 있는 지위에 있을

(2) 서울대와 청구인간의 법률관계

따라서 이처럼 예외적인 경우 공법인 등은 2중적 지위를 가진다고 볼 수 있다. 즉 공권력의 담당자로서의 지위와 기본권주체로서의 지위가 그것이다. 그러나 이러한 2중적 지위가 사인 내지 국민과의 법률관계에서 인정되는 것은 아니다. 즉 국가 등 다른 공권력주체에 대하여는 그 해당 기본권의 주체로서의 지위를 가질 수 있지만,[13] 사인 내지 국민과의 관계에서는 공권력의 담당자 내지 기본권의 객체로서의 지위만을 가지는 것이다.[14]

공법인 등은 본질적·기본적으로 공적 기능과 과제를 수행하는 공권력의 담당자이자 기본권의 수범자 내지 객체이며, 그리고 부수적으로 이러한 공적 기능 및 과제수행을 뒷받침하고 그것과 조화되는 범위내에서만 기본권의 주체성을 가진다. 즉 공적 과제를 실현하는 공권력담당자로서의 지위가 우선하고, 기본권주체로서의 지위는 이러한 주된 기능실현을 뒷받침하는 보조적인 것이다. 공법인 등에게 기본권이 인정되는 것은 앞서 언급한 법인 일반, 특히 사법인에게 기본권이 인정되는 논리에 따라 인정되는 것이지만, 공법인의 특성 및 공법인이 가지는 공적 기능과

뿐이다. 그런데 청구인은 국회의 노동위원회로 그 일부조직인 상임위원회 가운데 하나에 해당하는 것으로 국가기관인 국회의 일부조직이므로 기본권의 주체가 될 수 없고 따라서 헌법소원을 제기할 수 있는 적격이 없다고 할 것이다."라고 판시함으로써 공법인이나 공법상의 영조물 등은 기본권의 주체가 될 수 없고, 따라서 헌법소원의 청구인적격이 없다며 서울대 입시요강사건에서와는 다른 견해를 취하고 있다. 아울러 2000. 6. 1. 99헌마553 농업협동조합법 위헌확인 사건에서도 "헌법상 기본권의 주체가 될 수 있는 법인은 원칙적으로 사법인에 한하는 것이고 공법인은 헌법의 수범자이지 기본권의 주체가 될 수 없다."고 판시하고 있고, 또한 2000. 11. 30. 99헌마190 농업기반공사및농지관리기금법 위헌확인사건에서도 "농지개량조합은 … 농지개량조합의 조직, 재산의 형성·유지 및 그 목적과 활동전반에 나타나는 매우 짙은 공적인 성격을 고려하건대, 이를 공법인이라고 봄이 상당하므로 헌법소원의 청구인적격을 인정할 수 없다."라고 판시함으로써 공법인 등의 기본권주체성을 부인하고 있다.

13) 따라서 국가 등 다른 공법인 내지 공권력주체와의 관계에서만 해당 공법인의 기본권주체성이 인정되고, 그들에 대해서만 기본권을 주장할 수 있다. 즉 국가 등이 이들 해당 공법인의 기본권을 직접 침해하거나, 그들의 공적 기능을 침해하여 결과적으로 기본권이 침해되는 경우에만 국가 등에 대하여 그 기본권침해에 대한 구제를 청구할 수 있고, 따라서 이 경우에만 기본권주체성과 청구인적격이 인정될 수 있을 것이다. 이 경우 국가 등과 해당 공법인과의 법적 분쟁 내지 기본권 침해문제를 권한쟁의로써 해결하고 침해된 기본권을 구제하는 방법을 생각해 볼 수 있으나, 첫째, 여기서 직접 침해된 것은 공권력주체가 가지는 권한이 아닌 기본권주체의 기본권이고, 둘째, 법인격 없는 공법상의 영조물의 경우 독자적인 권한의 주체가 된다고 보기 어렵고, 기타 공법인의 경우도 권한쟁의심판의 당사자적격을 갖기 어렵다는 등의 이유로 권한쟁의 요건을 갖추기 어렵고, 셋째, 직접적이고 효율적인 기본권구제가 목적이므로 해당기관의 권한의 존부 등을 확인하는 권한쟁의는 이러한 구제절차로서 적합하다고 보기 어렵다 할 것이다.

14) Vgl. Maurer, Staatsrecht, 1999, S. 277.

과제, 의무, 책임 등에 비추어 이는 이러한 공적 과제를 뒷받침 내지 촉진시키거나 적어도 그것과 조화되고 모순 내지 충돌되지 아니하는 범위내에서만 인정되는 것이라고 할 수 있는 것이다.

공법인 등의 설립과 존재목적은 우선적으로 공적과제수행이지 일정한 기본권의 향유가 아니다. 공법인 등은 일반 사인 내지 국민에 대하여는 공권력담당자로서의 지위만을 가지며 따라서 그들에 대하여 기본권을 주장할 수는 없다. 따라서 공법인과 국민과의 법률관계는 어디까지나 공권력담당자와 기본권주체와의 법률관계이고, 따라서 공권력행사에 의한 국민의 기본권제한의 법률관계가 문제될 뿐이다. 왜냐하면 앞서도 언급했듯이 공법인 등은 기본적으로 국민을 위해 국민을 대상으로 공적 기능과 과제의 실현 및 그를 위한 의무와 책임을 지기 위하여 설립·활동하는 것이고, 따라서 국민의 기본권을 보호 내지 실현해야 할 '책임'과 '의무'를 지니고 있는 지위에 있을 뿐이다. 그러므로 공법인 등은 국민과의 관계에서는 해당 공적 과제를 수행하는 공권력담당자로서의 지위만을 가진다.[15)]

(3) 결 어

이러한 점에서 이 사건 다수의견이 "이러한 불이익은 서울대학교가 학문의 자유와 대학의 자율권이라고 하는 기본권의 주체로서 자신의 주체적인 학문적 가치판단에 따른, 법률이 허용하는 범위내에서의 적법한 자율권행사의 결과 초래된 반사적 불이익이어서 부득이한 일이다. 대학인에게 보장된 학문의 자유(강학의 자유)나 대학의 자율권도 교육의 기회균등 못지않게 중요하고 청구인들과 서울대학교와의 관계는 기본권 주체와 공권력 주체와의 관계뿐만 아니라 아울러 기본권주체 상호간의 관계이기도 하기 때문이다."라고 판시함으로써[16)] 서울대와 청구인의 법률관계를 공권력의 담당자로서의 서울대와 기본권주체로서의 청구인의 법률관계로서

---

15) 이 경우 국민과의 관계에서 공법인의 기본권주체성을 부인하는 결과 국가에 의한 경우처럼 국민에 의하여, 즉 국민의 공법인에 대한 기본권관철을 통한 공법인의 기본권－학문의 자유, 대학의 자율권 등－침해가 문제될 수 있다고 상상할 수 있겠으나, 이는 공법인 등의 기본권에 대한 침해가 아니라 공법인 등의 공적 과제수행을 위한 수단인 공권력으로서의 권한이 제한을 받게 되는 것이고, 이러한 권한의 제한은 공법인 등의 국민에 대한 해당 공적과제와 기능에 따른 적정한 공권력행사로써 결과적으로 보호될 수 있을 것이다. 물론 이는 정당하고 합헌적인 공권력행사를 전제로 하는 것이다. 이 사건에서 만일 일본어를 제외시키는 입시요강이 합헌이라면 이러한 입시요강이라는 공권력행사로 서울대의 자율권이 보호되는 것이고, 반대로 위헌이라면 일본어를 제외시키는 것을 내용으로 하는 자율권은 보호되는 정당한 자율권에 포함될 수 없는 것이다. 결국 공법인의 국민과의 관계에서는 공법인의 기본권주체성이 인정될 수도 없지만, 인정될 필요도 없는 것이다.

16) 헌재 1992. 10. 1. 92헌마68 등, 판례집 4, 659, 672.

서울대의 입시요강이라는 공권력행사에 의해서 청구인의 헌법 제31조 제1항에 의해서 보장된 균등하게 교육을 받을 권리가 침해된 법률관계가 아니라, 기본권주체로서의 공법상의 영조물인 서울대와 역시 기본권주체로서의 청구인 사이의 기본권의 충돌관계로 파악하고 있는 것은 대단히 잘못된 것이라고 아니할 수 없다.[17] 앞서 언급한 바와 같이 이 사건에서 서울대 입시요강은 어디까지나 서울대 본연의 고유한 공적기능과 과제수행의 일환이므로 일본어를 배제시키는 행위는 공권력담당자로서의 전형적인 공권력행사이지 이를 뒷받침하기 위한 기본권주체로서의 기본권행사는 아닌 것이다. 따라서 이것이 서울대의 자율권에 속한다 하더라도 여기서의 자율권은 국가와의 관계에서 주장할 수 있는 기본권의 일종으로서의, 헌법 제22조 제1항에서 보장하는 학문의 자유의 내용에 속하는 대학의 자치, 또는 헌법 제31조 제4항에서 보장하는 대학의 자율성이 아니라, 공권력의 담당자로서 자신의 공적 과제를 수행하기 위하여 인정되는 공권력의 일종으로서의 자율권한이라고 하겠다.

또한 이와 관련하여 다수의견이 앞서 언급한 바와 같이 “공법상의 영조물인 서울대학교가 대학입학고사시행방안을 정하는 것은 공법상의 영조물이용관계설정을 위한 방법, 요령과 조건 등을 정하는 것이어서 서울대학교 입학고사에 응시하고자 하는 사람들에 대하여 그 시행방안에 따르지 않을 수 없는 요건 · 의무 등을 제한설정하는 것이기 때문에 그것을 제정 · 발표하는 것은 공권력의 행사에 해당된다.”고 하여[18] 일본어를 제외시킨 입시요강이 청구인의 기본권을 침해하는 헌법소원의 대상이 되는 공권력행사라고 판시하면서, 뒤에 가서는 이 입시요강이 기본권주체로서의 지위에서의 기본권행사 내지 자율권의 행사이고 따라서 이 사건 법률관계는 기본권주체 상호간의 기본권충돌관계라고 한 것은 논리적 모순이다. 왜냐하면 입시요강이 공권력행사로서 청구인의 기본권을 침해했다면 이러한 공권력행사는 어디까지나 공권력담당자로서의 지위에서 나오는 것이지 기본권주체로서의 지위에서 나오는 것은 아니기 때문이다. 즉 기본권주체로서 공권력을 행사한다는 것은 모순이기 때문이다. 기본권주체로서의 지위에서는 어디까지나 기본권만을 행사

17) 따라서 조규광재판관이 “이 사건에 있어서 말하는 자율권이란 대학의 국가에 대한 관계에 있어서의 기본권적 측면으로부터 파악되는 것이 아니라, 오히려 피청구인이 공권력행사의 담당자로서 영조물인 대학시설을 이용코자 하는 입학희망자들에 대하여 그 전형선발에 관한 행정적 규제를 과하는 권한의 측면으로부터 보아야 하며, 청구인들과 피청구인의 관계는 기본권주체와 공권력담당자와의 관계일 뿐 기본권주체 상호간의 관계로 볼 수는 없다고 할 것이다.”라고 주장한 것은 타당하다고 하겠다.

18) 헌재 1992. 10. 1. 92헌마68 등, 판례집 4, 659, 667-668.

할 뿐이고, 이러한 기본권의 행사는 공권력행사가 될 수 없으며, 따라서 헌법소원의 대상이 될 수 없는 것이다. 결국 이 사건은 서울대가 공권력담당자의 지위에서 공권력을 행사했고, 이것이 청구인의 기본권을 침해했다고 주장되어 청구인들이 공권력담당자인 서울대학교 총장을 피청구인으로 헌법소원을 제기한 것으로 보아야 할 것이다.[19)]

한편 다수의견이 "이러한 대학의 자율권도 헌법상의 기본권이므로 기본권제한의 일반적 법률유보의 원칙을 규정한 헌법 제37조 제2항에 따라 국가안전보장·질서유지·공공복리 등을 이유로 제한(필요, 최소한의 한도에서)될 수 있는 것이며, 대학입학방법을 규정하고 있는 교육법 제111조의2 및 교육법시행령 제71조의2의 규정은 바로 헌법 제37조 제2항에 의한 대학자율권 규제법률이다."라고 판시함으로써[20)] 이 사안을 기본권주체 상호간의 기본권충돌관계로 파악하면서도 이러한 기본권충돌관계를 이익형량의 원칙이나 규범조화적 해석의 방법으로 해결하려고 시도하지 않고, 공권력주체의 공권력행사에 의한 사인의 기본권제한의 경우에 적용되는 정당화 요건인 헌법 제37조 제2항에 의한 해결방법의 적용을 시사한 것도 논리적 모순이라고 하지 않을 수 없다.

아울러 다수의견은 "94학년도에 대학진학 예정인 2학년생과 95학년도에 대학진학 예정인 1학년생은 그들이 서울대학교 인문계열 진학을 희망할 경우 일본어를 선택과목으로 시험을 치를 수 없게 되어 고등학교에서 독일어, 프랑스어, 에스파냐어, 중국어 중 하나를 외국어 선택과목으로 배우고 있는 학생들보다 불리한 입장에 놓이게 되었다고 주장할 수도 있을 것이다. 그러나 이러한 불이익은 서울대학교가 학문의 자유와 대학의 자율권이라고 하는 기본권의 주체로서 자신의 주체적인 학문적 가치판단에 따른, 법률이 허용하는 범위내에서의 적법한 자율권행사의 결과 초래된 반사적 불이익이어서 부득이한 일이다."라고 하여 청구인의 기본권침해를 단순한 반사적 불이익이라고 판시하고 있다.[21)] 즉 개인이 대학에 입학하고 교육을 받을 권리는 공법상의 영조물인 국립대학의 학칙이 허용한 결과이지 개인의 기본권으로서의 성격을 갖는 것은 아니라는 것이다. 따라서 이러한 개인이 가

---

19) 만일 이 사건 법률관계를 기본권 충돌관계로 보고 한쪽 당사자의 침해된 기본권을 구제하고자 한다면 이는 원칙적·1차적으로 대등 당사자간의 민사관계로서 민사소송이 제기되었어야 할 것이다. 또한 피고도 독자적인 민법상의 권리주체가 아닌－즉 법인이 아닌－단순한 공법상의 영조물일 뿐인 서울대학교의 총장이 아닌 법인격을 가진 국가(대한민국)가 되어야 할 것이다. 참고로 현재 서울대학교는 법인화가 되었다.

20) 헌재 1992. 10. 1. 92헌마68 등, 판례집 4, 659, 670-671.

21) 헌재 1992. 10. 1. 92헌마68 등, 판례집 4, 659, 672.

지는 입학의 기회는 일종의 반사적 이익에 불과한 것이고, 헌법이 인정하고 보장하는 기본권이 아니며, 단지 이러한 반사적 이익이 서울대의 입시요강으로 침해되어 초래된 사실상의 반사적 불이익에 불과하다는 것이다. 이 점 역시 다수의견의 논리적 모순을 드러내는 것이다. 왜냐하면 백번 양보하여 이 사건 법률관계를 기본권충돌관계라고 한다면 이는 청구인의 균등한 교육을 받을 권리가 적어도 헌법상의 기본권이라는 사실을 인정하고 그것을 전제로 한다는 것인데, 이를 기본권 내지 공권(법률상 이익)이 아닌 단순한 사실상의 반사적 이익이라고 한 것은 그 스스로의 논리적 모순이라고 하지 않을 수 없기 때문이다.

4. 입시요강의 위헌성

지금까지 언급한 바와 같이 서울대의 입시요강은 서울대가 기본권주체가 아닌 공권력담당자의 지위에서 행한 공권력행사이고 이로써 청구인의 기본권을 제한 내지 침해한 것이 문제가 되며, 따라서 이러한 공권력행사가 헌법상 정당화될 수 있는지가 관건이라고 할 수 있다. 즉 선택과목에 관한 서울대의 자율권행사로서의 입시요강이 정당화되기 위해서는 공권력행사에 의한 기본권제한의 방법상의 요건이 문제되고, 따라서 비례의 원칙, 신뢰보호의 원칙, 평등의 원칙 등 헌법상의 제원칙이 준수되어야 하는 것이다.

(1) 신뢰보호의 원칙과 관련하여

1) 신뢰보호의 원칙적용의 요건

신뢰보호의 원칙에 관한 대법원 판례(1992. 5. 26. 91누10091)에 의하면 일반적으로 행정상의 법률관계에 있어서 행정청의 행위에 대하여 신뢰보호의 원칙이 적용되기 위하여는, 첫째, 행정청이 개인에 대하여 신뢰의 대상이 되는 공적인 견해표명을 하여야 하고, 둘째, 행정청의 견해표명이 정당하다고 신뢰한데 대하여 그 개인에게 귀책사유가 없어야 하고, 셋째, 그 개인이 그 견해표명을 신뢰하고 이에 따라 어떠한 행위를 하였어야 하며, 넷째, 행정청이 위 견해표명에 반하는 처분을 함으로써 그 견해표명을 신뢰한 개인의 이익이 침해되는 결과가 초래되어야 하는 것이며, 이러한 요건을 충족할 때에는 행정청의 처분은 신뢰보호의 원칙에 반하는 행위로서 위법한 것이 된다.[22] 이러한 요건은 행정처분의 경우뿐 아니라 기타의 공권력행사의 경우에도 적용된다고 하겠다.

2) 신뢰보호의 원칙 위반 여부

이러한 요건에 따르면 이 사건 피청구인의 일본어를 제외시키는 내용의 입시요강은 신뢰보호의 원칙을 위반하는 것이라고 할 수 있다. 즉 첫째, 지금까지 교육관계법령 및 고시(제5차 교육과정 문교부고시 제88-7호, 88. 3. 31.)에 따라 시행되고 있는 5개의 제2외국어교과 중 일본어를 고등학교 교과과정 및 학력고사 선택과목으로 인정해왔고, 따라서 국가가 이미 일본어를 선택할 것이라는 견해표명을 했다고 볼 수 있으며, 둘째, 이를 정당하다고 신뢰한 것에 대하에 청구인들에게 귀책사유가 없으며, 셋째, 이를 신뢰하고 이에 따라 청구인들이 일본어를 선택하고 공부해왔는데, 넷째, 갑자기 지금까지와는 달리 일본어를 선택과목에서 제외시켜 일본어를 선택과목으로 인정한다는 견해표명을 신뢰한 청구인들의 이익이 침해되는 결과가 초래되었기 때문에 이는 신뢰보호의 원칙을 위반한 것이다.

이와 관련하여 조규광재판관의 반대의견에 따르면 피청구인은 기존의 대학입학학력고사는 국가가 전국적 차원에서 관리하는 고사제도여서 새로운 입시개선안에서 대학의 개별적 사정을 고려한 자율적 판단에 맡겨진 입시방법과는 상관관계나 인과관계가 없으며, 서울대학교가 처음 실시한 새로운 입시안에 특정 외국어를 포함시키는 여부에 관하여 수험생들이 기대나 신뢰를 불러일으킬 만한 언질 기타 여하한 선행조치를 서울대학교측에서 취한 사실이 없다고 주장하나, 조규광 재판관도 지적하고 있듯이 종래 시행되어 온 국가관리의 대학입시제도 하에서는 현행 교육법시행령 제71조의2 제1항 규정에 근거하여 일본어를 제2외국어 선택과목으로 인정하여 중앙교육평가원장이 출제한 대학입학학력고사의 성적으로써 신입생들을 선발하는 제도가 정착되어 왔었기 때문에 서울대학교 인문계열진학을 희망하는 고등학교학생들은 일본어를 제2외국어로 선택하여 서울대학교 대학입학고사에 응시할 수 있다는 신뢰를 가지게 되었던 것이지 이러한 제도에 대한 신뢰가 서울대학교가 어떠한 행동 등 그 신뢰부여의 계기를 만들었기 때문에 생긴 것은 아니므로 서울대학교의 행동 유무와는 무관한 것이다. 또한 김양균 재판관도 지적하고 있듯이 서울대는 공법상의 영조물이고 서울대가 작성한 입시요강은 교육부의 개선안을 토대로 하여 그것을 승계한 것으로서 그 요강의 제정발표는 공권력의 행사에 해당되고 현재 고등학교에 재학 중인 학생은 교육부가 마련한 대학입시제도에 따라 입학한 학생들이기 때문에 서울대가 입시요강을, 교육부의 대학입시제도(선행행위)를

---

22) 같은 견해의 판례: 대판 1985. 4. 23. 84누593; 1987. 5. 26. 86누92; 1988. 9. 13. 86누101.

신뢰하고 고등학교에 입학한 학생에게까지 소급적용하려는 것은 신뢰보호의 원칙에 위배되는 것으로 보지 않을 수 없는 것이다.

물론 일정한 공권력행사가 청구인의 신뢰를 침해했다는 이유만으로 곧바로 위헌이 되는 것은 아니고, 이러한 신뢰침해를 정당화시키는 긴절한 공익적 이유가 있다면 합헌적인 공권력행사가 될 수도 있는 것이다. 따라서 결국 공권력행사의 위헌여부는 침해되는 신뢰이익과 그를 통해 달성되는 공익과의 이익형량을 통해 결정될 수밖에 없을 것이다.[23] 이와 관련하여 다수의견이나 별개의견은 이러한 청구인의 신뢰침해 내지 기본권침해를 정당화시키는 공익적 이유로서 대학의 자율성을 들고 있다. 물론 대학의 자율성이 공익에 해당하지 않는다고 볼 수는 없겠으나, 대학의 자율성 그 자체만으로는 너무 막연하기 때문에 구체적으로 어떠한 긴절한 공익실현을 위하여 이러한 신뢰침해가 불가피하고, 그를 통해 결과적으로 대학의 자율성도 확보된다는 것을 논증하여야 한다. 그러한 측면에서 단순히 대학의 자율성만을 강조하고 구체적으로 실현되는 긴절한 공익적 사유를 적시하지 아니한 헌법재판소의 논증방식은 설득력이 없어 보인다. 즉 김양균 재판관도 지적하고 있듯이 대학의 자율권은 헌법상 보장되어 있고 대학이 학생선발을 위하여 어떠한 과목에 어떤 방법의 시험을 실시하고 어떻게 배점할 것인가에 대하여 스스로 결정할 권리가 있다는 주장만으로는 아무런 귀책사유가 없는 청구인들의 신뢰침해를 정당화시킬 충분한 이유가 될 수 없는 것이다. 따라서 이 사건에서는 기본권침해를 정당화시키는 긴절한 공익적 이유가 없다고 할 수밖에 없다. 굳이 상상해 본다면 일본어가 보편적인 학술용어가 되지 못한다거나 일본어의 선택이 보편화됨으로써 일본문화의 침투가 가속화되고 있다는 등의 이유가 거론될 수 있겠으나, 이러한 이유 역시 청구인의 신뢰침해를 정당화시키는 긴절한 공익이라고 보기는 어려울 것이다. 따라서 정당하고 긴절한 공익적 이유 없이 청구인의 신뢰를 침해한 입시요강은 위헌이라고 볼 수밖에 없다.

한편 다수의견과 피청구인은 한문이 고등학교 교과과정에 포함되어있고, 한문과 일본어는 그 어원이 같다는 점에서 상호 대체성이 있으므로, 일본어를 배운 학생이

---

23) 헌재 2001. 2. 22. 98헌바19: "헌법상의 신뢰보호원칙은 법치국가의 원칙으로부터 도출되는 것으로서 이 원칙에 의하면, 새로운 입법으로 말미암아 기존의 법질서에 대한 당사자의 합리적이고도 정당한 신뢰가 무너져 당사자가 큰 손해를 입는 경우에 새로운 입법이 목적으로 하는 공익이 당사자가 입는 손해를 정당화할 수 없다면 그러한 새 입법은 허용될 수 없는 것이지만 과연 새로운 입법이 신뢰보호의 원칙을 위배한 것인지 여부를 판단하기 위하여는 침해받은 이익의 보호가치, 침해의 정도, 신뢰의 손상 정도, 신뢰침해의 방법 등을 새 입법이 목적으로 하는 공익과 종합적으로 비교·형량하여야 한다."

제2외국어로서 한문을 선택함으로써 불이익을 피할 수 있다고 주장하고 있으나, 김양균 재판관이 주장하고 있듯이 고등학교 교과과정에서 제2외국어와 국어에 포함되어 가르쳐지고 있는 한문은 교육집중도가 다르기 때문에 일본어를 공부하는 학생에게 입시과목으로서의 한문은 대체성이 없고, 고등학교에서 일본어를 제2외국어로 공부하는 학생은 내신성적을 충실히 취득하기 위해서 일본어를 공부해야 하고, 또한 입시과목으로서 학문을 배워야 하는 이중부담을 진다는 점에서 이러한 주장은 타당성이 없다고 하겠다.

결국 이 사건의 경우 청구인이 당하는 불이익과 신뢰침해는 피할 수 없고 수인의 기대가능성이 없는 반면, 그를 정당화시키는 긴절한 공익적 이유를 발견하기 어렵다는 점에서 이 사건 입시요강은 신뢰보호의 원칙을 위반하는 위헌적인 공권력행사라고 하지 않을 수 없다.

그런데 이와 관련하여 조규광 재판관은 "현재 고등학교 1학년에 재학중인 학생은 충분하지는 않지만 위 개정전 입시안에 맞추어 일본어가 아닌 다른 외국어를 공부함으로써 위에서 본 바와 같은 신뢰의 침해에서 벗어날 여지가 있다고 보여지므로 대학의 자율성과 다양성을 추구한다는 공공복리와 비교형량할 때 그 신뢰가 우선된다고 보기 어려울 뿐더러 그러한 공익목적을 위하여 차별의 합리성을 인정할 수 있다고 하겠다."라고 주장하나[24] 앞서 언급한 바와 같이 청구인에 대한 신뢰침해를 정당화시키는 공익적 존재를 발견하기 어렵고 설사 발견한다 하더라도 청구인의 신뢰를 침해할 만한 긴절하고 시급한[25] 공익이라고 보기도 어렵기 때문에 비록 2학년보다는 1학년에 재학중인 학생이 새로운 입시요강에 적응하기가 상대적으로 쉽다고 하더라도 이익형량상 1학년에 대한 신뢰침해도 정당화되기 어렵다고 본다.[26]

---

24) 헌재 1992. 10. 1. 92헌마68 등, 판례집 4, 659, 686.

25) 즉 그 시행시기가 반드시 1994년도라야 한다는 공공의 이익을 인정할 만한 사정이 없기 때문에 기존의 제도에 대한 예측가능성 내지 신뢰보호라는 법치국가적 원칙에서 요구되는 충분하고도 적절한 경과규정(유예기간)이 마련되어 있지 않은 이 사건 입시요강은 신뢰보호의 원칙에 위배되어 정당화될 수 없는 것이다.

26) 만일 이 사건에서 청구인의 신뢰침해를 정당화시키는 공익이 존재하고, 청구인들, 특히 대원외고 1학년의 경우 새로운 입시요강에 적응할 충분한 시간적 여유가 있어 신뢰침해를 수인할 수 있다고 인정될 경우 입시요강은 헌법상 정당화될 수 있을 것이고 이 사건 심판청구는 기각될 것이다. 그런데 일본어 선택이 강제된 경우(배정되어 간 학교에서 일본어만 가르친 경우)의 학생들에게는 아무리 일본어를 제외시키는 정당한 공익적 이유가 존재한다 하더라도 이들이 새로운 입시요강에 적응할 가능성이 없으므로 신뢰침해에 대한 수인의 기대가능성이 없고, 따라서 입시요강은 위헌적인 공권력행사가 될 것이다. 그런데 이들 학생은 이 사건의 청구인이 아니고 단지 이해관계 있는 제3자에 불과하므로 이 사건에서는 청구인만의 이익을 기준으로 기각시켜야 하는지의 의문이 제기될 수 있다. 청구인의 권리보호의 이익이 없더라도 중요한 헌법적 해명이나 헌법수호, 동일한 사건의 반복

(2) 비례의 원칙과 관련하여

국민의 기본권을 침해하는 공권력의 행사가 정당화되기 위해서는 그 공권력행사의 목적이 정당해야 하고(목적의 정당성), 그 목적의 달성을 위한 방법이 효과적이고 적절하여야 하며(방법의 적합성), 그 방법을 통한 기본권의 침해는 필요한 최소한도에 그치도록 하여야 하며(침해의 최소성), 그 공권력행사를 통해 달성하려는 공익과 침해되는 사익을 비교형량할 때 공익이 더 커야 한다(법익의 균형성)는 비례의 원칙을 충족시켜야 한다.

1) 목적의 정당성

앞서 언급한 바와 같이 이 사건의 경우 공권력행사로서의 입시요강을 정당화시키는 긴절한 공익적 사유를 발견하기 어렵다. 즉 다수의견과 별개의견에서 거론되는 대학의 자율권도 청구인들의 기본권침해를 정당화시킬 충분한 이유가 될 수 없고, 일본어가 보편적인 학술용어가 되지 못한다거나 일본어의 선택이 보편화됨으로써 일본문화의 침투가 가속화되고 있다는 등의 이유 역시 입시요강을 정당화시킬 수 있는 공익이라고 보기 어렵다. 따라서 이 사건에서는 청구인의 기본권침해를 정당화시키는 긴절한 공익적 이유가 없다고 할 수밖에 없으므로 서울대의 입시요강은 목적의 정당성의 요건을 충족시키기 어렵다고 본다.

2) 방법의 적합성

설사 대학의 자율권이나 일본어가 보편적인 학술용어가 되지 못한다거나 일본어의 선택이 보편화됨으로써 일본문화의 침투가 가속화되고 있다는 등의 이유 등이 이 사건 입시요강 및 그를 통한 청구인의 기본권침해를 정당화시키는 공익이라고 하더라도 일본어를 선택과목에서 제외시키는 조치가 이러한 공익을 실현하기 위한 적합한 방법이라고 보기도 어렵다.

방지 등의 공익적 이유에서 헌법소원의 본안판단을 하는, 즉 객관적 소송화되어지는 오늘날의 헌법소원제도의 추세에 비추어 볼 때 이해관계 있는 제3자의 기본권도 고려하고 중요한 헌법적 해명을 한다는 차원에서 이 경우에도 헌법재판소는 이 사건 심판청구를 인용할 수 있다고 보여진다. 헌법소원의 객관적 소송화에 대하여는 정연주, 헌법소원심판청구취하의 효과, 공법연구 제28집 제4호 제2권, 2000. 6, 201쪽 이하 참조.

3) 침해의 최소성

설사 입시요강을 정당화시키는 공익이 존재하고 일본어를 선택과목에서 제외시키는 조치가 그 공익달성을 위하여 적합한 방법이라고 하더라도 1994학년도부터 이를 실시하는 것은 너무 과도한 조치라고 보지 않을 수 없다. 즉 김양균 재판관도 언급하고 있듯이 피청구인 작성의 입시요강의 시행시기가 1995년이라면 피해가 훨씬 줄어들 것이고 1996년이라면 피해가 없을 것인데도 그 시행시기를 굳이 1994년도로 하려는 것은, 만일 그 시기를 놓쳐서는 국가의 교육정책상 회복할 수 없는 손실이 초래될 우려가 있어 공공복리의 증진을 위하여 일부 학생의 희생은 부득이 감수하게 할 수밖에 없다고 함과 같은 특별한 사정이 인정되어야 할 것인바, 이 사건에서는 그와 같은 특별한 사정이 없거나 설사 특별한 공익상의 이유가 인정된다 하더라도 그것이 청구인의 기본권을 침해하면서까지 달성해야 할 만큼 시급하고 긴절한 것으로 보이지 않으므로 침해의 최소성의 원칙에도 위배된다고 보지 않을 수 없다.

4) 법익의 균형성

앞서 언급한 바와 같이 일본어를 선택과목에서 제외시킴으로써 달성되는 공익이 없거나 크지 않은데 비하여 청구인의 기본권침해의 정도는 수인의 기대가능성이 없을 정도로 크기 때문에 달성되는 공익과 침해되는 청구인의 기본권사이의 균형이 상실되었다고 보지 않을 수 없다.

(3) 평등의 원칙과 관련하여

교육관계법령 및 고시(제5차 교육과정 문교부고시 제88-7호, 88. 3. 31.)에 따라 시행되고 있는 5개의 제2외국어 교과 중 일본어를 선택한 학생들에 대하여서만 프랑스어, 독일어, 중국어, 에스파냐어 등 다른 외국어를 선택하여 공부하는 학생들에 비하여 차별하는 것은 앞서 언급한 바와 같이 이러한 차별을 정당화시키는 합리적 사유가 없으므로, 이 사건 서울대학교 입시요강 중 인문계열대학의 대학별 고사과목의 선택과목에서 일본어를 제외한 부분은 헌법 제11조 제1항의 평등의 원칙을 위배하여 헌법 제31조 제1항이 보장하고 있는 균등하게 교육을 받을 권리를 침해하는 것으로서 위헌이라고 할 수밖에 없을 것이다.

Ⅳ. 사립대학의 경우

1. 일반론

사법상의 재단법인인 사립대학은 공권력의 담당자가 아닌 국민과 대등한 사인의 지위를 가지며, 따라서 입시지원자와의 법률관계는 사법관계라고 할 수 있고, 따라서 사립대학과 입시지원자와의 법률관계는 학문의 자유와 대학의 자율성이라고 하는 기본권의 주체로서의 대학과 균등한 교육을 받을 권리의 주체인 입시지원자와의 관계인 기본권주체 상호간의 기본권충돌관계라고 할 수 있다. 따라서 이러한 법적 분쟁에 대하여는 민사소송에 의해 해결해야 할 것이고, 이에 대하여 불복할 경우 그 민사재판에 대한 헌법소원심판청구를 고려할 수 있겠으나, 현행법상 재판에 대한 헌법소원이 금지되어 있으므로 결국 일반법원에서 해결할 수밖에 없을 것이다.[27)]

2. 사립대학을 공무수탁사인의 일종으로 볼 경우

사립대학을 공교육이라는 급부행정을 국가로부터 위탁받아 공적 과제를 수행하는 이른바 공무수탁사인으로 볼 수 있다면 그 한도에서 공권력담당자로서의 지위를 가진다고 보아야 할 것이고, 그 공적 과제수행과정에서 이루어지는 자율권의 행사는 일종의 공권력행사로 보아야 할 것이다. 따라서 사립대학의 일본어를 배제하는 내용의 입시요강은 헌법소원의 대상이 되는 공권력행사로 볼 수 있을 것이다. 따라서 이 경우에는 앞서 살펴본 서울대의 경우에 적용되는 논리가 그대로 적용된다고 보아야 할 것이다.

Ⅴ. 맺는 말

본 결정은 한편에서는 헌법소원의 적법요건의 측면에서는 헌법소원심판의 대상

27) 사립대학의 입시요강은 공권력행사가 아니므로 헌법소원의 대상이 될 수 없으며, 단지 민사소송이 제기된 후 재판부의 해당 기본권의 내용과 효력에 대한 평가나 기본권의 사인간 효력에 대한 평가 등이 문제되어 민사재판에 대한 헌법소원심판의 제기가 고려될 수 있겠으나, 현행법상 이는 금지되어 있다. 권리구제의 공백과 헌법심의 공백을 해소하기 위하여 재판에 대한 헌법소원을 인정해야 할 필요성이 있다고 하겠다.

이 되는 공권력행사의 개념을 넓게 인정하는 등 국민의 기본권침해에 대한 구제의 길을 넓혔다는 점에서 상당한 의미가 있다고 하겠으나, 다른 한편 앞서 언급한 바와 같이 다양한 문제점과 논리적 모순을 지니고 있는 결정이기도 하다. 차제에 공법인이나 공법상의 영조물 등의 기본권주체성과 이들의 국가 및 사인간의 법률관계 등에 대한 보다 심도 있는 규명이 있어야 할 것이고, 아울러 헌법재판소의 논증과정에 있어서의 논리적인 일관성이 요구된다고 하겠다.

5. 교수재임용추천철회에 대한 헌법적 고찰

- 헌재 1993. 5. 13. 91헌마190 교수재임용추천거부 등에 대한 헌법소원[1) -

[目 次]

Ⅰ. 머리말

이 글은 교수재임용제도와 관련하여 교수재임용추천과 철회 및 그 구제에 대한 문제를 헌법적으로 고찰한 것이다. 주지하는 바와 같이 교수재임용제도는 학문의 자유, 대학의 자율성, 교육의 정치적 중립성·자주성 등과 밀접한 관련이 있는, 그리고 때로는 상호갈등관계에 있을 수 있는 매우 중요하면서도 미묘한 문제이다. 대학의 자율성과 학문의 자유의 보장을 위하여 대학교수에게는 특수한 신분보장이 요구되어지지만, 다른 한편에서는 이러한 신분보장으로 인해 발생할 수도 있는 부작용－예컨대 학문연구와 강의 및 학생지도라고 하는 대학교수 본연의 임무를 수행할 능력과 자질이 없는 교수가 정년까지 신분보장을 받고 대학에 재직하는 등－을 예방하기 위하여 일정한 기간과 조건하에서의 재임용제도가 필요할 수 있다. 그런데 이러한 교수재임용제도가 그동안 본래의 제도적 취지와는 달리 이를 통해 대학당국이나 정부에 대하여 비협조적이거나 비판적인 교수를 대학강단에서 추방

---

1) 헌재 1993. 5. 13. 91헌마190, 판례집 5-1, 312.

시키는 등 대학교수를 통제하고 순치시키기 위한 제도로 악용되어 온 사례도 없지 않다. 아울러 이러한 교수재임용제도의 위헌·위법한 악용 내지 남용과 관련해서 제기된 소송에 있어서 사법부는 재임용행위나 그 거부처분 등은 순수한 재량행위라는 등의 이유로 억울하게 탈락된 대학교수들의 권리구제에 대하여 대체로 소극적인 입장이었다고 볼 수 있다.[2] 특히 이 문제와 관련하여 헌법재판소는 91헌마190 결정에서 교수재임용추천과 거부의 법적 성질 및 그 구제에 대한 나름대로의 견해를 피력한 바 있는데, 그 결정 내용에 적지 않은 문제점이 내포되어 있고, 또한 몇 가지 중요한 헌법적 판단을 간과한 점도 있어 보인다. 따라서 이 글에서는 이 헌재결정과 관련하여 교수재임용제도의 의의와 교수재임용추천 및 철회의 법적 성격 및 그 구제의 문제를 헌법적 시각에서 검토해보고자 한다. 결국 이 글은 교수재임용제도와 관련한 헌법적 고찰을 통해 교수재임용제도가 본래의 궤도를 이탈하지 않도록 통제하고, 발생할 수 있는 위헌·위법한 재임용탈락행위에 대한 효율적인 사법적 구제를 보장함으로써 대학교수 개인의 신분보장과 대학의 자율권 및 학문의 자유의 보장에 기여함을 목적으로 한다.

Ⅱ. 헌재결정의 내용

1. 사건의 개요 및 심판의 대상

(1) 사건의 개요

청구인은 1988. 6. 1.부터 세무대학의 조교수(민법담당)로 재직 근무하던 중 1991. 9. 1. 동대학에서 조교수로 재임용되지 못하였다. 세무대학설치법 제15조에 근거한 대통령령 제15조에 근거한 대통령령 제16조의 교수(재)임용절차에 의하면 교수·부교수 및 조교수는 학장이 인사위원회의 동의를 얻어 재무부장관에게 추천하고 재무부장관의 제청으로 대통령이 임명하도록 되어 있어 세무대학장은 1991. 8. 19. 세무대학인사위원회의 동의를 얻어 재무부장관에게 청구인의 재임용을 추천하였

2) 이와 관련하여 최근 서울행정법원(2000. 1. 18. 99구683)은 재임용에 탈락한 서울대학교수가 제기한 교수재임용거부처분취소청구소송에서 대학의 재임용거부처분을 취소함으로써 탈락교수의 손을 들어주었다. 이는 과거 사법부가 교수재임용거부처분은 사법심사의 대상이 아니라거나 또는 단순히 재량행위라는 이유로 소를 각하 또는 기각시켜온 점을 상기해 볼 때 매우 의미있는 진일보한 판결이라고 할 수 있다. 이 판례의 내용과 그에 대한 평석은 정연주, 교수재임용거부처분에 대한 공법적 구제, 인권과 정의 2000. 5(285호), 172쪽 이하 참조.

다가 1991. 8. 29. 위 추천을 철회함으로써 결국 청구인은 교수재임용에서 탈락하게 되었고, 이에 대하여 청구인은 1991. 10. 30. 이 사건 헌법소원심판을 청구한 것이다.

(2) 심판의 대상

청구인은 심판청구서의 청구취지에서 "대통령이 청구인을 세무대학 조교수로 재임용하지 아니한 행위"를 위헌이라고 기재하고 있으나 이 사건은 대통령의 재임용권행사 또는 불행사 이전의 임용절차에 관한 법정요건인 추천단계에서 청구인의 기본권침해가 이루어진 것이므로 그 심판대상은 첫째, 세무대학장이 청구인의 조교수 재임용추천을 하지 아니한 공권력 불행사의 위헌여부이며 둘째, 청구인을 1991.9.1. 세무대학 조교수로 재임용하지 아니한 근거법령인 대통령령(세무대학의조직과운영에관한규정) 제16조 제1항 "교육법에 의한 교수·부교수 및 조교수는 학장이 인사위원회의 동의를 얻어 재무부장관에게 추천하고 재무부장관의 제청으로 대통령이 임명한다. 이 경우 재무부장관이 제청하고자 하는 때에는 교육부장관과 협의하여야 한다."는 규정의 위헌여부이다.

2. 당사자의 견해

(1) 청구인의 주장

1) 교육공무원법 제11조 제3항이 정한 교수임기제는 교수로서의 자질에 부족함이 없는 한 자동으로 연임되는 교수재임용제도인데 대통령이 청구인을 재임용하지 아니한 행위는 위헌이고, 이에 반하는 교수재임용절차에 관한 위 대통령령 제16조의 규정내용은 위법·무효일 뿐 아니라 세무대학설치법 제6조 제3항에 재무부장관은 세무대학에서 일반학과정의 교육을 담당하는 공무원을 임용하거나 그 제청을 하고자 할 때에는 교육부장관과 협의하여야 한다고 규정하고 있을 뿐 그 임용방법과 추천에 관하여 하위법령에 위임한 바 없는데 위 대통령령 제16조를 설정한 것은 상위법의 위임근거가 없는 위법·무효인 법령이다.

2) 가사 위 대통령령 제16조가 유효하다 하더라도 세무대학장이 인사위원회의 동의를 얻어 재무부장관에게 청구인의 재임용을 추천하였다가 청구인이 전국교직원노동조합 활동을 하고 그 탈퇴약속을 지키지 아니하였다고 하여 이를 일방적으로 철회하고 청구인의 재임용추천을 하지 아니한 것은 청구인의 헌법상 보장된 기본

권, 즉 평등권, 결사 및 학문의 자유권과 근로자의 단결권 등을 침해한 위헌적인 공권력의 불행사이다.

(2) 법무부장관과 재무부장관의 의견

1) 청구인의 심판청구는 행정청의 부작위에 대한 심판청구로서 행정소송법 제3조 제1호의 규정에 의한 항고소송에 의하여 먼저 그 구제절차를 거쳐야 하는데 이를 거치지 아니하였으므로 각하되어야 한다.

2) 세무대학설치법 제15조는 “이 법 시행에 관하여 필요한 사항은 대통령령으로 정한다.”고 규정하고 있어 위 대통령령 제16조는 이에 근거하여 동법이 규정한 교수 등의 자격 및 임용(제6조)에 관한 사항을 시행하기 위한 것이므로 동 규정이 모법의 근거가 없다는 청구인의 주장은 그 이유가 없다.

3) 청구인은 대학교수인 교육공무원은 특단의 사유가 없는 한 재임용이 보장되어야 한다고 하나 교육공무원법 제11조 제3항과 교육공무원임용령(대통령령)의 관계규정에 의하면 청구인과 같은 조교수의 경우 일정한 기간을 정하여 재임용하도록 규정되어 있을 뿐 그 어디에도 임용권자에게 임용이 만료된 자를 다시 자동적으로 재임용하여야 한다는 규정을 찾아 볼 수 없고 오히려 현행 교육공무원법하에서는 위에서 정한 임용기간이 만료되면 대학교원으로서의 신분관계는 당연히 종료되는 것으로 되어 있는 것이다. 따라서 임용권자가 임용기간이 만료된 자를 다시 임용할 것인가 여부는 결국 임용권자의 판단에 따른 세무대학장의 재량행위에 의하여 재임용 여부가 결정되는 것이다.

4) 청구인은 자신이 재임용되지 아니한 이유를 단지 청구인이 전교조에서 활동하였다는 이유뿐인 것처럼 주장하나, 첫째로 청구인은 담당교과과목이 민법임에도 불구하고 민법에 관한 연구실적이나 활동이 전혀 없으며, 둘째로 재임용시에 제출하여야 하는 연수이수증명서를 학교측의 수차례 요구에도 불구하고 제출하지 아니한 것 등이 종합적으로 검토되어 관계 법령에 의하여 청구인을 재임용하지 아니한 것이므로 이는 임용권자의 정당한 행위이며 결코 헌법에 위반되는 공권력의 행사 또는 불행사로 인하여 청구인의 기본권을 침해한 것이 아니다.

3. 주 문

이 사건 심판청구를 기각한다.

4. 판시사항

(1) 헌법소원재판에 있어서 피청구인과 심판대상의 확정
(2) 헌법소원에 있어서 보충성의 원칙의 예외를 인정한 사례
(3) 법령에 대한 헌법소원과 보충성의 원칙
(4) 교수재임용제도의 의의
(5) 세무대학의 조직과 운영에 관한 규정 제16조의 적법성
(6) 인사위원회의 동의 없는 재임용추천철회의 적법절차 문제

5. 결정요지

(1) 법정의견

1) 헌법재판소는 청구인의 심판청구서에 기재된 피청구인이나 청구취지에 구애됨이 없이 청구인의 주장요지를 종합적으로 판단하여야 하며 청구인이 주장하는 침해된 기본권과 침해의 원인이 되는 공권력을 직권으로 조사하여 피청구인과 심판대상을 확정하여 판단하여야 한다.

2) 세무대학장의 재임용추천거부행위와 같은 총·학장의 임용제청이나 그 철회는 행정기관 상호간의 내부적인 의사결정 과정일 뿐 행정소송의 대상이 되는 행정처분이라고 볼 수 없는 것이 대법원의 일관된 판례이므로 세무대학장이 청구인의 교수 재임용추천을 하지 아니한 공권력 불행사의 위헌여부를 다투는 청구인이 행정소송을 거치지 아니하고 바로 헌법소원심판을 청구하였다고 하더라도 소원심판청구의 적법요건인 보충성의 원칙에 반하지 아니한다.

3) 법령 자체에 대한 헌법소원심판청구의 경우에도 법령 자체에 의한 직접적인 기본권침해 여부가 문제되었을 경우 그 법령의 효력을 직접 다투는 것을 소송물로 하여 일반 법원에 구제를 구할 수 있는 절차는 존재하지 아니하므로 이 경우에는 다른 구제절차를 거칠 것 없이 바로 헌법소원심판을 청구할 수 있다.

4) 교육공무원법 제11조 제3항 및 교육공무원임용령 제5조의2에 의한 교수재임용제도는 교수의 연임이 보장되어 자동적으로 재임용되어 임기가 계속되도록 되어 있는 것이 아니며 임용권자가 당연히 재임용하여야만 하는 연임보장규정도 아니다.

5) 세무대학의 교·부교수 및 조교수는 학장이 인사위원회의 동의를 얻어 재무부장관에게 추천하고 재무부장관의 제청으로 대통령이 임명하도록 규정한 세무대학의

조직과 운영에 관한 규정(대통령령) 제1조, 제6조, 제15조에 근거한 적법한 조항이다.

6) 세무대학 인사위원회가 청구인에 대한 재임용추천을 동의하였는데 그 후 세무대학장이 인사위원회의 동의 없이 재임용추천을 철회한 것과 그 추천행위가 자유재량행위냐 기속재량행위냐 하는 공권력행사에 대한 적법절차에 관한 부분은 청구인이 원고가 된 교수지위확인사건의 판결에서 다투어 판시한 것이어서 청구인도 이 사건 청구의 기본주장으로 다투지 아니하고 있으므로 이에 대한 판단은 필요 없다.

(2) 재판관 조규광, 재판관 김양균의 반대의견

1) 헌법재판소는 청구인의 주장사실에만 얽매여 판단을 한정할 것이 아니라 가능한 모든 범위에서 헌법상의 기본권 침해의 유무를 직권으로 심사하여야 하는데, 청구인의 주장사실과 이해관계인의 답변사실을 종합해 볼 때 이 사건에 있어서는 세무대학장이 청구인에 대한 교수재임용추천 철회를 함에 있어서 인사위원회의 동의를 받지 않고 단독으로 처리한 점이 문제로 다루어져야 한다.

2) 세무대학장이 교수재임용추천을 철회하고자 할 때에는 인사위원회에 부의하여 그 동의절차를 밟는 것이 적법절차에 따른 합당한 수순인데도 불구하고 학장이 그러한 절차를 생략하고 단독으로 철회해 버린 것은 인사위원회에서 인사위원(또는 청구인)이 청구인에게 유리한 사실을 진술하거나 필요한 증거를 제출할 수 있는 청문의 기회를 보장해주지 아니한 것으로서 그러한 의미에서 적법절차에 위배한 자의적 처분이 되어 청구인의 평등권, 공무담임권 등 헌법상 보장된 기본권을 침해한 것이다.

(3) 재판관 변정수의 반대의견

1) 임용기간이 만료된 대학교원에 대한 재임용 여부는 기간제 임용제도의 취지에 비추어서나 그것이 대학교원의 신분과 기득권에 관한 것임에 비추어 임용권자의 자유재량행위에 속하는 것이 아니라 능력이나 자질에 뚜렷한 하자가 없는 한 재임용해야 할 의무가 있는 기속재량행위에 속한다.

2) 교원재임용추천을 철회해야 될 어떠한 새로운 공익적 사정이 생긴 것도 아닐뿐더러 인사위원회의 동의절차도 밟지 않고 세무대학장이 임의로 청구인에 대한 교원재임용추천을 철회한 것은 교원재임용추천권을 남용한 것으로서 이는 법치국가적 계율이자 조리상의 원칙인 신의성실의 원칙과 비례원칙을 위반하고, 행정행위철회절차를 어긴 것으로서 이로 인하여 청구인의 평등권·행복추구권·직업선택

의 자유·공무담임권 등 기본권을 침해한 것이다.

Ⅲ. 헌법적 고찰

여기서는 교수재임용추천철회와 그 구제의 문제를 위 헌법재판소의 결정과 관련하여 먼저 이 사건의 논점을 파악한 후 이에 대한 헌법적 판단을 본안전판단과 본안판단으로 나누어 고찰하고자 한다.

1. 논 점

이 사건 심판의 대상은 한마디로 말해서 세무대학장의 청구인에 대한 조교수 재임용추천철회행위의 위헌 여부이다. 여기서 위헌여부의 판단의 기준이 되는 쟁점사항 중 중요한 점만을 정리해보면 대략 다음과 같다.

첫째, 이 사건에서 청구인의 기본권을 침해하는 공권력의 행사 또는 불행사는 무엇이며, 그의 법적 성격은 무엇인지가 문제된다.

둘째, 청구인의 기본권을 침해했다고 하는 공권력의 행사 또는 불행사가 기속행위인가 재량행위인가, 그리고 재량행위라고 한다면 행정소송이나 헌법소원 등의 사법심사의 대상에서 제외되는가의 여부이다.

셋째, 구체적인 구제절차의 유형에 관한 것이다. 즉 이 사건에서 적합한 구제절차는 행정소송인지 따라서 헌법소원심판청구는 부적법하게 제기된 것인지, 아니면 소위 보충성원칙의 예외 또는 비적용 대상에 해당되는 것으로서 헌법소원은 적법하게 제기된 것인지의 여부이다.

넷째, 공권력행사의 위헌·위법 여부, 즉 청구인의 기본권을 침해했다고 하는 공권력의 행사가 헌법과 당해 법령의 어떤 규정과 원칙을 위반했는가 하는 문제이다.

다섯째, 청구인의 침해된 기본권은 어떠한 것인가 하는 문제이다.

2. 헌법적 판단

(1) 본안전판단

1) 문제되는 공권력의 행사 또는 불행사의 법적 성격

헌법소원이 적법하게 제기되기 위해서는 먼저 청구인의 기본권을 침해하는 공권력의 행사 또는 불행사가 존재해야 하는데, 이 사건에서 청구인의 기본권을 침해하는 공권력의 행사 또는 불행사로 문제되는 것은 바로 세무대학장의 재임용추천철회행위 또는 거부행위라고 할 수 있다.[3)] 그런데 여기서 세무대학장의 재임용추천 철회행위 또는 거부행위의 법적 성격이 문제가 되는데 헌법재판소의 다수의견은 "세무대학장의 재임용 추천거부행위와 같은 총·학장의 임용제청이나 그 철회는 행정기관 상호간의 내부적인 의사결정과정일 뿐 행정소송의 대상이 되는 행정처분이라고 볼 수 없는 것이 대법원의 일관된 판례[4)]이므로 세무대학장이 청구인의 교수재임용추천을 하지 아니한 공권적 불행사의 위헌여부를 다투는 청구인이 행정소송을 거치지 아니하고 바로 헌법소원심판을 청구하였다고 하더라도 소원심판청구의 적법요건인 보충성의 원칙에 반하지 아니한다."라고 판시함으로써[5)] 세무대학장의 재임용추천철회행위 내지 거부행위의 법적 성격을 직접 규명하지 아니하고 간접적으로 대법원의 판례를 원용함으로써 문제의 본질을 회피하고 있는데, 헌법재판소는 이 문제를 직접적으로 다루었어야 했다. 왜냐하면 이를 명확히 규정하는 것은 기본권침해에 대한 구체적인 구제절차를 선택하는데 있어서 매우 중요하기 때문이다.

총·학장의 재임용추천철회행위 내지 거부행위의 법적 성격에 대한 대법원의 견해는 받아들이기 어렵다. 결론적으로 이야기한다면 세무대학장의 재임용추천철회행위는 그것이 외형상으로는 내부적인 의사결정과정이지만 실질적으로는 청구인의 권리와 지위에 변동을 초래하는 행정처분에 해당된다고 볼 수 있다. 왜냐하면 비록 철회행위자체가 최종적인 재임용탈락처분은 아니지만, 이로 인해 일련의 재

3) 이와 관련하여 청구인은 심판청구서에서 피청구인을 대통령으로 특정하고 그 청구취지에서 피청구인이 청구인을 세무대학 조교수로 재임용하지 아니한 행위가 헌법상 보장된 기본권을 침해한 위헌적인 공권력의 불행사로서 무효라고 주장하고 있으나, 청구인의 기본권침해의 원인이 되는 공권력의 행사 또는 불행사는 세무대학장이 재임용추천을 하지 아니한 행위이지 대통령이 재임용권행사를 하지 아니한 행위와는 직접 관계가 없다. 즉 청구인이 조교수로 재임용되지 아니한 것은 재임용절차의 전제조건인 법적 요건을 갖추지 못하여 조교수재임용에 필요한 추천이나 제청을 받지 않았기 때문이지 대통령의 공권력 행사 또는 불행사와는 직접 인과관계가 없는 것이므로 선행절차단계에서 이루어진 세무대학장의 공권력의 행사 또는 불행사가 헌법소원의 심판대상이 되어야 하는 것이다.

4) 예컨대 대법원은 1989. 6. 27. 88누9640 교수재임용탈락처분취소사건에서 "교육공무원법 제25조 제1항에 의하면 교수, 부교수는 총장, 학장의 제청으로 문교부장관을 거쳐 대통령이 임명하고, 조교수는 총장, 학장의 제청으로 문교부장관이 임용하도록 규정되어 있는데 이 규정에 따라 총장, 학장이 임용절차에 대하여 하는 임용제청이나 그 철회는 행정기관 상호간의 내부적인 의사결정과정의 하나일 뿐, 그 자체만으로는 직접적으로 국민의 권리, 의무가 설정, 변경, 박탈되거나 그 범위가 확정되는 등 기존의 권리상태에 어떤 변동을 가져오는 것이 아니므로 이를 행정소송의 대상이 되는 행정처분이라고 할 수는 없다."라고 함으로써 교수재임용제청이나 철회행위는 행정처분이 아니고 따라서 행정소송의 대상이 될 수 없다고 판시하고 있다.

5) 헌재 1993. 5. 13. 91헌마190, 판례집 5-1, 312, 321-322.

임용을 위한 법정절차는 중단되고 그로써 결국 청구인의 교수로서의 신분을 박탈하는 형성적 효과를 가져 오는 것이므로 재임용추천철회행위는 더 이상 별도의 처분을 기다리지 아니하고 바로 청구인의 교수로서의 지위를 상실시키는 법적 효과를 가져 오는 것이기 때문에[6] 단순한 행정기관 상호간의 내부적인 의사결정과정의 문제를 떠나 일반 국민의 권리와 지위의 변동을 초래하는 법집행행위에 속하는 것으로서 행정처분의 일종이라고 할 수 있고 따라서 원칙적으로 행정소송의 대상이 되는 것이다.[7]

2) 기속행위인가 재량행위인가의 여부

청구인의 기본권을 침해하는 공권력의 행사 또는 불행사가 기속행위인가 또는 재량행위인가의 여부는 사법심사의 대상여부 및 사법심사의 범위 등과 관련하여 매우 중요한 문제이다. 이 사건에서 법무부장관과 재무부장관은 "임용권자가 임용기간이 만료된 자를 다시 임용할 것인가 여부는 결국 임용권자의 판단에 따른 세무대학장의 재량행위에 의하여 재임용여부가 결정되는 것이다."라고 주장함으로써 세무대학장의 재임용추천이나 그 철회행위를 일종의 재량행위로 보고 교수재임용문제와 관련하여 사법부도 그동안 대체로 이와 동일한 입장을 취해 왔다.[8] 그러나

---

6) 서울고등법원은 93. 2. 18. 92구3672 의원제명취소무효확인사건에서 "…지방의회는 국가의 영토의 일부구역을 기초로 하여 그 구역내의 주민들의 공공사무를 행함을 목적으로 하는 지방자치단체의 의사를 결정하는 의결기관으로서 의회가 의결을 하여도 그 의결은 외부에 대하여 지방공공단체의 행위로서의 효력을 가지지 아니하고 의결에 기하여 집행기관이 행정처분을 한 경우에 비로소 효력을 발생하는 것이므로 의결을 바로 행정처분이라고 할 수 없는 것이나, 제명처분은 이와 달리 집행기관의 처분을 기다리지 아니하고 바로 의원으로서의 지위를 상실시키는 법률효과를 가져와 지방주민에 의한 선거의 효과를 부정하는 결과를 낳게 되는 것이기 때문에 단순한 의회내부규율의 문제를 떠나 일반 시민법질서에 속하는, 법률적 쟁송으로서 행정처분의 일종에 속한다고 보아야 할 것이고…"라고 판시함으로써 지방의회의 내부적 의사결정의 일종인 의원제명처분을 집행기관의 처분을 기다리지 아니하고 바로 의원의 지위를 상실시키는 법률효과를 가져오는 행정처분의 일종으로 보고 있다.

7) 세무대학장의 교수재임용추천철회행위는 행정처분의 일종으로서 원칙적으로 행정소송의 대상이 된다고 보아야 하기 때문에 이 사건 헌법소원심판청구는 소위 보충성원칙의 예외로서 제기될 수 있는 것이라고 보아야 할 것이다(이점에 관하여는 후술함). 그러나 만일 세무대학장의 교수재임용추천철회행위를 대법원의 견해 내지 헌법재판소의 우회적인 견해에 따라 행정처분이 아니라고 한다면, 이 경우는 재임용추천철회행위에 대한 행정소송 등의 다른 법률의 구제절차가 없는 것에 해당하므로 처음부터 보충성의 원칙이 적용될 수 없는, 즉 보충성원칙의 예외가 아니라 보충성원칙의 비적용의 경우로서 바로 헌법소원의 대상이 될 수 있다고 하겠다.

8) 예컨대 대법원은 1989. 6. 27. 88누9640 판결에서 "교육공무원법 제11조 제3항 제1, 2호에 의하면 교수 및 부교수는 6년 내지 10년, 조교수 및 전임강사는 2년 내지 3년의 기간을 정하여 임용하도록 규정하고 있을 뿐, 위 법률의 어디에도 임용권자에게 임용기간이 만료된 자를 다시 임용할 의무를 지우거나 재임용절차 및 요건 등에 관하여 아무런 근거규정을 둔 바 없으므로 현행 교육공무원법하에서는 위에서 정한 임용기간이 만료됨으로써 대학교원으로서의 신분관계는 당연히 종료되는 것이

이러한 견해에 대하여는 쉽게 동의할 수 없다.

교육공무원법 제11조 제3항 및 세무대학의조직과운영에관한규정 제16조 제5항이 대학에 근무하는 교원을 일정한 기간을 정하여 임용할 수 있도록 한 교수재임용제도의 취지는 대학교수는 그 직무와 책임의 특수성 때문에 강한 신분보장을 받고 있어 한번 임용되면 설사 능력이나 자질에 하자가 발견되더라도 정년이 될 때까지 본인의 의사에 반하여 퇴직시킬 수 없기 때문에 일정한 기간을 정하여 재임용하여 그 기간 중 능력이나 자질에 하자가 있는지의 여부를 심사하여 신분보장으로 인해 초래되는 폐단－연구와 강의 및 학생지도 등 대학교수 본연의 임무를 수행할 능력과 자질이 없는 교수가 정년까지 신분을 보장받고 재직하는 등－을 보완코자 하는데 있다고 할 것이다. 그러나 다른 한편 현행 헌법이 지향하는 교육의 자주성·전문성·정치적 중립성과 대학의 자율성 및 학문의 자유의 보장을 위하여 대학교수의 신분보장은 여전히 중요한 것이기 때문에 이러한 교수재임용제도가 그 제도적 취지와는 달리 대학교수의 신분을 위협하는 도구로 악용되어 대학의 자율성과 학문의 자유의 보장을 위태롭게 해서는 아니 될 것이다. 이러한 교수재임용제도의 취지와 이 제도가 대학교수의 신분보장 및 대학의 자율성과 학문의 자유에 직결되는 문제라는 점을 감안할 때 임용기간이 만료된 대학교수에 대한 재임용여부는 임용권자의 재량행위에 속하는 것이 아니라 해당 교수의 능력이나 자질에 명백한 하자가 없는 한 재임용해야 할 의무가 있는 기속행위에 속한다고 보아야 할 것이다. 즉 교육의 자주성·전문성·정치적 중립성과 대학의 자율성 및 학문의 자유 그리고 이를 위한 전제조건으로서의 대학교수의 신분보장을 위해서는 임용권자는 해당교수가 재임용을 위하여 갖추어야 할 법령이 요구하는 요건을 충족시켰다면, 그리고 그 교수의 능력과 자질면에서 객관적이고 명백한 하자가 발견되지 아니한다면 반드시 그 해당교수를 재임용해야 하며 따라서 임용권자에게는 재임용여부에 대한 결정재량권이 부여되어 있다고 볼 수 없는 것이다. 만일 재임용여부에 대한 결정이 전적으로 임용권자의 재량에 맡겨져 있다고 한다면 교수재임용제도는 본래의 제도적 취지와는 달리 과거의 예에서 보듯이 대학교수는 순치시키고 대학재단이나 정부에 비협조적이고 비판적인 교수를 탈락시키기 위한 대학교수에 대한 통제도구로 전락할 것이고, 대학교수의 신분보장과 대학의 자율성 및 학문의 자유 그리고 교육의 자주성·전문성·정치적 중립성은 형해화되어 질 것이다.

고, 따라서 임용권자가 임용기간이 만료된 자를 다시 임용할 것인가의 여부는 결국 임용권자의 판단에 따른 재량행위에 속한다고 해석된다."라고 판시하고 있다.

세무대학의조직과운영에관한규정 제16조 제1항이 "교육법에 의한 교수·부교수 및 조교수는 학장이 인사위원회의 동의를 얻어 재무부장관에게 추천하고 재무부장관의 제청으로 대통령이 임명한다."라고 규정하여 세무대학장의 교수임명추천에 반드시 인사위원회의 동의를 얻도록 하였는데, 이는 교수임명에 관한 세무대학장의 자의적인 추천권행사를 방지하여 우수한 교수를 확보함과 동시에 대학의 자치와 자율성 및 교수의 신분보장에 만전을 기하고자 하는데 그 목적이 있는 것으로서 이러한 제도적 장치를 보더라도 임용기간이 만료된 교수의 재임용에 관한 세무대학장의 추천권행사나 임용권자의 재임명발령이 그들의 자유재량에 속하는 행위가 아닌 것임을 알 수 있다. 그러므로 세무대학장은 임용기간이 만료된 교수가 법령이 요구하는 재임용을 위한 요건을 충족시켰고 교수로서의 능력과 자질에 객관적이고 명백한 하자가 없는 한 인사위원회에 재임용추천에 대한 동의요청을 하여야 하고, 인사위원회의 동의를 얻었다면 반드시 재무부장관에게 재임명추천을 하여야 할 의무가 있는 것이다. 결국 세무대학장의 재임용추천 및 그 철회행위는 기속행위인 것이다.

가사 재임용추천 및 철회행위가 재량행위라고 하는 견해를 받아들인다고 하더라도 이것이 당연히 사법심사의 대상에서 제외되는 것은 아니다. 왜냐하면 재량행위라 할지라도 그 재량의 한계를 일탈했을 경우에는－예컨대 재량권을 수권한 법령상의 목적이나 비례의 원칙·평등의 원칙을 위반했을 경우 등－일종의 재량의 남용에 해당되는 경우로서 더 이상 부당의 문제에 그치지 아니하고 바로 위법성을 초래하기 때문에 당연히 사법심사의 대상이 되며, 행정소송법 제27조도 "행정청이 재량에 속하는 처분이라도 재량권의 한계를 넘거나 그 남용이 있는 때에는 법원은 이를 취소할 수 있다."라고 규정함으로써 이를 확인하고 있다.

3) 구제절차의 유형과 관련하여

헌법재판소법 제68조 제1항 단서는 "… 다만, 다른 법률에 구제절차가 있는 경우에는 그 절차를 모두 거친 후가 아니면 청구할 수 없다."라고 규정함으로써 헌법소원심판청구의 보충성의 원칙을 선언하고 있다. 이에 따라 청구인은 원칙적으로 행정소송 등의 다른 법률의 구제절차가 있는 경우 그를 먼저 거쳐야 한다.

이 사건의 경우 청구인의 기본권을 침해했다고 하는 공권력 행사로서의 세무대학장의 재임용추천철회행위는 이미 언급한 바와 같이 행정처분의 성질을 가지는 것이기 때문에 청구인은 원칙적으로 항고소송 등의 행정소송을 거쳐야 할 것이다.

그러나 앞서 지적한 바와 같이 교수재임용추천거부행위와 같은 총 · 학장의 임용제청이나 그 철회행위는 행정소송의 대상이 되는 행정처분으로 볼 수 없다고 하는 것이 대법원의 일관된 판례이고, 아울러 재임용여부결정이 행정처분이라 하더라도 순수한 재량행위에 속하는 행위이므로 사법적 구제가 어렵다고 하는 것이 그 동안의 대체적인 대법원판례의 입장이라는 점을 고려할 때 청구인에게 행정소송을 제기하는 등 다른 법률의 구제절차를 밟을 것을 요구할 수는 없다고 할 것이다. 왜냐하면 청구인의 입장에서 보면 행정소송의 제기가 권리구제절차로서 허용되는지의 여부가 객관적으로 불확실하여 행정소송제기의 기대가능성이 없고, 또한 행정소송제기의 기대가능성이 있다 하더라도 이를 통한 권리구제의 가능성이 거의 없다고 볼 수 있기 때문이다. 우리 헌법재판소는 그동안 판례[9]를 통해 이러한 경우에 보충성원칙의 예외를 인정해오고 있다.[10] 따라서 이 사건의 경우는 보충성원칙의 예외에 해당하는 것으로서 청구인은 곧바로 헌법소원심판을 제기할 수 있는 것이다.

한편 앞서 언급한 바와 같이 교수재임용추천거부행위와 같은 총 · 학장의 임용제청이나 그 철회행위가 행정소송의 대상이 되는 행정처분이라고 볼 수 없다고 하는 대법원의 판례를 타당한 것으로 받아들인다면 이 사건의 경우에는 세무대학장의 재임용추천철회행위에 대하여 다른 법률에 구제절차가 있는 경우에 해당되지 아니하기 때문에 청구인에게는 헌법소원심판청구 이외의 다른 구제방법이 없는 것이 된다. 이는 이른바 보충성원칙의 비적용의 경우에 해당되는 것이다.

(2) 본안판단

1) 위헌 · 위법성 여부

가. 행정절차위반

(가) 무릇 모든 공권력 작용은 법령이 요구하는 일정한 일련의 절차를 거쳐야

9) 헌법재판소는 판례를 통해, 첫째, 심판청구인이 그의 불이익으로 돌릴 수 없는 정당한 이유 있는 착오로 전심절차를 밟지 않는 경우, 둘째, 전심절차로 권리가 구제될 가능성이 거의 없는 경우, 셋째, 권리구제절차가 허용되는지의 여부가 객관적으로 불확실하여 전심절차의 기대가능성이 없는 경우에 보충성원칙의 예외를 인정하고 있다(1989. 9. 4. 88헌마22; 1992. 1. 28. 91헌마111; 1993. 5. 13. 91헌마190).

10) 참고로 보충성의 원칙을 규정한 독일 연방헌법재판소법 제90조 제2항은 당해 헌법소원이 중대하고 일반적인 의미를 가지거나, 또는 일반법률의 구제절차를 거친다면 중대하고 회복할 수 없는 손해가 발생될 가능성이 있는 경우에는 다른 구제절차를 거치지 아니하고 곧바로 헌법소원을 제기할 수 있다고 하는 보충성원칙의 예외를 동시에 규정하고 있다.

하고, 행정작용의 경우에도 그 성립을 위한 요건으로서 적법한 행정절차를 거쳐야 한다. 특히 상대방에게 불이익을 초래하는 침해적 행정작용의 경우에는 관계기관의 동의나 의결절차 또는 상대방에게 의견진술이나 증거의 제출 또는 변명의 기회 등을 부여하는 청문절차 등의 행정절차가 반드시 요구되며, 이러한 행정절차를 거치지 아니한 행정작용은 그 내용이 아무리 정당하다 하더라도 위헌 · 위법임을 면치 못할 것이다. 이 사건의 경우에도 청구인의 교수로서의 신분의 박탈을 초래하는 세무대학장의 재임용추천철회행위도 설사 그 목적이 정당한 사유에 기인한다 하더라도 헌법과 관계법령이 요구하는 일정한 행정절차를 거쳐야 함은 당연하다 할 것이다. 그런데 세무대학장은 재임용추천을 철회하면서 인사위원회의 동의를 구하지 않았음은 물론 상대방인 청구인에게 이에 관한 아무런 언급 없이 어떠한 청문절차도 거치지 아니하였다. 이와 관련하여 다수의견은 “인사위원회의 동의 없이 위 추천을 철회한 것은 청구인이 원고가 된 서울고등법원 91구20731 교수지위확인 사건의 판결에서 다투어 판시한 것이어서 청구인도 이 사건 청구의 기본주장으로 다투지 아니하고 있으므로 이에 대한 판단은 필요 없다.”라고 판시하고 있으나[11] 인사위원회의 동의여부 등의 행정절차는 이 사건에서 문제되는 공권력 행사의 위헌 · 위법여부를 판단하는 매우 중요한 사항이고 또한 헌법소원심판제도는 일반의 민사소송제도와는 달리 직권심리주의가 강하게 투영되어 있는 제도로서 헌법재판소는 청구인의 주장사실이나 청구취지에 구애됨이 없이 가능한 모든 범위에서 헌법상의 기본권침해의 유무를 직권으로 심사하여야 하기 때문에 당연히 이 문제를 다루었어야 했다.

인사위원회의 동의절차나 청문절차 등의 행정절차는 일반적으로는 당해 법령의 규정이나 그 해석 · 취지상 그리고 예외적으로 헌법상 당연히 요구되어지는 것이라고 할 수 있다. 세무대학설치법 제15조에 근거한 세무대학의 조직과 운영에 관한 규정 제16조 제1항은 교수임용절차에 관하여 교수 · 부교수 및 조교수는 학장이 인사위원회의 동의를 얻어 재무부장관에게 추천하고 재무부장관의 제청으로 대통령이 임명하도록 규정하고 있는데 이러한 인사위원회의 동의절차를 필요적 요건으로 규정하고 있는 것은 교수임명추천권자의 자의를 억제하고 객관적인 기준에 따른 인사질서를 확립하려는 데 그 목적이 있는 것으로서 인사위원회의 동의가 없는 한 재임용추천이나 그 철회를 학장 개인이 의도한대로 단독으로 처리할 수는 없다고 할 것이다. 따라서 청구인에 대하여 인사위원회의 동의를 얻어 일단 추천하기로

11) 헌재 1993. 5. 13. 91헌마190, 판례집 5-1, 312, 326.

하였다면 교수임명추천권자라 할지라도 그에 기속되는 것으로서 설사 청구인에게 어떠한 하자가 있거나 추후의 사정변경이 생겼다고 하더라도 인사위원회의 동의절차를 경유하지 않고는 단독으로 이를 철회할 수는 없다고 할 것이다.

그러므로 이 사건의 경우 세무대학장이 일정한 사정변경 등을 이유로 재임용 추천을 철회하고자 할 때에는 그 철회여부에 대하여 다시 인사위원회에 회부하여 그 동의절차를 거쳐야 함에도 불구하고 그러한 절차를 생략하고 단독으로 처리한 것은 인사위원회에서 인사위원이 또는 상황에 따라서는 청구인 스스로가 자신에게 유리한 사실을 진술하거나 증거를 제출하는 등의 청문의 기회를 박탈한 것으로서 이는 당해 법령의 명문규정이나 그 해석과 취지상 당연히 인정되는 적법한 행정절차를 위반한 것이라고 아니할 수 없다. 비록 재임용추천의 철회에 관하여는 세무대학설치법이나 세무대학의 조직과 운영에 관한 규정에는 명문규정을 두고 있지 않지만 위 규정 제16조 제1항 소정의 인사위원회의 교수임명동의제도의 취지에 비추어 볼 때 인사위원회의 동의는 그 동의의 철회의 경우에도 당연히 적용된다고 해석하여야 할 것이다. 만일 그렇지 아니한 것으로 해석한다면 임용권자는 교수재임용추천에 대한 인사위원회의 동의를 얻은 후 언제라도 해당 교수의 재임용추천을 인사위원회의 동의 등의 어떠한 통제나 견제 없이 자유롭게 철회함으로써 자의적으로 특정교수를 재임용에서 탈락시킬 수 있을 것이며, 결국 인사위원회는 유명무실한 존재로 전락할 것이다.

(나) 한편 이러한 인사위원회의 동의나 청문 등의 행정절차는 당해 법령의 규정유무를 떠나 헌법상 당연히 인정된다고 볼 수 있다. 즉 당해 법령에 이러한 행정절차에 관하여 전혀 규정되어 있지 않거나 그 법령의 취지와 해석상 행정절차가 인정될 수 없는 경우에는 직접 헌법규정이나 헌법원리로부터 이를 도출해 낼 수 있는 것이다. 따라서 예외적으로 직접 관련 헌법규정이나 헌법원리로부터 행정청에게 일정한 행정절차를 거칠 의무가 발생되고, 상대방은 이러한 헌법규정이나 헌법원리를 직접 원용하여 일정한 행정절차를 거칠 것을 요구할 권리가 발생되는 것이다. 여기서 행정절차의 헌법적 근거로서 고려될 수 있는 규정이나 원리는 대체로 다음과 같다.

첫째, 헌법 제12조 제1항 후단이 규정하고 있는 적법절차에 관한 조항이다. 동조항은 "누구든지 … 법률과 적법한 절차에 의하지 아니하고는 처벌 · 보안처분 또는 강제징역을 받지 아니한다."라고 규정하여 미국헌법수정 제5조의 적법절차조항(due process clause)과 유사한 내용을 규정하고 있는데, 이는 형사사법작용에 의한 경우

뿐 아니라 행정작용에 의한 경우에도 그것이 국민에게 불이익을 초래하는 처분이라면 그 처분에 대하여 법률의 근거가 있어야 할 뿐만 아니라 반드시 그 처분이 적정한 절차를 거칠 것을 요구한다. 이러한 헌법 제12조 제1항 후단이 규정하고 있는 적법절차조항은 "누구든지 청문 없이 비난당하지 아니한다."라고 하는 자연적 정의와 그 이념적 바탕을 같이 한다고 볼 수 있는데, 특히 침해적 행정작용의 경우 이 규정에 근거하여 상대방에게 청문절차 등의 행정절차가 인정될 수 있는 것이다.

둘째, 민주주의 원리이다. 민주주의원리란 모든 국가권력행사의 최후적 정당성이 국민의 의사에 귀착될 것을 요구하는 헌법상의 기본원리이다. 따라서 민주주의 원리는 일정한 공권력행사를 통해 국민의 권리를 침해할 경우 그 공권력 행사과정에 일정한 공권력행사를 통해 국민의 권리를 침해할 경우 그 공권력 행사과정에 국민을 참여시키고 국민의 의사를 반영할 것을 요구한다. 그러므로 일정한 침해적 행정작용에 있어서도 사전에 그 내용을 상대방에게 통지하고, 의견진술이나 증거제출 등의 청문절차를 부여하는 등 일련의 행정절차를 거칠 것을 민주주의원리는 당연히 요구하는 것이다.

셋째, 법치주의원리이다. 법치주의원리는 국가권력행사를 헌법과 법률에 기속시킴으로써 국민의 자유와 권리를 보장하고자 하는 헌법상의 기본원리이다. 이러한 법치주의원리는 국가권력행사의 자의와 남용을 방지하기 위하여 국가권력행사에 앞서 일정한 행정절차를 거칠 것을 요구한다. 아울러 법치주의원리는 위헌 · 위법한 국가권력작용을 통해 국민의 자유와 권리가 침해당했을 경우 이러한 침해된 권리를 구제할 것을 당연히 요구하는데, 이러한 사후적 권리구제보다는 사전에 행정절차를 거치게 함으로써 국가권력작용의 적정화를 도모하고 권리침해를 미연에 방지하는 것이 보다 효율적인 권리구제이며 이는 법치주의원리의 본래의 목적이라고 할 수 있다. 따라서 법치주의원리는 이러한 사후적 권리구제 뿐 아니라 국가권력행사과정의 적정화를 통한 소위 사전적 권리구제를 실현하기 위하여 국가권력행사에 앞서 청문절차 등의 일정한 행정절차를 거칠 것을 요구하는 것이다.

넷째, 신뢰보호의 원칙이다. 신뢰보호의 원칙은 모든 국가권력의 행사가 국민의 신뢰를 헛되이 하지 않도록, 즉 국민의 신뢰를 보호하는 전제하에서 이루어져야 한다는 원리로서 법치주의원리의 파생원리라고 볼 수 있다. 법치주의원리는 국가권력행사의 자의와 남용을 방지하고 국민의 자유와 권리를 보장하고자 함을 그 이념으로 하고 있는데 신뢰보호의 원칙이 무시되면 국민의 신뢰와 예측가능성이 파괴되고 국민의 법적 안정성과 기득권이 침해되며, 결국 국민의 기본권보장이 확립될 수 없게 되어 법치주의원리는 실현될 수 없는 것이다. 따라서 법치주의원리는 당연히 신뢰보호의 원칙을 그 한 내용으로 하고 있다. 그러므로 국가권력행사, 특히 국민의 권리나 지위를 침해하는 공권력행사의 경우, 그 내용을 사전에 상대방에게 통지하고 청문의 기회를 부여하는 등의 사전적 행정절차를 거쳐야 할 것이며, 만일 이러한 행정절차가 생략된다면 이는 상대방의 예측가능성과 법적 안정성을 해치는 것으로서 상대방의 기득권 보호와 법치주의원리는 실현될 수 없을 것이다. 따라서 이러한 법치주의원리의 파생원칙으로서의 신뢰보호의 원칙은 국가권력행사과정에서 일정한 행정절차를 거칠 것을 당연히 요구하는 것이다.

지금까지 살펴본 바와 같이 국가권력행사과정에서 일정한 행정절차는 당해 법령의 규정이나 해석상 또는 예외적으로 직접 헌법을 근거로 해서 요구되어질 수 있다. 따라서 이 사건의 경우 인사위원회의 동의나 청문절차 등의 행정절차를 생략한 세무대학장의 재임용추천철회행위는 상기 언급한 헌법상의 여러 규정이나 원리 및 당해 법령을 위반한 위헌·위법한 공권력 행사라고 보지 않을 수 없다.

나. 비례의 원칙 위반

국가의 모든 공권력 행사는 그 목적과 수단 사이의 비례성을 요구하는 비례의 원칙을 준수해야 하며, 이를 헌법 제37조 제2항에서도 확인하고 있다. 이에 따르면 모든 공권력수단은 그 추구하는 목적에 적합해야 하고, 불가피해야 하며, 상대방의 권리를 가장 적게 침해하는 것이어야 하고, 이익형량을 통해 상대방의 침해되는 권리보다 월등한 공익목적 실현을 위한 것으로 입증될 경우에만 정당화되어 질 수 있다.

이 사건의 경우 세무대학장의 재임용추천철회행위는 이러한 비례의 원칙을 준수했다고 볼 수 없다. 왜냐하면 세무대학장이 재임용추천을 철회할 수밖에 없었던 긴절한 공익상의 사유가 존재한다고 볼 수 없고, 설사 그러한 정당한 사유가 존재한다 하더라도 청구인의 권리와 지위에 대한 극도의 침해인 교수신분의 박탈을 초래하는 재임용추천철회행위가 그러한 공익적 목적을 달성하기 위한 적합하고 불가피한 최소한의 침해수단이 아닐 뿐 아니라, 철회를 통해 청구인에게 발생되는 교수신분 박탈이라고 하는 상실된 이익과 달성되는 공익사이에 비례성이 유지되었다고 볼 수 없기 때문이다.

교수재임용제의 심사기준은 1981년 말 교육부가 작성하여 전국 국·공립 및 사립대학에 시달한 '교수재임용심사평정표'에 따라 시행하고 있는데 이에 의하면 교수재임용시에는 항목별 평정결과에 더불어 최근 3년 이내(재임용일 기준) 2편 이상의 연구실적물을 심사·평가한 결과와 학생지도 및 수업상황, 법령준수 및 기타 사항 등에 관한 관련자료들을 종합적으로 심사하여 판정하게 되어 있는데, 이러한 기준에 따라 인사위원회는 재임용될 수 있는 요건을 충족시키고 있는지의 여부를 종합적으로 검토하는 것이다. 그런데 이 사건에서 교수재임용추천에 대한 인사위원회의 동의가 있었기 때문에 인사위원회는 청구인이 재임용을 위한 제반자격요건을 갖추고 있거나 또는 자격요건상 미흡한 점이 있다 하더라도 이것이 재임용추천을 거부할 만한 정도의 것은 아니라고 판단한 것으로 보아야 할 것이다. 즉 인사위원회는 단순한 자문기관이 아니라 대학교수의 임용동의 기타 대학교원의 인사에 관한 중요사항을 심의하여 의결하는 기관으로서, 세무대학장으로부터 청구인에 대한 재임용추천에 대한 동의요청을 받은 인사위원회는 청구인의 그 동안의 연구 및 근무실적이나 그 밖의 여러 가지 사정들을 심의한 끝에 청구인의 세무대학교수로서의 능력과 자질면에 하자가 없다고 인정하고 재임용 추천에 동의한 것이며, 설사 일정한 하자가 있다 하더라도 이러한 사항들은 모두 인사위원회가 재임용추천동의를 심의·의결할 당시에 이미 문제가 되어 있었던 사항들로서 인사위원회는 이러한 사항들을 심의한 끝에 청구인을 재임용에서 탈락시킬 사유가 될 수 없다고 보고 재임용추천에 동의한 것으로 보아야 하는 것이다. 이는 재임용추천'취소'가 아니라 '철회'라는 용어를 사용한 것으로 보아도 그러하다. 왜냐하면 철회는 취소와는 달리 하자 없이 성립한 일정한 행정행위를 일정한 사정변경을 이유로 장래를 향하여 그 행정행위의 효력을 소멸시키는 별도의 행위이며, 따라서 인사위원회의 재임용추천동의는 적법하게 이루어진 것이고, 결국 재임용추천철회는 인사위원회의 동의 이후 후발적으로 발생한 사정으로 인하여 세무대학장이 행한 것으로 보아야 하기 때문이다. 그런데 이 사건에서 교수재임용추천에 대한 인사위원회의 동의와 세무대학장의 재무부장관에 대한 재임용추천 이후 재임용추천철회 사이에 재임용추천을 철회할 만한 사유가 발생했다고 볼 수 없고[12] 또한 재임용추천과 철회 사이의 기간이 불과 10일 밖에 되지 않는 점에 비추어 볼 때도 일정한 후발적인 정당화사유가 존재한다고 볼 수 없다고 할 것이다.

결국 이 사건에서 세무대학장의 교수재임용추천철회를 정당화시킬 사유를 찾아볼 수 없고, 가사 존재한다 하더라도 이는 재임용추천철회가 아니라 다른 경미한

12) 이 사건의 기록이나 결정내용에 재임용추천의 철회를 정당화시킬 후발적인 사유가 드러나지 않는다.

수단－예컨대 감봉·경고·견책 등의 징계－에 의해서도 그 목적이 달성될 수 있기 때문에 재임용추천철회행위가 불가피한 최소한의 침해수단이 된다고 볼 수 없으며, 교수신분의 박탈이라고 하는 결과를 그 달성코자 하는 목적과 비교해 보았을 때 결코 비례성이 유지되었다고 볼 수도 없다. 그러므로 세무대학장의 교수재임용추천철회행위는 헌법 제37조 제2항이 규정한 비례의 원칙을 위반한 것이라고 볼 수 있다.

다. 철회권의 제한과 관련하여

일정한 행정행위의 철회는 그것이 행하여진 후 공익상 당해 행정행위의 효력을 지속시킬 수 없는 새로운 사정이 발생한 경우에 할 수 있는 것이나, 공익상 새로운 사정이 발생하였다 하여 철회가 항상 자유로운 것은 아니다. 특히 수익적 행정행위의 경우 그 철회는 상대방이나 이해관계 있는 제3자의 신뢰이익과 기득권을 침해하고 그 법적생활의 안정성을 해치게 되므로 그러한 신뢰이익과 기득권 및 법적 안정성을 파괴하면서까지 관철시켜야 할 긴절한 공익상의 이익이 있어야 한다. 따라서 상대방의 신뢰이익 및 기득권과 철회를 통해 달성코자 하는 공익상의 이익을 비교형량하여 전자가 후자보다 우월하다고 판단될 경우에는 당해 행정행위를 철회할 수 없는데, 이를 철회권의 제한이라고 하며 이 경우 당해 행정행위에는 일종의 불가변력이 발생되었다고 할 수 있다. 결국 이러한 철회권의 제한이론은 신뢰보호의 원칙과 비례의 원칙상 당연히 요구되어지는 것이라고 볼 수 있다.

이 사건의 경우 앞서 언급한 바와 같이 세무대학장의 재임용추천철회행위를 정당화시킬 사유를 발견하기 어렵고, 가사 전교조탈퇴거부 등의 사유를 들어 정당화시킨다고 하더라도 이러한 사유가 철회를 정당화시킬만한 긴절한 공익상의 이익이라고 볼 수 없기 때문에 세무대학장의 철회행위는 그 철회권의 제한을 일탈한 것으로서 결국 신뢰보호의 원칙과 비례의 원칙을 위반할 것이라고 할 수 있다.

2) 침해된 기본권

이 사건에서 세무대학장의 교수재임용추천철회행위로 인해 청구인에게 초래된 기본권 침해의 내용으로는 다음과 같은 것이 고려될 수 있을 것이다.

가. 공무담임권

먼저 헌법 제25조가 보장하고 있는 공무담임권이 침해되었다고 볼 수 있다. 청구인은 국립대학에 재직하고 있는 교육공무원으로서 세무대학장의 재임용추천철회로 인해 자신의 교수로서의 신분이 박탈당하고 결국 공직에 취임할 수 있는 공무담임권이 박탈되었기 때문이다.

나. 직업의 자유

아울러 헌법 제15조가 보장하고 있는 직업의 자유가 침해되었다고 볼 수 있다. 직업의 자유는 모든 국민에게 생활의 기본적 수요를 스스로의 노력에 의해서 충족시킬 수 있도록 하기 위하여 불가피하게 인정되는 기본권인데, 이 경우 직업은 사람이 살아가는데 필요한 정신적·물질적 생활수단을 획득하거나 유지하기 위해서 행하는 계속적 활동이라고 할 수 있으며, 결국 직업은 공공에 해가 되지 않는 모든 생활수단적 소득활동을 전부 망라하는 개념이라고 할 수 있다. 따라서 직업의 자유의 보장 대상으로서의 직업에는 사적 영업활동 뿐 아니라 공공서비스로서의 공직도 포함되며 이 사건의 경우처럼 교육공무원으로 임용 내지 재임용되는 것도 직업의 자유의 보장 대상이 될 수 있는 것이다. 그러므로 세무대학장의 재임용추천철회행위는 청구인의 직업의 자유(직업선택의 자유)를 침해한 것이라고 볼 수 있다.

다. 학문의 자유

대학교수에게는 학문의 자유가 인정되는데, 이러한 학문의 자유는 신분이 보장될 때에만 실현될 수 있다. 그런데 이 사건의 경우 청구인의 공무담임권과 직업의 자유가 침해되어 교수로서의 신분이 박탈된 상황에서 청구인의 학문의 자유가 보장될 수 없는 것은 당연하다. 따라서 세무대학장의 철회행위는 청구인의 학문의 자유를 침해한 것이다.

라. 청문권

끝으로 청구인의 일종의 절차적 기본권으로서의 청문권이 침해되었다고 볼 수 있다. 앞서 언급한 바와 같이 관련 법령의 규정 내지 해석과 취지를 통해서 인정될 수 없는 경우에는 예외적으로 직접 관련 헌법규정이나 헌법원리로부터 일정한 행정절차 내지 청문절차가 요구될 수 있다. 이에 따라 공권력행사의 상대방은 당해 법령이나 예외적으로 헌법규정이나 원리를 직접 원용하여 자신의 의견이나 증거를 제출하고 변명의 기회를 부여받을 수 있는 청문절차권을 주장할 수 있다고 보아야 한다. 이는 위에서 지적한 것처럼 헌법 제12조 제1항 후단에서 규정하고 있는 적법절차원리를 비롯하여 민주주의원리, 법치주의원리, 신뢰보호의 원칙 등으로부터 도출될 수 있는 일종의 절차적 기본권이라고 할 수 있다.

물론 이러한 청문권을 헌법에 명시적으로 규정되어 있는 기본권이라고 보기는 어렵지만, 헌법상 명문으로 규정된 개별적 기본권들은 헌법 제10조에서 규정하고 있는 인간의 존엄과 가치라고 하는 우리 헌법의 궁극적 이념을 실현하기 위하여 구체화시킨 것에 지나지 않기 때문에, 헌법이 명문으로 규정하고 있지 아니하더라도 이러한 인간의 존엄과 가치의 실현을 위하여 필수불가결한 권리라고 한다면 당연히 헌법상 보장되는 기본권이라고 할 수 있으며, 헌법 제37조 제1항도 "국민의 자유와 권리는 헌법에 열거되지 아니한 이유로 경시되지 아니한다."라고 규정함으로써 이를 간접적으로 시사하고 있다. 따라서 청문권도 헌법상 보장된 기본권에 해당된다고 볼 수 있다.

Ⅳ. 맺음말

이상 언급한 바와 같이 공권력행사로서의 세무대학장의 교수재임용추천철회행위는 위헌·위법하게 청구인의 헌법상 보장된 공무담임권, 직업의 자유, 학문의 자유, 청문권 등을 침해한 것이다.

이미 서두에서도 밝혔듯이 그동안 교수재임용제도가 본래의 취지와는 달리 교수의 신분을 담보로 해서 대학당국이나 정부에 비협조적이고 비판적인 교수를 순치시키고 통제하기 위한 도구로 악용되어온 사례가 적지 않으며, 이러한 위헌·위법한 재임용제도의 파행적 운영을 통제하고 침해된 교수의 기본권을 구제해야 할 임무를 띠고 있는 법원이나 헌법재판소가 이러한 위헌행위에 대한 올바른 헌법적 평가를 하지 아니한 채 당사자의 권리구제에 소극적이었다는 점을 부인할 수 없다. 따라서 지금부터라도 교수재임용제도의 이러한 위헌·위법한 운영은 결코 일어나서는 안 될 것이며, 만일 그러한 사례가 발생한다면 사법부나 헌법재판소는 이를 통제함과 아울러 당사자의 권리구제에 적극적으로 임함으로써 교수재임용제도가 본래의 제도적 취지에 따라 운용되고, 이를 통해 대학교수의 신분보장과 학문의 자유 그리고 교육의 자주성·전문성·정치적 중립성 및 대학의 자율성이 보장될 수 있도록 하여야 할 것이다.

6. 대의제도와 정당기속

- 헌재 1994. 4. 28. 92헌마153 전국구국회의원 의석계승 미결정 위헌확인[1] -

[目 次]

Ⅰ. 머리말

이 글은 헌법상 통치기구의 중요한 구성원리의 하나인 대의제도하에서 국회의원의 정당기속의 한계 문제를 비례대표국회의원의 당적이탈·변경시 의원직상실 문제와 관련하여 다룬 것이다. 주지하는 바와 같이 오늘날 강력한 정당국가적 경향과 이에 따른 소속정당에 대한 기속으로 인해 정당소속 국회의원의 대의활동은 정치적으로 많은 제약을 받고 있는 것이 사실이다. 그러나 이러한 현상이 헌법상의 복수정당

1) 헌재 1994. 4. 28. 92헌마153, 판례집 6-1, 415.

제의 보장과 정당중심적 정치활동 및 정당을 통한 권력통제실현 등으로 인해 불가피한 것이라 하더라도 이에는 대의제도에서 오는 일정한 한계가 있는데, 여기서 다루고자 하는 비례대표국회의원의 당적변경 시 의원직상실문제에서 바로 이러한 정당기속과 그의 한계 문제가 첨예하게 대두된다. 따라서 이 글에서는 비례대표국회의원의 임의적인 당적이탈이나 변경 시 의원직을 상실케 하는 제도의 위헌 여부와 그에 대한 구제방법 등을 관련 헌법재판소 결정 및 자유위임의 원칙 등의 헌법상의 제 원리와 관련하여 고찰해보고자 한다.

Ⅱ. 관련 공직선거법 규정의 내용과 취지

비례대표국회의원의 의원직상실과 관련하여 현행 공직선거법(이하 '선거법'이라 함) 제192조 제4항은 "비례대표국회의원 또는 비례대표지방의회의원이 소속정당의 합당·해산 또는 제명외의 사유로 당적을 이탈·변경하거나 2 이상의 당적을 가지고 있는 때에는 「국회법」 제136조(퇴직) 또는 「지방자치법」 제78조(의원의 퇴직)의 규정에 불구하고 퇴직된다."라고 규정함으로써 당적을 이탈·변경하는 비례대표국회의원의 의원직이 상실되도록 하고 있다. 이는 비례대표국회의원은 지역구국회의원과는 달리 선거인으로 부터 직접 선출된 것이 아니고 정당을 통해서, 즉 정당에 의해서 작성된 후보자명부를 매개해서 선출되기 때문에 비례대표국회의원이 당적을 임의로 변경하는 경우 정당이라고 하는 당선기반 내지 정당화 근거가 상실된 것으로 간주하여 의원직을 상실케 하고, 이를 통해 효율적인 정당기속과 건전한 정치풍토 및 정당민주주의를 실현하기 위한 것이라고 볼 수 있다. 그동안 정당한 명분 없이 일신영달을 위해 임의로 유권자의 의사를 저버린 채 기회주의적이고 당리당략적인 당적변경을 일삼아 국민의 빈축을 사고 국민의 정치혐오와 불신을 조장한 정치가가 상당수 있었던 것도 사실인바, 이러한 국민을 무시하고 신뢰를 떨어뜨리는 행태를 억제하고 이를 어긴 의원을 정계에서 추방함으로써 건전한 정치풍토를 조성하고자 하는데 그 목적이 있다고 보여진다. 또한 비례대표국회의원의 정당기속과 국민의 정당선택권 내지 국회구도결정권을 보호하고자 하는 데 그 목적이 있다는 주장도 있다.[2)] 그런데 이 제도는 이러한 목적달성을 위한 유용한 수단이 될 수 있고, 또한 그 목적달성을 위하여 불가피한 거의 유일한 제도라고 평가될 수 있음에도 불구하고 헌법상 정당화되기 어렵다고 생각된다. 따라서 이 글

2) 허영, 한국헌법론, 2017, 995쪽.

에서는 먼저 이와 관련한 판례와 학설을 검토한 후 이 제도의 위헌성을 고찰해보고자 한다.

Ⅲ. 헌재결정의 내용

헌법재판소는 1994. 4. 28. 92헌마153 사건에서 구 국회의원선거법상 전국구의원이 소속정당을 탈당한 경우 그 정당의 차순위 후보자에 대하여 전국구의원 의석승계결정을 하지 않은 것이 헌법에 위반되는 공권력의 불행사인지의 여부에 대하여 판단했다.

1. 사건의 개요 및 심판의 대상

(1) 사건의 개요

청구인 통일국민당은 1992. 3. 24. 실시된 제14대 국회의원총선거 결과 전국구의원 7인을 보유하게 되었다. 그런데 같은 해 6. 11. 청구인정당 소속 전국구의원이던 청구외 조윤형이 청구인정당을 탈당하였다. 이에 청구인정당은 위와 같은 경우가 구 국회의원선거법(1988.3.17. 법률 제4003호로 전문개정; 1994.3.16. 법률 제4739호로 폐지; 이하 구 국회의원 선거법이라 한다.) 제143조 제2항에 규정한 전국구의원의 궐원인 때에 해당한다고 판단하여, 1992. 7. 14. 피청구인인 중앙선거관리위원회에게 전국구의원 의석승계결정을 신청하였다. 피청구인은 같은 해 7. 25. 구 국회의원선거법 및 국회법상 전국구의원으로 당선된 국회의원이 소속정당을 탈당한 경우 그 국회의원의 신분이 상실되는 규정이 없고, 피청구인이 전국구의원의 궐원에 따른 의석승계결정을 하기 위하여는 구 국회의원선거법 제143조 제2항 및 제3항에 의한 국회의장의 전국구의원 궐원통지가 있어야 하는데 그 통지가 없다는 회신을 하고, 청구인들이 신청한 의석승계결정을 하지 않았다. 이에 청구인정당은 피청구인의 의석승계결정을 거쳐 전국구의원 7명을 보유할 권리를 침해당하였고, 그 전국구후보자 제8순위자인 청구인 강부자는 동 청구인의 공무담임권을 침해하였다 하여 같은 해 7. 22. 피청구인이 청구인 강부자에게 전국구의석의 승계결정을 아니하고 방치한 부작위의 위헌확인을 구하고, 아울러 동 부작위가 위헌으로 확인되는 경우 헌법재판소법 제75조 제5항의 규정에 따라 위와 같은 부작위의 근거가 된 구 국회의원선거법 또는 동법의 해당규정들에 대한 위헌확인을 구하고, 예비적으로 청구인정당은 구 국회의원선거법 제143조 제2항이 헌법 제8조 제3항 및 제41조 제3항에 의한 국가의 보호를 받을 비례대표제에 관한 정당의 권리(전국구의원을 보유할 권리)를 침해하는 헌법위반의 법률이라 하여 그 위헌확인을 구하고, 그리고 청구인 강부자는 구 국회의원선거법 제143조 제2항이 헌법 제25조와 제41조 제3항에 정한 전국구의원으로서의 공무담임권을 침해하는 헌법위반의 법률이라 하여 그 위헌확인을 구하는 이 사건 헌법소원심판을 각 청구하였다.

(2) 심판의 대상

이 사건 헌법소원심판의 대상은, 청구인들의 주위적 청구에 관하여는, 피청구인이 청구인 강부자에게 전국구의원 조윤형이 청구인정당을 탈당한 것을 원인으로 하는 전국구의원 의석승계 결정을 하지 않는 공권력의 불행사(이하 이 사건 공권력의 불행사라 한다.)가 헌법에 위반되는지의 여부와 동 공권력의 불행사가 위헌으로 심판되는 경우 동 불행사의 근거가 된 구 국회의원선거법 또는 동법의 해당규정들이 헌법에 위반되는지의 여부이고, 예비적 청구에 관하여는 구 국회의원선거법 제143조 제2항이 위헌인 여부인바, 구 국회의원선거법 제143조 제2항은 다음과 같다.

구 국회의원선거법 제143조(보궐선거) 제2항: "전국구에서 선출된 의원에 궐원이 생긴 때에는 중앙선거관리위원회는 궐원통지를 받은 후 10일 이내에 그 궐원된 의원이 그 선거 당시에 소속한 정당의 전국구후보자명부에 기재된 순위에 따라 궐원된 의석을 승계할 자를 결정하여야 한다. 다만 제185조의 규정에 의하여 당선이 무효로 되거나 그 정당이 해산된 때에는 그러하지 아니한다."

2. 당사자의 주장

(1) 청구인들의 주장

1) 구 국회의원선거법의 전국구의원에 관한 규정은 헌법 제41조 제3항의 "국회의원의 선거구와 비례대표제 기타 선거에 관한 사항은 법률로 정한다."는 규정에 따른 법규인바, 동 헌법조항의 비례대표제는 정당의 비례대표제를 전제로 한 규정이고 무소속에는 성질상 비례대표제가 있을 수 없으며, 헌법과 구 국회의원선거법의 관계규정을 종합하여 보면, 정당의 전국구의원이 아닌 무소속의 전국구의원은 존재할 수 없음이 명백하다.

2) 비록 구 국회의원선거법에 전국구의원이 탈당하면 의원직을 상실한다는 명문 규정은 없으나, 이는 구 국회의원선거법이 미비 내지 불완전으로 보아야 하고, 이런 경우에는 법률전체의 규정을 종합하여 합리적으로 해석·적용해야 한다. 헌법 제41조 제3항, 구 국회의원선거법 제27조 제6항, 제29조 제2항, 제133조, 제135조, 제137조 제3항, 제143조 제2항 및 제185조 등의 규정을 종합하면, 정당은 그 정당의 득표수와 지역구 의석비율에 따라 배정된 전국구의원을 보유하게 되며, 정당의 전국구의원이 사망·사퇴·피선거권 상실 등으로 궐원이 된 때에는 그 정당의 다음 순위의 후보자가 그 의석을 승계하게 되어 그 정당의 전국구의원의 수에 증감을 가져올 수 없고, 따라서 정당의 전국구의원이 그 정당을 탈당한 경우에는 전국구의원의 직을 상실하고, 구 국회의원선거법 제143조 제2항의 규정에 따라 그 정당의 차순위의 전국구후보자가 그 의석을 승계하게 전국구의원이 된다고 해석할 수밖에 없다. 만일 그렇지 않고 어느 특정정당의 전국구의원이 탈당하더라도, 전국구의원의 직위를 그대로 가진다면, 정당의 득표수와 지역구의석비율에 의하여 결정되는 정당의 전국구의원을 근거 없이 무소속에 허용하는 한편, 그 정당은 득표수와 지역구의석수에 비례하여 배정된 전국구의원 의석이 감소되며, 또 탈당한 전국구의원이 타정당에 가입하면, 그 정당은 그 득표수와 지역구의석수에 의하여 배정되는 의석수보다 많은 전국구의석을 보유하게 되는 등 불합리한 결과가 된다.

3) 피청구인이 1992.6.11. 청구인정당의 전국구의원이던 위 조윤형이 위 정당을 탈당함으로써, 전국구후보자 8번 순위인 청구인 강부자가 위 조윤형의 의석을 승계하였음을 결정하지 아니하고 방치하고 있는 것은 헌법과 구 국회의원선거법의 각 규정을 위반하고, 헌법 제8조 제3항과 제41조 제3항의 규정에 의하여 보장된 청구인정당의 피청구인의 의석승계결정을 거쳐 전국구의원 7인을 보유할 정당의 권리와, 청구인 강부자가 피청구인의 의석승계결정을 거쳐 전국구의원으로 공무를 담임할 헌법 제25조의 규정에 의한 공무담임권을 각 침해하였다.

4) 또 피청구인은 구 국회의원선거법 제143조 제2항을 근거로 하여, 청구인들이 신청한 의석승계결정을 하지 않고 있으나, 동법 조항은 지체 없이 의석승계결정을 하라는 취지이고, 궐원이 있는데도 국회의장의 궐원통지가 없다 하여 의석승계결정을 못하도록 규정한 것이 아니다. 만일 동법 조항이 국회의장의 궐원통보가 있어야만 의석승계결정을 할 수 있는 규정이라면, 동 규정은 청구인정당이 헌법 제8조 제3항 및 제41조에 의하여 국가의 보호를 받을 비례대표제에 관한 정당의 권리(전국구의원을 보유할 권리)를 침해하고, 한편 청구인 강부자가 헌법 제25조와 제41

조의 전국구의원으로서 공무담임할 권리를 침해하는 위헌인 법률규정이다.

(2) 피청구인의 답변 요지

1) 헌법소원심판은 공권력의 행사 또는 불행사로 인하여 헌법상 보장된 기본권을 침해받은 자가 청구할 수 있는 것이며(헌법재판소법 제68조), 행정기관의 부작위에 대하여 헌법소원을 제기하기 위하여는 그 전제로서 피청구인에게 법률상 작위의무가 존재하여야 한다.

2) 그런데 국회법 제137조(궐원통지)의 규정에 의하면 의원이 궐원이 된 때에는 의장은 15일 이내에 대통령과 중앙선거관리위원회에 통지하도록 되어 있고, 구 국회의원선거법 제143조(보궐선거) 제2항 및 제3항의 규정에 의하면, 중앙선거관리위원회는 국회의장으로부터 전국구에서 선출된 의원의 궐원통지를 받은 후 10일 이내에 궐원된 의석을 승계할 자를 결정하도록 되어 있으므로, 국회의장으로부터 전국구의원의 궐원(의원궐원 여부는 국회에서 판단해야 할 사항임)통지를 받은 후에라야 중앙선거관리위원회는 그 의석승계자를 결정할 의무가 발생한다.

이 사건의 경우 피청구인이 국회의장으로부터 전국구의원의 궐원통지를 받은 바 없으므로, 피청구인에게 전국구의석승계자를 결정할 의무가 존재하지 않은 경우에 해당하고, 따라서 이 사건 주된 청구는 부적합하다.

3) 국회의원선거법은 국회의원의 선거가 공정한 선거가 되도록 한 제반 절차를 규정한 법률이고, 국회의원의 신분에 관하여는 국회법의 적용을 받는다. 따라서 전국구의원이 소속정당을 탈당할 때에 그 의원직은 상실되고, 그 정당의 다음순위 전국구후보자가 의석을 승계한다는 청구인들의 주장은 국회법에 의하여 다툴 일이지 국회의원선거법을 가지고 다툴 일이 아니다. 따라서 이 사건 예비적 청구도 이유 없다.

3. 주 문

청구인들의 이 사건 헌법소원심판청구를 모두 각하한다.

4. 판시사항

(1) 헌법소원을 청구할 수 있는 공권력 불행사의 의미
(2) 구 국회의원선거법상 전국구의원이 소속정당을 탈당한 경우 그 정당의 차순

위 후보자에 대하여 전국구의원 의석계승결정을 하지 않은 것이 헌법에 위반되는 공권력의 불행사인지 여부

(3) 법률에 대한 헌법소원이 청구인에 대하여 자기관련성이 없어 부적법한 사례

5. 결정요지

(1) 법정의견

1) 행정권력의 부작위에 대한 헌법소원의 경우에는, 공권력의 주체에게 헌법에서 유래하는 작위의무가 특별히 구체적으로 규정되어 이에 의거하여 기본권의 주체가 행정행위를 청구할 수 있음에도 공권력의 주체가 그 의무를 해태하는 경우에 허용되는 것이므로, 의무위반의 부작위때문에 피해를 입었다는 단순한 일반적인 주장만으로서는 부적법한 헌법소원이다.

2) 전국구의원이 그를 공천한 정당을 탈당할 때 의원직을 상실하는 여부는 그 나라의 헌법과 법률이 국회의원을 이른바 자유위임(또는 무기속위임)하에 두었는가, 명령적 위임(또는 기속위임)하에 두었는가, 양제도를 병존하게 하였는가에 달려있는데, 자유위임하의 국회의원의 지위는 그 의원직을 얻은 방법 즉 전국구로 얻었는가, 지역구로 얻었는가에 의하여 차이가 없으며, 전국구의원도 그를 공천한 정당을 탈당하였다고 하여도 별도의 법률규정이 있는 경우는 별론으로 하고 당연히 국회의원직을 상실하지는 않는다. 헌법 제7조 제1항, 제45조, 제46조 제2항의 규정들을 종합하면 헌법은 국회의원을 자유위임의 원칙하에 두었다고 할 것이고, 청구인정당 소속 전국구의원이던 조윤형이 청구인정당을 탈당할 당시 시행되던 구 국회의원선거법이나 국회법에는 전국구의원이 그를 공천한 정당을 탈당한 경우에 의원직을 상실한다는 규정을 두고 있지 않았다. 따라서 위 조윤형이 청구인정당을 탈당하였어도 이로 인하여 전국구의원의 궐원이 생기는 것은 아니므로 피청구인에게 위 조윤형이 청구인 정당을 탈당하였음을 원인으로 하여 청구인 강부자에 대하여 전국구의원 승계결정을 할 작위의무가 존재하지 않았다고 할 것이고, 헌법에서 유래하는 작위의무가 없는 공권력의 불행사에 대한 위헌확인을 구하는 이 사건 주된 헌법소원심판청구는 부적법하다.

3) 구 국회의원선거법 제143조 제2항은 전국구의원의 궐원이 생겼을 때 그 의석에 대한 승계결정을 하는 절차 및 의무를 규정하고 있는바, 위 조윤형이 청구인정당을 탈당하였어도 전국구의원에 궐원이 생긴 경우가 아니므로, 위 조윤형이 청구

인정당을 탈당할 당시 시행되던 구 국회의원선거법 제143조 제2항은 청구인들에게 적용될 규정이 아니고, 따라서 위 규정으로 인하여 청구인들의 권리가 침해되었음을 이유로 위 규정에 대한 위헌확인을 구하는 예비적 청구는 자기관련성이 없는 법률규정에 대한 헌법소원심판청구이어서 부적법하다.

(2) 재판관 김양균의 반대의견

지역구의원의 경우는, 헌법의 자유위임의 원칙상 법률의 규정으로도 의원직을 상실시킬 수 없으나, 헌법의 실질적 국민주권주의와 선거권·공무담임권·정당조항·지역구의석비례전국구의원선출제도 등을 종합할 때, 전국구의원이 임의로 소속 정당을 탈당하였을 경우에는 그 (전국구의원의) 의원직은 상실되어야 하고, 그 소속정당의 차순위 후보가 이를 계승함으로써 국민의 지역구의원 선거에 의해 표출된 정당의 지지도에 상응하는 의석수가 그대로 유지되도록 하여야 하며, 그러한 제도적 장치가 마련되어 있지 않다면 국회는 (헌법해석상) 이러한 내용의 입법을 하여야 할 작위의무(헌법상의 입법의무)를 위배하고 있는 것이라고 할 것이고 이로 인하여 차순위 전국구국회의원 후보자인 청구인 강부자는 자신의 공무담임권을 현실적으로 침해받고 있다고 할 것이므로 위 입법부작위는 헌법에 위반하거나 합치되지 않는다고 판단된다.

6. 해 설

한마디로 다수의견은 전국구의원의 법적지위와 의원직 상실 문제를 대의제도의 핵심적 내용인 자유위임의 원칙위에서 판단하고 있다. 결론적으로 헌법은 자유위임의 원칙을 채택하고 있기 때문에 전국구의원이라 할지라도 지역구의원과 마찬가지로 자의로 탈당을 했다 할지라도 의원직이 상실되는 것은 아니라고 판시하고 있다. 그런데 이는 어디까지나 의원직을 상실시키는 법률규정이 없다는 전제하의 결론이고, 만일 현행 선거법 제192조 제4항과 같은 의원직상실에 관한 별도의 규정이 있다면 헌법상의 자유위임의 원칙에도 불구하고 의원직을 상실한다는 판시내용이라고 볼 수 있다. 또한 명백한 입장을 밝힌 것은 아니지만 제3공화국 헌법 제38조에서처럼 직접 헌법상 의원직상실규정을 명문화할 경우에는 당연히 이에 근거해 법률상 의원직상실규정을 둘 수 있고, 따라서 이 경우에는 의문의 여지없이 전국구의원의–상황에 따라서는 지역구의원의–탈당시 의원직이 상실되는 것으로 할 수 있다는 판시내용으로 볼 수 있다. 여기서 헌법상 자유위임의 원칙에도 불구하고 법률상 의원직상실규정을 마련할 수 있는지, 그리고 과연 직접 헌법 자체에 자유위임의 원칙을 폐지하거나 현저히 제한하는 내용의 규정을—예컨대 제3공화국 헌법 제38조의 경우처럼 의원의 당적변경시 이유 여하를 불문하고 의원직을 상실시키는 내용 또는 의원의 강제적 정당기속을 내용으로 하는 규정—둔다는 것이 헌법상 정당화될 수 있는지의 의문이 제기된다. 이러한 헌재결정의 문제점에 대하여는 후술한다.

한편 반대의견은 자유위임의 의의와 내용은 나라마다 헌법마다 다르며, 우리 헌법상의 자유위임은 의원의 선출배경이나 과정과 관련되는 것으로 이는 지역구의원에게만 적용되고 전국구의원에게는 적용될 여지가 없으므로, 지역구의원의 당적변경시 의원직을 상실하도록 하는 규정은 허용될 수 없으나, 전국구의원의 경우에는 마땅히 의원직상실규정을 마련해야 할 입법의무가 있고, 그러한 입법의무를 이행하지 아니한 것은 위헌이라고 주장한다. 이러한 반대의견의 문제점도 의원직상실제도의 위헌성을 고찰하는 과정에서 간접적으로 언급하기로 한다.

Ⅳ. 당적변경 등의 경우 의원직상실제도의 위헌성

지금까지 전국구국회의원(현행 비례대표국회의원)의 당적변경 등의 경우의 의원직상실제도의 근거규정과 입법취지 및 관련 헌재결정의 내용을 살펴보았다. 그런데 헌재는 "'별도의 법률규정이 있는 경우는 별론으로 하고,' 전국구의원이 그를 공천한 소속정당을 탈당하였다 하여 의원직을 상실하지는 않는다고 할 것이다."라고 판시함으로써[3] 결과적으로는 전국구의원의 당적변경 등의 경우 의원직을 상실하지 않는다고 했으나, 이는 별도의 법률규정이 있는 경우는 별론으로 한다는 단서하의, 그리고 그러한 별도의 규정이 없었던 구 국회의원선거법하에서의 결론이다. 따라서 헌재결정은 헌법상 대의제도의 이념적 기초인 자유위임의 원칙에도 불구하고 전국구의원—상황에 따라서는 지역구의원도 포함하여—의 의원직상실규정을 선거법에 마련할 수 있고, 그 경우에는 전국구의원의 당적변경시 의원직이 당연히 상실된다고 보는 입장으로 해석될 수 있다. 그리고 이와 관련하여 만일 헌법에 명령적 위임과 정당기속에 기초한 의원직상실제도의 규정이 가능할 것인가, 즉 도대체 직접 헌법적 차원에서의 의원직상실제도의 도입이 정당화 될 수 있는 것인가—

3) 헌재 1994. 4. 28. 92헌마153, 판례집 6-1, 415, 425.

만일 이것이 긍정되어 헌법에 의원직상실규정이 마련된다면 이 헌법규정에 근거한 의원직 상실에 관한 선거법의 규정은 당연히 정당화 될 것이다－하는 문제가 제기될 수도 있는데, 이 사안에 대해서는 헌재는 입장을 밝히고 있지 않다. 어쨌든 이러한 문제들에 대한 헌재결정의 입장은 상당한 문제점을 지니고 있다고 생각된다. 아래에서는 의원직상실제도의 위헌성 및 기타의 쟁점들에 대하여 헌법상의 제 규정 및 원칙과 관련하여 살펴보고자 한다.

1. 자유위임의 원칙과 관련하여

헌재결정에서도 언급되었듯이 의원직상실제도의 위헌여부를 판단하는 가장 중요한 기준은 헌법상의 자유위임의 원칙이다. 주지하는 바와 같이 헌법상 통치기관의 구성원리의 하나로서 대의제도를 들 수 있고, 이러한 대의제도의 이념적 기초 내지 본질적 내용으로서 자유위임의 원칙을 들 수 있다. 따라서 여기서는 먼저 대의제도와 자유위임의 원칙의 의의와 내용을 살펴본 후, 그 기준에 기초해서 의원직상실제도의 정당성 여부를 판단하고, 헌재결정의 문제점을 살펴보고자 한다.

(1) 대의제도와 자유위임의 원칙

대의제도란 국민이 직접 정치적인 결정을 내리는 것이 아니라 그 대표를 통해 간접적으로만 정책결정에 참여하는 통치기관의 구성원리이다. 따라서 대의제도는 직접민주주의가 아니라 간접민주주의의 실현형태이다. 그러므로 이러한 대의제도의 이념적 기초 내지 핵심적 요소는 주권자인 국민이 가지는 기관구성권과 대의기관이 가지는 정책결정권의 분리와 이러한 정책결정권의 대의기관 내지 그 구성원에 대한 자유위임이다. 여기서 특히 문제가 되는 것은 바로 자유위임의 원칙인데, 이는 한마디로 대의기관과 그 구성원인 의원 개개인이 자신을 선출해준 선거인 내지 지역구민, 특정집단이나 직능, 특정정당의 이익이나 정책·강령, 부분적·경험적 이익, 특정지역 등을 대표하고 이들의 의사와 이익을 정책에 반영하는 것이 아니라, 자신의 양심에 따라 국가이익 내지 국민의 추정적 의사를 위해 의정활동을 하고 정책결정을 하는 것을 의미한다. 따라서 이러한 자유위임의 원칙은 의원의 선출배경이나 과정과 관련되는 것이 아니라 선출후의 대의활동과 관련되는 것이고, 따라서 이는 지역구의원이건 비례대표의원이건 관계없이 양자 모두에게 적용되는 원칙인 것이다. 그러므로 자유위임의 원칙하에서는 의원이 의정활동과 정책결정을 할 때마다 국민과 소속정당의 의사를 타진하고 그의 구체적인 지시에 따라서 행동하고 그 위임사항만을 집행하는 명령적 위임 내지 기속위임은 허용될 수 없으며, 정당국가적 경향에 따른 소속의원에 대한 정당기속과 직접민주제적 요소의 도입에도 일정한 한계가 있는 것이다.

이러한 국회의원의 자유위임에 관한 헌법상의 근거규정은 직접적 규정으로서 "국회의원은 국가이익을 우선하여 양심에 따라 직무를 행한다"라고 규정한 제46조 제2항과 간접적·부수적 규정으로서 "공무원은 국민전체에 대한 봉사자이며, 국민에 대하여 책임을 진다."고 규정한 제7조 제1항, 의원의 겸직제한을 규정한 제43조, 의원의 면책특권을 규정한 제45조, 의원의 청렴의무를 규정한 제46조 제1항, 의원의 지위남용금지를 규정한 제46조 제3항, 국회의 자율권에 관해 규정한 제64조 등을 들 수 있다.

(2) 의원직상실제도의 위헌성

이러한 자유위임의 원칙에 비추어 볼 때 이 제도는 그 현실적 필요성과 효율성에도 불구하고 헌법상 정당화되기 어렵다. 여기서는 이 비례대표의원의 의원직상실제도의 위헌성 여부를 헌재결정 당시의 구 전국구의원선거제의 경우와 정당투표제가 도입된 이후의 현행 비례대표선거제의 경우로 나누어 고찰하기로 한다.

1) 구 전국구의원선거제도의 경우

구 공직선거및선거부정방지법 제189조 제1항은 "전국구국회의원선거에 있어서는 중앙선거관리위원회가 지역구국회의원총선거에서 5석이상의 의석을 차지하였거나 유효투표총수의 100분의 5이상을 득표한 각 정당에 대하여 지역구국회의원총선거에서 얻은 득표비율에 따라 전국구국회의원의석을 배분한다. 다만, 지역구국회의원총선거에서 유효투표총수의 100분의 3이상 100분의 5미만을 득표한 각 정당에 대하여는 전국구국회의원의석 1석씩을 배분한다."라고 규정하고 있고, 이에 따라 전국구의원의 선출은 지역구의원 총선거에서 각 정당이 차지한 득표율에 따라 의석이 배분되는 방식으로 이루어진다. 이는 1인 1표제의 국회의원선거제도를 바탕으로 지역구 후보자에 대한 투표의 결과로서 각 정당이 차지한 득표율을 기준으로 전국구의원이 선출되는 방식으로서 진정한 비례대표제로 보기는 어렵다. 이러한 전국구의원의 선출방식에 비추어 볼 때 전국구의원의 당적변경시의 의원직상실제도는 정당화되기 어렵다. 왜냐하면 앞서도 언급했듯이 의원직상실제도의 목적은 국민의 정당선택권과 효율적인 정당기속을 보호하기 위한 것이고, 따라서 이 제도가 적용되기 위해서는 국민에 의한 정당 및 정당의 정책과 강령 등에 대한 선택의 기회, 즉 정당투표제가 전제되어야 하는데, 전국구의원의 선출은 선거인의 정당선택과 정당투표를 바탕으로 한 것이 아니라 단순히 지역구의원선거 결과 각 정당이 획득한 득표율에 따른 의석배분의 결과로서 의원직상실제도를 통해 보호하고자 하는 대상인 정당선택권 자체가 존재한다고 보기 어렵기 때문이다. 따라서 구 전국구의원선거제도하에서의 전국구의원의 당적변경시의 의원직상실제도는 헌법상의 자유위임의 원칙 등을 위반한 것으로 위헌이라고 할 수 있다.

2) 현행 정당투표제의 경우

1인 2표제에 따라 정당투표제가 도입된 현행 비례대표선거제에서는 국민의 직접적인 정당선택권이 인정되지만 그럼에도 불구하고 비례대표국회의원의 의원직상실제도는 정당화될 수 없다.

국회의원은 대의기관인 국회의 구성원으로서 국민으로부터 부여받은 민주적 정당성을 바탕으로 해서 국가이익과 국민의 기본권 실현을 위한 독자적인 정책결정을 하는 하나의 독립한 헌법기관이다. 따라서 국회의원은 다수대표제 지역구의원이건 비례대표의원이건 앞서 언급한 바와 같이 자유위임의 원칙에 따라 일단 선출된 후에는 자신에게 민주적 정당성을 부여해 준 선거구민 내지 국민이나 선출과정에서 불가결한 매개역할－공천이나 비례대표후보자 명부작성 등을 통해서－을 한 정당에 기속됨이 없이 국민 전체를 대표하여 국가이익과 국민의 기본권실현을 위하여 독자적인 의정활동을 하는 것이다. 따라서 오늘날의 정당국가적 경향에 따른 소속의원에 대한 정당기속은 국회의원의 대의활동을 제약하는 것으로서 원칙적으로 자유위임의 이념과 조화되기 어렵다.

물론 이러한 정당국가적 경향이 현대국가에서 현실적으로 불가피한 현상이고 의원의 대의활동을 돕는 바람직한 현상인 점도 인정되며, 따라서 헌법 제8조가 복수정당제와 다양한 정당특권을 보장하고 있다. 또한 복수정당제의 보장 등을 내용으로 하는 정당민주주의의 효율적 실현을 위하여 현실적으로 요구되는 소속의원에 대한 정당기속도 헌법 제8조에 의하여 정당화될 수 있다고 여겨진다. 예컨대 비례대표선거제도는 국민의 정당과 정당의 정책 및 강령에 대한 선택권을 인정함으로써 국민의 다양한 의사와 이익을 정당을 매개하여 정책에 반영하고 이로써 진정한 국민의 추정적 의사 내지 국가이익을 실현하기 위한 다원적 민주주의와 정당민주주의의 한 실현형태라고 볼 수 있고, 따라서 국회의원, 특히 비례대표의원에 대한 일정한 정당기속은 나름대로 정당화될 여지가 있으며, 실제로 의원들의 바람직한 대의활동을 위하여 어느 정도 정당기속이 요구되는 것도 사실이다. 또한 국민의 선거행위에 의해서 어느 특정정당이 바로 국가의 대의기관으로 바뀌는 것도 아니고, 국가의 대의기관은 여전히 그 정당의 의사결정기구와는 다른 형태로 구성되고 활동하고 통제된다는 점에서, 그리고 무소속의원의 선거참여와 대의활동이 정당소속의원과 동일하게 보장된다는 점에서 정당국가적 경향 및 정당기속이 반드시 자유위임의 원칙과 모순되는 것은 아니다.

그러나 이러한 정당기속에는 자유위임의 원칙에서 오는 일정한 한계가 있다. 즉 이는 어디까지나 의원의 양심에 따른 자유위임적 대의활동 그리고 전체국민의 추정적 의사와 국가이익을 침해하지 않는다는 전제하에서만 정당화될 수 있는 것이다. 따라서 정당기속과 자유위임의 원칙이 충돌할 때 자유위임의 원칙이 우선해야 하는 것은 당연하다.[4] 그리고 이러한 전제하에서만 헌법 제8조의 정당조항과 동법 제46조 제2항의 자유위임조항의 조화로운 병존이 가능한 것이다.[5]

두말할 나위 없이 정당기속은 그 정당의 정책과 강령 및 활동 등이 진정한 국가이익과 국민의 기본권실현에 기여할 때에만 정당화될 수 있고 자유위임의 원칙과 조화될 수 있다. 따라서 정당은 이러한 정당기속을 정당화시키고 강화시키기 위하여, 그리고 자신의 존립과 지지기반을 확보하고 대의기관의 정책결정과정에 자신의 영향력을 증대시키기 위하여 자신의 정강과 활동이 미래지향적인 국민의 추정적 의사와 기본권실현에 접근 내지 일치하도록 부단한 노력을 하여야 할 것이다. 이러한 전제조건이 충족될 때에만 비로소 소속의원에 대한 정당기속이 일정한 한도내에서 정당화될 수 있고 자유위임의 이념과도 조화될 수 있기 때문에, 만일 이러한 조건이 충족되지 않았고 또한 국회의원 자신이 이러한 조건이 충족될 수 없다고 독자적인 양심에 따라 판단했다면 그 해당의원은 정당기속으로부터 해방되고 상황에 따라서는 당적변경도 할 수 있는 것이다. 앞서도 언급했듯이 정당기속보다 자유위임적 대의활동이 우선하기 때문이다.

---

4) Vgl. Hesse, Grundzüge des Verfassungsrechts der Bundesrepublik Deutschland, 16. Aufl.(1988), S. 229ff.; Badura, Staatsrecht, 1986, S.307.; Stern, Das Staatsrecht der Bundesrepublik Deutschland, Bd.1, 2. Aufl.(1977), S. 1069ff.; Münch, in: Münch(Hrsg.), Grundgesetz-Kommentar, Bd.2, 2. Aufl.(1983), Art.38, Rdnr.64.

5) 독일의 학설과 판례도 역시 이러한 맥락에서 독일기본법 제21조의 정당조항과 동법 제38조 제1항 제2문의 자유위임조항과의 관계를 파악하고 있다. Vgl. Hesse, aaO, S.229; Badura, aaO, S.307; Stern, aaO, S. 1073f.; BVerfGE 4, 143(149); 40, 296(311ff.).

결국 비례대표의원의 경우 정당기속을 우선 시켜 당적변경시 의원직을 상실케 하는 것은 위헌이라고 아니할 수 없다.

이러한 맥락에서 볼 때 헌법상의 자유위임의 원칙을 인정하고 이 원칙하에서 전국구의원의 의원직상실을 허용할 수 없다고 하면서도, 이러한 헌법상의 자유위임의 원칙에도 불구하고 법률로 의원직상실에 관한 별도의 규정을 마련할 수 있고, 그러한 경우에는 의원직상실이 정당화될 수 있음을 시사한 헌재의 법정의견은 그 자체 논리적 모순이자 헌법상 자유위임의 기능과 본질에 대한 이해부족의 결과라고 아니할 수 없다.

한편 비례대표의원이 2이상의 당적을 가지게 될 경우에는 하나의 당적만을 선택하도록 하고, 그렇지 아니할 경우는 2이상의 당적 모두를 포기하도록 하는 제도적 장치를 마련하는 방법이 고려될 수 있을 것이다.

참고로 우리처럼 정당투표제가 실시되고 있는 독일의 경우에는 우리의 선거법 제192조 제4항에 해당되는 법률규정이 없으며, 학설의 대체적인 입장[6)]도 비례대표의원의 임의적인 당적이탈·변경의 경우의 의원직상실이 "연방의회의원은 전체국민의 대표로서 어떠한 위임과 지시에도 기속되지 않고, 오로지 자신의 양심에만 기속된다."라고 규정한 기본법 제38조 제2문의 자유위임의 원칙에 비추어 볼 때 정당화될 수 없다고 보고 있다.

(3) 헌법차원에서의 의원직상실규정의 문제점

한편 과거 제3공화국 헌법은 그 제38조에서 "의원이 임기중 당적을 이탈하거나 변경한 때 또는 소속정당이 해산된 때에는 그 자격을 상실한다."고 규정한 바 있었고, 당시 국회의원선거법 제27조는 후보자의 정당추천을 등록요건으로 규정하고, 동법 제127조 제2항은 당선 후 당선인이 당적을 이탈·변경 또는 소속정당이 해산된 때에는 당선의 효력을 상실한다고 규정하였었다. 이처럼 과거 권위주의독재시절에는 헌법과 법률에서 의원의 당적변경시 의원직상실제도를 규정했으나 이는 앞서 언급한 논거에서 헌법원칙과 이론에 반할 뿐 아니라, 그 입법목적도 국민의 선거권이나 정당선택권 내지 국회구도결정권을 보호하겠다는 것이 아니라, 의원의 정당기속을 수단으로 의원에 대한 통제와 독재정치의 강화에 그 목적이 있었던 것

6) Vgl. Achterberg, Parlamentsrecht, 1984, S. 255ff.; Schreiber, Handbuch des Wahlrechts zum Deutschen Bundestag, 4. Aufl., 1990, S. 511ff.; Stern, Das Staatsrecht der Bundesrepublik Deutschland, Bd. 1, 2. Aufl., 1984, S. 1074. Dagegen aber Kriele, Das demokratische Prinzip im Grundgesetz, VVDStRL 29, S. 71ff.

으로 이것이 헌법상 정당화될 수 없다는 것은 다언을 요하지 아니할 것이다. 이러한 역사적 경험은 의원직상실제도가 헌법이론상의 문제뿐만 아니라 그 실제효용면에서도 순기능보다 역기능이 많다는 것을 보여준다고 하겠다.

그런데 이와 관련하여 대의제도의 본질적 내용인 자유위임의 원칙을 폐지하거나 현저히 제한하는 내용의 규정을 직접 헌법적 차원에서 마련할 수 있겠는가 하는 문제가 제기될 수 있다. 현대국가에서 국민의 정치적인 자결력과 판단능력 및 책임감의 한계는 직접민주주의 대신 간접민주주의를 내용으로 하는 대의제도를 불가피한 제도로 정당화시킨다. 또한 통치영역과 국가작용 및 활동내용의 광활성, 다양성 등으로 인해 대의제도는 불가피한 것이다. 따라서 직접민주주의의 전면적 도입은—대의제도의 결함을 보완하거나 의원의 대의활동을 돕기 위한 보충적인 직접민주제적·정당국가적 요소의 가미를 제외한다면—가능하지도 필요하지도 아니한 것이며, 결국 오늘날 대의제도는 민주주의의 실현과 통치기구의 구성원리의 본질적 내용을 이루는 것으로서 헌법개정의 한계에 속하는 헌법의 핵심적 사항이라고 할 수 있다. 예컨대 독일 기본법 제79조 제3항은 일정한 사항과 원칙은 헌법개정의 한계에 속하는 것으로 규정하고 있으며, 이러한 예에 해당하는 것으로서 동법 제20조를 예시하고 있다. 동법 제20조 제1항은 독일 기본법의 기본원리로서의 민주주의원리를 선언하고 있고, 동법 동조 제2항은 이러한 민주주의원리의 구체적 실현원리로서 모든 국가권력은 선거 등을 통해서 그리고 입법기관 등의 국가기관에 의하여 행사된다고 규정하고 있다. 이는 독일의 경우에도 민주주의원리의 구체적 실현형태로서의 대의제도가 헌법개정의 한계에 속하는 헌법의 본질적 내용이라는 것을 말해준다. 한편 대의제도의 한 요소인 자유위임의 원칙이 대의제도의 불가결한 본질적 내용에 속하는 가가 문제될 수 있는데, 현대국가에서 국토 및 국가의 작용 및 활동내용의 광역성과 다양성 때문에 일정한 정책결정을 할 때마다 국민이나 정당의 의사를 타진하고 그의 구체적인 지시에 따라서 행동하고 그 위임사항만을 집행하는 기속위임 내지 명령적 위임은 현실적으로 불가능할 뿐만 아니라, 간접민주주의를 바탕으로 하는 대의제도는 일정지역이 아닌 전국을, 지역구민이 아닌 전체국민, 부분이익이 아닌 전체이익을, 현재의 구체적·경험적 의사가 아닌 미래지향적인 추정적·잠재적 의사를, 단순한 의사전달에 불과한 대리가 아닌 독자적인 의사결정을 내용으로 하기 때문에 기속위임은 대의제도의 본질에 반할 수밖에 없고, 결국 대의제도는 현실적으로 그리고 논리필연적으로 자유위임과 결합할 수밖에 없다. 그러므로 대의제도와 그 이념적 기초인 자유위임은 헌법의 본질적 내용으로서 헌법개정의 한계에 속하는 것이며, 이러한 자유위임의 결과는 선거 등을 통해 심판을 받는 것이다. 따라서 이를 폐지하거나 현저히 제한하는 헌법적 규정은 허용될 수 없으며, 따라서 명령적 위임이나 강제적 정당기속을 내용으로 하는 규정, 예컨대 제3공화국 헌법 제38조의 경우처럼 의원의 당적변경시 이유 여하를 불문하고 의원직을 상실시키는 내용의 규정을 헌법에 마련하는 것은 허용될 수 없다고 하겠다. 이러한 측면에서 볼 때 헌법에서 의원직상실을 규정할 수 있음을 전제로 하면서, 이러한 헌법규정에 근거한 별도의 법률규정이 있을 경우에는 전국구의원의 당적변경시 의원직상실을 허용할 수 있는 것처럼 판단한 헌재의 결정은 대의제도와 자유위임의 원칙의 본질을 왜곡한 대단히 잘못된 결정이라고 아니할 수 없다.

2. 평등의 원칙과 관련하여

기관구성권과 정책결정권의 분리, 정책결정권의 자유위임을 본질적 내용으로 하고 있는 대의제도는 국민으로 부터의 신임과 국민에 대한 책임을 바탕으로 하는 통치기관의 구성원리이다. 따라서 선거인으로부터 직접 선출되는 지역구의원의 경우 그 인물본위선거의 특성상 직접적인 민주적 정당성과 직접적인 신임 및 위임과 관련하여 강력한 자유위임에 기초한 대의활동을 할 수 있겠으나, 정당투표를 통해 선출되는 비례대표의원의 경우 민주적 정당성과 신임 및 직접선거의 원칙 등과 관련하여 지역구의원과 비교하여 상대적으로 약한 자유위임에 기초한 대의활동을 할 수 밖에 없고, 따라서 상대적으로 강력한 정당기속으로 인해 당적변경 등은 그 신임과 위임관계의 상실을 의미하고 이는 결국 의원직 상실을 초래할 수밖에 없다는 주장이 제기될 수 있다.

그러나 자유위임은 의원의 선출과정과 관련한 것이 아니고 선출 이후의 대의활동과 관련한 것이며, 이는 선거구민으로부터 뿐 아니라 그 소속정당으로 부터의 독립을 전제로 한다. 지역구의원이 일단 당선된 후에는 자신을 공천해준 정당과 선출해 준 선거구민으로부터 독립되는 것처럼 비례대표의원도 자신을 추천하고 정당명부에 기재해 준 정당과 결과적으로 정당투표를 통해 자신을 선출해준 선거인으로부터 독립하는 것이다.

또한 비례대표의원의 경우에도 직접적인 신임과 위임 및 책임관계가 상실되거나 약화되는 것은 아니다. 정당투표제를 바탕으로 한 비례대표선거제가 다수대표선거제의 경우와 마찬가지로 직접선거의 원칙에 위배되지 않는다고 평가되는 이유도 그 때문이다. 만일 그렇지 않고 비례대표의원의 경우 정당을 매개하여 또는 실질적으로 정당에 의해 당선되었으므로 그 선출의 기초가 된 정당을 이탈할 경우 그 정당기속으로부터 벗어난 결과 직접적인 신임과 위임관계가 상실된 것으로 보고 의원직을 상실해야 한다면, 지역구의원의 경우에도 자신을 공천한 정당을 이탈할 경우-비록 정도의 차이는 있으나 결과적으로-그 정당기속으로부터 벗어난 것이고 또한 자신을 선출해준 선거구민의 구체적 의사에 반하여 의정활동을 할 경우 이 역시 선거구민 기속을 벗어난 것으로 선거구민으로부터의 직접적인 신임과 위임관계가 상실된 것으로 의원직을 박탈해야 한다는 논리가 성립될 수 있다. 그러나 이러한 결과는 명령적 위임의 도입을 의미하는 것으로서 자유위임의 원칙에 정면으로 반하는 것으로 정당화될 수 없음은 자명하다. 앞서 언급한 바와 같이 인물본위의 다수대표제에 기초한 지역구선거에 있어서도 정당은 선거과정과 의정활동에 있어서 중요한 기능을 하고 있고 따라서 지역구의원에게도 정당기속은 자유위임의 원칙과 조화될 수 있는 한 요구되는 것이며, 반대로 정당명부식 비례대표제에 기초한 비례대표의원 선출에 있어서도 상당부분 정당명부의 후보자에 대한 인물본위선거가 선거인을 통해 이루어진다는 점을 고려할 때, 그리고 더욱이 선거인에게 명부선택권과 더불어 인물선택권이나 순위변경권 등을 부여해주는 개방명부제나 가변명부제 등의 경우에는 더욱더 직접적인 신임과 위임관계를 설정하는 직접선거와 인물본위선거의 성격이 강하게 투영될 수 있기 때문에 비례대표의원에 대한 정당기속의 요구에는 당연히 일정한 한계가 있을 수밖에 없다. 따라서 비례대표의원의 경우에도 정당기속과 자유위임의 원칙이 충돌할 때에는 당연히 자유위임의 원칙이 우선하는 것이다. 아울러 우리의 정치현실에 비추어 볼 때 비례대표의원 뿐 아니라 지역구의원의 경우에도 그 공천과정에서 뿐 아니라 선거구민에 의한 선거과정에서도 실제로 인물본위선거에 의해서라기보다는 상당부분 그 소속정당을 기준으로 선거되고 당선된다는 사실을 고려한다면 비례대표의원과 지역구의원의 선출과정상의 정당개입정도의 차이와 관련한 이러한 차별적 대우는 비례대표의원의 공무담임권을 차별적으로 침해하는 것으로서 정당화될 수 없는 위헌적 조치라고 아니할 수 없다.

만일 당적을 변경하는 비례대표의원은 그 자체로서 저질의원이기 때문에 정계에서 추방되어야 하고 따라서 의원직을 상실케 하여 정계를 정화시켜야 한다면[7], 당적을 변경하는 지역구의원도 정계질서를 어지럽히는 저질의원이므로 정계정화

7) 예컨대 권영성, 헌법학원론, 1995, 827쪽.

차원에서 당연히 의원직을 상실토록 해야 할 것이다. 앞서 언급한 바와 같이 비례대표의원의 당적변경이 자신을 추천하여 정당명부에 기재한 정당과 선거인의 신의와 정당선택권 내지 정당구도결정권을 저버린 것이고 따라서 그 의원직을 상실시켜야 한다면, 지역구의원의 당적변경 역시 자신을 공천한 정당과 선거인의 신의를 저버린 비난받을 처사로서 그의 의원직도 당연히 상실되어야 한다고 아니할 수 없다.

결국 비례대표의원과 지역구의원은 선출과정에서만 차이가 있을 뿐 양자의 헌법상의 지위와 책임, 권한과 의무, 자유위임적 대의활동 및 정당기속도 등에서 어떠한 차이가 있을 수 없으므로 비례대표의원만의 의원직상실제도는 지역구의원의 경우와 비교해 볼 때 평등의 원칙을 위반하는 위헌적 제도라고 볼 수 있다.

한편 선거법 제192조 제4항은 "비례대표국회의원 … 이 소속정당의 합당·해산 또는 제명외의 사유로 당적을 이탈·변경하거나 2이상의 당적을 가지고 있는 때에는 … 퇴직된다."라고 규정함으로써 비례대표의원이 소속정당의 합당·해산 또는 제명의 사유로 당적을 변경하게 될 경우에는 임의로 탈당하거나 당적을 변경하는 경우와는 달리 의원직을 유지하도록 하고 있는데 이는 논리적으로 모순이다. 왜냐하면 소속정당의 합당이나 해산 등의 경우에도 결국은 소속정당기속의 기반이 상실되고 국민 내지 해당 선거인의 정당선택권 내지 국회구도결정권이 침해된 것이고, 따라서 소속 비례대표의원의 의원직이 상실되어야 하는 것으로 보아야 하기 때문이다. 즉 만일 비례대표의원의 자의적인 탈당이나 당적변경이 건전한 정치질서와 풍토를 어지럽히고, 국민이나 해당선거인의 의사와 신뢰 및 신임을 저버린 행위로서 결국 해당의원의 정당기속과 국민의 정당선택권 등을 침해한 것이기 때문에 의원직이 상실되어야 하는 것이라면, 자의 또는 타의에 의한 소속정당의 합당·해산·제명으로 인한 당적변경 역시 건전한 정치질서와 풍토를 어지럽히고, 국민이나 해당선거인의 의사와 신뢰 및 신임을 저버린 행위로서 결과적으로 해당의원의 정당기속과 국민의 정당선택권 등을 침해한 것이기 때문에 이 경우에도 당연히 해당 비례대표의원의 의원직이 상실되어야 하는 것이 논리적이다. 특히 소속정당의 합당이나 해산이 자의적으로 이루어지고, 국가이익과 국민의사를 존중한 것이 아니라 당사자들의 기회주의적인 정치적 이해와 당리당략에 의한 정치적 야합으로 평가되는 경우에는 더욱 더 그러할 것이다. 아울러 소속의원이 제명을 통해 의원직을 유지하고 그 후 당적변경을 하는 수순을 밟을 의도를 가지고 소속정당의 징계에도 불구하고 계속해서 계획적이고 의도적인 당론위반을 하여 예상된 제명처분을 받게 되는 경우도 상상할 수 있는데, 이러한 처사야말로 소속정당이나 국민

누구에게도 도움이 되질 않고, 정치도의에 반하며, 자신의 양심과 국가이익을 저버리고 결국 자유위임의 정신에도 반하는 불합리한 것이므로, 이 경우 당연히 의원직을 상실시켜야 논리적이고 형평의 원칙에도 부합되는 것이라고 아니할 수 없다. 따라서 자의적인 당적변경의 경우에만 의원직을 상실토록 하고 소속정당의 합당·해산 또는 제명의 경우에는 의원직을 유지토록 한 규정은 양자 사이에 합리적 차별사유가 없음에도 불구하고 부당하게 차별한 것으로서 평등의 원칙에 위배되며, 상호 모순된 내용을 한 법률조항에 규정한 것으로 규범상호간의 체계정당성의 요구에도 반한다고 볼 수 있다.

3. 비례의 원칙과 관련하여

국회의원이 당적을 변경한다는 것 자체가 정치도의상 바람직하지 못하고 더욱이 우리의 경우 국민의 공복으로서의 뚜렷한 정치적 소신에서 불가피하게 당적을 변경하기 보다는 자신의 이해와 기회주의적 발로로 당적을 변경하여 국민의 지탄을 받고 정치질서를 어지럽히는 것이 현실이므로 이를 저지하는 제도적 장치를 마련하는 것이 절실히 요구되고, 헌법 제64조에서 규정하고 있는 국회의원에 대한 자격심사와 징계 및 제명제도 등이 효과적인 억제장치로서 기능할 것을 기대하기 어려운 우리의 정치현실을 고려할 때 의원직상실제도가 매우 효과적인 장치라는 점은 인정되지만, 아무리 목적과 그 효과가 뚜렷한 제도라 하더라도 어디까지나 헌법의 제 규정과 원칙을 준수하는 한도내에서만 정당화되어진다는 점을 상기할 때, 이 제도는 앞서 언급한 자유위임의 원칙과 평등의 원칙 외에도 비례의 원칙상 정당화되기 어렵다고 여겨진다. 즉 이 제도를 통해 추구되는 목적과 수단으로서의 의원직상실은 상호 비례적이라고 보기 어렵다. 달성코자 하는 공익적 이유도 중요하지만, 그를 통해 야기되는 의원직상실은 해당의원의 공무담임권을 본질적으로 침해하는 것으로서 양자간의 이익형량의 결과 수단이 정당화되기 어려운 것이다. 다시 말해 이 제도를 통해 달성되는 국민의 정당선택권 내지 정당구도결정권, 효율적인 정당기속 등의 이익과 이 제도의 시행을 통해 상실되는 의원의 공무담임권, 헌법상 자유위임의 원칙, 해당의원이 자유위임적 대의활동을 통해 추구하고자 하는 양심과 국가이익 등의 제반이익을 비교형량해 볼 때 전자의 이익이 우월하다고는 결코 할 수 없다. 특히 진실로 국민과 국가를 위한다는 양심과 국가이익에 따라 진지한 정치적 확신과 결단에 따른 불가피한 최후의 수단으로 당적이탈이나 변경을 감행하는 의원이 존재할 가능성을 부인할 수는 없고, 이러한 경우까지 공익적 이유로 획일적으로 의원직을 상실케 하는 것은 너무나 과잉적인 기본권침해로서 비례의 원칙을 위반한다고 보지 않을 수 없는 것이다. 예컨대 어느 비례대표의원이 소속정당의 당론이나 당명이-이 경우 의원들에 대한 당론강요나 당명 자체가 정당기속의 한계를 일탈한 자유위임의 원칙 위반이다-자신의 양심과 국가이익에 반한다는 이유로 이를 거부하고 이 때문에 계속적 징계를 받을 경우,[8] 아울러 소속정당에서의 양심과 국가이익에 따른 자유위임적 의정활동이 불가능하다고 확신하고 소속정당과 국민여론도 해당 의원의 당 잔류가 더 이상 당에 도움이 되지 않고 따라서 탈당이나 당적변경이 바람직하다고 판단할 경우, 해당의원이 탈당하거나 자신의 정치적 소신과 일치하는 정당으로 당적을 변경할 수 있어야 하는 것이 오히려 올바른 정치질서확립을 위해서도, 그리고 자유위임의 실현과 국가이익을 위해서도 바람직한 것이다. 이 경우에서의 의원직상실은 소기의 목적달성을 위한 적합한 내지 정당한 수단이 아니며, 또한 국민의 추정적 의사와 국가이익이 아닌-정당기속과 국민의 정당구도결정권보호라는 미명아래-특정 정당과 부분적 이익을 위해 해당 의원의 자유위임적 대의활동과 공무담임권을 본질적으로 침해하는 것이어서 그 자체 위헌이라고 하지 않을 수 없다. 물론 이러한 경우 정당이 강제로 해당의원을 출당 내지 제명시키고 결과적으로 그의 의원직이 유지되는 것도 고려될 수 있으나, 차라리 스스로 탈당하되 의원직은 유지할 수 있도록 하는 것이 의원의 품위를 지키고 자유위임의 정신에도 부합하는 것이라 할 것이다. 결국 신의를 저버린 의원들에 대한 통제와 심판은 선거 등을 통해 이루어 질 수밖에 없을 것이고, 근본적으로 이 문제는 선진국에서와 같은 건전한 정치윤리와 정치풍토가 조성됨으로써, 즉 법에 의해서가 아니라 오랜시간의 노력 끝에 자연스럽게 이루어지는 건전한 정치질서확립과 의원자질의 향상을 통해 해결되어야 할 것이다.

4. 위헌정당해산제도와 관련하여

한편 위헌정당해산제도와 관련하여 보더라도 비례대표의원의 당적변경시의 의원직상실제도는 헌법상 정당화되기 어렵다고 본다. 이를 살펴보기 위해 여기서는 먼저 위헌정당해산시에는 선거법 제192조 제4항에서의 정당해산시와는 달리 소속

8) 여당, 야당을 막론하고 소속의원이 이른바 당론을 어기고 국익과 양심에 따른 소신 투표를 하게 될 경우 징계나 일방적인 상임위원회교체, 심지어는 제명을 시키는 것이 우리의 정당문화라는 점을 부정할 수 없을 것이다. 사실 당론기속이라는 것 자체가 자유위임의 정신에 부합되기 어렵고, 그 당론의 내용도 정당의 정강에 따른 일관되고 소신에 따른 것이라기보다는 정치적 투쟁의 수단으로 수시로 바뀌기도 한다.

의원의 의원직이 상실되어야 한다는 점을 언급하고, 이와 관련하여 볼 때 비례대표의원의 임의적인 당적변경시 의원직이 상실되어서는 안된다는 점을 언급하고자 한다.

헌법 제8조 제4항은 "정당의 목적이나 활동이 민주적 기본질서에 위배될 때에는 정부는 헌법재판소에 그 해산을 제소할 수 있고, 정당은 헌법재판소의 심판에 의하여 해산된다."라고 규정하고 있다. 이는 헌법의 기본질서를 파괴하는 정당을 해산시킴으로써 헌법적 가치질서를 수호하기 위한 헌법보호수단이자 방어적 민주주의의 실현수단이다. 그런데 위헌정당으로 해산될 경우 그 소속의원의 의원직상실여부가 문제될 수 있는데 관련 법률에는 이에 대한 규정이 없다.

생각건대 위헌정당해산의 경우에는 그 소속의원의 의원직이－지역구의원과 비례대표의원 모두－상실되어야 한다고 본다. 왜냐하면 이 경우에는 앞서 다루었던 비례대표의원의 임의적인 당적이탈 등의 경우와는 달리 소속의원의 선출과 관련한 정당의 역할과 그에 따른 정당기속이 문제되는 것이 아니라, 정당의 목적과 활동이 민주적 기본질서에 위배되는 등 헌법의 기본적 가치질서를 파괴하거나 파괴할 현저한 위험이 있는 경우에 헌법을 수호하기 위한 불가피한 방어조치의 문제이며, 이는 근본적으로 위헌정당에 소속된 의원의 국가와 국민의 이익을 대의하는 헌법기관으로서의 지위 및 자격과 직결되는 문제이기 때문이다. 이 경우 소속의원의 의원직유지와 이에 따른 대의활동의 목적과 정당성은 이미 상실되었다고 볼 수 있고, 따라서 이들의 의원직을 박탈하는 것이 대의제도의 이념과 위헌정당해산제도의 취지에 부합되며, 또한 위헌정당해산제도의 소기 목적의 효율적인 달성을 위하여 요구된다고 볼 수 있다.

무릇 통치기구의 조직과 작용 및 그 구성원리는 자기목적적인 것이 아니라 어디까지나 헌법상의 가치질서와 기본권의 실현을 위한 수단에 불과한 것이고 이러한 목적과 한계 내에서만 그 정당성이 인정되는 것이다. 따라서 정당과 의원의 존재는 그 정당과 소속의원의 목적과 활동이 국익과 국민의 기본권실현을 목적으로 할 때에만, 그리고 민주적 기본질서 등 헌법상의 기본적 가치질서를 실현하고 그에 위배되지 아니할 때에만 정당화 될 수 있는 것이다. 즉 정당과 소속의원의 의정활동이 국익과 국민의 기본권실현을 목적으로 하고 헌법적 기본질서의 한계내에서 이루어질 때에만 비로소 정당화되어지는 것이며, 이러한 전제조건이 충족되지 아니할 경우에는 그들의 의정활동은 오히려 민주주의를 파괴하는 도구로 전락되어 그 존립근거를 상실하기 때문이다. 여기에는 지역구의원과 비례대표의원 사이에 차이가 있을 수 없다. 따라서 정당의 목적과 활동이 민주적 기본질서에 위배되어 헌법재판소에 의하여 해산될 경우에는 당연히 그 소속의원의 의원직이 상실되어야 할 것이다.

그런데 앞서 언급한 바와 같이 위헌정당해산의 경우 소속의원의 의원직상실에 관하여는 관련 법률에 아무런 규정이 없기 때문에 이에 관하여 논란이 있을 수 있다.[9)]

이와 관련하여 헌재는 2014. 12. 19. 2013헌다1 통합진보당 해산 사건에서 "헌법재판소의 해산결정으로 정당이 해산되는 경우에 그 정당 소속 국회의원이 의원직을 상실하는지에 대하여 명문의 규정은 없으나, 정당해산심판제도의 본질은 민주적 기본질서에 위배되는 정당을 정치적 의사형성과정에서 배제함으로써 국민을 보호하는 데에 있는데 해산정당 소속 국회의원의 의원직을 상실시키지 않는 경우 정당해산결정의 실효성을 확보할 수 없게 되므로, 이러한 정당해산제도의 취지 등에 비추어 볼 때 헌법재판소의 정당해산결정이 있는 경우 그 정당 소속 국회의원의 의원직은 당선 방식을 불문하고 모두 상실되어야 한다."라고 판시함으로써 의원직 상실 규정의 유무에 관계없이 비례대표의원과 지역구의원 모두 의원직을 상실한다고 결정했다.[10)]

그러나 의원직 상실을 위해서는 선거법 등 관련 법률에 이에 대한 근거규정이 마련되어야 한다고 본다. 더욱이 이는 국민의 기본권의 형성과 제한－여기서는 해당의원의 공무담임권이 문제될 것이다－에 관한, 그리고 통치기관의 구성과 작용에 관한 기본적이고 본질적인 사항이므로 법치주의원리상, 특히 법률유보의 원칙상 당연히 법률에 규정되어 있어야 할 것이다. 따라서 위헌정당해산의 경우 소속의원의 의원직상실은 앞서 언급했던 논거로부터 도출되는 당연한 헌법상의 당위적 요청이지만, 실제로 의원직을 상실시키기 위하여서는 법치주의원리(법률유보의 원칙)상 관련 법률에 이에 관한－공무담임권의 박탈을 허용하는－근거법률이 존재하여야 할 것이다.[11)] 참고로 독일의 경우 연방헌법재판소가 근거법률 없이, 직접 기본법 제21조에 근거하여 SRP(Die Sozialistische Reichspartei)소속의원의 의원직을 박탈

9) 현행 정당법, 선거법, 헌법재판소법 등 관련 법률에 근거규정이 없기 때문에 위헌정당해산으로 바로 의원직이 상실되는 것은 아니고, 국회의원의 자격심사나 제명처분에 의하여야만 비로소 의원직이 상실된다는 견해로서는 김철수, 헌법학개론, 1999, 1324쪽. 이에 반하여 별도의 법률의 근거규정 없이 위헌정당해산만으로 바로 의원직이 상실된다는 견해로서는 예컨대 허영, 전게서, 909쪽; 권영성, 전게서, 1034쪽.

10) 헌재 2014. 12. 19. 2013헌다1, 판례집 26-2하, 1(7).

11) 이에 대하여 자세한 것은 정연주, 헌법소송론, 2015, 241쪽 이하 참조.

하는 판결[12]을 내린 이후 연방선거법 제46조 제1항 제5호에 이에 관한 근거규정을 마련하였다.

지금까지 헌법재판소에 의한 위헌정당해산시에는 소속의원의 의원직이 상실되어야 한다는 점을 살펴보았다. 그렇다면 비례대표의원이 헌법재판소의 위헌결정 이전에 그와 관련 없이 이미 소속정당의 목적이나 활동이 민주적 기본질서에 위배된다고 독자적인 양심에 따라 판단했다면[13] 이러한 경우에 해당 의원에 대한 정당기속강제와 국민의 정당구도결정권 등은 전혀 정당성이 없는 것이고, 따라서 임의로 소속정당으로부터 이탈할 수 있어야 하고 또한 이탈해야만 할 것이다. 이를 자유위임의 원칙을 본질로 하는 대의제도가 요구할 뿐만 아니라, 대의제도를 비롯한 모든 통치기구의 구성원리 및 통치기구의 조직과 활동이 자유민주적 기본질서 등 헌법상의 기본이념과 기본원리 및 기본권보장과 실현의 목적과 한계내에서만 정당화될 수 있다는 관점에서 볼 때 이는 해당의원－비례대표의원과 지역구의원 모

12) BVerfGE 2, 1(72ff.).

13) 예컨대 해당의원의 정당가입시에는 소속정당의 목적이나 활동이 민주적 기본질서에 위배되지 않았지만 그 이후 민주적 기본질서에 위배되는 방향으로 변질된 경우 등을 상상할 수 있을 수 있을 것이다. 그러나 이미 위헌정당해산심판이 청구된 이후의 당적이탈이나 변경의 경우에는 헌법재판소의 결정으로 의원직이 상실된다고 보아야 할 것이다. 왜냐하면 이는 첫째, 이미 정부에 의하여 소속정당의 목적이나 활동이 민주적 기본질서에 위배된다고 판단되어 헌법재판소에 위헌정당심판이 청구된 경우이므로 이 시기의 당적변경은 해당 의원의 국가이익과 양심에 따른 자유위임적 대의활동의 결과라고 보기 어렵고, 둘째 헌법재판소법 제58조에 따라 헌법재판소장은 이 심판청구사실을 중앙선거관리위원회와 국회에 통지하도록 되어있고, 동법 제57조에 따른 가처분의 경우에는 심판청구 이후 종국결정의 선고시까지 해당정당과 소속의원의 활동이 정지되는데 이러한 상태에서의 의원의 당적변경은 그 자체가 인정되기 어려우며, 셋째 위헌정당해산제도와 해산결정의 실효성을 확보하기 위하여는 이 경우도 의원직을 상실시켜야 한다고 보기 때문이다.
한편 위헌정당해산심판이 청구된 이후 해당 정당 스스로 자진해산을 시도할 경우에도 그 정당은 헌법재판소의 결정으로 해산되고 소속의원의 의원직은 상실된다고 보아야 할 것이다. 왜냐하면 정부에 의하여 위헌정당해산심판이 청구된 경우에는 앞서 언급한 바와 같이 헌법재판소법 제58조에 따라 헌법재판소장은 이 심판청구사실과 동법 제57조에 따른 가처분결정사실을 중앙선거관리위원회와 국회에 통지하도록 되어있어 이 규정의 취지에 따라 선관위가 해당 정당의 자진해산신고접수를 거부해야 할 것이고, 또한 가처분결정으로 해당 정당의 활동 자체가 정지되므로 활동정지상태에서의 자진해산자체가 인정될 수 없으며, 아울러 위헌정당해산제도의 목적달성과 그 실효성확보를 위해서도 이 경우 해당 정당의 자진해산을 불허하고 헌재의 결정으로 해산시킴과 동시에 그 소속의원의 의원직이 상실되도록 하여야 할 것이다.
다른 한편 위헌정당해산심판의 청구 이전에 이미 해당 정당이 자진해산한 경우에는 더 이상 위헌정당해산의 대상이 될 수 없고, 따라서 이는 '선거법 제192조 제4항에서의 해산'에 해당된다고 보아 그 소속의원의 의원직은 유지된다고 볼 수밖에 없을 것이다. 다만 이 경우에는 해당 의원에 대한 국회에서의 제명 등의 징계를 고려할 수는 있겠으나, 이 사항이 국회법상의 징계사유에 해당될 수 있을지, 그리고 실제로 제명 등의 징계가 이루어질지는 의문이다. 이러한 결론에 비추어 볼 때 객관적으로 위헌정당의 소지 내지 혐의가 있음에도 불구하고 기회주의적인 당리당략상 자진해산 할 경우에는 오히려 그 소속 지역구의원 뿐 아니라 비례대표의원도 의원직을 유지하게 되는데, 이에 반하여 진지한 양심과 국가이익에 따른 당적변경의 경우에는 의원직을 상실해야만 한다는 논리는 정당성이 없고, 평등의 원칙에도 반한다고 하지 않을 수 없다.

두-의 권한이자 의무인 것이다. 그러므로 이러한 경우에도 해당의원이 소속정당을 이탈했다는 이유로 의원직을 상실한다면 그 의원은 의원직유지를 위하여 자신의 양심에 반하면서 소속정당에 남게 될 수밖에 없을 것이고, 이것이야말로 자신의 양심에 반하면서까지 결과적으로 자유민주적 기본질서위반을 강요하는 것이라고 할 수 있다. 따라서 자유민주적 기본질서 등 헌법보호수단으로서의 위헌정당해산제도의 목적과 취지를 살리고, 자유위임의 원칙을 실현하기 위해서라도 임의적 당적이탈·변경 등의 경우의 의원직상실제도는 폐지되어야 할 것이다.

참고로 독일의 경우에는 앞서 소개한 바와 같이 연방선거법 제46조 제1항 제5호에서 연방헌법재판소의 위헌결정에 따른 정당해산의 경우에는 소속의원-다수대표제 지역구의원이건 비례대표의원이건 마찬가지로-의 의원직상실을 규정하고 있지만, 우리의 경우와는 달리 임의적인 당적이탈·변경의 경우에는 아무런 규정을 두고 있지 않다.

5. 이른바 국회구도결정권과 관련하여

의원직상실제도가 추구하는 목적의 하나로서 국민의 정당선택권 내지 국회구도결정권의 보호를 드는 경우가 있는데,[14] 이는 국민이 정당을 매개하여 선거를 통해 설정한 국회의석분포의 유지를 위하여 의원들을 이러한 국회의석분포 내지 국회구도에 기속시키는 것을 내용으로 한다고 볼 수 있다. 이러한 국민의 국회구도결정권은 특히 비례대표선거제에서 국민의 정당투표를 통해 나타난 정당을 기준으로 한 의석분포에 대한 국민의 의사와 신뢰를 존중함으로써 건전한 정치풍토를 조성하고, 정당기속과 더불어 복수정당제를 내용으로 하는 정당민주주의와 다양한 국민의 의사를 국정에 반영하고자하는 다원적 민주주의를 실현하고자 하는데 그 목적이 있다고 할 수 있다. 그런데 국민의 주권과 주권의 중요한 실현수단인 국회의원선거권은 후보자를 선거에 의하여 국민의 대표자로 선출하는 권리에 그치고 이러한 국회구도결정권까지 포함하는 것은 아니므로, 이는 실제로 국민 내지 유권자가 구체적으로 그리고 법적으로 주장할 수 있는 헌법상 보장된 기본권은 아니다.[15] 따라서 이처럼 명령적 위임의 성격을 가지는 국민의 국회구도결정권은 어디

14) 허영, 전게서, 995쪽.

15) 이와 관련하여 헌법재판소는 1998. 10. 9. 96헌마186 결정에서 '국회구성권'이라는 표현을 사용하면서 "헌법의 기본원리인 대의제민주주의하에서 국회의원 선거권이란 것은 국회의원을 보통·평등·직접·비밀선거에 의하여 국민의 대표자인 국회의원을 선출하는 권리에 그치고, 개별 유권자 혹은 집단으로서의 국민의 의사를 선출된 국회의원이 그대로 대리하여 줄 것을 요구할 수 있는 권리까지

까지나 자유위임의 원칙을 침해하지 않는 범위내에서만 존중될 수 있는 정치적 고려대상에 불과하고, 비례대표의원의 정당선택권 내지 당적변경권에 우선할 수는 없다. 그러므로 이러한 국민의 정당선택권 내지 국회구도결정권의 보호를 이유로 비례대표의원의 당적변경을 금지하거나 당적변경시 의원직을 상실시키는 제도는 자유위임의 원칙에 위반되는 위헌적 제도이다.

V. 구제절차와 방법의 문제

여기서는 비례대표국회의원의 당적변경시의 의원직상실제도가 위헌이고 따라서 현행 선거법 제192조 제4항이 위헌이라고 판단될 경우[16] 이에 따른 해당 의원의 권리구제절차와 방법을 살펴보고자 한다.

비례대표의원의 당적이탈이나 변경시에는 즉시로 의원직이 상실되고, 국회의장은 국회법 제137조와 선거법 제200조 제4항에 따라 15일 이내에 대통령과 중앙선거관리위원회에게 궐원통지를 해야 하고, 중앙선거관리위원회는 선거법 제200조 제2항에 따라 궐원통지를 받은 이후 10일 이내에 그 선거 당시에 소속한 정당의 비례대표국회의원후보자명부에 기재된 순위에 따라 궐원된 국회의원의 의석을 승계할 자를 결정하여야 한다. 그리고 의원직승계는 전의원의 탈당시부터 소급하여 효력을 발생한다. 이러한 일련의 과정을 고려해 볼 때 의원직상실에 대한 권리구제방법으로는 크게 행정소송과 헌법소원의 두 가지가 고려될 수 있을 것이다.

포함하는 것은 아니다. 또한 대의제도에 있어서 국민과 국회의원은 명령적 위임관계에 있는 것이 아니라 자유위임관계에 있기 때문에 일단 선출된 후에는 국회의원은 국민의 의사와 관계없이 독자적인 양식과 판단에 따라 정책결정에 임할 수 있다. 그런데 청구인들 주장의 '국회구성권'이란 유권자가 설정한 국회의석분포에 국회의원들을 기속시키고자 하는 것이고, 이러한 내용의 '국회구성권'이라는 것은 오늘날 이해되고 있는 대의제도의 본질에 반하는 것이므로 헌법상 인정될 여지가 없다."라고 판시함으로써 대의제도하에서의 국민의 국회구성권을 부정하고 있다.

16) 한편 이와 관련하여 비례대표지방의회의원의 경우에도 그 의원직상실의 정당성이 문제될 수 있는데, 지방의회의원의 경우에는 헌법 제46조 제2항의 자유위임의 원칙이 적용된다고 볼 수 없고, 이들은 국회의원과는 달리 국가가 아닌 특정지역, 전체국민이 아닌 특정지역주민, 국가사무가 아닌 자치사무, 국가이익이 아닌 지역이익을 대표하는 것이므로 국회의원에 관한 논리가 지방의회의원에게 그대로 적용될 수는 없다고 본다. 그렇다고 이것이 지방의회의원의 경우 당적이탈이나 변경시 국회의원의 경우와는 달리 의원직상실이 정당화된다는 의미는 아니다. 왜냐하면 지방의회의원의 경우에도 헌법 제46조 제2항과 유사한 "지방의회의원은 공공의 이익을 우선하여 양심에 따라 그 직무를 성실히 수행하여야 한다."라고 규정하고 있는 지방자치법 제36조(의원의 의무)에 따른 일종의 자유위임의 원칙이 적용될 수 있고, 아울러 지방의회의원의 지위와 임무 및 기능의 특성상 소속정당기속이나 주민의 정당선택권 등의 보호의 필요성이 약화되거나 정당화되기 어렵기 때문에 이들의 경우에도 당적이탈이나 변경시 의원직이 유지되어야 할 것으로 생각된다.

1. 행정소송에 의한 경우

(1) 항고소송에 의한 경우

먼저 국회의장의 궐원통지 또는 중앙선거관리위원회의 의석승계결정을 대상으로 항고소송, 특히 취소소송을 제기하는 방법이 고려될 수 있을 것이다. 이러한 행위 자체의 하자는 앞서 언급한 바와 같이 근거법조항인 선거법 제192조 제4항의 위헌을 전제로 하는 것인데, 결과적으로 이 조항에 근거한 또는 이 조항의 합헌·유효를 전제로 한 국회의장의 궐원통지나 중앙선거관리위원회의 의석승계결정에는 중대하긴 하지만 명백한 하자가 있다고 볼 수는 없으므로, 중대하고 명백한 하자를 전제로 한 무효등확인소송은 제외된다고 보아야 할 것이다.

1) 국회의장의 궐원통지의 취소를 구하는 경우

먼저 의원직이 상실된 자(상실자)는 국회의장의 궐원통지에 대한 취소소송제기를 고려할 수 있을 것이다. 여기서 궐원통지는 탈당의원의 의석궐원에 대한 관념의 통지이자 의석승계결정의 불가결한 전제조건으로서 일종의 준법률행위적 행정행위로서의 통지로 볼 여지가 있고, 아울러 이는 차순위 후보자의 의석승계를 초래하는 일종의 제3자효 행정행위로 볼 수도 있기 때문에 상실자는 의원직이라고 하는 공무담임권의 구제를 받기 위한 원고적격을 인정받아 국회의장을 피고로 하여 궐원통지의 취소를 구하면서 동시에 집행정지(특히 절차의 속행의 정지)를 신청하고, 아울러 관할법원에 선거법 제192조 제4항에 대한 위헌제청신청을 고려할 수 있을 것이다.

그러나 다른 한편 궐원통지가 앞서 언급한 것처럼 취소소송의 대상이 되는 제3자효 행정처분에 속하는지, 상실자가 이해관계 있는 제3자로서 원고적격을 인정받을 수 있을지, 집행정지가 받아들여질지[17] 등이 의문이다. 그리고 만일 집행정지신청이 받아들여지고, 선거법 제192조 제4항이 위헌으로 결정되고, 이에 따라 궐원통지가 취소된다 하더라도 그 취소판결의 기속력과 관련하여 이미 상실된 의원직을 상실자가 회복할 수 있을지도 의문이다. 왜냐하면 이 경우 피고인 국회의장에 대한 기속력이 상실자에 대한 의원직 회복을 의미할 수는 없기 때문이다. 즉 의원직

17) 왜냐하면 만일 집행정지가 인정되지 않는다면 바로 의원직이 승계되고, 일단 의원직이 승계된 이후에는 후술하는 바와 같이 상실자의 의원직의 회복이 어렵기 때문이다.

상실은 국회의장이 명한 것이 아니라 직접 법률규정에 의해 탈당과 동시에 자동으로 이루어지는 것이므로 국회의장이 이미 상실된 의원직을 부여할 수도 없고 그러한 지위에 있지도 않기 때문이다. 따라서 이 방법은 우회적인 권리구제절차로서, 효과적이고 합리적인 구제방법으로 보기가 어렵다.

2) 중앙선거관리위원회의 의석승계결정의 취소를 구하는 경우

다음으로 중앙선관위의 의석승계결정을 일종의 준법률행위적 행정행위로서의 확인으로 보고,[18] 또한 이를 직접적으로는 승계자에 대하여 의원직 승계를 확인하면서 동시에 상실자에 대한 의원직상실의 확인을 의미하는, 즉 상실자를 제3자로 하는 제3자효 행정행위로 보아 상실자가 앞서 언급한 바와 같이 원고적격을 인정받아 중앙선거관리위원장을 피고로 의석승계결정의 취소를 구하면서, 동시에 집행정지(처분의 효력정지)의 신청과 선거법 제192조 제4항에 대한 위헌제청신청을 고려할 수 있을 것이다.

그러나 여기서도 의석승계결정이 취소소송의 대상이 되는 제3자효 행정처분에 속하는지, 상실자가 이해관계 있는 제3자로서 원고적격을 인정받을 수 있을지, 집행정지가 받아들여질지 등이 의문이다. 왜냐하면 이미 직접 법률규정에 의해 의원직이 상실된 상태이므로 의석승계결정으로 제3자인 상실자에게 새롭게 권리변동이 초래될 여지가 없고 따라서 제3자효 행정행위가 성립될 수 없으며, 결국 직접 의원승계결정과 관련한 상실자의 원고적격도 인정될 수 없기 때문이다. 그리고 만일 집행정지신청이 받아들여지고, 선거법 제192조 제4항이 위헌으로 결정되고, 이에 따라 의석승계결정이 취소된다 하더라도 그 취소판결의 기속력과 관련하여 앞서 언급한 바와 같이 이미 상실된 의원직을 상실자가 회복할 수 있을지도 의문이다. 따라서 이 방법 역시 우회적인 구제절차로서 효과적이고 합리적인 구제방법으로 보기가 어렵다.

(2) 당사자소송에 의한 경우

한편 상실자가 처분 등을 원인으로 하는 법률관계에 관한 소송 내지 그 밖에 공법상의 법률관계에 관한 소송으로서 당사자소송의 제기를 고려할 수 있을 것이다. 즉 상실자가 의원승계결정이라고 하는 일종의 행정처분 등과 관련하여 자신의 국

18) 중앙선관위의 의석승계결정은 외형상 형성적 행위로 보여지나, 실질적으로는 당선인의 결정의 경우처럼 판단작용의 일종으로서의 확인으로 볼 수 있다.

회의원으로서의 신분과 지위의 확인을 구하는 소송을 의석승계자를 피고로(또는 의석승계자와 중앙선거관리위원회를 공동피고로) 하여 제기하고, 동시에 선거법 제192조 제4항에 대한 위헌제청신청을 제기하는 것이다.

그러나 국가나 공공단체 등의 공권력주체가 아닌 의석승계자가 피고적격을 가질 수는 없고(행정소송법 제39조 참조),[19] 이러한 종류의 당사자소송을 인정하는 행정소송법 이외의 별도의 법률규정이 없기 때문에[20] 이 역시 제기 가능한 합리적인 구제방법이라고 보기 어렵다.

2. 헌법소원에 의한 경우

(1) 의원직상실 이후에 헌법소원을 제기하는 경우

가장 손쉽게 제기 가능한 구제방법으로 의원직상실 이후의 헌법소원제기가 고려될 수 있을 것이다. 즉 어떠한 공권력작용이 매개됨이 없이 직접 선거법 제192조 제4항에 의하여 탈당과 동시에 의원직이 상실되기 때문에 이 규정에 의한 상실자의 공무담임권 침해의 직접성·자기관련성·현재성이 인정되어 이 조항에 대한 헌법소원제기가 가능한 것이다.

그러나 이 조항이 위헌결정을 받는다고 하더라도 이미 상실된 의원직이 회복된다고 보기는 어렵다. 왜냐하면 위헌결정의 효력이 공무담임권이라는 기본권의 주체로서의 제3자인 의석승계자에게 미칠 수 있는지가 의문이고, 설사 이것이 인정된다 하더라도 이미 의석승계자에게－자신의 귀책사유 없이－형성된 기득권과 신뢰를 보호하고 그동안의 의석승계자의 의정활동을 보호한다는 법적안정성의 측면에서 볼 때 의석승계자로부터 의원직을 박탈하여 이를 상실자에게 다시 부여한다는 것이 인정되기 어렵기 때문이다. 물론 여기서도 당해 조항의 위헌결정 후 이에 근거하여 상실자가 의석승계자를 피고로 하여 의원신분확인을 구하는 당사자소송 등을 제기하는 방법이 고려될 수는 있으나, 이는 앞서 언급한 바와 같이 제기 가능한 구제절차라고 할 수 없다. 따라서 의원직 상실 이후의 헌법소원제기 역시 효율적인 권리구제방법이라고 보기 어렵다.

---

19) 여기서 의석승계자는 독립한 헌법기관이나 공권력주체로서의 지위가 아니라 공무담임권이라고 하는 기본권의 주체로서의 지위를 가지기 때문이다.

20) 특히 형식적 당사자소송의 경우에는 처분 등의 공정력이나 피고적격 등과 관련하여 이러한 소송을 허용하는 개별법의 명시적 근거규정이 요구된다.

(2) 탈당 이전에 헌법소원을 제기하는 경우

탈당을 계획하고 있는 전국구의원이 탈당에 앞서 미리 선거법 제192조 제4항에 대한 헌법소원을 제기하는 방법도 고려될 수 있을 것이다. 만일 이러한 헌법소원의 제기가 적법한 것으로 인정된다면 해당의원은 선거법조항의 위헌결정 후 탈당을 하게 되므로 아무런 문제없이 자신의 의원직을 유지할 수 있기 때문에 이는 가장 효율적인 권리구제방법이 될 것이다. 그런데 적법한 헌법소원제기가 되기 위해서는 이 법률조항에 의한 탈당이전의 해당의원의 공무담임권에 대한 침해의 직접성·현재성·자기관련성이 인정되어야 할 것이다.

먼저 기본권침해의 현재성이 문제가 되는데, 물론 탈당 이전이기 때문에 아직 의원직이 상실되지 않았고, 따라서 해당의원의 공무담임권침해의 현재성이 원칙적으로는 인정될 수 없고, 탈당과 동시에 의원직이 상실될 때 비로소 기본권침해의 현재성이 인정된다고 할 수 있다. 그러나 이 사안에서 기본권침해의 현재성을 이처럼 엄격히 다룬다면 효율적 권리구제는 거의 불가능할 것이다. 왜냐하면 앞서도 언급했듯이 탈당으로 인해 기본권침해가 실제로 이루어진 상태에서는 승소한다 할지라도 사안의 특성상 의원직의 회복은 기대하기 어렵기 때문이다. 따라서 이 경우에는 탈당 이전이라도 탈당계획의 정치적인 의사표시, 즉 소속정당에의 탈당신고서제출 등의 법적인 의사표시가 아닌 단순히 정치적인 탈당계획의 선언 등이 있으면 이미 침해가 성숙된 것으로 보아 기본권침해의 현재성을 인정하여야 할 것이다. 이처럼 일정한 공권력작용이 청구인의 기본권을 현실적으로 침해하는 장래의 시점에는 이미 그 침해된 기본권의 구제 내지 회복이 불가능하거나 매우 어려운 경우, 그 이전이라도 일정한 조건하에서 기본권침해가 성숙된 것으로 보아 그 침해의 현재성을 인정하는 것이 독일의 판례[21)]와 학설[22)]의 일반적 경향이고, 우리 헌법재판소도 1994학년도 신입생선발입시안에 대한 헌법소원 사건에서 "고등학교에서 일본어를 배우고 있는 청구인들은 서울대학교 대학별 고사의 선택과목에서 일본어가 제외되어 있는 입시요강으로 인하여 그들이 94학년도 또는 95학년도에 서울대학교 일반계열입학을 지원할 경우 불이익을 입게 될 수도 있다는 것을 현재의 시점에서 충분히 예측할 수 있는 이상, 기본권침해의 현재성을 인정하여 헌법

---

21) Vgl. BVerfGE 60, 360(372); 65, 1(37); 75, 246(263).

22) Vgl. Gusy, Verfassungsbeschwerde, 1988, S. 71ff.; Schlaich, Das Bundesverfassungsgericht, 2. Aufl., 1991, S. 137.

소원심판청구의 이익을 인정하는 것이 옳을 것이다. 기본권 침해가 눈앞에 닥쳐올 때를 기다렸다가 헌법소원을 하라고 요구한다면 기본권구제의 실효성을 기대할 수 없기 때문이다."라고 판시하여[23] 이러한 논리를 뒷받침하고 있다.

한편 이 법률조항에 의한 기본권침해의 직접성은—어떠한 공권력작용도 매개됨이 없이 직접 이 법률조항에 의하여 자동적으로 의원직이 상실되기 때문에—그 기본권침해의 현재성이 인정되는 이상 역시 인정될 수 있을 것이다. 그리고 기본권 침해의 자기관련성도 문제될 수 있는데, 이점도 사안의 특성을 고려할 때 효율적 권리구제를 위하여 정치적인 탈당계획의 선언 등을 한 의원의 경우에는 잠재적인 기본권의 피침해자로서 자기관련성을 인정하여야 할 것이다. 이와 관련하여 이처럼 잠재적인 기본권의 피침해자에게 까지 자기관련성을 확대하여 인정할 경우 남소의 위험이 있다는 문제제기가 있을 수 있으나, 이 사안의 경우에는 이처럼 탈당을 계획하는 비례대표의원의 수가 극히 제한적일 것이므로 크게 문제가 된다고 보이지는 않는다.

결국 이 마지막 방법이 비교적 효율적이고 합리적인 권리구제절차로 고려될 수 있다고 본다.

Ⅵ. 맺는 말

지금까지 비례대표의원의 당적변경시의 의원직상실제도의 위헌성을 여러 헌법규정 및 원칙 과 관련하여 고찰해 보았고, 관련 헌재결정의 내용과 문제점도 살펴보았다. 또한 의원직상실과 관련하여 해당 의원의 권리구제수단에 대하여도 알아보았다. 결론적으로 이 제도는 위헌이고, 따라서 폐지되어야 한다고 본다. 물론 이 제도가 앞서 언급한 바와 같이 우리나라의 정치현실에 비추어 볼 때 효율적이고 불가피한 수단이며,[24] 정서적으로 많은 국민의 지지를 받는 것도 사실이다. 그러

---

23) 헌재 1992. 10. 1. 92헌마68 등, 판례집 4, 659, 669.

24) 물론 사적인 이해에 따라 당적을 변경하는 기회주의적 저질의원에 대한 통제 내지 제재방법으로서 이러한 의원직상실제도 이외에 국회내에서의 제명을 포함한 징계조치를 고려해 볼 수도 있다. 헌법 제46조 제1항은 국회의원의 청렴의무를, 동조 제2항은 국가이익과 양심에 따른 직무집행의무를 규정하고 있고, 국회법 제25조는 국회의원의 품위유지의무를, 동법 제155조 이하에서는 국회의원의 품위유지의무나 청렴의무위반 등에 있어서의 윤리심사와 징계에 관하여 규정하고 있다. 그런데 여기서 말하는 품위유지의무나 청렴의무라고 하는 것은 주로 경제적·금전적인 비리나 기타의 이권과 관련하여 문제가 되겠으나, 반드시 그러한 의미로만 제한시킬 필요는 없고 널리 국회의원으로서의 신의와 윤리·도덕·품격 등과도 관련된 의미로도 이해할 수 있으리라고 본다. 따라서 문제된 국회의원이 국익이 아닌 단순한 사익이나 개인적인 입신과 영달만을 위하여 기회주의적인 당적이탈과 변경을 일삼는다면 이는 국회의원으로서의 신의와 정치윤리 및 품격 등을 저버린 처사라고 볼 수

나 필요한 제도라고 하여 모두 헌법상 정당화되는 것은 아니다. 아무리 효율적이고 국민정서에 부응하는 제도라 하더라도 그것이 헌법상의 제 원칙과 규정에 부합될 때 비로소 정당화되는 것이다. 따라서 소위 철새정치인을 추방하고 건전한 정치풍토를 확립하기 위해서는 법이 아닌 국민여론이나 선거 등을 통해 정치적으로 해결할 수밖에 없다고 본다. 결국 선진국의 예에서 보듯이 국민의 높은 민주의식과 비판정신 그리고 정치가의 고도의 자질과 사명감 및 도덕성만이 근본적인 해결책이라고 할 수 있다.

있고, 따라서 해당 국회의원에 대한 제명 등의 징계가 가능할 수도 있을 것이다. 왜냐하면 이러한 경우에는 국민의 신임과 국민에 대한 책임을 저버린 것으로 자유위임적 대의활동의 전제가 되는 보호할 가치있는–헌법 제46조 제2항에 따른–양심과 국익실현의 주체로서의 자격이 있다고 볼 수 없으며, 따라서 헌법 제46조 제1항과 제2항 및 국회법 제25조를 위반한 사안이라고 볼 수도 있기 때문이다. 이러한 징계는 민주적 정당성을 바탕으로 한 대의기관으로서의 국회의 지위와 자율기능에도 부합된다. 그러나 당적변경행위가 이러한 징계사유가 될 수 있는지도 의문이고, 우리의 정치현실이나 국회활동에 비추어 볼 때 실제로 이러한 징계가 이루어질 수 있을지도 지극히 의심스럽다. 따라서 징계방법은 소기의 목적을 달성하기 위한 효율적이고 합리적인 대안이 될 수 없다고 보아야 할 것이다.

7. 토지초과이득세제에 대한 헌법적 검토

- 헌재 1994. 7. 29. 92헌바49 토지초과이득세법 제10조 등 위헌소원[1] -

[目 次]

Ⅰ. 머리말

헌법재판소는 1994. 7. 29. 과거 1989년 전국을 휩쓴 부동산투기 열풍을 잡기 위해 제정한 토지공개념관련 3개 법률 중 하나인 토지초과이득세법(이하 '토초세법'이라 함)에 대한 헌법불합치결정을 내렸다. 헌법재판소는 그동안 조세관련 법률들에 대하여 적지 않은 위헌결정을 내렸는데, 특히 토초세법에 대한 결정에 있어서는 토초세법이 지니고 있는 사안의 중요성에서 뿐 아니라 그 결정내용에 있어서 국가의 과세제도 내지 과세입법에 관한 중요하고 근본적인 헌법적 판단을 했다는 점에서 자못 그 의의가 크다고 할 수 있다. 지금까지 별다른 통제 없이 행사되어온 국가의 과세권행사에 대하여 이를 계기로 헌법적 측면에서의, 특히 재산권 등의 국민의 기본권보장의 측면으로부터의 통제가 체계적이고 효율적으로 이루어질 수 있는 계기

1) 헌재 1994. 7. 29. 92헌바49 등, 판례집 6-2, 64.

가 마련되었다고 볼 수 있는 것이다.

위 헌재결정의 내용을 살펴보면 토초세법의 제정초기부터 논의되어 왔던 문제점들이 적절히 지적되었다고 할 수 있다. 그러나 다른 한편 이 결정내용에는 동의하기 어려운 점도 있고 관련되는 중요한 헌법적 검토가 간과된 부분도 있어 보인다. 따라서 이 글에서는 먼저 헌재결정의 내용을 살펴보고 토초세제도의 문제점을 헌법적 측면에서 검토해 본 후, 헌재의 헌법불합치 결정으로 야기되는 문제점과 이 결정에 따른 입법부의 후속조치의 방향에 대하여 언급하고자 한다. 결국 위 결정에 대한 헌법적 검토를 통해 향후 국가의 조세입법에 대한 헌법적 기준을 제시함으로써 국가의 과세권을 통제하고 국민의 재산권 등의 기본권을 보장하고자 하는데 이 글의 목적이 있는 것이다.

Ⅱ. 헌재결정의 내용

1. 사건의 개요와 심판의 대상

(1) 사건의 개요

이 사건 청구인들은 자신들의 소유토지가 토초세법에 따른 유휴토지 등에 해당한다는 등의 이유로 해당 세무서장이 토지초과이득세를 부과·고지하자, 관할 고등법원에 위 토초세부과처분의 취소를 구하는 행정소송을 제기하는 한편, 토초세는 실현되지 아니한 가상이득에 대하여 과세하는 것으로서 국민의 재산권을 침해하는 것으로 세액의 계산, 과세표준, 세율을 각 규정하고 있는 토초세법 제10조 내지 제12조는 재산권의 보장과 제한에 관한 헌법 제23조 제3항에, 국세청장에게 1년 단위로 토초세를 부과할 수 있는 권한을 포괄위임하고 있는 토초세법 제23조는 조세법률주의를 규정한 헌법 제38조에 각 위반되고, 유휴토지 등의 범위를 정하고 있는 토초세법 제8조는 조세법률주의를 규정한 헌법 제38조, 제59조에 위반되며, 지가하락시 적정한 보상규정이 마련되어 있지 아니한 점, 양도소득세 등과 이중으로 과세되고 있는 점 등에서 조세평등주의를 규정한 헌법 제11조 등에 위반되고, 임대토지에 관하여 규정하고 있는 토초세법 제8조 제1항 제13호 및 토초세의 물납을 규정하고 있는 토초세법 제22조는 우리 헌법상의 자유민주적 기본질서와 경제질서의 기본이념에 관한 헌법 전문, 제4조, 제8조, 제119조에 각 위반된다 등의 이유로 위 법원에 위헌제청신청을 하였다. 그런데 위 법원이 청구인들의 위헌제청신청을 기각하는 결정을 하자 이 사건 헌법소원심판청구를 하였다.

(2) 심판의 대상

이 사건 심판의 대상은 토초세법 제8조 제1항 제13호, 제10조, 제11조, 제12조, 제22조, 제23조가 헌법에 위반되는지의 여부이다.[2)]

---

2) 제8조(개인소유토지 중 유휴토지 등의 범위) ① 개인이 소유하는 토지로서 토지초과이득세의 과세대상이 되는 유휴토지 등은 다음 각호의 1에 해당하는 토지로 한다.

1.~12. 생략

13. 임대에 쓰이고 있는 토지(대통령령이 정하는 토지를 제외한다). 다만, 건축물에 부수하여 임대하는 건축물의 부속토지로서 제1호 내지 제4호의 규정에 해당하지 아니하는 토지를 제외한다.

14. 생략

②~⑤ 생략

제10조(세액의 계산) 토지초과이득세는 이 법에 특별한 규정이 있는 경우를 제외하고는 다음 각호의 규정에 의하여 계산한다.

1. 제11조의 규정에 의한 과세표준에 제12조의 규정에 의한 세율을 적용하여 산출세액을 계산한다.
2. 제1호의 규정에 의하여 계산한 산출세액에서 제15조 제3항의 규정에 의한 세액을 공제하여 결정세액을 계산한다.
3. 제2호의 규정에 의하여 계산한 결정세액에서 제19조의 규정에 의한 가산세를 가산하여 총결정세액을 계산한다.

제11조(과세표준) ① 토지초과이득세의 과세표준은 과세기간 종료일의 지가에서 그 과세기간 개시일의 지가를 공제한 금액(이하 "지가상승액"이라 한다)에서 다시 다음 각 호의 금액을 공제한 금액으로 한다.

1. 당해 과세기간의 정상지가상승분
2. 유휴토지 등에 대한 대통령령이 정하는 개량비와 자본적 지출액(이하 "개량비 등"이라 한다)

② 제1항의 규정에 의한 과세기간 종료일의 지가와 과세기간 개시일의 지가는 대통령령이 정하는 기준시가(이하 "기준시가"라 한다)에 의한다.

③ 과세기간 종료일 현재 토지초과이득세의 과세대상이 되는 유휴토지 등으로서 당해 과세기간 중에 다음 각 호의 1에 해당하는 기간이 있는 경우에는 대통령령이 정하는 바에 의하여 계산한 당해기간의 토지초과이득을 제1항의 규정에 의하여 계산한 과세표준에서 차감한다.

1. 제3조 제3항의 규정에 의한 유휴토지 등에 해당하지 아니하는 기간
2. 제5조 제1항의 규정에 의하여 토지초과이득세를 부과하지 아니하는 기간

④ 제1항 제2호의 규정에 의한 개량비 등은 당해 과세기간 중에 확정된 금액으로 하되, 소득세법 제51조의 규정을 준용한다.

⑤ 제4조 제6항의 규정이 적용되는 경우에는 각 소유자의 유휴토지 등의 보유기간과 기준시가의 상승률을 감안하여 대통령령이 정하는 방법에 의하여 전 소유자와 후 소유자에게 당해 과세기간의 토지초과이득을 배분하여 각각의 과세표준을 계산한다.

제12조(세율) 토지초과이득세의 세율은 100분의 50으로 한다.

제22조(물납 및 매각의뢰 등) ① 세무서장은 토지초과이득세의 납부세액이 1천만원을 초과하고 유휴토지 등의 소유자가 토지초과이득세를 금전으로 납부하기가 곤란하다고 인정하는 경우에는 납세의무자의 신청을 받아 토지초과이득세가 부과되는 당해 토지에 의한 토지초과이득세의 물납을 허가할 수 있다.

② 제1항의 규정에 의하여 물납을 신청한 자가 그 허가를 받지 못한 때에는 정부에 대하여 당해 과세대상토지의 매각의뢰를 청구할 수 있다. 이 경우 당해 과세대상토지의 일부만을 매각의

2. 청구인들의 주장과 관계기관의 의견

(1) 청구인들의 주장

1) 토초세는 미실현이득에 대한 것이기 때문에 실현된 이득에 대하여 현금으로 납세할 의무가 있다는 헌법 제38조의 조세법률주의, 제23조 제1항의 재산권 보장 규정에 위반된다.

2) 토초세법 제8조는 과세대상이 되는 같은 조 소정의 '유휴토지'의 해당여부판정과 과세표준 산정의 기초인 기준지가를 행정청이 판정하고 결정 · 고시하도록 하고 있어 헌법 제38조, 제59조가 정하고 있는 조세법률주의에 위반된다.

3) 토초세법 제8조는 미실현이득에 대하여 과세를 당하는 국민과 실현이득에 대하여 과세를 당하는 국민을 차별대우하고, 유휴토지만을 과세대상으로 하고 있어 토지초과이득이 발생하는 비유휴토지와 비교하여 볼 때, 공평과세의 원칙에 위반되어 헌법상의 평등원칙에 위반된다. 나아가 토초세법 제12조는 일률적으로 100분의 50이라는 세율을 적용하고 있어 조세의 공평부담원칙에 어긋나 헌법상의 평등

뢰할 수 없다.

③ 정부는 제2항의 규정에 의한 매각의뢰가 있는 때에는 대통령령이 정하는 자에게 매각을 의뢰하여야 한다. 이 경우 정부는 당해 토지를 스스로 매수하거나 대통령령이 정하는 자를 지정하여 매수하게 할 수 있다.

④ 제3항의 규정에 의하여 토지소유자가 매각을 의뢰한 토지에 대하여 부과된 토지초과이득세에 대하여는 그 매각의뢰일부터 1년간은 국세징수법 제22조 제1항의 규정을 적용하지 아니한다.

⑤ 제3항의 규정에 의하여 당해 과세대상토지의 매각의뢰를 받은 자가 이를 매각하거나 정부 등이 이를 매수한 경우 매각 또는 매수대금을 다음 각 호의 금액에 충당하고 그 나머지 금액을 납세의무자에게 지급하여야 한다.

1. 대통령령이 정하는 매각비용 또는 매수비용
2. 당해 토지에 대하여 부과된 토지초과이득세(가산금을 포함한다)

⑥ 물납의 절차 및 허가기준과 물납에 충당할 토지의 수납가격과 그 정산, 매각의뢰 및 매각절차와 매수가격 등에 관하여 필요한 사항은 대통령령으로 정한다.

제23조(예정결정기간에 대한 과세) ① 개발사업이 시행되는 주변지역 등 지가가 급격하게 상승하거나 상승할 우려가 있는 토지로서 국세청장이 대통령령이 정하는 위원회의 심의를 거쳐 지정하는 지역 안에 있는 유휴토지 등에 있어서 과세기간 중 최초의 1년간 또는 그 다음 1년간(이하 "예정결정기간"이라 한다)의 지가상승액이 당해 예정결정기간의 정상지가상승분의 100분의 150에 해당하는 금액과 개량비 등의 합계액을 초과하는 경우에는 그 초과하는 금액에 대하여 토지초과이득세를 부과한다.

② 국세청장은 제1항의 규정에 의한 지역을 지정하는 때에는 당해 예정결정기간 종료 전에 이를 고시하여야 한다.

③ 제1항의 규정에 의한 예정결정기간에 대한 토지초과이득세의 과세에 있어서의 과세표준과 세액, 정상지가상승률의 고시 · 신고 · 납부 · 결정 · 징수 등에 관하여는 과세기간에 대한 토지초과이득세에 관한 규정을 준용한다.

원칙에 위반된다.

4) 토초세법 제8조 제13호 소정의 "임대용 토지"를 유휴토지로 규정하고 있는 것은 자유민주적 기본질서에 기초하고 있는 우리 헌법상의 경제질서와 배치되어 헌법 전문, 제4조, 제8조 제4항, 제119조에 위반된다.

5) 토초세법 제22조는 그 실질에 있어 국가가 점진적으로 토지를 무상으로 몰수하는 결과를 가져 오는 것이어서 헌법 제23조, 제119조에 위반된다.

6) 토초세법 제23조는 같은 법 제6조의 규정에도 불구하고 국세청장에게 1년 기간으로 토초세를 징수할 수 있는 권한을 포괄적으로 위임하고 있어 헌법 제38조 소정의 조세법정주의에 위반된다.

7) 종합토지세와 양도소득세가 운용되고 있는 현행 법제하에서 토초세는 이중과세에 해당되어 이중과세금지원칙에 위반된다.

(2) 재무부장관 및 법무부장관의 의견

1) 미실현이득의 경우에도 이득액의 추정이 가능하며 모든 세금이 현금지불능력을 기준으로 부과되는 것은 아니므로 미실현이득에 대하여도 과세를 할 수 있다. 자본이득의 개념을 실현된 이득으로 할 것인가 또는 미실현이득을 포함할 것인가는 과세목적, 과세소득의 특성, 과세기술상의 문제를 종합하여 판단할 입법정책적인 문제이다.

2) 토초세는 유휴토지를 과세대상으로 하여 유휴토지의 보유단계에서 발생하는 지가상승이익을 조세로 환수함으로써 조세부담의 형평과 지가의 안정 및 토지의 효율적 이용을 도모하고자 하는 것이므로 헌법상의 평등원칙에 부합한다. 세율을 누진세율구조로 할 것이냐 단일비례세율구조로 할 것이냐는 당해 조세의 과세목적에 따라 입법정책적으로 판단할 성질의 것이다.

3) 토초세는 생산이나 생활수단이 아닌 지가상승이익을 기대하여 보유하고 있는 유휴토지의 토지초과이득에 대하여 과세하여 지가상승으로 인한 불로소득을 세금으로 환수하고, 아울러 조기에 매각할수록 양도소득세의 과세에서 더 많이 공제해 주는 장치를 도입함으로써, 유휴토지의 매각을 촉진시켜 신축주택 건축용지나 신생기업의 공장용지 등을 실수요자가 보다 싼값으로 쉽게 취득할 수 있도록 토지이용의 효율성을 제고하기 위한 것이므로, 이는 헌법 전문, 제23조 제1항, 제2항, 제119조 제1항, 제2항에 합치된다.

4) 토초세법 제22조의 물납규정은 유휴토지 등의 소유자가 금전으로 납부하기가

곤란하다고 인정되는 사정이 있고, 토초세가 부과된 당해 유휴토지 등을 대상으로 납세자의 물납신청이 있는 경우에만 제한적으로 허가하는 것이므로 토지의 점진적 무상몰수라고 할 수 없다.

5) 토초세는 유휴토지 등을 대상으로 일정과세기간 중 정상지가상승률을 초과하여 상승한 토지초과이득을 과세물건으로 하여 과세하는 조세이고, 양도소득세나 종합토지세와는 그 과세물건을 달리하는 것이므로 이중과세의 문제는 발생하지 아니한다.

6) 토초세법 제23조의 규정에 의한 예정결정기간에 대한 과세는 3년 과세기간에 대한 세금의 예납제도로서, 예정결정기간에 대한 토초세의 과세대상이 되는 유휴토지의 범위, 납세의무자, 세율, 신고, 납부 등의 사항을 모두 법률에 규정하고 있으며, 단지 그 과세대상이 되는 지역을 '국세청장이 대통령령이 정하는 위원회의 심의를 거쳐 지정하는 지역'으로 한정한 것이므로 헌법상 조세법률주의에 합치되는 것이다.

3. 주 문

토지초과이득세법(제정 1989.12.30. 법률 제4177호, 개정 1993.6.11. 법률 제4561호, 1993.6.11. 법률 제4563호)은 헌법에 합치되지 아니한다.

4. 판시사항

(1) 미실현이득에 대한 과세가 헌법상의 조세개념에 저촉되는지 여부

(2) 기준시가의 산정방법을 대통령령에 위임한 토지초과이득세법 제11조 제2항이 위임입법의 범위와 한계를 정한 헌법규정에 위반되는지 여부

(3) 현행 지가의 계측수단에 위헌적인 요소가 있다 하여 입법부와 행정부에 대하여 그 개선을 촉구한 사례

(4) 토초세의 여러 과세기간에 걸쳐 토지를 보유하는 경우 특정 과세기간 동안에는 토지초과이득이 발생하였으나, 토지취득 당시와 비교하여서는 오히려 지가가 하락한 때에 대비한 보충규정을 두지 않고 있는 토초세법의 위헌 여부

(5) 50%의 단일비례세로 규정된 토초세의 세율이 헌법상 재산권보장조항과 평등권조항에 위배되는지 여부

(6) 택지소유상한에관한법률에 따른 소유제한범위 내의 택지인지 여부에 관계없

이 토초세 과세 여부를 결정하도록 되어 있는 토초세법이 위헌인지 여부

(7) 토초세 과세대상인 유휴토지 등에 임대토지를 포함시키고 있는 토초세법 제8조 제1항 제13호가 위헌인지 여부

(8) 토초세법 제26조 제1항과 제4항이 토초세액 일부만을 양도소득세에서 공제하도록 규정한 것이 헌법상 조세법률주의에 반하는지 여부

(9) 헌법재판소법 제45조 단서의 '법률조항의 위헌결정으로 인하여 당해 법률 전부를 시행할 수 없다고 인정될 때'에 해당하는 구체적 사례

(10) '헌법불합치'라는 변형결정 주문을 선고하여야 할 구체적인 사례 및 그 법률적인 의미

5. 결정요지

(1) 과세대상인 자본이득의 범위를 실현된 소득에 국한할 것인가 혹은 미실현이득을 포함시킬 것인가의 여부는, 과세목적 · 과세소득의 특성 · 과세기술상의 문제 등을 고려하여 판단할 입법정책의 문제일 뿐, 헌법상의 조세개념에 저촉되거나 그와 양립할 수 없는 모순이 있는 것으로는 볼 수 없다.

(2) 토초세법상의 기준시가는 국민의 납세의무의 성부 및 범위와 직접적인 관계를 가지고 있는 중요한 사항이므로 이를 하위법규에 백지위임하지 아니하고 그 대강이라도 토초세법 자체에서 직접 규정해 두어야만 함에도 불구하고, 토초세법 제11조 제2항이 그 기준시가를 전적으로 대통령령에 맡겨 두고 있는 것은 헌법상의 조세법률주의 혹은 위임입법의 범위를 구체적으로 정하도록 한 헌법 제75조의 취지에 위반되나, 아직까지는 대부분의 세법규정이 그 기준시가를 토초세법과 같이 단순히 시행령에 위임해 두는 방식을 취하고 있으며, 이는 우리의 오래된 입법관례로까지 굳어져 왔는바, 이러한 상황에서 성급하게 위 조문을 무효화할 경우 세정전반에 관한 일대 혼란이 일어날 것이므로 위 조항에 대해서는 위헌선언결정을 하는 대신 이를 조속히 개정하도록 촉구하기로만 한다.

(3) 전국의 표준지수가 적어 표준지 선택의 폭이 지나치게 좁고, 개별토지 지가의 조사 · 산정업무를 이렇다 할 전문적 지식이 있다고 볼 수 없는 하부행정기관의 공무원이 담당하도록 되어 있는 현행의 행정실태하에서는, 토지초과이득 계측수단의 구조적인 미비점으로 인하여, 토초세가 이득에 대한 과세가 아니라 원본에 대한 과세가 되어버릴 위험부담률이 높아져 결국 헌법이 보장하고 있는 국민의 재산권을 부당하게 침해할 개연성이 커지지 않을 수 없으므로 관계당국에 대하여 지가

산정 관련법규의 정비와 아울러 그에 따른 행정의 개선책을 조속히 마련하도록 촉구하지 않을 수 없다.

(4) 토초세법상 여러 과세기간에 걸쳐 장기간 토지를 보유하는 경우, 전체 보유기간 동안의 지가의 변동상황에 대처함에 있어서는 아무런 보충규정도 두고 있지 않은 결과 장기간에 걸쳐 지가의 앙등과 하락이 반복되는 경우에 최초 과세기간 개시일의 지가와 비교할 때는 아무런 토지초과이득이 없는 경우에도, 그 과세기간에 대한 토초세를 부담하지 않을 수 없는 불합리한 결과가 발생할 수 있게 되고, 이는 토초세 과세로 인하여 원본 자체가 잠식되는 경우로서, 수득세인 토초세의 본질에도 반함으로써 헌법 제23조가 정하고 있는 사유재산권보장 취지에 위반된다.

(5) 토초세는 그 계측의 객관성 보장이 심히 어려운 미실현이득을 과세대상으로 삼고 있는 관계로 토초세 세율을 현행법과 같이 고율로 하는 경우에는 자칫 가공이득에 대한 과세가 되어 원본잠식으로 인한 재산권침해의 우려가 있고, 또한 적어도 토초세와 같은 이득에 대한 조세에 있어서는, 조세의 수직적 공평을 이루어 소득수준이 다른 국민들 사이의 실질적인 평등을 도모하여야 할 뿐만 아니라, 토초세는 어느 의미에서 양도소득세의 예납적 성격을 띠고 있음에도 불구하고 굳이 토초세의 세율체계를 단일비례세로 한 것은 소득이 많은 납세자와 소득이 적은 납세자 사이의 실질적인 평등을 저해하는 것이다.

(6) 택지소유상한에관한법률은 각 국민으로 하여금 일정 면적 내의 토지를 가구별로 고르게 소유하게 하는 것을 그 목적으로 삼고 있고, 한편 국민 각자의 경제적 능력에 따라서는 장차 주택을 소유하기 위하여 우선 택지만을 확보하여 둘 필요가 있는 경우도 있을 것이며, 토지의 효율적 이용이라는 측면만을 지나치게 강조하다 보면 당장의 토지이용에 급급한 무계획하고도 무질서한 건축행위가 남발될 결과가 발생할 수도 있다. 그런데 토초세법은 당해 토지가 위 법률에 따른 소유제한범위내의 택지인지 여부에 관계없이, 토초세 과세 여부를 결정하도록 되어 있는바, 이는 위 법률과 입법체계적으로도 조화를 이루지 못하고 있을 뿐만 아니라, 헌법이 보장하고 있는 인간다운 생활을 할 권리와 헌법상의 국가의 사회보장 · 사회복지 증진의무 및 국가의 쾌적한 주거생활 보장의무에도 배치된다.

(7) 토초세법 제8조 제1항 제13호는 임대토지를 원칙적으로 유휴토지 등에 해당하는 것으로 규정하면서 아무런 기준이나 범위에 관한 제한도 없이 '대통령령이 정하는 토지'를 유휴토지 등의 범위에서 제외할 수 있도록 규정하고 있는바, 이는 국민에 대한 납세의무의 부과 여부 자체가 입법권에 의한 아무런 통제 없이 행정

권에 의하여 좌우되도록 한 것으로서 헌법상의 위임원칙 및 조세법률주의와 충돌된다. 더욱이 토지소유자가 스스로 사용하지 않고 있다는 이유만으로 다른 토지소유자와 비교하여 법상 불리한 처분을 받을 수 있도록 한 위 규정은 헌법상 근거없이 토지임대인을 차별하는 것이며, 토지소유자와 임차인 사이의 자본의 자유로운 결합을 방해함으로써, 개인과 기업의 경제상의 자유와 창의를 존중함을 기본으로 하는 우리 헌법상 경제질서에도 합치하지 않는다.

(8) 토초세는 양도소득세와 같은 수득세의 일종으로서 그 과세대상 또한 양도소득세 과세대상의 일부와 완전히 중복되고 양세의 목적 또한 유사하여 어느 의미에서는 토초세가 양도소득세의 예납적 성격을 가지고 있다 봄이 상당한데도 토초세법 제26조 제1항과 제4항이 토초세액 전액을 양도소득세에서 공제하지 않도록 규정한 것은 조세법률주의상의 실질과세의 원칙에 반한다.

(9) 이상과 같이 토초세법 중 일부는 헌법에 위반되고, 일부는 헌법에 합치되지 아니하여 개정입법을 촉구할 대상이지만, 위 각 위헌적 규정들 중 지가에 관한 제11조 제2항과 세율에 관한 제12조는 모두 토초세제도의 기본요소로서 그 중 한 조항이라도 위헌결정으로 인하여 그 효력을 상실한다면 토초세법 전부를 시행할 수 없게 될 것이므로, 이 사건에서는 헌법재판소법 제45조 단서 규정에 따라 토초세법 전부에 대하여 위헌결정을 선고할 수밖에 없다.

(10) 토초세법은 개발이익환수에관한법률 및 여타 세법과의 사이에 구조적·내용적인 연계를 지니고 있어, 당장 이것을 무효로 한다면 법제 및 재정 양면에 걸쳐 적지 않은 법적 혼란 내지는 공백을 초래할 우려가 있고, 앞서 본 위헌적인 규정들을 다시 합헌적으로 조정하는 임무는 입법자의 형성의 재량에 속하는 사항일 뿐만 아니라, 또한 여기서 당장 토초세법에 대한 단순위헌결정을 선고한다면 이 결정의 효력이 미치게 되는 이른바 '당해사건' 관계자들과 현행법에 따른 기발생 토초세를 전부 납부하고도 아무런 이의를 제기하지 아니한 다수의 납세자에 대한 관계에 있어서 형평의 문제를 심화시키는 결과를 초래하는 것이다. 그러므로 당재판소는, "입법자가 토초세법을 적어도 이 결정에서 밝힌 위헌이유에 맞추어 새로이 개정 혹은 폐지할 때까지는 법원, 기타 국가기관은 현행 토초세법을 더 이상 적용·시행할 수 없도록 중지하되, 그 형식적 존속만을 잠정적으로 유지하게 하기 위하여" 이 사건에서 토초세법에 대한 단순 위헌무효결정을 선고하지 아니하고, 헌법재판소법 제47조 제2항 본문의 '효력상실'을 제한적으로 적용하는 변형 위헌결정으로서의 헌법불합치결정을 선고하는 것이다.

Ⅲ. 토지초과이득세제에 대한 헌법적 검토

1. 실질과세의 원칙과 관련하여

헌법재판소는 미실현이득에 대한 과세와 관련하여 "이득이 실현되었건 실현되지 않았건 납세자에게 소득의 증대에 따른 담세력의 증대가 있었다는 점에서는 실현이득이나 미실현이득 양자가 본질적으로 동일하고, 그와 같이 증대된 소득의 실현 여부, 즉 증대된 소득을 토지자본과 분리하여 현금화할 것인지의 여부는 당해 납세자가 전체자산구성을 어떻게 하여 둘 것인가를 선택하는 자산보유형태의 문제일 뿐 소득창출의 문제는 아니며, 미실현이득에 대한 과세 역시 실현이득에 대한 과세와 마찬가지로 원본과는 구별되는 소득에 대한 과세에 지나지 않으므로 적어도 법리적으로 미실현이득에 대한 과세에 있어서 원본잠식의 문제가 생길 여지가 없고, 실제에 있어서도 비록 과세목적과 과세방법이 다르기는 하나 자산재평가세, 자산평가차익에 대한 법인세 등 미실현이득에 과세하는 예가 없지도 아니하다. 따라서 과세대상인 자본이득의 범위를 실현된 소득에 국한할 것인가, 혹은 미실현이득을 포함시킬 것인가의 여부는 과세목적, 과세소득의 특성, 과세기술상의 문제 등을 고려하여 판단할 입법정책의 문제일 뿐, 헌법상의 조세개념에 저촉되거나 그와 양립할 수 없는 모순이 있는 것으로는 보여지지 아니한다."라고 판시함으로써[3] 미실현이득에 대한 과세가 헌법에 위배되는 것은 아니라고 보고 있는데, 이러한 견해는 받아들이기가 어렵다.

조세는 실현된 경제가치에 기초를 두고 과세하는 것을 기본원리로 하고 있으며, 이는 조세법의 대원칙인 실질과세의 원칙으로부터 직접 도출되는 것이다. 따라서 토초세의 경우처럼 실현되지 아니한 이득에 대하여 과세하는 것은 이러한 실질과세의 원칙에 정면으로 위배되는 것이다. 즉 토지에서 발생한 이득이 현실적으로 실현되지도 아니한 상태에 있는 잠재적 회임상태의 추상적 증액평가액에 대하여 조세라는 명목으로 과세하는 것은 바로 실질과세의 원칙과 소득실현 및 권리확정주의 원칙에 위배되는 것이다.[4] 재산세와 같은 성질의 보유과세의 경우에는 현재 보유하고 있는 토지의 지가상승에 따라 일정한 과세가 이루어질 수는 있겠으나 전형적인 수득세의 일종인 토초세의 경우에는 초과이득이 '현실적으로' 발생하였을

3) 헌재 1994. 7. 29. 92헌바49 등, 판례집 6-2, 64, 96-97.

4) 미실현이득에 대한 과세의 문제점은 뒤의 관계되는 부분에서 다시 언급함.

때에 과세할 수 있는 것이다.

설사 토지에 발생한 이득이 현실적으로 구체화될 수 있는 초과이득이라 하더라도 이는 행정청에 의해 평가된 실현되지 아니한 일시적인 거품단계의 이득이고 따라서 지가의 하락 등의 원인으로 장래 그 거품인 미실현초과이득은 소멸할 수도 있고, 오히려 '초과손실'이 발생할 수도 있는 것이기 때문에, 이 경우 결과적으로는 담세자에게 어떠한 구체적인 미실현의 초과이득도 발생되지 아니하였음에도 불구하고 무거운 세금부담을 강요받는 것이 되므로 이것이 실질과세의 원칙을 위반한 것이라고 함은 다언을 요하지 아니한다. 헌법재판소도 "토초세는 재산, 즉 원본에 대한 과세가 아니라 원본으로부터 파생된 소득에 대한 과세의 일종이므로 만약 유휴토지 등 소유자가 가공이득에 대한 토초세를 부담하는 경우가 생긴다면, 이는 소득세의 본질에도 반하는 결과가 될 뿐만 아니라 결과적으로 보아 원본인 토지 자체를 무상으로 몰수당하는 셈이 되어 헌법상의 재산권보장원칙에 배치되고 조세원리상의 실질과세, 공평과세의 이념에도 반한다고 하지 않을 수 없다."라고 판시함으로써[5] 이러한 문제점을 간접적으로 시인하고 있다.

한편 기록에 의하면 재무부장관은 "소득세 등의 경우와 같이 일정과세기간을 단위로 하는 조세에 있어서 특정과세기간에는 소득이 발생하여 과세하였으나 다음 과세기간에 소득이 발생하지 않거나 결손이 발생하였다고 해서 비과세 외에 기납부세금을 되돌려주는 등의 개별적 보상을 하지는 않는다."라고 함으로써 이미 미실현이득에 대하여 과세한 것은 장래에 당해 토지의 지가가 하락하여 초과이득이 없거나 결손이 발생한다 할지라도 정당한 것이며, 이에 대한 별도의 어떠한 개별보상이 필요없다고 주장한다. 그러나 소득세의 경우는 전형적이 수득세의 일종으로서 이미 구체적으로 현실화된 실현된 이득에 대한 과세이기 때문에 장래 지가하락 등으로 인한 미실현초과이득의 소멸이나 결손 등이 전혀 문제가 될 수 없는 일이므로 이러한 논리를 미실현이득에 대한 과세인 토초세에 적용하는 것이 전혀 타당하지 아니함은 긴 말이 필요 없을 것이다.

아울러 재무부장관은 미실현이득에 대한 과세인 토초세를 정당화시키기 위하여 미실현이득에 대하여 과세하는 국내외의 입법례에 대하여 언급하고 있으나, 그 모든 입법례를 자세히 분석해 보면 토초세의 경우처럼 미실현이득에 대한 과세에 해당되는 사례가 아니거나 또는 이미 폐지되었거나 실시되지 아니한 입법례임을 알 수 있다. 설사 외국의 경우 극히 예외적으로 그러한 미실현이득에 대한 과세입법

5) 헌재 1994. 7. 29. 92헌바49 등, 판례집 6-2, 64, 97-98.

례가 있다 할지라도 이미 그 나라에서 도입단계부터 위헌성과 효율성의 논란이 있었다고 하는 것을 감안해 볼 때 외국에서 실시되고 있다는 이유 하나만으로 그 제도의 위헌성에 대한 신중한 검토없이 토초세의 합성성주장을 위한 논거로 제시하는 것은 무리라고 본다. 헌법재판소도 "미실현이득에 대한 과세제도가 이론상으로는 조세의 기본원리에 배치되는 것이 아니라고 하더라도, 미실현이득은 용어 그대로 그 이득이 아직 현실적으로 지배·관리·처분할 수 있는 상태에 있는 것이 아니라는 특성으로 인하여, 현실제도로서 이를 채택하려 할 때 과세대상이득의 공정하고도 정확한 계측문제, 조세법상의 응능부담 원칙과 모순되지 않도록 납세자의 현실 담세력을 고려하는 문제, 지가변동순환기를 고려한 적정한 과세기간의 설정문제, 지가하락에 대비한 적절한 보충규정 설정문제 등 선결되지 아니하면 아니 될 여러 가지 과제가 있다. 실제 세계의 여러 나라에서 불로소득의 환수와 지가안정을 이유로 부동산상의 미실현이득에 대한 과세의 정당성과 필요성이 오래 전부터 주장되어 왔음에도 불구하고, 오늘날 그러한 과세제도가 성공적으로 정착되고 있는 입법례를 찾아보기가 쉽지 않다는 것은 바로 미실현이득에 대한 과세제도의 이와 같은 난점을 실증적으로 반영하고 있는 것이라고도 할 수 있을 것이다."라고 판시함으로써[6] 이 점을 인정하고 있다.

결국 수득세인 토초세는 행정청에 의하여 일방적으로 정해지는 미실현이득에 대한 과세이므로 그 자체의 수득세의 본질과 모순되며, 아울러 실질과세의 원칙에 위배되는 위헌적 조세라고 하지 않을 수 없다.

2. 조세법률주의와 관련하여

헌법 제38조는 "모든 국민은 법률이 정하는 바에 의하여 납세의 의무를 진다."고 규정하고, 헌법 제59조는 "조세의 종목과 세율은 법률로 정한다."고 규정하여 조세법률주의를 천명하고 있다. 따라서 조세는 반드시 그 근거가 법률에 마련되어 있어야 하고, 그 법률에는 반드시 조세의 '종목'과 '세율'이 규정되어 있어야 하는 것이다.

그러나 이러한 조세법률주의는 단지 법률에 조세의 종목과 세율만이 규정되어 있을 것을 요구하는 것이 아니라 더 나아가서 과세권의 행사와 재산권의 보장 및 제한과 관련된 중요하고 본질적인 사항, 예컨대 과세의 구체적 기준과 범위 및 대상과 방법 등이 반드시 법률에 규정되어 있어야 하고, 이러한 본질적인 사항을 하

6) 헌재 1994. 7. 29. 92헌바49 등, 판례집 6-2, 64, 97.

위규범이나 기타의 행정작용에 위임해서는 안 된다고 하는 것을 당연히 요구하고 있다. 헌법 제75조도 "대통령은 법률에서 '구체적으로 범위를 정하여' 위임받은 사항… 에 관하여 대통령령을 발할 수 있다."라고 규정함으로써 이를 명백히 하고 있으며, 이는 법치주의 원리의 가장 핵심적인 내용인 법률유보의 원칙상 당연히 요구되는 것이다. 특히 행정작용 중에서 행정청의 자의와 남용의 가능성이 가장 크고 국민의 재산권 등의 기본권에 대한 가장 심각한 침해작용인 과세권행사의 경우에는 이러한 원칙이 특히 엄격히 강조되고 준수되어야 함은 두말한 나위가 없을 것이다. 따라서 토초세의 경우에도 과세권행사와 재산권보장 등에 관한 제반사항이 구체적으로 그리고 명확하게 규정되어 있어야 하는 것이다.

그러나 동법 제8조, 제9조 및 제11조 등에서는 과세의 대상이 되는 '유휴토지'의 범위에 관하여 규정하면서 유휴토지에의 해당여부와 과세표준산정의 기초로 삼는 '지가'를 행정청이 판정하고 결정고시하도록 규정하고 있어 앞서 언급한 조세법률주의에 위배되는 소지가 있다. 즉 동법 제3조 제1항에서 "토지초과이득세는 유휴토지 등으로부터 발생한 토지초과이득에 대하여 부과한다."고 규정하고 제8조에서는 '개인소유토지 중 유휴토지 등의 범위'를, 제9조에서는 '법인소유토지 중 유휴토지 등의 범위'를 각각 규정하고는 있으나, 동 규정들은 과세대상으로서의 유휴토지의 종류를 나열하고 있을 뿐 그 구체적 범위에 대하여는 모두 대통령령에 위임하고 있어서, 즉 동 법률규정은 어느 것이나 과세대상이라고 하는 본질적 사항에 대한 구체적이고 명확한 기준과 범위를 충분히 규정하고 있지 아니하며 모두 하위규범에 위임하고 있어, 결국 대통령령의 규정내용에 따라 과세대상이 달라질 수 있어 행정청의 자의와 남용을 방지할 수 없으며, 국민의 예측가능성과 법적안정성을 해친다고 보지 않을 수 없다.

아울러 동법 제11조 제2항에서 "과세기간종료일의 지가와 과세기간개시일의 지가는 대통령령이 정하는 기준시가에 의한다."고 규정하고 있어, 과세권행사의 본질적 사항에 속하는 과세표준산정의 기초로 삼는 지가산정의 기준 등을 대통령령이라고 하는 행정작용에 포괄적으로 위임하고 있다. 물론 동법 시행령 제33조에서 "법 제11조 제2항의 규정에 의한 기준시가는 개별필지의 기준시가로 한다."고 하고 동법 시행령 제24조에서는 개별필지의 기준시가를 "시장·군수·구청장이 지가공시및토지등의평가에관한법률 제10조의 규정에 의하여 공시지가를 기준으로 하여 산정한 개별필지에 대한 지가"로 규정함으로써 토초세는 지가공시및토지등의평가에관한법률에 근거하여 객관적으로 산정된 개별필지에 대한 기준시가를 과세기준으로 하는 바, 개별필지에 대한 기준시가는 토지이용상황이나 주변환경 기타 자연적·사회적 조건이 일반적으로 유사하다고 인정되는 일단의 토지 중에서 산정한 표준지에 대하여 매년 감정평가업자가 조사·평가하고 토지평가위원회의 심의와 주민열람·이의신청의 절차를 거쳐 건설부장관이 공시한 표준지의 공시지가를 기준으로 하여 시장·군수·구청장이 지가 산정에 관한 비교표에 의해 표준지의 공시지가와 균형을 유지하도록 객관적으로 산정한 지가라고 볼 수도 있겠으나, 앞서 언급한 바와 같이 동법 제11조 제2항에서 이미 지가산정에 대한 구체적이고 명확한 기준을 스스로 정하지 아니하고 대통령령에 포괄적으로 위임하고 있을 뿐 아니라, 주지하는 바와 같이 감정평가업자의 조사·평가의 기준과 결과가 객관성과 합리성 및 형평성을 상실한 자의적인 것일 가능성이 높고, 결국은 시장·군수·구청장이 산정한 지가이므로 행정청에 의하여 자의적으로 결정될 위험은 항상 도사리고 있는 것이다.

결국 토초세의 과세대상이 되는 유휴토지의 판정과 토초세과세표준의 산정기준이 되는 개별필지의 기준시가에 관한 토초세법 제8조, 제9조 및 제11조 제2항의 규정은 과세권행사에 관한 중요하고 본질적인 사항에 대하여 구체적이고 명확하게 정하지 않고, 이를 하위규범인 대통령령에 포괄적으로 위임함으로써 행정청에 의한 자의와 남용의 위험성을 내포하고 있으므로, 조세법률주의의 원칙과 위임입법의 한계를 정한 헌법 제75조 및 법률유보의 원칙을 위반한 위헌적 규정이라고 아니할 수 없다.

3. 재산권보장 및 자유와 창의를 바탕으로 한 경제질서와 관련하여

(1) 앞서 언급한 바와 같이 토초세는 수득세의 일종임에도 불구하고 토지가격의 추상적·잠재적 평가액의 증가를 이득으로 의제한 '미실현이득'에 대한 과세이므로 헌법 제23조에서 보장하고 있는 재산권에 대한 명백한 침해이다. 즉 현재 재산권의 대상으로서의 구체적이고 실현된 재산상의 이득이 없음에도 불구하고 재산권의 제한에 해당하는 조세를 부과하는 것은 마치 전혀 소득이 발생하지 아니하였음에도 소득세를 부과하고 전혀 토지를 보유하고 있지 아니함에도 종합토지세를 부과하는 것처럼 모순되는 것으로서 당연히 원인무효인 재산권침해행위라 할 수 있다. 따라서 토초세법의 재산권보장에 관한 헌법 제23조 제1항의 규정에 정면으로 위배되는 것이다.

(2) 아울러 토초세는 재산권의 본질적 내용에 속하는 사용·수익·처분권을 침해한 것이므로 헌법 제23조에 위반될 뿐만 아니라 기본권의 본질적 내용침해금지의

원칙을 규정한 헌법 제37조 제2항 및 사유재산제를 바탕으로 한 개인과 기업의 경제상의 자유와 창의를 기본적 경제질서로 규정한 헌법 제119조에 위반된다고 할 수 있다.

토지도 헌법 제23조에 의하여 보장된 재산권의 일종으로서 그의 사용·수익·처분권을 본질적 내용으로 하고 있다. 그러나 토초세는 조세부담의 형평과 지가의 안정 및 토지의 효율적 이용을 위하여 토지재산권의 사용·수익·처분권을 침해하는 것이다. 왜냐하면 토초세의 부과로 인해 유휴지의 타인에로의 조기처분을 간접적으로 강제받게 되므로 임의적인 처분권, 즉 토지를 계속 보유함으로써 처분하지 아니하거나 원하는 시기에 처분하고자 하는 권리가 침해당하고, 임의적인 수익권, 즉 당해 토지를 이용하여 장래 원하는 시기에 원하는 방법으로 원하는 수익을 획득하고자 하는 권리가 침해당하고, 임의적인 사용권, 즉 원하는 시기에 원하는 방법으로 자신이 직접 또는 제3자를 통해 간접적으로 당해 토지를 사용할 권리를 침해받게 되기 때문이며, 이는 결국 재산권의 임의적인 사용·수익·처분권보장이라는 사유재산제도를 바탕으로 한 개인과 기업의 경제상의 자유와 창의를 기본적 경제질서로 규정한 헌법 제119조에 정면으로 위배되는 것이다.

물론 헌법 제23조 제2항은 "재산권의 행사는 공공복리에 적합하도록 하여야 한다."고 규정함으로써 재산권－특히 토지재산권－의 사회적 기속성을 선언하고 있으며, 헌법 제37조 제2항에서 공공복리 등을 이유로 한 기본권의 제한을 규정하고 있고, 헌법 제119조 제2항의 경제력의 남용을 방지하고 경제의 민주화를 위한 국가의 경제에 관한 규제와 조정을 인정하고, 더 나아가 헌법 제122조에서 국토의 효율적이고 균형있는 이용·개발과 보전을 위하여 국가에 의한 필요한 제한과 의무부과에 관하여 규정하고 있으나, 이는 어디까지나－헌법 제37조 제2항의 기본권의 본질적 내용침해금지규정에서도 알 수 있듯이－토지재산권의 본질적 내용을 침해하지 아니하고, 우리 헌법상 경제질서의 기본을 해치지 아니하는 범위와 한계내에서의 제한과 규제이어야 하며, 이러한 한계를 벗어나는 규제와 제한은 헌법질서와 조화될 수 없는 것으로 어떠한 공익적 이유에서도 허용될 수 없는 위헌적인 것이라고 아니할 수 없다.

특히 초토세법 제8조 제1항 제13호의 규정에 따른 임대용토지에 대한 토초세의 부과는 이러한 토지재산의 사용·수익·처분권과 자유와 창의를 바탕으로 한 사회적 시장경제질서에 정면으로 위배되는 사안인 것이다. 즉 임대에 쓰이고 있는 토지는 현재 생산이나 생활의 수단으로 타인의 실수요목적에 이용되고 있는 토지로서 이미 유휴지라고 볼 수 없으며, 이는 토지소유자가 토지라는 재산의 수익권을 행사하고 있는 것이고, 아울러 자신의 토지라는 자본과 타인의 자본의 자유로운 합자·결합을 통한 경제효율향상 등의 자유와 창의를 바탕으로 한 사회적 시장경제질서를 추구하고 있는 것이다. 따라서 이러한 임대용토지의 경우에도 유휴지로 간주하여 과세하도록 규정한 토초세법 제8조 제1항 제13호는 그 자체 이미 토지의 효율적 이용을 기함을 목적으로 하는 토초세법의 입법취지에 반할 뿐 아니라, 헌법 제23조의 재산권보장규정 및 헌법 제119조의 사회적 시장경제질서, 그리고 기본권의 본질적 내용침해금지를 규정한 헌법 제37조 제2항에 위반되는 것이다.

(3) 한편 토초세는 토지의 지가상승 등으로 인한 이득이 토지의 양도 등으로 인해 구체적으로 실현되었을 경우에 과세되는 것이 아니고, 실현되지 아니한 잠재적 회임상태의 평가상의 추상적 이득에 대하여 현금으로 납세하는 것이므로 만일 토지소유자에게 당해 토지재산권 이외의 다른 어떠한 재산권도 존재하지 아니하거나 과세액에 해당하는 만큼의 충분한 재산상의 여유가 없는 경우에는 납세자에게 불가능한 세금을 요구하는 것이 되므로 이는 그야말로 수인의 기대가능성이 없는 재산권의 본질적 내용침해이며, 더 나아가 인간의 생존권마저 위태롭게 하는 것으로서 헌법 제10조가 규정하고 있는 인간의 존엄과 가치 및 행복추구권을 침해하는 것이고, 아울러 헌법 제34조에서 규정하고 있는 인간다운 생활을 할 권리도 위태롭게 하는 것이라고 아니할 수 없다.

물론 이 경우 토초세법 제22조 제1항에서 "세무서장은 토지초과이득세의 납부세액이 1천만원을 초과하는 유휴토지 등의 소유자가 토지초과이득세를 금전으로 납부하기가 곤란하다고 인정하는 경우에는 납세의무자의 신청을 받아 토지초과이득세가 부과되는 당해 토지에 의한 토지초과이득세의 물납을 허가할 수 있다."라고 규정하고 있어 토초세를 납부하기 곤란할 경우에는 물납의 방법으로 해결하도록 배려하고 있으나, 이는 첫째, 물납의 요건이 충족되지 아니하거나 물납을 허가하지 아니하는 경우에는 여전히 납세자에게 불가능한 세금을 강요하는 것이므로 상기 언급한 문제점이 그대로 남아있으며, 둘째, 설사 물납의 요건이 충족되어 물납이 허용된다 하더라도 이는 결과적으로 토지에 대한 점진적 몰수에 해당되므로 그야말로 토지재산권에 대한 본질적 침해인 것이다. 물론 이 물납제도가 외관상으로는 납세자의 편의를 고려한 것으로서 납세자의 신청에 따라 이루어지는 것이므로 강제적인 것은 아니라 할지라도, 이는 이미 물납 이외의 방법으로는 납세의무를 이행할 수 없는 사정하에서 어쩔 수 없이 이루어지는 사실상 강제된 납세의 대체방법이고 이를 통해 결과적으로 토지가 점진적으로 몰수되는 효과를 가져오므로, 이는 결국 토지재산권에 대한 본질적 내용 침해행위요, 동시에 토지재산권의 보상없는 수용에 해당되므로 정당보상을 조건으로 한 공용수용에 대하 규정하고 있는 헌법 제23조 제3항에도 정면으로 위배되는 것이다.

결국 토초세제도 자체 및 그의 대체방법으로서의 물납제도는 재산권의 본질적 내용을 침해하면서 우리 헌법상의 자유 경제질서에 위배되는 것이다. 따라서 이는 헌법 제23조, 제37조 제2항 및 제119조와 더 나아가 헌법 제10조 및 제34조에 위반된다.

4. 조세평등의 원칙과 관련하여

조세법률주의와 헌법 제11조에서 규정하고 있는 평등의 원칙은 조세평등의 원칙 내지 공평과세의 원칙을 요구하고 있으며, 이는 합리적 차별사유가 없는 한 반드시 공평하게 과세할 것을 의미한다. 그러나 토초세제도는 다음과 같은 측면에서 조세평등원칙에 위배된다고 할 수 있다.

(1) 토초세는 유휴지에만 과세되고, 비유휴지에는 과세되지 아니하는데 토초세 부과대상과 관련하여 유휴지와 비유휴지간의 합리적이고 객관적인 차별사유가 존재하지 아니하므로 이는 조세평등의 원칙에 위배되는 것이다.

즉 토초세는 모든 토지에서 발생하는 미실현토지초과이득에 대하여 과세하는 것이 아니고 유휴토지 등에 발생하는 미실현초과이득에 대해서 과세하고, 유휴토지에 해당하지 아니하는 토지에서는 아무리 미실현초과이득이 발생하더라도 과세되지 아니하는 바 이것이 조세평등주의에 위반되는 것이다. 유휴토지 등은 낮은 이용을 하고 있는 토지나 전혀 이용하지 아니하고 보유하고 있는 나대지 등을 의미하는 바, 지가가 급등하고 있는 지역내에 소재하는 토지는 그것이 업무용건물의 대지이든 주택용대지이든 나대지이든 미실현의 초과이득이 동일하게 발생하고 있음에도 불구하고 토초세는 유휴토지 등에서 발생한 초과이득만을 과세대상으로 하고 비유휴지의 경우에는 동액의 미실현초과이득이 발생한 경우에도 전혀 과세하지 아니하는데, 만일 모든 토지에 과세하되 비유휴지 등 일정한 요건을 충족하고 있는 토지의 미실현초과이득에 대하여 상대적으로 과세부담을 경감시켜주는 제도라면 토초세제도가 토지의 효율적 이용을 촉진시키고자 하는 목적을 가지고 있다는 점을 고려할 때 합리적 차별의 한계를 넘지 않는 것이라고 볼 수도 있을 것이다. 그러나 비유휴지에는 아무리 거액의 미실현초과이득이 발생해도 전혀 과세하지 아니하고, 유휴지 등에는 아무리 소액의 미실현초과이득이 발생해도 그것이 일정비율 이상의 초과이득이 되어 과세요건에 해당되면 50%의 무거운 조세부담을 지우는 것은 합리적이고 객관적인 차별의 한계를 넘어서는 것이고, 더욱이 토초세제도가 토지의 효율적 이용뿐 아니라 각종 개발사업 기타 사회경제적 요인으로 지가가 상승함으로 인하여 토지소유자가 얻은 토지초과이득을 조세로 환수함으로써 조세부담의 형평과 지가의 안정 및 불로소득의 사회환수 등을 그 목적으로 하고 있는 점을 고려할 때 유휴지라는 이유만으로 전혀 과세하지 아니한다면, 이는 합리적 차별의 한계를 현저히 넘어선 것으로서 조세평등의 원칙에 정면으로 위배될 뿐만 아니라 토초세법의 입법취지에도 반하고 사회적 정의와 국민의 법감정에도 반한다고 할 수 있다.

(2) 한편 유휴토지에 해당하는 경우에도 지가가 정상지가상승률 이상 급등한 지역내에 소재하는 유휴토지 등에 대해서만 과세하도록 되어 있는데, 비록 정상지가상승률을 초과하지 아니한 지가의 상승이라도 미실현의 지가상승액에 담세력을 인정한다면 그 정상지가상승률을 초과하지 아니한 미실현의 지가상승이득은 정상지가상승율을 초과한 미실현의 초과이득과 마찬가지로 담세력이 증가한 것이고, 다만 그 증가율이 적은 것에 불과한 것인데, 이 정상지가상승분에 대하여는 그 결과적 이득이 아무리 크다 하더라도 과세하지 아니하고 정상지가상승율을 초과한 이득이 발생한 유휴지에 대해서만 무거운 과세를 하는 것은 양자간에 합리적 차별사유가 없거나 적음에도 불구하고 결과적으로 엄청난 차별을 초래한 것이므로 이 또한 조세평등의 원칙에 위배될 뿐만 아니라 조세부담의 형평과 지가의 안정 및 특히 토지의 효율적 이용을 목적으로 하는 토초세법의 입법취지에 정면으로 위배되는 것이다. 왜냐하면 초과이득이 발생했건 정상지가상승이득이 발생했건 양자 공히 유휴지에 해당됨은 마찬가지이며 따라서 토지의 효율적 이용을 촉진시키기 위하여는 양자에게 모두 세금이 부과되어야 할 것이기 때문이다.

(3) 토초세법 제8조 제1항 제13호에 따르면 토지와 지상건축물의 소유자가 다른 경우, 즉 임대용토지는 유휴토지로 보아 원칙적으로 토초세의 과세대상이 되고 있다. 그러나 이는 토지와 지상건축물의 소유자가 같은 경우와 임대용토지의 경우, 즉 소유자가 다른 경우 사이에 어떠한 합리적 차별사유가 없음에도 불구하고 과도하게 차별한 것으로 조세평등주의에 위배되며, 재산권의 행사를 침해하고 더 나아가 자본의 자유로운 합자·결합을 통한 경제효율향상이라는 사회적 시장경제원리에 위배되는 것이다.

토초세규정에 의하여 임대에 공하고 있는 토지는 유휴지에 해당되어 토초세의 과세대상이 되고, 다만 임대용토지의 경우에도 건축물에 부수하여 임대하는 건축물의 수속토지로서 기준면적 이내의 토지와 동법 시행령 제20조 제2항의 규정과 같이 1촌 이내의 직계존속이나 배우자의 관계에 있는 1990년 12월 31일 이전부터 토지와 그 지상건축물을 소유한 경우에는 예외로 하고 있다. 그러나 토초세의 부과대상을 유휴토지에 국한시키고 있는 것은 토초세제도가 토초세법 제1조의 규정에도 명시되어 있듯이 토지의 효율적인 이용의 제고와 생활이나 생산이 필요한 토지의 공급을 원활히 하고자 하는 데 그 목적이 있는데, 현재 임대를 통해 타인에 의하여 생활이나 생산에 사용되고 있는 토지를 유휴지에 포함시켜 과세하는 것은 토초세법의 근본적인 입법취지에 정면으로 위배될 뿐만 아니라 토지와 지상의 건축물이 동일 소유자에게 속하는 경우의 토지와 어떠한 합리적 차별사유가 없음에도 불구하고 단순히 지가상승이익을 기대하여 임대를 통해 보유하고 있는 것으로 보아야 할 것이라는 막연한 추측만으로 일종의 투기목적을 노린 토지로 보아 토초세를 부과하는 것은 조세평등의 원칙에 대한 명백한 위반인 것이다. 더구나 토지소유자가 지상에 자신 소유의 건물을 건축할 금전적 여유가 없는 경우 자신의 토지의 효율적 이용을 위하여 타인의 자본의 합자·결합이라고 할 수 있는 임대의 형식으로 건물을 들어서게 하는 방법 이외에는 다른 대안이 쉽게 떠오를 수 없기 때문에－왜냐하면 토지의 효율성을 기하기 위하여 토지에 건물을 건축할 경제적 여유가 생길 때까지 기다리는 것은 기대가능성이 없을 뿐 아니라 설사 기대 가능하다 하더라도 그 동안 부담해야 하는 막대한 토초세를 생각해 보라－임대라고 하는 것은 가능한, 상황에 따라서는 수인의 기대가능성이 있는 유일한 토지의 효율성제고를 위한 재산권행사방법이며 사회적 시장경제질서에 부합되는 방법인 것이다.

따라서 토지의 임차인을 비롯한 실수요자들에 대한 유휴토지의 조기 및 저가매각만을 강조하여 현재 임차인 등을 통해 토지의 효율적 이용이 이루어지고 있는 임대용토지를 유효토지로 보아 무거운 과세를 부담시키는 것은 앞서 언급한 바와 같이 토지의 효율적 이용을 목적으로 하는 토초세의 입법취지에 근본적으로 반할 뿐 아니라, 토지와 지상건축물의 소유자가 동일한 경우의 토지와 아무런 합리적 차별사유가 없음에도 불구하고 차별한 것으로서 조세평등주의를 위배한 것이고, 임대를 통한 토지의 사용·수익·처분권행사라고 하는 재산권의 본질적 내용을 침해한 것이며, 아울러 우리 헌법상의 자유시장경제질서에도 부합되지 아니하는 것이라고 하겠다.

토지가 임대되어 그 지상에 다른 사람이 건물을 건축하여 사용하고 있느냐 아니면 자기소유토지의 지상에 자기가 건축물을 축조·소유하고 있느냐 하는 문제와 담세력으로서의 미실현자본이득의 발생여부 또는 그 미실현자본이득의 크기 여부와는 아무런 관계가 없는 것이다. 결국 유휴토지의 판정기준은 토지의 효율적 이용여부이고, 토지의 효율적 이용은 토지와 건축물의 소유관계와는 관계없이 토지의 이용상태를 기준으로 하여 국토이용관리법·도시계획법 등이 지정한 용도지역에 적합한 이용인가, 그리고 토지를 절약하여 사용하고 있는가, 즉 토지의 낭비적 사용이 아닌가를 기준으로 하여 판단해야 할 문제이다.

현재 자신의 유휴지에 대한 무거운 토초세를 회피하기 위하여 계획에도 없는 가건물 등을 급조하는 경우가 많이 있어 왔는데-사실 장기적인 계획을 바탕으로 토지의 효율적 이용을 극대화시킬 수 있는 건물이나 공장을 건축할 의사와 경제적 여유가 없는 경우 당장의 토초세를 회피할 목적으로 임시로 가건물 등을 급조하는 경우가 많이 있다-오히려 이 경우야말로 토지의 효율적 이용을 저해하는 것이고 토지소유자의 의사에도 반하는 재산권의 비효율적 행사라고 할 수 있어, 이는 토초세의 입법취지와 토지소유자의 의사에 정면으로 반하는 역기능이라고 할 수 있기 때문에, 이런 경우 토지임대를 통한 재산권 행사야말로 본인과 토초세의 목적인 효율적 이용에 모두 도움이 되는 것이며 자유민주적 시장경제질서에도 부합하는 것이라고 하겠다.

5. 이중과세금지의 원칙과 관련하여

이중과세는 동일한 납세의무에게 귀속되는 동일한 과세물건에 대하여 부담의 본질이 같은 세목을 중복과세하는 것을 의미하는데, 이러한 이중과세의 금지는 재산권보장 정신으로부터 당연히 도출되는 조세법의 기본원리이자 조리상의 원칙이라고 할 수 있다. 이러한 측면에서 볼 때 토초세와 양도소득세는 이중과세에 해당된다고 할 수 있다.

첫째, 토초세와 양도소득세는 그 목적에 있어서 동일하다. 즉 양자 마찬가지로 조세부담의 형평이나 지가의 안정 및 토지의 효율적 이용을 목적으로 하는 조세이다.

둘째, 토초세에 있어서의 토지초과이득과 양도소득세에 있어서의 토지자본이득은 그 본질에 있어서 동일하다. 실현자본이득은 양도가액에서 취득가액을 차감하여 계산하는 구조이고, 미실현의 자본이득인 토지초과이득은 과세기간종료일 현재의 평가액인 기준시가에서 과세기간개시일 현재의 평가액인 기준시가와 정상지가상승액을 차감하여 계산하는 구조이기 때문이다. 즉 보유기간의 지가상승액 중 정상지가상승액을 차감한 부분은 자본이득과 토지초과이득의 공통부분으로서 중복되고 있는데, 전자에 대하여는 양도소득세를, 후자에 대하여는 토초세를 부과하고 있으므로 그 공통해당부분에 대하여는 이중과세임이 명백하다.

셋째, 양도소득세의 과세대상인 자본이득과 토초세의 과세대상인 토지초과이득은 동일인에게 귀속되는 동일한 과세물건을 대상으로 하고 있다. 따라서 양도소득세와 토초세는 동일인이 부담－토초세는 토지소유자가 납세의무자가 되고 양도소득세는 토지소유권을 처분하는 자가 납세의무자가 되므로 동일인이 두 가지 세목을 모두 부담하게 된다－하게 되므로 이는 이중과세라고 할 수 있다.

물론 토초세는 유휴토지의 보유단계에서 얻는 자본이득, 즉 실현되지 아니한 토지초과이득에 대하여 과세하는 세금으로서 모든 토지의 양도로 인하여 발생한 실현된 소득, 즉 현금화된 양도차익에 대하여 과세하는 양도소득세와는 외형상 과세물건을 달리한다고 볼 수 있으며, 따라서 토지소유자가 당해 토지를 계속 보유하고 있는 동안은 실현소득이 발생될 여지가 없어 양도소득세의 대상이 될 수 없고, 따라서 이중과세의 문제는 발생하지 아니한다. 그러나 토초세의 대상이 되었던 토지가 양도되어 실현소득이 현실적으로 발생되었을 경우에는 양도소득세의 대상이 되므로 이 경우에는 이중과세가 되는 것이다.

한편 이러한 이중과세를 회피하기 위하여 토초세법 제26조 제1항은 과세된 유휴토지를 토지초과이득세의 결정일로부터 1년 이내에 양도하는 경우 80%, 1년 후 3년 이내에 양도하는 경우 60%, 3년 후 6년 이내에 양도하는 경우 40%의 토지초과이득세액을 양도소득세액에서 공제하는 것으로 규정하고 있으나, 이에 따르면 결국 1년내 양도의 경우에는 토지초과이득세의 20%상당액이, 1년 후 3년 이내에 양도하는 경우에는 그의 40% 상당액이, 3년 후 6년 이내에 양도하는 경우에는 그의 60% 상당액이, 6년 후 양도하는 경우에는 토지 초과이득세액 전액이 이중과세되는 것이라고 할 수 있다. 또한 동법 제26조 제4항의 규정은 토지초과이득세를 부과받은 유휴토지를 양도하는 경우 위의 세액공제를 받지 아니하고 자본이득을 계산함에 있어서 토지초과이득세액 전액을 양도차익에서 공제할 수 있도록 규정하고 있는데, 이 경우에는 양도시기에 관계없이 토지초과이득세액의 최소 20% 내지 최고 30%가 이중과세되는 것이다.

따라서 토초세의 과세대상 토지가 양도되어 양도소득세를 부과하는 경우에는 양자 사이에 일정부분에 대한 이중과세가 이루어지게 되므로 이는 결국 이중과세금지의 원칙에 위배되는 것이다.

6. 비례의 원칙과 관련하여

헌법재판소는 조세의 목적 및 기능과 관련하여 "현대에 있어서의 기능은 국가재정수요의 충당이라는 고전적이고도 소극적인 목표에서 한 걸음 더 나아가, 국민이 공공의 목표로 삼고 있는 일정한 방향으로 국가사회를 유도하고 그러한 상태를 형성한다는 보다 적극적인 목적을 가지고 부과되는 것이 오히려 일반적인 경향이 되고 있다. 이러한 조세의 유도적·형성적 기능은 우리 헌법상 '국민생활의 균등한 생활'을 기하도록 한 전문규정, 모든 국민으로 하여금 '인간다운 생활을 할 권리'를 보장한 헌법 제34조 제1항 등의 생존권적·사회적 기본권조항, '균형있는 국민경제의 성장 및 안정과 적정한 소득의 분배를 유지하고, 시장의 지배와 경제력의 남용을 방지하며, 경제주체간의 조화를 통한 경제의 민주화를 위하여' 국가로 하여금 경제에 관한 규제와 조정을 할 수 있도록 한 제119조 제2항 등의 경제조항, 국토의 이용 등의 제한과 의무를 규정하고 있는 헌법 제122조 등에 의하여 그 헌법적 정당성이 뒷받침되고 있는 것이다."라고 판시하고 있는데,[7] 물론 주지하는 바와 같이 오늘날 조세제도가 재정확보 이외에 경제·사회정책적 목적 등을 추구하는 유도적·형성적 기능도 아울러 가지고 있다는 데에는 의문의 여지가 없고, 이는 헌법상 사회국가원리에 의하여 정당화되어 진다고 볼 수 있다. 그러나 만일 이러한 헌법재판소의 견해가 조세는 주로 또는 오로지 유도적·형성적 기능만을 가질 수도 있고, 따라서 국가재정수요의 확보는 부수적인 또는 상황에 따라서는 완전히 무시될 수 있는 기능이라는 의미로 해석된다면 이러한 해석은 받아들이기 어렵다고 할 것이다. 왜냐하면 조세의 주요기능은 아직도 그리고 원칙적으로 국가의 재정수요를 충당하는데 있고, 경제·사회정책적인 조세의 유도적·형성적 기능은 부수적 기능에 속하는 것이기 때문이다. 따라서 일정한 조세의 기능이 오로지 경제·사회정책적 목적만을 추구하는 유도적·조정적 성격만을 가진다면 이는 조세의 본질적 기능의 한계를 일탈한 것이라고 보지 않을 수 없다.

그런데 토초세법은 지가의 상승으로 인한 불로소득을 환수하고 토지의 투기를 억제하며 실수요자에게 토지공급을 원활히 하기 위한 것이라는 사회·경제정책적인 목적만을 지나치게 강조하고 이에 비하여 그의 부과·징수를 통한 국가의 재정확충목적은 오히려 지극히 부수적이거나 무시되고 있기 때문에, 이미 토초세는 조세의 본질적 기능의 한계를 일탈한 측면이 없지 않아 있다. 또한 토초세제도를

7) 헌재 1994. 7. 29. 92헌바49 등, 판례집 6-2, 64, 95.

통하여 재정수입보다는 앞서 언급한 특정한 행정목적 내지는 사회·경제적 목적이 우선적으로 수행됨으로써 조세라는 형식만을 빌어서 국가가 의도하는 다른 목적을 위장하는 경우 발생할 수 있는 위헌적인 국가행위형식의 남용현상이 나타날 수 있다.

따라서 토지투기방지와 토지의 효율적 이용제도 등의 사회·경제정책적 목적을 추구하기 위해서는 우선적으로 그리고 원칙적으로 조세가 아닌 다른 방법이 선택되어져야 할 것이다. 왜냐하면 이러한 목적은 본질적으로 조세의 주요기능에 속하지 아니하며, 아울러 토지투기 등의 문제는 정치·경제·사회·문화·역사 등 제반 여건에 의하여 발생하는 만성적이고 고질적인 문제로서 이에 대처하는 정책도 장기적이고 종합적인 처방이 되어야 하고 토초세제와 같은 일시적인 대증적 방법으로서는 근본적으로 해결할 수 있다고 보기는 어렵기 때문이다.

아울러 일반적으로 유도적·형성적 조세가 지니고 있는 조정행위의 부정확성으로 인해 과연 조세가 추구하는 목적이 효율적으로 달성될 수 있는가에 대한 근본적 의문이 제기됨과 동시에 여러 가지 파생적 역기능이 초래되고 아울러 조세불평등이 심화될 수 있는 결과가 나타날 수 있다. 이는 토초세의 경우에 그대로 적용될 수 있는데, 토초세법이 사회형성적·경제정책적 목표－예컨대 토지투기억제, 지가상승억제 등－만을 염두에 두고 제정되었기 때문에 특정한 개인이나 집단에 대한 과도한 침해행위의 가능성과 그 대책에 관하여 충분한 배려가 있었다고 보기 어려우며, 따라서 토초세의 구체적 적용단계에서 토초세를 별 어려움 없이 회피할 수 있는 개인 또는 집단과 조세부과의 대상이 되는 개인 또는 집단간의 조세불평등의 심화를 야기하게 되고, 이는 결국 토초세제의 목적의 효율적 달성에 막대한 지장을 초래하는 것이다. 그러므로 토초세제가 그 입법취지인 지가의 안정과 조세부담의 형평 및 토지의 효율적 이용제고를 위한 효율적이고 합리적인 제도라고 보기 어려운 것이다.[8)]

이러한 목적을 추구하는 과세제도로서 토초세 이외에 보유과세인 종합토지세와 실현자본이득에 대한 과세인 양도소득세가 있는데, 토초세제도가 소기의 목적을 달성하기에 미흡하고 제도운영과정에서 여러 가지 문제점이 드러났다고 한다면 굳이 위헌적이고 효율성에도 의문이 제기되는 토초세제를 고집할 것이 아니라, 비교적 문제점이 적은 종합토지세제와 양도소득세제를 개정 등을 통하여 보완함으로써 문제점을 개선·해결하여 소기의 목적을 달성하는 것이 순리일 것이다.

---

8) 같은 견해 윤건영, 종토세강화 급하다, 동아일보 1994. 8. 4, 5쪽 참조.

한편 토초세제가 그 소기목적을 100% 완수하여 모든 유휴지가 비유휴지가 된다고 가정할 경우, 이러한 결과는 오히려 토초세법의 근본적인 입법취지인 토지의 효율적 이용과 헌법 제122조가 지향하는 국토의 효율적이고 균형있는 이용·개발과 보전과는 거리가 멀다고 할 수 있다. 왜냐하면 국토의 효율적이고 균형있는 이용과 개발을 위해서는 장기적이고 계획적인 그리고 조화로운 토지의 이용이 요구되어 지는데, 만일 토초세회피를 목적으로 미시적이고 일시적이고 무계획적이고 부조화적인 토지의 이용과 수급이 이루어진다면 토초세법과 헌법 제122조가 추구하는 목적은 결코 이루어질 수 없고 오히려 이러한 목적달성에 토초세가 장애적 요소로 가능하게 될 것이기 때문이다. 사실 장래의 장기적이고 계획적이며 균형적인 토지의 이용·개발을 위해서는 현재의 어느 정도의 유휴토지의 존재는 경제·사회정책적으로 요구되어지는 바람직한 현상이라고 볼 수도 있다.

결국 토초세는 조세부담의 형평과 지가의 안정 및 토지의 효율적 이용이라고 하는 사회·경제정책적 목적달성을 위한 적합하고 효율적이며 불가피한 방법이라고 볼 수 없으며, 앞서 언급한 바와 같이 납세자의 재산권 등의 기본권을 본질적으로 그리고 과도하게 침해하는 제도로서 헌법 제37조 제2항이 규정한 비례의 원칙을 위반한 것이라고 하지 않을 수 없다.

Ⅳ. 헌법재판소의 헌법불합치결정과 관련하여

1. 불합치결정의 배경

앞서 지적된 토초세법의 관련규정들은 상기 언급한 이유로 헌법에 위반되는데, 위 규정은 토초세법의 근간을 이루는 핵심규정들일 뿐 아니라 근본적으로 미실현이득에 대한 과세가 헌법상 정당화될 수 없는 등 토초세제도 자체가 이미 헌법에 위반되므로 토초세법전부가 헌법에 위반된다고 하겠다.

그런데 헌법재판소는 토초세법에 대하여 단순위헌결정이 아닌 헌법불합치결정을 내렸다. 이는 법률에 대한 단순위헌결정의 경우 그 법률이 그때부터 효력을 상실하게 되고 더 이상 유효한 법률로서 존재할 수 없게 되는데, 이 사건의 경우에는 당장 그 효력을 소멸시키기 어려운 사정이 존재하기 때문에 불가피하게 내려진 일종의 변형결정이라고 하겠다. 헌법재판소가 지적하고 있는 불합치결정의 이유는 다음과 같다.[9)]

첫째, 토초세법은 개발이익환수에 관한 법률 및 여타 세법과의 사이에 구조적·

내용적인 연계를 지니고 있어, 당장 이것을 무효로 한다면 법제 및 재정 양면에 걸쳐 적지 않은 법적 혼란 내지는 공백을 초래할 수 있다.

둘째, 토초세법의 해당 위헌규정들을 다시 합헌적으로 조정하는 임무는 입법자의 형성적 재량에 속하는 사항으로서 입법자가 결정취지에 따라 세법구조를 다시 조정하여 토초세법을 계속 시행할 수도 있고 폐지할 수도 있어야 하기 때문이다.

셋째, 당장 토초세법에 대한 단순위헌결정을 선고한다면 이 사건 청구인들과 기타 토초세부과와 관련한 소송을 제기하고 있거나 하려는 사람들은 이른바 '당해사건' 관계자로서 이 결정의 효력을 받게 되는 결과 위헌결정의 이익을 받게 될 것이나[10] 상대적으로 현행법에 따른 기발생 토초세를 전부 납부하고도 이에 대해 아무런 이의를 제기하지 아니한 다수의 납세자에 대한 관계에 있어서 불평등의 문제를 야기하기 때문이다.

결국 헌법재판소는 법적안정성, 입법자의 입법형성권존중, 형평성, 기타 토초세제가 지니고 있는 공익목적의 추구 등을 고려하여 헌법불합치결정을 내렸다고 할 수 있는데, 이는 이러한 상황에서 헌법상 정당화되어질 수 있는 불가피한 결정유형이라고 볼 수 있다.

2. 불합치결정의 내용

이러한 불합치결정의 내용은 대체로 다음과 같다.

첫째, 토초세법은 입법자에 의하여 개정 또는 폐지될 때까지 형식적·잠정적으로 존속한다.

둘째, 입법자가 토초세법을 개정 또는 폐지할 때까지 법원 기타 국가기관은 토초세법을 적용·시행할 수 없다. 따라서 입법자의 후속조치가 있을 때까지 더 이상 토초세를 부과할 수 없고, 법원도 계류중인 사건의 심리를 중지해야 할 것이다.

셋째, 따라서 당해 사건 관계자들—이 사건 청구인들과 기타 토초세부과와 관련

---

9) 헌재 1994. 7. 29. 92헌바49 등, 판례집 6-2, 64, 118-120.

10) 헌법재판소와 대법원은 단순위헌결정의 소급효를 당해사건 등 일정한 제한적 범위내에서 인정하고 있다. 특히 대법원은 그동안 소급효를 꾸준히 확대시켜 왔다. 즉 대법원은 i) 당해사건에 관한 소급효(대판 1991. 6. 11. 90다5450), ii) 위헌제청을 불문하고 법원에서 그 법률의 위헌여부가 다투어지고 있는 모든 사건에 대한 소급효(대판 1991. 12. 24. 90다8176), iii) 위헌법률이 재판의 전제가 되어 법원에 계류된 모든 일반사건에 대한 소급효(대판 1992. 2. 14. 91누1462), iv) 법률에 대한 위헌결정 이후에 소송이 제기된 일반사건에 대한 소급효(대판 1993. 1. 15. 92다12377) 등으로 위헌결정의 효력을 확대시켜 왔다. 같은 내용의 결정 헌재 1993. 5. 13. 92헌바10등. 따라서 단순위헌결정의 효력은 청구인 등의 사건당사자와 관련 소송제기자 및 관련소송을 제기하려는 자에게 미친다.

한 소송을 제기하고 있거나 하려는 사람들－의 납세여부는 입법자의 후속조치－경과규정 등을 통해－에 따라 정해질 것이다.

넷째, 토초세부과에 대하여 아무런 이의를 제기하지 아니한 기납세자에 대한 토초세환급은 인정되지 아니하고, 이미 납세고지서가 부과된 납세의무자도 원칙적으로 납세를 해야 할 것이다.[11] 다만 후자의 경우 납세고지서에 대하여 이의가 있어 소송을 제기하고자 하는 자는 위에서 언급한 당해 사건 관계자에 해당되므로 이 경우에는 입법자의 후속조치에 따라 납세여부가 정해질 것이다.

3. 입법자의 후속조치의 방향

헌법재판소는 입법자의 법개정 또는 폐지 등을 통한 후속조치와 관련하여 구체적 시한을 정하지 않았다. 이러한 구체적 시한의 문제는 입법자의 입법형성권에 속하는 사항이지 헌법재판소 스스로가 정할 사항은 아니라고 판단한 것 같다. 그러나 이는 토초세법에 대한 헌법불합치결정으로 야기되는 정치적·사회적·경제적 혼란의 조기 수습, 현재 법원 등에 계류중인 사건의 조속한 해결, 토초세법과 관련한 여타 세법의 신속한 보완 및 체계적인 법제정립, 헌법재판소 결정의 기속력확보 등의 측면에서 문제가 있다고 하겠다. 따라서 헌법재판소는 결정주문에서 입법자의 후속조치의 적당한 시한을 정했어야 한다.

결국 입법자는 이러한 이유에서 가급적 최단시일내에 토초세법의 개정 또는 폐지 및 경과규정 마련 등의 후속조치를 취해야 하는데, 결론적으로 토초세법은 완전 폐지되어야 할 것이다.[12] 왜냐하면 앞서 언급한 바와 같이 토초세법은 그 자체가 근본적으로 그리고 전면적으로 위헌이며, 따라서 해당 조문의 개정 등의 미봉책으로써는 그 위헌성이 해소될 수 없기 때문이다.[13] 만일 입법자가 토초세법을 개정·보완하여 계속 존속시킨다면 또 다시 위헌시비가 재발될 것이다. 문제는 입법자가 토초세법을 폐지시키면서 헌법불합치 결정으로 야기된 앞서 언급한 문제점들을 경과규정 등을 통해 해결하는 것인데, 이는 당해 사건 관계자와 아무런 이의

---

11) 단순위헌결정의 소급효도 어디까지나 당해사건 관계자에게까지만 제한적으로 인정되는 것이지 기성사실에까지 미치는 것은 아니기 때문에 이 사건 불합치결정의 효력은 토초세부과에 대하여 아무런 이의를 제기하지 아니한 기납세자 등에게는 당연히 미치지 아니한다.

12) 결국 토초세법은 법률 제5586호로 1998. 12. 28. 폐지되었다.

13) 물론 입법자는 토초세법폐지와 더불어 개발이익의 환수에 관한 법률이나 양도소득세제, 종합토지세제 등 토초세제와 구조적·내용적으로 관련되어 있거나 유사한 목적을 추구하는 법제들을 체계적·종합적으로 개정·보완해야 할 것이다.

를 제기하지 아니한 기납세자 사이의 형평성의 문제로 집약된다. 이에는 다음과 같은 몇가지 가능성이 고려될 수 있을 것이다.

(1) 기납세자들에 대하여 이미 납부한 토초세를 모두 환급해주는 방법이다. 이는 재산권 등 국민의 기본권보장과 법치주의의 이념에 부합되고 불평등의 문제도 해소할 수 있는 해결방안이라고 볼 수 있다. 그러나 첫째, 이는 국가의 과세행정에 엄청난 혼란을 야기시킬 수 있고, 둘째, 기납세액을 모두 환급해주는 것은 국가재정에 예상치 못한 극복하기 어려운 커다란 부담이 될 수 있으며,[14] 셋째, 장래 여타의 국가의 과세처분 시 근거법률의 위헌성을 이유로 한 국민의 엄청난 조세저항이 끊이지 않을 것이고, 넷째, 조세환급의 선례를 남기게 되면 앞으로 또 다른 조세법률의 위헌결정시 그 때마다 기납세액을 환급해 주어야 하는데, 이는 국가재정과 법적안정성을 위태롭게 하는 것으로서 받아들이기 어렵다고 하겠다.

(2) 기납세자들에 대한 토초세환급을 금지하고 이미 납세고지서가 부과된 자에 대한 과세처분을 집행하되, 당해 사건관계자들에게 대하여는 납세의무를 면제시켜주는 방안이다. 그러나 이는 첫째, 단순위헌결정과 같은 결과로서 헌법재판소의 헌법불합치결정의 취지와 부합되기 어렵고, 둘째, 국민의 법감정에 반하며, 셋째, 무엇보다도 기납세자들과 당해 사건 관계자들 사이에 불평등문제를 해결할 수 없다.[15]

(3) 기납세자들에 대하여는 기납세액의 완전환급에 이르지 아니하는 적절한 보상을 해주고 당해 사건관계자들의 납세의무는 면제시켜주는 방법이다. 이는 형평성의 문제와 국가재정의 문제 양자를 고려한 절충적 방법이라고 볼 수 있다. 그러나 이는 다른 한편 이들 양자의 문제점, 즉 국가재정과 관련한 문제점과 불평등야기 등 상기 (1), (2)에서 언급한 문제점 모두를 지닌 미봉책에 불과하다고 하겠다.

(4) 헌법재판소의 헌법불합치결정시까지 부과된 모든 토초세를 징수하는 방법이다. 즉 기납세자 및 납부고지서가 부과된 납세의무자에 대하여 아무런 영향을 미치지 아니하고, 당해 사건 관계자들에게도 이미 부과된 토초세를 징수하는 것이다. 그러므로 결과적으로 헌법재판소의 헌법불합치결정의 효력은 어느 납세자에게도 미치지 아니하고 다만 입법자가 토초세법을 개정 또는 폐지하는 결과만을 초래하며, 따라서 과세관청은 이미 부과된 토초세를 계속 징수해야 하고, 이를 거부할 경

---

14) 그때까지의 토초세부과액은 중복과세를 제외하면 1조2천4백98억원에 달한다고 한다(한국일보 94. 7. 30, 2쪽 참조).

15) 각각 상이한 과세기간에 상이한 사정하에서 차별적인 과세처분이 이루어졌다면 이는 합리적 차별사유가 존재한다고 볼 수 있어 정당화될 수도 있겠으나, 동일한 과세기간에 동일한 조건과 사정하에서 차별적인 과세처분과 집행이 이루어졌다면 이는 평등의 원칙 내지 조세평등의 원칙에 위배되는 것으로서 결코 정당화될 수 없다고 하겠다.

우 체납처분 등 강제집행에 들어가야 하며, 법원 등은 관련 계류사건을 기각시켜야 할 것이다.[16] 이는 첫째, 국가의 과세행정의 혼란을 막는 등 법적안정성을 확보하고, 둘째, 토초세환급으로 인한 국가의 예측하지 못한 커다란 재정부담을 방지할 수 있으며, 셋째, 기납세자를 비롯한 모든 납세의무자들 사이의 형평성을 관철시킬 수 있는 비교적 합리적인 방법으로서 위헌결정의 원칙적인 장래효를 규정한 헌법재판소법 제47조 제2항의 입법취지[17]와 이번 헌법재판소의 헌법불합치결정의 취지에도 부합된다고 하겠다. 물론 이 경우 국민의 재산권 등의 기본권보장과 납세자의 법감정 등의 측면에서 문제가 없는 것은 아니나, 앞서 언급한 이유들을 고려해 볼 때, 즉 입법자에 의한 이 네번째 방법의 채택 시 관련되는 모든 공익과 사익의 총체적인 이익형량을 해 볼 때 일응 비례의 원칙을 준수한, 따라서 모두가 만족할 수 있는 최선책은 아니지만 적어도 모든 헌법적 가치를 고려한 불가피한 차선책이라고 여겨진다.

Ⅴ. 맺는 말

지금까지 토초세제도에 대한 헌법적 문제점 및 향후 입법자의 후속조치의 방향 등에 대하여 살펴보았다 결론적으로 토초세법은 조속히 폐지되어야 하고,[18] 토초세법과 관련된 다른 법률들에 대한 개정·보완 작업이 뒤따라야 할 것이다. 또한 헌법재판소의 헌법불합치결정시까지 부과한 모든 토초세를 국가가 징수할 수 있는 방향으로 입법자의 후속조치가 이루어져야 할 것이다.

무릇 모든 공권력작용은 헌법의 테두리내에서 이루어져야 하고, 조세입법이나 과세행정도 예외는 아니다. 따라서 입법자는 조세관련 법률의 제정 시 앞서 언급한 헌법적 기준을 반드시 존중하고 준수해야 할 것이다. 이 경우에만 국가의 과세권이 통제되고 국민의 재산권 등의 기본권이 보장될 수 있을 것이다.

---

16) 물론 이는 토초세법의 위헌여부를 전제로 하여 제기된 소송 등에 적용되는 것이고, 토초세법이 합헌임을 전제로 제기되었거나 그 위헌여부를 다투지 아니하고 제기된, 즉 단순히 기존 토초세법의 위법한 적용·집행에 대하여 제기된 소송 등의 경우에는 적용되지 아니한다. 왜냐하면 후자의 경우는 금번 헌법재판소의 헌법불합치결정과는 무관한 것으로서 지금까지 그래왔듯이 소송절차를 통해 구제받을 수 있는 경우이기 때문이다.

17) 독일의 경우에는 우리와는 달리 법률에 대한 위헌결정의 원칙적인 소급효가 인정되어 있으나, 이번 사건의 경우와 같은 조세법률의 위헌결정의 경우처럼 해당 법률의 위헌결정의 효력이 소급함으로 인하여 심각한 문제점이 야기될 경우 법적안정성 등의 견지에서 소급효를 부정하거나 단순 헌법불합치결정만 내리는 등 광범위한 소급효의 예외가 인정되고 있다.

18) 앞서 언급한 바와 같이 결국 토초세법은 1998. 12. 28. 폐지되었다.

8. 입법부작위에 대한 헌법소원

- 헌재 1994. 12. 29. 89헌마2 조선철도(주) 주식의 보상금청구에 관한 헌법소원[1] -

[目 次]

Ⅰ. 머리말

이 글은 입법부작위에 대한 헌법소원의 문제를 헌법재판소의 관련 판례를 중심으로 고찰해본 것이다. 헌법재판소는 1994. 12. 29. 89헌마2 사건에서 재산권수용에 있어서 손실보상금에 관한 법률을 제정하지 아니하는 입법부작위는 위헌이라고 결정했다. 즉 국민의 일정한 재산권에 대한 수용의 경우에는 반드시 정당한 손실보상이 이루어져야 하고, 이를 위해서는 이러한 손실보상에 관한 규정이 법률로 제정되어 있어야 함에도 불구하고 해당 손실보상에 관한 법률이 제정되어 있지 않고, 따라서 손실보상이 이루어지지 아니한 경우에는 이러한 손실보상규정의 흠결, 즉 입법부작위는 위헌이라는 것이다.

이 헌법재판소의 결정은 후술하는 바와 같이 결론적으로 타당한 것이며, 크게 두 가지의 중요한 헌법적 의의를 지니고 있다. 첫째, 국민의 재산권보장의 법리를 확인한 것이다. 즉 공공필요에 의한 국민의 일정한 재산권에 대한 수용은 허용되지만

1) 헌재 1994. 12. 29. 89헌마2, 판례집 6-2, 395.

반드시 이에 대한 정당한 손실보상이 이루어져야 하고, 이러한 손실보상의 근거가 반드시 법률로써 규정되어 있어야 한다는 것을 확인한 것이다. 둘째, 입법부작위도 위헌결정의 대상이 된다는 것을 확인한 것이다. 즉 입법작위로서의 제정된 법률이 위헌일 경우 뿐 아니라, 마땅히 법률로 제정되어 있어야 함에도 불구하고 법률을 재정하지 아니하는 입법부작위도 당연히 헌법재판소에 의하여 위헌결정이 이루어 짐으로써 입법자의 입법활동에 대한 통제 내지 다각적인 규범통제가 이루어 질 수 있다는 것을 확인한 것이다.

물론 이전에도 헌법재판소는 입법부작위에 대한 헌법소원심판청구가 헌법이론상 가능하다는 견해를 피력한 바 있지만, 입법부작위에 대한 헌법소원심판청구를 인용한 결정은 이번이 처음이다. 따라서 이 결정의 헌법적 의의는 자못 크다고 아니할 수 없다. 따라서 이 글에서는 먼저 헌재결정의 내용을 살펴보고, 이에 대한 헌법적 의의를 재산권보장의 문제와 입법부작위에 대한 헌법소원의 문제로 나누어 고찰해 보고자 한다.

Ⅱ. 헌재결정의 내용

1. 사건의 개요와 심판의 대상

(1) 사건의 개요

1946. 5. 7. 공포되어 그날로부터 10일 후에 시행된 재조선미국육군사령부군정청 법령 제75호 조선철도의통일(이하 '군정법령')에 의하여 조선철도주식회사, 경남철도주식회사 및 경춘철도주식회사(이하 '사설철도회사')의 전재산이 공용을 위하여 수용되자 조선철도주식회사의 주식 77,166주를 소유하고 있던 대한금융조합연합회는 군정법령이 정한 손실보상을 받기 위하여 군정법령 제3조 소정의 60일 기한내인 1946. 6. 30. 재조선미국육군사령부군정청(이하 '미군정청') 운수부장에게 위 주식에 관한 보상청구서를 제출하였다. 그러나 6·25 사변당시 위 수용으로 인한 보상의 관계서류가 소실됨으로써 1961. 2. 11. 대한민국 교통부장관이 사설철도회사 주주의 등록을 하도록 공고하였으므로, 구 농업협동조합법(1957.2.14. 법률 제436호)에 의하여 위 대한금융조합연합회의 업무와 재산일체를 인수한 농업협동조합중앙회는 1961. 2. 17. 이에 따른 등록을 마쳤다. 위 농업협동조합중앙회는 1971. 10. 20. 증권거래소에 위탁하여 위 주식을 모두 공매처분함과 동시에 위 주식에 따른 보상청

구권 역시 양도하였는데, 청구외 김민수가 그 중 주식 59,176주(이하 '이 사건 주식')를 매수하면서 이 사건 주식에 따른 보상청구권을 승계취득하였고, 위 농업협동조합중앙회는 1971. 5. 11.경 교통부장관에게 이 사건 주식 및 이에 따른 보상청구권의 양도사실을 통지하였다.

1961. 12. 30. 법률 제922호로 공포된 조선철도의통일폐지법률(이하 '폐지법률')에 의하여 군정법령이 폐지된 이후 이 사건 주식에 관한 보상절차가 중단되자 위 김민수는 대한민국을 상대로 이 사건 주식에 관한 보상청구권확인청구소송을 제기하여 서울고등법원 및 대법원에서 위 김민수에게 조선철도주식회사의 재산수용으로 인한 손실보상청구권이 있음을 확인하는 내용의 승소판결을 받아 그 판결이 확정되었다. 그러나 대한민국정부는 위 손실보상금의 확정·지급을 가능케 하는 근거법령이 없다는 이유 등으로 위 손실보상금의 지급을 거절하여 왔다.

청구인은 1977. 12. 28. 위 김민수로부터 이 사건 주식 및 이에 따른 보상청구권을 양수하였으나 지금까지 대한민국으로부터 보상금을 지급받지 못하여 헌법상 보장된 재산권을 침해당하고 있다는 이유로, 1989. 1. 11. 선택적으로 폐지법률에 의하여 군정법령을 폐지한 후 사설철도회사 재산의 수용으로 인한 손실보상절차를 규정하는 법률을 제정하지 아니하는 입법부작위의 위헌확인 또는 이 사건 주식과 이에 따른 손실보상청구권을 취득한 청구인에 대하여 군정법령 제4조, 제5조에 따른 보상금의 사정·확정절차를 취하지 아니하는 행정부작위의 위헌확인 또는 폐지법률 위헌확인을 구하는 이 사건 헌법소원심판을 청구하였다.

(2) 심판의 대상

이 사건 심판의 대상은 선택적으로 위 입법부작위 또는 위 행정부작위의, 폐지법률의 각 위헌여부이다.

폐지법률의 내용은 다음과 같다.

단기 4279년 5월 군정법령 제75호 조선철도의통일은 이를 폐지한다.

부칙

(1) (시행일) 본법은 공포한 날로부터 시행한다.

(2) (보상청구권의 효력) 본법 시행 전에 확정된 사설철도수용으로 인한 보상청구권은 본법의 시행에 의하여 영향을 받지 아니한다.

2. 당사자의 주장과 이해관계기관의 의견

(1) 청구인의 주장

1) 자기관련성에 관한 주장

이 사건 주식 및 이에 따른 군정법령상의 보상청구권의 원래 권리자인 농업협동조합중앙회는 이를 위 김○수에게 적법하게 양도하였고, 위 김○수가 이를 다시 청구인에게 적법하게 양도하였으며 위 김○수의 상속인들이 채무자인 국가에게 위 양도사실을 통지하였으므로, 청구인은 위 주식 및 이에 따른 보상청구권의 적법한 권리자로서 이 사건 헌법소원심판의 대상인 위 각 부작위 및 폐지법률에 자기관련성이 있다.

2) 청구기간에 관한 주장

입법부작위 등 공권력의 불행사에 대한 헌법소원은 청구기간의 제한을 받지 않음이 원칙이다. 가사 공권력의 불행사에 대한 헌법소원에 청구기간의 제한이 있다 하더라도 이 사건 헌법소원심판청구는 헌법재판소가 발족한 때부터 180일 이내에, 그리고 청구인이 사설철도회사의 재산의 수용으로 인한 손실보상업무의 소관기관인 철도청장으로부터 보상금지급거절통지서를 받음으로써 공권력의 불행사로 인한 기본권 침해사유를 안 날인 1988.12.20.부터 60일 이내에 제기되었으므로 적법하다.

3) 입법부작위의 위헌에 관한 주장

사설철도회사의 전 재산의 수용 및 그 재산관계권리자에 대한 보상을 규정한 군정법령에 의하여 사설철도회사의 전 재산이 수용되었으나 군정법령 제4조, 제5조에 규정한 보상액의 사정·확정절차가 시행되지 않은 상태에서 폐지법률에 의하여 군정법령이 폐지되었다. 그런데 폐지법률 부칙 제2조는 군정법령 제4조, 제5조 소정의 절차에 따라 이미 보상액이 확정된 보상청구권은 물론, 군정법령 제3조가 정한 기간 내에 적법한 보상청구를 함으로써 권리를 포기하지 아니한 것으로 확정된 보상청구권도 유효하게 존속한다는 취지의 규정이며, 후자의 보상청구권은 법률에 의하여 보상금액이 구체화되기 이전의 보상청구권 즉, 헌법 제23조 제3항에 규정한 손실보상청구권에 해당한다. 따라서 대한민국은 위와 같이 확정된 보상청구권이 실현되도록 위 수용으로 인한 보상절차를 규정하는 법률을 새로이 제정하여야 함에도 불구하고 이를 제정하지 아니함으로써 위 수용으로 인한 보상청구권을 적법하게 취득한 청구인의 헌법상의 재산권과 평등권을 침해하고 있다.

4) 행정부작위의 위헌에 관한 주장

위 수용으로 인한 보상절차를 규정하였던 군정법령 제4조, 제5조에 따라 사정위원회를 설치하고 보상액을 사정하여 확정하는 등 구체적으로 피수용자에 대한 보상을 실시할 의무가 있음에도 불구하고, 아직까지 그 의무를 이행하지 아니함으로써 위와 같은 청구인의 기본권을 침해하고 있다.

5) 폐지법률의 위헌에 관한 주장

만일 이 사건과 같이 군정법령에 따라 적법한 보상청구를 하였으나 보상액 사정절차가 실시되지 아니하여 보상액이 확정되지 아니한 경우에는 보상청구권이 아직 구체적으로 발생하지 아니하였으므로 대한민국은 보상할 의무가 없다는 취지로 폐지법률이 제정된 것이라면 그 폐지법률은 국민의 재산권을 보장하고 있는 헌법 제23조에 위반되어 무효이다.

(2) 교통부장관의 의견

1) 청구인은 헌법재판소법 제정 이전부터 대한민국의 보상금 불지급의사를 잘 알고 있었으므로, 헌법재판소가 발족함으로써 헌법소원심판청구가 가능하게 된 1988. 9. 19.부터 60일 이내에 헌법소원을 청구하지 아니하고 그 기간이 지나서 1989. 1. 11. 제기한 이 사건 헌법소원심판은 부적법하다.

2) 위 김○수가 제기한 보상청구권확인소송에서 확인된 보상청구권은 그 내용과 범위가 확정된 구체적인 청구권이 아니므로 헌법상, 법률상 행사될 수 없는 것이며, 가사 구체적인 청구권이 존재한다 하더라도 그 청구권은 소멸시효기간의 경과로 소멸되었다. 또한 구체적으로 확정되지 아니한 보상청구권은 양도할 수 없고, 귀속재산 등의 관리를 규정한 제법령의 취지에 비추어 군정법령에 의하여 수용된 법인의 주식을 증권거래소의 공매처분으로 양도할 수 없는 것이다. 가사 사인간에 위 주식의 양도·양수가 가능하다 하더라도 청구인, 청구외 김○준, 위 김○수의 상속인들 중에서 누가 진정한 주식소유자인지 알 수 없다. 따라서 이 사건 헌법소

원은 청구인에게 자기관련성이 없어 부적법하다.

3) 폐지법률 부칙 제2항은 군정법령 제4조, 제5조의 절차에 따라 이미 그 보상액이 확정된 청구권만은 군정법령에 폐지된 후에도 유효하게 존속한다는 취지로서 이는 우리 헌법상 재산권보장의 원칙에 따라 국가가 그 보상의무를 진다는 것을 확인·선언한 것일 뿐이고 폐지된 군정법령 제4조, 제5조에 의하여 그 보상을 행한다는 취지는 아니다. 따라서 이 사건과 같이 보상액 사정을 거친 바 없어 그 청구권의 내용과 범위가 확정되지 아니한 경우에는 보상청구권이 구체적으로 발생하지 않았으므로 대한민국의 보상의무는 없다. 재산권 수용에 대한 보상을 법률로 정하도록 한 헌법 제23조 제3항에 비추어 국가의 보상의무가 있음을 규정한 법률이 없는 한 청구인에게는 법률상 구체적인 보상청구권이 발생하지 아니한 것이고, 따라서 대한민국이 보상하지 않고 있다 하더라도 청구인의 기본권을 침해한 것은 아니다.

(3) 철도청장의 의견

1) 이 사건 헌법소원심판청구가 청구기간을 경과하였고, 청구인에게는 자기관련성이 없다.

2) 폐지법률 제정 당시에 사설철도의 수용으로 인한 손실보상에 관하여 헌법상 명시적으로 그 내용과 범위를 한정하여 법령에 입법을 위임하고 있었다고 볼 수 없으며, 또한 청구인에게는 이행 강제할 수 있을 정도의 구체적 보상청구권이 발생한 것이 아니어서 대한민국에 보상입법의무가 발생하였다고 보기 어려우므로 대한민국이 사설철도의 수용에 따른 입법조치를 취하지 아니한 것만으로는 헌법에 위반된다고 할 수 없다.

3) 법률의 위헌여부 판단의 기준이 되는 헌법은 그 법률 제정 당시에 시행되던 헌법 내지 헌법적 효력을 갖고 있는 규범이 되어야 할 것이다. 폐지법률이 제정·공포될 당시 초헌법적 효력을 갖고 있던 국가재건비상조치법에 의하면 이에 저촉되는 한도에서 기존의 제2공화국 헌법은 효력을 상실하므로, 위 비상조치법에 따라 제정된 폐지법률은 합헌적 효력을 갖는다.

4) 국가재건비상조치법의 취지에 입각하여 볼 때 폐지법률 부칙 제2조에 규정된 '확정된 보상청구권'의 의미는 군정법령 제4조, 제5조에 의하여 사정위원회의 사정을 거쳐 그 보상액 등이 확정된 구체적 보상청구권을 의미하므로, 그 보상액 확정절차를 거치지 아니한 청구인에게는 침해당했다고 할 구체적 재산권이 없다. 또한

군정법령 제75호가 이미 폐지법률에 의하여 적법하게 폐지된 이상 대한민국이 청구인의 추상적인 보상청구 자격에 근거하여 군정법령 제4조, 제5조에 의하여 다시 보상액을 확정하는 절차를 취한 후 보상하여야 할 의무는 없다 할 것이다.

3. 주 문

재조선미국육군사령부군정청법령 제75호 조선철도의통일(1946. 5. 7. 제정)을 폐지한 조선철도의통일폐지법률(1961. 12. 30. 법률 제922호)이 시행되기 전에 같은 군정청법령 제2조에 의하여 수용된 조선철도주식회사, 경남철도주식회사 및 경춘철도주식회사 재산의 재산관계권리자로서 같은 법령 제3조에 따라 같은 군정청 운수부장에게 보상청구서면을 제출하여 위 수용으로 인한 보상청구권을 포기하지 않은 것으로 확정된 자 또는 그 보상청구권을 승계취득한 자에 대하여 위 수용으로 인한 손실보상금을 지급하는 절차에 관한 법률을 제정하지 아니하는 입법부작위는 위헌임을 확인한다.

4. 판시사항

(1) 입법부작위에 대한 헌법소원에서의 자기관련성

(2) 입법부작위에 대한 헌법소원에서의 청구기간

(3) 군정법령에 따른 보상절차가 이루어지지 않은 단계에서 조선철도의통일폐지법률에 의하여 군정법령을 폐지하고 그 보상에 관하여 아무런 입법조치를 취하지 않은 것이 위헌인지 여부

5. 결정요지

(1) 군정법령에 의하여 수용된 사설철도회사의 주주 등 재산관계권리자로서 군정법령에 따라 적법하게 보상신청서를 제출함으로써 보상청구권을 확정적으로 취득한 자 또는 그로부터 위 보상청구권을 승계취득한 자는 이 사건 입법부작위와 자기관련성이 있고, 보상청구권의 양도인·양수인 사이에 다툼이 있거나 수인의 양수인 가운데 누구에게 권리가 귀속하는가를 둘러싸고 다툼이 있을 때에 그 중 한사람이 헌법소원을 청구하였을 경우 권리귀속에 대한 소명만으로써 자기관련성을 구비한 여부를 판단할 수 있다.

(2) 공권력의 불행사로 인한 기본권침해는 그 불행사가 계속되는 한 기본권침해의 부작위가 계속된다 할 것이므로, 공권력의 불행사에 대한 헌법소원심판은 그 불행사가 계속되는 한 기간의 제약이 없이 적법하게 청구할 수 있다.

(3) 우리 헌법은 제헌 이래 현재까지 일관하여 재산의 수용, 사용 또는 제한에 대한 보상금을 지급하도록 규정하면서 이를 법률이 정하도록 위임함으로써 국가에게 명시적으로 수용 등의 경우 그 보상에 관한 입법의무를 부과하여 왔는바, 해방 후 사설철도회사의 전 재산을 수용하면서 그 보상절차를 규정한 군정법령 제75호에 따른 보상절차가 이루어지지 않은 단계에서 조선철도의통일폐지법률에 의하여 위 군정법령이 폐지됨으로써 대한민국의 법령에 의한 수용은 있었으나 그에 대한 보상을 실시할 수 있는 절차를 규정하는 법률이 없는 상태가 현재까지 계속되고 있으므로, 대한민국은 위 군정법령에 근거한 수용에 대하여 보상에 관한 법률을 제정하여야 하는 입법자의 헌법상 명시된 입법의무가 발생하였으며, 위 폐지법률이 시행된 지 30년이 지나도록 입법자가 전혀 아무런 입법조치를 취하지 않고 있는 것은 입법재량의 한계를 넘는 입법의무불이행으로서 보상청구권이 확정된 자의 헌법상 보장된 재산권을 침해하는 것이므로 위헌이다.

Ⅲ. 평 석

1. 재산권보장과 손실보상

(1) 존속보장과 가치보장

헌법 제23조는 모든 국민의 재산권을 기본권으로서 보장하고 있다. 그러나 이러한 재산권은 다른 여타의 기본권과 마찬가지로 절대불가침의 기본권이 아니고 일정한 사회적 제약을 받는다. 공공필요에 의한 재산권의 수용이 그 대표적인 예라고 할 수 있다. 물론 이 경우 수용된 재산권에 대한 손실보상이 반드시 이루어져야 한다. 헌법 제23조 제3항도 "공공필요에 의한 재산권의 수용·사용 또는 제한 및 그에 대한 보상은 법률로써 하되, 정당한 보상을 지급하여야 한다."라고 규정함으로써 공공필요에 의한 재산권의 수용·사용·제한이라고 하는 공용침해의 경우에는 정당한 보상이 이루어져야 함을 확인하고 있다.

이러한 헌법 제23조의 재산권보장규정의 내부적 체계로부터 재산권의 보장내용으로서의 존속보장과 가치보장의 이중적 체계가 도출된다. 이에 따르면 재산권보장의 내용은 일차적으로 재산권의 대상 그 자체의 존속보장, 즉 재산권에 대한 모든 침해행위로부터의 보장이다. 이러한 재산권의 존속보장은 헌법 제23조 제3항에서 정한 허용조건을 충족시킨 합헌적인 공용침해의 경우에는 그 재산권이 가지는 가치보장, 즉 손실보상의 보장으로 전환되는 것이다. 따라서 재산권의 수용 등 공용침해의 경우에는 재산권보장의 이차적 내용인 가치보장의 확보를 위해 반드시 정당한 손실보상이 이루어져야 하는 것이다.

(2) 손실보상의 법정주의

헌법 제23조 제3항은 공용침해의 근거뿐 아니라 그에 대한 보상에 관하여도 법률로 정하도록 규정하고 있다. 따라서 공용침해가 합헌적으로 정당화되기 위하여는 결과적으로 정당보상이 이루어진다는 사실만으로는 부족하고, 이러한 정당보상에 관한 사항이 사전에 법률로 정해져 있어야 하는 것이다.

이러한 손실보상의 법정주의는 헌법상의 기본원리인 법치주의원리의 당연한 요청이다. 법치주의원리의 한 내용인 법률유보의 원칙, 특히 오늘날 유력시되는 본질성이론 내지 중요사항유보설을 바탕으로 하는 법률유보의 원칙은 국민의 기본권의 형성과 행사 및 제한에 관한 본질적이고 기본적인 사항을 반드시 법률로 규정할 것을 요구하고 있다. 재산권의 수용과 이에 대한 보상의 문제가 본질적인 사항에 해당됨은 의문의 여지가 없으며, 따라서 입법자는 공용침해의 근거를 법률로 정할 경우 그에 대한 보상의 기준, 방법, 범위 및 절차 등에 관하여 동시에 규정해야 하고 이를 위반할 경우 위헌이 되는 것이다.

이러한 손실보상의 법정주의는 대체로 다음과 같은 세 가지 기능을 가진다.[2)]

첫째, 재산권보장기능을 가진다. 즉 공용침해의 경우 재산권자에 대한 확실한 손실보상을 보장해 준다. 손실보상의 법정주의에 따라 입법자는 공용침해의 근거와 함께 반드시 그에 대한 보상의 방법, 절차, 범위, 종류 등에 관한 사항을 규정해야 하고, 이 경우에만 재산권자가 자신의 재산권에 대한 침해를 수인할 의무가 발생된다. 따라서 공용침해의 경우 사전에 법률로 정해진 보상규정에 의해 재산권자에 대한 손실보상이 확실히 확보될 수 있으며, 이로써 재산권자가 안심하고 그 침해행위를 수인할 수 있는 것이다.

---

2) 공용침해의 근거법률에 손실보상에 관한 근거규정이 동시에 마련되어 있어야 한다는 이른바 불가분조항의 원칙에 대하여 자세한 것은 정연주, 공용침해와 불가분조항, 고시연구 1992. 4, 117쪽 이하 참조.

둘째, 경고적 기능을 가진다. 손실보상의 법정주의에 따라 입법자는 국민의 재산권에 대한 일정한 침해를 허용하는 법률의 제정 시 그 규율되는 상황이 헌법 제23조 제3항에 따른-보상을 수반하는-공용침해에 해당되는지, 아니면 헌법 제23조 제1항 및 제2항에 따른-보상을 수반하지 아니하는-단순한 재산권의 사회적 기속의 범주에 해당되는지의 여부, 그리고 이에 따라 국가의 재정적 부담을 의미하는 손실보상에 관한 조항도 함께 규정해야 하는지의 여부를 결정해야 한다. 즉 공용침해의 근거법률을 제정하려는 입법자는 재산권침해의 결과인 국가의 재정적 부담을 의미하는 손실보상의 근거를 동시에 규정해야 하므로 공용침해법률의 제정에 그만큼 신중을 기하게 되며, 이와 함께 외관상 단순한 재산권의 내용과 한계를 정하는, 즉 재산권의 사회적 기속의 범주에 속하는 단순한 재산권제한법률의 형식을 띤, 따라서 보상규정이 없는, 그러나 사실상 특별희생을 수반하여 필연적으로 보상이 이루어져야 하는 위헌적 공용침해법률의 제정이 저지될 수 있다.

셋째, 의회의 고유한 전속권한인 예산특권을 보장하는 기능을 가진다. 앞서 언급한 바와 같이 손실보상의 법정주의는 입법자로 하여금 공용침해법률의 제정 시 국가의 재정적 부담을 의미하는 보상규정을 함께 제정하게 함으로써 모든 공용침해의 경우 재산권자에게 반드시 손실보상이 이루어지도록 하여 결과적으로 헌법상의 재산권보장을 실현시키는 기능을 가지지만, 이는 다른 한편 보상규정이 없는 법률에 근거한 재산권침해 내지 제한의 경우에는 결코 보상이 이루어질 수 없도록 억제시키는, 즉 손실보상은 반드시 사전에 제정되어 있는 법률조항에 근거해서만 이루어질 수 있고, 입법자 스스로가 보상근거를 규정하지 아니한 경우에는 입법자의 의사에 반하는 결과를 의미하는 손실보상이 결코 이루어질 수 없도록 하는 기능을 가진다. 따라서 손실보상의 법정주의를 통해 다른 국가기관, 특히 법원이 의회를 대신해서 법률의 근거가 없는-따라서 입법자의 의사에 반하는-보상을 허용해 줌으로써 야기될 수 있는 의회가 예측하지 못한 추가적인 국가의 재정적 부담이 저지될 수 있고, 이를 통해 결과적으로 의회의 예산특권과 권력분립의 원칙이 확립될 수 있다.

(3) 손실보상 법정주의 위반의 결과

손실보상의 법정주의에 따라 입법자가 보상에 관한 기본적인 사항을 법률에 규정해야 하지만, 만일 입법자가 이를 법률로 정하지 아니한 경우에는 그 보상규정을 마련하지 아니한 공용침해의 근거법률 또는 보상규정의 흠결이라고 하는 입법부작위는 위헌이며, 이에 따른 공용침해행위 또한 위헌이라고 하겠다. 아울러 이러한 위헌적인 공용침해행위에 대한 구제방법은 행정청이나 법원에 의한-보상의 법적 근거없이 직권에 의한-손실보상의 허용이 아니라, 그 침해행위의 취소 내지 무효화라고 할 수 있다. 즉 이 경우 행정청이나 법원은 근거규정이 없는 보상을 직권에 의해서 또는 직접 헌법규정-예컨대 헌법 제23조 제1항 또는 제3항-을 근거로 해서 허용해 줄 수는 없다. 결국 법원의 보상에 대한 심사의 범위는 실제로 이루어진 손실보상이 법률에 규정된 보상기준에 부합되는지의 여부를 판단하는 데에 그친다고 하겠다. 이러한 논리는 앞서 언급한 재산권보장의 이중적 체계로부터 도출되는데, 즉 재산권보장의 내용으로서의 존속보장과 가치보장 중 헌법은 재산권의 존속보장에 그 일차적인 우선권을 부여하는 것이고, 이 존속보장우선의 원칙에 따라 손실보상법정주의의 위반에 대한 구제방법은 재산권침해의 결과에 대한 보상이 아니라 해당 공용침해 근거법률 내지 보상입법부작위의 위헌화와 침해행위 자체의 취소 또는 무효화라고 할 수 있다.

이 사건의 경우 청구인의 재산권에 대한 수용은 이루어졌으나 입법자가 이 수용으로 인한 손실보상에 관한 법률을 제정하지 아니하고 있고, 이에 따라 청구인에게 정당한 보상이 이루어지지 아니하였는데, 이 경우 국가는 법률의 근거가 없는 보상을 지급할 수는 없는 것이기 때문에 결국 입법자가 보상법률을 제정하지 아니하고 있는 입법부작위가 위헌이 되는 것이다.

2. 입법부작위에 대한 헌법소원

앞에서도 언급한 바와 같이 헌법재판소 결정의 의의 중의 하나는 입법부작위에 대한 헌법소원을 최초로 인용했다는 점이다. 여기서는 입법부작위에 대한 헌법소원의 문제를 그 절차와 관련하여 헌법적으로 고찰해 보고자 한다.

(1) 대상적격의 문제

입법부작위가 헌법소원심판청구의 대상이 되느냐의 문제가 우선적으로 제기될 수 있는데, 헌법재판소법 제68조 제1항에서 공권력의 불행사에 대한 헌법소원심판청구를 허용하고 있고 위 규정의 공권력 중에는 입법권도 당연히 포함되므로 입법부작위에 대한 헌법소원은 원칙적으로 허용된다. 그러나 이러한 헌법소원이 무조건 인정되는 것이 아니라 헌법에서 기본권보장을 위해 법령에 명시적으로 입법위임을 하였음에도 불구하고 입법자가 이를 이행하지 않고 있는 경우 또는 헌법해석상 특정인의 기본권을 보호하기 위한 국가의 입법의무가 발생하였음이 명백함에도 불구하고 입법자가 전혀 아무런 입법조치를 취하지 않고 있는 경우에 한하여 그 입법부작위가 헌법소원의 대상이 된다고 할 수 있고, 이는 그동안의 헌법재판소의 일관된 판례의 태도이다.[3)]

이 사건의 경우 앞서 살펴본 바와 같이 국민의 재산권을 수용하는 경우에는 반드시 사전에 그에 대한 보상근거를 법률로 규정해야 함을 헌법 제23조 제3항이 구체적·명시적으로 요구하고 위임하고 있음에도 불구하고 보상근거를 마련하지 않고 있으므로 이러한 입법부작위는 위헌으로서 헌법소원의 심판대상이 된다고 할 것이다.

(2) 제소절차의 문제

1) 자기관련성 · 현재성 · 직접성

주지하는 바와 같이 규범통제를 내용으로 하는 헌법소원의 경우 그 해당 규범으로 인한 기본권침해와 관련하여 자기관련성·현재성·직접성의 요건이 충족되어야 한다. 이는 일반적으로 존재하는 규범을 대상으로 할 경우에 문제가 되지만 입법부작위를 대상으로 하는 경우에도 문제가 된다고 볼 수 있다. 이 세 가지 요건 중 이 사건의 경우 보상입법의 부작위로 인한 청구인의 재산권침해의 현재성은 곧바로 인정되므로 나머지 요건인 자기관련성과 직접성의 문제만을 살펴보고자 한다.

가. 자기관련성

이 사건의 경우 군정법령 제2조는 사설철도회사의 전 재산의 수용에 대한 손실보상을 받을 자를 '그 재산관계관리자 전부'로 규정하였는바, 이는 사설철도회사의 재산수용에 대하여 보상청구를 할 수 있는 자는 그 재산의 소유자인 법인만에 한하지 않고, 그 재산수용으로 권리를 상실한 모든 권리자를 지칭하는 것이며, 그 보상에 있어서도 사설철도회사의 청산사무로서 보상하는 것이 아니고 정부가 직접 위 재산관계권리자 전부에게 손실을 보상한다는 것이 입법취지라 보여지므로 사설철도회사의 주주도 국가에 대하여 직접 보상청구권이 있다고 해석된다. 다만, 위 재산관계권리자라 하더라도 군정법령 제3조에 따라 군정법령의 효력발생일부터

3) 헌재 1989. 3. 17. 88헌마1; 1989. 9. 29. 89헌마13; 1991. 9. 16. 89헌마163 등.

60일 이내에 보상신청서를 제출하지 않았다면 보상청구권을 포기한 것으로 간주된다. 따라서 군정법령에 의하여 수용된 사설철도회사의 주주 등 재산관계권리자로서 군정법령에 따라 적법하게 보상신청서를 제출함으로써 보상청구권을 확정적으로 취득한 자 또는 그로부터 위 보상청구권을 승계취득한 자는 이 사건 입법부작위와 자기관련성이 있다 할 것이다

나. 직접성

입법부작위에 대한 헌법소원이 인정되려면 입법부작위와 청구인의 기본권침해 사이에 직접성이 인정되어야 하는데, 이 사건의 경우에는 일응 그 직접성이 인정된다고 볼 수도 있고, 다른 한편에서는 대한민국정부에 의한 보상금지급거절이라는 일종의 거부처분이 매개된다고도 볼 수 있다.

(가) 거부처분에 대한 헌법소원의 경우

만일 보상금지급거절이라는 거부처분에 의한 재산권침해의 직접성만을 인정할 경우에는 공권력작용으로서의 거부처분이 제소의 대상이 되며, 일반적으로 행정쟁송이 그에 대한 구제절차로서 고려될 수 있을 것이다. 즉 헌법소원의 보충성의 원칙 때문에 헌법소원 이외의 다른 법률의 구제절차로서의 행정쟁송의 제기가 헌법소원심판청구에 우선하여 요구되는 것이다.

그런데 이 사건의 경우에는 국가에 의한 보상금지급거절이라는 거부처분은 근본적으로 보상규정의 흠결에 기인하는 것이므로 결국은 보상규정의 흠결이라는 입법부작위의 위헌여부가 문제가 되는 것이고, 이는 오로지 헌법소원을 통한 헌법재판소의 배타적 관할에 속하는 것이므로 그 전단계로서의 거부처분에 대한 행정쟁송제기라는 구제절차는 우회적인 절차로서 신속하고 실효성 있는 구제절차의 요청에 반할 뿐 아니라, 이러한 일반쟁송의 제기가 기대가능하지도 아니하므로 헌법재판소가 그동안 판례로써 확립한 소위 보충성원칙의 예외에 해당된다고 볼 수도 있어 이러한 거부처분에 대한 헌법소원이 일응 고려될 수 있을 것이다.

(나) 입법부작위에 대한 헌법소원의 경우

그러나 이 사건의 경우 거부처분은 입법부작위로 인하여 필연적으로 야기되는 자동적인 결과로서, 결국 실질적으로 입법부작위라고 하는 보상규정흠결로 인하여 보상금지급이 거절되고 청구인의 재산권이 침해된 것이므로 입법부작위에 의한 기본권침해의 직접성이 인정된다고 보는 것이 타당할 것이다. 따라서 거부처분에 대하여 헌법소원을 제기하고 이에 따라 재판의 선결문제로서 입법부작위에 대한 위

헌여부를 가리는 우회적인 절차보다는 처음부터 입법부작위에 의한 기본권침해의 직접성을 인정하여 입법부작위에 대한 헌법소원을 인정하고 그러한 구제절차를 밟는 것이 더욱 효과적일 것이다.

이 사건의 경우 헌법재판소는 이 점에 관하여 명시적인 언급은 하지 않았지만, 결국 입법부작위에 대한 헌법소원을 직접 인용함으로써 간접적으로 이러한 논리를 선택했다고 볼 수 있다.

2) 청구기간의 문제

헌법재판소법 제69조에서는 헌법소원 전반에 관한 청구기간을 규정하고 있기 때문에 공권력의 불행사에 대한 헌법소원도 청구기간의 제한이 있는 것이 아닌가 하는 의문이 있으나 공권력의 행사의 경우에는 그 행사가 있은 때 기본권침해행위는 종료하고 그 위법상태가 계속될 수 있음에 반하여, 공권력의 불행사의 경우에는 그 불행사가 계속되는 한 기본권침해상태가 계속된다 할 것이므로 공권력의 불행사에 대한 헌법소원심판은 그 불행사가 계속되는 한 기간의 제약이 없이 적법하게 청구할 수 있다 할 것이다.[4]

(3) 주문형태

헌법재판소는 이 결정에서 입법부작위의 위헌확인이라는 주문형식을 취하고 있다. 헌법재판소의 규범통제에 관한 주문형식에는 기본유형으로서의 단순합헌과 단순위헌이 있고, 변형유형으로서 위헌확인, 헌법불합치, 입법촉구결정, 한정합헌, 한정위헌 등의 여러 유형이 있는데, 이 사건에서 고려될 수 있는 결정유형은 단순위헌과 헌법불합치, 입법촉구결정 및 위헌확인일 것이다. 그런데 단순위헌은 존재하는 법률을 위헌·무효화시키는 결정유형으로서 이 사건의 경우처럼 입법부작위의 경우에는 적용될 수 없으며, 헌법불합치결정유형도 기존의 법률의 헌법위반을 확인하는 것으로서 적합한 결정유형으로 볼 수 없다. 한편 입법촉구결정은 일정한 기존의 법률의 위헌은 인정하지만 일정한 유예기간동안 법률의 효력을 지속시키면서 입법자에 의한 법률의 보완을 촉구하고 이러한 촉구가 받아들여지지 않을 경우 그 해당 유예기간의 경과 후 해당 법률의 효력을 상실시키는 결정유형이기 때문에 역시 이 사건의 경우처럼 효력이 상실될 법률자체가 존재하지 아니하는 입법부작위가 대상이 되는 경우에는 타당한 결정유형이라고 볼 수 없다.

4) 정연주, 헌법소송론, 2015, 409.

따라서 이 사건의 경우에는 문제되는 입법부작위의 위헌을 확인하는 위헌확인의 결정유형만이 적용될 수 있으며, 그러므로 위헌확인의 결정유형을 택한 헌법재판소의 주문형식은 타당하다고 할 수 있겠다.

Ⅳ. 맺는 말

지금까지 재산권수용 및 손실보상과 관련된 헌법재판소의 결정내용과 그 의의를 헌법적 시각에서 고찰해 보았다. 주지하는 바와 같이 헌법소원제도 내지 헌법재판제도는 공권력작용에 대한 통제와 국민의 기본권보장을 그 핵심적 사명으로 하고 있다. 따라서 이 사건에 있어서도 국가의 위헌적인 입법부작위로 인해 국민의 재산권이 침해된 경우이므로 헌법재판소는 이러한 입법부작위의 위헌을 확인함으로써 입법작용을 통제하고 국민의 재산권을 보장하고자 한 것으로서 이 결정의 의의는 자못 크다고 아니할 수 없다. 그러므로 입법자는 이 사건에서 문제된 보상의 법적 근거를 조속히 마련해야 함은 물론 향후 모든 공용침해의 근거법률 제정시 반드시 정당한 보상에 관한 기본적인 사항을 정한 법률을 함께 규정함으로써 헌법상의 재산권보장에 만전을 기해야 할 것이다.

9. 조례제정권의 헌법적 한계와 통제

- 헌재 1995. 4. 20. 92헌마264 등 부천시 · 강남구담배자동판매기설치금지조례 제4조 등 위헌확인[1] 및 대판 1992. 6. 23. 92추17 등 -

[目 次]

Ⅰ. 머리말

지방자치단체의 자치고권 중의 하나인 자치입법권, 특히 지방의회의 조례제정권의 확립이 지방자치제도의 목적과 기능의 효율적 실현을 위하여 필요불가결한 요소라는 것은 두말할 필요가 없을 것이다. 그러나 이것이 곧 조례제정권의 무제한적인 허용을 의미하는 것은 아니며 어디까지나 헌법과 법령의 범위내에서 이루어져야 한다. 따라서 조례제정권의 범위와 한계에 관한 합리적인 기준설정은 지방자치단체의 위상확립과 지방자치제도의 활성화를 위하여, 그리고 국가기관이나 다른 지방자치단체와의 불필요한 법적 분쟁을 방지하기 위하여 또는 그 법적 분쟁의 합리적 해결을 위하여 절대로 필요한 것이다.

---

1) 헌재 1995. 4. 20. 92헌마264 등, 판례집 7-1, 564.

지방자치제가 실시되면서 그 동안 조례제정권의 범위 및 한계와 관련하여 여러 가지 논의가 있어 왔다. 특히 과거 행정정보공개조례, 담배자동판매기설치규제조례, 지방의회의 증언·감정에 관한 조례 등의 법령 위반 여부의 문제와 관련하여, 그리고 현행 지방자치법 제22조(조례) 및 제27조(조례위반에 대한 과태료)의 해석과 관련하여 조례제정권의 범위와 한계에 관한 학자들의 논의와 대법원 및 헌법재판소의 판례가 있었는데, 이러한 논의들은 대체로 관련 법규의 해석론의 입장에서 단편적으로 이루어진 감이 없지 않다. 따라서 모든 공법적 사안들이 그렇듯이 이 조례제정권의 범위와 한계의 문제도 헌법적 시각에서, 즉 헌법의 기본원리와 기본규정의 토대 위에서 논의되고 체계적으로 정리되어야 할 필요성이 절실하다고 할 수 있다. 그러므로 이 글에서는 조례제정권의 한계와 그 통제에 관한 문제를 헌재 및 대법원 판례와 관련하여 헌법적 측면에서 체계적으로 고찰해 보고자 한다.

Ⅱ. 헌재결정 및 대법원판결의 내용

1. 헌재결정의 내용

(1) 사건의 개요와 심판의 대상

1) 사건의 개요

청구인들은 부천시 및 서울 강남구에서 담배자동판매기(이하 '자판기'라 한다)를 이용하여 담배소매업을 하고 있는 사람들이다. 지방자치단체인 부천시와 서울 강남구는 각 지방의회의 의결을 거쳐 부천시 담배자동판매기설치금지조례(부천시 조례 제1197호, 이하 '부천시조례'라 한다)와 강남구 담배자동판매기설치금지조례(강남구 조례 제207호, 이하 '강남구조례'라 한다)를 제정하여, 부천시조례는 1992. 8. 12.자로, 강남구조례는 같은 해 10. 16.자로 공포·시행되었다. 청구인들은 자판기의 설치를 제한하고 설치된 자판기를 철거하도록 한 부천시조례 제4조 및 부칙 제2항과 같은 내용의 강남구조례 제4조 및 부칙 제2항은 위임입법의 한계를 벗어난 무효의 규정으로서 청구인들의 헌법상 보장된 직업선택의 자유 등 기본권을 침해하고 있다고 하여, 각 해당조례에 대하여 헌법재판소에 이 사건 헌법소원심판을 각 청구하였다.

2) 심판의 대상

이 사건 심판의 대상은 부천시조례 제4조 및 부칙 제2항과 강남구조례 제4조 및 부칙 제2항으로서 그 규정내용은 다음과 같다.

가. 부천시조례

제4조(설치의 제한) 자판기는 부천시 전지역에 설치할 수 없다. 다만, 성인이 출입하는 업소 안에는 제외한다.

부칙 ② (경과조치) 이 조례의 시행 전에 설치된 자판기는 시행일부터 3월 이내에 철거하여야 한다.

나. 강남구조례

제4조(설치의 제한) 자판기는 서울특별시 강남구 전지역에 설치할 수 없다. 다만, 성인이 출입하는 업소 안에는 제외한다.

부칙 ② (경과조치) 이 조례의 시행 전에 설치된 자판기는 시행일부터 3월 이내에 철거하여야 한다.

(2) 청구인들의 주장 및 이해관계기관의 의견

1) 청구인들의 주장

가. 부천시조례와 강남구조례(이하 '이 사건 조례들'이라 한다)는 재무부령인 담배사업법시행규칙 제11조 제1항 별표 2의 자동판매기에 관한 규정을 근거로 한 것이나 담배사업법에는 자판기설치제한에 관한 아무런 위임규정이 없음에도 위 시행규칙에서 자판기설치를 조례로 제한할 수 있다고 규정한 것은 위임입법의 한계를 벗어난 것이어서 위 시행규칙은 무효이며, 이러한 무효인 시행규칙에 근거한 이 사건 조례들 역시 헌법 제117조 제1항 및 지방자치법 제15조가 정한 자치입법의 한계를 벗어나 무효이다. 나아가 위 시행규칙은 자판기의 설치제한에 관하여만 규정하고 있음에도 이 사건 조례들에서 부천시 및 강남구 전지역을 자판기설치금지구역으로 지정한 것은 위 시행규칙의 위임범위를 벗어난 조례제정권의 행사이다.

나. 청구인들이 영위하고 있는 자판기에 의한 담배소매행위는 직업수행의 자유의 일환인 영업의 자유로서 보장되어야 하는데, 이 사건 조례들이 청소년보호를 목적으로 이를 제한하고자 한다면 기본권제한입법의 한계로서 요구되는 과잉금지

의 원칙에 위배되어서는 아니된다. 즉, 청소년보호가 주목적이라면 청소년이 밀집되어 있는 장소나 학교 기타 교육기관 주변 등과 같이 객관적이고 합리적인 기준에 의해 자판기의 설치로 청소년의 담배에 대한 접근가능성이 현저히 증가하리라고 예상할 수 있는 장소에 한하여 예외적으로 자판기의 설치를 제한하는 방향으로 조례가 제정되어야 한다. 그런데 이 사건 조례들은 기본권제한입법의 한계를 무시하고 부천시 및 강남구 전지역에 대하여 자판기를 설치할 수 없게 함으로써 청구인들에게 보장된 헌법 제15조의 직업선택의 자유의 본질적 내용을 침해한 것이다.

다. 이 사건 조례들이 시행됨으로써 청구인들은 단지 부천시나 강남구에서 자판기에 의한 담배소매업을 하고 있다는 이유로 이와 같은 조례가 제정되어 있지 않은 지역 또는 조례의 내용이 완화된 형태로 제정·시행되는 지역의 담배소매인과 비교하여, 더 나아가 이러한 규제를 전혀 받지 않는 다른 유사직업의 종사자들과 비교하여 불합리한 차별을 받고 있으므로 헌법 제11조에서 보장하는 평등권을 침해당하고 있다.

라. 자판기를 통한 담배의 판매는 무형의 재산권의 일종인 영업권인데 이러한 재산권을 법률이 아닌 조례로 제한함은 재산권의 내용과 한계는 법률로 정하도록 한 헌법 제23조 제1항에 위배된다.

마. 이 사건 조례들의 각 부칙 제2항은 이미 설치되어 있는 자판기마저 위 조례들의 시행일로부터 3개월 이내에 철거하도록 하고 있는바, 이는 적법한 절차를 거쳐 허가를 받아 영업을 하고 있는 자판기를 사후의 조례규정에 의거 소급적용하여 철거하도록 하는 것으로서 소급입법에 의한 재산권의 박탈에 해당하여 헌법 제13조 제2항에 위배된다.

2) 부천시장과 강남구청장의 의견

가. 이 사건 조례들은 단지 자판기설치를 위한 담배소매인의 지정기준을 정하고 있는 것이어서 담배소매인 지정신청자에게 적용될 뿐 청구인들과 같은 기존의 담배소매인에게는 관련되는 규정이 아니고 담배소매인 지정신청에 대하여 거부처분을 하였을 때 비로소 기본권의 침해가 발생된다고 볼 수 있어 이 사건 조례들의 규정만으로 직접 기본권이 침해되었다고 보기 어려우므로 자기관련성, 직접성을 갖추지 못하였으며, 가사 이 사건 조례들에 의하여 청구인들의 기본권이 침해되었다고 하더라도 행정쟁송절차에 따라 권리구제가 가능함에도 이러한 구제절차를 거치지 아니하였으므로 보충성을 결여하여 부적법하다.

나. 이 사건 조례들은 담배사업법 제16조, 동법 시행규칙 제11조 제1항에 근거하여 제정된 것이므로 적법한 위임에 의한 것이고, 그 규정내용에 있어서도 자판기 설치를 전면금지하는 것이 아니라 성인이 출입하는 업소 안에는 자판기의 설치를 허용하고 있으므로 위임범위를 벗어나고 있지도 아니하다.

다. 이 사건 조례들은 청소년보호를 위하여 자판기의 원칙적인 설치금지를 규정하면서도 한편으로 위에서 본 바와 같이 성인이 출입하는 업소 안에는 자판기를 설치할 수 있도록 함으로써 담배소매인의 영업권도 배려하고 있으므로 기본권제한 입법의 한계를 벗어나 과도하게 청구인들의 직업선택의 자유를 침해하는 것이라 할 수 없다.

라. 부천시나 강남구 이외의 다른 지역에서는 아직 이와 같은 내용의 조례가 제정·시행되지 아니하였다고 하여도 규제방침이 지방자치단체에 위임된 이상 지역별로 차이가 있을 수 있으므로 이를 두고 평등권침해라고 할 수는 없다.

마. 재산권은 질서유지 또는 공공복리를 위하여 필요한 경우에는 법률로써 제한할 수 있는 것이고 이 사건 조례들은 관계법규정에 따라서 제정·시행되고 있으므로 헌법상의 재산권보장 규정에 위반되지 아니한다.

바. 이 사건 조례들의 각 부칙 제2항에 3개월 이내의 철거를 규정하고 있는 것은 소급하여 자판기설치를 금지한 것이 아니라 설치제한의 반사적 효과로서 기존의 자판기 중 설치기준에 적합하지 아니한 것을 철거하는 것으로, 경과규정으로써 기존의 권리관계에 관한 규정을 두는 것은 법규정 형식상 일반적인 것으로 소급입법에 의한 재산권박탈이라고 볼 수 없다.

(3) 주 문

청구인들의 심판청구를 모두 기각한다.

(4) 판시사항

1) 조례가 헌법소원의 대상이 될 수 있는지 여부

2) 주민의 권리 의무에 관한 조례제정권에 대한 법률의 위임 정도

3) 담배자동판매기의 설치제한 및 철거를 규정한 조례가 직업수행의 자유를 침해하는지 여부

4) 기존의 담배자동판매기를 조례 시행일로부터 3개월 이내에 철거하도록 한 조

례의 부칙규정이 소급입법에 의한 재산권박탈에 해당하는지 여부

(5) 결정요지

1) 조례는 지방자치단체가 그 자치입법권에 근거하여 자주적으로 지방의회의 의결을 거쳐 제정한 법규이기 때문에 조례 자체로 인하여 직접 그리고 현재 자기의 기본권을 침해받은 자는 그 권리구제의 수단으로서 조례에 대한 헌법소원을 제기할 수 있다.

2) 조례의 제정권자인 지방의회는 선거를 통해서 그 지역적인 민주적 정당성을 지니고 있는 주민의 대표기관이고 헌법이 지방자치단체에 포괄적인 자치권을 보장하고 있는 취지로 볼 때, 조례에 대한 법률의 위임은 법규명령에 대한 법률의 위임과 같이 반드시 구체적으로 범위를 정하여 할 필요가 없으며 포괄적인 것으로 족하다.

3) 자동판매기를 통한 담배판매는 구입자가 누구인지를 분별하는 것이 곤란하여 청소년의 담배구입을 막기 어렵고, 또 그 특성상 판매자와 대면하지 않는 익명성, 비노출성으로 인하여 청소년으로 하여금 심리적으로 담배구입을 용이하게 하고, 주야를 불문하고 언제라도 담배구입을 가능하게 하며, 청소년이 쉽게 볼 수 있는 장소에 설치됨으로써 청소년에 대한 흡연유발효과도 매우 크다고 아니할 수 없으므로, 청소년의 보호를 위하여 자판기설치의 제한은 반드시 필요하다고 할 것이고, 이로 인하여 담배소매인의 직업수행의 자유가 다소 제한되더라도 법익형량의 원리상 감수되어야 할 것이다.

4) 기존의 담배자동판매기를 조례 시행일로부터 3개월 이내에 철거하도록 한 조례의 부칙 규정은 이 사건 조례들의 시행일 전까지 계속되었던 자판기의 설치·사용에 대하여는 규율하는 바가 없고, 장래에 향하여 자판기의 존치·사용을 규제할 뿐이므로 그 규정의 법적 효과가 시행일 이전의 시점에까지 미친다고 할 수가 없어 헌법 제13조 제2항에서 금지하고 있는 소급입법이라고 할 수 없다.

2. 대법원 판결의 요지[2)]

(1) 지방자치단체는 그 내용이 주민의 권리의 제한 또는 의무의 부과에 관한 사항이거나 벌칙에 관한 사항이 아닌 한 법률의 위임이 없더라도 조례를 제정할 수

2) 대법원 1992. 6. 23. 선고 92추17 판결 행정정보공개조례(안)재의결취소등 [공 1992. 8. 15.(926), 2287]).

있다 할 것인데 청주시의회에서 의결한 청주시행정정보공개조례안은 행정에 대한 주민의 알 권리의 실현을 그 근본내용으로 하면서도 이로 인한 개인의 권익침해 가능성을 배제하고 있으므로 이를 들어 주민의 권리를 제한하거나 의무를 부과하는 조례라고는 단정할 수 없고 따라서 그 제정에 있어서 반드시 법률의 개별적 위임이 따로 필요한 것은 아니다.

(2) 행정정보공개조례안이 국가위임사무가 아닌 자치사무 등에 관한 정보만을 공개대상으로 하고 있다고 풀이되는 이상 반드시 전국적으로 통일된 기준에 따르게 할 것이 아니라 지방자치단체가 각 지역의 특성을 고려하여 자기고유사무와 관련된 행정정보의 공개사무에 관하여 독자적으로 규율할 수 있다.

Ⅲ. 조례제정권의 헌법적 한계

앞서 언급한 바와 같이 민주주의원리의 한 실현형태로서의 지방자치제도의 활성화 및 중앙정부와 지방자치단체간의 기능적 권력분립의 실현을 위해서는 지방자치단체의 자치고권의 하나로서의 조례제정권이 확립되어야 하며, 따라서 조례제정권의 범위와 한계가 합리적 기준에 따라 설정되어야 한다. 이에 대하여는 관점에 따라 여러 가지 견해가 있을 수 있겠으나 근본적으로는 헌법의 기본원리와 기본규정에 따라 그 범위와 한계가 설정되어야 할 것이다. 그러므로 여기서는 이와 관련된 헌법의 원리와 규정을 중심으로 살펴보고자 한다.

1. 법치주의원리와 관련하여

(1) 먼저 자치법규로서의 조례제정권의 범위와 한계의 문제는 법치주의원리하에서 논의되어야 할 것이다. 주지하는 바와 같이 법치주의원리는 모든 공권력작용을 헌법과 법률에 기속시킴으로써 공권력행사의 자의와 남용을 막고 국민의 자유와 권리를 보장하려는 헌법의 기본원리이다. 이러한 법치주의원리에는 다양한 내용이 담겨 있는데 그 중 대표적인 것이 법률우위의 원칙과 법률유보의 원칙이다.

여기서 법률우위의 원칙은 모든 공권력작용에 대하여 예외 없이 적용되기 때문에 조례도 법률우위의 원칙의 적용을 받아 조례의 내용 등이 헌법이나 법령에 위반될 수 없는 것은 당연하다 하겠다.[3] 따라서 헌법 제117조 1항의 "… 법령의 범

---

3) 서원우, 지방자치의 헌법적 보장, 법학(서울대학교), 24쪽; 박윤흔, 법령과 조례와의 관계, 고시계,

위 안에서 자치에 관한 규정을 제정할 수 있다."고 한 규정이나 지방자치법 제22조의 "… 법령의 범위 안에서 그 사무에 관하여 조례를 제정할 수 있다."고 한 규정에서의 '법령의 범위 안에서'는 1차적으로 이러한 법률우위의 원칙을 의미하는 것으로 볼 수 있다. 아울러 지방자치법 제24조는 "시·군 및 자치구의 조례나 규칙은 시·도의 조례나 규칙을 위반하여서는 아니 된다."라고 규정하고 있는바, 이 또한 법률우위의 원칙에 따른 조례의 법질서내에서의 지위를 규정한 것으로서 이에 따라 법질서체계는 헌법→법률→명령→시·도의 조례와 규칙→시·군·자치구의 조례와 규칙으로 이루어져 있다고 하겠다.

법치주의원리의 조례제정권에의 적용과 관련하여 문제가 되는 것은 바로 법률유보의 원칙인데, 이 또한 사안에 따라서는 적용되어진다고 하겠다. 즉 국가의 일반 공권력작용에 법률유보의 원칙이 적용되는지의 여부가 그 해당 공권력작용의 내용과 효과에 따라 달라지는 것과 마찬가지로 지방자치단체의 조례제정권의 행사의 경우에도 그 조례의 구체적 내용과 효과에 따라 법률유보의 원칙의 적용 여부가 달라진다고 할 것이다. 주지하는 바와 같이 법률유보의 원칙의 적용 여부를 판단하는 기준에 대하여는 여러 가지 학설이 존재하는데, 그 중 어떠한 학설에 의하건 간에 국민의 권리를 제한하고 의무를 부과하는 등의 침해작용을 내용과 효과로 하는 공권력작용의 경우에는 반드시 법률유보의 원칙이 적용되어야 할 것이며 여기에는 이론이 있을 수 없다고 하겠다.

여기서 한 가지 강조하고 싶은 것은 일정한 공권력작용의 내용과 효과로서의 침해의 대상과 관련해서 볼 때 그 해당 공권력작용의 상대방 내지 행정객체만을 기준으로 할 것이 아니라, 기타 이해관계자에게 해당 공권력작용의 행사로 인해 일정한 침해적 결과－간접적이고 상대적인 것을 포함하여－가 초래되었다면 그 공권력작용은 침해작용에 해당하는 것으로 보아야 한다는 것이다. 그러므로 행정객체에게는 침해적 효과를 초래하지 않거나 수익적 효과를 초래하는 경우라 하더라도 이해관계 있는 제3자에게 일정한 불이익을 초래하는 경우에는 그 공권력작용은 침해작용에 해당하는 것이고, 따라서 해당 공권력작용에 대한 법률의 근거가 마련되어 있어야 하는 것이다. 예컨대 어느 기업체에게 보조금을 지급할 경우 보조금지급이라고 하는 일종의 수익적 작용－직접적인 행정객체만을 기준으로 할 경우－은 경쟁관계에 있는 다른 기업체에게는 상대적인 불이익을 의미할 수도 있고, 일정한 공해시설설치허가의 경우 그 허가받는 행정객체를 기준으로 할 경우에는 일종의

1992. 11, 41쪽; 이기우, 지방자치행정법, 227쪽; 홍정선, 지방자치법론, 151쪽.

수익적 작용이지만 그 시설설치로 인해 자신의 환경권이나 재산권 등의 침해를 우려하는 인근 주민에게는 간접적인 불이익을 의미할 수 있으며, 따라서 이러한 공권력작용－일종의 복효행정－은 앞서 언급한 침해작용에 해당되는 것이다. 이러한 확장된 의미의 침해작용의 경우 반드시 법률의 수권이 있어야 한다는 일종의 침해유보설을 오로지 공권력작용의 직접적인 상대방만을 침해 여부의 기준으로 삼은 고전적 침해유보설과 구별하여 '확장된 침해유보설'이라고 명명할 수 있을 것이다.

지금까지 언급한 법률유보의 원칙은 일정한 공권력작용에 대한 법률의 수권여부, 즉 일정한 공권력행사에 있어서 도대체 법적인 근거가 마련되어 있는가의 1차적인 문제에 관한 것인데, 법률유보의 원칙의 적용문제는 여기서 끝나는 것은 아니다. 1차적으로 일정한 공권력작용에 대한 일정한 법적 근거가 존재한다 하더라도 2차적으로 그 근거 법률에 어느 정도의 내용의 규정이 마련되어 있어야 하는가, 즉 근거법률의 규정내용 및 구체화정도와 관련해서도 법률유보의 원칙이 문제되는 것이다.

이와 관련하여서는 독일의 연방헌법재판소의 판례[4]에 의하여 확립된 소위 본질성이론(Wesentlichkeitstheorie)이 기준이 될 수 있는데, 이에 따르면 국민의 기본권의 제한 및 행사에 관한 본질적이고 중요한 사항은 반드시 법률에 규정되어 있어야 한다는 것이다. 따라서 일정한 공권력작용에 대한 법적 근거가 마련되어 있다고 할지라도 그 근거법률에 해당 공권력작용으로 인한 국민의 기본권의 제한 또는 침해 등과 직결되는 사항－예컨대 기본권제한의 기준, 방법, 범위, 구제 등－이 아울러 규정되어 있지 않다면 이러한 법률과 그 법률에 근거한 공권력작용은 법률유보의 원칙을 준수한 것이라고 볼 수 없는 것이다.

지금까지 언급한 법률유보의 원칙의 내용을 다시 정리한다면 공권력작용 중 국민의 자유와 권리를 제한하고 의무를 부과하는 등의 침해작용을 그 내용으로 하는 작용은－그 침해의 효과가 공권력작용의 직접적인 상대방에게 초래되건 또는 이해관계 있는 제3자에게 초래되건 마찬가지로－반드시 법률의 근거를 필요로 하고, 더 나아가 그 근거법률에는 공권력작용의 내용과 효과로서의 국민의 기본권의 제한 또는 침해에 관한 본질적 사항이 규정되어 있어야 한다는 것이다. 이러한 내용의 법률유보의 원칙은 법치주의원리의 이념과 목적, 근본적으로는 헌법의 이념과 목적에 비추어 볼 때 당연히 요구되는 것이라고 할 수 있다. 왜냐하면 헌법의 핵심적 내용은 바로 기본권적 가치질서라고 할 수 있고, 따라서 헌법의 이념과 목적

---

4) Vgl. BVerfGE 34, 165(192f.); 40, 237(249); 49, 89(124ff.); 58, 257(268ff.).

은 이러한 기본권적 가치질서 내지 기본권의 보장과 실현이며, 국가의 통치기구의 모든 구성원리와 조직과 작용과 기능들도 자기 목적적인 것이 아니고 결국 이러한 국민의 기본권의 보장과 실현을 위한 수단에 불과한 것이기 때문이며, 모든 국가작용을 법률에 기속시키고 국가작용의 자의와 남용을 억제함으로써 국민의 기본권을 보장하는 것을 내용으로 하는 법치주의원리가 헌법상의 기본원리로서 요구되는 것도 바로 그 때문이라고 할 수 있다. 따라서 한마디로 이야기하면 국민의 기본권의 제한과 행사, 특히 기본권의 침해에 직결되는 사항은 반드시 법률에 규정되어 있어야 하고, 이것이 법률유보의 원칙 내지 법치주의원리의 내용이자 헌법의 기본원리인 것이다.

(2) 지금까지 언급한 내용의 법률유보의 원칙은 원칙적으로 공권력작용의 하나로서의 조례제정의 경우에도 적용된다고 보아야 할 것이다. 비록 지방자치단체의 조례는 주민에 의하여 직접 선출된 지방의회가 제정한 자치법규라는 점에서 국가의 위임명령 등과는 달리 그 규정내용에 상관없이 항상 법률의 구체적인 근거와 위임이 있어야 하는 것은 아니지만, 그 조례가 침해작용을 내용과 효과로 하고 있는 경우에는 원칙적으로 법률의 수권이 있어야 할 것이고, 아울러 그 근거법률에는 기본권의 침해와 직결되는 본질적 사항을 규정하고 있어야 할 것이며, 바로 이러한 범위와 한계 내에서 조례제정권이 인정되는 것이다.

다만, 위임의 구체화 정도와 관련하여 헌법재판소도 강조하고 있듯이 조례의 제정권자인 지방의회는 선거를 통해서 구성된, 그 지역적인 민주적 정당성을 지니고 있는 주민의 대표기관이고 헌법이 지방자치단체에 포괄적인 자치권을 보장하고 있다는 점을 감안할 때, 조례에 대한 법률의 위임은 법규명령에 대한 법률의 위임과 같이 반드시 구체적으로 범위를 정하여 할 필요가 없으며 포괄적인 것으로 족하다고 하겠다.[5)]

이처럼 우리 헌법은 공권력작용으로 인한 국민(주민)의 기본권의 제한 내지 침해의 허용과 그에 대한 통제권을 원칙적 · 1차적으로 국민의 대의기관인 국회에게－법치주의원리를 바탕으로 해서－부여하고 있는 것이지, 주민의 대표기관인 지방의회에게 부여하고 있는 것이 아니다. 헌법 제117조 제1항에서 말하는 '법령의 범위 안에서'의 자치법규제정권이나 이를 구체화한 지방자치법 제22조의 '법령의 범위 안에서'의 조례제정권도 결국 이를 의미하는 것으로 해석되는 것이다.

이러한 문제와 관련하여 대법원은 1992. 6. 23. 92추17 청주시행정정보공개조례

---

5) 헌재 1995. 4. 20. 92헌마264 등, 판례집 7-1, 564(572).

(안)재의결취소등청구사건에서 "지방자치단체는 법령의 범위 안에서 그 사무에 관하여 조례를 제정할 수 있되 그 내용이 주민의 권리의 제한 또는 의무의 부과에 관한 사항이거나 벌칙에 관한 사항이 아닌 한 법률의 위임이 없더라도 조례를 제정할 수 있다 할 것인데, 이 사건 정보공개조례안은 행정에 대한 주민의 알권리의 실현을 그 근본내용으로 하면서도 이로 인한 개인의 권익침해가능성을 배제하고 있으므로[6] 이를 들어 주민의 권리를 제한하거나 의무를 부과하는 조례라고는 단정할 수 없고 따라서 그 제정에 있어서 반드시 법률의 개별적 위임이 따로 필요한 것은 아니라 할 것이다."라고 판시함으로써 주민의 알권리라고 하는 일종의 정보의 자유를 내용으로 하는 헌법상의 언론·출판의 자유를 실현시키는 등 소위 수익적 작용을 내용으로 하는 조례제정의 경우에는 법률의 수권 내지 근거가 반드시 필요한 것은 아니며, 따라서 법률의 근거 없는 청주시행정정보공개조례안이 위헌·위법이 아님을 명백히 했다.

한편 헌법재판소는 1995. 4. 20. 92헌마264등 부천시·강남구담배자동판매기설치금지조례 제4조 등 위헌확인 사건에서 "이 사건 조례들은 담배소매업을 영위하는 주민들에게 자판기설치를 제한하는 것을 내용으로 하고 있으므로 주민의 직업선택의 자유, 특히 직업수행의 자유를 제한하는 것이 되어 지방자치법 제15조 단서 소정의 주민의 권리의무에 관한 사항을 규율하는 조례라고 할 수 있으므로 지방자치단체가 이러한 조례를 제정함에 있어서는 법률의 위임을 필요로 한다."라고 판시함으로써[7] 헌법 제117조 제1항 및 지방자치법 제15조(현행 제22조) 규정에 따라 국민의 기본권을 제한하는 조례는 반드시 법률의 위임이 있어야 하는데, 이 사건 조례는 담배사업법 제16조 제4항과 동 시행규칙 제11조 제1항에 근거하고 그의 위임의 한계를 벗어나지 아니했으므로 위헌으로 볼 수 없다는 점을 분명히 했다.

이들 판례의 취지는 모든 조례가 법률의 근거 없이도 제정될 수 있다는 것, 즉 조례제정의 경우에는 법률유보의 원칙의 적용이 배제된다는 것을 의미하는 것이 아니라, 해당 조례가 침해작용을 내용으로 하지 아니하는 경우, 즉 공권력작용의 직접적인 상대방과 기타 이해관계인 등 그 누구의 권리도 침해하지 아니하거나 또

---

6) 청주시 행정정보조례안 제5조는 집행기관은 법령상 공개가 금지되었거나, 개인의 사생활을 침해할 우려가 있거나, 행정집행과정에 관련되었거나, 집행기관이 공익 등의 이유로 공개 않는 것이 명백하다고 판단되는 등의 정보를 제외한 모든 정보를 특별한 사유가 없는 한 공개하여야 한다고 규정함으로써 행정정보공개로 인하여 공익에 대해서 뿐 아니라 개인의 사생활침해 등 주민에 대한 그 어떠한 권리침해도 야기될 수 없도록 제한을 가하고 있다. 그러므로 청주시행정정보공개조례안의 내용과 효과는 위에서 언급한 법률유보의 원칙의 한 기준으로서의 확장된 침해작용에 해당된다고 볼 수 없고 따라서 이 조례안에 대하여 별도의 법적 근거가 요구되는 것은 아니라고 할 것이다.

7) 헌재 1995. 4. 20. 92헌마264 등, 판례집 7-1, 564, 572.

는 오직 이익만을 부여하거나 의무를 해제시키기만 하는 등의 내용을 가지는 경우에는 법률의 근거 없이 제정될 수 있다는 것을 의미하는 것이며, 따라서 그렇지 아니한 경우, 즉 침해작용을 내용으로 하는 경우에는 법률유보의 원칙이 적용되어 반드시 법률의 근거가 있어야 한다는 것을 의미하는 것이다. 이 대법원 및 헌법재판소의 판시내용은 앞서 언급했던 법률유보의 원칙의 내용 및 그의 조례와의 관계에 대한 필자의 견해와 일치하는 것으로서 지극히 타당한 것이라고 하겠다.

2. 헌법 제37조 제2항과 관련하여

이러한 법률유보의 원칙, 즉 국민의 기본권을 침해·제한하는 경우에는 반드시 법률의 수권이 있어야 한다는 원칙은 헌법 제37조 제2항에서도 명시적으로 확인되고 있다. 즉 헌법 제37조 제2항은 "국민의 모든 자유와 권리는 국가안전보장·질서유지 또는 공공복리를 위하여 필요한 경우에 한하여 '법률로써' 제한할 수 있으며, 제한하는 경우에도 자유와 권리의 본질적인 내용은 침해할 수 없다."라고 규정함으로써 공익 등의 이유에서 국민의 자유와 권리를 침해·제한하는 경우에는 먼저 입법자가 제정하는 법률에 의하거나 법률의 근거가 있어야 함을 명백히 하고 있다. 이는 앞서 언급한 바와 같이 헌법의 기본내용이자 기본이념이라고 할 수 있고 따라서 이를 실현하기 위한 모든 통치작용의 최후의 궁극적 목적이라고 할 수 있는 국민의 기본권실현 및 그 제한과 침해에 관한 본질적인 결정권-그 허용권과 통제권-을 1차적으로 입법자에게 부여한다는 헌법상의 법치주의원리를 확인하는 것이며, 따라서 조례의 내용과 효과가 국민의 권리와 자유를 침해·제한하는 경우에는 반드시 법률로써, 즉 그 조례의 근거법률이 마련되어 있어야 할 것이다. 여기서 입법자는 국민의 자유와 권리의 제한자이자 수호자로서의 역할을 하는 것이다. 그러므로 앞서 예를 들은 청주시행정정보공개조례안의 내용이 만일 일정한 행정정보공개를 통해 상대방이나 이해관계 있는 제3자의 사생활을 침해하는 등 일정한 기본권의 제한·침해를 전제로 하고 있다면 그 조례안의 근거법률이 조례제정에 앞서 사전에 마련되어 있어야 할 것이며, 따라서 근거법률이 없는 동 조례안은 헌법 제37조 제2항에 위반되는 것으로서 위헌적 조례가 된다고 할 수 있다. 이와 관련하여 대법원은 1995. 5. 12. 94추28 전라북도공동주택입주자보호를위한조례안무효확인 사건에서 "… 지방자치법 제15조가 원칙적으로 헌법 제117조 제1항의 규정과 같이 지방자치단체의 자치입법권을 보장하면서, 국민의 권리제한·의무부과에 관한 사항을 규정하는 조례의 중대성에 비추어 입법정책적 고려에서 법률의 위임을 요구한다고 규정하고 있는바, 이는 기본권제한에 대하여 법률유보원칙을 선언한 헌법 제37조 제2항의 취지에 부합한다고 할 것이므로 조례제정에 있어서 위와 같은 경우에 법률의 위임근거를 요구하는 것이 위헌성이 있다고 할 수는 없으므로 피고의 위 주장은 이유 없다."라고 판시함으로써 지방자치법 제15조(현행 제22조) 단서조항의 취지, 즉 기본권제한의 경우 법률의 위임이 요구되는 것은 근본적으로 헌법 제37조 제2항에 근거하는 것이라는 점을 분명히 했다.

3. 헌법 제117조 제1항 및 지방자치법 제22조의 해석과 관련하여

(1) 자치입법권으로서의 조례제정권의 헌법과 법률상의 근거는 헌법 제117조 제1항과 지방자치법 제22조라고 할 수 있다. 헌법 제117조 제1항은 "지방자치단체는 주민의 복리에 관한 사무를 처리하고 재산을 관리하며, 법령의 범위 안에서 자치에 관한 규정을 제정할 수 있다."라고 규정함으로써 역시 '법령의 범위 안에서'의 조례제정권을 인정하고 있다. 여기서 조례제정권의 범위이자 한계를 밝혀주는 기준은 바로 '법령의 범위 안에서'라고 할 수 있으며, 따라서 '법령의 범위 안에서'가 무엇을 의미하는지 그 해석이 문제가 된다.

먼저 앞서 언급한 바와 같이 '법령의 범위 안에서'라는 말이 법률우위의 원칙이 적용된다는 것을 의미한다는 데에는 의문의 여지가 없다. 따라서 조례의 내용과 형식 등이 상위법령에 위반될 수 없음은 명백하다. 문제는 '법령의 범위 안에서'라는 말이 법률유보의 원칙이 적용되어야 한다는 것도 의미하는가, 즉 조례의 제정은 반드시 법률의 수권을 요하는 것으로 해석되어야 하는 가인데 이점에 대하여는 첨예한 학설의 대립이 있다.[8] 이에 관한 본질적인 문제는 앞에서 이미 언급했기 때문에 결론만 이야기한다면 조례의 내용에 따라 법률유보의 원칙의 적용 여부가 달라지기 때문에 모든 조례제정에 있어서 반드시 법률의 수권을 요하는 것은 아니고, 다만 국민의 자유와 권리를 침해 · 제한하는 등의 침해작용을 내용으로 하는 경우에는 법률유보의 원칙이 적용된다고 할 수 있다. 즉 국민의 자유와 권리를 침해 · 제한하는 침해작용을 내용으로 하지 않는 한 법률의 개별적인 수권 없이도 지방자치단체는 조례를 제정할 수 있는 것이며, 결국 헌법 제117조 제1항 및 지방자치법 제22조에 규정된 '법령의 범위 안에서의 조례제정'이라고 하는 것은 그 조례가 침

8) 법률의 수권을 요하는 것으로 해석하는 견해: 이기우, 전게서, 226쪽. 경우에 따른 법률의 수권을 요하는 것으로 해석하는 견해: 홍정선, 조례와 침해유보, 고시계, 1993. 4, 108쪽. 법률의 수권을 요하지 않는 것으로 해석하는 견해: 박윤흔, 전게논문, 41쪽; 서원우, 전게논문, 23쪽 이하.

해작용을 내용으로 하지 않는 한 법령을 위반하지 아니하는 범위 내에서 개별적인 법률의 근거 없이도 제정될 수 있다는 의미로 해석될 수 있다. 지방자치법 제22조의 단서 조항도 "다만, 주민의 권리제한 또는 의무부과에 관한 사항이나 벌칙을 정할 때에는 법률의 위임이 있어야 한다."라고 규정함으로써 이를 명백히 하고 있고, 앞서 예를 들은 청주시행정정보공개조례안재의결취소등청구사건에서 대법원도 "… 지방자치법 제15조에 의하면, 지방자치단체는 법령의 범위 안에서 그 사무에 관하여 조례를 제정할 수 있되 주민의 권리제한 또는 의무의 부과에 관한 사항이나, 벌칙을 정할 때에는 법률의 위임이 있어야 한다고 규정하고 있으므로 지방자치단체는 그 내용이 주민의 권리를 제한 또는 의무의 부과에 관한 사항이거나 벌칙에 관한 사항이 아닌 한 법률의 위임이 없더라도 조례를 제정할 수 있다. …"라고 판시함으로써 이를 확인하고 있다. 따라서 일정한 조례의 내용이 침해작용임에도 불구하고 그에 대한 근거법률이 없다면 그 조례는 헌법 제117조 제1항 및 지방자치법 제22조에 위반되는 것이며, 이는 앞서 언급한 헌법재판소의 담배자판기사건에서도 분명히 확인되고 있다. 한편 헌법 제117조 제1항 및 지방자치법 제22조에서의 '사무'라고 하는 것은 지방자치단체의 고유한 자치사무를 말하는 것이다. 왜냐하면 국가의 위임사무의 경우에는 법령의 개별적인 수권이 있어야 하며 실제로도 본래의 국가의 사무이기 때문에 국가법령의 근거가 마련되어 있을 것이기 때문이다.

(2) 헌법 제117조 제1항에 대한 이러한 해석은 헌법의 통일성의 측면에서 볼 때 지극히 타당한 것이라고 할 수 있다. 헌법은 인간의 존엄과 가치를 핵으로 해서 이를 구체화시키고 실현시키기 위한 각종의 기본권규정과 기본원리를 정점으로 한 하나의 피라미드구조를 이루고 있다고 볼 수 있다. 즉 헌법은 여러 법조문의 아무 의미 없는 단순한 집합체에 불과한 것이 아니고 일종의 계층구조로 이루어져 있어 하위규범이나 원리는 상위규범이나 원리를 위반할 수 없으며, 모든 조문이 불가분의 밀접한 관계를 가지고 서로 보충·제한하는 기능을 나타내는 것이기 때문에 어느 하나의 헌법조문을 해석하는 경우에도 그 해당 조문만을 대상으로 할 것이 아니라 그 조문을 헌법 전체의 통일적인 측면에서 살펴야 하는 것이다.[9] 그런데 헌법 제117조 제1항은 현행 헌법의 기본원리와 기본규정에 해당되는 법치주의원리 및 헌법 제37조 제2항과의 관계에서 하위규정이라 할 수 있기 때문에 헌법 제117

9) 헌법의 통일성 및 구조에 관한 자세한 언급은 정연주, 헌법규범에 대한 위헌심사, 공법연구 제19집, 1991, 129쪽 이하 참조.

조 제1항도 이러한 법치주의원리와 헌법 제37조 제2항에 저촉되지 아니하는 범위내에서 조화를 이룰 수 있도록 해석되어야 한다. 이러한 헌법의 통일성의 측면에서 볼 때 법치주의원리와 헌법 제37조 제2항에 저촉되지 아니하는 범위내에서의 헌법 제117조 제1항의 입법취지를 살리는 규범조화적 해석은 바로 "지방자치단체는 주민의 권리를 제한하거나 의무를 부과하거나 벌칙을 부과하는 등의 침해작용에 관한 사항을 내용으로 하지 않는 한 자치사무에 관하여 법령에 위반되지 아니하는 범위 내에서 법률의 개별적인 수권 없이 조례를 제정할 수 있다."는 것이라고 할 수 있다.

(3) 한편 헌법 제117조 제1항에 대한 이러한 해석은 헌법내의 비교될 수 있는 다른 규정과의 규범조화적 해석의 측면에서 볼 때도 타당하다고 할 것이다.

헌법 제75조는 "대통령은 법률에서 구체적으로 범위를 정하여 위임받은 사항과 법률을 집행하기 위하여 필요한 사항에 관하여 대통령령을 발할 수 있다."라고 규정함으로써 위임명령의 경우에는 항상 구체적인 법률의 수권이 있어야 함을 명백히 하고 있다. 이는 위임명령의 본질상 너무나 당연한 것으로서 구체적인 근거법률이 전제되지 아니하는 위임명령은 존재할 수 없고, 따라서 위임명령의 경우에는 법률우위의 원칙뿐 아니라 법률유보의 원칙이 반드시 적용되는 것이며, 이를 헌법은 '법률에서 구체적으로 범위를 정하여 위임받은 사항에 관하여'라고 표현하고 있는 것이다.

다른 한편 헌법 제108조는 "대법원은 법률에 저촉되지 아니하는 범위 안에서 소송에 관한 절차, 법원의 내부규율과 사무처리에 관한 규칙을 제정할 수 있다."고 규정하고 있으며, 헌법 제113조 제2항은 "헌법재판소는 법률에 저촉되지 아니하는 범위 안에서 심판에 관한 절차, 내부규율과 사무처리에 관한 규칙을 제정할 수 있다."고 규정함으로써 '법률에 저촉되지 아니하는 범위 안에서'의 내부규율과 사무처리 등에 관한 규칙제정권을 인정하고 있는데, 여기서 '법률에 저촉되지 아니하는 범위 안에서'라 함은 표현 그대로 '법률에 위반되지 아니하는 범위 안에서'를 뜻하는 것이며, 따라서 이는 법률우위의 원칙의 적용만을 의미하는 것이지 법률유보의 원칙의 적용을 의미하는 것은 아니라 할 것이다. 왜냐하면 헌법 제108조 및 제113조 제2항에서 말하는 내부규율과 사무처리 등에 관한 규칙이라 함은 국민의 자유와 권리를 변동시키거나 제한하는 것을 목적으로 하는 등 대외적 구속력을 가진 법규범의 성질을 가진다기보다는 법원이나 헌법재판소 내부의 규율이나 업무처리지침 등 원칙적으로 그리고 1차적으로 대내적 구속력만을 가진 일종의 행정규칙의 성질을 가진다고 볼 수 있고, 따라서 이러한 규칙에 대하여는 반드시 개별적·구체적인 법률의 수권이 있어야 하는 것은 아니기 때문이다. 그러므로 여기서의 내부규율과 사무처리 등에 관한 규칙의 경우에는 법률우위의 원칙은 적용되나 법률유보의 원칙은 적용되지 아니한다고 보아야 할 것이고, 이를 우리 헌법은 '법률에 저촉되지 아니하는 범위 안에서'라고 표현하고 있는 것이다.

이러한 맥락에 비추어 볼 때 헌법 제117조 제1항에서의 '법령의 범위 안에서'라는 표현은 원칙적으로 법률우위의 원칙의 적용만을 요구하고 법률유보의 원칙의 적용을 요구하지 아니하는 헌법 제108조나 제113조 제2항에서의 '법률에 저촉되지 아니하는 범위 안에서'의 표현과 다른 의미를 가지고, 또한 법률우위의 원칙뿐 아니라 법률유보의 원칙의 항시적 적용을 요구하는 헌법 제75조의 '법률에서 구체적으로 범위를 정하여 위임받은 사항에 관하여'의 표현과도 다른 의미를 가지는 일종의 중간단계로서 법률우위의 원칙의 적용과 조례의 내용과 효과에 따른 선별적인 법률유보의 원칙의 적용을 요구하는 것으로 해석될 수 있는 것이며, 이는 헌법 제114조 제6항이 "중앙선거관리위원회는 법령의 범위 안에서 선거관리·국민투표관리 또는 정당사무에 관한 규칙을 제정할 수 있으며, 법률에 저촉되지 아니하는 범위 안에서 내부규율에 관한 규칙을 제정할 수 있다."고 규정한 데서도 알 수 있다. 왜냐하면 이 규정에서 말하는 내부규율에 관한 규칙은 앞서도 언급했듯이 일종의 행정규칙의 성질을 가지는 것으로서 이에 대한 개별적·구체적 법률의 수권이 있어야 하는 것은 아니고, 따라서 단순히 '법률에 저촉되지 아니하는 범위 안에서'라고 표현하고 있으며, 선거관리 등에 관한 규칙은 국민의 참정권 등 기본권의 변동이나 형성·제한 등에 관한 사항을 규율하는 법규범의 성질을 가질 수 있는 것으로서 이에 대하여는 그 규칙의 내용과 효과에 따라서 법률의 수권이 요구되는 경우가 있을 수 있고, 따라서 이러한 규율내용에 따른 법률유보의 원칙의 선별적 적용요구를 '법령의 범위 안에서'라고 표현하고 있다고 볼 수 있기 때문이다.

4. 죄형법정주의

조례가 침해작용을 내용으로 하는 경우 법률의 수권이 있어야 하는 것이 법치주의원리로부터 당연히 요구되는 것이라고 언급했는데, 특히 그 조례가 형벌의 부과를 내용으로 하는 경우에는 인신보호를 위한 헌법상의 기속원리이자 형사법의 기본원리인 죄형법정주의에 따라 당연히 그 형벌에 관한 사항이 법률에 규정되어 있어야 할 것이다.

죄형법정주의는 행위시의 법률에 의해서 범죄를 구성하지 아니하는 행위로 처벌받지 아니한다는 원칙을 말하는 것으로서, 사전에 제정된 법률이 없으면 범죄도 없고 처벌되지도 아니한다는 것을 내용으로 한다. 따라서 일정한 형벌을 부과하기 위하여는 반드시 사전에 범죄의 내용과 형벌사항이 법률에 규정되어 있어야 하며, 우리 헌법 제12조 제1항 후단도 “누구든지 법률에 의하지 아니하고는 체포 · 구속 · 압수 · 수색 또는 심문을 받지 아니하며, 법률과 적법한 절차에 의하지 아니하고는 처벌 · 구속 · 압수 · 수색 또는 심문을 받지 아니하며, 법률과 적법한 절차에 의하지 아니하고는 처벌 · 보안처분 또는 강제노역을 받지 아니한다.”라고 규정함으로써 이를 명백히 하고 있다. 공권력작용 중 형벌권행사에 의한 국민의 자유와 권리의 침해 · 제한은 가장 전형적인 침해작용에 속하는 것으로서 이러한 형벌권행사에 관하여 반드시 법률의 근거가 있어야 한다는 것은 법치주의원리가 당연히 요구하는 것이기 때문에 죄형법정주의는 법치주의원리의 파생원리라고도 할 수 있다. 그런데 다른 공권력행사에 비하여 국가형벌권행사의 남용가능성은 매우 크기 때문에 이에 대한 법치주의적 통제를 특히 강조하고 입법자의 입법형성권을 통제 · 제한하기 위하여 헌법제정권자가 직접 이를 별도로 헌법에 명시한 것이라고 볼 수 있다.

이러한 죄형법정주의는 근거법률에 죄와 형, 즉 그 처벌대상으로서의 구성요건과 반대급부로서의 처벌내용의 기본적인 사항이 반드시 규정되어 있을 것을 요구하며,[10] 이는 국민의 법적 안정성과 예측가능성의 보장측면에서 그리고 국민의 기본권의 형성과 제한에 관한 본질적이고 기본적인 사항은 반드시 법률에 규정되어 있을 것을 요구하는 소위 본질성이론을 내용으로 하는 법률유보의 원칙상 당연하다 할 것이다. 이러한 내용의 죄형법정주의는 국가의 모든 형벌권행사에 적용되는 것으로 일반 행정작용뿐 아니라 조례제정의 경우에도 적용되는 것이다. 이러한 맥락에서 볼 때 구 지방자치법 제20조는 죄형법정주의에 위반된다고 할 것이다. 즉 동조는 “시 · 도는 당해 지방자치단체의 조례로써 3월 이하의 징역 또는 금고, 10만원 이하의 벌금, 구류, 과료 또는 50만원 이하의 과태료의 벌칙을 정할 수 있다.”고 규정함으로써 벌칙의 범위만을 규정하고 있을 뿐 그 구성요건에 대하여는 아무런 규정을 두고 있지 않는데, 이것이 앞서 언급한 죄형법정주의에 위배된다고 하는 것은 다언을 요하지 않는다고 할 것이다.

이처럼 구 지방자치법 제20조에 대하여는 죄형법정주의위반을 이유로 위헌 시비가 있었는데, 현행 지방자치법 제27조 제1항은 “지방자치단체는 조례를 위반한

---

10) 이에 관한 자세한 언급은 헌재 1991. 7. 8. 91헌가4 참조.

행위에 대하여 조례로써 1천만원 이하의 과태료를 정할 수 있다."라고 규정함으로써 그 위헌의 소지를 없앤 것으로 볼 수 있다. 물론 현행 제27조 제1항에 대하여도 위헌 시비를 제기할 수는 있다. 왜냐하면 과태료 부과가 형사벌이 아니라 하더라도 국민의 재산권 등 기본권을 제한하는 침해작용에 해당하기 때문에 법률유보의 원칙에 따라 당연히 과태료 부과에 관한 기본적인 사항을 법률로 정해야 하고, 여기서 기본적인 사항에는 법률요건으로서의 과태료가 부과되는 대상과 그에 대한 과태료의 상한이 포함되어야 할 것이기 때문이다. 이는 법적 안정성과 예측가능성의 보장을 위하여 당연히 요구되는 것으로 주민은 지방자치법 제27조 제1항으로부터 어떠한 행위를 할 때 어느 정도의 과태료가 부과되는지 예측가능해야 하는데, 동조항은 단순히 '조례를 위반한 행위에 대하여'라고만 규정하고 있어 도대체 어떠한 행위에 대하여 과태료가 부과되는지를 예측할 수가 없고, 조례를 통해서 비로소 알 수 있도록 포괄적으로 위임하고 있다. 따라서 이는 원칙적으로 법률유보의 원칙과 포괄적 위임입법금지의 원칙에 위반된다고 볼 수도 있다.

그러나 이와 관련하여 헌재가 위 92헌마264 등 결정에서 "조례의 제정권자인 지방의회는 선거를 통해서 그 지역적인 민주적 정당성을 지니고 있는 주민의 대표기관이고, 헌법이 지방자치단체에 대해 포괄적인 자치권을 보장하고 있는 취지로 볼 때 조례제정권에 대한 지나친 제약은 바람직하지 않으므로 조례에 대한 법률의 위임은 법규명령에 대한 법률의 위임과 같이 반드시 구체적으로 범위를 정하여 할 필요가 없으며 포괄적인 것으로 족하다고 할 것이다."라고 판시하고 있듯이,[11] 지방자치법 제27조 제1항의 경우처럼 법률의 위임이 법규명령이 아닌 조례에 대하여 이루어질 경우에는 구체적으로 범위를 정하여 할 필요는 없고 포괄적인 것으로 족하기 때문에 동조항이 단순히 '조례를 위반한 행위에 대하여'라고 포괄적으로 조례에 위임했다고 해서 위헌이라고까지 평가하기는 어려울 것이다.

5. 재산권보장

재산권을 법률의 근거 없이 조례로 규제할 수 있는가, 즉 재산권의 내용과 한계를 조례로 정하고, 재산권의 제한과 침해를 조례로써 할 수 있는가가 문제될 수 있다. 그러나 이는 허용될 수 없다고 본다. 이는 헌법 제23조 제1항에서 "모든 국민의 재산권은 보장된다. 그 내용과 한계는 법률로 정한다."고 규정하고 있고, 동조 제3항에서 "공공필요에 의한 재산권의 수용·사용 또는 제한 및 그에 대한 보

11) 헌재 1995. 4. 20. 92헌마264 등, 판례집 7-1, 564, 572.

상은 법률로써 하되, 정당한 보상을 지급하여야 한다."고 규정함으로써 재산권의 내용과 한계 및 그에 대한 침해는 반드시 법률로써만 정하도록 하고 있기 때문이다. 이는 국민의 기본권의 형성과 제한에 관한 본질적 사항은 반드시 법률에 규정되어 있을 것을 요구하는 법률유보의 원칙상 당연한 것으로서, 재산권은 역사적으로 그리고 그 특성상 국가의 모든 공권력행사와 첨예한 갈등관계에 있어 왔고, 이러한 갈등관계는 앞으로도 영원히 계속된다고 볼 수 있기 때문에 국가권력의 자의와 남용을 막고 이러한 이해대립을 조화롭게 해결하기 위하여 재산권에 대한 규제를 반드시 입법자만이 할 수 있도록 명시한 헌법제정자의 결단이라고 할 수 있다. 따라서 만일 지방의회가 법률에서 정하지 아니한 새로운 내용의 재산권을 창설하거나 법률의 근거 없이 일정한 지역사업수행 등을 위한 재산권의 침해를 내용으로 하는 조례안을 의결한다면, 이는 헌법 제23조에 위반되는 것이라고 할 수 있다.

6. 조세법률주의

법률의 근거 없이 조례로써 지방세 등의 조세를 부과할 수 있는가가 문제될 수 있는데, 이 또한 허용될 수 없다고 본다. 왜냐하면 이는 "조세의 종목과 세율은 법률로 정한다."고 규정한 헌법 제59조의 조세법률주의에 위반되기 때문이다. 이 조세법률주의는 앞서 재산권보장과 관련해서 언급했듯이 국민의 기본권의 제한 내지 침해에 관한 본질적 사항은 반드시 법률로 정해야 한다는 법률유보의 원칙상 당연히 요구되는 것이기도 하지만, 국가의 과세권의 행사와 이에 대항하는 국민의 재산권보장과는 역사적으로 항상 첨예한 이해대립관계에 있어 왔고 이 또한 앞으로도 영원히 계속될 갈등관계라고 볼 수 있기 때문에 과세권의 행사에 관한 본질적 사항, 특히 조세의 종목과 세율만큼은 반드시 입법자가 정하도록 한 헌법제정자의 결단인 것이다. 이는 조례제정의 경우에도 그대로 적용되는 것으로서, 일정한 지방세의 부과와 관련하여 그 지방세의 종목과 세율의 기본적인 사항을 정한 법률의 수권이 없는 지방세부과조례는 허용될 수 없다고 하겠다.

이와 관련하여 구 지방세법 제3조 제1항은 "지방자치단체는 지방세의 세목, 과세객체, 과세표준, 세율 기타 부과징수에 관하여 필요한 사항을 정함에 있어서는 조례로써 하여야 한다."라고 규정하고 있는데, 이 규정에서 말하는 조례로써 정할 필요한 사항이라 함은 지방세의 세목이나 세율 또는 과세표준 그 자체를 의미하는 것은 아니다. 즉 이에 관한 기본적인 사항은 어디까지나 지방세법에서 스스로 정해야 할 것이고 이 기본적인 사항을 보다 구체화시키는 세부적인 사항을 조례로써 정한다는 것을 의미하는 것으로 보아야 할 것이며, 실제로 지방세법에는 지방세의 세목, 과세표준, 세율 등에 대한 기본적인 사항을 빠짐없이 규정하고 있다.

7. 지방의회와 국회의 차이점

지금까지 살펴본 바와 같이 지방자치단체의 조례제정권은 법령을 위반하지 아니하는 범위 내에서, 그리고 침해작용을 내용으로 하는 경우에는 반드시 법률의 근거하에서만 인정된다고 할 수 있다. 따라서 지방의회를 국회와 동일한 지위를 가지는 입법기관이라는 점을 강조하면서 조례제정권이 국회의 입법권에 준하는 것이라고 하여 지방의회가 법령을 위반하지 아니하는 한 법률의 수권 없이, 즉 국회의 지배로부터 벗어나 자치사무에 관하여 어떠한 내용의 조례라도 제정할 수 있다고 하는 견해는 타당하다고 볼 수 없다. 물론 지방의회와 국회는 일정한 선거구민에 의하여 직접 선출된 의원으로 구성되고 따라서 다 같이 민주적 정당성을 부여받은 대의기관이라는 점에서는 동일하다고 볼 수 있다. 그러나 국회는 그 지역적 관할면에서 국가를 대표하지만 지방의회는 그 해당 지역만을 대표하는 것이고, 아울러 국회는 국민 전체를 대표하지만 지방의회는 그 해당 지역의 주민들만을 대표하며, 또한 국회는 국가사무를 그 관장사항으로 하지만 지방의회는 원칙적으로 그 지역에 고유한 자치사무만을 관장사항으로 한다. 또한 국회는 입법권이라고 하는 국가권력의 한 부분을 관장하는 기관이지만 지방의회는 이러한 입법권이라고 하는 국가권력을 전제로 해서 비로소 그 권한과 기능이 구체화되는 기관이라고 할 수 있다. 물론 지방의회의 조례제정권 등 지방의회의 자치권과 그 제도보장은 헌법 제117조로부터 직접 인정되는 것이지만, 지방의회의 조직 · 권한 · 기능 등에 관한 구체적인 사항은 국회의 법률을 통해서 정해지는 것이며, 따라서 지방의회는 국회의 입법권하에서 지방자치행정의 일부를 관장하는 기관이며, 결국 헌법 제117조 제1항도 "… '법령의 범위 안에서의' 자치에 관한 규정을 제정할 수 있다."고 규정함으로써 이를 명백히 하고 있는 것이다. 그러므로 조례제정에 있어서 지방의회는 지방행정조직의 일부를 이루는 것이지 입법자의 지위에서 입법권을 행사하는 것은 아니며, 따라서 외관상 지방의회가 일종의 입법기관이라고 하여 국회의 기능을 대신할 수는 없는 것이다.

Ⅳ. 조례제정권에 대한 통제

1. 통제수단

조례제정권에 대한 통제수단 및 절차에 관하여는 지방자치법 제172조 등에 규정되어 있는데, 이에 따르면 통제수단을 크게 행정적 통제와 사법적 통제로 나눌 수 있다.

(1) 행정적 통제

1) 재의요구

지방자치법 제172조 제1항은 "지방의회의 의결이 법령에 위반되거나 공익을 현저히 해친다고 판단되면 시·도에 대하여는 주무부장관이, 시·군 및 자치구에 대하여는 시·도지사가 재의를 요구하게 할 수 있고, 재의요구를 받은 지방자치단체의 장은 의결사항을 이송받은 날부터 20일 이내에 지방의회에 이유를 붙여 재의를 요구하여야 한다."라고 규정함으로써 법령에 위반된 조례안에 대하여 주무부장관의 시·도에 대한, 그리고 시·도지사의 시·군 및 자치구에 대한 재의요구권을 인정하고, 이러한 재의요구를 받은 당해 지방자치단체의 장의 당해 지방의회에 대한 재의요구권을 인정하고 있다. 이러한 재의요구권을 통해 지방의회의 조례제정권은 1차적으로 통제를 받는 것이다. 여기서 법령에 위반되는 조례라고 하는 것은 단순히 법률우위의 원칙뿐 아니라 법률유보의 원칙을 위반한 조례까지 포함되는 것으로 해석되며, 따라서 내용상 당연히 법률의 수권을 요하는 조례가 그 근거법률이 없이 제정되었을 경우에도 법령위반을 이유로 재의를 요구할 수 있는 것이다.[12)]

2) 소송제기

이러한 재의요구에 대하여 지방의회는 재적의원 과반수의 출석과 출석의원 3분의 2 이상의 찬성으로 재의결함으로써 조례안을 확정시킬 수 있는데(동법 동조 제2항), 이 경우 지방자치단체의 장은 재의결된 날로부터 20일 이내에 대법원에 소를 제기할 수 있고 필요하다면 그 조례의 집행을 정지하게 하는 집행정지결정을 함께

12) 대판 1992. 6. 23. 92추17 참조.

신청할 수 있다(동법 동조 제3항). 만일 당해 지방자치단체의 장이 소를 제기하지 아니하는 때에는 주무부장관 또는 시 · 도지사가 당해 지방자치단체의 장에게 제소를 지시하거나 직접 제소 및 집행정지결정을 신청할 수 있다(동법 동조 제4항).

(2) 사법적 통제

1) 기관소송

행정소송법 제3조 제4호는 국가 또는 공공단체의 기관 상호간에 있어서의 권한의 존부 또는 그 행사에 관한 다툼이 있을 경우 제기하는 소송으로서 기관소송을 규정하고 있고, 동법 제45조는 이 기관소송을 개별 법률이 정한 경우에 그 법률에 정한 자에 한하여 제기할 수 있도록 규정하고 있는데, 이러한 법률에 해당하는 것이 바로 앞서 언급한 지방자치법 제172조라고 할 수 있다. 이에 따른 기관소송은 결국 주무부장관 또는 지방자치단체의 장과 지방의회와의 조례제정의 법령위반 여부와 관련한 권한의 존부 또는 그 행사에 관한 다툼을 해결하기 위한 것이라고 할 수 있고, 대법원은 주무부장관이나 지방자치단체의 장의 소제기에 따라 당해 조례안의 법령위반 여부를 판단함으로써 조례제정권을 통제하는 것이다.

여기서 대법원에 의한 위법결정은 당해 조례를 무효로 한다. 왜냐하면 첫째, 기관소송은 일정한 권리침해 및 이에 대한 구제를 전제로 하는 주관적 소송이 아니라 앞서 언급한 바와 같이 기관 상호간의 권한의 존부 또는 그 행사에 관한 다툼이 있는 경우에 이를 해결하기 위하여 제기하는 객관적 소송이고, 둘째, 여기서는 해당 조례의 위법 여부 및 무효 여부를 직접 소송대상으로 삼고 있는 것이지 그 조례의 위법여부가 재판의 전제가 된 경우가 아니기 때문이다. 이에 따라 대법원은 도시계획위원회조례 중 개정조례안무효확인소송(1993. 2. 9. 92추93)에서 대구직할시의 도시계획위원회조례 중 개정조례안에 대한 재의결이 효력이 없음을 주문에서 명백히 밝히고 있고, 완주군의회회의규칙 중 개정규칙재의결취소등청구사건(1993. 2. 26. 92추109)에서 완주군의회회의규칙 중 개정규칙안에 대한 재의결이 무효임을 역시 주문에서 명백히 하고 있다.

2) 항고소송

위법한 조례에 근거하여 발해진 행정처분에 의한 권리침해에 대하여는 그 처분의 취소 또는 무효확인을 통해 권리구제를 받을 수 있는데, 이러한 항고소송의 심판과정에서 해당 조례의 위법 여부를 심사함으로써 법원이 간접적으로 조례를 통제할 수 있다.

헌법 제107조 제2항은 "명령 · 규칙 또는 처분이 헌법이나 법률에 위반되는 여부가 재판의 전제가 된 경우에는 대법원은 이를 최종적으로 심사할 권한을 가진다."고 규정함으로써 이를 명백히 하고 있다. 이 헌법규정에서 말하는 '명령 · 규칙'은 법률보다 하위에 있는 모든 법규범을 의미하는 것으로서 이에는 당연히 조례도 포함되는 것이라고 할 수 있기 때문에 각급법원은 조례의 위헌 · 위법 여부가 재판의 전제가 되는 경우에는 이를 심사함으로써 간접적으로 조례를 통제할 수 있는 것이다.[13)]

여기서 대법원에 의한 조례에 대한 위헌 · 위법 결정의 효과는 해당 조례의 당해 사건에의 적용배제에 그치는 것이지 해당 조례를 일반적으로 무효화시키는 것은 아니라고 할 것이다. 왜냐하면 첫째, 이러한 항고소송을 통한 조례에 대한 간접적 통제는 재판의 전제로서, 즉 당해 사건에 관련되어 부수적으로 행해지는 것으로서 본래 구체적인 권리침해와 이에 대한 구제를 내용으로 하는 주관적 소송을 그 전제로 하고 있고, 따라서 법원의 조례에 대한 통제는 어디까지나 당해 사건을 해결하기 위한 부수적 작용에 불과한 것이며, 둘째, 헌법 제107조 제2항에서 "… 대법원은 이를 최종적으로 심사할 권한을 가진다."라고 규정하고 있는데 여기서의 '심사'는 결과적으로 당해 사건에서의 조례의 적용 여부에 대한 판단을 의미하는 것으로 해석될 수 있기 때문이다. 대법원은 일련의 수익자부담금부과처분취소청구사건(1982. 9. 28. 82누309: 1982. 10. 12. 82누210; 1982. 12. 28. 82누213 등)에서 당해 수익자부담금징수조례가 위법임을 파기하고 사건을 원심법원에 환송시킴으로써 위법한 조례의 당해 사건에의 적용배제만을 간접적으로 시사하고 있다.

3) 헌법소원

헌법재판소법 제68조 제1항에 따라 공권력작용에 의하여 헌법상 보장된 기본권이 침해된 자는 헌법재판소에 헌법소원심판을 청구할 수 있다. 조례제정행위도 공권력작용에 해당되므로, 예외적으로 조례에 의하여 직접 · 현재 자신의 기본권을 침해당한 자는 다른 법률에 구제절차가 없기 때문에 바로 헌법소원심판을 청구할 수 있다고 하겠다. 헌법재판소도 앞서 언급한 담배자판기사건에서 "조례는 지방자치단체가 그 자치입법권에 근거하여 자주적으로 지방의회의 의결을 거쳐 제정한

13) 이기우, 전게서, 235쪽 이하; 홍정선, 전게서, 168쪽.

법규이기 때문에 조례 자체로 인하여 기본권을 침해받은 자는 그 권리구제의 수단으로서 조례에 대한 헌법소원을 제기할 수 있다고 할 것이다."라고 판시함으로써[14] 이를 확인하고 있다.

여기서 헌법재판소에 의한 조례에 대한 위헌결정은 당해 조례를 무효로 한다고 볼 수 있다. 왜냐하면 첫째, 여기서 해당 조례의 위헌 여부의 결정은 재판의 전제가 되는 부수적 작용이 아니라 바로 재판의 직접적인 대상 그 자체이고, 둘째, 헌법재판소는 본래 일정한 법규범의 위헌 여부 및 무효 여부를 결정하는 규범통제기관이며, 셋째, 헌법재판소는 위헌법률심사나 헌법소원심판의 결과 일정한 법률의 무효를 결정할 수 있는데 법률보다 하위규범인 조례에 대한 위헌·무효결정은 법질서의 통일성의 요구에 따라 당연히 인정되는 것이고, 넷째, 헌법재판소법 제75조에 따라 헌법소원의 인용결정－조례의 위헌결정－은 모든 국가기관과 지방자치단체를 기속하기 때문이다.

2. 사법적 통제수단의 문제점

지금까지 살펴본 바와 같이 현행 법제하에서의 조례에 대한 사법적 통제는 주로 지방자치법 제172조에 따른 기관소송절차에 따라 대법원에 의하여 이루어지고 있다. 즉 조례의 법령위반을 이유로 한 주무부장관 또는 지방자치단체의 장과 지방의회간의 기관소송이 그것이다. 그런데 이러한 국가기관과 지방자치단체, 지방자치단체 상호간 또는 지방자치단체 내부, 즉 지방의회와 단체장 사이의 권한과 의무의 범위와 내용에 관한 다툼을 해결하기 위한 기관쟁의소송은 본래 국가기관이나 지방자치 상호간의 권한과 의무의 한계를 명백히 함으로써 국가기능의 수행을 원활히 하고 권력 상호간의 견제와 균형을 유지시켜 헌정생활의 안정과 정치적 평화를 유지하며, 헌법수호와 법질서의 통일성 확보에 기여하는데 그 목적이 있는 것이다. 따라서 이러한 헌법수호와 법질서의 통일성 확보 및 기능적 권력분립의 효과적 실현과 정치적 평화유지기능 때문에 전통적으로 기관쟁의소송제도는 헌법재판제도가 확립된 나라에 있어서는 헌법재판의 관장사항으로 되어 있다. 또한 이러한 기관쟁의소송은 주로 헌법적·정치적 판단을 전제로 하기 때문에[15] 그 특성

14) 헌재 1995. 4. 20. 92헌마264 등, 판례집 7-1, 564, 571.

15) 앞서 예를 들은 대법원의 청주시행정정보공개조례안재의결취소등청구사건에서도 헌법상의 법치주의원리와 언론·출판의 자유로부터 도출되는 헌법상의 기본권으로서의 알권리의 문제가 그 핵심적인 판단내용을 이루고 있다.

상 일반법원에 의한 사법심사보다는 정치적 사법작용인 헌법재판의 대상이 되는 것이 적합하다고 볼 수 있다. 더욱이 헌법재판소법 제61조 이하에서는 기관쟁의소송제도에 해당되는 권한쟁의심판제도에 관하여 포괄적으로 규정하고 있는 반면, 행정소송법 제3조 제4호에서는 헌법재판소의 관장사항으로 되어 있는 기관쟁의소송을 제외한 나머지의 기관소송만을 보충적으로 행정소송법상의 기관소송의 대상으로 삼고 있으며, 더 나아가 행정소송법 제45조에서 행정소송법상의 기관소송은 이를 허용하는 개별적 법률의 규정이 있는 경우에만 제기될 수 있는 것으로 규정하고 있고, 이에 따른 개별적 법률의 규정으로는 앞서 언급한 지방자치법 제172조 등 극히 제한적인 경우에 한하고 있는 것에 비추어 볼 때 우리의 현행 법제는 기관쟁의소송을 원칙적으로 헌법재판소의－권한쟁의심판의－관장사항으로 하고 있다고 보아야 할 것이다. 특히 조례제정권에 대한 통제권이 한편으로는 지방자치법 제172조에 따른 기관소송과 헌법 제107조 제2항에 근거한 항고소송을 통해 대법원에 부여되어 있고, 다른 한편으로는 헌법소원제도와 예외적으로 지방자치법 제172조에 해당되지 아니하는 기관쟁의를 내용으로 하는 권한쟁의심판제도를 통해 헌법재판소에 부여되어 있는 현행 법제하에서는 동일한 조례(안)에 대한 위헌·위법 여부에 대하여 대법원과 헌법재판소가 상치되는 결정을 내릴 가능성을 배제할 수 없는데, 이는 법규범에 대한 국민의 신뢰와 법적 안정성을 해치고, 헌법재판소와 대법원간의 불필요한 갈등만을 야기시키는 것이라고 볼 수 있다.[16] 따라서 헌법재판제도가 확립된 오늘날 헌법의 최고규범성에서 도출되는 법질서의 통일성을 실현하기 위해서 조례안의 위헌·위법 여부와 관련한 기관소송을 포함한 모든 기관쟁의심판을 헌법재판소의 관장사항으로 하는 방향으로 관련 법규가 개정되어야 할 것이다.

V. 맺는 말

주지하는 바와 같이 국민주권을 이념으로 하는 헌법상의 기본원리인 민주주의 원리가 실현되기 위해서 그리고 중앙정부와 지방자치단체간의 기능적 권력분립의 실현을 위해서 지방행정의 민주화와 지방자치제도의 활성화가 불가피하며, 이를

16) 헌법재판소는 법무사법시행규칙에 대한 헌법소원심판청구사건(1990. 10. 15. 89헌마178)에서 법무사법 시행규칙 제3조 제1항을 위헌으로 결정했는데 이에 대하여 대법원이 명령·규칙 등에 대한 위헌심사권은 대법원의 배타적인 관할사항이라고 반박함으로써 헌법재판소와 대법원간의 갈등이 한동안 계속된 바 있었다.

위한 전제조건의 하나가 바로 지방자치단체의 자치입법권인 조례제정권의 보장이라는 점은 의문의 여지가 없다. 그러나 이러한 조례제정권도 헌법의 원리와 규정을 벗어날 수 없으며, 따라서 관련 헌법규정과 기본원리의 지배하에서만 인정될 수 있는 것이다.

이 글에서는 지금까지 이러한 조례제정권의 근거와 범위 및 그 한계에 관한 헌법 및 지방자치법의 관련 규정과 기본원리, 그리고 조례제정권에 대한 통제 문제에 대해서 살펴보았다. 지방의회는 조례제정 시 반드시 이러한 조례제정권의 근거와 한계로서의 헌법적 기준을 준수함으로써 중앙정부 또는 지방자치단체의 장과의 불필요한 법적 분쟁을 피하고, 지방의회의 위상확립과 더 나아가서 지방자치제도의 활성화에 기여해야 할 것이다. 또한 조례제정권에 대한 보다 체계적이고 효율적인 통제가 이루어질 수 있도록 관련 법규의 개정이 있어야 할 것이다.

10. 공정거래위원회 고발권의 헌법적 문제

- 헌재 1995. 7. 21. 94헌마191 「독점규제 및 공정거래에 관한 법률」 제71조 위헌확인[1] -

[目 次]

Ⅰ. 머리말

이 글은 공정거래위원회(이하 '공정위')의 전속고발권을 규정하고 있는 독점규제 및 공정거래에 관한 법률(이하 '공정거래법') 제71조의 문제점을 다룬 것이다. 전속고발권은 공정거래법 관련 사건의 경우 공정위 고발이 있어야 검찰기소가 가능하도록 한 제도를 말한다. 현 정부 들어와 또 다시 공정위의 전속고발제도의 존폐여부가 문제되고 있다. 현재로서는 공정위와 정부가 전속고발제를 원칙적으로 존치시키기로 했다. 주지하는 바와 같이 과거부터 공정위의 전속고발제도에 대한 논

1) 헌재 1995. 7. 21. 94헌마191, 판례집 7-2, 195.

란이 끊임없이 제기되어 왔다. 즉 공정위의 고발이 자의적이고 불평등하게 이루어지는 경우가 많아서 이것이 기업간의 불평등과 위화감을 조성하고, 건전하고 공정한 경제질서와 거래질서를 해치고, 소비자보호에 역행하며, 결국 공정위의 위상과 국민으로 부터의 신뢰를 저해하는 결과를 초래할 수 있기 때문에 차제에 공정위의 전속고발권을 제한·통제하거나 아예 폐지해야 한다는 주장이 그것이다. 이러한 주장은 많은 경우 법·경제정책적 이유에서 제기되지만 아울러 공정위의 전속고발제도 자체가 위헌이라는 헌법적 이유에서도 제기되고 있다. 따라서 위원회의 고발권을 규정하고 있는 공정거래법 제71조의 위헌성이 문제가 되는데, 1995. 7. 21. 헌법재판소가 이 문제를 다루었다. 그러나 헌재는 이 사건에서 절차적 이유로 사건을 각하하여 유감스럽게도 동조문의 위헌성이라는 본안문제는 다루어지지 않았다. 따라서 이 글의 목적은 아래에서 보는 바와 같이 공정위의 전속고발권이 정책적으로 타당하지 못할 뿐 아니라, 근본적으로 위헌이라고 논증함으로써 이번 기회에 공정위의 전속고발권을 확실하게 폐지시키고, 혹시 이 조항이 헌재의 심판대상이 될 경우 헌재가 과감하게 위헌결정을 내리도록 촉구하는 것이다.

Ⅱ. 헌재결정의 내용

1. 사건의 개요 및 심판의 대상

(1) 사건의 개요

청구인들은 가정주부들로서 청구인 방○영은 1994. 7. 5. 서울 동대문구 제기동 소재 ○○백화점 청량지점에서 우족 1개를 금 14,775원에, 청구인 오○수는 같은 달 9. 서울 강남구 압구정동 소재 ㅁㅁ백화점에서 버섯전골 1개를 금 2,500원에, 청구인 정○자는 같은 달 10. 같은 백화점에서 순두부찌개 1개를 금 2,000원에, 청구인 배국경은 같은 달 7. 서울 노원구 상계동 소재 ○○백화점에서 소○엽 1개와 소양 1개를 각각 금 2,440원 및 금 1,201원에, 청구인 이○자는 같은 달 6. 서울 노원구 중계동 소재 건영옴니백화점에서 삼계탕용 닭 1마리 및 닭날개 1개를 각각 금 2,500원 및 금 1,755원에 구입하였다.

그런데 위 각 백화점에서는 전날 판매하다 남은 정육, 해산물, 야채 등 포장식료품을 그 다음날 다시 판매하면서 그것이 마치 새로 들어온 신선한 상품인 것처럼 위장하기 위하여 가공일이 전날로 표시된 바코드라벨 및 비닐랩포장지를 뜯어내고 판매당일을 가공일로 표시한 바코드라벨을 부착하여 재포장하는 방법으로 소비자들을 기망하였고, 따라서 청구인들이 구입하였던 위 각 식료품도 모두 위와 같은 방법으로 가공일이 허위표시된 것이었다.

서울지방검찰청 북부지청은 위 각 백화점의 식료품 가공일자 변조행위를 인지하고 각 백화점의 식료품담당자 수명을 사기죄로 입건하는 한편 위 행위가 당시 시행중이던 독점규제및공정거래에관한법률(이하 공정거래법) 제23조 제1항 제6호 소정의 불공정거래행위에 해당하는 행위라고 판단하여 1994. 7. 15. 공정거래위원회에 대하여 위 각 백화점사업자에 대한 고발을 요청하였다.

그러나 검찰의 고발요청을 받은 공정거래위원회는 위 각 백화점의 행위가 공정거래법위반행위임을 확인한 다음, 1994. 8. 3. 위 각 백화점사업자에 대하여 식품가공일허위표시행위의 중지 및 법위반사실의 공표를 명하는 시정조치를 함과 동시에 각각 金 15,000,000원씩의 과징금을 부과하는 처분을 하였으나, 형사처벌을 위한 고발은 이를 하지 아니하였다. 그리하여 위 북부지청검사는 공정거래법 제71조에 따라 위 각 백화점사업자를 공정거래법위반죄로 기소하지 못하였다.

이에 청구인들은 1994. 9. 17. 공정거래법위반죄에 대하여 공정거래위원회의 고발을 소추요건으로 규정한 공정거래법 제71조에 의하여 직접 청구인들에게 헌법상 보장된 재판청구권 등의 기본권을 침해당하였다고 주장하면서 이 사건 헌법소원심판청구를 하였다.

(2) 심판의 대상

이 사건 심판의 대상은 공정거래법(1992. 12. 8. 개정. 법률 제4513호) 제71조가 청구인들의 기본권을 침해하였는가의 여부인바, 공정거래법 제71조의 규정내용은 다음과 같다.[2)]

---

2) 현행 공정거래법법률(2018. 6. 12, 제15694호)제71조(고발) ① 제66조 및 제67조의 죄는 공정거래위원회의 고발이 있어야 공소를 제기할 수 있다.
② 공정거래위원회는 제66조 및 제67조의 죄중 그 위반의 정도가 객관적으로 명백하고 중대하여 경쟁질서를 현저히 저해한다고 인정하는 경우에는 검찰총장에게 고발하여야 한다.
③ 검찰총장은 제2항의 규정에 의한 고발요건에 해당하는 사실이 있음을 공정거래위원회에 통보하여 고발을 요청할 수 있다.
④ 공정거래위원회가 제2항에 따른 고발요건에 해당하지 아니한다고 결정하더라도 감사원장, 중소벤처기업부장관, 조달청장은 사회적 파급효과, 국가재정에 끼친 영향, 중소기업에 미친 피해 정도 등 다른 사정을 이유로 공정거래위원회에 고발을 요청할 수 있다.
⑤ 제3항 또는 제4항에 따른 고발요청이 있는 때에는 공정거래위원회 위원장은 검찰총장에게 고발하여야 한다.
⑥ 공정거래위원회는 공소가 제기된 후에는 고발을 취소하지 못한다.

공정거래법 제71조(고발) 제66조 및 제67조의 죄는 공정거래위원회의 고발이 있어야 공소를 제기할 수 있다.

2. 청구인들의 주장 및 이해관계기관의 의견요지

(1) 청구인들의 주장

1) 공정거래법 제71조는 공정거래법위반이라는 범죄행위에 대하여 그 고발권자를 공정거래위원회로 한정함으로써 공정거래법위반행위에 의한 피해당사자의 형사재판을 받을 권리(헌법 제27조 제1항) 내지는 재판절차진술권(헌법 제27조 제5항)의 본질적 내용을 침해하고 있다.

2) 공정거래법위반행위 역시 본질적으로는 범죄행위임에 틀림없음에도 불구하고 공정거래법 제71조는 특히 공정거래법위반이라는 범죄행위에 대하여만 공정거래위원회의 고발을 공소제기의 요건으로 정함으로써 일반범죄행위자와 공정거래법위반행위자, 일반범죄의 피해자와 공정거래법위반죄의 피해자를 부당하게 차별대우하는 것으로서 헌법 제11조가 규정하고 있는 평등의 원칙에 위반된다.

3) 공정거래법 제71조는 준사법적 지위를 가지고 기소독점주의의 원칙에 따라 기능하는 검사로 하여금 소추기관으로서의 본연의 임무를 독자적으로 수행하지 못하고 공소제기의 여부를 순수한 행정기관인 공정거래위원회의 결정에 의존하게 함으로써 우리 헌법이 국민의 자유와 권리를 보장하기 위하여 그 기본원리의 하나로 채택한 권력분립주의에 위반된다.

4) 헌법은 소비자기본권에 관한 직접적 규정은 두고 있지 아니하나 일반적으로 헌법 제10조, 제124조, 제37조 제1항, 제23조 제1항, 제34조 제1항, 제36조 제3항 등에 의하여 보장되는 기본권으로 보는 것이 헌법학계의 통설적 견해이고, 위와 같은 헌법규정을 근거로 하여 제정된 소비자보호법은 소비자의 기본적 권리로서 안전의 권리, 자유선택권, 의견반영권, 피해보상권, 소비자운동권 등을 규정하고 있다.

공정거래법 제71조는 결국 사업자인 백화점측이 식품의 가공일을 허위표시하여 소비자인 청구인들을 기만한 불공정거래행위에 대한 면책의 근거를 마련하여 주는 것으로서 그로 인하여 청구인들은 공정한 가격으로 양질의 품질을 적기에 구입할 수 있는 헌법상의 소비자기본권을 침해당하였다.

(2) 공정위의 의견

1) 적법요건에 대하여

법률은 이에 따른 구체적 집행행위를 기다리지 아니하고 직접 현재 자기의 기본권을 침해하는 것, 환언하면 법률 그 자체에 의하여 자유의 제한, 의무의 부과, 권리 또는 법률상의 지위의 박탈효과가 생기는 경우에 위헌이라 할 것인바, 공정거래법위반사실에 대하여는 공정거래위원회의 고발이 있어야 공소를 제기할 수 있다는 공정거래법 제71조는 그 자체로서는 직접 청구인들의 기본권인 자유권을 제한하거나 의무를 부과하지 아니함은 물론 어떠한 권리 또는 법률상의 지위도 박탈하는 것이 아니므로 위 법률조항에 대한 청구인들의 이 사건 헌법소원심판청구는 자기관련성 내지는 직접관련성이 결여되어 부적법한 것이다.

2) 본안에 대하여

공정거래법은 기본적으로 시장에 있어서의 완전경쟁을 확보하고 공정한 거래질서를 확립하는 것을 입법목적으로 하고 있으므로, 공정거래법위반행위에 대하여는 우선 그 위반사실을 시정하도록 권고 유도하여 일탈된 거래질서를 회복시키는 것이 긴요하며 당해 행위자에 대한 형사처벌은 그러한 시정조치가 있었음에도 불구하고 이에 불응하는 경우나 위반행위가 거듭되거나 지극히 중대하여 시정조치 등의 행정조치만으로는 그 시정의 효과를 거두기 어렵다고 판단되는 경우에 비로소 그 필요성이 인정되는 것이다.

국민의 경제활동은 기본적으로 자유스러운 것이며 그 제한은 필요한 최소한도에 머물러야 하는 것이고 공정거래법의 운용도 이와 같은 기본 입장에서 사업자의 경제활동을 부당하게 위축시키는 일이 없도록 국가의 기본적인 경제질서인 자유로운 시장경제체제를 유지한다는 기본방향에 부합하여야 할 것인바, 그러한 정책의 실현을 위한 수단의 선택, 즉 일탈된 거래질서를 회복하고 정상화하기 위하여 형벌이라는 정책수단까지 동원하여야 할 것인지의 여부는 경제질서의 유지를 직접 그 소관으로 하는 기관의 전문적인 판단에 맡기는 것이 상당하므로 그러한 취지를 규정하고 있는 공정거래법 제71조는 헌법에 위반될 여지가 없다.

3. 주 문

청구인들의 심판청구를 각하한다.

4. 판시사항

(1) 헌법재판소법 제68조 제1항에 의한 헌법소원의 요건
(2) 공정거래법 제71조의 위헌 여부에 대한 헌법소원의 적부

5. 결정요지

(1) 법정의견

1) 헌법재판소법 제68조 제1항에 의하여 법률 또는 법률조항에 대한 헌법소원을 제기하기 위하여는 그 법률 또는 법률조항에 의하여 구체적인 집행행위를 기다리지 아니하고 직접, 현재의 자기의 기본권을 침해받아야 하는 것을 요건으로 하고, 여기서 말하는 기본권침해의 직접성이란 집행행위에 의하지 아니하고 법률 그 자체에 의하여 자유의 제한, 의무의 부과, 권리 또는 법적 지위의 박탈이 생긴 경우를 뜻한다.

2) 공정거래법 제71조는 공정거래법 위반이라는 범죄행위에 대하여 공정거래법의 집행기관인 공정거래위원회의 고발이 있어야 공소를 제기할 수 있다는 규정, 즉 공정거래법위반죄의 소추요건을 규정하고 있는 것에 불과하므로, 위 조항 자체를 대상으로 하는 헌법소원청구는 직접관련성이 결여된 부적법한 것이다.

(2) 재판관 조승형의 반대의견

공정거래법 제71조가 공정거래위원회의 고발이 있어야 공소를 제기할 수 있다고만 규정하고 있어 비록 국민의 기본권에 대한 침해의 직접성은 인정되지 않는다 하더라도, 같은 법에 일반피해자가 위원회의 고발 여부의 결정에 대하여 이의를 제기할 수 있는 방법에 관하여 아무런 규정도 두고 있지 아니하므로, 공정거래법 제71조의 규정은 그 집행행위를 대상으로 하는 구제절차가 없거나 구제절차가 있다 하더라도 권리구제의 기대가능성이 없는 경우로 보아 헌법소원의 직접대상으로

보아야 한다.

Ⅲ. 헌재결정의 문제점

이 사건 헌법소원심판청구의 적법성을 살피건대 법률 또는 법률조항 자체가 헌법소원의 대상이 될 수 있으려면 그 법률 또는 법률조항에 의하여 구체적인 집행행위를 기다리지 아니하고 직접, 현재, 자기의 기본권을 침해받아야 하는 것을 요건으로 하고, 여기서 말하는 기본권침해의 직접성이란 집행행위에 의하지 아니하고 법률 그 자체에 의하여 자유의 제한, 의무의 부과, 권리 또는 법적 지위의 박탈이 생긴 경우를 뜻한다고 보는 것이 일반적인 원칙이고, 이는 헌법재판소가 확립하고 있는 판례이다.[3)]

이러한 시각에서 볼 때 다수의견이 지적한 바와 같이 이 사건 심판의 대상인 공정거래법 제71조는 공정거래법 위반이라는 범죄행위에 대하여는 공정거래법의 집행기관인 공정거래위원회의 고발이 있어야 공소를 제기할 수 있다는 규정, 즉 공정거래법 위반죄의 소추요건을 규정하고 있는 것에 불과하므로, 그 규정 자체만으로는 자유의 제한, 의무의 부과, 권리 또는 법적 지위의 박탈 등 기본권침해와 관련한 어떠한 내용도 이를 포함하고 있다고 볼 수 없는 것이라는 점에서 외관상 국민의 기본권에 대한 침해의 직접성은 인정되지 않는다고 볼 수 있다.

그러나 다른 한편 구체적인 집행행위가 존재한다고 하여 언제나 반드시 법률 자체에 대한 헌법소원심판청구의 적법성이 부정되는 것은 아니고 예외적으로 집행행위가 존재하는 경우에도 그 집행행위를 대상으로 하는 구제절차가 없거나 구제절차가 있다고 하더라도 권리구제의 기대가능성이 없고 다만 기본권침해를 당한 자에게 불필요한 우회절차를 강요하는 것밖에 되지 않는 경우로서 당해 법률에 대한 전제관련성이 확실하다고 인정되는 때에는 당해 법률을 헌법소원의 직접대상으로 삼을 수 있다고 하는 것 또한 헌법재판소의 확립된 판례이다.[4)]

이러한 입장에서 이 사건의 경우를 보면, 비록 다수의견이 지적하는 것처럼 공정거래법 제71조가 고발 여부라는 집행행위를 거침으로써 국민의 기본권을 침해하는지 여부가 정해지는 것이어서 침해의 직접성이 없다고 하더라도 동 조문은 공정위의 고발이 있어야 공소를 제기할 수 있다는 취지만을 규정하고 있을 뿐, 같은

3) 헌재 1992. 11. 12. 91헌마192 참조.

4) 헌재 1992. 4. 14. 90헌마82, 판례집 4, 194(202) 참조.

법 어느 조항을 보더라도 일반 피해자가 공정위에 고발할 것을 신청할 수 있다거나 신청기각이나 고발의 결정이 되었을 때에 이의신청을 할 수 있는 불복방법과 절차에 관하여 아무런 규정을 두고 있지 아니하므로 구제절차가 있을 수 없다.

한편 공정위가 고발하지 아니한 행위를 일종의 행정부작위라 하여 행정심판법 제3조, 행정소송법 제4조 제3호 소정의 구제절차를 밟을 수 있는 경우라고 상상할 수도 있으나, 위 구제절차의 대상이 되는 행정부작위라고는 볼 수는 없으므로 이 사건의 경우는 구제절차가 있는 경우라고 보기 어렵다. 즉 행정심판 및 행정소송의 대상이 되는 행정부작위라 함은 당사자가 신청하면 행정청이 상당한 기간 내에 일정한 처분을 하여야 할 법률상 의무가 있음에도 불구하고 아무런 처분을 아니한 행정부작위를 말하는 것이며, 당사자의 신청이란 법령규정에 따른 적법한 신청을 말하는 것이나 앞에서 본 바와 같이 공정거래법상에는 피해자가 공정위에 고발요구를 하거나 신청할 수 있는 규정이 없으므로, 위의 구제절차를 밟을 수 없기 때문이다. 따라서 이 사건의 경우는 반대의견이 적절히 지적한 바와 같이 그 집행행위를 대상으로 하는 구제절차가 없거나 구제절차가 있다고 하더라도 권리구제의 기대가능성이 없는 경우로 보아 헌법소원의 직접대상으로 보아야 할 것이다.

이상과 같은 이유로 이 사건 헌법소원심판청구는 적법하게 제기된 것이므로 다수의견과 같이 청구를 각하할 것이 아니라 본안에 관하여 판단하여야 할 것이다.

Ⅳ. 전속고발권제도의 정책적 타당성 유무

얼마 전 대선을 앞두고도 재벌개혁 등 경제민주화 바람이 불면서 공정위의 전속고발권의 존폐 여부가 또 다시 문제가 되었다. 그전 2012 대선에서 '중대범죄에 한해 전속고발권을 폐지해야 한다'던 더불어민주당은 이번 대선을 앞두고 전면 폐지란 강수를 들고 나온바 있다. 폐지되면 공정거래 관련 법 위반 사건을 누구나 검찰에 고발할 수 있게 된다.

2012년 대선에서 전속고발권 논란이 불거진 것은 이명박 정부의 4대강 사업에서 공정위가 둔 자충수 때문이라고 볼 수 있다. 2012년 6월 이명박 정부가 적극 추진하던 4대강 사업에서 무더기 담합이 적발됐지만 공정위는 "조사에 성실히 협조했다"는 등의 석연치 않은 이유로 해당 사업자들을 고발하지 않았다. 그래서 당시 새누리당이 들고 나온 것이 전속고발권 폐지였지만 박근혜 대통령 당선 후 대통령직인수위원회 활동을 거치며 의무고발제로 조정됐다. 2013년 공정거래법 제71조

제4항, 제5항의 개정을 통해 검찰 · 중소기업청 · 조달청 · 감사원이 공정위에 고발 요청을 하면 공정위가 의무적으로 검찰에 고발을 하도록 바뀐 것이다.

당시부터 야당과 시민단체 등 전속고발권 폐지를 주장하는 쪽은 고발권한을 쥔 공정위가 대기업의 불공정 행위를 충분히 제재하지 못하고 있다고 주장해 왔다.

이에 대해 공정위는 의무고발제 도입으로 이미 전속고발과 관련한 공정위의 재량이 사라졌다고 반박해 왔다. 감사원 · 조달청 · 중기청은 공정위가 고발 요건에 해당하지 않는다고 판단해도 사회적 파급효과, 중소기업 피해 정도 등을 이유로 고발을 요청할 수 있는 점 등이 그 근거다.

여기서는 전속고발권제도의 존폐 여부를 그 정책적 타당성 측면에서 분석하고자 한다. 즉 이 제도가 본래의 소기의 목적을 달성하고 있는가의 여부, 즉 제도의 타당성과 효율성의 바탕위에서 그 존폐 여부를 다루는 것이다.

1. 폐지론

전속고발권은 본래의 기능을 제대로 수행하지 못하기 때문에 폐지되어야 한다는 주장이다. 지금까지 공정거래법을 위반한 기업의 행위에 대해서는 지나치게 약한 제재만 부과되었을 뿐이고 여기에는 물론 거의 활용되지 못한 형벌도 포함된다. 따라서 형사처벌이 필요한 정도의 위법행위에 대해서는 검찰이 자체적인 판단에 따라 수사할 수 있도록 하고, 동시에 피해 당사자인 개인이 직접 고소 · 고발할 수 있도록 하여야 법위반행위에 대해 효과적인 제재가 이루어짐은 물론 소비자의 권리도 두텁게 보호할 수 있게 된다는 것이다.

폐지론에 따르면 전속고발권 제도를 둔 입법례는 일본이 유일한데, 공정거래법이 만들어진 미국이나 유럽의 입법체계가 아닌 일본의 공정거래법을 계수하는 과정에서 일본 공정거래법에 독특한 전속고발권에 대한 비교법적 검토를 충분히 하지 않고 그대로 계수했다고 본다.[5] 공정거래법 체계를 처음 만든 미국은 법무부 반독점국이 시장지배남용행위, 입찰조작, 시장분할 등에 대한 감독과 형사처벌을 담당하고, 연방거래위원회는 불공정행위 감독과 행정처분의 집행을 수행한다. 주 법무부와 공정거래위원회도 공정거래 사건을 처리하고 있어 미국은 다원적인 공정거래 집행체계를 가지고 있는 평가다.[6]

---

5) 김남근, 전속고발권을 폐지와 검찰과 공정행정 협력체계의 필요성, 공정거래위원회의 전속고발권 관련 공청회자료, 국회정무위원회, 2017. 2. 20, 7쪽.

6) 김남근, 앞의 글, 7쪽. 불공정거래행위에 대한 규제와 관련한 비교법적 고찰에 대하여는 손수진, 공

한편 미국은 공정거래위원회가 조사하지 않는다고 하더라도 독과점이나 담합 등 셔먼법 위반이나 형사법상 고의적으로 상대방에 해를 입하는 사해행위(fraudulent act)에 해당하는 불공정행위에 대해서는 연방검찰이나 주검찰이 수사를 할 수 있으므로 신고인(고발인)의 재판청구권이 침해되지는 않지만, 우리의 경우 공정위가 조사를 하지 않을 경우 따로 검찰에 고소를 통해 수사를 구할 수 없어 국민의 재판청구권이 침해될 수 있다는 주장도 제기된다.[7)]

강제조사권이 없는 공정위는 공정거래 사건의 사실조사나 증거수집에서 한계를 보이고 있다는 주장도 있다.[8)]

불공정행위 사건은 신속한 조사로 불공정행위를 중단시키고 피해복구를 하지 않으면 피해를 입은 중소기업이 문을 닫게 되는데, 2010년 평균 112일이던 공정거래 사건처리기간은 2015년 240일로 계속 늘어지고 있다. 2013년 전속고발권 폐지의 대안으로 고발요청권이 확대되었으나 3년간 조달청 3건, 중소기업청 9건, 감사원 0건에 불과했다는 통계도 전속고발권의 폐지 사유로 제시된다.[9)]

2. 존치론

먼저 공정위라는 행정기관에게 특정범죄에 대한 전속고발권을 인정하는 취지는 특정범죄의 처벌 필요성에 대한 판단에 있어 관련 행정기관에 우선적 판단을 허용함으로써 형사적 제재에 앞서 자율적·행정적 제재수단을 활용할 수 있도록 하는 것이 일반적인 형벌권 행사에 의한 통제보다 효율적이라는 점에 비추어 전속고발권은 해당 영역에서의 자율성확보와 효율적인 범죄억지라는 양자 사이의 조화를 도모하는 형사정책적 기능을 담당하며, 나아가 수사기관에 의한 무리한 형사소추를 억지할 수도 있는 소극적 통제기능도 갖기 때문에 정책적 타당성이 인정된다고 한다.[10)]

또한 공정거래법 위반행위에 대한 규제의 범위와 수위가 지속적으로 강화되고 있는 현재의 실정을 고려해 볼 때, 지금의 상황에서 당장 전속고발권 제도를 폐지하게 되면 공정거래사범에 대한 사법적 규제의 부담이 지나치게 늘어날 우려가 있

정거래법상 전속고발제도에 관한 연구, 법과 정책연구, 2011. 3. 30, 124쪽 이하 참조.

7) 김남근, 앞의 글, 9쪽.

8) 김남근, 앞의 글, 10쪽.

9) 김남근, 앞의 글, 8쪽.

10) 강명수, 공정거래위원회의 전속고발권, 형사법의 신동향, 2013. 12. 31, 230쪽.

다는 주장도 제기된다.[11)]

아울러 전속고발제를 전면 폐지하게 되면 악의적 이해관계자의 무분별한 고소·고발만 증가할 것이고,[12)] 그렇지 않아도 중소기업 간 분쟁 증가에 따른 사회 혼란, 국가 기관의 신뢰 저하, 공정위 역할 상실에 의한 시장 혼란, 소상공인에 대한 경영압박 등의 부작용이 발생한다는 것이다.[13)]

한편 전속고발제 폐지는 원활한 시장경제를 위한 공정위 본연의 역할을 약화시키고 결과적으로 더 큰 시장 혼란이 발생한다는 것이다. 특히 카르텔을 판단하고 시정하는 것이 공정위의 가장 큰 역할이고, 카르텔 사건은 면책에 기초한 리니언시 제도[14)]가 중요 역할을 하는데 전속고발제 전면폐지로 검찰의 기소가 가능하면 면책이 불가능해지기 때문에 리니언시 제도는 실효성을 상실하게 되고, 리니언시 제도가 실효성을 상실하면, 카르텔은 검찰의 영역으로 넘어가는 결과를 가져오며 이결과 법률로 경제행위를 판단하게 된다는 것이다.

따라서 전속고발권 폐지보다는 보완책을 제시해야 한다고 한다. 예컨대 현재 공정위는 500여 명의 인력으로 연간 2천 건 이상의 전속고발을 처리하는데 전속고발제 전면폐지보다 공정위의 인력과 예산 확충이 더 효과적일 수 있고, 현재 경제, 법 전문가로 구성된 비상임위원에 중소기업 현장 전문가를 활용하는 것을 고려해야 하며, 현장의 목소리와 정책 수요에 답하기 위해 민간(중소기업중앙회, 대한상공회의소)에 고발권을 부여하는 것을 검토해야 한다는 것이다.[15)]

한편 전속고발권 폐지는 '고발을 쉽게 하면 대기업의 불공정 행위를 차단할 수 있다'는 데 기반을 두고 있으나 실효성이 의문시된다는 지적도 있다. 2011년 하도급법에 징벌적 손해배상제가 도입됐으나 도입 후 법원에서 인정된 적이 없다. 원청업체와의 거래 중단을 우려한 하도급업체가 신고 자체를 꺼릴 뿐만 아니라 증거수집 능력의 한계로 재판에서 이긴다는 확신도 적기 때문이다. 하도급업체 입장에서는 손해가 충분히 배상받는다는 확신 없이는 수년간 막대한 소송비용을 감당할

11) 강명수, 앞의 글, 241쪽.

12) 주진열, 공정거래법 형사집행과 전속·의무고발제, 공정거래위원회의 전속고발권 관련 공청회자료, 국회정무위원회, 2017. 2. 20, 36쪽.

13) 오동윤, 전속고발권 전면폐지에 관한 의견, 공정거래위원회의 전속고발권 관련 공청회자료, 국회정무위원회, 2017. 2. 20, 28쪽 이하.

14) 담합 자진신고자 감면제도. 즉 담합행위를 스스로 신고한 기업에게 과징금을 감면이나 면제해 주는 것 또는 그 제도를 말함. 한국은 80%, 미국은 90%를 리니언시 제도에 기초해 카르텔 사건을 처리함.

15) 김윤정, 전속고발권 폐지 관련 공정거래법 개정안에 관한 의견, 공정거래위원회의 전속고발권 관련 공청회자료, 국회정무위원회, 2017. 2. 20, 17쪽.

유인이 없고 원청업체도 '버티면 된다'는 태도를 취할 가능성이 높다. 공정거래법 전반에 징벌적 손해배상을 강화하고 집단소송을 도입해야 한다는 지적이 나오는 이유다.[16)]

손해배상 상향과 동시에 필요한 것으로 경제적 약자의 증거입증 능력 강화를 들기도 한다. 피해업체의 증거수집능력을 강화하는 내용의 미국식 디스커버리 제도(재판 개시 전에 당사자 양측이 가진 증거 · 서류를 공개해 쟁점을 명확히 하는 제도) 등도 대안으로 거론된다. 이 제도가 도입되면 사건과 관련된 상대방의 내부자료 일체를 열람할 수 있어 그간 증거입증의 벽에 가로막혔던 중소기업이 보다 수월하게 자신의 피해사실을 입증할 수 있다. 또한 민사상 법적 처벌이 강화될 경우 법 위반 기업이 막대한 피해를 줄이기 위해 조정 · 중재에 적극적으로 임해 사건이 신속하게 해결되는 경우도 늘어날 수 있다는 대안이 제시되기도 한다.[17)]

3. 결 론

위에서 언급한 바와 같이 폐지론과 존치론 모두 나름대로의 일리가 있지만, 전체적으로 폐지론의 설득력이 더 크다고 여겨진다. 이는 전속고발권 제도가 소기의 목적을 달성하지 못하고 오히려 상당한 부작용을 초래하고 있기 때문이다. 즉 공정위가 경제력 집중, 시장지배력 남용, 불공정행위 등의 예방과 감독의 기능을 제대로 수행하지 못하고 있는데도, 검찰이나 중소기업청, 조달청 등 다른 행정기관들이 공정거래 사건을 조사 · 처리하는 것마저 봉쇄하는 기능을 전속고발권이 이행하고 있기 때문이다.

(1) 먼저 위에서 소개한 폐지론에서도 주장되고 있듯이 지금까지 공정거래법을 위반한 기업의 행위에 대해서는 지나치게 약한 제재만 부과되었을 뿐인데, 이렇게 된 이유 가운데 하나는 공정위가 전유하고 있는 고발권을 제대로 활용하지 않았기 때문이다. 이는 그동안의 공정위의 고발통계만 보면 알 수 있다. 1981년 설립되어 활동을 시작한 공정위는 지난 2010년까지 모두 56,527건을 처리하였다. 그리고 이 가운데 사건을 검찰에 고발한 건수는 491건으로 전체 사건의 0.9%에 해당하는 정도이다. 이 중 다시 검찰에 의해 기소된 사건은 모두 382건으로 고발 건수의 약 78% 정도가 여기에 해당한다.[18)] 위의 통계에서 잘 드러나는 것처럼, 문제의 핵심

16) 조형국, "대선 앞, 다시 고개 든 '공정위 전속고발권' 존폐 논의", 경향신문, 2017. 1. 17.

17) 조형국, 앞의 글.

18) 이러한 통계에 대해 자세한 것은 손수진, 앞의 논문, 119쪽 이하; 최정학, 공정거래위원회의 전속고

은 공정위의 고발 건수가 너무 작다는 데에 있다. 그에 따라 형사제재가 부과되는 공정거래법 위반행위도 별로 많지 않게 된다. 더군다나 지금까지 부과된 형사제재도 그리 무겁지 않았다는 사정을 감안하면, 이것은 공정거래법의 주요 내용의 위반행위에 대해서 형벌을 부과할 수 있도록 한 입법취지와는 크게 모순되는 것이라 할 수 있을 것이다. 그러므로 이러한 현상을 해결하기 위해서 공정위의 전속고발권을 폐지하자는 주장이 설득력이 있는 것이다.

(2) 공정위의 전문성 및 독립성과 관련하여 의문이 제기된다. 물론 원론적으로 공정거래법에 관한 한 공정위가 높은 전문성을 가지고 있는 것을 부인할 수는 없을 것이다. 그러나 다른 한편 현재의 공정위가 실제의 그 인적구성에서 전문성이 크게 부족하다는 지적도 있다.[19] 특히 현재의 위원회에 대해서는 첫째, 위원들의 수가 너무 많고 그 임기는 짧으며, 둘째, 위원장이 국무회의에 출석하여 발언해야 하고, 셋째, 위원들 간에 위원장, 부위원장, 일반위원으로 서로 구별되고 위원장이 일반위원들의 임명절차에 관여한다는 점 등에서 그 내부적인 독립성에 문제가 있다는 견해가 있다.[20] 이러한 입장에 따른다면 공정위의 판단이 그 공정성이나 형평성에서 문제가 없다고 보기는 어렵고, 더욱이 위원회가 외부적인 영향력에서 자유롭지 못하다면 구체적인 사건의 심의, 의결이나 정책의 집행과정에서 일정한 방향으로의 편향이나 왜곡까지도 우려될 수 있는 것이다.

(3) 한편 존치론의 논거로 주장되고 있듯이 검찰의 전문성 부족이 문제될 수 있다. 그런데 기업범죄나 경제범죄에 대한 수사와 관련하여 이미 일선 지방검찰청의 특수부를 중심으로 여러 기업범죄에 대해 수사 경험이 있는 검찰 입장에서는 크게 문제될 것이 없다고 볼 수 있다.[21]

다른 한편 전체 시장질서나 경쟁 제한성과 관련한 전문적 판단능력과 관련해서는 검찰로 하여금 수사도중 혹은 수사종결시점에 공정위와 협의 또는 자문을 거치게 하거나 또는 처음부터 공정위가 해당 사건에 관한 의견을 직권 또는 검찰의 요청으로 제출할 수 있게 하는 방법 등의 보완책이 마련될 수 있을 것이다.[22] 사실

발권 존폐론 검토, 형사법연구, 2011. 9. 30, 313쪽 이하 참조.

19) 권오승, 공정거래위원회의 독립성과 전문성, 권오승 편, 공정거래와 법치, 법문사, 2004, 996쪽 이하 참조.

20) 권오승, 앞의 논문, 992쪽.

21) 그동안 경찰 송치사건을 다루는 형사부에서 다루던 공정거래 사건을 검찰도 2015년부터 서울중앙지검에 공정거래전담부를 신설하여 전문성을 축적해 가고 있다고 함. 김남근, 앞의 글, 10쪽.

22) 손수진, 앞의 논문, 127쪽.

이미 검찰과 공정위 사이에는 1995년 이래 고발사건을 협의하기 위한 '공정거래사범 협의회'가 설치되어 있다. 다만 이것이 효과적으로 활용되어 오지 못한 것이 문제일 뿐이다.[23)]

전속고발권 폐지 반대의 주요 논거는 검찰이 실질적 경쟁제한성 침해 등 공정거래 사건 위법성 심사에 필요한 경제적 영향분석 등에서 전문성이 결여되어 있다는 것이다. 하지만 전문성은 행정기관 사이에 협력을 통해 보완해야 할 문제이지 어느 한 행정기관이 독점적 행정권한을 가져야 할 근거는 되지 못한다.[24)] 예컨대 검찰이 담합행위, 시장지배적 남용행위, 기업결합, 지주회사 행위규제 위반 등을 수사할 때는 공정위의 경쟁제한성 침해나 경제적 파급효과 등에 관한 전문의견을 받아 수사를 진행하고 기소 여부를 결정하면 된다.

세계적으로 보편적인 공정거래 집행체계는 검찰과 공정거래위원회의 협력체계이다. 미국은 1948년부터 '업무연결 프로그램'을 통해서 산업에 대한 상대적 전문성, 인적자원의 가용성, 각 기관의 정책적 관심 등을 기준으로 사건의 성격에 따라 역할을 분담하고 있다는 주장이 설득력있게 제기된다.[25)]

(4) 다음으로 전속고발권을 폐지하고 검찰에 수사권을 인정할 경우에 과잉수사 또는 남소의 우려가 있다는 지적이 있다. 하지만 이것은 지나친 기우라고 생각한다. 지금까지 기업범죄 일반에 대해 보여준 검찰의 태도를 생각할 때, 검찰은 자체적으로 사건의 기소 필요여부를 판단할 것이고, 이것이 정상적인 기업활동을 위축시킬 정도로 무리하게 이루어질 것이라고는 예상되지 않는다. 마찬가지로 설령 개인피해자들이 지나치게 고소를 한다 하더라도 검찰은 스스로의 기준에 따라 사건을 적당히 걸러내는 역할을 하게 될 것이다. 보다 근본적으로 공정거래법 위반행위는 '과잉 범죄화'가 아니라 '과소 범죄화'가 문제라는 점을 환기할 필요가 있다. 이미 서두에서 살펴 본대로 지나치게 적은 수의 사건만이 형사화되고 그것도 아주 미약하게 처벌되는데 그치고 있는 것이다. 따라서 적어도 현재의 법률 아래에서 좀 더 많은 형사사건이 발생하더라도 큰 문제는 없다고 볼 수 있다.[26)]

한편 전속고발권이 폐지되면 공정거래법 관련 사건에 대한 고소·고발이 난무하고 기업에 대한 처벌이 강화되어 기업활동이 위축될 것이라는 주장이 있는데, 실

23) 최정학, 앞의 논문, 323쪽 이하.

24) 같은 견해 손수진, 앞의 논문, 127쪽.

25) 김남근, "전속고발권－시장독점을 감독하는 공정위의 행정독점", 대한변협신문, 2017. 3. 13. 10쪽.

26) 최정학, 앞의 논문, 325쪽.

제로 공정거래법 위반으로 기소된 사건 절반가량이 약식명령청구에 그치며 1심 법원에서 실형 선고를 받은 사례가 없다는 점을 감안하면, 전속고발권 폐지로 고발 문턱을 낮춘다 해도 공정거래법 위반 기업에 대한 처벌 강화로 이어지지 않을 수도 있다.[27]

(5) 전속고발권의 폐지로 개인의 권리가 증진될 수 있다. 현재 공정거래법 위반행위의 대부분이 시정조치 등의 행정제재로 처리되고 개인의 피해에 대해서 보장되어 있는 손해배상제도도 별반 활용되고 있지 못함을 고려할 때, 형사고소의 허용은 개인의 직접적인 사적구제에 상당한 도움이 될 수 있을 것이다.[28]

(6) 전속고발제도로 인하여 공정거래법 제66조나 제67조 소정의 행위보다 행태가 가벼운 제68조나 제69조의 죄에 대해서는 공정위의 고발이 없더라도 검찰이 바로 기소할 수 있는 불합리한 결과를 초래할 수도 있다.[29]

(7) 한편 전속고발권을 존치시키되 이의 보완책의 하나로 제시되고 있는 고발권의 확대도 문제가 있다. 즉 고발권을 다른 기관에로 확대하자는 주장은, 전속고발권의 가장 큰 근거가 공정위의 전문성에 있음을 감안할 때, 해당 단체의 전문적인 역량에 관한 시비가 계속해서 제기될 가능성이 있다. 또 이 경우에는 전속고발권을 폐지해서 개인 피해자에게 고소권을 인정할 때의 문제점으로 주장되는 남소의 가능성이나 기업활동의 위축 등도 여전히 피할 수 없을 것이다.[30]

V. 공정거래법 제71조의 위헌 여부

위에서 다룬 공정위의 전속고발권의 정책적 타당성 여부의 문제와는 별도로 이 제도의 위헌 여부가 문제될 수 있다.

1. 헌법재판소의 입장

헌재는 고발권불행사 위헌확인 사건에서 "… 공정거래법위반행위는 기업의 영업활동과 밀접하게 결합되어 있거나 영업활동 그 자체로서 행하여지기 때문에, 그

27) 조형국, 앞의 글.
28) 최정학, 앞의 논문, 330쪽.
29) 손수진, 앞의 논문, 124쪽.
30) 최정학, 앞의 논문, 319쪽.

에 대하여 무분별하게 형벌을 선택한다면 관계자나 관계기업은 기업활동에 불안감을 느끼게 되고 자연히 기업활동이 위축될 우려가 있고, 그렇게 되어서는 공정거래법 제1조에서 말하는 '공정하고 자유로운 경쟁을 촉진'하는 것도, '기업활동을 조장'한다는 것도 불가능하게 될 것이므로, 공정거래법위반행위에 대한 형벌은 가능한 한 위법성이 명백하고 국민경제와 소비자일반에게 미치는 영향이 특히 크다고 인정되는 경우에 제한적으로 활용되지 아니하면 아니된다는 측면도 이를 간과할 수는 없다고 할 것이다. 공정거래법위반죄를 친고죄로 하고 공정거래위원회만이 고발을 할 수 있도록 한 전속고발제도는 이와 같은 제사정을 고려하여 독립적으로 구성된 공정거래위원회로 하여금 거래행위의 당사자가 아닌 제3자의 지위에 있는 법집행기관으로서 상세한 시장분석을 통하여 위반행위의 경중을 판단하고 그때그때의 시장경제상황의 실상에 따라 시정조치나 과징금 등의 행정조치만으로 이를 규제함이 상당할 것인지 아니면 더 나아가 형벌까지 적용하여야 할 것인지의 여부를 결정하도록 함으로써 공정거래법의 목적을 달성하고자 하는 데 그 취지가 있다고 할 것이다."라고 판시함으로써 공정위의 전문성과 독립성 등을 근거로 공정위의 전속고발권제도의 원칙적인 합헌성을 긍정하고 있다.[31)]

이에 반하여 조승형 재판관은 별도의견을 통해 "… 공정거래위원회의 전속고발제도를 규정한 독점규제및공정거래에관한법률 제71조가 헌법 제124조가 예정하고 있는 소비자기본권과 행복추구권, 평등권, 소비자인 피해자의 재판절차진술권을 침해하는 규정임을 이유로 이 사건 심판청구를 기각하여야 한다고 생각한다."라고 주장함으로써 공정위의 전속고발제도를 위헌이라고 보고 있다.[32)]

2. 공정거래법 제71조의 위헌성

헌재의 별도의견에서도 주장되고 있듯이 공정위의 전속고발제도는 위헌이라고 생각된다.

(1) 소비자의 권리와 관련하여

먼저 공정거래법 제71조가 소비자의 권리를 침해했는지의 여부가 문제될 수 있다. 소비자라 함은 사업자[33)]가 제공하는 물품 또는 용역을 소비생활을 위하여 사

31) 헌재 1995. 7. 21. 94헌마136, 판례집 7-2, 169(178).

32) 헌재 1995. 7. 21. 94헌마136, 판례집 7-2, 169(181).

용하는 자로서 사업자에 대립하는 개념이라고 할 수 있다.[34] 그리고 소비자의 권리 내지 소비자기본권이라 함은 소비자가 그들의 인간다운 생활을 영위하기 위하여 공정한 가격으로 양질의 상품 또는 용역을 적절한 유통구조를 통하여 적기에 구입하거나 사용할 수 있는 권리를 말한다.[35]

주지하는 바와 같이 오늘날의 독점자본주의 경제체제하에서의 경제구조는 대량생산 · 대량판매 · 대량소비를 특징으로 하고 있다. 이러한 상황에서 소비자대중은 유해 · 불량 · 위험 · 불공정가격의 상품 또는 용역으로 말미암아 생명 · 건강 · 재산 등에 심각한 피해를 입을 가능성에 항상 노출되어 있다. 그런데 소비자들은 자기보호의 능력이 결핍된 비조직적인 단계에 머물고 있을 뿐 아니라 정보에 어두워 스스로의 권리행사마저 포기하지 않을 수 없는 무력한 위치에 처해 있으며, 거대한 재벌기업에 비하여 약자로서의 소비자는 일방적으로 희생을 강요당하는 처지에 있다고 볼 수 있다.[36] 이런 상황에서 사업자와 소비자간의 불평등성을 외면한 채 시민법상의 개별적인 당사자 해결방식만을 고집하는 것은 우리 헌법상의 기본원리의 하나인 사회국가원리의 핵심적인 내용으로서의 경제민주화와 정의사회의 이념에 정면으로 위배되는 것이라고 할 수 있다. 따라서 거대한 재벌기업의 횡포로부터 무력한 소비자들을 보호하고 그들의 피해를 예방하기 위한 정책적 배려와 함께 소비자의 권리를 기본적 인권의 차원에서 확보해야 할 필요성이 절실한 것이다.[37] 즉 소비자의 권리를 헌법상의 독자적인 기본권으로 고양시켜 보장하여야 하는 것이다. 소비자의 권리가 헌법상의 기본권으로 확립되고 보장될 때에 비로소 경제민주화와 정의사회구현을 통한 헌법상의 기본원리로서의 사회국가원리가 실현되고, 인간의 존엄과 가치, 행복추구권 및 재산권, 인간다운 생활을 할 권리, 범죄피해자구조청구권 등 여타의 관련기본권이 실효성 있게 보장될 수 있으며, 결국 헌법이 지향하는 사회공동체의 통합이 촉진될 수 있는 것이다. 이에 따라 현행 헌법에서 소비자보호운동에 관한 규정을 두게 되고, 이를 실천하기 위하여 소비자기본법이 제정 · 시행되고 있다.

그런데 이에 관한 헌법규정인 제124조는 “국가는 건전한 소비행위를 계도하고

---

33) 여기서 사업자라 함은 물품을 제조 · 수입 · 판매하거나 용역을 제공하는 자를 말한다(소비자기본법 제2조 2호 참조).

34) 소비자기본법 제2조 1호 참조.

35) 권영성, 헌법학원론, 1995, 500쪽.

36) 구병삭, 신헌법원론, 1993, 522쪽.

37) 권영성, 앞의 책, 501쪽.

생산품의 품질향상을 촉구하기 위한 소비자 보호운동을 법률이 정하는 바에 의하여 보장한다."라고 하여 소비자권리의 문제를 단지 소비자 보호운동의 차원에서 규정하고 있을 뿐 소비자권리의 보장에 관하여는 직접적으로 규정하고 있지 아니하다. 따라서 이 규정은 문맥상으로는 헌법상의 기본권으로서의 소비자의 권리의 헌법적 근거가 될 수 없는 것처럼 보인다.

그러나 헌법 제124조는 바로 헌법상 기본권으로서의 소비자권리의 헌법적 근거라고 보아야 할 것이다. 왜냐하면 이 조문은 소비자권리에 대한 헌법적 보장을 기본적 전제로 하면서 동시에 소비자의 권리보장을 그 궁극적인 목적으로 하고 있기 때문이다. 이는 이 조문에서 규정한 소비자 보호운동의 보장을 위한 구체적 실천 법률인 소비자기본법의 입법목적을 보아도 알 수 있다. 즉 동법 제1조는 "이 법은 소비자의 권익을 증진하기 위하여 소비자의 권리와 책무, 국가 · 지방자치단체 및 사업자의 책무, 소비자단체의 역할 및 자유시장경제에서 소비자와 사업자 사이의 관계를 규정함과 아울러 소비자정책의 종합적 추진을 위한 기본적인 사항을 규정함으로써 소비생활의 향상과 국민경제의 발전에 이바지함을 목적으로 한다."라고 규정함으로써 헌법 제124조의 구체화법으로서의 소비자기본법이 소비생활의 향상을 통해 '소비자의 권익'을 보호함을 목적으로 하고 있다는 것을 천명하고 있으며, '소비자의 기본적 권리'에 관하여 규정하고 있는 동법 제4조가 "소비자는 다음 각 호의 기본적 권리를 가진다."라고 하면서 '물품 또는 용역으로 인한 생명 · 신체 또는 재산에 대한 위해로부터 보호받을 권리', '물품 등의 사용으로 인하여 입은 피해에 대하여 신속 · 공정한 절차에 따라 적절한 보상을 받을 권리', '안전하고 쾌적한 소비생활 환경에서 소비할 권리' 등 소비자보호를 위한 여러 가지 권리를 '소비자의 기본적 권리'로 보장하고 있는데, 이는 소비자기본법에 규정되어 있는 소비자보호를 위한 여러 가지 권리가 바로 독자적인 소비자기본권의 구체적인 내용을 이루고 있다는 것을 의미하는 것이다.

무릇 행정법 등의 법률은 헌법을 실현하기 위한 구체화이고, 이러한 법률에 보장되어 있는 국민의 권리는 원칙적으로 헌법상 보장된 기본권의 구체화라고 하는 것을 상기할 때 소비자기본법에 규정되어 있는 소비자의 제 권리는 바로 동법의 헌법적 근거인 헌법 제124조가 전제하고 있고 보장하고 있는 소비자기본권의 구체화라고 할 수 있고, 따라서 독자적인 헌법상의 기본권으로서의 소비자권리의 헌법적 근거는 바로 헌법 제124조인 것이다. 그러므로 헌법 제124조의 "국가는 … '법률이 정하는 바에 의하여' 보장한다."는 것은 동 규정의 전제이자 목적인 헌법상의 기본권으로서의 소비자권리가 소비자기본법 등의 법률이 정하는 바에 따라 그 내용이 구체화된다는 것을 의미하는 것이라고 할 수 있다. 만일 헌법 제124조를 이처럼 이해하지 아니하고 기본권으로서의 소비자권리의 보장과는 무관하게 단지 소비자보호운동만을 보장하는 규정으로 해석한다면 이는 소비자 보호운동 자체의 목적과 효율적인 소비자 보호운동의 확립에 위배될 뿐 아니라 동 규정의 존재의의마저 형해화시키는 것이라고 아니할 수 없다.

한편 이러한 기본권으로서의 소비자권리의 내용은 앞서 언급한 바와 같이 소비자기본법에 구체적으로 규정되어 있는데, 여기에 명문으로 규정된 소비자의 피해구제신청권[38]과 더불어 국가기관에 대한 고소·고발권이 포함되는지의 여부가 문제될 수 있다. 이와 관련하여 공정거래법은 제1조의 목적규정에서 "이 법은 사업자의 시장지배적지위의 남용과 과도한 경제력의 집중을 방지하고, 부당한 공동행위 및 불공정거래행위를 규제하여 공정하고 자유로운 경쟁을 촉진함으로써 창의적인 기업활동을 조장하고 소비자를 보호함과 아울러 국민경제의 균형있는 발전을 도모함을 목적으로 한다."라고 규정하고 있는데, 문제는 여기에 명시되어 있는 '소비자의 보호'에 소비자의 피해에 대한 직접적인 구제방법으로서 형사 고소·고발권을 포함시켜 이해할 수 있는가 하는 데에 있다. 만약 이렇게 해석할 수 있다면 이것은 공정위에 전속고발권을 인정한 조항과는 서로 모순되는 관계에 있다고 할 수 있는 것이다.

결론적으로 국가기관에 대한 고소·고발권행사를 통한 가해자인 사업자의 처벌요구권이 당연히 포함되어야 할 것이다. 즉 '소비자의 보호' 또는 '소비자의 피해구제'가 공정거래법의 목적에 포함되느냐 여부와 관계없이 개인의 직접적인 피해구제는 일반적인 권리로서 보장되어야 한다. 여기에는 통상적으로 민사손해배상과 형사고소가 포함되는 것이고, 공정위의 전속고발권은 바로 이러한 일반적인 (형사) 재판청구권을 제약하고 있다는 점에 기본적인 문제가 있는 것이다.[39]

왜냐하면 피해자인 소비자가 가해자인 사업자를 국가기관의 형사소추를 통해 처벌할 수 있도록 되어 있어야만 피해자의 충분하고 신속한 피해구제가 이루어질 수 있고, 동종의 피해재발이 방지될 수 있으며, 소비자 보호운동의 활성화와 건전한 유통 및 거래질서가 확립될 수 있고, 나아가 경제민주화와 정의사회의 구현 및 피해자인 국민의 여타의 관련기본권의 효율적인 실현을 통한 헌법이 지향하는 사

38) 소비자의 피해구제의 신청에 관하여는 동법 제8장 제2절에 규정되어 있음.

39) 같은 견해 최정학, 앞의 논문, 221쪽.

회공동체의 동화적 통합이 추진될 수 있는 것이다. 따라서 헌법상의 기본권인 소비자권리에는 당연히 소비자의 국가기관에 대한 고소·고발권행사를 통한 사업자의 처벌요구권이 포함되는 것이다.

그런데 공정거래법 제71조 제1항은 "제66조 및 제67조의 죄는 공정거래위원회의 고발이 있어야 공소를 제기할 수 있다."라고 규정함으로써 소비자의 고소·고발권행사를 통한 사업자의 처벌요구권을 침해하고 있다. 이 사건에서 피해자인 청구인들의 고소·고발을 통한 검찰의 형사소추에 의해 가해자인 사업자 등을 처벌해야 함에도 불구하고 공정거래법 제71조에 따라 공정위의 고발이 없었기 때문에 검찰의 형사소추가 좌절되어 사업자를 전혀 처벌할 수 없었는데, 검찰의 공소제기를 공정위의 고발여부에 연계시킨 공정거래법 제71조는 검찰의 형사소추권을 침해했음은 물론 고소·고발권행사를 통한 사업자에 대한 처벌요구권을 극도로 제한 내지 형해화시킴으로써 청구인들의 신속하고 충분한 피해구제를 받을 권리 등의 소비자권리를 침해했을 뿐 아니라 소비자보호운동을 위축시키고 건전한 유통 및 거래질서의 확립을 저해하고, 동종의 피해의 재발을 방조 내지 조장시키고, 특정 재벌기업을 보호하는 결과를 초래하게 되어 경제민주화와 정의사회의 구현 및 청구인들의 인간의 존엄과 가치, 행복추구권, 인간다운 생활을 할 권리 등 관련 기본권의 실현과 사회공동체의 통합에 역행하고 있다.

주지하는 바와 같이 과거에도 소비자에 대한 불공정거래행위가 수차례 있었지만 그때마다 공정위의 고발이 없어 가해사업자를 형사소추할 수 없는 경우가 많았다. 이에 따라 공정거래법 제71조는 특정재벌기업을 비호하고 영세중소기업체만 고발·처벌하는 결과를 야기시켰으며, 이는 결국 공정거래질서 확립을 통한 소비자보호와 평등이념에 바탕을 둔 정의사회구현에 정면으로 위배되는 것이다.

이러한 이유로 공정거래법 제71조는 헌법 제124조가 보장하는 소비자권리를 침해하는 것으로 위헌이라고 하겠다.

(2) 행복추구권과 관련하여

앞서 언급한 것처럼 소비자권리의 헌법상의 근거규정이 제124조가 아니라고 한다면 이 권리는 도대체 헌법상의 기본권인가, 그렇다고 한다면 헌법상의 어떠한 규정에 의해서 어떻게 보장되는가의 의문이 제기될 수 있다.

무릇 헌법의 이념은 인간의 존엄과 가치의 실현에 있고, 헌법상 보장된 개별적 기본권은 이러한 인간의 존엄과 가치의 실현을 위한 구체화라고 할 수 있다. 따라서 기본권의 본질적 내용은 바로 인간의 존엄과 가치이며, 국가권력은 이러한 인간의 존엄과 가치 및 이를 구체적으로 실현시키는 각 개별적 기본권을 보장하고 실현하기 위한 수단이라고 할 수 있기 때문에, 결국 국가와 국가권력의 정당성의 원천은 바로 인간의 존엄과 가치인 것이고, 이를 헌법 제10조가 확인하고 있다.

따라서 이러한 인간의 존엄과 가치의 실현을 위하여, 그리고 사회공동체의 통합을 위하여 불가피하게 요구되는 가치와 권리가 있다면 이는 바로 헌법상 보장되어야 할 기본권이고, 헌법상 개별적인 명문의 규정으로 명시되어 있지 아니하더라도 결코 국가권력에 의하여 경시되어서는 아니되는 것이며, 이를 헌법 제37조 제1항이 "국민의 자유와 권리는 헌법에 열거되지 아니한 이유로 경시되지 아니한다."라고 규정함으로써 확인하고 있는 것이다.

물론 이러한 인간의 존엄과 가치의 실현 및 헌법이 지향하는 사회공동체의 통합을 위하여 불가피하게 요구되는 가치와 권리는 개별적 기본권의 형식으로 헌법전에 구체화되어지기는 하지만, 인간이 상상할 수 있는 모든 가치와 권리를 헌법에 명문화시키는 것은 불가능할 뿐만 아니라 헌법제정권자 스스로가 헌법제정 당시의 정치적 이념과 시대사상 및 국민정서 등의 제약을 받기 때문에 시간의 흐름과 현대산업사회의 고도화에 따라 헌법제정권자가 미처 생각하지 못한 중요한 헌법적 가치와 권리가 발견되고 생겨나는 것은 오히려 당연한 일이라고 할 수 있다. 따라서 헌법 제37조 제1항은 바로 이러한 문제를 해결하기 위한 보충적 규정으로서 헌법제정권자가 헌법에 명문으로 규정한 기본권이 아니라고 하더라도 인간의 존엄과 가치의 실현을 위하여 필요불가결한 권리와 가치라고 한다면 당연히 헌법상의 기본권으로 고양되어 보장되어야 하며, 이를 국가권력이 침해하거나 경시할 수 없도록 하는데 그 의의가 있는 것이다.

그런데 여기서 문제되는 소비자권리는 정의사회, 국민의 여러 관련 기본권의 실현 및 이를 통한 사회공동체의 통합을 위하여 불가피한 가치이자 권리이기 때문에 당연히 헌법상 보장되어야 할 기본권인 것이다. 즉 헌법 제37조 제1항에 따라 보장되어야 하고 경시되어서는 아니되는 기본권인 것이다. 문제는 그렇다면 이러한 소비자권리의 헌법상의 근거규정은 헌법 제124조 이외에 무엇인가 하는 것인데, 바로 헌법 제10조가 보장하는 행복추구권이 그것이라고 할 수 있다.

헌법에서 규정하고 있는 행복추구권의 구체적 내용에 대해서는 아직 뚜렷한 정설이 확립된 것은 아니지만, 헌법 제10조에서 같이 규정하고 있는 '인간의 존엄과 가치'와 '행복추구권'과의 상호관련성에 비추어 볼 때, 행복추구권은 인간의 존엄과 가치를 물질적·정신적 충족을 통해 실현시키는 과정적 권리라고 할 수 있고, 따라서 인간의 존엄과 가치의 실현을 위하여 불가피하게 요구되는 가치와 권리는 바로 행복추구권의 일부를 구성하는 것이라고 보아야 할 것이다.

헌재도 행복추구권을 하나의 독자적인 기본권으로 인정하면서[40] 행복추구권속에 일반적 행동의 자유권,[41] 개성의 자유로운 발현권,[42] 계약의 자유[43] 등 다양한 내용을 포함시키고 있다. 이처럼 행복추구권은 하나의 독자적인 기본권이지만[44] 다른 여타의 개별적 기본권과는 달리 추상적이고 포괄적인 보충적 기본권이라고 할 수 있다.[45] 이는 행복추구권의 개념이 내포하는 추상성과 포괄성 및 인간의 존엄과 가치를 실현시키는 다양한 내용의 과정적 권리라는 특성에서 기인하는 것이라고 할 수 있으며, 따라서 행복추구권의 내용을 구체적으로 한정하여 유형화시키는 것은 불가능하다고 하겠다. 또한 그렇기 때문에 행복추구권은 다른 여타의 개별적 기본권과의 관계에 있어서 보충적인 기본권으로서의 지위를 가진다.

따라서 국민은 먼저 내용이 구체화된 일반적인 개별적 기본권을 원용해야 하고, 이것이 좌절되었을 경우 최후의 보충적 기본권으로서 행복추구권을 원용해야 할 것이다. 이는 행복추구권의 지나친 원용 및 남소를 방지하고 일반적인 개별적 기본권의 공동화를 막기 위하여 당연히 요구되는 것이다. 결국 자신의 인간으로서의 존엄과 가치의 실현을 위하여 불가피하게 요구되는, 그러나 헌법에 명문으로 구체화되어 있지 아니한 중요한 가치와 권리가 침해당한 국민은 자신의 행복추구권이 침해당했음을 이유로 이의 구제를 국가에 대하여 요구할 수 있는 것이다. 따라서 헌법 제10조의 행복추구권과 헌법 제37조 제1항은 상호 목적과 수단이라고 하는 불가분의 관계에 놓여 있다고 할 수 있다.

결국 여기서 문제되는 헌법상 보장되어야 할 기본권으로서의 소비자권리의 보충적인 근거규정은 바로 헌법 제10조이며, 공정거래법 제71조는 소비자권리를 포함하는 행복추구권을 침해한 위헌적 규정이라고 할 수 있다.

---

40) 헌재 1989. 10. 27. 89헌마56 참조.

41) 헌재 1991. 6. 3. 89헌마204 참조.

42) 헌재 1992. 4. 14. 90헌바23 참조.

43) 헌재 1991. 6. 3. 89헌마204 참조.

44) 이처럼 행복추구권을 하나의 독자적인 기본권으로 보는 입장으로서는 권영성, 앞의 책, 345쪽.

45) 이처럼 행복추구권을 포괄적 기본권으로 이해하는 입장으로서는 권영성, 앞의 책, 346쪽; 구병삭, 앞의 책, 350쪽.

(3) 평등권과 관련하여

한편 공정거래법 제71조에 의한 평등권 침해도 문제된다. 공정거래법 제71조는 공정위의 고발여부에 따라 검찰의 형사소추의 가부를 결정짓게 하고, 이로써 소비자들의 고소·고발권행사를 통한 국가기관에 대한 사업자의 처벌요구권의 관철여부가 좌우되므로, 결국 공정위의 자의적 결정에 따라 청구인들의 요구와 권리가 국가기관에 의하여 차별적으로 관철되고 처우되는 것이다. 이는 지금까지의 통계에 나타난 바와 같이 그동안 재벌기업에 대하여는 공정위의 고발조치가 합리적인 이유 없이 거의 이루어지지 아니한 반면, 영세 중소기업체에 대한 고발조치는 수차례에 걸쳐 이루어 졌다는 데에서 사실로 입증되고 있는 것이다.

또한 공정거래법 위반행위 역시 본질적으로는 범죄행위임에 틀림없음에도 불구하고 공정거래법 제71조는 특히 공정거래법위반의 범죄행위에 대하여만 공정위의 고발을 공소제기의 요건으로 정함으로써 일반 범죄행위자와 공정거래법위반행위자, 일반범죄의 피해자와 공정거래법위반죄의 피해자를 부당하게 차별대우하고 있다.

따라서 공정거래법 제71조는 기회균등과 자의금지를 내용으로 하는 소비자들과 영세 중소기업체들의 평등권을 침해하는 것으로 위헌이라고 하겠다.

(4) 재판절차진술권과 관련하여

또한 공정거래법 위반행위에 의하여 피해를 입은 형사피해자들의 재판절차진술권의 침해 여부가 문제될 수 있다.

헌법 제27조 제5항은 "형사피해자는 법률이 정하는 바에 의하여 당해 사건의 재판절차에서 진술할 수 있다."라고 하여 형사피해자의 재판절차진술권을 일종의 사법절차적 기본권으로 보장하고 있다. 형사피해자의 재판절차진술권이라 함은 범죄행위로 인한 피해자가 당해사건의 재판절차에 증인으로 출석하여 자신이 입은 피해의 내용과 사건에 관하여 의견을 진술할 수 있는 권리를 말한다. 여기서 형사피해자의 개념은 헌법이 형사피해자의 재판절차진술권을 독자적인 기본권으로 규정하고 있는 취지에 비추어 넓게 해석하여야 할 것이며, 따라서 반드시 형사실체법상의 보호법익을 기준으로 하는 피해자의 개념에 따라 결정할 필요가 없다.[46)]

---

46) 헌재 1992. 2. 25. 90헌마91 참조.

만일 국가기관에 의해서 부당하게 형사소추가 이루어지지 않아 결국 형사재판이 이루어지지 않았고, 이에 따라 형사피해자가 당해사건의 재판절차에 증인으로 출석하여 자신이 입은 피해의 내용과 사건에 관하여 의견을 진술할 수 있는 기회를 처음부터 박탈당했다면 이는 해당 형사피해자의 재판절차진술권을 위헌적으로 침해하는 것이다. 헌재도 "검사가 범죄의 구성요건사실에 따른 수사 및 증거판단을 현저히 소홀히 함으로써 정의와 형평에 반하였다면 고소인의 평등권과 재판절차진술권을 침해한 것이다."라고 판시함으로써[47] 검찰의 자의적인 불기소처분이 고소인을 비롯한 형사피해자의 재판절차진술권을 침해했음을 명백히 하고 있다.

공정거래법 제71조에 의하여 공정위의 고발조치 여부에 따라 검찰의 형사소추 및 형사재판의 가부가 결정되고, 이에 따라 형사피해자인 청구인들의 재판절차진술권의 행사여부가 결정되는데, 결과적으로 공정위의 고발조치가 이루어지지 않아 형사소추 및 형사재판이 이루어지지 아니하고, 이에 따라 피해자들의 재판절차진술권의 행사기회가 원천적으로 봉쇄당하는 것이다.

결국 공정거래법 제71조는 재판절차진술권을 부당하게 침해한 것으로 위헌이라고 하겠다.

(5) 비례의 원칙과 관련하여

공권력작용(입법작용)으로서의 공정거래법 제71조의 경우 이 규정에 의한 피해자들의 소비자로서의 권리, 행복추구권, 평등권 등의 제 기본권의 제한·침해를 정당화시키는 합리적인 공익적 목적을 찾아볼 수 없다.

가사 피해자들의 고소·고발권의 남발과 검찰의 자의적인 형사소추의 남용방지를 공정거래법 제71조의 존재목적으로 상정한다 하더라도 이러한 사유가 청구인들의 기본권 침해를 정당화시키는 합리적인 사유라고 보기 어렵고, 또한 검찰의 공소제기를 공정위의 고발에 연계시킴으로써 청구인들의 제 기본권을 제한·침해하는 것이 이러한 목적을 달성하기 위한 적합하고 불가피한 최소한의 방법이라고 보기도 어렵다. 왜냐하면 피해자인 청구인들의 고소·고발권의 남발은 검찰의 기소권에 의하여 적절히 통제될 것이며, 검찰의 부당한 형사소추권의 남용은 사업자의 헌법상 보장된 여러 가지 사법절차적 권리와 법원의 사법권에 의하여 통제될 것이기 때문이다. 아울러 검찰의 부당한 불기소처분에 대하여는 재정신청제도나 헌법소원제도 등을 통해서 적절한 통제가 이루어질 수 있기 때문에 피해자의 권리구제

47) 헌재 1991. 6. 3. 90헌마185.

에 큰 어려움은 없을 것이다. 아울러 공정위의 전속고발권의 목적이 공정위의 전문성을 고려한 조치라면 전속고발권을 폐지하더라도 검찰의 기소과정에서 전문성을 보완하고 확보할 수 있는 다양한 방법이 있다는 것은 위에서 언급한 바와 같다.

결국 공정거래법 제71조는 헌법 제37조 제2항에서 규정한 비례의 원칙을 위반한 위헌규정이라고 아니할 수 없다.

(6) 권력분립의 원칙과 관련하여

주지하는 바와 같이 국가권력의 자의와 남용을 억제하고 국민의 자유와 권리를 보장하기 위하여 권력분립의 원칙이 헌법상의 원칙, 즉 통치기관의 구성원리로 요구되고 있다. 그런데 오늘날의 권력분립은 단순히 입법부, 행정부, 사법부 상호간의 수평적인 기관분립에서 그치는 것이 아니라, 지방자치제도를 통한 중앙정부와 지방자차단체 상호간의 권력통제, 헌법재판소에 의한 입법권, 사법권, 행정권에 대한 통제, 정당을 통한 여당과 야당 상호간의 권력통제에서 보듯이 수평적·수직적 다원화된 기능적 권력통제를 그 내용으로 하고 있다.[48] 이에 따라 행정부 내부에서도 기관과 기능 상호간의 권력통제가 이루어지는 것이다.

기소독점주의가 말해주듯이 본래 형사소추권은 검찰의 고유권한인데, 이러한 권한이 공정거래법 제71조에 근거한 공정위의 고발권에 의해 본질적으로 침해받고 있다. 그런데 이와 관련하여 공정위의 고발제도를 통해 검찰의 공소권을 통제하고 제한할 합리적인 정당화사유를 찾아볼 수 없다. 만일 검찰의 부당하고 자의적인 형사소추권의 행사 또는 불행사를 억제하기 위한 목적이라고 한다면 이러한 이유에 바탕을 둔 검찰의 공소권에 대한 통제는 앞서 언급한 바와 같이 적합한 방법이라고 볼 수 없다. 또한 공정위의 전문성을 살린다는 목적도 정당화되기 어렵다는 것은 이미 위에서 언급한 바와 같다.

이처럼 정당한 사유 없는, 그리고 적합한 방법이라고 볼 수 없는 공정위의 전속고발권은 검찰의 공소권을 부당하게 통제하고 침해하는 것이므로, 결국 이를 내용으로 하는 공정거래법 제71조는 검찰과 공정위 상호간의 기능적 권력분립을 저해하는 위헌적 규정이라고 할 것이다.

오히려 전속고발권의 폐지가 공정거래법의 집행에 있어서 검찰과 공정위, 양 기관이 서로 견제하게 되는 효과를 낳을 것이다. 공정거래법에 관한 한 공정위가 높은 전문성을 가지고 있는 것은 사실이지만 이것이 이 법의 위반행위에 대한 제재

48) 허영, 한국헌법론, 2017, 627쪽 이하 참조.

를 모두 공정위가 전담하라는 의미로 볼 수는 없다. 복잡해진 현대의 경제상황과 그로 인해 한층 높아진 기업들의 위법행위 가능성을 고려하면, 형사제재에 대해서는 검찰이 전담하고, 공정위는 행정제재와 같은 자신의 고유한 분야 또는 더욱 중요한 사건에 역량을 집중하게 되면, 그 결과 두 기관간에 협조가 잘 이루어져 법의 집행에 있어서 상승효과를 가져올 것이고, 다른 한편 한 기관이 다른 기관의 자의적인 재량의 남용을 막는 견제효과를 낳을 수 있을 것이고, 결국 이는 권력분립의 원칙에 보다 충실한 긍정적 효과를 초래하는 것이다.[49)]

(7) 체계정당성의 원리와 관련하여

공정거래법은 불공정거래행위를 규제함으로써 소비자를 보호하고 건전한 유통 및 거래질서를 확립함을 목적으로 하고 있고, 이를 실효성 있게 뒷받침하기 위하여 이를 위반한 사업자 등에 대한 다양한 벌칙을 규정하고 있다.

그런데 공정거래법 제71조는 사업자 등에 대한 처벌을 공정위의 고발이 있어야만 가능하도록 규정함으로써 사용자 등에 대한 벌칙의 실효성을 저해하고, 결국 동법의 입법목적과 취지에 정면으로 위반하고 있다. 이는 규범 상호간의 내용과 체계상의 균형과 조화를 요구하는 헌법상의 체계정당성의 원리에 반하는 것이다.

체계정당성의 원리라 함은 일정한 법규범 상호간에는 그 내용과 체계에 있어서 균형과 조화를 이루고 상호 모순이 없어야 한다는 것으로서, 결국 모든 법규범의 내용과 체계가 상호 모순과 갈등 없이 그 본래의 입법목적의 조화로운 실현에 이바지해야 하는 것을 말한다.[50)]

이러한 체계정당성의 원리에 비추어 볼 때 공정거래법 제71조는 앞서 언급한 바와 같이 동법의 벌칙규정의 실효성을 저해하고, 나아가 동법의 입법취지와 목적의 실현에 위배되는 것으로서 규범 상호간의 모순과 갈등을 야기시키고 있으므로, 결국 헌법상의 체계정당성의 원리에 위배되는 위헌적인 규정이라고 할 수 있다.

Ⅵ. 맺는 말

공정위의 전속고발제도로 인해 과거부터 공정거래위원회의 자의적이고 부당한

---

49) 같은 견해 최정학, 앞의 논문, 330쪽.

50) 체계정당성의 원리에 관해 자세한 것은 정연주, 분리된 선거구와 체계정당성, 공법연구 제30집 제4호, 2002. 6, 79쪽 이하 참조.

고발권의 행사 또는 불행사가 자행되어 왔고, 이로써 기업간의 공정경쟁과 형평성 확립, 소비자보호, 건전한 경제 및 거래질서확립 등 공정거래법의 본래의 목적 달성이 저해되고, 결국 공정위의 위상과 신뢰에 치명적인 손상이 가해졌다는 점을 부인하기 어렵다. 아울러 이 전속고발제도가 그 본래의 경제정책적 목적 등 여러 가지 목적에도 기여하는 바가 별로 없다는 점도 부인할 수 없다.

실제로 공정거래법 위반행위에 대해서는 지금까지 대부분 행정제재가 부과되었을 뿐, 실정법의 규정에도 불구하고 형사처벌은 거의 이루어지지 않았다. 그리고 이렇게 된 주된 이유 가운데 하나는 공정위에 전속고발권이 부여되어 있기 때문이다. 이 제도는 공정한 경쟁질서를 확립한다는 법의 취지에 비추어 볼 때 이 법의 위반행위에 대해서도 전문적인 위원회의 판단이 필요하다는 생각에 근거한 것인데, 그 동안의 저조한 고발실적과 개인 소비자의 권리를 고려해 보면 이러한 전제는 설득력이 없다. 앞서도 언급했듯이 전속고발권의 폐지가 곧바로 공정거래법 위반행위에 대한 형사사건의 급증을 가져오지는 않을 것이다. 오히려 이는 위법행위에 대한 처벌가능성을 높임으로써 대기업들의 법준수를 촉구할 것이고, 개인소비자에게는 자신이 입은 피해를 조금 더 쉽게 구제받을 수 있게 하는 긍정적인 결과를 초래할 것으로 기대된다.

한편 이러한 법제도 정책적인 타당성 및 효율성의 측면에서 뿐 아니라 헌법적 시각에서도 공정위의 전속고발권제도는 폐지되어야 한다. 왜냐하면 위에서 언급했듯이 이 제도는 다양한 헌법적 기준에 비추어볼 때 위헌임을 면하기 어렵기 때문이다. 따라서 이 제도는 정책적 측면에서 소기의 목적을 달성하기는커녕 다양한 부작용을 야기하기 때문에 폐지되어야 하지만, 다른 한편 보다 근본적으로는 위헌이기 때문에 폐지되어야 하는 것이다. 따라서 공정위와 정부가 전속고발권을 존치시키는 것은 정당하지 못하고 위헌이다. 그리고 헌재도 이 문제에 대해 심사할 기회를 가진다면 과거의 소극적 태도에서 벗어나 과감한 위헌결정을 내려야 할 것이다.

11. 헌법소원심판청구취하의 효과

- 헌재 1995. 12. 14. 95헌마221 등 불기소처분취소[1) -

[目 次]

Ⅰ. 머리말

헌법소송에 있어서, 특히 헌법소원심판청구의 경우 청구인이 심판청구를 취하했을 때 그 헌법소원심판청구절차는 어떻게 되는지, 즉 헌법소원심판청구취하의 법적 효과가 문제된다. 왜냐하면 헌법재판소법의 경우에는 헌법소원심판청구의 취하와 관련하여 아무런 규정이 없고, 행정소송법에도 이에 관한 규정이 없기 때문이다. 따라서 소의 취하에 관한 민사소송법이 헌법소원심판절차에 준용되는지의 여

---

1) 헌재 1995. 12. 14. 95헌마221 등, 판례집 7-2, 697.

부가 문제될 수 있는데, 헌법재판소는 1995. 12. 15. 95헌마221 등 불기소처분취소 사건에서 이 경우 민사소송법 제239조(현행 민사소송법 제266조)가 준용된다고 판시하면서 청구인들의 심판청구의 취하를 이유로 헌법소원심판절차를 종료시키는 결정을 내렸다.

물론 헌법소송절차에 민사소송법의 관련규정이 준용될 수는 있겠으나, 그 준용의 범위에 관하여 아무런 제한이 없는 것은 아니다. 왜냐하면 헌법소송과 민사소송은 그 근본취지와 성질을 달리하므로 헌법소송의 본질과 특성에 반하지 아니하는 한도 내에서만 준용이 가능하다고 보아야 할 것이기 때문이다. 헌법소원심판청구취하의 허용성과 그 법적 효과에 관한 문제는 헌법소원제도의 본질과 기능 및 특성을 기준으로 판단해야 할 사안이지 민사소송의 법리에 따라 판단할 수 있는 사안은 아니다. 이러한 관점에서 이 사건 헌법재판소의 결정은 적지 않은 문제점을 지니고 있다. 따라서 이 결정을 계기로 헌법소원심판청구취하의 효과 문제를 다루는 것은 헌법소원심판을 비롯한 헌법재판제도의 올바른 운용과 이를 통한 헌법재판제도의 목적의 효율적 실현을 위하여 의미 있는 작업이라고 여겨진다. 이 글에서는 먼저 이 사건 헌법재판소 결정의 내용과 독일의 관련 판례를 살펴본 후, 이 문제를 고찰해 보고자 한다.

Ⅱ. 헌재결정의 내용

1. 사건의 개요 및 심판의 대상

(1) 사건의 개요

1) 95헌마221 사건의 청구인들은 1994. 5. 13. 서울지방검찰청에 이른바 5·18 사건과 관련하여 청구외 전두환 외 23명을 내란, 내란목적살인, 반란 등의 혐의로 고소하였고, 95헌마233 사건의 청구인들은 1994. 10. 19. 청구외 전두환 외 9인을 내란, 내란목적살인미수, 반란 등의 혐의로 고소하였으며, 95헌마297 사건의 청구인들은 청구외 전두환 외 34명을 내란, 반란 등의 혐의로 고소하였다.

2) 피청구인(서울지방검찰청 검사)은 청구인들이 제기한 위 고소사건들을 5·18 사건과 관련한 다른 고소사건과 함께 수사한 후, 1995. 7. 18. 청구인들의 위 고소사건을 포함한 70건의 고소사건의 피고소인에 대하여 전원 '공소권없음'의 불기소처분을 하였다.

3) 95헌마221 사건의 청구인들은 1995. 7. 24. 위 불기소처분에 불복하여 항고를 제기함과 동시에 위 피의자들에 대한 이 사건 불기소처분이 매우 자의적인 검찰권 행사로서 청구인들의 헌법상 보장된 기본권, 즉 평등권, 재판청구권, 재판절차진술권 등을 침해하였다는 이유로 헌법소원심판청구를 하였다. 위 항고는 1995. 7. 28. 기각되었고, 이에 다시 불복하여 제기한 재항고 역시 1995. 8. 3. 기각되었다.

95헌마233 사건의 청구인들은 1995. 8. 3. 위 불기소처분에 불복하여 항고를 제기함과 동시에 앞서와 같은 이유로 헌법소원심판청구를 하였다. 위 항고는 1995. 8. 7. 기각되었고, 이에 다시 불복하여 제기한 재항고 역시 1995. 8. 23. 기각되었다.

한편 95헌마297 사건의 청구인들은 1995. 8. 16. 위 불기소처분에 불복하여, 항고를 제기하였으나 그 항고는 1995. 8. 17. 기각되었고, 이에 다시 불복하여 제기한 재항고 역시 1995. 8. 31. 기각되자, 1995. 10. 17. 앞서와 같은 이유로 헌법소원심판청구를 하였다.

4) 청구인들은 1995. 11. 29. 서면으로 이 사건 헌법소원심판청구를 모두 취하하였고, 이미 본안에 관한 답변서를 제출한 피청구인에게 취하의 서면이 그 날 송달되었는바, 피청구인이 그날로부터 2주일 내에 이의를 하지 아니하므로, 헌법재판소는 민사소송법 제239조에 따라 피청구인이 청구인들의 심판청구의 취하에 동의한 것으로 보고, “이 사건 헌법소원심판절차는 청구인들의 심판청구의 취하로 1995. 12. 14. 종료되었다.”는 결정을 1995. 12. 15. 내렸다.

(2) 심판의 대상

이 사건 심판의 대상은 위에서 본 이 사건 불기소처분 중 피의자 전○환 등에 대한 내란수괴, 내란목적살인, 내란목적살인미수, 반란수괴의 점, 피의자 이○봉 등에 대한 내란모의참여 내지 중요임무종사, 내란목적살인미수, 반란모의참여 내지 중요임무종사의 점과 피의자 신○식 등에 대한 내란중요임무종사, 내란목적살인, 내란목적살인미수의 점 및 피의자 진○채 등에 대한 내란중요임무종사의 점에 대한 각 ‘공소권없음’의 처분이 헌법상 보장된 청구인들의 위 기본권을 침해하였는지의 여부이다.

2. 당사자들의 주장

(1) 청구인들의 주장

1) 청구인 적격

95헌마221 사건의 청구인들은 피의자들이 정권탈취의 과정에서 그들 휘하의 병력으로 하여금 광주 민주화 투쟁에 대하여 무차별적이고 무자비한 진압을 하도록 함으로써 부상당한 직접의 피해자이거나 또는 사망한 피해자의 유족들이고, 95헌마233 사건의 청구인들은 피의자들이 내란행위의 과정에서 일으킨 위 김○중 등 내란음모조작사건의 피해자들이며, 95헌마297 사건의 청구인들은 내란죄 등과 부당한 공권력행사로 인한 피해자이므로, 피의자들에 대한 이 사건 불기소처분에 대하여 헌법소원을 제기할 수 있는 청구인적격이 있다.

2) '공소권없음'처분의 위헌성

가. 성공한 내란론에 대하여

이른바 5·18 정변의 성공 여부에 대한 판단은 1980년 당시를 기준으로 하여 이루어져서는 안되며, 국민이 주권을 회복하고 문민정부가 들어선 시점을 기준으로 하여 이루어져야 할 것인데, 문민정부하의 새로운 국민적 시각에서 볼 때, 5·18 정변은 성공한 쿠데타가 아니라 6월 민주항쟁에 의하여 실패한 것으로 귀결지어진 쿠데타에 다름없는 것이다.

피청구인의 불기소이유의 논리를 그대로 따라 역으로 말한다 하더라도 6월 민주항쟁과 제5·6공화국의 종식 및 문민정부의 출범에 의하여 근본규범의 또 다른 변동이 있었고 이에 따른 새로운 헌법질서가 구축됨으로써 이와 같이 새로운 효력을 얻은 헌법질서는 과거의 성공한 내란행위의 헌법질서상의 법승인 자체를 이미 파괴하였다고 보아야 할 것이므로, 피청구인의 법논리는 제5·6공화국 당시에는 통용될 수 있을지 몰라도 문민정부하에서는 그 법리구성 자체가 불가능한 것이다.

또한 성공한 쿠데타 이론의 바탕이 되고 있는 '완성된 사실의 규범적 효력'이라는 19세기적 법실증주의적 논리는 현대 법철학에서 극복된 지 오래이며, 만일 위와 같은 논리를 그대로 적용한다면 앞으로 군사반란행위자의 살 길은 내란에 나아가서 정치권력을 획득하는 것밖에 없다는 것을 제시하는 결과가 되어 잘못된 역사의 재현을 막을 수 없다.

결국 내란세력이 집권에 성공한 경우 이에 통상 뒤따르는 헌법의 개·제정만을 이유로 내란죄의 보호법익 또는 구성요건이 바뀌었다고 보고 그 내란행위에 대하여 처벌을 할 수 없다고 하는 것은 헌법의 기본정신인 국민주권의 원리와 실질적 법치주의에 원리에 어긋나는 것이므로, 집권에 성공한 내란죄의 처벌 가부는 어디까지나 주권자인 국민으로부터 실질적인 승인을 받았는지 여부에 의하여 판단되어야 한다.

이 사건에 관하여 돌이켜 보면, 피의자들은 유신헌법의 부당성에 항거하여 오던 국민들이 10·26 사태로 맞이한 절호의 기회에 유신헌법을 대체할 진정한 민주적 헌법의 제정을 논의하고 있는 과정에서 도리어 군사반란을 일으켜 국민들의 민주적 헌법에 대한 갈망을 계엄령으로 억누르는 한편 이에 저항하는 광주시민들을 무참하게 학살하고 정권을 찬탈하여 유신헌법의 체제를 사실상 계승, 향유하면서 단지 집권의 편의를 위하여 유신헌법의 지엽말단만을 일부 개정한 내용의 제5공화국 헌법을 주도하였던 것에 불과하고, 피청구인이 법승인의 근거로 내세우는 헌법개정에 관한 국민투표나 대통령선거 또한 위압적 분위기 하에서 이루어진 것으로 이에 의하여 피의자들의 내란행위에 대한 국민의 승인이나 지지가 있었던 것으로 볼 수는 없는 것이며, 오히려 1987년의 6·10민주항쟁과 그 결과 이루어진 제5공화국 헌법의 폐지, 그 후의 총선에서의 여소야대현상 등은 국민들이 피의자들의 내란행위를 결코 승인하거나 지지한 것이 아님을 극명하게 보여주는 것이다.

나. 통치행위론에 대하여

국가보위입법회의의 입법활동은 국회를 대신하는 입법행위였으므로 이에 사법권이 관여하는 것은 통치행위의 이론상 허용될 수 없다는 등의 피청구인이 '공소권없음'처분의 이유로 삼고 있는 통치행위이론은 기본적으로 헌법질서내에서만 인정되는 것이고, 초헌법적인 헌법파괴행위에 대하여까지 인정되는 개념이 아니다. 통치행위는 법치주의의 원리와 선거에 의한 민주주의의 원리가 충돌될 경우 올 수 있는 국가기능의 마비를 막기 위한 것인데, 이 사건은 법률상으로 명백히 사법심사의 대상이 되고, 국민다수의 여론도 사법적 심사를 지지하고 있으므로, 그 충돌이 있을 수 없으며, 따라서 통치행위이론이 개입될 여지가 없다.

과거 군주시대에 있던 통치행위의 개념은 이미 그 주요내용이 바뀌었으며, 현재는 국민의 기본권침해와 직접 관련이 없고, 정치적 통제수단이 마련되어 있는 고도의 정치결단적 국정행위에 대해서만 사법부 스스로 사법심사를 자제할 수 있다는 이론에 불과하다.

그런데 피의자들은 5·18 당시 합헌적인 통치기관이 아니었을 뿐만 아니라, 검찰은 사법기관이 아닌 행정기관이기 때문에 사법심사의 자제를 결정할 주체가 될 수도 없다.

다. 피청구인의 불기소 결정권의 남용

피청구인이 이 사건에 관하여 내린 '공소권없음'의 결정은 '혐의없음', '죄가 안됨'의 결정과 더불어 이른바 협의의 불기소처분에 해당하는 것으로서, 이러한 결정은 기소유예의 처분과 달리 검사의 재량에 속하는 사항이 아니라 반드시 실체법과 소송법에 근거하여야 하는 기속적 사항이다.

피청구인은 '공소권없음'처분의 근거로서 이 사건 내란행위는 범죄후 법령의 개폐로 형이 폐지되었을 때에 해당한다는 이유를 내세우고 있으나, 형법의 제정 이후 내란죄가 폐지된 사실이 없으므로, 결국 피청구인은 성공한 내란의 경우에는 처벌할 수 없다는 학설에 근거하여 내란죄의 폐지를 의제한 셈이다.

그러나 앞서 주장한 바와 같이 이 사건 내란행위는 결코 성공한 것으로 볼 수 없는 것일 뿐만 아니라, 가사 백보를 양보하여 이 점에 관하여 논란의 여지가 있다고 보더라도 피청구인이 명백하지 아니한 근거나 논리를 내세워 피해자의 재판절차에서의 진술권을 박탈해 가면서까지 법원의 사법심사권을 임의로 배제하는 결정을 내린 것은 검찰권의 남용이라 아니할 수 없다.

라. 공소시효에 대하여

우리 형사소송법이 기소독점주의를 채택하고 있는 이상 소추권의 독점주체인 검찰이 사실상 소추권을 행사할 수 없는 기간 동안에는 공소시효가 정지된다고 해석함이 시효의 법리에 비추어 타당하다. 따라서 이 사건 내란행위의 공소시효는 검찰이 현실적으로 이 사건 내란행위에 대하여 소추권을 행사할 수 있게 되었다고 평가할 수 있는 문민정부의 출범 이전까지는 단 하루도 진행되지 아니하였다고 풀이하여야 한다.

그렇게 보지 않는다 하더라도, 피의자들의 5·18 내란행위는 그 이후의 정권찬탈과 관련한 일련의 행위와 포괄하여 1개의 내란죄로 평가되어야 할 것인데, 그 이후의 내란수행의 전개과정에 비추어 보면, 이른바 12·12 사태 때부터 피의자 전○환이 대통령으로 취임한 1980. 9. 1.까지는 피의자들의 군사반란행위가 계속되었던 것이고, 대통령으로 재직한 바 있는 피의자 전○환, 노○우의 군사반란행위의 경우에는 헌법 제84조의 규정에 따라 각각 그들이 대통령으로 재직한 기간만큼 공소시효의 진행이 정지되었던 것이므로, 적어도 그들의 군형법상의 반란죄 부분에 대한 공소시효는 아직 완성되지 아니하였음이 분명하다.

(2) 피청구인의 답변

1) 내란죄의 법리에 관하여

내란죄가 보호하고자 하는 국헌질서는 현존하는 헌법질서이므로 그 질서가 내란의 성공으로 무너져 버리고 새로운 국헌질서가 탄생하였다면, 형법상의 내란죄의 규정은 비록 형식적으로는 변동이 없는 것처럼 보이더라도 실질적으로는 그 내용에 있어 보호해야 할 국헌질서의 변동을 가져와 새로운 국헌질서의 수호를 위하여 기능하는 규정으로 바뀌는 것이다.

따라서 내란죄의 성립 여부와 관계없이 피의자들이 이 사건 행위의 경우와 같이 정치적 변혁의 주도세력이 새로운 정권창출에 성공하여 국민의 정치적 심판을 받아 새로운 헌정질서를 수립해 나간 경우에는 이미 소멸한 구 헌정질서에 근거하여 새 정권과 헌법질서의 창출을 위한 행위의 법적 효력을 다투거나 법적 책임을 물을 수 없다고 해석하여야 한다.

그렇게 해석하지 않으면, 헌법상의 통치체제가 새로이 탄생하여 실효적으로 그 기능을 행사하였음에도 추후 그것이 내란정부로 단정될 경우 그와 같은 불법정부가 행한 대내외적인 행위의 법적 효력이 부인될 수 있어 걷잡을 없는 혼란이 야기되는 등 중대한 문제에 봉착하게 되므로 더욱 그러하다.

2) 내란죄와 정의의 관계에 관하여

내란죄는 현존 헌법상의 통치체제를 수호하기 위하여 기능하는 것일 뿐이고 정의를 보호법익으로 하고 있는 것은 아니므로, '성공한 내란의 처벌 불가' 이론이나 이에 입각한 피청구인의 결정 역시 정의와는 무관한 것이다.

예를 들어 본다면, 헌법상의 절차에 따라 적법하게 집권한 정부가 법치주의의 원리를 무시하고 국민의 기본권을 침해하는 폭압적인 통치를 강행하고 있어 국민들이 더 이상 인내하지 못하고 봉기를 하였다가 체포되었다면, 이들은 결국 그 정부에 의하여 내란죄로 처벌받을 것인데, 그 결과는 물론 정의에는 반하는 것이지만 법운용에 있어서는 어쩔 수 없는 일인 것이다.

피청구인이 피의자들에 대하여 '공소권없음'의 처분을 한 것도 내란죄의 이와 같은 법리에 따른 것일 뿐이지 결코 피의자들의 행위를 정의로운 것으로 보고 행한 것은 아니다.

3) 이 사건 내란행위의 성공 여부에 관하여

내란의 '성공'이라는 것은 형법상의 용어는 아니지만, 내란이 기수의 단계에서 더 나아가 목적한 대로 기존 헌법상의 통치체제를 무너뜨린 단계에 이른 것을 말하는 것인바, 이 사건에 있어서는 제5공화국 시절에 끊임없는 정권 반대운동이 있었고, 이른바 6월 항쟁으로 직선제 개헌이 관철되었다 하여도, 대내외적으로 유신헌법체제와 최○하 대통령 정부가 제5공화국 헌법과 전○환 대통령 정부로 교체되었다는 점에 대하여는 이의를 제기할 수 없는 것이므로, 피의자들의 내란행위는 성공한 것으로 볼 수밖에 없다.

4) 통치행위론에 관하여

청구인들은 피청구인이 '공소권없음'처분을 한 것이 마치 통치행위론에 근거한 것인 양 비판하고 있으나, 그것은 오해이다. 즉, 피청구인은 다만 국가보위입법회의의 입법활동에 대하여만 그것이 헌법부칙에 의하여 입법권을 부여받은 기관 내부의 입법행위로서 전형적인 통치행위에 속한다는 이유로 사법심사가 배제된다고 판단한 것이며, 준사법기관인 검찰로서는 사법적 심사가 자제되어야 할 영역으로 판단되면 불기소처분을 할 수밖에 없는 것이다.

5) 결 론

결국 피청구인이 이 사건 고소사건에 관하여 정의나 형평에 반하는 수사를 하였거나 증거의 판단과 헌법·법률의 적용·해석에 있어 결정에 영향을 미친 중대한 잘못을 범한 바 없으므로 피의자들에 대한 '공소권없음'처분은 적법하고 정당한 것이다.

3. 주 문

이 사건 헌법소원심판절차는 청구인들의 심판청구의 취하로 1995. 12. 14. 종료되었다.

4. 판시사항

헌법소원심판청구가 취하되면 헌법소원심판절차가 종료되는지 여부

5. 결정요지

(1) 법정의견

헌법재판소법이나 행정소송법이나 헌법소원심판청구의 취하와 이에 대한 피청구인의 동의나 그 효력에 관하여 특별한 규정이 없으므로, 소의 취하에 관한 민사소송법 제239조는 검사가 한 불기소처분의 취소를 구하는 헌법소원심판절차에 준용된다고 보아야 한다. 따라서 청구인들이 헌법소원심판청구를 취하하면 헌법소원심판절차는 종료되며, 헌법재판소로서는 헌법소원심판청구가 적법한 것인지 여부와 이유가 있는 것인지 여부에 대하여 판단할 수 없게 된다.

(2) 재판관 신창언의 반대의견

헌법소원제도는 본질상 청구인 개인의 주관적인 권리구제뿐만 아니라 객관적인 헌법질서를 수호·유지하는 기능도 함께 가지고 있는 것이므로, 헌법소원 사건에 대한 심판이 청구인의 권리구제에는 도움이 되지 않는다 하더라도 헌법질서의 수호·유지를 위하여 중요한 의미가 있는 경우에는 예외적으로 청구인이 심판청구를 취하하여도 심판절차는 종료되지 않는다고 보아야 할 것이다. 따라서 헌법재판소로서는 재판부에서 평의한 대로 종국결정을 선고하는 것이 옳다.

(3) 재판관 김진우, 재판관 이재화, 재판관 조승형의 반대의견

1) 헌법소원심판청구 중 주관적 권리구제에 관한 점 이외에, 헌법질서의 수호·유지를 위하여 긴요한 사항으로서 그 해명이 헌법적으로 특히 중대한 의미를 지니고 있는 부분이 있는 경우에는, 비록 심판청구의 취하가 있는 경우라 하더라도, 전자의 부분에 한하여 민사소송법 제239조의 준용에 따라 사건의 심판절차가 종료될 뿐이고, 후자의 부분에 대하여서는 헌법소원심판의 본질에 반하는 위 법률조항의 준용은 배제된다고 할 것이므로 위 취하로 말미암아 사건의 심판절차가 종료되는

것이 아니라 할 것이다. 따라서 청구인이 심판청구를 취하하면, 전자에 부분에 대하여는 심판절차의 종료선언을 하되, 후자의 부분에 대하여는 헌법적 해명을 하는 결정선고를 함이 마땅하다.

2) 집권에 성공한 내란의 가벌 여부는 헌법질서를 파괴하는 방법에 의한 집권이 우리의 헌법상 허용되는지 여부에 관한 것이므로 국가운명과 전국민의 기본권에 직접 관련되어 특히 중대한 의미를 갖는 헌법적 해명이 요청되는 경우이다. 이 부분은 헌법재판소의 재판관회의에서 집권에 성공한 내란의 가벌성을 인정하는 의견이 헌법재판소법상 인용결정에 필요한 정족수를 넘었다. 따라서 심판청구의 취하가 있었다고 하더라도, 이 부분에 대하여는 헌법적 해명을 하는 결정을 선고함이 마땅하다.

3) 가. 형법이 내란죄를 범죄로 규정함으로써 보호하고자 하는 헌법질서는 국민주권주의와 자유민주적 기본질서에 바탕을 둔 헌법질서를 의미하며, 단순히 집권 중인 정치권력이나 그 권력에 의해 유지되는 헌법질서를 의미하는 것이라고 볼 수 없다.

나. 내란의 목적을 달성하여 사실상 국가권력을 장악한 때에는 그 내란행위자에 대하여 국가의 형벌권을 발동하여 내란죄로 처벌할 방법이 사실상 없으므로 불처벌의 상태로 남아 있을 수밖에 없는 사태가 발생할 수도 있다. 그러나 이러한 상태는 국가형벌권을 담당하는 국가기관이 내란행위자에 의해 억압되고 주권자인 국민도 현실적으로 그를 배제할 힘을 갖지 못함으로써 발생되는 것일 뿐이며, 법리상 당위로서 도출되는 규범적 결과라고 말할 수는 없다. 따라서 국가권력의 장악에 성공한 내란행위자에 대하여는 국민으로부터 정당하게 국가권력을 위탁받은 국가기관이 그 기능을 회복하기까지 사실상 처벌되지 않는 상태가 지속되는 것뿐이며, 훗날 정당한 국가기관이 그 기능을 회복한 이후에는 그 동안 사실상 불가능하였던 처벌이 실현될 수 있는 것으로 보아야 한다.

다. 봉건적 전제국가나 독재국가에서 억압·배제되었던 국민의 주권을 회복하여 민주적 시민국가를 건설하기 위한 수단으로서 내란행위에 나아간 경우에는 사전 또는 사후에 국민 전체의 의사에 의하여 정당화됨으로써 처벌을 받지 않게 되는 경우도 있을 수 있으며, 만일 국민이 완전히 자유롭게 주권적인 의사를 결정할 수 있는 상태에서 내란행위에 대하여 승인을 하였다면 그 내란행위는 국민 전체의 의사에 의하여 정당화된 것으로 보아야 할 것이다.

라. 피의자 전○환이 통일주체국민회의 등을 통한 간접선거에 의하여 두 차례

대통령으로 당선된 것이나 제5공화국 헌법개정안이 국민투표에 의하여 통과된 것은 그것이 비록 형식적으로는 당시의 헌법과 법률의 규정에 따른 것이기는 하지만, 그 진상이 은폐되고 계엄령 하의 강압적인 분위기 하에서 이루어진 것이거나 국민의 의사를 정확히 반영할 수 없었던 대의기관에 의하여 이루어진 것이어서 이를 가리켜 국민이 자유롭게 그들의 주권적 의사를 결정할 수 있는 상태에서 피의자들의 이 사건 내란행위에 대하여 승인을 한 것이라고는 볼 수 없고, 피의자 노○우가 제13대 대통령으로 당선된 것은 이 사건 내란행위에 의하여 창출된 제5공화국의 질서가 국민의 저항으로 더 이상 유지되지 못하고 국민의 의사에 따른 새로운 헌법질서로 이행하는 과정에서 그 진상이 정확히 규명되지 아니한 채 국민의 상대적인 다수의 지지를 얻음으로써 이루어진 것에 불과하여 이로써 이 사건 내란행위에 대하여 국민의 승인이 있은 것으로 볼 수도 없다.

마. 내란행위의 정당성은 내란행위가 정의·인도와 동포애에 입각하여 사회적 폐습과 불의를 타파하고 자유민주적 기본질서를 더욱 확고히 하기 위한 것으로서 국민의 주권을 회복하거나 확립하기 위한 것인지의 여부, 내란 행위에 나아가기 이전에 헌법과 법률이 정하는 절차에 따라 평화적으로 정치·사회적 모순과 갈등을 해소하기 위한 최선의 노력을 했는지의 여부, 그 행위에 나아가게 된 배경과 명분 및 당시의 시대적 상황에 비추어 그 행위가 다른 선택의 여지가 없을 정도로 불가피한 것이었는지의 여부, 그 행위로 인한 국민의 피해를 최소화하기 위하여 최선의 조치를 취했는지의 여부, 피해 보상 등 권리구제를 위한 충분한 조치를 다했는지의 여부 등을 종합적으로 고려하여 객관적으로 판단되어야 할 것이다. 따라서 위와 같은 여러 기준에 비추어 보아 내란행위의 정당성이 인정되지 아니할 경우에는 설사 내란행위자들이 그 목적을 달성하여 국가권력을 장악하고 국민을 지배하였다고 하더라도 그 행위의 위법성은 소멸되지 아니하며 처벌될 수 있다고 보아야 한다.

바. 내란행위에 의하여 성립된 국가권력도 일응 사회질서유지를 위하여 법규를 제정하고 처분을 할 권한을 가지는 것이고, 사후에 내란행위자를 처벌하더라도 특단의 사정이 없는 한 그 법규나 처분의 효력은 소멸하지 아니하는 것이다. 이는 법적안정성이라는 법의 또 다른 요구에 기하여 내란행위로 수립된 질서에 대하여도 일응의 규범력을 인정하는 것이며, 따라서 내란으로 성립한 통치체제가 그 후 내란정부로 단정된다고 해서 그 정부가 행한 대내외적인 행위의 법적 효력이 인정될 수 없게 되어 법적 공백상태와 혼란이 초래되는 것은 아니며 헌정질서가 중단

되는 것도 아니다.

Ⅲ. 독일의 관련 판례의 내용

1. 추상적 규범통제나 기관쟁의 등 객관적 소송의 경우

(1) BVerfGE 8, 183(184)

이는 독일재무장에 대한 주민조사금지와 관련한 Nordrhein-Westfalen주의 경찰법규에 대한 위헌 여부와 관련하여 주정부가 청구인이 되어 기본법 제93조 제1항 제2호에 따라 제기한 추상적 규범통제(abstrakte Normenkontrollverfahren)사건인데, 심판계속중 청구인이 서면으로 심판청구를 취하했다. 이 사건에서 연방헌법재판소는 심판청구취하로 인해 반드시 심판절차가 종료되는 것은 아니라고 하면서, 다만 이 사건의 경우 심판절차의 계속을 위한 공익적 이유가 없기 때문에 사건을 종료한다고 판시했다.[2] 이 판례에 따르면 추상적 규범통제절차의 경우 청구인의 심판청구취하가 심판절차의 계속 여부에 미치는 효과는 절실한 공익적 이유의 존재 여부에 좌우된다고 볼 수 있다. 즉 사건의 대상 및 내용 등과 관련하여 심판절차를 계속할 절실한 공익적 이유가 있다면, 청구취하에도 불구하고 절차는 계속되고 종국결정을 할 수 있다는 의미이다.[3]

(2) BVerfGE 24, 299(300)

이는 청구인 정당(Die Bayerische Staatspartei)이 정당법(Parteiengesetz) 제21조 제1항 및 제22조가 기본법 제21조 제1항에 위반한다는 이유로 연방의회(Bundestag)와 연방참사원(Bundesrat)을 피청구인으로 하여 기본법 제93조 제1항 제1호에 따라 제기한 기관쟁의(Organstreitverfahren)사건인데, 역시 심판계속중 청구인이 서면으로 심판청구를 취하했다. 이 사건에서 연방헌법재판소는 청구취하는 구두변론 이후에는 재판소의 동의를 요한다고 하면서, 공익적 이유 때문에 동의를 거부했고, 이에 따라 청구취하는 허용되지 않았다. 이 판례에 따르면 권한쟁의심판절차의 경우 청구취하는 허용될 수 있으나 재판소의 동의를 요하고, 그 동의 여부는 공익적 이유의

2) 같은 견해의 판례: BVerfGE 1, 396(414f.); 25, 308(309); 77, 345; 87, 152(153).

3) Vgl. Pestalozza, Verfassungsprozeßrecht, 1991, S. 53f.;Ulsamer, in: Maunz/Schmidt-Bleibtreu/Klein/Ulsamer, Bundesverfassungsgerichtsgesetz Kommentar, §80, Rdnr. 319.

존재 여부에 달려있다. 이 판례는 기본적으로 앞의 판례와 논지를 같이 하고 있다. 다만 구두변론의 실시 및 종료 여부를 동의를 요하는지 여부의 또 하나의 판단기준으로 삼고 있는데, 이는 사건의 중요성과 구두변론의 개최 여부는 상당한 관련성이 있다고 보고, 그러므로 구두변론이 열렸다는 사실은 사건이 중대하고 따라서 절실한 공익적 이유가 존재한다는 것을 의미하며, 이에 따라 구두변론 이후에는 심판청구취하는 재판소의 동의를 요한다고 보는 데에 기초하고 있는 것 같다.[4] 그러나 구두변론 이전에는 재판소의 동의 없이 자유롭게 청구취하가 가능하고 심판절차가 종료되는지, 그리고 구두변론 이후에도 공익적 이유가 존재하지 아니한다면 청구인의 청구취하에 재판소가 동의해야 하고 심판절차가 종료되는지의 여부는 불분명하다.

(3) 평 가

이상에서 보는 바와 같이 청구인의 심판청구취하에 따른 심판절차의 종료 여부는 기본적으로 심판절차를 계속시킬 공익적 이유의 존재 여부에 달려 있는데, 위에서 본 추상적 규범통제심판이나 권한쟁의심판은 개인의 권리구제가 목적이 아니고 권력통제나 정치적 평화 또는 헌법질서유지 등의 객관적인 공익추구를 목적으로 하는 일종의 객관적 소송이므로 심판청구취하가 아무런 제한없이 자유롭게 허용되어서는 아니될 것이다. 따라서 연방헌법재판소가 청구인의 심판청구취하를 재판소의 동의를 요하도록 하고, 그 동의 여부에 대하여 공익적 이유의 존재 여부를 기준으로 삼는 것은 타당하다고 여겨진다.

2. 헌법소원심판의 경우

(1) BVerfGE 85, 109(113)

이는 청구인이 연방행정재판소의 판결에 대하여 제기한 헌법소원심판(Verfassungsbeschwerdeverfahren)사건인데, 여기서 연방헌법재판소는 청구인이 심판청구를 취하할 수 있고, 이 경우 심판청구는 더 이상 재판소의 심판대상이 대상이 될 수 없다고 판시하면서 심판청구를 각하했다. 그 이유는 헌법소원의 기능이 개인의 권리구제이므로, 추상적 규범통제심판 등의 경우와는 달리, 청구의 취하는

4) 이에 대하여는 후술함.

결정이유와 근거를 상실시키기 때문이라고 한다.

(2) BVerfGE 98, 218(242f.)

1) 사건의 개요

이 사건은 학교의 수업시간에 새로운 독일어 철자법을 도입하는 것을 내용으로 하는 몇몇 주의 철자법개혁조치(Rechtschreibreform)와 관련된 것이다. 청구인은 이러한 새로운 철자법도입조치와 관련하여 해당 주(Schleswig-Holstein)의 행정법원 및 고등행정법원에 소송을 제기했고, 이들 법원의 결정들에 대해 헌법소원심판을 제기했다. 그 후 청구인은 구두변론이 종결된 상황에서 승소의 가능성이 없다고 판단한 나머지 심판청구를 취하했다. 이에 대해 연방헌법재판소는 위의 판례(BVerfGE 85, 109)의 경우와는 달리 청구인의 심판청구취하에도 불구하고 절차를 계속시켜 종국결정을 내렸다.

2) 결정의 요지

여기서는 연방헌법재판소의 결정내용 중 청구인의 심판청구취하의 법적 효과에 대한 부분만을 살펴보기로 하고, 본안판단에 대한 언급은 생략하기로 한다.[5] 그 결정요지는 다음과 같다.

"헌법소원에 대해서 청구인의 청구취하에도 불구하고 종국결정을 내린다. 왜냐하면 취하의 효력이 없기 때문이다. 그 이유는 절차를 계속시켜 본안판단을 할 절실한 공익적 이유가 존재하고, 아울러 구두변론이 종결되었기 때문이다.[6] 즉 헌법

---

5) 이 사건에서 연방헌법재판소는 청구인의 심판청구의 취하에도 불구하고 절차를 계속시켜 종국결정을 내렸지만, 본안판단에서는 청구를 기각했다. 즉 몇몇 주의 철자법개혁조치가 청구인의 기본권을 침해한 것이 아니라고 판단한 행정법원들의 결정을 지지한 것이다. 그 이유를 간단히 살펴보면 다음과 같다.
첫째, 철자법개정과 관련하여 언어문제는 국가가 아니라 국민에게 속하는 사항이지만, 국가는 언어사용의 편의성 등 공익적 이유로 이를 규제할 수 있고, 또한 역사적으로도 지금까지 그래왔다. 둘째, 철자법에 대한 국가의 규제나 개혁의 정도와 내용이 중대하다면 위헌이라고 볼 수 있으나, 철자법의 전체계와 언어의 통일성을 해치지 아니하는 범위내에서 이루어지는 다소의 규제 내지 개정은 기본법 제6조 제2항 제1문에서 도출되는 청구인의 부모로서의 양육 및 교육권 등 헌법상 보장된 기본권을 침해하는 것이 아니다. 셋째, 철자법개혁문제는 주의 관할이다. 왜냐하면 이는 교육과 문화에 관한 문제이고, 이는 주의 관할에 속하는 사항이기 때문이다. 넷째, 철자법개혁문제를 의회가 입법으로 규제할 필요는 없다. 이는 관련 기본권을 침해하거나 기본권에 관한 본질적인 사항이 아니기 때문이다. 따라서 결론적으로 각주의 문화·교육관련 부처는 자율로－입법에 의하지 아니하고－철자법에 관한 다소의 개혁조치를 할 수 있고, 이것이 연방전체의 언어적 통일성을 침해하는 것은 아니다.

소원제도는 원칙적으로 개인의 권리구제에 그 목적이 있으므로, 청구취하는 절차를 종료시키는 효과를 가지나 예외가 있을 수 있고, 그 예외사유는 바로 절실한 공익의 존재라고 할 수 있다. 즉 헌법소원이 연방헌법재판소법 제90조 제2항 제2문에 따른 '일반적 의미(von allgemeiner Bedeutung)'를 지니고,[7] 그렇기 때문에 구두변론이 이루어졌고, 이러한 일반적 의미가 종국결정 시까지 계속 존재한다면 심판절차의 계속에 대한 결정은 더 이상 청구인의 배타적인 자유로운 결정에 맡겨져서는 아니된다는 것이다. 오히려 이 경우 헌법수호 및 헌법의 해석과 발전에 기여하는 헌법소원의 기능이 청구인 개인의 권리보호의 이익에 우선하기 때문에 청구인의 취하에도 불구하고 공익적 이유에서 절차를 계속시켜 종국결정을 할 것이 요구된다. 이러한 전제조건은 이 사건에서 충족되었다. 즉 이 사건에서 구두변론이 이미 종결되었고, 헌법소원의 일반적 의미가 인정된다. 다시 말해 이 사건 헌법소원에서 근본적인 헌법적 문제가 제기되고 있고, 이에 대한 연방헌법재판소의 해명과 판단은 다수의 유사사건의 해결과 모든 학교의 원활한 수업진행을 위하여 절실히 요구되기 때문이다."

3) 평 가

이 사건에서 연방헌법재판소는 해당 헌법소원이 가지는 일반적 의미 내지 공익적 의미를 청구취하의 유효 여부의 기준으로 삼으면서, 앞의 판례의 경우와는 달리 일반적·공익적 의미의 존재를 이유로 청구취하를 받아들이지 아니하고 종국결정을 내리고 있다. 이러한 결론은 후술하는 바와 같이 타당하다고 보여 진다. 그런데 재판소는 구두변론의 실시와 종료 여부를 취하의 유효 여부의 또 하나의 중요한 판단기준으로 삼고 있다. 이는 해당 헌법소원의 중요성과 구두변론의 실시 여부는 상당한 관련성이 있다고 보고, 따라서 구두변론이 열렸다는 사실은 사안이 중대하고 절실한 공익적 이유가 존재한다는 것을 의미하며, 이에 따라 구두변론 이후에는 심판청구취하는 제한될 수 있다고 보는 데에 기초하고 있는 것 같

---

6) 여기서 피청구인의 동의 여부에 대하여는 언급이 없다.

7) 연방헌법재판소법 제90조 제2항은 소위 헌법소원의 보충성의 원칙 및 이에 대한 예외에 관한 규정이다. 이에 따르면 헌법소원은 다른 법률의 구제절차를 거친 후에 비로소 제기될 수 있고, 다만 그 헌법소원이 일반적 의미를 가지거나, 또는 다른 법률의 구제절차를 거칠 경우 심각하고 회복되기 어려운 손해가 발생되는 경우라면 예외적으로 다른 법률의 구제절차를 거치기 전이라도 헌법소원을 제기할 수 있게 된다. 이러한 보충성의 원칙 및 그 예외와 '일반적 의미'에 대하여 자세한 것은 Schmidt-Bleibtreu, in: Maunz/Schmidt-Bleibtreu/Klein/Ulsamer, Bundesverfassungsgerichtsgesetz Kommentar, §90, Rdnr. 188ff.; Gusy, Die Verfassungsbeschwerde, 1988, Rdnr. 149ff.; Meyer, in: Grundgesetz-Kommentar, hrsg. v. von Münch, Bd. 3, 23 Aufl., 1996, Art. 93, Rdnr. 59 참조.

다. 그러나 여기서도 역시 위에서 살펴본 BVerfGE 24, 299(300) 결정의 경우에서처럼 구두변론 이전에는 자유롭게－상황에 따라서는 공익적 이유가 존재함에도 불구하고－청구취하가 가능하고 심판절차가 종료되는지, 그리고 아예 구두변론이 열리지 않는 경우에는 중요한 공익적인 이유가 존재함에도 불구하고 자유롭게 청구취하가 허용되는지의 여부가 불분명하다.

기본적으로 헌법소원의 경우 심판청구의 취하의 가능성 여부, 그리고 이에 대해 재판소의 동의를 요하는 지의 여부를 구두변론의 실시 및 종료 여부와 연관시키는 것은 타당하지 못하다고 본다. 왜냐하면 앞서도 언급한 바와 같이 청구취하와 이에 따른 절차종료 여부는 근본적으로 해당 사건의 대상 및 내용의 헌법적·공익적 의미에 달려있지 구두변론의 실시 여부나 종료 여부에 달려있는 것은 아니기 때문이다. 이러한 절실한 공익적 이유의 존재는 구두변론의 실시나 그 종료 여부와 직결되는 것은 아니다. 물론 독일의 경우 헌법소원심판절차에 있어서 서면심리가 일반적이고,[8] 우리의 경우에도 헌법재판소법 제30조 제2항에 따라 헌법소원심판의 경우 서면심리를 원칙으로 하며 재판부가 필요하다고 인정하는 경우에 한해 구두변론을 열 수 있기 때문에, 앞서도 언급한 바와 같이 구두변론이 실시되었다는 사실은 당해 헌법소원사건의 대상과 내용이 상당히 중요한 의미를 가지고 있고 따라서 이미 나름대로의 공익적 이유가 존재한다고 볼 수도 있다. 그러나 항상 그러한 것은 아니다. 중요하고 절실한 공익적 이유가 존재하는 경우라도 구두변론이 열리지 아니할 수 있고, 그 반대의 경우도 존재할 수 있다. 또한 설사 구두변론이 열릴 예정이거나 이미 열렸다 하더라도 그 종료 여부와 공익적 이유의 존재가 직결되는 것은 아니다. 구두변론 이전이라고 하더라도 공익적 이유가 존재하면 청구취하가 제한되어야 하는 것이고, 구두변론이 종결되었다 하더라도 공익적 이유가 존재하지 않는다면 청구취하가 허용되어야 하는 것이기 때문이다. 결국 청구인의 심판청구취하에 대한 허용여부 내지 재판소의 동의여부는 기본적으로 그 헌법소원심판청구의 대상과 내용이 가지는 절실한 헌법적·공익적 의미에 달려있다고 보아야 할 것이다.

8) 독일 연방헌법재판소법 제25조 제1항에 따르면 심리는 원칙적으로 구두변론에 의하도록 되어 있으나, 실제로는 대부분 서면심리에 의하고, 특히 헌법소원의 경우에는 예외적으로만 구두변론에 의한다. Vgl. Schlaich, Das Bundesverfassungsgericht, 4. Aufl., 1997, Rdnr. 64; Gusy, aaO, Rdnr. 300.

Ⅳ. 헌법소원심판청구취하와 관련된 규정

1. 우리의 경우

심판청구취하와 관련해서는 헌법재판소법에 아무런 규정이 없고, 다만 동법 제40조(준용규정)가 "① 헌법재판소의 심판절차에 관하여는 이 법에 특별한 규정이 있는 경우를 제외하고는 민사소송에 관한 법령의 규정을 준용한다. 이 경우 탄핵심판의 경우에는 형사소송에 관한 법령을, 권한쟁의심판 및 헌법소원심판의 경우에는 행정소송법을 함께 준용한다. ② 제1항 후단의 경우에 형사소송에 관한 법령 또는 행정소송법이 민사소송에 관한 법령과 저촉될 때에는 민사소송에 관한 법령은 준용하지 아니한다."라고 규정하고 있는데, 앞서 소개한 바와 같이 헌법재판소는 동조항에 근거하여 헌법소원심판청구취하의 경우 민사소송법 제239조(현행 민사소송법 제266조)가 준용된다고 보았다. 즉 제1차적인 법원인 헌법재판소법과 제2차적인 법원인 행정소송법에 아무런 규정이 없으므로, 최후로 민사소송법이 준용된다고 본 것이다.

그리고 구 민사소송법 제239조(소의 취하)는 "① 소는 판결의 확정에 이르기까지 그 전부나 일부를 취하할 수 있다. ② 소의 취하는 상대방이 본안에 관한 준비서면을 제출하거나 준비절차에서 진술하거나 변론을 한 후에는 상대방의 동의를 얻지 아니하면 그 효력이 없다. ③ 생략 ④ 소장을 송달한 후에는 취하의 서면을 상대방에게 송달하여야 한다. ⑤ 생략 ⑥ 소취하의 서면이 송달된 날로부터 2주일 내에 상대방이 이의를 하지 아니한 때에는 취하에 동의한 것으로 본다(이하 생략)."라고 규정하고 있고, 동법 제240조(소취하의 효과)는 "① 소는 취하된 부분에 대하여는 처음부터 계속하지 아니한 것으로 본다. ② 생략"라고 규정하고 있는데,[9] 헌법소원심판절차에 이 규정이 준용되는 결과 청구인이 헌법소원심판청구를 자유롭게 취하할 수 있고, 다만 동법 동조 제2항에 해당하는 경우에는 피청구인의 동의를 요하고, 이 경우 동법 동조 제6항에 따라 피청구인이 2주일 내에 이의를 하지 아니한 때에는 동의한 것으로 간주된다는 것이다. 따라서 이 사건에서 청구인들이 서면으로 헌법소원심판청구를 모두 취하하였고, 본안에 관한 답변서를 제출한 피청구인에게 취하의 서면이 송달되었으며, 피청구인이 그날로부터 2주일 내에 이의

9) 현행 민사소송법에서는 제266조(소의 취하)와 제267조(소취하의 효과)로 규정되어 있다.

를 하지 않았으므로, 피청구인이 청구인들의 심판청구의 취하에 동의한 것으로 간주되어 헌법소원심판절차를 종료시킨 것이다.

2. 독일의 경우

독일 연방헌법재판소법은 제52조에 연방대통령에 대한 탄핵심판청구(Präsidentenanklage)의 취하에 대하여 규정하고 있고, 제58에서는 연방법관에 대한 탄핵심판(Richteranklage)절차에 제52조가 준용된다고 규정함으로써, 연방대통령과 연방법관탄핵심판청구의 취하에 대해서만 규정하고 있을 뿐, 심판청구취하에 관한 일반적 규정을 마련하고 있지 않다. 따라서 헌법소원심판 등 주요한 다른 종류의 심판청구의 취하에 대하여는 아무런 규정이 없고, 이들 심판절차에 우리의 행정소송법에 해당하는 행정법원법(Verwaltungsgerichtsordnung)이나 민사소송법(Zivilprozeßordnung)의 관련규정이 준용되는 지의 여부에 대하여도 언급이 없다. 즉 우리 헌법재판소법 제40조(준용규정)에 해당하는 규정이 없다.[10] 따라서 이들 탄핵심판절차를 제외한 기타의 심판절차의 경우에는 연방헌법재판소법의 상기규정과 민사소송법 및 행정법원법 등의 관련규정을 참조하고, 다양한 이익과 사안을 고려하여－위에서 예를 들은 판례에서 보는 바와 같이－연방헌법재판소의 판단에 의해 심판청구취하문제가 해결되고 있다고 볼 수 있다. 예컨대 헌법소원심판절차의 경우에는 대체로 민사소송법의 관련규정이 준용된다고 보거나,[11] 또는 행정법원법규정이 준용된다고 보고 있으며,[12] 실제로 지금까지－앞서 소개한 1998. 7. 14.의 BVerfGE 98, 218(242f.) 사건의 경우를 제외하고는－청구인의 심판청구취하가 허용되어 왔다고 볼 수 있다.

참고로 소의 취하(Klagerücknahme)에 관하여 규정하고 있는 독일 민사소송법 제269조는 제1조에서 "소는 구두변론의 개시전까지는 피고의 동의 없이 취하될 수 있다."고 규정하는 등 대체로 우리 민사소송법 제239조 및 제240조(현행 제266조와

10) 연방헌법재판소법이 심판절차에 관한 체계적이고 완전한 규정을 마련하고 있지 아니하고, 이와 관련한 준용규정에 대하여도 아무런 언급이 없는 것과 관련하여 이는 헌법재판소법의 흠결일 뿐이라는 견해와 헌법재판소에게 심판절차에 관한 자율권을 부여하고자 한 입법자의 의도라는 견해가 대립하고 있다. Vgl. Stern, Das Staatsrecht der Bundesrepublik Deutschland, Bd. Ⅱ, 1980, S. 1028ff.; Zuck, Das Recht der Verfassungsbeschwerde, 2. Aufl., 1988, S120; Schlaich, Die Verfassungsgerichtsbarkeit im Gefüge der Staatsfunktionen, VVDStRL 39(1981), S. 136f.

11) Vgl. F. Klein, in: Maunz/Schmidt-Bleibtreu/Klein/Ulsamer, Bundesverfassungsgerichtsgesetz Kommentar, vor §17, Rdnr. 7.

12) Vgl. Lechner, Die Verfassungsgerichtsbarkeit, in: Bettermann/Nipperdey/Scheuner, Die Grundrechte, Bd. Ⅲ, 2. Halbband, 1959, S. 702.

제267조)와 유사하다.

그리고 행정법원법도－우리의 경우와는 달리[13]－제92조에 소의 취하에 대하여 규정하고 있다. 즉 "① 원고는 판결의 확정에 이르기까지 소를 취하할 수 있다. 구두변론에 대한 신청이 제기된 이후에는 피고의 동의, 그리고 공익의 대표자(Vertreter des öffentlichen Interesses)가 구두변론에 참가한 경우에는 그 공익대표자의 동의를 요한다. ② 이하 생략"은 규정이 그것이다.

그런데 이 독일 행정법원법 제92조 제1항 제2문 후단의 경우에는 독일 민사소송법 제269조와는 달리 공익대표자가 구두변론에 참가한 경우에는 소의 취하를 위해 그 공익대표자의 동의를 요하도록 하고 있는데, 이는 소취하의 허용 여부와 관련하여 공익도 아울러 고려한다는, 즉 공익적 이유에서 행정소송의 취하가 제한될 수 있음을 시사하는 것이라고 여겨진다. 이는 행정소송이 민사소송과는 달리 직권심리주의가 가미된 공익소송의 성질도 아울러 가진다는,[14] 즉 행정소송제도가 개인의 권리구제 뿐 아니라 행정의 적법성확보와 행정통제 및 공익추구의 성질도 가진다는 행정소송의 기능과 특성에서 도출된다고 본다. 이 점에서 행정소송의 경우에는 민사소송의 경우와는 달리 당사자처분주의가 일정부분 제한될 수 있는 것이며, 따라서 피고가 원고의 소취하에 동의한 경우라도 상황에 따라서는 공익적 이유에서 취하가 허용되지 않을 수 있다는 것으로 해석해야 할 것이다.

Ⅴ. 헌법소원심판청구취하의 법적 효과

1. 헌법소원제도의 본질과 이중적 기능

헌법소원제도는 이중적 기능을 가진다. 즉 헌법소원제도는 단순한 개인의 기본권구제의 기능만을 가지고 있는 것이 아니라, 중요한 헌법적 해명, 헌법질서유지, 권력통제 등 공익추구의 기능도 아울러 가지고 있다. 이는 그동안의 확립된 헌법재판소의 견해이기도 하다. 예컨대 헌법재판소는 청구인이 자신의 권리를 침해하였다고 주장하는 변호인 접견방해행위는 이미 끝났기 때문에 이제 이를 취소할 여지가 없고 따라서 구제될 개인의 이익이 없음에도 불구하고 제기한 변호인의 조력

13) 우리 행정소송법에는 소의 취하에 대하여 아무런 규정이 없어 민사소송법 제239조 제2항이 행정소송심판절차에 있어서의 소의 취하에 준용된다고 보는 것이 일반적 견해인 것 같다. 예컨대 이상규, 신행정법론(상), 1997, 893쪽; 김남진, 행정법 I, 1997, 833쪽.

14) 공익대표자가 소송에 참가한다는 자체가 이미 행정소송이 공익성도 아울러 지닌다는 것을 의미한다고 보아야 할 것이다.

을 받을 권리에 대한 헌법소원심판 사건[15]에서 “헌법소원의 본질은 개인의 주관적 권리구제 뿐 아니라 객관적인 헌법질서의 보장도 하고 있으므로 헌법소원에 있어서의 권리보호이익은 일반법원의 소송사건에서처럼 주관적 기준으로 엄격하게 해석하여서는 아니된다. 따라서 침해행위가 이미 종료하여서 이를 취소할 여지가 없기 때문에 헌법소원이 주관적 권리구제에는 별 도움이 안되는 경우라도 그러한 침해행위가 앞으로도 반복될 위험이 있거나 당해 분쟁의 해결이 헌법질서의 수호·유지를 위하여 긴요한 사항이어서 헌법적으로 그 해명이 중대한 의미를 지니고 있는 경우에는 심판청구의 이익을 인정하여 이미 종료한 침해행위가 위헌이었음을 선언적 의미에서 확인할 필요가 있는 것이다.”라고 판시했고, 형사소송법 제97조 제3항 위헌제청사건[16]에서 “위헌여부심판이 제청된 법률조항에 의하여 침해된다는 기본권이 중요하여 동 법률조항의 위헌 여부의 해명이 헌법적으로 중요성이 있는데도 그 해명이 없거나, 동 법률조항으로 인한 기본권의 침해가 반복될 위험성이 있는데도 좀처럼 그 법률조항에 대한 위헌여부심판의 기회를 갖기 어려운 경우에는 설사 그 심리기간 중 그 후의 사태진행으로 당해 소송이 종료되었더라도 헌법재판소로서는 제청 당시 전제성이 인정되는 한 예외적으로 객관적인 헌법질서의 수호·유지를 위하여 심판의 필요성을 인정하여 적극적으로 그 위헌 여부에 대한 판단을 하는 것이 헌법재판소의 존재이유에도 부합하고 그 임무를 다하는 것이 될 것이다.”라고 판시하고 있으며, 등사신청거부처분취소사건[17]에서도 “청구인에 대한 국가보안법위반사건은 피청구인의 이 사건 열람·등사거부행위 이후 그 공판절차가 진행되어 1994. 5. 10. 제1회 공판기일이 개시되었고 증거조사 및 변론을 거쳐 같은 해 6. 3. 제1심판결이 선고되었는바, 따라서 제1회 공판기일 개시 전에 수사기록을 열람·등사하여 충실한 변론준비를 하고자 하였던 청구인으로서는 제1심판결이 선고된 지금에 이르러서는 이 사건 심판청구가 인용된다 하더라도 청구인의 주관적 권리구제에는 도움이 되지 아니한다고 할 수 있다. 그러나 헌법소원은 주관적 권리구제 뿐만 아니라 객관적인 헌법질서보장의 기능도 겸하고 있으므로 가사 청구인의 주관적 권리구제에는 도움이 되지 아니한다 하더라도 같은 유형의 침해행위가 앞으로도 반복될 위험이 있고, 헌법질서의 수호·유지를 위하여 그에 대한 헌법적 해명이 긴요한 사항에 대하여는 심판청구의 이익을 인정하여야 할 것이다. 이 사건 헌법소원에 있어서 피청구인의 수사기록에 대한 열람·등사거부행

15) 1992. 1. 28. 91헌마111.
16) 1993. 12. 23. 93헌가2.
17) 1997. 11. 27. 94헌마60.

위는 그 주장 내용 및 답변의 취지로 미루어 보건대 앞으로도 계속 반복될 것으로 보여지고, 그에 대한 헌법적 정당성 여부의 해명은 헌법질서의 수호를 위하여 매우 긴요한 사항으로서 중요한 의미를 지니고 있는 것이므로 이 사건 심판청구의 이익은 여전히 존재한다 할 것이다."라고 판시하고 있다.[18)]

독일의 경우에도 헌법소원의 이러한 이중적 기능, 즉 개인의 주관적 권리구제의 기능과 더불어 헌법질서유지와 권력통제 등의 객관적인 공익추구의 기능이 판례[19)]와 학설[20)]에 의하여 확립되어 있다. 따라서 연방헌법재판소도 위에서 소개한 우리 헌법재판소의 결정과 기본적으로 동일한 취지의 결정을 내리고 있다. 즉 중요한 헌법적 문제에 대한 해명을 위해서나 특별히 중요한 기본권에 대한 침해가 문제될 경우, 또는 침해의 원인이 되는 공권력작용의 반복위험이 있는 경우 등에 있어서는 기본권 침해의 원인이 된 공권력작용이 이미 종료되었거나[21)] 취소된 경우[22)]에도, 그리고 심지어는 헌법소원의 청구취지가 이미 실현된 경우[23)][24)]라도 권리보호의 이익이 있다고 보아 본안판단을 하고 있다.

---

18) 같은 견해의 판례: 헌재 1992. 4. 14. 90헌마82; 1995. 7. 21. 92헌마144; 1998. 8. 27. 96헌마398.

19) 예컨대 BVerfGE 33, 247(258f.); 45, 63(74).

20) Säcker, Das Bundesverfassungsgericht, 3. Aufl., 1981, S. 36; Schlaich, aaO, Rdnr. 197; Gusy, aaO, Rdnr. 15f.; Pieroth, in: Jarass/Pieroth, Grundgesetz Kommentar, 4. Aufl., 1997, Art. 93, Rdnr. 36; E. Klein, Zur objektiven Funktion der Verfassungsbeschwerde, DÖV 1982, S. 797; Pestalozza, aaO, S. 191.

21) 예컨대 BVerfGE 74, 102(115); 76, 363(381); 86, 288(309).

22) 예컨대 BVerfGE 15, 226(230); 32, 87(92); 53, 152(157); 56, 99(106); 76, 363(381).

23) 예컨대 BVerfGE 50, 244(248); 69, 315(341); 85, 36(53); 91, 125(133).

24) 이에 반하여 우리 헌법재판소는 수사기관의 기본권 침해에 대한 헌법소원심판사건(1991. 7. 8. 89헌마181)에서 "접견거부처분이 있은 며칠 후 접견이 이루어져 그 목적이 달성되었고, 그 후 사건이 검찰에 송치됨으로써 이제 피청구인 관하에서 접견목적은 이루어지기 불가능하게 된 사정변경이 생겼으므로, 불분명한 헌법문제의 해명, 피해반복의 위험 등을 이유로 심판의 이익이 있다 할 특별한 경우에 해당한다 할 수 없다."고 판시했고, 변호인접견실 칸막이설치 위헌확인사건(1997. 3. 27. 92헌마273)에서 "이 사건 헌법소원은 영등포교도소의 변호인접견실에 변호인석과 재소자석을 차단하는 칸막이를 설치한 권력적 사실행위에 대한 위헌결정을 통하여 이를 제거하고자 하는 것인데, 이 칸막이가 그 후 법무부의 지시에 따라 철거된 이상 청구인이 이 사건 헌법소원을 통하여 달성하고자 하는 주관적 목적은 이미 달성되었으므로 심판대상행위의 위헌 여부를 가릴 실익이 없어졌다 할 것이다."고 판시하고 있으며, 열람및복사거부처분취소사건(1998. 2. 27. 96헌마211)에서 "피고인에 대한 공소제기후 제1회 공판기일전에 변론준비를 위하여 검찰에 수사기록에 대한 열람등사신청을 하였으나 동 신청이 거부된 이후 공판절차가 진행되고 제1회 공판기일이 개시되자 법원에 수사기록의 열람등사를 신청하여 수사기록 일체를 복사받았고 그 후 1심판결까지 선고되었다면 검찰의 열람 및 등사거부처분의 취소를 구하는 이 사건 심판청구는 권리보호의 이익이 없어 부적법하다."라고 판시함으로써, 이미 청구취지 내지 목적이 달성된 경우에는 권리보호이익 내지 헌법소원심판의 이익이 없다고 보아 심판청구를 각하하는 소극적 입장을 취하고 있다.

2. 헌법소원제도의 객관적 소송화

이처럼 헌법소원제도는 개인의 주관적 권리구제의 기능 뿐 아니라, 중요한 헌법적 해명, 헌법질서유지, 권력통제 등 객관적·공적 이익추구의 기능도 가지고 있으며, 따라서 오늘날 헌법소원제도는 주관적 소송의 성격 뿐 아니라 사실상 객관적 소송[25]의 성격도 아울러 가지게 되었다고 볼 수 있고, 이에 따라 소의 이익과 청구인 적격의 범위가 그만큼 확대되고 있다고 볼 수 있다.

앞서 언급한 바와 같이 독일 연방헌법재판소도 헌법소원제도가 개인의 권리구제제도이긴 하지만, 다른 한편 헌법수호와 다른 국가기관통제 및 헌법의 해석과 발전에 기여하는 기능을 가진다고 보고, 이러한 객관적 기능 때문에 헌법소원제도가 다른 일반법원의 권리구제제도와 구별된다고 판시하고 있다.[26]

3. 헌법소원과 직권심리주의

한편 이러한 헌법소원의 기능과 목적의 확대와 더불어 헌법소원을 비롯한 헌법재판절차에는 직권심리주의가 강하게 지배하고 있다고 볼 수 있다. 따라서 헌법재판소는 헌법소원심판절차에 있어서 당사자의 청구취지나 주장과 논거 등에 구속됨이 없이 직권으로 당사자가 주장하지 아니한 제반사항에 대하여 판단할 수 있고, 또한 판단하여야 할 의무가 있는 것이다. 이러한 강력한 직권심리주의는 "재판부는 사건의 심리를 위하여 필요하다고 인정하는 경우에는 당사자의 신청 또는 '직권에 의하여' 다음의 증거조사를 할 수 있다. …"라고 규정하고 있는 헌법재판소법 제31조 및 앞서 언급한 헌법소원제도 내지 헌법재판제도의 공적 기능과 목적 등으로부터 도출된다고 볼 수 있다. 이에 따라 헌법재판소도 교수재임용추천거부 등에 대한 헌법소원심판사건[27]에서 "헌법재판소법 제25조, 제26조, 제30조, 제31조, 제

25) 여기서 말하는 헌법소원의 객관적 소송화가 물론 헌법소원이 곧 바로 행정소송법 제45조에서 규정하고 있는 민중소송이나 기관소송과 같은 순수한 객관적 소송이나 독일 바이에른주 헌법 제98조 제4문이 규정하고 있는 소위 Popularklge를 의미한다는 것은 아니다(Vgl. Maunz, in: Maunz-Dürig, Grundgesetz Kommentar, Art. 93, Rdnr. 67; Gusy, aaO, Rdnr. 62; Pestalozza, aaO, S.441ff.). 왜냐하면 민중소송 등의 순수한 객관적 소송은 특정 개인의 기본권침해와 그 구제를 전제로 하지 아니하고 행정통제나 행정의 적법성확보 등 오로지 객관적 공익추구만을 목적으로 하지만, 헌법소원의 경우에는 기본적으로는 공권력작용에 의한 청구인 개인의 기본권침해와 그 구제를 전제로 하면서 동시에 객관적 공익추구도 목적으로 한다는 점에서 양자는 구별된다고 하겠다. 객관적 소송과 주관적 소송의 구별과 관련하여 정연주, 민중소송과 선거소송, 고시연구 1998. 2, 116쪽 이하 참조.

26) 예컨대 BVerfGE 33, 247(259); 79, 365(367f.); 85, 109(113).

32조, 제37조, 제68조, 제71조 등에 의하면 헌법소원심판제도는 변호사 강제주의, 서면심리주의, 직권심리주의, 국가비용부담 등의 소송구조로 되어 있어서 민사재판과 같이 대립적 당사자간의 변론주의 구조에 의하여 당사자의 청구취지 및 주장과 답변만을 판단하면 되는 것이 아니고, 헌법상 보장된 기본권을 침해받은 자가 변호사의 필요적 조력을 받아 그 침해된 권리의 구제를 청구하는 것이므로 소송비용과 청구양식에 구애되지 않고 청구인의 침해된 권리와 침해의 원인이 되는 공권력의 행사 또는 불행사에 대하여 직권으로 조사 판단하는 것을 원칙으로 하고 있다. 따라서 헌법소원심판은 그 청구서와 결정문에 반드시 피청구인을 특정하거나 청구취지를 기재하여야 할 필요가 없다. 그러므로 헌법소원심판청구서에 피청구인을 특정하고 있더라도 피청구인의 잘못된 표시는 헌법소원심판청구를 부적법하다고 각하할 사유가 되는 것이 아니며 소원심판대상은 어디까지나 공권력의 행사 또는 불행사인 처분 자체이기 때문에 심판청구서에서 청구인이 피청구인(처분청)이나 청구취지를 잘못 지정한 경우에도 권리구제절차의 적법요건에 흠결이 있는 것이 아니어서 직권으로 불복한 처분(공권력)에 대하여 정당하게 책임져야 할 처분청(피청구인)을 지정하여 정정할 수도 있고 처분청을 기재하지 아니할 수도 있다. 따라서 헌법재판소는 청구인의 심판청구서에 기재된 피청구인이나 청구취지에 구애됨이 없이 청구인의 주장요지를 종합적으로 판단하여야 하며 청구인이 주장하는 침해된 기본권과 침해의 원인이 되는 공권력을 직권으로 조사하여 피청구인과 심판대상을 확정하여 판단하여야 하는 것이다."라고 판시함으로써 헌법소원 내지 헌법재판절차에서의 강력한 직권심리주의와 그에 대한 재판소의 의무를 강조하고 있다.

행정소송법 제26조도 "법원은 필요하다고 인정할 때에는 직권으로 증거조사를 할 수 있고, 당사자가 주장하지 아니한 사실에 대하여도 판단할 수 있다."라고 규정하고 있고, 이에 따라 행정소송에도 직권심리주의가 가미되고 있으며, 따라서 당사자처분주의에 일정한 제한이 가해지고 있다. 이 역시 행정소송이 개인의 권리구제의 목적 이외에 행정의 적법성확보와 행정통제라고 하는 공적 목적에 기여하는 기능을 가지기 때문이라고 볼 수 있다.[28]

독일의 경우에도 '진실발견을 위한 재판소의 증거조사'에 관하여 규정하고 있는 연방헌법재판소법 제26에 근거하여 헌법재판절차에 직권심리주의(Untersuchungsgrundsatz)가 지배하고 있는데, 이러한 직권심리는 공익소송으로서의 헌법소송의 특성상 당

27) 1993. 5. 13. 91헌마190.

28) 같은 견해 김남진, 전게서, 811쪽 이하.

연히 인정되는 것으로서,[29] 헌법재판소의 권한이자 의무라고 할 수 있다.[30] 아울러 행정법원법 제86조 제1항도 직권심리주의에 대하여 규정하고 있고, 이에 따라 행정소송절차에도 직권심리주의가 가미되고 있다. 물론 이 역시 행정소송이 가지는 공적 기능에서 연유한다고 볼 수 있다.[31] 행정소송이 가지는 이러한 공적 기능 때문에 직권심리는 법원의 권한이자 의무라고 평가되고 있다.[32]

4. 헌법소원제도의 특성과 민사소송과의 차이점

이처럼 헌법소원제도는 헌법재판소가 강조하는 바와 같이 민사소송과는 본질적으로 다르다. 즉 민사소송은 어디까지나 개인의 권리구제를 목적으로 하고 그 판결의 효력이 원칙적으로 소송당사자에게만 한정하여 미치는 것으로서 당사자처분주의를 근간으로 하지만, 헌법소원제도는 개인의 권리구제 뿐 아니라, 공익추구도 그 목적으로 하고 있고, 헌법소원에 있어서의 인용결정은 일반적 기속력과 대세적 · 법규적 효력을 가진다.[33][34] 더욱이 오늘날 헌법소원제도가 고도로 발전함에 따라 개인의 권리구제 보다는 오히려 권력통제, 중요한 헌법적 해명, 헌법질서유지 등 객관적 공익추구가 헌법소원제도의 더욱 중요한 기능이자 목적이 되었고, 이에 따라 앞서도 언급한 바와 같이 헌법소원제도는 상당부분 객관적 소송의 성격을 가지게 되었으며 소의 이익도 그만큼 확대되었다. 이는 민사소송과 구별되는 헌법소송의 기능과 특성 및 일반법원과 구별되는 헌법재판소의 지위와 기능 등[35]에 비추

29) Vgl. Pestalozza, aaO, S. 57f.; F. Klein, aaO, Rdnr. 7; Schlaich, aaO, Rdnr. 57; Lechner, aaO, S. 702ff.

30) Vgl. Lechner, aaO, S. 704.

31) 이에 대하여 자세한 것은 Kopp, Verwaltungsgerichtsordnung Kommentar, 8. Aufl., 1989, §86, Rdnr. 1ff.; Tschira/Schmitt Glaeser, Verwaltungsprozeßrecht, 9. Aufl., 1988, Rdnr. 745ff. 참조.

32) Vgl. Tschira/Schmitt Glaeser, aaO, Rdnr. 747.

33) 헌법재판소법 제75조 제1항은 "헌법소원의 인용결정은 모든 국가기관과 지방자치단체를 기속한다."고 규정함으로써 이를 뒷받침하고 있다. 참고로 독일 연방헌법재판소법 제31조 제1항도 "연방헌법재판소의 결정은 연방과 주의 헌법기관 및 모든 법원과 행정청을 기속한다."라고 규정하고 있다. 이러한 일반적 기속력 및 대세적 · 법규적 효력에 대하여 Vgl. Schlaich, aaO, Rdnr. 439ff.; Pestalozza, aaO, S. 319ff.; Lechner, aaO, S. 711ff.

34) 헌법재판소도 민사소송법 제118조에 대한 헌법소원심판사건(1992. 6. 26. 90헌아1)에서 "헌법재판소법 제68조 제2항에 의한 헌법소원에 있어서 인용결정은 위헌법률심판의 경우와 마찬가지로 이른바 일반적 기속력과 대세적 · 법규적 효력을 가진다. 이러한 효력은 법원에서의 구체적 · 개별적 소송사건에서 확정된 판결이 그 기속력이나 확정력에 있어서 원칙적으로 소송당사자에게만 한정하여 그 효력이 미치는 것과 크게 다른 것이다."라고 판시함으로써 개별적 · 주관적인 당사자처분주의의 성격을 가지는 민사소송과 일반적 · 객관적 성격을 가지는 헌법소원제도의 차별성을 강조하고 있다. 같은 견해의 판례: 헌재 1995. 1. 20. 93헌아1.

35) 이러한 헌법소원제도 내지 헌법재판제도의 기능과 특성 및 일반재판과의 차이점에 대하여 Simon,

어 지극히 당연하고 자연스러운 현상이라고 볼 수 있다.

5. 헌법소원심판청구취하와 재판부의 동의

따라서 지금까지 언급한 헌법소원제도의 본질과 기능 및 특성에 비추어 볼 때 헌법소원심판절차에 민사소송법의 규정과 원리가 준용되는 데에는 일정한 한계가 있다. 여기서 논의되는 헌법소원심판청구취하의 효과문제가 바로 그 예라고 할 수 있다. 따라서 만일 구체적 헌법소원의 대상과 내용 및 청구취지 등에 비추어 공익추구, 중요한 헌법적 해명, 권력통제, 동일한 침해의 반복방지, 헌법질서유지 등 공적·객관적 이익과 기능이 강조되는 경우라면 청구인이 그 심판청구를 취하한 경우라도, 그리고 상대방인 피청구인이 이에 동의하거나 이의를 제기하지 아니한 경우라도 당사자의 의사에 관계없이 재판소는 직권으로 그 심판절차의 계속 여부 및 결정내용 등에 대하여 판단할 수 있는 권한을 가지고 있으며,[36] 또 이를 행사해야 할 의무가 있다고 보아야 할 것이다. 이러한 재판소의 의무는 헌법수호와 권력통제 및 공익추구의 권한과 의무를 가지는 헌법재판소의 존재의의와 앞서 언급한 헌법소원제도의 기능과 특성 등으로부터 도출된다고 볼 수 있다. 따라서 청구인의 심판청구취하는 피청구인의 동의와 더불어 재판부의 동의[37]를 요하며, 결국 헌법소원심판청구취하의 허용 여부와 그 법적 효과는 당사자가 아니라, 관련되는 다양한 공·사익의 총체적 형량을 바탕으로 한 재판부의 판단에 좌우된다고 보아야 할 것이다.[38]

따라서 이 사건에서 헌법재판소는 청구인의 심판청구취하와 이에 대한 피청구인의 동의 여부만을 기준으로 하지 말고, 직권으로 이 사건 헌법소원의 대상과 내용 및 그 의미와 목적 등을 총체적으로 검토해서 앞서 언급한 객관적·공익적 사유가 존재한다고 판단이 된다면[39] 심판청구의 취하 및 이에 대한 피청구인의 동의

Verfassungsgerichtsbarkeit, in: Handbuch des Verfassungsrechts, hrsg. v. Ernst Benda/Werner Mayhofer/Hans-Jochen Vogel, 2. Auflage, 1994, Rdnr. 42ff.; Stern, aaO, S. 951ff.; Ossenbühl, Verfassungsgerichtsbarkeit und Fachgerichtsbarkeit, in: Hamburg-Deutschland-Europa, Festschrift für Hans Peter Ipsen, hrsg. v. Rolf Stöter und Werner Thieme, 1977, S. 129ff.; Schlaich, aaO, Rdnr. 465ff.; ders., VVDStRL 39(1981), S. 120ff. 참조.

36) 독일의 경우 직권심리주의가 적용되는 결과 청구인의 심판청구취하신청에 구속됨이 없이 연방헌법재판소가 공익적 이유가 존재할 경우 직권으로 심판절차를 계속시킬 수 있다는 점에 대하여 Vgl. Pestalozza, aaO, S. 412f.

37) 여기서 재판부의 동의는 헌법재판소법 제23조 제2항에 따라 종국심리에 관여한 재판관의 과반수의 찬성으로 이루어질 것이다.

38) 이러한 취하의 허용 여부와 이익형량에 대하여 Vgl. F. Klein, aaO, Rdnr. 8.

에도 불구하고 이 사건을 계속시켜 그 본안판단과 종국결정을 했어야 했다.

Ⅵ. 맺는 말

지금까지 헌법소원심판청구취하의 효과문제를 헌법소원제도의 본질과 기능 및 특성과 관련하여 고찰해 보았다. 결론적으로 청구인의 심판청구취하에는 피청구인의 동의 이외에 재판소의 동의를 요한다고 보아야 할 것이다. 여기에 민사소송법의 규정과 원리가 준용될 수는 없다. 그리고 청구취하에 대한 재판소의 동의는 당해 심판청구의 대상과 내용 및 목적이 가지는 객관적·공익적 의미를 헌법소원제도의 본질 및 기능과 관련하여 총체적으로 검토해서 이루어져야 하며, 따라서 그 동의 여부의 중요한 판단기준은 바로 해당 헌법소원이 가지는 객관적·공익적 의미가 될 것이다. 또한 이는 헌법소원심판의 경우 뿐 아니라 다른 심판제도에도 당연히 적용되어야 할 것이다. 이러한 점에 비추어 볼 때 이 사건 헌법소원심판의 경우 앞에서도 언급한 바와 같이 중요한 헌법문제의 해명과 헌법질서유지라는 절실한 객관적·공익적 의미가 존재함에도 불구하고 재판소가 단순히 헌법재판소법 제40조의 준용규정만을 근거로 민사소송법 제239조를 준용시켜 청구취하와 이에 대한 피청구인의 동의만을 근거로 바로 심판절차를 종료시키는 결정을 내린 것은 형식논리에 사로잡힌 대단히 무책임한 처사라고 보지 않을 수 없다. 결국 이는 헌법재판소의 기능과 사명 및 지위를 망각한 일종의 직무유기라고 비판받아 마땅하다. 차제에 헌법재판소의 적극적인 입장변경을 기대한다.

---

39) 이 사건에서 반대의견은 심판청구의 대상 및 내용과 관련하여 그에 대한 헌법적 해명이 객관적인 헌법질서의 수호와 유지를 위하여 중대한 의미를 지니고 있어 헌법재판의 필요성이 대단히 크다고 할 것이므로 심판청구의 취하에도 불구하고 심판절차는 종료되지 않는다고 보아야 하고, 따라서 헌법재판소로서는 재판부에서 평의한 대로 종국 결정을 선고하는 것이 옳다고 보았다. 즉 이 사건은 집권에 성공한 내란의 가벌 여부에 관한 헌법적 해명에 관한 것이고 이는 헌법질서를 파괴하는 방법에 의한 집권이 우리의 헌법상 허용되는지 여부에 관한 것이므로 국가운명과 전국민의 기본권에 직접 관련되어 특히 중대한 의미를 갖는 헌법적 해명이 요청되는 경우라 할 것인데, 그럼에도 불구하고 건국 이래 현재까지 어떠한 국가기관에 의해서도 그 해명이 된 바 없고, 비록 1995. 11. 24. 대통령의 특별법제정에 관한 담화에 따라 검찰이 수사를 진행시키고 있고, 국회에서는 이른바 5·18 특별법 제정 등이 추진되고 있으나, 이는 정치적 논리에 따른 정치적 결단행위에 불과한 현실일 뿐, 헌법재판소의 유권적인 헌법해석이나 사법기관의 기타 유권적인 법률해석을 거친 법적논리에 따른 현실이 아니므로 위와 같은 특히 중대한 의미를 갖는 헌법적 해명의 필요성은 상존하고 있다 할 것이고, 따라서 이 사건 청구취하는 심판절차종료의 효력을 발생하지 아니한다고 보았다. 이러한 반대의견은 타당하다고 보이며, 따라서 이 사건의 경우 재판소가 청구인의 심판청구취하에 대한 동의를 거부하고 심판절차를 계속시켜 종국결정을 할 충분한 공익적·객관적 사유가 존재한다고 하겠다.

12. 재판소원금지의 헌법적 문제

- 헌재 1997. 12. 24. 96헌마172 등 헌법재판소법 제68조 제1항 위헌확인 등[1] -

[目 次]

Ⅰ. 머리말

헌법재판소가 법치주의확립 및 기본권신장을 위해 커다란 기여를 했다는 사실을 부인할 수는 없지만, 다른 한편 헌법재판제도가 1987년의 헌법에 도입될 당시 기존의 대법원과의 관계 및 위상, 관할권 문제 등 다양한 사항이 정리되지 않은 채 졸속으로 도입된 나머지 적지 않은 문제가 야기되어온 것도 사실이다. 이러한 문제를 해결하기 위해서는 헌법재판소법의 개정도 필요하겠지만, 근본적으로는 관련 헌법규정의 개정이 불가피한 점도 있을 것이다. 그러한 논의에는 헌재 구성원의 자격과 선출방법문제, 헌재의 관장사항이나 직무범위의 문제, 대법원과의 관계문제 등 다양한 것이 고려될 수 있을 것이다. 아울러 헌재의 일반법원과의 차별성

1) 헌재 1997. 12. 24. 96헌마172 등, 판례집 9-2, 842, 842.

내지 특성에서 오는 직무범위의 조정 등이 검토되어야 할 것이고, 명령 · 규칙 · 조례 등 법률의 하위규범에 대한 심판관할권 문제도 논의되어야 할 것이다. 특히 헌법재판소법 제68조 제1항에 따라 법원의 재판을 헌법소원의 대상에서 제외시킴으로써 그동안 많은 문제를 초래했고, 헌법재판소와 대법원간의 갈등의 소지가 되어온 것은 주지의 사실이다.

그러던 중 헌법재판소는 1997. 12. 24. 헌법재판소법 제68조 제1항에 대하여 한정위헌결정을 내렸다. 이 결정의 단초를 제공한 것은 대법원의 1996. 4. 9. 95누11405 판결인데, 이 판결에서 대법원은 “한정위헌결정은 위헌결정이 아니라 헌법재판소의 법률해석에 불과하고, 한정위헌결정에 표현되어 있는 헌법재판소의 법률해석에 관한 견해는 법원에 대하여 전혀 기속력이 없다.”라고 판시함으로써 헌법재판소의 결정을 무시한 바 있다. 이로써 헌법재판소의 위상은 크게 훼손되었고, 양자간의 갈등이 첨예화된 바 있다. 이에 대해 헌법재판소는 이례적으로 이 사건 대법원판결에 대한 헌법소원심판청구를 받아들이면서, 당해 판결과 행정청의 원처분을 취소시키고, 동시에 헌법재판소법 제68조 제1항에 대하여 한정위헌결정을 내림으로써, 적어도 헌법재판소의 변형결정을 포함한 위헌결정에 반하여 그 효력을 상실한 법률을 적용함으로써 국민의 기본권을 침해하는 재판은 헌법소원심판의 대상이 될 수 있도록 했고, 이로써 헌법재판소가 법원의 재판을 제한적이나마 심사할 수 있는 기회를 가지게 된 것이다.

그러나 과연 대법원이 이러한 헌법재판소의 결정취지에 따를지, 헌법재판소의 변형결정의 기속력을 인정할지, 또한 행정청의 원처분이 헌법소원의 대상이 되는지, 그리고 당해 행정청이 헌법재판소의 결정과 대법원의 판결 중 어느 것을 따를지 등의 여러 가지 문제가 의문으로 남는다. 그런데 근본적으로는 헌법재판소법 제68조 제1항의 본문 중 ‘법원의 재판을 제외하고는’부분을 단순위헌으로 보는 필자의 입장에서는 헌법재판소의 결정이 여전히 본질적인 문제점을 지닌 타협적 성격의 미봉책에 불과하다고 볼 수밖에 없다. 이 글에서는 헌법재판소의 결정을 내용과 문제점을 살펴보면서 재판소원금지의 위헌성을 검토해 보고자 한다.

Ⅱ. 헌재결정의 요지

1. 사건의 개요와 심판의 대상

(1) 사건의 개요

1) 96헌마173 사건의 피청구인인 ㅇㅇ세무서장은, 청구인이 자기 처의 명의로 서울 관악구 ㅇㅇ동 산 57의 12 임야 9,917㎡에 대한 2분의1 지분을 1987. 8.에 취득하였다가 1989. 5.에 양도하고, 또 위 임야에 대한 2분의1 지분을 1989. 5.에 취득하였다가 1989. 7.에 양도한 사실 등을 인정한 다음, 청구인이 타인 명의로 자산을 유상으로 취득한 후 양도하고 부동산을 취득하여 1년 이내에 양도하였기 때문에 구 소득세법시행령(1989. 8. 1. 대통령령 제12767호로 개정되기 전의 것) 제170조 제4항 제2호에 해당한다는 이유로, 구 소득세법(1990. 12. 31. 법률 제4281호로 개정되기 전의 것) 제23조 제4항 단서, 제45조 제1항 제1호 단서에 따라 취득가액과 양도가액을 모두 실지거래가액에 의하여 양도차익을 산정하여, 1992. 6. 16. 청구인에게 1989년 귀속분 양도소득세 금 736,254,590원 및 방위세 금 147,250,910원을 부과하는 이 사건 과세처분을 하였다.

2) 청구인은 서울고등법원에 이 사건 과세처분의 취소를 구하는 행정소송을 제기하였으나 1995. 7. 6. 청구인의 청구를 기각하는 판결이 선고되자 그 판결에 대하여 상고를 하여 그 사건이 상고심에 계속 중인 1995. 11. 30.에, 헌법재판소는 "구 소득세법 제23조 제4항 단서, 제45조 제1항 제1호 단서(각 1982. 12. 21. 법률 제3576호로 개정된 후 1990. 12. 31. 법률 제4281호로 개정되기 전의 것)는 실지거래가액에 의할 경우를 그 실지거래가액에 의한 세액이 그 본문의 기준시가에 의한 세액을 초과하는 경우까지를 포함하여 대통령령에 위임한 것으로 해석하는 한 헌법에 위반된다."는 결정(94헌바40, 95헌바13 병합)을 선고하였다.

3) 그런데 대법원은 1996. 4. 9. 헌법재판소의 위 법령조항들에 대한 한정위헌결정에도 불구하고 위 법률조항들이 헌법상의 조세법률주의와 포괄위임금지원칙에 위배되지 아니하는 유효한 규정이라고 본 끝에, 이사건 과세처분이 위 각 법률조항에 근거한 것이기 때문에 위법한 것이라는 청구인의 주장을 배척하고 위 과세처분이 적법한 것이라고 본 원심의 판단은 정당한 것이라고 판단하여, 청구인의 상고를 기각하는 판결(95누11405)을 선고하였다.

4) 이에 청구인은, 1996. 5. 6. 이 사건 과세처분은 헌법재판소의 위헌결정의 선고로 효력이 상실된 위 법률조항에 근거한 것으로서 청구인은 피청구인의 공권력의 행사인 위 과세처분으로 인하여 헌법상 보장된 기본권을 침해 받았다는 이유로 위 과세처분의 취소를 구하는 헌법소원심판을 청구(96헌마173)함과 아울러, 헌법소원의 대상에서 법원의 재판을 제외하고 있는 헌법재판소법 제68조 제1항은 헌법상 보장된 자신의 평등권을 침해한 것이므로 헌법에 위반되는 것이고, 이 사건 과세처분은 헌법에 위반된 것으로 마땅히 취소되어야 할 것인데도 대법원은 헌법재판소의 위헌결정의 기속력을 무시한 채 위 과세처분이 위법한 것이라는 청구인의 주장을 배척하고 청구인의 상고를 기각함으로써 헌법상 보장된 자신의 기본권을 침해하였다는 이유로 헌법재판소법 제68조 제1항과 대법원 1996. 4. 9. 선고, 95누11405 판결의 위헌선언을 구하는 헌법소원심판을 청구(96헌마172)하였다.

(2) 심판의 대상

이 사건 심판의 대상은 헌법재판소법 제68조 제1항 본문과 대법원 1996. 4. 9. 선고, 95누11405 판결(이하 '이 사건 대법원 판결'이라 함) 및 피청구인 동작세무서장이 1992. 6. 16. 청구인에게 1989년 귀속분 양도소득세 금 736,254,590원과 방위세 금 147,250,910원을 부과한 이 사건 과세처분이 청구인의 기본권을 침해하였는지의 여부인바, 헌법재판소법 제68조 제1항 본문의 내용은 다음과 같다.

헌법재판소법 제68조(청구사유) ① 공권력의 행사 또는 불행사로 인하여 헌법상 보장된 기본권을 침해받은 자는 법원의 재판을 제외하고는 헌법재판소에 헌법소원심판을 청구할 수 있다.

2. 청구인의 주장 및 이해관계인의 의견

(1) 청구인의 주장

1) 헌법재판소법 제68조 제1항 본문은 헌법소원의 대상에서 법원의 재판을 제외하고 있는바, 법원의 재판으로 기본권을 침해받은 경우에 이에 대한 구제수단으로서 헌법소원이 용인되어야 함에도 이를 제외한 것은 다른 공권력에 의하여 기본권의 침해를 받은 국민에 비하여 합리적 이유없이 차별대우를 하는 것이므로 평등의 원칙에 위배되는 것이다. 또한 헌법 제107조 제2항이 명령·규칙에 대한 1차적 심

사권을 법원에 준 이상 이에 대한 판단을 그르친 법원의 재판에 대한 통제로 헌법소원이 가능하여야 함에도 이를 제외한 것은 위헌이다.

2) 헌법재판소는 1995. 11. 30. 선고, 94헌바40, 95헌바13(병합) 결정에서 "구 소득세법 제23조 제4항 단서, 제45조 제1항 제1호 단서(각 1982. 12. 21. 법률 제3576호로 개정된 후 1990. 12. 31. 법률 제4281호로 개정되기 전의 것)는 실지거래가액에 의할 경우를 그 실지거래가액에 의한 세액이 그 본문의 기준시가에 의한 세액을 초과하는 경우까지를 포함하여 대통령령에 위임한 것으로 해석하는 한 헌법에 위반된다."는 결정을 하였다. 이 사건 과세처분은 이와 같이 헌법재판소에 의하여 위헌결정된 법률조항과 그 위임에 따라 실지거래가액에 의하여 양도차익을 산정할 수 있는 경우를 구체적으로 규정하고 있는 위 구 소득세법시행령 제170조 제1항 제2호에 근거한 것이다. 따라서 헌법재판소의 위헌결정의 선고로 효력이 상실된 법령에 근거하여 한 이 사건 과세처분은 마땅히 취소되었어야 한다. 그런데도 이 사건 대법원판결은 헌법재판소의 위 결정은 일종의 법률해석으로서 법원에 전속되어 있는 법령의 해석·적용권한에 대하여 어떠한 영향을 미치거나 기속력을 가지지 아니한다는 이유로 위 결정에 따르지 아니하고 청구인의 상고를 기각하였다. 법률의 위헌여부에 대한 헌법재판소의 결정은 법원 기타 국가기관 및 지방자치단체에 기속력을 가지는 것임에도 불구하고 아무런 근거없이 이를 배척하여 헌법재판소의 위헌법률심사권을 부정한 이 사건 대법원판결은 헌법재판소법 제68조 제1항 본문과 함께 청구인의 평등권과 재산권을 침해한 것이다.

3) 이 사건 과세처분은 위헌법령을 근거로 한 위헌적인 공권력의 행사로서, 청구인은 이로 인하여 엄청난 세금을 납부하게 되어 재산권을 침해받았을 뿐만 아니라, 조세법의 해석·적용에 있어서 모든 국민을 평등하게 취급하여야 할 의무에 위배됨으로써 청구인의 평등권도 침해되었다.

(2) 법원행정처장의 의견

1) 이 사건 대법원판결에 대한 헌법소원심판청구는 헌법소원심판의 대상이 되지 아니하는 것에 대하여 한 것이므로 부적법하다.

2) 헌법소원심판의 대상에 법원의 재판을 포함시키느냐의 문제는 입법정책의 문제일 뿐이므로 헌법재판소법 제68조 제1항 본문은 위헌이라 할 수 없다.

3) 헌법재판소가 이른바 한정위헌결정을 하였더라도 법률이나 법률조항은 그 문언이 전혀 달라지지 않은 채 그냥 존속하고 있으므로 한정위헌결정은 법률해석에

불과하다 할 것이고, 한정위헌결정에 표현되어 있는 헌법재판소의 법률해석에 관한 견해는 법원에 전속되어 있는 법령의 해석·적용권한에 대하여 영향을 미치거나 기속력을 가질 수 없다. 그런데 실지거래가액에 의하여 양도차익을 산정할 것을 규정한 위 구 소득세법시행령조항과 그 위임근거규정인 위 구 소득세법조항들은 헌법에 위반되지 아니한다는 것이 대법원의 지금까지의 일관된 견해인바, 이 사건 대법원판결이 이러한 견해에 입각하여 이 사건 과세처분이 위 법률조항들을 근거로 한 것이기 때문에 위법한 것이라는 청구인의 주장을 배척하고 청구인의 상고를 기각하였다 하더라도 이로 인하여 청구인의 평등권과 재산권이 침해되었다고 할 수 없다.

3. 주 문

(1) 헌법재판소법 제68조 제1항 본문의 '법원의 재판'에 헌법재판소가 위헌으로 결정한 법령을 적용함으로써 국민의 기본권을 침해한 재판도 포함되는 것으로 해석하는 한도내에서, 헌법재판소법 제68조 제1항은 헌법에 위반된다.

(2) 대법원 1996. 4. 9. 선고, 95누11405 판결은 청구인의 재산권을 침해한 것이므로 이를 취소한다.

(3) 피청구인 ○○세무서장이 1992. 6. 16. 청구인에게 양도소득세 금 736,254,590원 및 방위세 금 147,250,910원을 부과한 처분은 청구인의 재산권을 침해한 것이므로 이를 취소한다.

4. 판시사항

(1) 법원의 재판을 헌법소원심판의 대상으로부터 배제하는 헌법재판소법 제68조 제1항의 위헌여부

(2) 헌법재판소가 위헌으로 결정한 법령을 적용함으로써 국민의 기본권을 침해한 법원판결이 헌법소원의 대상이 되는지 및 그 취소 여부

(3) 한정위헌결정의 효력

(4) 법원의 판결에 대한 헌법소원심판청구가 예외적으로 허용되어 그 재판이 취소되는 경우, 원래의 행정처분에 대한 헌법소원심판의 인용 여부

5. 결정요지

(1) 헌법재판소법 제68조 제1항의 위헌 여부

1) 헌법 제111조 제1항 제5호의 '법률이 정하는 헌법소원'의 의미

헌법소원에 관한 헌법규정인 제111조 제1항 제5호는 '법률이 정하는 헌법소원에 관한 심판'이라고 규정하여 그 구체적인 형성을 입법자에게 위임함으로써, 입법자에게 헌법소원제도의 본질적 내용을 구체적인 입법을 통하여 보장할 의무를 부과하고 있다. 헌법소원제도는 나라마다 그 내용을 서로 달리하는 경우가 많으므로 일반적으로 인정된 보편·타당한 형태가 있는 것이 아니다. 결국 헌법 제111조 제1항 제5호가 '법률이 정하는 헌법소원에 관한 심판'이라고 규정한 뜻은 헌법이 입법자에게 공권력작용으로 인하여 헌법상의 권리를 침해받은 자가 그 권리를 구제받기 위한 주관적 권리구제절차를 우리의 사법체계, 헌법재판의 역사, 법률문화와 정치적·사회적 현황 등을 고려하여 헌법의 이념과 현실에 맞게 구체적인 입법을 통하여 구현하게끔 위임한 것으로 보아야 할 것이므로, '법원의 재판에 대한 소원'을 헌법소원심판의 대상에서 제외시켰다 하더라도 헌법소원제도의 본질에 위배되는 것은 아니다.

2) 평등권의 침해 여부

법원의 재판을 헌법소원심판의 대상에서 제외한 것이 평등권을 침해한 것이라고 하려면, 법원의 재판과 다른 공권력작용 사이의 차별을 정당화할 수 있는 합리적인 이유를 찾아 볼 수 없을 때에 그렇다고 말할 수 있는데, 입법작용과 행정작용의 잠재적인 기본권침해자로서의 기능과 사법작용의 기본권보호자로서의 기능이 법원의 재판을 헌법소원심판의 대상에서 제외한 것을 정당화하는 본질적인 요소이다. 기본권보호는 헌법재판소만의 전유물이 아니고 모든 법원의 가장 중요한 과제이다. 또한 법원에 의한 기본권침해의 가능성은 국회나 행정부에 의한 경우보다 상대적으로 적다. 따라서 헌법재판소법 제68조 제1항이 법원의 재판을 헌법소원의 대상에서 제외한 것은 평등의 원칙에 위반된 것이라 할 수 없다.

3) 재판청구권의 침해 여부

재판청구권은 사실관계와 법률관계에 관하여 최소한 한번의 재판을 받을 기회가 제공될 것을 국가에게 요구할 수 있는 절차적 기본권을 뜻하므로 기본권의 침해에 대한 구제절차가 반드시 헌법소원의 형태로 독립된 헌법재판기관에 의하여 이루어 질 것만을 요구하지는 않는다. 법원의 재판은 법률상 권리의 구제절차이자 동시에 기본권의 구제절차를 의미하므로, 법원의 재판에 의한 기본권의 보호는 이미 기본권의 영역에서의 재판청구권을 충족시키고 있기 때문에, 헌법재판소법 제68조 제1항이 재판청구권을 침해한 것은 아니다.

(2) 한정위헌결정

1) 헌법재판소법 제68조 제1항이 위와 같이 원칙적으로 헌법에 위반되지 아니한다 하더라도, 법원이 헌법재판소가 위헌으로 결정하여 그 효력을 전부 또는 일부 상실하거나 위헌으로 확인된 법률을 적용함으로써 국민의 기본권을 침해한 경우에도 법원의 재판에 대한 헌법소원이 허용되지 않는 것으로 해석한다면, 위 법률조항은 그러한 한도내에서 헌법에 위반된다. 헌법재판소가 위헌으로 결정하여 그 효력을 상실한 법률을 적용하여 한 법원의 재판은 헌법재판소 결정의 기속력에 반하는 것일 뿐 아니라, 법률에 대한 위헌심사권을 헌법재판소에 부여한 헌법의 결단에 위배된다. 헌법은 이러한 재판에 대하여 헌법재판소가 다시 최종적으로 심사함으로써 자신의 손상된 헌법재판권을 회복하고 헌법의 최고규범성을 관철할 것을 요청하고 있다.

2) 헌법재판소의 법률에 대한 위헌결정에는 단순위헌결정은 물론, 한정합헌, 한정위헌결정과 헌법불합치결정도 포함되고 이들은 모두 당연히 기속력을 가진다.

3) 헌법소원이 단지 주관적인 권리구제절차일 뿐 아니라 객관적 헌법질서의 수호와 유지에 기여한다는 이중적 성격을 지니고 있으므로, 헌법재판소는 본안판단에 있어서 모든 헌법규범을 심사기준으로 삼음으로써 청구인이 주장한 기본권의 침해여부에 관한 심사에 한정하지 아니하고 모든 헌법적 관점에서 심판대상의 위헌성을 심사한다. 따라서 헌법재판소법 제68조 제1항이 비록 청구인이 주장하는 기본권을 침해하지는 않지만, 헌법 제107조 및 제111조에 규정된 헌법재판소의 권한규범에 부분적으로 위반되는 위헌적인 규정이므로, 한정적으로 인용될 수 있다.

(3) 대법원판결의 취소 여부

헌법재판소는 1995. 11. 30. 94헌바40 등 결정에서 구 소득세법 제23조 제4항 단서, 제45조 제1항 제1호 단서에 대하여 “실지거래가액에 의할 경우를 그 실지거래가액에 의한 세액이 그 본문의 기준시가에 의한 세액을 초과하는 경우까지를 포함하여 대통령령에 위임한 것으로 해석하는 한 헌법에 위반된다"고 선고하여 법률의 문언자체는 그대로 둔 채 위헌의 범위를 법률이 적용되는 일부영역을 제한하여 이를 제거하는 한정위헌결정을 하였다. 그런데 대법원은 어떤 법률조항에 대한 헌법재판소의 한정위헌의 결정이 있다 하더라도 법률문언의 변화가 없는 한 당해 법률조항에 대한 해석권은 여전히 대법원을 최고법원으로 하는 법원에 전속되는 것이라고 주장하면서, 이 사건 과세처분이 헌법에 위반된 위 법률조항을 근거로 한 것이기 때문에 위법한 것이라는 청구인의 주장을 배척하고 위 과세처분이 적법한 것이라고 본 원심의 판단을 정당한 것이라고 판단한 끝에 청구인의 상고를 기각하였다. 그렇다면 이 사건 대법원판결은 헌법재판소가 이 사건 법률조항에 대하여 한정위헌결정을 선고함으로써 이미 부분적으로 그 효력이 상실된 법률조항을 적용한 것으로서 위헌결정의 기속력에 반하는 재판임이 분명하므로 이에 대한 헌법소원은 허용된다할 것이고, 또한 이 사건 대법원판결로 말미암아 청구인의 헌법상 보장된 기본권인 재산권이 침해되었다 할 것이므로, 이 사건 대법원판결은 헌법재판소법 제75조 제3항에 따라 취소되어야 마땅하다.

(4) 과세처분의 취소 여부

행정소송으로 행정처분의 취소를 구한 청구인의 청구를 받아들이지 아니한 법원의 판결에 대한 헌법소원심판의 청구가 예외적으로 허용되어 그 재판이 헌법재판소법 제75조 제3항에 따라 취소되는 경우에는 원래의 행정처분에 대한 헌법소원심판의 청구도 인용되어야 한다. 법원의 재판과 행정처분이 다 같이 헌법재판소의 위헌결정으로 그 효력을 상실한 법률을 적용함으로써 청구인의 기본권을 침해한 경우에는 그 처분의 위헌성이 명백하므로 원래의 행정처분까지도 취소하여 보다 신속하고 효율적으로 국민의 기본권을 구제하는 한편, 기본권침해의 위헌상태를 일거에 제거함으로써 합헌적 질서를 분명하게 회복하여야 한다. 따라서 헌법재판소법 제75조 제3항에 따라 피청구인의 과세처분을 취소한다.

(5) 반대의견

1) 이 사건 판결의 취소 여부

대법원의 구체적 사건에 관한 재판인 이 사건 판결 자체를 직접 취소하는 것은 헌법재판소와 법원의 권한 및 상호간의 독립을 규정한 헌법의 취지에 비추어 적당하지 아니할 뿐 아니라 대법원의 재판을 취소하는 경우의 후속절차에 관하여 아무런 규정이 없어 그 효력을 둘러싸고 법적 혼란이 일어날 우려가 있다. 따라서 이 사건 판결이 헌법재판소가 위헌으로 결정한 법률을 법원이 위헌결정의 법리를 달리 해석하여 합헌으로 보아 적용한 점에서 위헌이라고 확인만하고 그 후속조치는 법원에 맡기는 것이 바람직하다.

2) 이 사건 처분에 대한 심판청구의 적법 여부

행정처분이 위헌이라고 주장하고 그 취소를 구하는 행정소송을 제기하였다가 법원이 받아들이지 아니한 후 다시 원래의 그 행정처분에 대한 헌법소원심판을 허용하는 것은 명령·규칙·처분에 대한 최종적인 위헌심사권을 대법원에 부여하고 있는 헌법 제107조 제2항과 법원의 재판을 헌법소원심판의 대상에서 제외하고 있는 헌법재판소법 제68조 제1항에 배치될 뿐 아니라, 이 사건 처분은 헌법재판소가 문제된 법률에 대하여 위헌결정하기 이전에 행하여 진 것이어서 헌법재판소 결정의 기속력에 반한 것도 아니므로 이 사건 처분은 헌법소원심판의 대상이 될 수 없다.

Ⅲ. 헌재결정의 문제점과 헌법재판소법 제68조 제1항의 위헌성

1. 헌법재판소법 제68조 제1항의 위헌 여부

(1) 헌법 제111조 제1항 제5호의 '법률이 정하는 헌법소원'의 의미

헌법재판소는 헌법 제111조 제1항 제5호의 '법률이 정하는 헌법소원'의 의미를 형식적으로만 이해하여 헌법소원의 요건, 절차, 대상 등 헌법소원에 관한 제반사항을 입법자가 정할 수 있는 입법정책의 문제로 파악하면서, 법원의 재판을 헌법소원의 심판대상에서 제외시킨 것은 입법재량의 문제로서 위헌은 아니라고 판시하고 있다. 그러나 여기서 '법률이 정하는'이라는 표현은 헌법소원의 제도적 취지와 본질 및 기능을 최대한 구현하고 보장하는 방향으로 헌법소원의 요건과 절차 및 방법 등을 정하라는 뜻으로 해석될 수 있고, 또 그렇게 해석되어야 할 것이다. 따라서 헌법소원의 제도적 취지와 기능을 충분히 구현해서 모든 공권력 작용에 대한－특히 사법작용 등 일반적 권리구제절차에 의하여 통제가 불가능하거나 어려운 공권력 작용에 대한－포괄적이고 다각적인 통제를 통해 국민의 권리구제의 사각지대가 없도록, 그리고 효율적인 권리구제가 가능하도록 입법자가 법률로 구체화시키라는 의미이지 입법자가 마음대로 정하라고 하는 것, 즉 입법자에게 백지위임을 한 것은 아닌 것이다. 그러므로 입법자의 입법형성권에도 이러한 헌법소원제도의 목적과 기능 및 특성에서 오는 일정한 헌법적 한계가 있는 것이고, 이를 위반할 경우에는 이는 위헌적인 재판청구권 침해 등의 위헌의 문제를 야기하는 것이다.

이러한 맥락에서 볼 때 헌법재판소법 제68조 제1항 본문규정은 다음과 같은 몇 가지 이유로 위헌이라고 보지 아니할 수 없다.

1) 법원의 재판을 헌법소원의 대상에서 제외시킨 것은 헌법소원제도를 형해화시키는 것으로서 헌법소원제도의 본질에 반한다. 주지하는 바와 같이 행정권에 의한 기본권침해에 대한 방어수단이 행정쟁송제도, 입법권에 의한 기본권침해에 대한 방어수단이 규범통제제도라고 한다면, 헌법소원제도는 사법권에 의한 기본권침해에 대한 방어수단으로 의미와 기능을 가지는 것이라고 할 수 있다. 따라서 헌법소원제도의 주 기능과 존재의의는 사법통제이며, 헌법소원의 제기요건으로서 들고 있는 보충성의 원칙도 헌법소원제도가 사법통제를 그 본질로 한다고 하는 것을 전제로 하는 경우에만 요구될 수 있는 것이다. 그러므로 헌법소원의 제기요건으로서의 보충성의 원칙을 요구함으로써 다른 법률의 구제절차를 모두 거친 후에만 헌법소원심판청구를 허용하면서, 다른 한편 사법작용을 처음부터 헌법소원의 대상에서 제외시키고 있는 현행 헌법소원제도는 헌법소원제도 자체를 형해화시키고 본래의 헌법소원제도의 의미와 본질을 무시한 것으로서 헌법 제111조 제1항 제5호 및 체계정당성에 정면으로 반한다고 아니할 수 없다.

2) 법원의 재판을 헌법소원의 대상에서 제외시킨 것은 헌법소원심판청구권을 부당하게 제한한 것으로, 후술하는 바와 같이 헌법 제27조 제1항에 의해 보장된 헌법소원심판청구권을 그 한 내용으로 하는 재판청구권을 합리적 이유 없이 과도하게 침해한 것이다. 따라서 이는 비례의 원칙을 규정한 헌법 제37조 제2항에도 위반된다고 할 수 있다.

3) 헌법재판소법 제68조 제1항은 권력분립의 원칙에 위반된다. 입법권·행정권·사법권 상호간의 견제와 균형을 내용으로 하는 고전적 3권분립이론이 제대로 기능하지 못하는 대신, 정치적 사법작용 내지 제4의 국가작용으로서의 헌법재판권이 제4의 국가기관인 헌법재판소에 귀속되면서, 이들 상호간의 견제와 균형을 그 한 내용으로 하는 기능적 권력분립이론이 오늘날 매우 중요한 역할을 하고 있음은 주

지의 사실이다. 여기서 입법권, 행정권, 사법권 모두를 통제의 대상으로 하여야 할 헌법소원제도가 가장 강력한 민주적 정당성을 가지고 있는 입법권을 통제하면서 민주적 정당성이 약한 행정권－보충성의 원칙 때문에－과 사법권을 통제하지 못한다고 하는 것은 기능적 권력분립의 원칙에 반하는 것이고, 나아가서 대의민주주의의 이념에도 반하는 것이라고 할 수 있다. 가사 헌법재판을 사법작용에 속하는 것으로 본다 하더라도 헌법재판의 주기능은 헌법심에 있고, 법원은 사실심과 법률심을 그 주임무로 하기 때문에 법원의 재판에 대한 헌법재판소의 헌법적 통제를 금지시킨 것은 이러한 기능적 권력분립의 원칙에 위배되는 것이다.

4) 헌법재판소법 제68조 제1항 단서규정은 헌법소원제기를 위하여 다른 법률의 구제절차를 거칠 것－보충성의 원칙－을 요구하면서 본문규정에서는 법원의 재판을 헌법소원의 대상에서 제외시키고 있는데, 이는 상호 모순된 내용의 규정을 하나의 법조문에서 결합시킨 것으로서 동조항은 규범조화적 해석의 한계를 넘어선 규범상의 체계정당성에 반하는 규정이다. 왜냐하면 동조항의 단서규정에서의 '다른 법률의 구제절차'라고 하는 것은 일반적으로 법원의 재판절차를 의미하는데, 동조항의 본문규정에 따라 법원의 재판에 대하여는 헌법소원을 제기할 수 없게 되고, 이는 결국 다른 법률의 구제절차를 거친 후에 헌법소원을 제기할 수 있도록 하는 동조항 단서규정의 보충성원칙의 이념에 정면으로 반하는 것이기 때문이다. 따라서 헌법재판소법 제68조 제1항의 본문규정과 단서규정은 상호 모순·충돌하는 것으로서 규범조화적 해석의 한계를 일탈했기 때문에 규범상의 체계정당성에 반한다고 할 수 있다. 만일 이 조항이 상호 모순되는것이 아니고 규범조화적 해석이 가능하다고 한다면 다음과 같은 방법을 고려할 수 있을 것이다. 즉 일정한 행정처분에 의하여 청구인의 기본권이 침해되었을 경우 동조항 단서규정에 따라 행정쟁송을 거쳐야 할 것이다. 그런데 청구인은 모든 행정쟁송을 거친 후에도 자신의 기본권이 구제되지 않았을 경우에는 동조항 본문규정에 따라 행정소송의 판결을 헌법소원의 대상으로 할 수 없기 때문에 다시 원행정처분 자체를 헌법소원의 대상으로 하여 헌법소원심판청구를 할 수 있을 것이다. 그러나 이러한 결론은 동조항 본문규정에 의한 제한을 우회적으로 회피하는 것으로서, 법원의 재판을 헌법소원의 대상에서 제외시킨 동조항의 입법취지에 정면으로 반하는 것이기 때문에 법원의 재판을 헌법소원의 대상에서 제외시키는 것이 정당하다는 전제하에서는 받아들일 수 없다고 본다.

5) 가. 헌법재판소는 일정한 법률규정의 위헌여부를 결정할 경우 그 해당 법률

규정에 대한 한정합헌이나 한정위헌결정 등의 변형결정을 내리는 경우가 많다. 이 문제와 관련하여 볼 때 법원의 재판을 헌법소원의 대상에서 제외시킨 것은 위헌법률심사제도나 헌법소원제도의 실효성을 현저히 저해한다고 볼 수 있다. 위헌법률심사나 헌법소원심판에 의하여 일정한 법률규정에 대한 한정합헌이나 한정위헌결정이 이루어질 경우, 그 해당 법률규정은 일정한 제한된 해석하에서만 합헌이고, 그 해석의 범주를 벗어나는 경우에는 위헌이기 때문에 법원은 이러한 헌법재판소에 의하여 제한된 해석하에서만 당해 법률규정을 합헌적인 것으로 적용해야 할 것이다. 그런데 이러한 법률규정을 해석·적용하는 법원이 헌법재판소의 해석과 다른 해석의 토대위에서 그 법률규정을 적용할 경우 이러한 법원의 위헌적 재판은 비록 그것이 청구인의 기본권을 명백히 침해한 것이라 할지라도 헌법소원의 대상에서 제외되므로, 결국 이러한 위헌적 사법작용에 대한 통제방법은 존재하지 않는 것이 된다. 이러한 결과가 위헌법률심사제도와 헌법소원제도의 이념과 본질에 정면으로 반하는 것임은 두말 할 나위도 없다. 따라서 위헌법률심사제도와 헌법소원제도의 실효성 확보를 위해서도 반드시 법원의 재판이 헌법소원의 대상이 되어야 하는 것이다.

나. 물론 앞서 언급한 바와 같이 이 사건에서 헌법재판소는 헌법재판소법 제68조 제1항에 대하여 한정위헌결정을 내림으로써, 헌법재판소가 위헌—변형결정포함—으로 결정하여 그 효력을 상실한 법률을 적용함으로써 국민의 기본권을 침해한 법원의 재판에 대하여는 헌법소원을 제기할 수 있도록 했으나, 이는 명백히 단순위헌인 법률에 대하여 한정위헌결정을 내린 것으로, 소위 법률의 합헌적 해석의 범위를 넘어선, 따라서 변형결정이 남용된 경우에 해당된다고 볼 수 있다. 주지하는 바와 같이 한정합헌결정이나 한정위헌결정 등 합헌적 법률해석이 헌법이론상 그리고 실무상 허용되고 필요한 것이기는 하지만, 이는 어디까지나 문의적 한계나 법목적적 한계 등 일정한 한계내에서만 예외적으로 허용될 수 있는 것이다. 따라서 법조문의 자구가 간직하고 있는 가능한 의미를 넘어서는, 또는 입법자가 추구하고자 하는 명백한 입법목적에 위배되는 정도의 합헌적 법률해석은 허용될 수 없는 것이다. 그런데 헌법재판소법 제68조 제1항은 문의상 모든 법원의 재판을 제외시키는 것이지 그 중 일부를 제한적으로 헌법소원의 대상으로 삼을 수 있는 것으로 해석할 여지가 전혀 없고, 또한 이 규정을 통해 법원의 모든 재판을 헌법소원의 대상에서 제외시킴으로써 법원에 대한 헌법재판소의 어떠한 통제도 봉쇄하고자 하는 입법자의 의도—물론 정당화될 수 없는 위헌적 의도이지만—를 명백히 알 수가 있다. 따라서 이 사건에서 헌법재판소가 헌법재판소법 제68조 제1항에 대하여

한정위헌결정을 내린 것은, 한편에서는 대법원에 의하여 손상된 헌법재판소의 권위와 헌법재판권을 회복시키면서, 다른 한편에서는 단순위헌결정을 내렸을 때의 엄청난 파장과 야기되는 여러 문제점, 대법원과의 갈등, 법원의 재판에 대한 헌법소원의 허용과 관련하여 보완되어야 하는 법적·제도적 장치의 미비, 헌법재판소의 전통과 위상, 독일과 우리와의 차이점 등 정치적·사회적 제반문제를 고려한 현실적인 타협의 결과라고 이해할 수는 있겠으나, 헌법이론적으로는 정당화될 수 없는 유감스러운 결정이라고 하겠다.

(2) 평등권의 침해 여부

1) 헌법재판소는 법원의 재판을 헌법소원심판의 대상에서 제외한 것이 평등권을 침해한 것이 되려면, 법원의 재판과 다른 공권력작용 사이의 차별을 정당화시키는 합리적인 이유가 없어야 하는데, 입법작용과 행정작용의 잠재적인 기본권침해자로서의 기능과 사법작용의 기본권보호자로서의 기능이 이를 정당화시키는 요소라고 판시하고 있다. 그러나 이러한 견해는 입법작용－기본권형성적 법률유보 등에서 보는 것처럼 법률을 통한 기본권실현과 보장－과 행정작용－법집행작용을 통한 기본권의 실현－의 기본권실현자 내지 기본권보호자로서의 기능－이는 1차적이고 직접적인 기능이다－과 사법작용의 잠재적인 기본권침해자로서의 기능을 소홀히 한 것으로 정당화될 수 없다고 하겠다. 더욱이 사법작용에 의한 기본권침해의 경우에는－입법·행정작용에 의한 기본권침해의 경우에는 법원과 헌법재판소에 의한 권리구제의 가능성이 존재하는 반면－상황에 따라서는 더 이상의 권리구제수단이 없다는 점에서 보다 심각하고 결정적일 수 있는 것이다. 이러한 헌법재판소의 견해에 따르면 행정심판기관도 기본권보호기관이므로, 행정심판에 대하여는 행정소송을 제기할 수 없도록 제한해도 무방하다는 잘못된 결론도 정당화되어질 수 있을 것이다.

2) 아울러 헌법재판소는 법원에 의한 기본권침해의 가능성은 국회나 행정부에 의한 경우보다 상대적으로 적고, 또한 법원내부에서도 상급심법원은 하급심법원이 한 재판의 기본권침해여부에 관하여 다시 심사할 기회를 가진다는 점에서 다른 기관에 의한 기본권침해의 경우와는 본질적으로 차이가 있다고 한다. 그러나 기본권침해가능성의 많고 적음은 법원의 재판에 대한 헌법소원을 금지하는 정당화 사유라고 볼 수 없다. 왜냐하면 앞서도 언급한 바와 같이 사법작용에 의한 기본권침해

가 질적인 면에서 보다 심각할 수도 있고, 가사 적다고 하더라도 일단 위헌적인 기본권침해가 있다면 헌법소원제도를 마련한 이상 이에 대한 심사를 허용해서 구제할 수 있도록 하는 것이 헌법소원제도의 취지와 법치주의원리에 부합되기 때문이다.

3) 그리고 헌법재판소는 입법자가 헌법재판소와 법원의 관계, 기타의 사정 등을 고려하여 행정작용과 재판작용에 대한 기본권보호를 법원에 맡긴 이상 헌법재판소에 의한 기본권구제의 기회를 부여하지 아니하였다 하여 위헌이라고 할 수는 없다고 한다. 그러나 이는 헌법소원의 이중적 기능을 간과한 것이다. 주지하는 바와 같이 헌법소원은 주관적인 권리구제의 기능과 객관적 헌법질서의 수호와 유지기능을 지니고 있다. 따라서 헌법재판소는 청구인의 기본권을 침해한 위헌적인 재판을 심사함으로써, 청구인 개인의 기본권구제 뿐 아니라 사법작용의 통제와 헌법질서의 수호와 유지, 그리고 기능적 권력분립과 법치주의를 실현할 수 있는 것이다. 그러므로 헌법재판소의 기능은 주로 개인의 권리구제와 사건해결에 국한되는 법원의 기능과는 그 성격과 차원이-상대적으로-다른 것이고, 따라서 법원의 재판을 헌법소원의 대상으로 삼는 것은 단순히 심급상 또 한번의 권리구제의 기회를 부여하는 것 이상의 의미를 지니는 것이다. 또한 헌법재판소는 주 기능이 헌법심을 담당하는 기관이라는 점에서 법령해석이나 사실인정 등 법률심과 사실심을 주 기능으로 담당하는 법원과 구별된다. 따라서 법원이 헌법재판소의 헌법해석과 결정에 기속되듯이 헌법재판소도 법원의 사실인정과 법령해석에 기속되는 것이다. 이러한 헌법재판소와 법원의 기능상의 차이를 감안한다면 재판을 헌법소원의 대상으로 삼는 것이 헌법재판소가 제4심의 기능을 하게 되는 것이 결코 아님을 알 수 있다. 아울러 이 경우 헌법재판소가 대법원보다 권한과 지위에 있어서 우월하게 되는 것도 결코 아니다. 이는 법원이 행정소송을 통해 행정권을 통제한다 하더라도 행정부보다 우월한 지위를 인정받는 것도 아니고, 헌법재판소가 위헌법률심사를 통해 입법권을 통제한다 하더라도 입법부보다 우월한 지위를 가지는 것도 아닌 것과 같다. 헌법재판소와 대법원은 헌법소원제도를 통해 상호 견제와 균형을 이루는 것이다.

4) 한편 헌법재판소는 법적안정성의 관점에서 최종심급이 존재해야 하고, 최종심급이 있는 한 최종심급에 의한 권리침해의 가능성은 언제나 존재하는 것이기 때문에, 이러한 침해가능성에 대한 또 다른 안전장치는 법치국가적으로 불가피한 것이 아닐 뿐만 아니라 궁극적으로 가능한 것도 아니라고 한다. 물론 이러한 견해는 미국처럼 헌법재판소가 없거나 헌법소원제도가 마련되지 아니한 경우에는 타당하

다. 그러나 일단 헌법재판소가 설치되었고 헌법소원제도가 마련되어있는 이상, 이를 통해 위헌적 사법작용을 심사함으로써 재판에 대한 '헌법적' 통제를 할 수 있어야 하는 것이다.

(3) 재판청구권의 침해 여부

헌법재판소는 재판청구권은 사실관계와 법률관계에 관하여 최소한 한번의 재판을 받을 기회가 제공될 것을 국가에게 요구할 수 있는 절차적 기본권이므로 기본권침해에 대한 구제절차가 반드시 헌법소원의 형태로 독립된 헌법재판기관에 의하여 이루어 질 것만을 요구하는 것은 아니고, 법원의 재판은 법률상 권리의 구제절차이자 동시에 기본권의 구제절차이므로, 법원의 재판에 의한 기본권의 보호는 이미 기본권의 영역에서의 재판청구권을 충족시키고 있다고 판시하고 있다. 그러나 이러한 견해는 앞서 언급한 헌법재판소와 법원과의 기능의 차이와 기능적 권력분립을 간과한 것으로서 설득력이 없다. 헌법재판소는 법원의 사실관계와 법률관계에 대한 판단에 대하여 다시 판단하는 것이 아니고, 오히려 그것에 기속된다. 헌법재판소는 법원의 재판에 대하여 헌법관계와 헌법해석 등에 관한 헌법적인 심사를, 즉 재판의 위헌 여부와 기본권침해 여부를 심사하는 것이다. 따라서 재판청구권에는 사실심과 법률심에 관한 최소한 한번의 재판을 받을 권리 뿐 아니라, 헌법상 헌법소원제도를 포함한 헌법재판제도가 도입된 이상 법원의 재판에 대한－헌법심을 주내용으로 하는－헌법소원심판청구권도 포함되는 것이다.

또한 헌법재판소는 이 사건 한정위헌결정과 관련하여 "모든 국가기관은 헌법의 구속을 받고 헌법에의 기속은 헌법재판을 통하여 사법절차적으로 관철되므로 …" 라는 표현을 쓰고 있는데,[2] 이러한 표현대로라면 헌법의 구속에서 벗어난 법원의 재판도 당연히 헌법재판을 통하여 사법절차적 심사를 받아야 할 것이고, 아울러 여기서의 '사법절차'란 '재판절차'를 의미하는 것으로 헌법재판소에 의한 사법절차란 헌법소원심판절차의 경우 당연히 헌법상 기본권인 재판청구권의 한 내용으로 보장되는 것을 전제로 하는 것이다. 왜냐하면 헌법소원심판청구권을 기본권으로서의 재판청구권에 포함시키지 않는다면 헌법소원심판절차라는 재판절차 내지 사법절차를 청구할 수 있는 기본권이 헌법상 존재하지 않거나 보장되지 않는다는 것이고, 그렇다면 이 경우 기본권주체가 법원을 포함한 모든 국가기관의 헌법에의 기속을 헌법재판을 통하여 사법절차적으로 관철시킬 수 없게 되기 때문이다. 따라서

2) 헌재 1997. 12. 24. 96헌마172 등, 판례집 9-2, 842, 859.

위헌적인 법원의 판결로 기본권이 침해되었다면 이를 헌법소원을 통하여 사법절차적으로 심사받고 구제받을 수 있는 권리가 재판청구권의 한 내용으로 보장되어야 하는 것이다.

헌법재판소의 견해대로라면 아무리 위헌적인 법원의 판결로 기본권이 침해된 경우라도 일단 사실관계와 법률관계에 관하여 최소한 한번의 법원의 재판을 받을 기회가 제공되었다면 더 이상 이에 대한 어떠한 사법절차적 통제가 이루어 질 수 없고, 이로 인해 기본권구제와 헌법수호가 포기되더라도 재판청구권의 침해가 아니므로 정당화되어진다면 이것이야 말로 굳이 헌법수호와 기본권보장 및 권력통제를 주임무로 하는 헌법재판제도를 도입한 헌법의 의의 및 헌법소원제도의 취지와 본질을 형해화시키는 것이 아닐 수 없다.

2. 한정위헌결정과 관련하여

(1) 헌법재판소는 앞서 언급한 바와 같이 헌법재판소법 제68조 제1항이 위헌은 아니지만, 법원이 헌법재판소가 위헌으로 결정하여 그 효력을 상실한 법률을 적용함으로써 국민의 기본권을 침해한 경우에도 법원의 재판에 대한 헌법소원이 허용되지 않는 것으로 해석한다면, 이 조항은 그러한 한도내에서 헌법에 위반된다는 한정위헌결정을 내렸다. 그러나 이 조항은 한정위헌으로 해석될 여지가 없는, 따라서 단순위헌결정－물론 헌법재판소법 제68조 제1항 본문 중 '법원의 재판을 제외하고는'부분만 해당됨－을 내려야 하는 사안이라는 점은 이미 앞서 언급한 바와 같다.

(2) 헌법재판소는 헌법재판소에 의하여 이미 위헌결정되어 효력을 상실한 법률을 적용한 법원의 판결은 헌법의 최고규범성을 수호하기 위하여 설립된 헌법재판소의 존재의의, 헌법재판제도의 본질과 기능, 헌법의 가치를 구현함을 목적으로 하는 법치주의의 원리와 권력분립의 원칙 등을 송두리째 부인하는 것이라고 한다. 물론 너무나 당연한 말이다. 그런데 바로 이러한 헌법의 최고규범성의 수호, 헌법의 가치구현, 권력분립의 원칙 등은 재판에 대한 헌법소원을 인정할 때 비로소 효과적으로 균형있게 실현될 수 있음을 알아야 한다. 왜냐하면 이러한 헌법적 가치와 원칙들은 위헌결정된 법률을 적용한 판결 뿐 아니라, 헌법에 대한 해석과 판단을 그르치거나 헌법조항과 헌법의 기본원칙을 도외시하는 등의 기타의 위헌적 판결에 의해서 보다 광범위하고 빈번하게 침해되기 때문이다. 이러한 위헌적 판결을

통제함으로써 헌법을 수호하는 것이야 말로 헌법재판제도의 본질과 기능이고 또한 의무인 것이다.

(3) 한편 헌법재판소는 "헌법소원이 단지 주관적인 권리구제절차일 뿐이 아니라 객관적 헌법질서의 수호와 유지에 기여한다는 이중적 성격을 지니고 있으므로, 헌법재판소는 본안판단에 있어서 모든 헌법규범을 심사기준으로 삼음으로써 청구인이 주장한 기본권의 침해여부에 관한 심사에 한정하지 아니하고 모든 헌법적 관점에서 심판대상의 위헌성을 심사한다. 따라서 헌법재판소법 제68조 제1항이 비록 청구인이 주장하는 기본권을 침해하지는 않지만, 헌법 제107조 및 제111조에 규정된 헌법재판소의 권한규범에 부분적으로 위반되는 위헌적인 규정이므로, 이 사건 헌법소원은 위에서 밝힌 이유에 따라 한정적으로 인용될 수 있는 것이다."라고 판시하고 있다.[3] 물론 앞서도 언급했듯이 헌법소원이 이중적 성격을 지니고 있고, 헌법재판소는 모든 헌법규범을 심사기준으로 삼을 수 있음은 당연하다. 그러나 이는 헌법소원이 주관적 권리구제기능 이외에 객관적 기능도 지니고 있다는 의미이지, 주관적 권리구제기능을 소홀히 하거나 또는 청구인의 기본권침해 여부에 관계없이 헌법소원이 제기될 수 있거나 인용될 수 있다는 의미는 아니다. 이는 헌법소원의 기본요건이며, 그동안의 헌법재판소의 일관된 판례의 입장이다.[4] 또한 헌법재판소의 이러한 견해는 이 사건에서 헌법재판소가 "…헌법소원이 공권력작용으로 인하여 헌법상의 권리를 침해받은 자가 그 권리를 구제받기 위한 이른바 주관적 권리구제절차라는 것을 그 본질적 요소로 하고 있다."라고 한 언급[5]과도 모순된다.

이 사건의 경우에는 헌법재판소법 제68조 제1항에 대한 단순위헌결정을 내리든

---

3) 헌재 1997. 12. 24. 96헌마172 등, 판례집 9-2, 842, 862.

4) 예컨대 헌법재판소는 1995. 2. 23. 90헌마125 결정에서 "… 헌법소원은, 헌법이 보장하는 기본권의 주체가 국가기관의 공권력의 행사 또는 불행사로 인하여 그 기본권을 침해받았을 경우 이를 구제하기 위한 수단으로 인정된 것이므로, 헌법소원을 청구할 수 있는 자는 원칙으로 기본권 주체로서의 국민에 한정되며 국민의 기본권을 보호 내지 실현할 책임과 의무를 지는 국가기관이나 그 일부는 헌법소원을 청구할 수 없다. 국회의원이 국회내에서 행하는 질의권·토론권 및 표결권 등은 입법권 등 공권력을 행사하는 국가기관인 국회의 구성원의 지위에 있는 국회의원에게 부여된 권한이지 국회의원 개인에게 헌법상 보장하는 권리, 즉 기본권으로 인정된 것이라고 할 수 없으므로, 설사 국회의장의 불법적인 의안처리행위로 헌법의 기본원리가 훼손되었다고 하더라도 그로 인하여 헌법상 보장된 구체적 기본권을 침해당한 바 없는 국회의원인 청구인들에게 헌법소원심판청구가 허용된다고 할 수 없다."라고 판시함으로써, 헌법소원은 객관적 기능을 지니고는 있지만 어디까지나 청구인의 기본권 침해를 전제로 하고 있으며, 따라서 기본권침해 없이 단순히 헌법의 기본원리나 권한규범 등의 위반만을 이유로 인용될 수 없음을 명백히하고 있다.

5) 헌재 1997. 12. 24. 96헌마172 등, 판례집 9-2, 842, 855.

한정위헌결정을 내리든 이 규정이 청구인의 평등권과 재판청구권이라는 기본권을 침해한 것으로 논증했어야 했다. 그리고 이는 헌법소원심판청구권이 앞서 언급했듯이 기본권으로서의 재판청구권의 한 내용이라는 것을 전제했을 때 가능한 것이다.

3. 이 사건 대법원판결의 취소 여부

헌법재판소는 이 사건 대법원판결이 헌법재판소의 위헌결정의 기속력에 반하는 재판임이 분명하고, 이 판결로써 청구인의 기본권인 재산권이 침해되었으므로, 헌법재판소법 제75조 제3항에 따라 취소되어야 한다고 판시하고 있는데, 대법원판결뿐 아니라 원심법원인 서울고등법원의 청구기각판결(1995. 7. 6. 93구6456)도 취소했어야 한다고 본다. 왜냐하면 원심도－비록 원심판결 시에는 이 사건에서 문제된 구 소득세법의 관련조항에 대한 헌법재판소의 위헌결정이 내려지지 않았고, 위헌여부가 문제되지도 않았지만－대법원판결과 마찬가지로 결과적으로 헌법재판소가 위헌으로 결정한 법률을 적용한 위헌적 판결이고, 이로써 청구인의 재산권을 침해했기 때문이다. 더욱이 헌법재판소가 법원의 재판과 원래의 행정처분이 다 같이 헌법재판소의 위헌결정으로 효력을 상실한 법률을 적용함으로써 청구인의 기본권을 침해한 경우에는 그 행정처분도 취소하여 기본권침해의 상태를 일거에 제거해야 한다고 주장하는데, 이러한 주장에 따른다면 당연히 원심법원의 판결도 취소했어야 했을 것이다. 만일 원심판결이 헌법재판소의 위헌결정 이전에 이루어진 것이어서 헌법재판소 결정의 기속력이 미치지 아니하고, 따라서 헌법소원심판 및 취소의 대상에서 제외된 것이라면, 원래의 행정처분도 위헌결정 이전에 행하여진 것이므로 헌법소원심판과 취소의 대상에서 제외시켰어야 했을 것이다.

4. 이 사건 과세처분의 취소 여부

헌법재판소는 행정처분이 헌법에 위반되는 것이라는 이유로 그 취소를 구하는 행정소송을 제기하였으나 법원에 의하여 그 청구가 받아들여지지 아니한 후 다시 원래의 행정처분에 대하여 헌법소원심판을 청구하는 것이 원칙적으로 허용될 수 있는지의 여부에 관계없이, 이 사건의 경우와 같이 행정소송으로 행정처분의 취소를 구한 청구인의 청구를 받아들이지 아니한 법원의 판결에 대한 헌법소원심판의 청구가 예외적으로 허용되어 그 재판이 헌법재판소법 제75조 제3항에 따라 취소되는 경우에는 원래의 행정처분에 대한 헌법소원심판의 청구도 이를 인용하는 것이

상당하다고 하면서, 이 사건 과세처분에 대한 심판을 위하여 달리 새로운 사실인정이나 법률해석을 할 필요성이 인정되지 아니하므로, 이 사건 과세처분을 취소한다고 하고 있다.

앞서도 언급했듯이 현행 헌법재판소법 제68조 제1항에서 법원의 재판에 대한 헌법소원을 금지시키고 있으므로, 이러한 전제하에서는 원래의 행정처분에 대한 헌법소원심판청구는 원칙적으로 허용될 수 없다고 본다. 왜냐하면 만일 그렇지 않을 경우 이는 법원의 재판을 헌법소원심판의 대상에서 제외한 동조항의 입법취지를 우회적으로 회피하는 것이고, 또한 행정소송절차에서 확정된 판결과 헌법재판소의 인용결정의 기속력과의 관계가 문제될 수 있기 때문이다. 다만 이 사건의 경우에는 첫째, 이미 법원의 재판이 헌법소원의 대상이 되었고, 둘째, 일차적으로 청구인의 기본권을 침해한 것은 원래의 행정처분이므로 결국 원처분이 취소되어야 기본권구제가 가능하고, 셋째, 헌법재판소가 원처분을 취소시키지 않으면 법원이 취소시켜야 하는데, 이 사건의 경우 대법원이 헌법재판소의 결정취지에 따라 원처분을 취소시킬 가능성이 별로 없어 보이고, 넷째, 헌법재판소도 지적했듯이 이 사건 과세처분에 대한 심판을 위하여 달리 새로운 사실인정이나 법률해석을 할 필요성이 없으므로, 원처분을 헌법소원심판의 대상으로 삼아 이를 취소할 수밖에 없었던 사안이라고 본다.

그러나 원처분에 대한 심판을 위하여 헌법적 문제 외에 법률해석과 사실인정의 문제가 새롭게 대두될 경우 이에 대한 판단은－헌법재판소도 기속하는－법원의 고유권한에 속하므로, 이 경우에는 헌법재판소가 법원의 판결만을 취소시키고, 사건을 법원으로 환송하여 원처분에 대한 취소여부는 법원이－헌법재판소의 헌법문제에 대한 결정취지에 따라－최종적으로 판결하도록 하는 것이 법원과 헌법재판소간의 기능적 권력분립 및 법원의 역할과 기능유지를 위하여 바람직하다고 본다. 왜냐하면 예컨대 법원이 헌법재판소의 결정에 따르는 경우에도, 즉 헌법재판소가 내린 헌법판단하에서의 법원의 새로운 사실 및 법률판단에 따를 경우에도 여전히 원처분이 합헌·합법이고, 따라서 청구인의 기본권을 침해한 것으로 볼 수 없는 경우도 있을 수 있기 때문이다.

5. 반대의견의 문제점

반대의견은 이 사건 판결자체를 직접 취소하는 것은 헌법재판소와 법원의 권한 및 상호간의 독립을 규정한 헌법의 취지에 비추어 적당하지 않고, 대법원의 재판을 취소하는 경우의 후속절차에 관하여 아무런 규정이 없어 그 효력을 둘러싸고 법적 혼란이 일어날 우려가 있기 때문에, 이 사건 판결의 위헌확인만하고 그 후속조치는 법원에 맡기는 것이 바람직하다고 주장한다. 그러나 판결을 헌법소원의 대상으로 삼은 이상, 이는 기본권침해의 원인이 된 공권력의 행사로서 헌법재판소법 제75조 제3항에 따라 당연히 취소되어야 한다. 아울러 법원이 행정처분을 직접 취소시킨다고 하여 법원과 행정부간의 독립을 규정한 헌법취지에 위배되지 않는 것처럼, 헌법재판소가 법원의 판결을 취소한다고 하여 헌법재판소와 법원 상호간의 독립을 규정한 헌법의 취지에 위배되지 아니한다. 또한 이 사건에서 헌법재판소가 단순히 대법원판결에 대한 위헌확인만하고 그 후속조치를 법원에 맡긴다면, 법원이 헌법재판소의 결정취지에 따를지의 여부가 심히 의심스러운 상황에서 헌법재판소결정의 효력을 둘러싸고 오히려 더 큰 법적 혼란이 야기될 것이다.

또한 반대의견은 원래의 행정처분에 대한 헌법소원심판을 허용하는 것은 명령·규칙·처분에 대한 최종적인 위헌심사권을 대법원에 부여하고 있는 헌법 제107조 제2항과 법원의 재판을 헌법소원심판의 대상에서 제외하고 있는 헌법재판소법 제68조 제1항에 배치된다고 주장하는데, 후자의 주장은 앞서 언급했던 이유로 받아들일 수 없고, 전자의 주장도 명령·규칙이 직접 국민의 기본권을 침해하는 경우에는 헌법소원의 대상이 된다고 하는 것은 이론의 여지가 없고, 행정처분도 보충성원칙의 예외의 경우에는 직접 헌법소원의 대상이 될 수 있고 취소될 수 있다는 점에 비추어 볼 때 설득력이 없다.

Ⅳ. 맺는 말

헌법재판소는 위 결정으로 그동안 논란이 되어왔던 헌법재판소법 제68조 제1항의 위헌 여부에 대하여 본격적인 심사를 했고, 한정위헌결정을 내림으로써 헌법소원제도를 통해 제한적이나마 사법권을 통제할 수 있는 길을 열어놓았다는 점에서, 그리고 대법원이 헌법재판소 결정－특히 변형결정－에 대하여 다소 경시하는 태도를 보인 바 있는 데, 이에 대해 엄중한 경고를 보냄으로써 헌법재판소결정의 기속력과 헌법재판소의 위상을 회복하고자 노력했다는 점에서 그 의의가 크다고 볼 수 있다. 한편 헌법재판소는 이 사건에서 가능하면 법원의 재판을 헌법소원의 대상으로 삼는 것이 바람직하다는 견해를 피력했는데, 이는 원칙과 정치적·제도적인 여건 사이에서의 현실적인 고뇌 끝에 나온 견해로 이해된다.

앞서도 언급한 바와 같이 우리의 헌법재판제도, 특히 헌법소원제도는 심도 있는 헌법적 논의와 국민의 기본권신장을 추구한다는 이념의 바탕위에서 헌법에 마련되었다기 보다는 각 국가기관과 정파의 이해에 따라 졸속으로 도입된 것으로 처음부터 적지 않은 문제점을 지니고 있었다. 법원의 재판을 헌법소원의 대상에서 제외한 것이 바로 그 한 예이다. 사실 헌법재판소법 제68조 제2항에 따른 헌법소원제도도 법원의 재판을 헌법소원의 대상에서 제외함에 따라 발생하는 문제를 해결하기 위한 미봉책으로 등장한 매우 이형적인 제도로서 사실 성질상 헌법소원제도로 보기 어려운 것이다. 이 모든 문제는 헌법재판소법 제68조 제1항 본문규정 중 '법원의 재판을 제외하고는'부분에 대한 단순위헌결정을 내리든가, 이 부분을 삭제하는 법률개정을 통해서만 근본적으로 해결될 수 있다.

무릇 헌법재판의 본질과 기능은 헌법상의 근본가치와 기본권의 수호에 있는 것이고, 이러한 가치와 기본권은 입법작용이나 행정작용 뿐 아니라 사법작용에 의해서도 침해될 수 있기 때문에 그러한 가치를 침해한 사법작용 역시 헌법소원 등 헌법재판의 통제대상이 되어야 함은 당연하다. 아울러 다른 한편 헌법재판제도의 활성화를 위해서는 앞서 언급한 바와 같이 여러 가지 보완책이 헌법 또는 법률개정을 통해 다각적으로 마련되어야 할 것이지만, 무엇보다 중요한 것은 헌법재판소가 진실로 헌법정신과 양심에 따른 훌륭한 결정을 내려서 국민과 모든 국가기관의 존경과 신뢰를 받아야 한다는 것이다. 그것만이 헌법재판소 결정의 기속력과 헌법재판소의 위상을 확실하게 담보하는 지름길임을 명심해야 할 것이다. 아울러 정치가를 비롯한 모든 국민의 헌법에의 의지가 뒷받침되어야 할 것이다.

13. 국무총리서리임명행위의 헌법적 문제

- 헌재 1998. 7. 14. 98헌라1 대통령과 국회의원간의 권한쟁의[1] -

[目 次]

Ⅰ. 머리말

1998. 3. 2. 김대중 대통령은 김종필씨에 대한 국회에서의 국무총리 임명동의안의 처리가 무산되자 당시 고건총리로부터 행정각부의 장에 대한 임명제청을 받은 다음, 고건씨의 국무총리직 사표를 수리하고, 같은 달 3. 위 임명제청에 따라 행정각부의 장을 임명하면서, 동시에 김종필씨를 국무총리서리로 임명하였다. 그 후 김종필씨의 국무총리임명동의안은 국회에서 정식으로 처리되었지만, 이를 계기로 국무총리서리제도의 위헌여부가 다시 논란의 대상이 되었다.

대통령의 국무총리서리임명 후 야당의원들은 같은 달 10. 대통령이 국회의 동의를 받지 않고 김종필씨를 국무총리서리로 임명한 처분이 주위적으로는 국무총리임명에 관한 국회 또는 자신들의 동의권한을, 예비적으로는 국무총리 임명동의안에 관한 자신들의 심의·표결권한을 침해하였다고 주장하면서, 그 권한침해의 확인과 아울러 임명처분의 무효확인을 구하는 대통령과 국회의원간의 권한쟁의심판을 청구했고, 이에 대하여 헌법재판소는 동년 7. 14. 다수의견으로 심판청구를 각하했다.[2]

---

1) 헌재 1998. 7. 14. 98헌라1, 판례집 10-2, 1.

2) 이 결정에서는 (1) 재판관 김용준의 각하의견, (2) 재판관 조승형, 재판관 고중석의 각하의견, (3) 재

주지하는 바와 같이 국무총리서리임명은 이미 헌정사상 18회에 걸쳐 행해져왔고, 따라서 이를 하나의 헌법적 관행으로 합헌시하는 견해도 있으며, 앞으로도 반복될 가능성이 있는 행위이므로 이 제도의 헌법적 정당성을 살펴보는 것은 매우 의미있는 작업이라고 생각된다. 따라서 이 글에서 헌법재판소의 결정을 중심으로 국무총리서리제도 자체의 위헌성을 고찰해보기로 한다.

Ⅱ. 국무총리서리임명행위에 대한 헌법적 검토

1. 국회의원의 권한쟁의심판의 당사자자격 문제

먼저 이 사안에서는 헌법재판소의 결정내용에서도 보는 바와 같이 청구인인 국회의원들의 권한쟁의심판청구의 당사자자격 여부가 문제된다. 즉 국회나 국회의장이 아닌 개개의 국회의원도 대통령과의 권한쟁의의 심판을 청구할 수 있느냐 하는 문제이다.

(1) 헌재결정의 요지

1) 재판관 김용준의 의견

다수의견 중 김용준 재판관은 "헌법 제86조 제1항은 '국무총리는 국회의 동의를 얻어 대통령이 임명한다.'고 규정하고 있으므로, 국무총리의 임명에 관한 동의권한은 국회에 속하는 것임이 분명하다. 따라서 이 사건의 경우와 같이 국회의 국무총리 임명동의권한이 침해되었다고 하는 경우에는 국회가 당사자가 되어 국회의 이름으로 권한쟁의심판을 청구하는 것이 원칙이다. 다만, 국회의 권한이 침해되었음에도 불구하고 국회가 권한쟁의심판을 청구하지 않고 있는 경우에, 국회의 부분기관이라고 할 수 있는 개개의 국회의원이나 교섭단체가 국회를 위하여 이른바 '제3자소송담당'의 한 형태로서 권한쟁의심판을 청구할 수 있는지의 여부가 문제로 제기될 수 있다. … 그러나 위와 같이 국회의 부분기관에게 국회를 위한 '제3자소송담당'을 허용하는 것은 소수자를 보호하기 위한 것이므로, 일정 수 이상의 소수의원이나 소수의원으로 구성된 교섭단체에게만 국회를 위하여 권한쟁의심판을 청구

판관 정경식, 재판관 신창언의 각하의견, (4) 재판관 김문희, 재판관 이재화, 재판관 한대현의 인용의견, (5) 재판관 이영모의 기각의견으로 나뉘었는바, 관여재판관의 과반수인 5인이 각하의견이므로, 그 재판관들 각각이 이유를 달리하나 결론에 있어서 각하의견이어서 심판청구를 각하했다.

할 적격이 인정되는 것이지, 재적의원 과반수를 이루는 다수의원이나 그들 의원으로 구성된 교섭단체의 경우에는 그들 스스로 국회의 의결을 거쳐 침해된 국회의 권한을 회복하기 위한 방법을 강구할 수 있으므로, 이들에게까지 굳이 법률에 규정되어 있지도 아니한 '제3자소송담당'을 허용할 필요성은 없는 것이다. … 청구인들 150인은 재적의원 과반수를 가진 정당의 소속의원으로서 청구인들 자신만으로 재적의원 과반수를 이루고 있음이 명백하므로, 청구인들에게는 국회를 위하여 이 사건과 같은 권한쟁의심판을 청구할 수 있는 당사자적격이 없다."라고 판시함으로써[3] 제3자소송담당의 이론을 기준으로 이 사건 청구인인 국회의원의 당사자적격을 부인하고 있다.

2) 재판관 정경식, 재판관 신창언의 의견

다수의견 중 정경식, 신창언 재판관은 "헌법 제111조 제1항 제4호 소정의 '국가기관 상호간의 권한쟁의'는 우리 헌법이 국민주권주의와 권력분립의 원칙에 따라 주권자인 국민으로부터 나온 국가권력을 나누어 상호 견제와 균형을 유지하도록 권한을 분배한 대등한 권력행사기관 사이의 권한에 관한 다툼을 의미한다고 할 것이므로, 헌법재판소법 제62조 제1항 제1호가 '국가기관 상호간의 권한쟁의심판'을 '국회, 정부, 법원 및 중앙선거관리위원회 상호간의 권한쟁의심판'이라고 규정한 것은 국가의 입법권, 행정권 및 사법권을 행사하는 국가기관인 국회, 정부 및 법원과 선거관리사무를 담당하는 중앙선거관리위원회를 열거하여 헌법의 위 규정을 명확하게 구체화한 것이라고 할 것이다. 따라서 헌법재판소법 제62조 제1항 제1호에 열거되지 아니한 기관이나 또는 열거된 기관 내의 각급 기관은 비록 그들이 공권적 처분을 할 수 있는 지위에 있을지라도 권한쟁의심판의 당사자가 될 수 없으며 또 위에 열거된 국가기관 내부의 권한에 관한 다툼은 권한쟁의심판의 대상이 되지 않는다고 볼 수밖에 없다. 그러므로 국회의 경우 현행 권한쟁의심판제도하에서는 국가기관으로서의 국회만이 당사자로 되어 권한쟁의심판을 수행할 수 있을 뿐이고, 국회의 구성원이나 국회 내의 일부기관인 국회의원 및 교섭단체 등이 국회 내의 다른 기관인 국회의장을 상대로 권한쟁의심판을 청구할 수는 없다고 할 것이다."라고 판시함으로써[4] 국회가 아닌 개개의 국회의원은 당사자자격이 없다고 하면서 심판청구를 각하하였다.

---

3) 헌재 1998. 7. 14. 98헌라1, 판례집 10-2, 1, 16-17.

4) 헌재 1998. 7. 14. 98헌라1, 판례집 10-2, 1, 22-23.

3) 재판관 김문희, 재판관 이재화, 재판관 한대현의 의견

소수의견 중 김문희, 이재화, 한대현 재판관은 "헌법재판소는 1997. 7. 16. 96헌라2 '국회의원과 국회의장간의 권한쟁의' 사건의 결정에서, 헌법 제111조 제1항 제4호가 규정하고 있는 '국가기관 상호간'의 권한쟁의심판은 헌법상의 국가기관 상호간에 권한의 존부나 범위에 관한 다툼이 있고 이를 해결할 수 있는 적당한 기관이나 방법이 없는 경우에 헌법재판소가 헌법해석을 통하여 그 분쟁을 해결함으로써 국가기능의 원활한 수행을 도모하고 국가권력간의 균형을 유지하여 헌법질서를 수호·유지하고자 하는 제도라고 하면서, 헌법 제111조 제1항 제4호 소정의 '국가기관'에 해당하는지 아닌지를 판별함에 있어서는 그 국가기관이 헌법에 의하여 설치되고 헌법과 법률에 의하여 독자적인 권한을 부여받고 있는지 여부, 헌법에 의하여 설치된 국가기관 상호간의 권한쟁의를 해결할 수 있는 적당한 기관이나 방법이 있는지 여부 등을 종합적으로 고려하여야 할 것이라고 한 다음, 국회의원은 헌법 제41조 제1항에 따라 국민의 선거에 의하여 선출된 헌법상의 국가기관으로서 헌법과 법률에 의하여 법률안제출권, 법률안 심의·표결권 등 여러 가지 독자적인 권한을 부여받고 있으며, 국회의원과 다른 국가기관 사이에 권한의 존부 및 범위와 행사를 둘러싸고 분쟁이 생겨 권한쟁의심판 이외에 달리 그 분쟁을 해결할 적당한 기관이나 방법이 없다면 국회의원은 헌법 제111조 제1항 제4호 소정의 권한쟁의심판의 당사자가 될 수 있다는 취지로 판시한 바 있다. 이제 위 결정을 변경하여야 할 사정변경이 있다거나 이 사건 심판청구에 위 96헌라2 사건과는 다른 법리가 적용되어야 할 사유가 있다고도 할 수 없으므로 국회의원인 청구인들은 권한쟁의심판을 청구할 수 있다. 국회는 국회의원으로 구성되는 합의체 기관으로서(헌법 제41조 제1항 참조) 국회의 의사는 결국 표결 등으로 나타나는 국회의원들의 의사가 결집된 것이므로, 헌법 제86조 제1항에 규정된 국무총리 임명에 대한 국회의 동의권한은 그 속성상 필연적으로 국무총리 임명동의안에 대한 국회의원들의 표결권한을 내포하고 있다. 그렇다면 청구인들은 국회를 구성하는 국회의원으로서 이 사건 임명처분으로 국무총리 임명에 관한 국회의 동의권한 및 자신들의 국무총리 임명동의안에 대한 표결권한을 동시에 침해받았다고 주장하면서 권한쟁의심판을 청구할 자격이 있다 할 것이다."라고 판시함으로써[5] 국회 이외에 국회의 구성원인 개개의 국회의원에게도 당사자자격이 있고, 따라서 이 사건 심판청구는 적법하다

---

5) 헌재 1998. 7. 14. 98헌라1, 판례집 10-2, 1, 24-25.

고 주장하고 있다.

(2) 소 결

1) 권한쟁의심판의 당사자자격에 관한 헌법 및 헌법재판소법의 규정을 살펴보면, 헌법 제111조 제1항 제4호가 헌법재판소의 관장사항의 하나로서 '국가기관 상호간, 국가기관과 지방자치단체간 및 지방자치단체 상호간의 권한쟁의에 관한 심판'을 규정하고 있고, 위 헌법규정에 근거하여 헌법재판소법 제61조는 "① 국가기관 상호간, 국가기관과 지방자치단체간 및 지방자치단체 상호간에 권한의 존부 또는 범위에 관하여 다툼이 있을 때에는 당해 국가기관 또는 지방자치단체는 헌법재판소에 권한쟁의심판을 청구할 수 있다. ② 제1항의 심판청구는 피청구인의 처분 또는 부작위가 헌법과 법률에 의하여 부여받은 청구인의 권한을 침해하였거나 침해할 현저한 위험이 있는 때에 한하여 이를 할 수 있다."고 권한쟁의심판의 청구사유를 규정하고 있으며, 권한쟁의심판의 종류를 규정한 동법 제62조는 제1항 제1호에서 '국가기관 상호간의 권한쟁의심판'을 '국회, 정부, 법원 및 중앙선거관리위원회 상호간의 권한쟁의심판'이라고 나열하고 있다.

여기서 나열된 기관의 종류가 단순히 예시적인 것에 불과한가 아니면 한정적·열거적인가 하는 것이 문제해결의 관건이라고 할 수 있는데, 이는 단순한 예시적 규정으로서 법에 규정된 국가기관이외에도 상황에 따라서 당사자자격을 가진다고 보아야 할 것이다. 헌법 제111조 제1항 제4호는 '국가기관 상호간, 국가기관과 지방자치단체간 및 지방자치단체 상호간의 권한쟁의에 관한 심판'이라고 규정함으로써, 이미 헌법에서 권한쟁의심판의 종류와 청구인자격 등을 정했고, 헌법재판소법 제62조에서 정한 권한쟁의심판의 종류는 이를 구체적으로 예시한 것에 불과하며, 따라서 이에 대한 창설적 규정은 직접 헌법 제111조 제1항 제4호이고, 헌법재판소법은 개방적인 예시적 규정으로서 법률에 정해진 종류이외의 권한쟁의심판도 헌법 제111조 제1항 제4호에 해당되는 한 필요에 의해서 허용될 수 있는 것이다.[6] 소수의견도 언급한 바와 같이 헌법재판소는 1997. 7. 16. 96헌라2 결정에서 "헌법재판소법 제62조 제1항 제1호가 국가기관 상호간의 권한쟁의심판을 '국회, 정부, 법원 및 중앙선거관리위원회 상호간의 권한쟁의심판'이라고 규정하고 있더라도 이는 한정적, 열거적인 조항이 아니라 예시적인 조항이라고 해석하는 것이 헌법에 합치되므로 이들 기관외에는 권한쟁의심판의 당사자가 될 수 없다고 단정할 수 없다."라

---

6) 정연주, 무명항고소송, 공법연구 제26집 제3호, 1998, 6, 209쪽.

고 판시함으로써 동일한 견해를 취하고 있다. 즉 헌법 제111조 제1항 제4호에서 권한쟁의심판의 당사자가 될 수 있는 '국가기관'의 종류나 범위에 관하여는 아무런 규정을 두고 있지 않고, 이에 관하여 특별히 법률로 정하도록 위임하고 있지도 않다. 따라서 입법자인 국회는 권한쟁의심판의 종류나 당사자를 제한할 입법형성의 자유가 있다고 할 수 없고, 이에 따라 헌법재판소법 제62조는 한정적 열거규정이 아닌 예시규정이며, 헌법 제111조 제1항 제4호에서 말하는 국가기관의 의미와 심판당사자의 범위는 결국 헌법해석을 통하여 확정해야 할 문제인 것이다. 그러므로 권한쟁의심판의 경우에는 헌법재판소법에 나열된 기관이외의 기관이나 구성원도 헌법 제111조 제1항 제4호의 '국가기관'에 해당하고, 헌법에 의하여 설치되고 헌법과 법률에 의하여 독자적인 권한을 부여받고 있으며, 자신들의 권한의 존부나 범위에 관한 분쟁해결이 다른 기관이나 방법에 의해서는 불가능한 경우에 최후의 보충적 수단으로서의 권한쟁의심판을 청구할 수 있다고 보아야 하는 것이다. 헌법재판소법 제61조 제2항도 "제1항의 심판청구는 피청구인의 처분 또는 부작위가 '헌법과 법률에 의하여 부여받은 청구인의 권한'을 침해하였거나 침해할 현저한 위험이 있는 때에 한하여 이를 할 수 있다."고 규정함으로써 '헌법과 법률에 의하여 권한을 부여받은 기관'은 종류에 관계없이 사안에 따라서 청구인적격을 가질 수 있다는 것을 시사하고 있으며, 96라2 결정도 "헌법 제111조 제1항 제4호가 규정하고 있는 '국가기관 상호간'의 권한쟁의심판은 헌법상의 국가기관 상호간에 권한의 존부나 범위에 관한 다툼이 있고 이를 해결할 수 있는 적당한 기관이나 방법이 없는 경우에 헌법재판소가 헌법해석을 통하여 그 분쟁을 해결함으로써 국가기능의 원활한 수행을 도모하고 국가권력간의 균형을 유지하여 헌법질서를 수호·유지하고자 하는 제도"라고 판시함으로써[7] 유사한 견해를 취하고 있다. 만일 헌법재판소법 제62조에서 규정하고 있는 종류 이외의 권한쟁의심판을 허용하지 아니하고 당사자자격을 제한적으로 엄격하게 해석한다면, 앞서 소개된 96헌라2 결정의 예에서 보는 바와 같이 국회의원과 국회의장간의 권한쟁의나 이 사건에서처럼 대통령과 국회의원간의 권한쟁의와 같은 헌법재판소법 제62조에서 정한 종류 이외의 권한쟁의심판은 모두 각하될 수밖에 없을 것이고, 이 경우 이러한 권한분쟁을 해결하고 침해된 권한을 구제할 수 있는 다른 대체적 구제수단은 존재하지 아니하므로, 결국 국가기관 상호간의 권한갈등과 남용이 증폭되고 결과적으로 국민의 기본권도 심각하게 침해되는 헌정문란상태가 초래될 수 있으며, 이는 헌법 제111조 제

7) 헌재 1997. 7. 16. 96헌라2, 판례집 9-2, 154, 163.

1항 제4호의 입법취지와 정신에도 반하는 것이 될 것이다.[8]

2) 오늘날의 의회주의제도하에서는 정부와 의회 사이의 고전적인 형식적 권력분립은 한편으로는 정부 및 이를 지지하는 집권여당과 다른 한편으로는 야당 사이의 실질적인 권력분립으로 전환되었다. 특히 대통령제의 우리 정부형태와 정치현실에 비추어 볼 때 정부와 국회 또는 대통령과 국회와의 권력분립은 더 이상 기능하기 어렵고 실질적으로는 여당과 야당간의 권력분립으로 전환된 것이다. 그러므로 정부나 대통령의 독주나 다수당의 횡포를 막고, 의회의 정부통제기능과 의회의 고유권한을 지키는 역할은 야당의 권한이자 의무로 남게 되었다. 이러한 권력분립 상황에서 정부나 대통령에 의하여 국회의 권한이 침해가 된 때에, 국회가 권한쟁의심판을 청구하는 것에 대하여 여당이나 국회의장이 찬성하지 아니함으로써 국회의 의결을 거칠 수 없는 경우에는, 침해된 국회의 권한을 회복하고자 하는 야당의원에게도 권한쟁의심판을 통하여 국회의 권한을 회복시킬 수 있는 기회를 주어야만 할 것이다. 일반적으로 여당이나 여당 출신의 국회의장은 앞서 언급한 바와 같이 정부와 대통령의 지지세력이고, 따라서 여당의 찬성을 얻어 의결로써 국회명의로 또는 국회를 대표하여 국회의장이 대통령이나 정부를 상대로 권한쟁의심판을 제기하는 것은 사실상 기대가능하지 아니하므로 야당의원이나 교섭단체 등에게 권한쟁의의 당사자자격을 인정해야할 필요성은 절실한 것이다.[9] 만일 이를 허용하지 않는다면 이는 사실상 대통령과 국회간의 권한쟁의를 인정하지 아니하는 결과를 초래하는 것으로서 권한쟁의제도는 형해화될 수밖에 없을 것이다. 따라서 앞서 언급한 국회의원과 국회의장간의 기관내부적 권한쟁의심판을 다룬 96헌라2 결정에서와는 달리 이 사건에서는 국회의원과 대통령간의 기관 상호간의 외부적 권한쟁의심판이므로 국회 또는 국회를 대표해서 국회의장만이 당사자자격을 가진다는 견해는 타당하지 아니하다.

3) 한편 이와 관련하여 이 사건에서는 청구인으로서의 국회의원의 침해된 권한이 문제가 될 수 있다. 즉 국무총리임명에 대한 동의권이 헌법과 법률에 의하여

---

8) 정연주, 전게논문, 213쪽 이하.

9) 예컨대 이 사건에서처럼 여당의 방해로 국무총리임명에 대한 동의절차가 종료될 수 없었고 이에 대한 절차속개나 재투표가 불가능 또는 기대되기 어려운 상황에서 대통령이 국무총리서리를 임명한 경우, 여당의 주도하에 위헌·위법한 동의절차가 이루어진 경우, 국회에 대한 국무총리 임명동의안의 송부없이 대통령이 국무총리서리를 임명한 경우 등에서는 여당의원의 찬성을 얻어 국회 또는 국회의장의 이름으로 대통령을 상대로 권한쟁의심판을 제기하는 것은 사실상 기대하기 어렵다고 할 수 있다.

개개의 국회의원에게 독자적으로 부여된 권한인가 또는 국회의원의 심의·표결권이 이러한 동의권의 내용을 이루는가 하는 문제와 국회의원의 심의·표결권이 대통령이나 정부 등 국회이외의 국가기관에 대하여도 외부적으로 연관성을 가지는가 하는 문제가 제기될 수 있다.

가. 이에 대하여 김용준 재판관은 "국회가 헌법 제86조 제1항에 따라서 국무총리의 임명에 관한 동의권한을 행사하는 경우에, 국회의원은 헌법 제40조 및 제41조 제1항과 국회법 제93조 및 제109조 내지 제112조에 따라서 국무총리 임명동의안에 대하여 심의·표결할 권한을 가진다. 그러나 국회의원이 국회에서 이와 같은 심의·표결권한을 행사하는 것은 국회의원들 상호간 또는 국회의원과 국회의장 사이에서만 직접적인 법적 연관성을 가질 뿐, 국회의원과 대통령 등 국회 이외의 다른 국가기관과 사이에서는 아무런 직접적인 법적 연관성을 가지지 아니하는 것이다. 그렇다면 피청구인 대통령이 국회의 동의를 얻지 아니하고 국무총리서리를 임명한 행위가 국회에 대한 관계에서 국무총리의 임명에 관한 국회의 동의권한을 침해한 것인지의 여부는 별론으로 하고, 국회의원인 청구인들과의 관계에서 국무총리 임명동의안에 관한 청구인들의 심의·표결권한의 행사를 불가능하게 하거나 방해함으로써 그 권한을 침해할 가능성이 있다고 볼 수 없다."라고 판시하고 있고,[10] 이영모 재판관은 "국회가 헌법 제86조 제1항에 따른 국무총리 임명동의권한을 행사하는 경우에 국회의원들은 헌법 제40조 및 제41조 제1항과 국회법 제93조 및 제109조 내지 제112조에 의한 국무총리 임명동의안에 대한 심의·표결권한을 갖는다. 이러한 국회의원의 심의·표결권한은 국회 내부에서 국회의원들 상호간 또는 국회의장과 국회의원간에서만 행사되고 법적인 연관성을 가질 뿐, 국회의원과 대통령 등 국회가 아닌 국가기관간에는 직접 법적인 연관성을 갖지 않는 것이 원칙이다. 이 사건에서 국무총리 임명동의안을 처리함에 있어서 국회의원들은 국무총리 임명동의안에 관한 심의·표결권한의 행사와 관련하여 대통령과는 직접적인 법적 관계가 성립될 여지는 없다. 피청구인의 국무총리서리 임명행위가 국회에 대한 관계에서 국회의 권한을 침해한 것인지 여부는 별론으로 하고, 청구인들의 심의·표결권한의 행사를 방해·불가능하게 한 것은 아니므로 청구인들의 권한을 침해한 것이 아니다."라고 판시함으로써[11] 동의권을 국회의원의 독자적 권한으로 인정하지 않고 있으며, 동의절차와 관련한 심의·표결권은 대외적 관계에서는 주장될 수 없다고 하고 있다.

10) 헌재 1998. 7. 14. 98헌라1, 판례집 10-2, 1, 18.

11) 헌재 1998. 7. 14. 98헌라1, 판례집 10-2, 1, 37.

이에 반하여 김문희, 이재화, 한대현 재판관은 "국회는 국회의원으로 구성되는 합의체 기관으로서(헌법 제41조 제1항 참조) 국회의 의사는 결국 표결 등으로 나타나는 국회의원들의 의사가 결집된 것이므로, 헌법 제86조 제1항에 규정된 국무총리 임명에 대한 국회의 동의권한은 그 속성상 필연적으로 국무총리 임명동의안에 대한 국회의원들의 표결권한을 내포하고 있다. 그렇다면 청구인들은 국회를 구성하는 국회의원으로서 이 사건 임명처분으로 국무총리 임명에 관한 국회의 동의권한 및 자신들의 국무총리 임명동의안에 대한 표결권한을 동시에 침해받았다고 주장하면서 권한쟁의심판을 청구할 자격이 있다 할 것이다."라고 판시하여[12] 국회의 동의권의 한 내용으로서의 국회의원의 표결권과 이의 대외적 연관성을 인정하고 있다.

나. 반대의견이 적시하는 바와 같이 국회의 동의권은 결국 개개의 국회의원의 표결로 행사되므로 국회의 동의권은 필연적으로 국회의원의 심의 · 표결권을 수반하는 것이고, 따라서 국회의원의 심의 · 표결권의 침해는 국회의 동의권의 침해로서 대내적 관계에서 뿐 아니라 대외적 관계에서도 연관성을 가지고 주장될 수 있는 권한인 것이다. 이는 합의체기관으로서의 국회의 특성상 당연한 것이며, 만일 그렇지 않다면 앞서 언급한 바와 같이 국회와 대통령 또는 정부 상호간의 권력분립과 권한쟁의는 그 실효를 거둘 수 없을 것이다.

한편 이영모 재판관은 앞서 소개했듯이 "국회의원들은 국무총리 임명동의안에 관한 심의 · 표결권한의 행사와 관련하여 대통령과는 직접적인 법적 관계가 성립될 여지는 없고, 따라서 피청구인의 국무총리서리 임명행위가 청구인들의 심의 · 표결권한의 행사를 방해 · 불가능하게 한 것은 아니므로 청구인들의 권한을 침해한 것이 아니다."라고 주장하고 있는데, 그렇다면 이 사건 심판청구를 부적법한 것으로서 당연히 각하했어야 했고, 그렇지 아니하고 기각한 것은 모순이 아닐 수 없다.

2. 국무총리서리임명행위의 위헌성

지금까지 살펴 본 바와 같이 이 사건에서 국회의원은 당사자자격을 가지며, 따라서 국회의원의 권한쟁의심판청구는 적법하게 제기된 것으로 보아야 할 것이다. 그렇다면 본안문제와 관련하여 볼 때 국회의 동의 없이 이루어진 대통령의 국무총리서리임명행위가 청구인의 권한을 침해한 것으로서 위헌인지의 여부가 문제된다. 이는 헌법상 국회동의제도의 의의와 기능의 바탕위에서 판단될 수 있는 문제이다.

12) 헌재 1998. 7. 14. 98헌라1, 판례집 10-2, 1, 25.

(1) 동의의 기능과 동의 없는 임명행위의 위헌성

1) "국무총리는 국회의 동의를 얻어 대통령이 임명한다."고 규정한 헌법 제86조 제1항에 따라 국무총리의 임명에는 반드시 국회의 사전동의가 있어야 한다. 이러한 동의의 기능은 민주적 정당성확보와 권력통제라고 할 수 있다. 즉 국민의 대표기관인 국회의 관여를 통하여 간접적인 민주적 정당성을 확보함과 동시에 국회의 대통령에 대한 견제와 균형을 꾀하고자 하는데 그 목적이 있다.

이러한 동의제도는 국무총리의 헌법상의 지위와 권한에 기인한다고 볼 수 있다. 먼저 국무총리는 대통령을 보좌하며, 행정에 관하여 대통령의 명을 받아 행정각부를 통할한다(헌법 제86조 제2항). 그리고 국회나 그 위원회에 출석하여 의견을 진술할 권한(헌법 제62조 제1항), 대통령의 궐위 또는 유고시에 대통령의 권한을 대행할 권한(헌법 제71조), 대통령의 국법상 행위에 대한 부서권한(헌법 제82조), 국무위원에 대한 임명제청권 및 해임건의권(헌법 제87조 제1항 · 제3항) 등의 권한을 가진다. 따라서 국무총리는 정부의 2인자로서 대통령을 보좌하는 지위를 가짐과 동시에 헌법상의 고유의 권한을 통하여 대통령의 권한행사를 견제하는 등 국정운영에 관하여 독자적인 지위와 권한을 가진 헌법상의 기관이라고 볼 수 있다. 따라서 대통령이 국무총리를 임명함에 있어 국회의 동의를 얻도록 규정하고 있는 헌법 제86조 제1항은 앞서도 언급했듯이 이러한 지위와 권한을 가지는 국무총리의 임명에 국회가 관여함으로써 한편으로 국무총리에 대한 민주적 정당성을 부여함과 동시에 대통령의 독주를 견제코자 하는 의미를 지니며, 아울러 국무총리로 하여금 국회의 신임을 배경으로 안정적인 행정권 행사를 하도록 보장하는 의미를 지닌 것으로 볼 수 있다.

2) 이러한 동의의 의의와 기능에 비추어 볼 때 대통령이 국회의 사전동의 없이 국무총리를 임명하는 것은 위헌인 것이다. 이와 관련하여 이영모 재판관은 "우리 헌법상의 정부형태는 대통령중심제이며 부분적으로 내각제적 요소(국무총리 임명동의권한 등)를 가미하고 있다. 대법원장 · 헌법재판소장은 행정부와 독립된 헌법기관이므로 그 임명은 대통령과 국회의 공동참여하에 이루어진다. 그러나 국무총리와 감사원장은 대통령의 보좌기관이고 그 임명권한은 대통령의 행정부 구성권한의 본질적 요소의 하나이므로 대법원장 · 헌법재판소장의 경우와는 서로 다르다. 따라서 헌법 제86조 제1항에 의한 국회의 국무총리 임명동의권한은 대통령중심제의 본질

에 어긋나지 않도록 행사되어야 한다."라고 함으로써[13] 국무총리가 독립한 헌법기관이 아닌 단순한 대통령의 보좌기관이므로 국회의 사전동의가 반드시 요구되는 것은 아닌 것처럼 판시하고 있다. 그러나 이는 앞서 언급한 국무총리의 헌법상 지위와 권한에 비추어 볼 때 타당한 견해라고 볼 수 없다. 즉 국무총리 임명은 대통령의 단독행위에 국회가 단순히 부수적으로 협력하는 것에 그치는 것은 아니고 국회가 대통령과 공동으로 임명에 관여하는 것이라고 보아야 할 것이며, 이는 특히 국무총리가 대통령에 대한 견제기관으로서의 지위를 가짐과 동시에 집행기능의 2원주의를 채택하여 정치적 집행기능은 대통령의 전속관할로 남겨두고, 고유한 행정기능은 국무총리에 의해서 통할되는 좁은 의미의 행정부에 부여하는 우리의 독특한 2원적 정부구조 및 국무총리가 국회의 동의를 통해서 얻게 되는 민주적 정당성도 대통령의 궐위 시 그 권한을 대행하기에는 매우 미흡하다는 사실을 고려해 볼 때 당연하다 할 것이다. 그러므로 국회의 동의는 국무총리 임명에 있어 불가결한 본질적 요건으로서 대통령이 국회의 동의 없이 국무총리를 임명하였다면 그 임명행위는 명백히 헌법에 위반된다.

3) 그런데 이러한 법리가 국무총리가 아닌 국무총리'서리'를 임명할 경우에도 적용될 수 있는지가 문제될 수 있다. 이에 대하여 조승형, 고중석 재판관은 "대통령이 헌법에 정한 바에 따라 국회에 국무총리 임명동의요청을 한 다음 국회가 그 사정으로 임명동의안을 처리해 주지 아니한 특별한 사정이 있는 경우에 국무총리서리를 임명한 것은 대통령이 국회에 국무총리 임명동의안을 제출하지 않거나 그 동의안이 부결된 상태에서 국무총리서리를 임명한 경우와는 달리 실질적으로 국회의 동의를 얻어야 할 국무총리를 임명한 것이 아니라 그 명칭이나 형식에 관계없이 행정부 구성권자인 대통령이 헌법 제87조 제1항, 정부조직법 제23조에 따라 국무총리가 사고로 인하여 직무를 수행할 수 없을 때에 국무위원을 임명하여 국무총리 직무대행자를 지명할 수 있는 것에 준하여 국회가 임명동의안을 의결할 때까지 한시적으로 국무총리 직무대행자를 임명한 것에 불과하다고 할 것이므로 그 임명절차에 하자가 있다고 하더라도 이 사건 국무총리서리 임명행위가 직접적으로 헌법 제86조 제1항에 의한 국회의 국무총리 임명동의권이나 그 임명동의안에 관한 청구인들의 심의·표결권을 침해하였거나 침해할 현저한 위험이 있는 경우에 해당한다고 볼 수 없다."라고 함으로써[14] 국무총리'서리'를 임명하는 경우에는 상황에 따라

---

13) 헌재 1998. 7. 14. 98헌라1, 판례집 10-2, 1, 36.

14) 헌재 1998. 7. 14. 98헌라1, 판례집 10-2, 1, 19-20.

서 국회의 동의가 필요없다고 판시하고 있다. 그러나 동의제도는 앞서 언급한 바와 같이 국무총리의 실질적인 지위과 권한 때문에 요구되는 것으로 그 기관의 명칭과는 관계가 없다. 따라서 실제로 국무총리의 헌법상의 권한을 행사하는 기관의 임명에는—정부조직법상의 국무총리 직무대행의 경우에 해당되지 않는 한—반드시 국회의 동의가 요구되는 것이다. 만일 그렇지 않다면 대통령은 국회가 내부사정으로 국무총리 임명동의안을 처리하지 못했음을 이유로 언제나 국회의 동의 없이 국무총리서리를 임명할 수 있게 되고, 따라서 동의제도는 형해화될 위험에 처하게 될 것이다.

(2) 예외적 상황에서의 국무총리서리임명행위의 합헌성

앞서 언급한 바와 같이 국무총리가 아닌 국무총리서리라 할지라도 국회의 동의 없는 임명행위는 원칙적으로 위헌이다. 그러나 이러한 법리를 그대로 관철시킬 수 없는 경우도 상정할 수 있을 것이다. 예컨대 전시 등의 비상적 상황으로 인해 국회의 구성이나 소집이 불가능한 경우 또는 국회의 다수'야당'세력의 방해로 임명동의안이 상정조차 되지 않거나 동의절차가 진행될 수 없는 경우 등에 있어서 동의안 처리가 장기간 기대가능하지 않고, 국무회의가 구성되지 아니한 상황에서 정부조직법상의 국무총리직무대행제도가 적용될 여지도 없으며, 국무총리가 없음으로 인해 국무위원과 행정각부의 장관의 임명을 제청할 수도 없고 구성할 수도 없어서 행정부의 구성과 국정이 마비상태가 된 경우 등의 지극히 예외적인 상황을 상정할 수 있다. 이러한 경우에는 국회의 동의가 없다 하더라도 국무총리서리의 임명행위는 합헌으로 보아야 할 것이다. 왜냐하면 이 경우에는 국회의 동의가 사실상 불가능할 뿐만 아니라, 그 귀책사유가 국회 또는 국회의 야당의원들에게 존재하기 때문이다. 즉 국회가 동의를 통해 행사하는 민주적 정당성부여와 대통령과 정부에 대한 통제가 국회 또는 국회의 야당의원들의 사정으로 인해 기능할 수 없기 때문이다. 다시 말해 국회가 이러한 기능을 할 지위와 자격을 갖추지 못한 상황이므로 동의제도가 적용될 여지가 없는 또는 그 적용의 전제조건을 충족하지 못한 상황이고, 따라서 국회 또는 야당국회의원들이 대통령의 국무총리서리임명행위로 인한 자신의 동의권 또는 표결권의 침해를 주장할 수는 없는 것이다. 만일 그렇지 아니하고 이러한 예외적 상황에서도 국회의 동의가 없이는 대통령이 국무총리서리를 임명하지 못하고 국정의 혼란을 방치할 수밖에 없다면 이는 보다 더 큰 헌법적 가치와 공익을 훼손하는 것으로서 헌법 제86조 제1항의 취지와도 부합되지 아니하며, 결과적으로 대통령의 직무유기에 해당되는 것이라고도 할 수 있다. 아울러 이러한 동의권의 예외없는 관철은 대통령의 인사권 및 행정부 구성권을 침해하게 되어 오히려 국회의 동의권의 남용에 해당될 수 있고, 결과적으로 기능적 권력통제의 원리에도 반하는 것이 된다.

결국 앞서 언급한 예외적 상황에서의 국무총리서리임명행위를 합헌시하는 논리는 국회의 권한과 지위 그리고 대통령과 국무총리의 지위와 권한 및 다양한 헌법적 가치와 이익의 총체적 비교형량을 통한 헌법 제86조 제1항과 관련한 일종의 규범조화적·통일적 해석으로서 헌법제정자가 예상하지 못한 헌법의 흠결에 대한 보완이라고도 볼 수 있다.

(3) 이 사건에서의 국무총리서리임명행위의 위헌성

그러면 이 사건에서는 국회의 동의없는 국무총리서리임명행위가 합헌인가? 즉 앞서 언급한 예외적 상황에 속하는가? 결론적으로 위헌이라고 하지 않을 수 없다. 왜냐하면 이 사건의 경우에는 앞서 언급한 불가피한 예외적 사유 내지 전제조건이 존재한다고 보기 어렵기 때문이다.

첫째, 국회는 이미 국무총리임명동의안에 대한 표결절차를 개시했다. 다만 여당의원들의 투표방해행위로 인해 절차가 종료되지 못하고, 결국 회의가 자동 산회되고, 임시국회의 회기도 종료되었고, 이어 대통령이 하루만에 국무총리서리를 임명한 것이다. 따라서 대통령은 투표의 속개나 재투표를 기다려야 했을 것이며, 또한 이는 객관적으로 기대가능한 것이었다. 여기서 절차가 종료되지 못한 이러한 국회의 내부사정은 야당이 아닌 여당의원들의 방해로 결과된 것으로 국회의 기능장애에 대한 귀책사유는 야당이 아닌 여당의원들에게 돌아가는 것이며, 이 경우 여당은 대통령의 지지세력이므로 대통령이 국회 자체의 기능장애를 이유로 국회의 동의 없이 국무총리서리를 임명할 수는 없는 것이다. 또한 여당의 총재이기도한 대통령의 지시에 따라 얼마든지 투표속개나 재투표가 가능하기 때문에 대통령은 당연히 국회의 정상화와 절차진행을 기다렸어야 했다.

둘째, 이미 행정부와 국무회의가－국무총리직을 제외하고는- 구성되었다. 대통령은 국무총리임명동의안의 처리가 무산되자 전임 국무총리의 제청을 받아 바로 행정각부의 장을 임명했다. 따라서 행정부와 국무회의가 어느 정도 기능할 수 있었으므로 국정이 마비될 정도의 비상적 상황은 아니었다.

셋째, 설사 국무총리의 궐위로 인해 국정의 공백이 우려된다 하더라도 그 궐위

상태가 장기간 계속될 가능성은 높지 않았고, 따라서 대통령이 국회의 투표속개나 재투표를 전혀 기다리지 아니하고 임명동의안의 처리가 무산되자 지체 없이 국무총리서리를 임명한 것은 정당하지 못했다. 만일 실제로 장기간의 국정의 공백이 우려되었다면 국회가 정상화되고 국무총리임명동의안이 처리될 때까지 정부조직법에 따라 대통령이 이미 임명된 국무위원 중에서 국무총리 직무대행자를 지명함으로써 국정공백을 방지할 수도 있었다.

따라서 이 사건의 경우에는 대통령이 국회의 국무총리 임명동의안의 처리를 기다렸거나, 만일 장기간의 국정의 공백과 혼란이 불가피한 경우라면 잠정적으로 국무위원 중에서 국무총리 직무대행자를 지명했어야 했다. 결국 그렇지 않고 국회의 동의 없이 대통령이 국무총리서리를 임명한 행위는 위헌임을 면할 수 없다고 본다.

물론 여기서 정부조직법상의 국무총리 직무대행제도가 국무총리의 '사고'시 이외에 국무총리의 '궐위'시에도 적용될 수 있는 지의 여부가 문제될 수 있다. 이에 대하여 김문희, 이재화, 한대현 재판관은 "정부조직법 제23조[15]는 국무총리가 '사고'로 인하여 직무를 수행할 수 없을 때 직무대행자가 국무총리의 직무를 대행하도록 하고 있는데, 여기서의 '사고'는 국무총리가 직무를 행할 수 없는 일반적인 경우 즉, '사고'와 '궐위'를 포괄하는 넓은 개념으로 해석하는 것이 타당하다. 실제 우리 헌정사에서도 국무총리의 궐위로 1984. 11. 7.부터 1985. 2. 18.까지 정부조직법에 따라 당시의 부총리가 국무총리 직무대행자로서 그 직무를 대행한 예가 있다."라고 주장함으로써[16] 국무총리의 궐위시에도 직무대행제도가 적용될 수 있다고 보고 있다. 그러나 '사고'의 개념과 '궐위'의 개념은 분명히 구분되며, 이영모 재판관도 지적한 바와 같이 정부조직법 제23조에는 국무총리가 '사고'로 직무를 수행할 수 없는 경우에 직무대행을 하는 규정을 두고 있을 뿐, '궐위'된 경우에 관한 규정은 없고, '사고'와 '궐위'에 대하여 대통령(헌법 제71조), 국회의장(국회법 제12조, 제16조), 대법원장(법원조직법 제13조 제3항), 헌법재판소장(헌법재판소법 제12조 제4항)의 경우에 이를 구분하여 규정하고 있으므로 원칙적으로 '사고'의 개념에 '궐위'를 포함시킬 수는 없다고 본다.

그러나 국회의 동의 없는 국무총리서리의 임명이 정당화될 수 있는 예외적인 상

---

15) 국무총리의 직무대행에 관한 현행 정부조직법 제22조는 "국무총리가 사고로 직무를 수행할 수 없는 경우에는 부총리가 그 직무를 대행하고, 국무총리와 부총리가 모두 사고로 직무를 수행할 수 없는 경우에는 대통령의 지명이 있으면 그 지명을 받은 국무위원이, 지명이 없는 경우에는 제26조 제1항에 규정된 순서에 따른 국무위원이 그 직무를 대행한다."라고 규정하고 있다.

16) 헌재 1998. 7. 14. 98헌라1, 판례집 10-2, 1, 30-31.

황도 아니면서 국회의 동의안 처리가 조속한 시일내에 이루어질 지의 여부가 불확실하고 국정의 공백이 우려되는 상황에서는 해석상 사고의 개념에 궐위의 개념을 포함시켜 대통령이 국무총리 직무대행자를 지명할 수 있도록 하는 것이－헌법 제86조 제1항과 관련한－정부조직법 제23조에 대한 불가피한 확대해석으로서 가능하다고 보며, 이러한 논리는 이 사건의 경우에도 국회의 동의 없이 국무총리서리를 임명할 수 있다는 논리와 비교해 볼 때 보다 합헌적인 또는 보다 덜 무리가 가는 해석이라고 여겨진다.

Ⅲ. 맺는 말

지금까지 본안전 판단과 관련하여 국회의원이 정부나 대통령 등 국회외부와의 관계에서도 권한쟁의의 당사자가 될 수 있는지의 여부, 본안판단과 관련하여 국무총리서리임명행위의 위헌여부에 대하여 살펴보았다. 국회의원도 상황에 따라서는 대외적 관계에 있어서 권한쟁의의 당사자자격을 가질 수 있고, 국회의 동의 없는 대통령의 국무총리서리임명행위는 원칙적으로 위헌이며, 다만 앞서 언급한 극히 예외적인 상황에서만 정당화될 수 있을 뿐이다. 따라서 이 사건의 경우에 있어서 국회의원의 당사자자격을 부정하여 결과적으로－예외적인 정당화 사유가 존재하지 아니함에도 불구하고－국회의 동의 없이 이루어진 국무총리서리임명행위를 묵인하게 만든 헌재의 결정은 대단히 잘못된 것이라고 하지 않을 수 없다.

사실 앞서 언급한 예외적 상황의 경우의 국무총리서리임명행위나 이 사건의 경우에서 국무총리의 '궐위'시의 국무총리 직무대행에 대하여 정당성을 부여하는 논리는 제반 헌법적 가치와 이익에 대한 총체적 비교형량을 통한 관련 헌법규정에 대한 통일적·규범조화적·기능적인 확대해석의 결과로서 일종의 헌법적 흠결에 대한 보완이라고 할 수 있다. 따라서 이는 법적 안정성과 명확성의 측면에서는 많은 문제를 야기할 수 있으며, 앞서 소개한 바와 같이 실제로 이에 대한 견해가 갈리고 있다. 그러므로 차제에 이러한 흠결을 제거하기 위하여 일정한 제한된 전제조건하에서의 임시적인 국무총리서리임명에 대한 근거규정을 마련하는 것도 고려해 봄직 하다고 본다.

그러나 보다 근본적으로는 국무총리제도 자체를 재검토해야 한다고 본다. 주지하는 바와 같이 국무총리라는 일종의 의원내각제적 요소는 대통령제와 조화되기 어렵다. 즉 앞서도 언급했듯이 대통령과 국무총리에 의해 통할되는 좁은 의미의 행정부로 나누어진 우리의 2원적 정부구조는 대통령이 모든 권한과 책임의 귀속주체가 되어야 하는 대통령제의 본질에 부합되지 아니하며, 실질적인 권한과 대통령에 대한 견제력은 미흡하면서 대통령을 대신한 책임을 지는 국무총리와 막강한 권한을 가지면서 책임을 지지 아니하는 대통령으로 구성되는 이러한 정부구조는 권한과 책임의 비례성을 요구하는 통치구조의 체계정당성에도 위배되며, 자유민주적 통치구조의 근본이념과도 조화되기 어렵다. 아울러 대통령의 권한대행과 관련하여 볼 때 국무총리가 비록 국회의 동의를 얻어서 임명된다고는 하지만, 국무총리가 국회의 동의를 얻어 얻게 되는 민주적 정당성은 막강한 통치권과 기능을 지닌 대통령의 권한을 대행하기에는 매우 부족하다고 할 수 있다. 따라서 국무총리제를 폐지하고 대통령선거 시 부통령을 함께 선출하는 부통령제의 도입이 대통령제의 본질과 민주적 정당성 및 체계정당성의 요구에 부합되며,[17] 이 사건에서처럼 국무총리서리임명을 둘러싼 위헌논쟁이 발생할 여지도 제거되는 것이다.

17) 정연주, 현행선거제도의 문제점, 고시계 94. 8, 95쪽.

14. 분리된 선거구와 체계정당성

- 헌재 1998. 11. 26. 96헌마54 공직선거및선거부정방지법 [별표 1]의 국회의원지역선거구구역표 위헌확인[1] -

[目 次]

Ⅰ. 머리말

이 글은 분리된 선거구 획정의 위헌성 여부를 다룬 것이다. 즉 상호 접경지역 없이 지리적으로 분리된 지역들을 하나의 선거구로 획정했을 경우, 그 상호 분리된 지역간에 나름대로의 동질성과 연관성이 인정되거나 이들을 하나의 선거구로 획정할 수밖에 없는 특단의 불가피한 사유가 없는 한, 그러한 선거구획정은 위헌일 수밖에 없지 않느냐 하는 점을 검토한 것이다. 이와 관련하여 헌법재판소는 1995. 12. 27. 95헌마224 등 공직선거및선거부정방지법(이하 '선거법'이라 함) [별표 1]의 국회의원지역선거구구역표 위헌확인 사건에서 인접하지 않은 2개의 행정구역을 하나의 선거구로 한 선거구획정은 특단의 불가피한 사정이 없는 한 위헌이라고 선언하면서 선거구구역표 전체에 대하여 위헌결정을 내린 바 있다.[2]

---

1) 헌재 1998. 11. 26. 96헌마54, 판례집 10-2, 742, 742.

2) 관련 부분에 대한 판시내용은 다음과 같다. "선거구의 획정은 사회적 · 지리적 · 역사적 · 경제적 · 행정

그런데 헌법재판소는 그 후 1998. 11. 26. 96헌마54 선거법 [별표 1]의 국회의원지역선거구구역표 위헌확인 사건에서는 문제된 분리된 선거구획정에 대하여 특단의 불가피한 사유가 인정되기 어려움에도 불구하고 위헌이 아니라고 판시했으며, 또한 법률조항 상호간의 충돌은 위헌문제 등 헌법문제를 야기하지 않는다고 판시했다. 그러나 이러한 헌재의 견해는 체계정당성, 평등의 원칙, 비례의 원칙 등 헌법상의 제 원리에 비추어 볼 때 타당하다고 보기 어렵다. 선거법의 내용과 우리의 정치현실 및 선거구획정실태를 감안할 때－특히 선거구간의 인구편차가 매우 큰 우리의 현실을 고려할 때－이른바 게리맨더링식의 기형적인 분리된 선거구의 출현가능성이 높고 이것이 바람직하지 아니하다는 점은 다언을 요하지 아니할 것이다. 따라서 분리된 선거구획정의 위헌 여부를 체계적으로 검토하는 것은 이러한 선거구와 관련된 헌법적 문제를 밝히고, 그의 출현을 억제한다는 점에서 매우 의미 있는 작업이라고 여겨진다. 이 글에서는 앞서 소개한 헌법재판소의 96헌마54 결정의 내용과 그 문제점을 살펴보고, 이러한 분리된 선거구획정의 위헌성 여부를 고찰하고자 한다.[3)]

Ⅱ. 헌재결정의 내용

1. 사건의 개요와 심판의 대상

(1) 사건의 개요

청구인 정○희, 김○자를 제외한 나머지 청구인들은 모두 선거법(1996. 2. 6. 법률

적 연관성 및 생활권 등을 고려하여 특단의 불가피한 사정이 없는 한 인접지역이 1개의 선거구를 구성하도록 함이 상당하며, 이 또한 선거구획정에 관한 국회의 재량권의 한계라고 할 것이다. 그런데 이 사건 선거구구역표는 위와 같은 원칙을 무시한 채, 특단의 불가피한 사정이 있다고 볼만한 사유를 찾아볼 수 없는데도, 충북 옥천군을 사이에 두고 접경지역 없이 완전히 분리되어 있는 충북 보은군과 영동군을 '충북 보은군·영동군 선거구'라는 1개의 선거구로 획정하였는바, 이는 재량의 범위를 일탈한 자의적인 선거구획정이라고 하지 아니할 수 없고(1995. 6. 30. 현재의 인구수를 보아도 보은군은 49,077명, 영동군은 63,623명, 옥천군은 64,958명으로서 이를 모두 합쳐도 177,658명이고, 이는 위에서 본 인구편차의 허용한계내에 있을 뿐만 아니라 같은 충청북도내의 '제천시·단양군 선거구'의 인구수 190,660명에도 못미친다), 이로써 충북 보은군에 거주하는 청구인의 정당한 선거권을 침해하였다고 할 것이다." 헌재 1995. 12. 27. 95헌마224 등, 판례집 7-2, 760, 788-789.

3) 이러한 기형적인 선거구획정의 위헌여부와 관련하여 특정지역의 선거인들에 대한 차별적 선거구획정을 이유로 제기된 선거법 [별표 1] 국회의원지역선거구구역표의 위헌문제를 다룬 또 다른 헌법재판소 판례로는 2001. 10. 25, 2000헌마92 등 사건 참조. 이 사건에서는 이 글에서 다루고자하는 96헌마54 사건에서와는 달리 심판의 대상이 된 선거구구역표가 위헌이라고 보기 어렵고, 기형적인 선거구획정이 야기하는 헌법적 문제는 기본적으로 96헌마54 사건에서 모두 쟁점화되고 있으므로, 이 글에서는 2000헌마92·240(병합) 사건에 대한 본격적인 소개와 검토는 생략하고 관련된 사안에 대해서만 부분적으로 언급하는 것으로 한다.

제5149호로 개정된 것) [별표 1]의 국회의원지역선거구구역표상의 인천 계양구 · 강화군갑선거구에 각 주소를 두고, 청구인 정○희, 김○자는 위 선거구구역표상의 인천 계양구 · 강화군을선거구에 각 주소를 두고 위 각 국회의원선거에서 선거권을 행사하려고 한 자들이고, 청구인 김○룡은 계양구 · 강화군갑선거구에서 입후보하고자 하는 자이다. 청구인들은 위 선거구구역표 중 인천 계양구 · 강화군을선거구란(이하 '이 사건 선거구란'이라 함)에 자신들의 거주지인 인천 계양구와, 지리적으로 분리된 강화군이 하나의 선거구로 규정됨으로써[4] 투표가치의 실질적 평등이 침해되었고 이로써 자신의 정당한 선거권이 침해되었다고 주장하여 이 사건 헌법소원심판을 청구하였다.

(2) 심판의 대상

따라서 이 사건 심판의 대상은 선거법(1996. 2. 6. 법률 제5149호 개정) [별표 1]의 국회의원지역선거구구역표 중 인천 계양구 · 강화군을선거구란의 위헌여부이다.

2. 청구인의 주장 요지

(1) 청구인 김○룡의 주장요지

청구인 김○룡은 자신은 계양구 · 강화군갑선거구에서 입후보하고자 하는데, 위 선거구획정으로 말미암아 인천광역시 계양구 중 유독 계양1동만이 약 30㎞의 거리를 건너뛰어 종전(1996. 2. 6. 개정전)의 강화군 선거구에 해당하는 "계양구 · 강화군을선거구"에 편입되게 되어, 당선되더라도 계양구 주민 중 유독 계양1동 주민들로부터 국회의원의 정당한 국민대표권을 침해당하게 되며, 국회의원의 지역대표성에 있어서 다른 국회의원에 비하여 불합리한 차별을 당함으로써 개인적인 평등권을 침해당하게 된다.

(2) 청구인 김○룡을 제외한 나머지 청구인들의 주장요지

이 사건 선거구란은 기본권 제한의 헌법상의 원칙에 위반하여 이루어진 과잉입

---

4) 선거법 [별표 1]의 국회의원지역선거구구역표 중 이 사건에서 문제되는 인천 계양구 · 강화군을선거구는 강화군과 30여km나 떨어진 인천계양구의 일부 동과 강화를 붙여 만든 기형적 선거구로서 지난 15대 총선에서 대표적인 게리맨더링으로 꼽혔다. 여야는 1994년 행정구역 개편으로 경기도에서 인천시로 편입된 강화군이 인구하한선(75000명)에 미달하자 선거구를 하나 더 만들 목적으로 게리맨더링식 선거구획정을 하게 된 것이다. 이에 따라 계양 · 강화을은 강화와 계양 사이에 인천 서구가 차단벽으로 자리잡는 등 부자연스러운 선거구가 된 것이다(동아일보 2000. 1. 27, A4 참조).

법이다. 즉, 선거구 획정은 사회적, 지리적, 역사적, 경제적, 행정적 연관을 고려하여 특단의 불가피한 사정이 없는 한 인접지역이 1개의 선거구를 구성하도록 하여야 함에도 불구하고, 계양1동과 강화군은 인천광역시 서구, 김포군 등을 사이에 두고 지리적으로 완전히 분리되어 있는 지역일 뿐만 아니라, 생활양식에 있어서도 전혀 다르고 상호간에 교류나 공통점이 전혀 없는 지역이다. 따라서 청구인들은 자기 지역의 문제에 대하여 집단적인 의사결정을 할 수 없어 행복추구권 및 평등권을 침해당하게 됨은 물론 헌법이 보장하는 선거권도 침해당하게 된다.

3. 주 문

청구인들의 이 사건 심판청구를 모두 기각한다.

4. 판시사항

(1) 선거제도에 관한 입법형성권의 한계

(2) 인접하지 아니한 2개의 지역(인천 계양구 계양1동 및 강화군)을 1개의 선거구로 한 선거구 획정이 헌법에 위반되지 아니한다고 본 사례

(3) 법률의 충돌이 바로 헌법위반의 문제를 야기하는지 여부(소극)

5. 결정요지

(1) 법정의견

1) 특정지역의 선거인들이 자의적인 선거구획정으로 인하여 정치과정에 참여할 기회를 잃게 되었거나, 그들이 지지하는 후보가 당선될 가능성을 의도적으로 박탈당하고 있음이 입증되어 특정지역의 선거인들에 대하여 차별하고자 하는 국가권력의 의도와 그 집단에 대한 실질적인 차별효과가 명백히 드러난 경우에는 그 선거구획정은 입법적 한계를 벗어난 것으로서 헌법에 위반된다.

2) 인접지역이 아닌 인천 계양구 계양1동과 강화군을 1개의 선거구로 획정한 것은 특별한 사정이 없는 한 위헌적 요소를 지닌 불합리한 선거구획정이나, 헌법재판소 결정의 판시내용에 따라 최대인구 선거구와 최소인구 선거구의 인구수의 비율이 4 : 1을 초과하지 아니하는 범위 내에서 선거구를 조정하여 획정할 헌법적 의무를 부담하고 있었으며 시간적으로는 헌법재판소의 위헌결정이후 4개월 이내인

1996. 4. 11. 국회의원선거가 바로 실시되었어야하는 점, 이 사건 선거구란의 획정은 확정적인 것이 아니라 오로지 위 선거의 관리를 위하여 한시적으로 행해진 점 등의 입법경위를 고려하여 보면 위 선거구 획정은 입법적 한계를 일탈한 자의적인 것으로서 헌법에 위반된다고 할 수 없다.

3) 이 사건 선거구란이 구·시·군의 일부를 분할하여 다른 국회의원지역구에 속하게 하지 못하도록 규정하고 있는 선거법 제25조와의 관계에서 서로 충돌된다고 하더라도 법률해석의 문제가 발생할 뿐 헌법에 위반되는 것은 아니다.

(2) 재판관 신창언, 재판관 이영모, 재판관 한대현의 반대의견

다 같이 인천광역시의 관할구역 안에 있다는 것 외에는 연관성이 거의 없는 계양구의 일부를, 그것도 계양구 11개동 중 1개동으로서 계양구 전체 인구수의 4.74%에 불과한 인구수의 계양1동만을 분할하고 이를 강화군에 합쳐 하나의 선거구로 한 것은 헌법상 입법자에게 부여된 재량권의 한계를 벗어나 계양구 주민의 투표가치의 평등을 심각하게 훼손하는 것으로서 위헌이다.

Ⅲ. 분리된 선거구획정의 위헌성

1. 분리된 선거구와 체계정당성

분리된 선거구는 이른바 체계정당성(Systemgerechtigkeit)에 반한다. 체계정당성의 원리란 동일 규범내에서 또는 상이한－수평적 관계이건 수직적 관계이건－규범간에 그 규범의 구조나 내용 또는 규범의 근거가 되는 원칙면에서 상호 배치되거나 모순되어서는 안된다는 하나의 헌법적 요청(Verfassungspostulat)이다.[5] 즉 이는 규범 상호간의 구조와 내용 등이 모순됨이 없이 체계와 균형을 유지하도록 입법자를 기속하는 헌법적 원리라고 볼 수 있다. 이처럼 규범 상호간의 체계정당성을 요구하는 이유는 입법자의 자의금지와 규범의 명확성, 예측가능성, 투명성 및 신뢰보호와 법적 안정성을 확립하기 위한 것이고, 이는 국가공권력에 대한 통제와 이를 통한

---

5) 체계정당성의 원리에 대하여 자세한 것은 Degenhart, Systemgerechtigkeit und Selbstbindung des Gesetzgebers als Verfassungspostulat, 1976; Kischel, Systembindung des Gesetzgebers und Gleichheitssatz, AöR 124(1999), S. 174ff.; Zippelius, Der Gleichheitssatz, VVDStRL 47(1989), S. 29ff.; Rupp, Art. 3 GG als Maßstab verfassungsgerichtlicher Gesetzeskontrolle, in: Starck(hrsg.), Bundesverfassungsgericht und Grundgesetz, Festgabe aus Anlaß des 25järigen Bestehens des Bundesverfassungsgerichts, Bd. 2, 1976, S. 380ff.; Kirchhof, in: Isensee/Kirchhof(hrsg.), Handbuch des Staatsrechts, Bd. V, 1992, S. 941ff. 참조.

국민의 자유와 권리의 보장을 이념으로 하는 법치주의원리로 부터 도출되는 것이라고 할 수 있다.[6)]

그런데 분리된 선거구획정행위 내지 획정규정은 이러한 체계정당성을 위반한 것이다. 즉 접경지역 없이 상호 지리적으로 분리된 지역을 하나의 선거구로 획정하는 것은 그 자체 이미 불합리하고 기형적이며, 그 근거규정은 선거구획정에 관한 기본규정인 선거법 제25조에 저촉되는 것으로 체계정당성에 반한다. 왜냐하면 선거법 제25조 제1항은 "국회의원지역선거구는 시 · 도의 관할구역 안에서 인구 · 행정구역 · 지세 · 교통 기타 조건을 고려하여 이를 획정하되, '구 · 시 · 군의 일부를 분할하여 다른 국회의원지역구에 속하게 하지 못한다'"라고 규정하고 있고,[7)] 이에 따라 선거구는 지리적인 이유 등에서 오는 특단의 불가피한 사유가 있는 경우를 제외하고는 반드시 인접지역으로 연속해서 획정되어야지 접경지역 없이 상호 지리적으로 분리된 지역들이 하나의 선거구로 획정될 수는 없기 때문이다. 이 조항은 선거구획정에 관한 기본원칙을 정한 규정으로서 선거구획정에 관한 다른 여타의 규정들에 대하여 우선적 효력을 가진다. 그런데 동법 [별표 1]의 '선거구구역표' 중 이 사건 선거구란이 동법 제25조 제1항 및 이 조항에 근거한 선거구획정에 관한 기본원칙을 위반하여 계양구의 일부를 분할하여 이를 접경지역 없이 상호 분리된 다른 국회의원지역구인 강화군에 합쳐 하나의 선거구로 획정하고 있으므로, 동일 법률 내에서 규범 상호간에 모순과 충돌이 있음은 물론, 이 사건 선거구란이 선거구획정에 관한 상위의 기본규정과 원칙을 위반한 것이다.

2. 분리된 선거구획정의 위헌성

(1) 체계정당성 위반과 위헌 여부

분리된 선거구획정행위 내지 획정규정은 앞서 언급했듯이 체계정당성에 위반된다. 그러나 이러한 체계정당성위반이 위헌인가의 여부는 추가적인 검토를 요한다.

6) Vgl. Degenhart, aaO, S. 68ff.; Kischel, aaO, S. 210; Stern, Das Staatsrecht der Bundesrepublik Deutschland, Bd. I, 2 Aufl., 1984, S. 837f.

7) 현행 선거법(법률 제15551호, 2018. 4. 6., 일부개정) 제25조 제1항은 "국회의원지역구는 시 · 도의 관할구역 안에서 인구 · 행정구역 · 지리적 여건 · 교통 · 생활문화권 등을 고려하여 다음 각 호의 기준에 따라 획정한다. 1. 생략 2. 하나의 자치구 · 시 · 군의 일부를 분할하여 다른 국회의원지역구에 속하게 할 수 없다. 다만, 인구범위(인구비례 2 : 1의 범위를 말한다. 이하 이 조에서 같다)에 미달하는 자치구 · 시 · 군으로서 인접한 하나 이상의 자치구 · 시 · 군의 관할구역 전부를 합하는 방법으로는 그 인구범위를 충족하는 하나의 국회의원지역구를 구성할 수 없는 경우에는 그 인접한 자치구 · 시 · 군의 일부를 분할하여 구성할 수 있다."라고 규정하고 있다.

일반적으로 일정한 공권력작용이 이러한 체계정당성에 반한다고 해서 곧 위헌이 되는 것은 아니다. 즉 체계정당성위반(Systemwidrigkeit) 자체가 바로 위헌은 아니고, 이는 평등원칙위반 내지 자의적인 입법행위 등의 위헌성을 시사하는 하나의 간접증거나 징후 내지 징빙(Indiz)일 뿐이다.[8] 이것이 최종적으로 위헌이 되기 위해서는 평등원칙위반 등 별도의 헌법위반을 야기시켜야 한다. 즉 체계정당성위반은 평등원칙위반 내지 입법자의 자의금지위반 등 일정한 위헌성을 시사하기는 하지만 아직 위헌은 아니고, 그것이 위헌이 되기 위해서는 결과적으로 평등의 원칙이나 비례의 원칙 등 일정한 헌법의 규정이나 원칙을 위반해야 한다. 따라서 만일 일정한 규범 내지 입법자의 체계정당성위반과 관련하여 그러한 위반행위를 할 수밖에 없는 불가피한 공익적인 사유가 존재한다면 그 위반행위는 정당화될 수 있고, 따라서 위헌이라고 볼 수 없는 것이다.[9][10] 이에 따라 체계정당성에 반하는 입법행위 및 그에 대한 불가피한 합리적 사유의 존재유무에 대한 판단과 관련하여 입법자에게 일정한 입법형성의 자유가 인정되어 있다고 볼 수 있다.[11] 물론 이러한 입법형

8) Vgl. BVerfGE 34, 103(115); 59, 36(49); 66, 214(224); 67, 70(84f.); Jarass, in: Jarass/Pieroth, Grundgesetz Kommentar, 4. Aufl., 1997, Art. 3, Rdnr. 20a; Kirchhof, aaO, S. 942.

9) Vgl. BVerfGE 9, 20(28); 18, 366(372f.); 34, 103(115); 61, 138(148); 67, 70(84f.); 68, 237(253); 78, 104(122f.); 85, 238(247); BGHZ 81, 152(157f.); Degenhart, aaO, S. 90ff.; Kischel, aaO, 180ff.; Kirchhof, aaO, S. 942.

10) 헌법재판소도 1991. 2. 11. 90헌가27 교육법 제8조의2에 관한 위헌심판 사건에서 "① 모든 국민은 6년의 초등교육과 3년의 중등교육을 받을 권리가 있다. ② 모든 국민은 그 보호하는 자녀에게 제1항의 규정에 의한 교육을 받게 할 의무를 진다. ③ 국가는 제2항의 규정에 의한 의무교육을 실시하여야 하며 이를 위한 시설을 확보함에 필요한 모든 조치를 강구하여야 한다."라고 규정하고 있는 교육법 제8조에 "제8조의 규정에 의한 3년의 중등교육에 대한 의무교육은 대통령령이 정하는 바에 의하여 순차적으로 실시한다."라고 규정하고 있는 동법 제8조의 2가 배치된다는 이유로 위헌법률심판의 대상이 된 동법 제8조의 2가 평등의 원칙에 위배되어 위헌이라는 주장과 관련하여 "교육법 제8조의2를 본다면 입법자는 장차 중학교 3년의 중등교육에 있어서도 전면적으로 의무교육을 실시할 것을 명백히 규정하고, 다만 현재로서는 국가의 재정형편상 위와 같은 전면실시가 사실상 불가능하다고 판단하여 잠정적인 조치로서 중학교교육에 대한 의무교육을 단계적으로 순차 확대실시하도록 한 것뿐이다. 헌법이 초등교육 이외의 의무교육의 범위를 법률로 정하도록 한 것은 이를 법률에 의하여 단계적으로 확대하여 나가려는 데 그 기본 취지가 있는 것이며, 그러한 단계적 확대실시의 과정에서 지역적인 차별이나 피교육자에 따른 차별이 비록 생겨난다고 하더라도 이는 전면적인 실시에 따르는 막대한 재정적인 부담을 감안할 때에 불가피한 조치로서 헌법상 용인될 수 있는 것이라 할 것이다. 나아가 현재 도서, 벽지, 접적지역과 특수학교에 한하여 의무교육을 실시하고 있는 것은 그러한 경우에는 지리적 여건이나 피교육자의 특성상 교육을 받을 기회가 상대적으로 불리하다는 점을 고려한 것으로 이는 오히려 실질적 평등의 원칙에 부합된다고 할 수 있다. 따라서 교육법 제8조의2는 헌법 제11조 제1항에 정한 평등의 원칙에 위반되지 아니한다."라고 판시함으로써(헌재 1991. 2. 11. 90헌가27, 판례집 3, 11, 25-26), 일정한 조항이 동일 법률내의 다른 기본조항에 저촉되어 평등원칙에 위반될 소지가 있는 경우라도 절실한 공익적인 합리적 사유(이 사건에서는 국가의 재정적 부담)가 존재한다면 이는 정당화될 수 있고, 따라서 평등의 원칙에 위배되는 것은 아니라는 견해를 취하고 있다.

11) Vgl. BVerfGE 59, 36(49); 61, 138(148f.); 76, 130(139f.); Gubelt, in: v. Münch(hrsg.), Grundgesetz-

성의 자유가 무제한으로 인정되는 것은 아니고, 당연히 그러한 입법형성권행사의 정당성 여부와 위헌 여부는 헌법재판소의 심사대상이 된다고 하겠다.[12)13)] 따라서 만일 체계정당성에 반하는 규범 내지 입법행위가 그 위반에 대한 불가피한 정당화 사유를 제시하지 못하고 결과적으로 평등의 원칙이나 비례의 원칙 등 일정한 헌법의 규정이나 원칙을 위반한다면 그 해당 규범 내지 입법행위는 정당화될 수 없고, 결국 위헌이라고 볼 수밖에 없는 것이다.

이러한 점에 비추어 볼 때 헌법재판소의 다수의견이 "어떤 법률조항의 내용이 다른 법률조항의 내용과 서로 충돌된다 하여 원칙적으로 이들 법률조항이 헌법에 위반된다거나 하는 등, 헌법문제가 발생되는 것은 아니다. 다만, 이들 법률조항들을 어떻게 조화롭게 해석할 것인가의 법률해석 문제가 생길 뿐이다. 따라서 이 사건 선거구란은 선거법상의 별지로서 법률의 효력을 가지고 있음은 분명하므로, 이 사건 선거구란이 선거법 제25조와의 관계에서 서로 충돌된다고 하더라도 이는 일정한 법률조항의 내용이 다른 법률조항 보다 어느 조항이 우선 적용되느냐의 문제가 생길 뿐이다."라고 판시한 것은[14)] 문제가 있다고 하겠다. 왜냐하면 법률조항 상호간의 충돌이 그것만으로 바로 위헌이 되는 것은 아니지만, 앞서 언급한 바와 같이 그 자체 이미 체계정당성에 위배되는 것이고, 더 나아가 체계정당성위반의 불가피한 정당화사유가 제시되지 못하고, 결과적으로 평등의 원칙이나 비례의 원칙 등 일정한 헌법의 규정이나 원칙을 위반한다면 결국 위헌문제를 발생하는 것이기

Kommentar, 4. Aufl., 1992, Art. 3, Rdnr. 30; Kirchhof, aaO, S. 942.

12) Vgl. BVerfGE 81, 156(206f.).

13) 체계정당성 및 입법자의 입법형성권의 한계와 관련하여 헌법재판소는 규범체계상의 균형을 상실한 법조항은 입법자의 입법형성권을 일탈한 것으로 위헌이라는 결정을 내린 바 있다. 즉 1992. 4. 28. 90헌바24 특정범죄가중처벌등에관한법률 제5조의3 제2항 제1호에 대한 헌법소원 사건에서 헌법재판소는 "우리 헌법이 선언하고 있는 '인간의 존엄성'과 '법앞의 평등'은 행정부나 사법부에 의한 법적용상의 평등만을 의미하는 것이 아니고, 입법권자에게 정의와 형평의 원칙에 합당하게 합헌적으로 법률을 제정하도록 하는 것을 명하는 법내용상의 평등을 의미하고 있기 때문에 그 입법내용이 정의와 형평에 반하거나 자의적으로 이루어진 경우에는 평등권 등의 기본권을 본질적으로 침해한 입법권의 행사로서 위헌성을 면하기 어렵다. 본 법률조항에서 과실로 사람을 치상하게 한 자가 구호행위를 하지 아니하고 도주하거나 고의로 유기함으로써 치사의 결과에 이르게 한 경우에 살인죄와 비교하여 그 법정형을 더 무겁게 한 것은 형벌체계상의 정당성과 균형을 상실한 것으로서 헌법 제10조의 인간으로서의 존엄과 가치를 보장한 국가의 의무와 헌법 제11조의 평등의 원칙 및 헌법 제37조 제2항의 과잉입법금지의 원칙에 반한다."라고 함으로써 규범체계상의 정당성과 균형을 상실한 법조항은 입법자의 입법형성권의 한계를 일탈한 자의적인 입법으로서 평등의 원칙과 비례의 원칙 등에 반하는 위헌이라고 판시하고 있다. 이는 특가법의 일부조항이 수평적 규범인 형법과 비교하여 균형을 상실했다면 그 법조항은 체계정당성에 반하는 것이고, 이것이 평등의 원칙과 비례의 원칙 등 헌법상의 규정과 원칙에 반한다면 이는 결국 입법형성권의 한계를 일탈한 것으로 위헌이라는 논리를 전개하는 것으로 여겨진다.

14) 헌재 1998. 11. 26. 96헌마54, 판례집 10-2, 742, 752.

때문이다.

(2) 분리된 선거구와 평등원칙 위반

1) 평등권과 관련하여

가. 분리된 선거구획정에 의한 차별

원칙적으로 선거인은 자신과 자신이 속해있는 지역의 이익과 관심사를 대표할 후보자에게 투표할 수 있어야 한다. 즉 자신과 사회적·지리적·역사적·경제적·문화적·행정적 연관성 및 공통의 생활권과 전통적 일체감 및 동질성을 가지는 지역에서 자신과 공통의 이해를 가지는-자신을 포함한-주민을 대표할 후보자에게 선거할 수 있어야 한다. 그리고 더 나아가 당선 후에는 그 해당 의원을 통해 자신과 자신이 속한 지역의 이익과 관심사를 국정에 반영시킬 수 있어야 한다. 또한 이를 통해 선거구내의 동질성유지와 통합을 지향할 수 있어야 한다. 그리고 이는 선거구가 반드시 인접한 지역으로 연속해서 획정될 것을 전제로 한다. 즉 선거구의 획정은 사회적·지리적·역사적·경제적·문화적·행정적 연관성 및 생활권 등을 고려하여 특단의 불가피한 사정이 없는 한 인접지역이 하나의 선거구를 구성하도록 해야 한다.

그런데 이 사건에서처럼 접경지역 없이 지리적으로 완전히 분리된 지역들로 이루어진 선거구의 경우 그 선거구내의 특정지역, 특히 분리되어 떨어져 있는 소수의 종된 지역(이 사건의 경우 계양1동)이 사회적·지리적·역사적·경제적·문화적·행정적 연관성 및 생활권 등의 측면에서 관련성이 거의 없는 동일 선거구내의 다른 지역, 즉 다수를 차지하고 있는 주된 지역(이 사건의 경우 강화군)에 기형적으로 편입되어 하나의 선거구를 구성한 나머지, 종된 지역주민은 정상적인 경우라면 자신들이 속했을 지리적으로 인접한 다른 선거구, 즉 사회적·지리적·역사적·경제적·문화적·행정적 연관성 및 생활권 등의 측면에서 관련성을 가지는 선거구(이 사건의 경우 계양1동을 제외한 계양구)의 주민과는 달리 공통의 생활권과 동질성을 가지는 지역(이 사건의 경우 전체 계양구)의 공통의 이해를 대표하는 후보자에게 투표할 기회를 박탈당하는 것이기 때문에, 그러한 투표의 기회를 가지는-공통의 생활권과 동질성을 가지는 인접지역의 다른 선거구 및 여타의 정상적인 다른 선거구의-주민들과 비교할 때 차별당하는 것이다. 이러한 논리는 종된 지역주민과 동일 선거구내의 주된 지역주민과의 관계에서도 적용될 수 있다. 즉 주된 지역의 경우 주민들이 공통의 생활권과 동질성을 가지는 자신들이 속해 있는 지역의 공통의 이해를 대표할 후보자에게 투표하고 당선시킬 가능성이 상대적으로 큰 반면, 종된 지역주민들의 경우에는 그러한 기회와 가능성이 상대적으로 적다고 볼 수 있다. 따라서 이 경우에도 종된 지역주민들이 주된 지역주민들에 비하여 차별당하는 것이라고 보지 않을 수 없다.

나. 차별을 정당화시키는 합리적 사유의 존재유무

그러나 일정한 공권력작용에 의한 차별이 평등원칙위반으로서 위헌이 되려면 합리적 차별사유 없이 차별한 것이 인정되어야 한다. 왜냐하면 주지하는 바와 같이 헌법상 평등의 원칙은 배분적 정의에 입각한 상대적 평등을 의미하는 것으로, 이는 합리적인 차별사유가 존재한다면 그러한 차별사유에 근거한 공권력에 의한 차별은 정당화될 수 있고, 따라서 평등의 원칙을 위반하는 것은 아니기 때문이다. 그러므로 이 사건 분리된 선거구획정행위 내지 획정규정이 평등원칙위반으로서 위헌인가의 여부는 이러한 선거구획정을 통해 야기된 상기 언급한 그리고 후술할 차별이 합리적인 정당화사유에 근거하는가의 여부에 달려있다고 볼 수 있다.

이 사건 기록에 의하면, 그리고 다수의견도 인정하고 있듯이 이 사건 선거구란은 인천 계양구 계양1동과 강화군 일원을 그 선거구역으로 하고 있는데, 인천 계양구는 도시지역이고 강화군은 농촌지역이며, 인천 계양구와 강화군은 인천 서구 및 경기도 김포군을 사이에 둠으로써 상호 접경지역이 전혀 없이 약 30킬로미터의 거리로 완전히 분리되어 있고, 1995. 6. 30. 현재 강화군의 인구수는 70,472명, 인천 계양구의 인구수는 261,536명, 그 중 계양1동의 인구수는 12,401명이며, 강화군과 인접한 도서지역인 옹진군의 인구수는 13,608명, 강화군과 계양구 보다는 인접한 인천 서구의 인구수는 299,496명(1996. 3. 20. 현재)인 사실이 인정된다. 따라서 이 사건 선거구란이 사회적·행정적 연관성이 박약할 뿐만 아니라 그 생활권이 상이하고 지리적으로도 상호 30킬로미터나 떨어져 있으며 인구수의 차이가 6:1에 이르는 인천 계양구 계양1동과 강화군을 하나의 선거구로 획정한 것은 곧 인천 계양구 계양1동에 거주하는 선거인들로 하여금 지역적 연관성이 전혀 없는 타 지역구에 일방적으로 편입되도록 하여 이들의 정치적 의사가 선거에서 반영될 기회를 심각하게 훼손하고 있다는 점을 인정할 수 있다. 실제로 강화군은 지리적·행정적 입지조건이 유사한 옹진군과 통합하여 1개의 선거구를 구성하거나, 지리적으로 계양구보다는 인접한 인천 서구의 일부 동과 통합하여 1개의 선거구를 구성하는 것이 더 합리적일 것이라는 점을 인정할 수 있다.

그러므로 반대의견이 지적하는 바와 같이 만일 선거구당 법정 최소인구수인 75,000명에 미달하여 강화군을 하나의 독립한 선거구로 할 수 없다면, 같은 도서지역으로서 지리적으로 인접하고 있는 옹진군과 합쳐 하나의 선거구로 하든지, 그렇지 아니하고 굳이 인천광역시 관할구역내의 다른 구의 일부를 분할하고 이를 강화군에 합쳐서라도 하나의 선거구로 하여야 할 불가피한 사정이 있다면 지리적으로 더욱 가까운 서구의 일부를 분할하고 이를 강화군에 합쳐 하나의 선거구로 하면 몰라도 다 같이 인천광역시의 관할구역안에 있다는 것 외에는 연관성이 거의 없는 계양구의 일부를, 그것도 계양구 11개동 중 1개동으로서 계양구전체 인구수의 4.74퍼센트에 불과한 인구수의 계양1동만을 분할하고 이를 강화군에 합쳐 하나의 선거구로 한 것은 결코 최선의 불가피한 선거구획정이라고 볼 수 없고, 결과적으로 인천 계양구 계양1동의 주민을 불합리하게 차별하는 자의적인 입법으로 입법형성권의 한계를 일탈한 것이라고 보지 않을 수 없다.

결국 이 사건 분리된 선거구획정행위 내지 획정규정에 의한 차별은 그 차별을 정당화시키는 불가피한 합리적인 정당화사유 없이 이루어진 것으로 평등의 원칙을 위반한 위헌이다.[15]

2) 평등선거의 원칙과 관련하여

이 사건에서와 같은 분리된 선거구획정은 해당 선거구내의 분리된 종된 지역주민의 선거권, 특히 평등선거권을 침해할 소지가 있다. 주지하는 바와 같이 선거의 기본원칙 중 하나가 평등선거의 원칙이고, 이는 투표의 산술적 계산가치의 평등

---

15) 이와 관련하여 이 사건 다수의견이 "청구인들은 이 사건 선거구란이 '국회의원 지역선거구는 시·도의 관할 구역 안에서 인구, 행정구역, 지세, 교통 기타조건을 고려하여 이를 확정하되 시·군의 일부를 분할하여 다른 국회의원 지역구에 속하게 하지 못한다.'고 규정하고 있는 선거법 제25조에 위반되어 결과적으로 헌법에 위반된다고 주장한다. 어떤 법률조항의 내용이 다른 법률조항의 내용과 서로 충돌된다 하여 원칙적으로 이들 법률조항이 헌법에 위반된다거나 하는 등, 헌법문제가 발생되는 것은 아니다. 다만, 이들 법률조항들을 어떻게 조화롭게 해석할 것인가의 법률해석 문제가 생길 뿐이다. 따라서 이 사건 선거구란은 선거법상의 별지로서 법률의 효력을 가지고 있음은 분명하므로, 이 사건 선거구란이 선거법 제25조와의 관계에서 서로 충돌된다고 하더라도 이는 일정한 법률조항의 내용이 다른 법률조항 보다 어느 조항이 우선 적용되느냐의 문제가 생길 뿐이다."라고, 즉 법률의 충돌이 헌법문제를 야기하는 것은 아니라고 판시하고 있는데, 이러한 견해는 타당하지 아니하다. 물론 앞서 언급한 바와 같이 법률 상호간의 모순과 충돌이 바로 위헌을 야기시키는 것은 아니다. 그러나 법률의 충돌은 체계정당성위반을 야기하고 체계정당성의 원리가 헌법상의 법치주의원리로부터 도출되는 헌법적 요청으로서 그 자체 이미 헌법문제이기 때문에 법률의 충돌은 헌법문제를 야기한다. 더욱이 그 법률의 충돌이 동시에 평등의 원칙이나 비례원칙 등 헌법규정이나 원칙을 위반할 경우, 따라서 법률의 충돌을 정당화시키는 불가피한 합리적 사유가 존재하지 아니할 경우에는 위헌이 되는 것이다.

(Zählwertgleichheit)과 투표의 성과가치의 평등(Erfolgswertgleichheit)을 의미한다.[16] 오늘날 선거구획정과 관련하여 특히 문제가 되는 것은 투표의 성과가치의 평등인데, 이는 선거인의 투표가치가 동등한 가치로 평가되어지고, 대표자선정이라는 선거결과 내지 국회구성 등에 동등한 영향력을 행사할 수 있을 것을 요구한다.[17]

그런데 분리된 선거구의 경우 분리되어 떨어져 있는 종된 지역(이 사건의 경우 계양1동)주민의 투표가치는 선거구내의 다수를 차지하고 있는 주된 지역(이 사건의 경우 강화군)주민의 투표가치와 비교해 볼 때 상대적으로 절하될 가능성이 있다. 왜냐하면 주된 지역주민의 투표가치는 자신들이 지지하는 주된 지역출신의 또는 주된 지역의 이익을 대표하는[18] 후보자가 당선될 확률이 높기 때문에 높게 평가되는 반면, 종된 지역주민의 투표가치는 자신들이 지지하는 종된 지역출신의 또는 종된 지역의 이익을 대표하는 후보자가 당선될 확률이 낮기 때문에 낮게 평가될 수밖에 없기 때문이다. 아울러 종된 지역주민의 투표가치는 정상적인 경우라면 자신들이 속했을 인접한 다른 선거구(이 사건의 경우 계양1동을 제외한 계양구)주민의 투표가치와 비교해 볼 때도 앞서 언급한 이유로 낮게 평가될 가능성이 있다. 즉 정상적인 경우라면 종된 지역은 인접한 다른 선거구에 속해 있어야 하고, 그럴 경우 종된 지역의 주민은 그 종된 지역을 포함한, 그리고 종된 지역과 동질성 및 공통의 이해를 가지는 선거구 출신의, 자신과 자신이 속해있는 지역의 이익을 대표할 후보자를 지지할 수 있고, 그럴 경우 자신들의 투표가치는 그렇지 않을 경우보다 높게 평가될 수 있기 때문이다.

한편 특정후보자의 당선확률을 높이기 위한 인위적인 게리맨더링의 경우, 즉 주된 지역출신의 후보자와 지연, 혈연 등에서 밀접한 관련성을 가지는 종된 지역을 주된 지역에 편입시켜 하나의 선거구를 구성할 경우에는 종된 지역주민의 투표가치는 그렇지 않은 다른 지역 또는 정상적인 경우라면 자신들이 속했을 인접한 다른 선거구주민의 투표가치와 비교해 볼 때 현저히 높게 평가될 수 있을 것이다. 왜냐하면 이런 경우에는 종된 지역주민의 투표는 자신들이 지지하는 후보자의 당선에 이어질 확률이 높기 때문이다.

결국 이처럼 분리된 선거구획정의 경우에는 특정지역주민의 투표가치가 상대적

16) 평등선거의 원칙에 대하여는 정연주, 독일의 선거제도와 우리 선거제도의 문제점, 인권과 정의 1991. 5, 26쪽 이하; Maunz, in: Maunz/Dürig, Grundgesetz Kommentar, Art. 38, Rdnr. 48f.; Pieroth, aaO, Art. 38, Rdnr. 6; v. Münch, in: v. Münch(hrsg.), Grundgesetz-Kommentar, Art. 38, Rdnr. 45ff.; BVerfGE 86, 84(91); 5, 148(157) 참조.

17) 정연주, 독일의 선거제도와 우리 선거제도의 문제점, 26쪽 이하; 헌재 1995. 12. 27, 95헌마224 등.

18) 국회의원이 지역대표성 내지 지역이익대표성에 대하여는 아래 (4)에서 후술함.

으로 낮게 또는 반대로 높게 평가될 수 있으므로 이는-이를 정당화시키는 불가피한 합리적 차별사유가 없는 한-투표의 성과가치의 평등을 왜곡하는 평등선거원칙 위반이고 따라서 위헌이라고 볼 수 있다. 바로 이 사건의 경우가 그런 경우에 해당한다고 할 수 있다. 따라서 이 사건의 경우 분리된 선거구획정행위 내지 획정규정은 앞서 언급한 바와 같이 불가피한 합리적 차별사유 없이 투표의 성과가치의 평등을 주 내용으로 하는 평등선거의 원칙을 침해하는 것으로 위헌이라고 보아야 할 것이다.

(3) 분리된 선거구와 비례의 원칙 위반

한편 이 사건 분리된 선거구획정행위 내지 획정규정은 비례의 원칙에 위반된다고 볼 수 있다. 왜냐하면 앞서 언급한 바와 같이 이 사건 선거구란은 최선의 합리적인 선거구획정이 아니고, 따라서 선거법상의 인구편차규정에 합치되는 선거구획정을 위한 불가피한 최후의 조치라고 볼 수 없기 때문이다. 즉 앞에서도 지적했듯이 비록 이 사건의 경우 강화군과 옹진군을 합쳐 하나의 선거구로 하는 경우나 서구의 일부를 분할하고 이를 강화군에 합쳐 하나의 선거구로 하는 경우에도 불합리한 점이 없지 않으나, 계양구에서 계양1동만을 분할하고 이를 강화군에 합쳐 하나의 선거구로 하는 것 보다는 상대적으로 덜 불합리하다고 볼 수 있다. 이는 이 사건의 경우 계양1동을 강화군에 합쳐 하나의 선거구로 하는 방법 보다 합리적인, 아니면 비교적 덜 불합리한 다른 방법이 있다는 것을 의미하며, 따라서 이 사건 선거구란은 인구편차범위내의 선거구획정이라는 절실한 공익적 목적을 달성하기 위한 최후의 불가피한, 적합한 수단이라고 볼 수 없기 때문에, 이는 공권력작용의 목적과 수단 사이의 비례성을 요구하는 비례의 원칙에 위반된다고 볼 수 있는 것이다.

(4) 국회의원의 지역대표성 및 대의제도의 기능과 관련하여

분리된 선거구획정은 국회의원의 지역대표성과 대의제도의 중요한 기능인 책임정치실현기능의 측면에서 문제를 야기한다.

물론 "국회의원은 국가이익을 우선하여 양심에 따라 직무를 행한다."는 헌법 제46조 제2항의 자유위임의 원칙에 따라 국회의원은 전체국가와 국민을 대표하여 국익을 위해 대의활동을 하는 것이지, 특정지역과 지역주민을 대표하는 것은 아니기 때문에 헌법상 원칙적으로 국회의원에게 지역대표성이 인정될 수는 없다고 하겠다.[19][20] 그러나 자유위임의 원칙과 조화될 수 있는 한도 내에서는 적어도 정치적으로는 국회의원에게 보충적 · 부수적인 지역대표성을 인정할 필요가 있으며, 현실적으로도 이를 굳이 부정할 필요는 없다고 하겠다.[21][22] 왜냐하면 대의제도 내지

19) 국회법 제114조의2도 "의원은 국민의 대표자로서 소속 정당의 의사에 기속되지 아니하고 양심에 따라 투표한다."라고 명시함으로써 이러한 헌법규정의 정신을 구현하고 있다.

20) 대의제도의 이념적 기초인 자유위임의 원칙과 국회의원의 전체 국민 내지 국가대표성에 대하여 자세한 것은 정연주, 대의제도와 정당기속, 인권과 정의, 1999. 8, 82쪽 이하 참조.
한편 헌법재판소도 1994. 4. 28. 92헌마153 결정에서 "국회의원의 법적인 지위 특히 전국구의원이 그를 공천한 정당을 탈당한 때 국회의원직을 상실하는 여부는 그 나라의 헌법과 국회의원선거법 등의 법규정, 즉 법제에 의하여 결정되는 문제이다. 즉 국회의원의 법적 지위 특히 전국구의원이 그를 공천한 정당을 탈당할 때 의원직을 상실하는 여부는 그 나라의 헌법과 법률이 국회의원을 이른바 자유위임(또는 무기속위임)하에 두었는가, 명령적 위임(또는 기속위임)하에 두었는가, 양 제도를 병존하게 하였는가에 달려있다. 역사적으로는 유럽의 중세기 등족회의에서의 의원은 특정사회층의 이익이나, 특정지역의 이익을 대표하였던 까닭에 의회에서의 행동에 대하여 각각 선거민에 대하여 책임을 지는 명령적 위임(또는 기속위임)이었으나, 1791년 프랑스헌법에서 '의원은 전 국민의 대표자이고, 특정지역의 대표자가 아니며, 의원에 대하여 위임을 부여할 수 없다.'고 규정한 것을 위시하여 오늘날 독일 · 영국 · 프랑스 · 일본 등 자유민주주의국가에서는 거의가 헌법에 국회의원을 전 국민의 대표자라고 규정하여 자유위임하에 두는 제도를 채택하고 있다. 자유위임제도를 명문으로 채택하고 있는 헌법하에서는 국회의원은 선거모체인 선거구의 선거인이나 정당의 지령에도 법적으로 구속되지 아니하며, 정당의 이익보다 국가의 이익을 우선한 양심에 따라 그 직무를 집행하여야 하며, 국회의원의 정통성은 정당과 독립된 정통성이다. 이런 자유위임하의 국회의원의 지위는 그 의원직을 얻은 방법, 즉 전국구로 얻었는가, 지역구로 얻었는가에 의하여 차이가 없으며, 전국구의원도 그를 공천한 정당을 탈당하였다고 하여도 별도의 법률규정이 있는 경우는 별론으로 하고 당연히 국회의원직을 상실하지는 않는다는 것이다."라고 판시함으로써 자유위임의 이념에 기초하여 국회의원이 전 국민의 대표자임을 분명히 하고 있다.

21) 국회의원의 보충적 · 부수적 지역대표성에 대하여 정연주, 국회의원선거제도의 개혁방안, 공법연구 27집 3호, 1999. 6, 193쪽 이하 참조.

22) 헌법재판소는 이러한 국회의원의 지역대표성과 관련하여 1995. 12. 27. 95헌마224등 결정에서 "양원제를 채택하여 양원 중 어느 하나를 지역대표성을 가진 의원으로 구성하고 있는 나라들과는 달리, 우리나라는 단원제를 채택하고 있어, 국회의원이 법리상 국민의 대표이기는 하나 현실적으로는 어느 정도의 지역대표성도 겸하고 있다는 점, 급격한 산업화 · 도시화의 과정에서 인구의 도시집중으로 인하여 발생한 도시와 농어촌간의 인구편차와 각 분야에 있어서의 개발불균형이 앞서 본 선진외국의 경우보다 현저한 우리나라의 현실에 있어서 단순히 인구비례만 고려하여 선거구를 획정하는 경우에는 각 분야에 있어서의 도 · 농간의 격차가 더 심화될 우려가 있다는 점 등을 감안한다면 선거구간의 인구비례의 원칙을 완화해야 할 정책적인 필요가 있다고 볼 수 있는 반면, …"라고 판시함으로써 국회의원의 지역대표성을 간접적으로 인정하고 있고, 동 사건에서 재판관 이재화, 조승형, 정경식, 고중석도 "… 선거구의 획정에는 인구 외에 행정구역 · 지세 · 교통 등 여러 가지 조건을 고려하여야 하므로, 그 위헌 여부를 결정하는 기준을 획일적으로 일정한 수치로써 확정하기는 지극히 어려운 문제이지만, 일응 그 기준은 선거구 획정에 있어서 투표가치의 평등으로서 가장 중요한 요소인 인구비례의 원칙과 우리나라의 특수사정으로서 투표가치의 평등 못지않게 중요한 요소인 단원제 채택으로 인한 국회의원의 지역대표성 및 인구의 도시집중으로 인한 도시와 농어촌간의 극심한 인구편차 등 3개의 요소를 합리적으로 참작하여 결정되어야 할 것이다."라고 판시함으로써 국회의원의 지역대표성을 인정하고 있다.
한편 헌재 2001. 10. 25. 2000헌마92등 결정에서 권성 재판관은 별개의견을 통해 "대의제도를 채택하는 이상 그리고 보통선거와 직접선거의 방식을 취하는 이상, 의회의 의원은 어차피 일정한 지역

자유위임의 원칙의 이념은 국회의원이 지역주민 보다는 전체 국민, 지역 보다는 국가를 대표하고, 부분적·경험적 이익 보다는 전체적·미래지향적인 추정적 이익을 대표하라는 것이지, 그렇다고 지역적·부분적 이익과 주민을 절대로 대표하지 말고, 그러한 이익을 결코 추구하지 말라는 것은 아니기 때문이다. 따라서 이러한 전체 국민과 국가를 대표하는 한, 그리고 그러한 전체적·미래지향적인 추정적 이익과 조화되거나 그것을 오히려 촉구하는 한도 내에서 부수적으로 지역적·부분적 이익과 주민을 대표하는 것은 대의제도와 모순되는 것이 아니며, 오히려 상황에 따라서는 그러한 대의제도 내지 자유위임의 원칙의 이념을 보다 실효성 있게 지속적으로 실현하는 방책이 될 수도 있을 것이다. 현행 선거법 제25조 제2항이 "국회의원지역구의 획정에 있어서는 제1항 제2호의 인구범위를 벗어나지 아니하는 범위에서 '농산어촌의 지역대표성'이 반영될 수 있도록 노력하여야 한다."라고 규정하고 있는 것도 이러한 국회의원의 부수적인 지역대표성을 인정하는 것이라고 하겠다.

이와 관련하여 우리나라와 독일의 경우 비례대표의석의 배분에 있어서 소위 봉쇄조항이라는 제한이 있는데, 이에 따르면 지역구국회의원총선거에서 일정의석 이상(우리의 경우 5석, 독일의 경우 3석 이상)의 의석을 차지하였거나 유효투표총수의 일정비율 이상(우리의 경우 3%, 독일의 경우 5% 이상)을 득표한 정당에 대해서만 비례대표의석을 배분하도록 되어 있다.[23] 그런데 여기서 3% 내지 5% 이상의 유효투표총수를 얻을 것을 요구하는 조건 외에 택일적으로 5석 내지 3석이상의 지역구의석을 획득했을 경우에도 비례대표의석배분에 참여할 수 있도록 한 것은 그 5석 내지 3석의 지역구의석이 가지는 정치적 의미와 정치적 세력을 인정하는 것이라고 볼 수 있다.[24] 즉 이는 특정지역의 주민을 대표한다는 지역적 주안점과 특성을 가지는 정당

즉 행정구역을 단위로 하여 그 지역의 국민 즉 주민의 대표를 선출하는 방식을 취할 수밖에 없다. 그 구역의 광협에 따라 소선거구, 중선거구, 대선거구의 구별은 있지만 전국을 하나의 선거구로 하여 다수의 의원을 뽑는 것은 대표성이 매우 취약하여진다. 현행의 전국구의원을 생각하면 이것은 자명하다. 의원은 국민의 대표이지만 동시에 지역주민의 대표이기도 하다. 의원을 국민의 대표라고 하는 것은 법률상의 지위와 정치적 책임을 규정하는 것이고 그로부터 의원이 지역의 이익만을 위하여 일하여서는 안되고 국민 전체를 위하여 일하여야 한다는 의원행동의 윤리강령이 도출되는 것이지만, 이것이 의원의 선출원리는 아니고 의원의 지역주민 대표성을 부정하는 것도 아니다. 오히려 의원의 대표성은 의원이 어느정도의 독자성을 갖는 지역(예컨대 행정구역)의 주민을 대표한다고 할 때 가장 확실하여진다. … 따라서 투표가치의 산술적 평등에 보다 접근시키기 위하여 어느 행정구역의 일부 주민을 다른 행정구역에 편입하여 하나의 선거구를 만드는 것은 의원의 주민대표성을 약화시키고 이것은 자기 구역에서 분리되어 타구역에 편입당한 주민들의 선거권을 침해하므로 위헌이 된다."라고 주장함으로써 국회의원의 지역대표성 내지 주민대표성을 국회의원의 전국대표성 내지 국민대표성과 대등한 차원으로 자리매김 시키고 그것을 대의제도의 본질로 이해하고 있으나, 이러한 견해는 타당하지 못하다.

23) 선거법 제189조 제1항 및 독일 연방선거법 제6조 제6항.

의 이익과 입장 내지 정치적 위상을 고려하여 이 정당에게도 비례대표의석배분에 참여할 수 있도록 한 것이라고 볼 수 있는 것이다.[25] 물론 이는 일차적으로는 그 해당 정당의 특정지역의 이해 및 주민과의 관련성 내지 그 대표성을 인정한 것이지만, 이와 동시에 그 정당 소속의원의 전국대표성과 더불어 일정한 지역대표성도 인정한다는 것을 시사하는 것이라고 볼 수 있다. 현실적으로도 일정한 지역사업이 동시에 국가적으로도 중요한 사업인 경우 이러한 지역사업의 추진을 통해 해당 지역구의 이익을 대표하는 것은 동시에 전체 국익과도 일치 내지 조화되는 것이므로 국회의원의 지역대표성과 국가대표성이 양립될 수 있는 것이다.

그런데 이러한 국회의원의 지역대표성은 하나의 선거구가 하나의 동질성을 가지는 지역으로 이루어 질 것을 전제로 한다. 즉 인구, 교통사정, 사회적 · 지리적 · 역사적 · 경제적 · 문화적 · 행정적 연관성 및 생활권과 전통적 일체감 등을 고려하여 하나의 선거구가 선거인의 통합을 지향할 수 있도록 동질성의 바탕위에서 획정되어야 하며, 이는 공통의 지역이익과 관심사가 국회의원을 통해 국정에 반영될 수 있도록 하기 위하여 요구된다고 하겠다. 그런데 이 사건에서처럼 분리된 선거구의 경우 동일 선거구 내에서의 지리적으로 완전 분리된 지역 상호간의 동질성확보에 어려움이 생길 수 있고, 심지어 양자 사이에 이해충돌이 발생할 수도 있다. 따라서 분리된 선거구의 경우 동일 선거구내의 한 지역의 주민은 타 지역과 비교해 볼 때 자신과 자신이 속한 지역의 이익과 관심사를 주장 · 관철시키기 어려울 수 있고, 해당 의원 역시 양 지역의 주민과 이해를 조화롭게 대표하여 국정에 반영시키기 어려울 수 있다.

한편 책임정치실현기능을 가지는 대의제도의 경우 차기선거에서 지역유권자의 지역대표의원에 대한 책임추궁과 신임부여가 가능해야 하는데, 앞서 언급한 바와 같이 해당 의원이 해당 선거구내의 상이한 지역간의 다양한－상황에 따라서는 상호 모순되고 충돌될 수 있는－이해와 관심사를 조화롭고 효율적으로 대표하기가 어렵기 때문에 책임정치실현에 문제가 발생될 수 있고, 해당 주민의 구체적인 책임추궁과 신임부여에도 어려움이 따른다.

결국 분리된 선거구의 경우 해당 의원은 지역대표성 및 책임정치실현기능과 관련하여 자신의 선거구 내에서 자신이 실제로 속해 있는 주된 지역의 이익을 대표하는 것이지 분리된 타 지역 내지 종된 지역의 이익을 대표하기 어려우므로, 선

---

24) Vgl. BVerfGE 95, 408(421ff.).

25) Vgl. BVerfGE 6, 84(96).

거구 전체의 대표와 책임정치실현이 어렵고, 주민들의－자신과 사실상 관련성이 적은－선거구에의 소속의식이 약할 수밖에 없어 선거구 내의 통합과 동질성확보에 어려움이 따른다. 따라서 이처럼 기형적인 분리된 선거구획정은 해당 의원의 지역대표성과 종된 지역주민의 효율적으로 대표되어질 권리를 침해함과 동시에 책임정치실현기능을 한 내용으로 하는 대의제도의 기능을 침해하는 것이라고 볼 수 있다.

Ⅳ. 맺는 말

지금까지 살펴본 바와 같이 이 사건 분리된 선거구획정행위 내지 획정규정은 체계정당성에 반하면서－해당 주민의 평등권과 투표의 성과가치의 평등을 내용으로 하는 평등선거의 원칙 등을 포함하는－평등의 원칙 및 비례의 원칙에 위배되는 자의적 입법으로 위헌이며, 아울러 국회의원의 지역대표성 및 대의제도의 기능을 왜곡시킬 수 있는 것이다.

다수대표제의 단점으로 거론되는 가장 커다란 문제점 중의 하나가 바로 선거구 분할문제이다. 특히 소선거구 다수대표제의 경우에는 평등선거의 원칙에 충실한 합리적인 선거구분할이 매우 중요하다. 그동안 우리의 경우 선거구획정과 관련해서는 주로 선거구간의 인구편차문제가 제기되어 왔다. 즉 선거구간의 인구편차가 지나치게 크다는 지적이 그것이다. 이 글에서 다루어진 분리된 선거구획정도 본래 선거구간의 인구편차를 해결하기 위하여 야기된 것이다. 따라서 인구편차를 2 : 1 미만이 되게 선거구를 획정하면서,[26] 동시에 기형적으로 분리된 선거구가 없도록

---

26) 선거구간의 인구편차문제와 관련하여 헌법재판소는 앞서 언급한 95헌마224 등 결정에서 지나친 인구편차를 보이고 있는 선거법의 관련부분에 대한 위헌결정을 내리면서 다수의견은 인구편차의 합헌적 상한선을 4 : 1로 제시한 바 있고, 동 결정에서 일부 보충의견은 최대·최소 선거구간의 합헌적인 인구편차를 2 : 1로 제시했다. 그 후 헌법재판소는 2001. 10. 25. 2000헌마92 등 결정에서 위의 95헌마224 등 결정에서 제시된 4 : 1의 인구편차를 5년 이상이 지난 지금에도 그대로 답습하는 것은 곤란할 뿐만 아니라, 인구편차의 허용한계를 점점 엄격하게 보는 세계적 추세에도 역행하는 것이라는 이유로 이를 배척하면서 현재의 시점에서는 현실적인 이유로 3 : 1의 인구편차를 기준으로 할 수밖에 없다고 주장한다. 다만 장래에는 그 기준이 2 : 1 또는 그 미만이 되어야 한다는 견해를 밝히고 있다. 물론 선거구의 분할시 인구뿐 아니라 행정구역, 지세, 교통, 도시와 농어촌과의 차이점, 기타 여러 가지 요소를 고려해야 할 것이지만, 인구가 가장 중요한 고려사항이 되어야 한다는 점을 상기할 때, 그리고 투표의 성과가치의 평등을 고려할 때 선거구의 인구편차를 2 : 1 미만이 되도록 법제화해야 할 것이다.
참고로 독일의 경우 1996. 11. 15. 개정된 연방선거법(Bundeswahlgesetz) 제3조 제1항 제3호는 선거구 획정시 준수하여야 할 원칙의 하나로서 "한 선거구의 인구수는 선거구의 평균인구수로부터 상하 각 100분의 15를 초과하는 편차를 보여서는 아니되며, 편차가 100분의 25를 초과한다면, 새로운 선거구 획정이 이루어져야 한다."고 규정함으로써, 원칙적으로 상하 편차 15%를 허용한도로 하되, 상하 편

해야 할 것이다. 즉 인구, 교통사정, 사회적 · 지리적 · 역사적 · 경제적 · 문화적 · 행정적 연관성 및 생활권과 전통적 일체감 등을 고려하여 하나의 선거구가 선거인의 공통의 이해를 반영시킬 수 있고, 통합을 지향할 수 있도록 동질성의 바탕위에서 획정되어야 하며, 이는 원칙적으로 분리된 지역이 하나의 선거구로 획정되어서는 안된다는 것을 전제로 하는 것이다. 그렇지 않을 경우, 즉 분리된 지역이 하나의 선거구로 획정될 경우 그러한 선거구획정은 위헌의 소지가 있으며, 아울러 정략적으로 왜곡된 게리맨더링이 될 위험이 크다고 보지 않을 수 없다. 예컨대 일정 지역만으로는 인구편차 및 유권자수와 관련하여 하나의 선거구를 구성할 수 없을 때, 특정 후보자의 당선을 유리하게 하기 위해 그 후보자와 지연 · 혈연 등의 관련성이 있는 지역적으로 분리된 다른 특정지역을 선택하여 원래의 지역과 하나의 선거구로 구성할 가능성이 있는데, 이것이 전형적인 게리맨더링으로서 분리된 선거구를 허용함으로 해서 발생할 수 있는 위험성이다. 따라서 하나의 선거구가－섬지방의 경우처럼 지리적인 이유 등으로 인접한 지역만으로 하나의 선거구를 구성하기가 불가능하고, 아울러 분리된 선거구획정을 헌법상 정당화시키는 절실하고 불가피한 합리적 사유가 존재하는 경우를 제외하고는－상호 분리되어 있는 지역들로 구성되어서는 아니되고, 반드시 인접한 지역으로 연속해서 획정되어야 할 것이다.

한편 선거구획정문제와 관련하여 우리 선거법 제24조는 국회의원선거구획정위원회에 관하여 규정하면서 위원회의 선거구획정안에 대하여 법적인 구속력을 부여하고 있지 아니하다. 입법자의 다양한 정치적 이해와 정치생명이 걸려있는 선거구획정 문제를 입법자 스스로가 객관적이고 합리적으로 조정하고 개정할 가능성이 그동안의 우리의 정치현실을 감안해 볼 때 사실상 거의 없다고 본다면 위원회의

차 25%는 반드시 준수해야 할 최대허용한도로 함으로써 탄력적인 입법을 하고 있다. 이는 개정전 연방선거법 제3조 제1항 제2호에서 “한 선거구의 인구수는 선거구의 평균인구수로부터 상하 각 100분의 25를 초과하는 편차를 보여서는 아니되며, 편차가 100분의 33 1/3을 초과한다면, 새로운 선거구획정이 이루어져야 한다.”고 규정하고 있던 것에 비하여 허용한계를 보다 엄격하게 한 것이다(독일 연방선거법상의 선거구획정문제에 관하여 자세한 것은 vgl. Schreiber, Handbuch des Wahlrechts zum Deutschen Bundestag, 6. Aufl., 1998, S. 152ff.).

한편 일본의 경우에는 1994.2.4. 제정된 중의원의원선거구획정심의회설치법 제3조 제1항은 중의원소선거구선출위원의 선거구 개정안의 작성은 “각 선거구의 인구의 균형을 도모하고, 각 선거구의 인구 중 그 최다의 것을 최소의 것으로 나누어 얻은 수가 2 이상이 되지 아니하도록 하는 것을 기본으로 하고, 행정구획 · 지세 · 교통 등의 사정을 종합적으로 고려하여 합리적으로 행하여야 한다.”고 규정함으로써 이러한 추세를 반영하고 있다. 한편 영국에서는 25% 이내로 정기적으로 재조정하도록 하고 있다.

이상에서 보는 바와 같이 외국의 입법례를 보더라도 대체로 상하 인구편차 2 : 1 미만의 한계내에서의 선거구획정을 허용하고 있고, 특히 독일의 경우에서 보는 것처럼 가능한 한 1 : 1에 가까운 인구편차를 법률이 요구하는 것을 알 수 있다.

결정에 법적인 구속력을 부여해야 할 것이다. 아울러 독일 연방선거법 제3조의 경우처럼 위원회의 구성과 지위에 관한 사항들과 선거구획정의 기준 및 인구편차의 상한선 등을 법률로 정해야 할 것이다.[27] 왜냐하면 선거구획정에 관한 사항은 통치기관의 구성과 조직에 관한 본질적 사항이자 평등선거의 원칙을 주요 내용으로 하는 선거인의 선거권행사에 관한 본질적인 사항이기 때문이다. 이처럼 선거구획정제도를 개선해야만 분리된 선거구나 게리맨더링 등의 기형적인 선거구의 출현을 방지할 수 있고, 선거구획정도 객관적이고 투명하게 이루어질 수 있을 것이다.

27) 독일 연방선거법상의 선거구획정위원회(Wahlkreiskommission)에 관하여 자세한 것은 vgl. Schreiber, aaO, S. 153ff.

15. 개발제한구역과 재산권보장

- 헌재 1998. 12. 24. 89헌마214 등 도시계획법 제21조에 대한 위헌소원[1] -

[目 次]

Ⅰ. 머리말

1998년 12월 24일 헌법재판소는 도시계획법 제21조에 대하여 헌법불합치결정을 내림으로써, 수년간 결정이 미루어져 왔던 미제사건을 해결하였다. 주지하는 바와 같이 개발제한구역문제는, 특히 그에 대한 손실보상과 관련하여 그동안 끊임없이 논란의 대상이 되어왔는데, 정부는 지금까지 재산권행사의 공공복리적합의무의 대원칙하에서 개발제한구역 지정행위를 보상 없이 수인해야 하는 합헌적 행위로 간주하고 따라서 보상규정이 없는 도시계획법 제21조를 합헌시해 왔으며, 대법원[2]도

---

1) 헌재 1998. 12. 24. 89헌마214 등, 판례집 10-2, 927.

대체로 같은 입장을 취해왔다. 한편 헌재는 그동안 이와 관련한 사건들을 형식적 이유로 각하시킴으로써[3] 본안판단을 유보해오다가, 정부·여당에서 개발제한구역 제도를 전향적으로 검토하는 분위기에 편승하여 이번에 헌법불합치결정을 내리게 된 것으로 보인다. 이 글에서는 먼저 이번 헌재결정의 내용을 살펴보고, 재산권보장과 관련한 헌법규정 및 법리의 토대위에서 도시계획법 제21조의 위헌성을 고찰한 후, 헌재결정의 의의와 문제점에 대하여 언급하고자 한다.

Ⅱ. 헌재결정의 내용

1. 사건의 개요와 심판의 대상

(1) 사건의 개요

1) 89헌마214 사건

청구인 배○섭, 김○복, 김○수는 도시계획법(1971. 1. 19. 법률 제2291호로 제정되어 1972. 12. 30. 법률 제2435호로 개정된 것) 제21조 제1항에 따라 1972. 8. 25. 건설부 고시 제385호에 의하여 개발제한구역으로 지정된 토지 위에 관할관청의 허가를 받지 아니하고 1978.경부터 1980.경까지 사이에 건축물을 건축하여 소유하고 있다는 이유로 인천 서구청장으로부터 위 건축물에 대한 철거대집행계고처분 등을 받고, 서울고등법원에 위 서구청장을 상대로 위 건축물철거대집행계고처분 등의 취소를 구하는 행정소송(89구1928)을 제기하였다. 위 청구인들은 위 소송계속중 서울고등법원에 법 제21조가 재판의 전제가 된다고 주장하면서 위헌심판제청을 신청하였으나 위 신청이 기각되자, 1989. 9. 5. 기각결정정본을 송달받고 같은 달 19. 이 사건 헌법소원심판을 청구하였다.

2) 90헌바16 사건

청구인 이○관은 법 제21조에 따라 1972. 8. 25. 건설부 고시 제385호에 의하여 개발제한구역으로 지정된 토지 위에 관할관청의 허가를 받지 아니하고 1982.경부터 건축물을 건축하여 소유하고 있다는 이유로 인천 북구청장으로부터 그 건축물

---

2) 예컨대 대판 1990. 5. 8. 89부2.

3) 헌재 1991. 6. 3. 89헌마46; 1991. 9. 16. 89헌마152; 1991. 9. 16. 90헌마105.

에 대한 철거대집행계고처분을 받고, 서울고등법원에 위 북구청장을 상대로 건물 철거대집행계고처분의 취소를 구하는 행정소송(88구2894)을 제기하였으나 그 청구가 기각되었다. 위 청구인은 이에 불복하여 대법원에 상고한 후 그 소송계속중(89누770) 법 제21조 제1항 및 제2항이 재판의 전제가 된다고 주장하면서 그 위헌심판제청을 신청하였으나 1990. 5. 8. 위 신청이 기각되자, 같은 달 21. 이 사건 헌법소원심판을 청구하였다.

3) 97헌바78 사건

청구인들은 도시계획법 제21조에 의하여 건설교통부장관이 1971. 7. 30.부터 같은 해 12. 4.까지 사이에 개발제한구역으로 지정한 지역내에 위치한 토지의 소유자들이다. 위 청구인들은 별지 제4명단 기재 청구인들을 선정당사자로 선정하였고, 위 선정당사자들은 국가를 상대로 서울지방법원에 청구인들(선정자들)이 위 개발제한구역의 지정에 의하여 입은 손실 중 일부로 청구인 1인당 각 금 300,000원씩을 보상하라는 내용의 소송(96가합90820)을 제기하였다. 위 선정당사자들은 위 소송계속중 도시계획법 제21조(1972. 12. 30. 법률 제2435호로 개정된 것)가 재판의 전제가 된다고 하여 위 법원에 위헌심판제청을 신청하였으나, 위 법원은 1997. 10. 1. 위 신청을 기각하였고(97카기3279), 청구인들은 같은 달 19. 그 결정문을 송달받고 같은 달 29. 이 사건 헌법소원심판을 청구하였다.

(2) 심판의 대상

이 사건 심판의 대상은 구 도시계획법(1971. 1. 19. 법률 제2291호로 제정되어 1972. 12. 30. 법률 제2435호로 개정된 것) 제21조의 위헌여부이고, 그 내용은 다음과 같다.[4)]

제21조(개발제한구역의 지정) ① 건설교통부장관은 도시의 무질서한 확산을 방지

4) 현재 도시계획법은 폐지되어 「국토의 계획 및 이용에 관한 법률(2002. 2. 4. 법률 제6655호,로 제정)」로 대체 · 편입되었다. 구 도시계획법 제21조에 해당되는 현행 「국토의 계획 및 이용에 관한 법률(2018. 6. 12., 법률 제15671호로 개정된 것)」 제38조(개발제한구역의 지정)는 "① 국토교통부장관은 도시의 무질서한 확산을 방지하고 도시주변의 자연환경을 보전하여 도시민의 건전한 생활환경을 확보하기 위하여 도시의 개발을 제한할 필요가 있거나 국방부장관의 요청이 있어 보안상 도시의 개발을 제한할 필요가 있다고 인정되면 개발제한구역의 지정 또는 변경을 도시 · 군관리계획으로 결정할 수 있다. ② 개발제한구역의 지정 또는 변경에 필요한 사항은 따로 법률로 정한다."라고 규정하고 있고, 「국토의 계획 및 이용에 관한 법률」 제38조에 따라 개발제한구역의 지정과 개발제한구역에서의 행위 제한 등과 관련하여 「개발제한구역의 지정 및 관리에 관한 특별조치법」이 제정(2000. 1. 28. 법률 제6241호로 제정)되었으며, 이 「개발제한구역의 지정 및 관리에 관한 특별조치법(2018. 12. 18. 법률 제15990호로 개정된 것)」은 제3조에서 '개발제한구역의 지정 등'에 대하여, 그리고 제12조에서 '개발제한구역에서의 행위제한'에 대하여 규정하고 있다.

하고 도시주변의 자연환경을 보존하여 도시민의 건전한 생활환경을 확보하기 위하여 또는 국방부장관의 요청이 있어 보안상 도시의 개발을 제한할 필요가 있다고 인정되는 때에는 도시개발을 제한할 구역(이하 '개발제한구역'이라 한다)의 지정을 도시계획으로 결정할 수 있다.

② 제1항의 규정에 의하여 지정된 개발제한구역안에서는 그 구역지정의 목적에 위배되는 건축물의 건축, 공작물의 설치, 토지의 형질변경, 토지면적의 분할 또는 도시계획사업의 시행을 할 수 없다. 다만, 개발제한구역 지정당시 이미 관계법령의 규정에 의하여 건축물의 건축·공작물의 설치 또는 토지의 형질변경에 관하여 허가를 받아(관계법령에 의하여 허가를 받을 필요가 없는 경우를 포함한다) 공사 또는 사업에 착수한 자는 대통령령이 정하는 바에 의하여 이를 계속 시행할 수 있다.

③ 제2항의 규정에 의하여 제한될 행위의 범위 기타 개발제한에 관하여 필요한 사항은 대통령령으로 정하는 범위안에서 건설교통부령으로 정한다.

2. 청구인들의 주장 및 이해관계기관의 의견

(1) 청구인들의 주장

1) 국민의 재산권을 제한하는 사항은 반드시 법률로써 정하여야 하고 다른 국가기관에 이를 위임할 수 없는데, 이 사건 법률조항은 개발제한구역의 지정을 법률로써 정하지 아니하고 이를 건설교통부장관 및 건설교통부령에 의하여 할 수 있도록 위임하였으므로, 재산권보장을 규정한 헌법 제23조에 위반된다. 뿐만 아니라, 법 제21조 제1항이 규정하고 있는 "도시의 무질서한 확산을 방지"한다는 문구는 그 뜻이 모호하고, "도시주변의 자연환경을 보전하여 도시민의 건전한 생활환경을 확보"한다는 문구도 그 개념이 지나치게 광범위하고 그 뜻이 모호하므로, 위 법률조항은 헌법에 위반된다.

2) 개발제한구역 중 대지나 잡종지 등 기타지역은 풍치지구 지정 등의 방식에 의한 통상의 도시계획제한으로도 그 목적을 달성할 수 있고, 농경지는 농업환경의 변화와 국토의 효율적인 이용이라는 측면에서 일률적인 전면금지로 대응할 것이 아니라 농지이용과 거래의 규제문제로 접근하고, 임야에 대하여는 자연공원 또는 녹지지역의 지정으로 녹지환경보전의 문제를 해결할 수 있으며, 가용용지를 확대하면서도 자연환경을 보전하고 미화할 수 있는 것이다. 그럼에도 불구하고 개발제한구역에 있어서는 법 제18조 및 제19조에 의한 일반도시계획제한과는 달리 예외

적으로 건설교통부령에 의하여 제한적으로 규정된 개발행위만 허용함으로써 토지 및 지상물 관련행위가 포괄적으로 전면 금지되고 있다. 그러므로 법 제21조는 재산권의 본질적인 내용을 침해하는 것이고, 입법목적에 비추어 볼 때 개인의 재산권을 지나치게 제한하는 것이므로 헌법 제37조 제2항에도 위반된다.

3) 헌법 제23조 제1항은 국민의 재산권을 보장하고, 제3항은 공공필요에 의하여 재산권을 제한하는 경우에는 반드시 법률이 정하는 바에 의하여 정당한 보상을 하도록 규정하고 있다. 그런데 위에서 본 바와 같은 개발제한구역내의 토지에 대한 사용제한은 토지 소유자에 대하여 손실보상을 요하는 특별한 희생에 해당한다. 그럼에도 불구하고 이 법에는 제21조에 의하여 개발제한구역으로 지정된 토지에 대하여 손실보상을 위한 아무런 규정을 두고 있지 아니하다. 그러므로 손실보상 없이 재산권을 제한하는 법 제21조는 헌법 제23조 제1항 · 제3항에 위반된다.

4) 개발제한구역으로 지정된 토지에 대하여는 앞서 본 바와 같은 제한이 있기 때문에 주변환경이나 주거환경의 변화가 허용되지 않는 결과 부득이 다른 지역으로 거주지를 이전할 수밖에 없게 되거나, 그나마 재력이 충분하지 아니한 경우에는 토지를 매도하려고 해도 적시에 적정한 가격으로 매도하기가 어려워 거주의 이전이 쉽지 아니하고, 그 결과 직업선택도 제한되고 있다. 그러므로 법 제21조는 개발제한구역내에 거주하는 주민의 헌법상 보장된 거주이전의 자유와 직업선택의 자유를 침해하므로 헌법 제14조, 제15조에 위반된다.

5) 위와 같이 이 사건 법률조항은 개발제한구역으로 지정된 토지의 소유자에 대하여 합리적인 이유 없이 재산권을 침해하고 그 거주자에 대하여 거주이전의 자유 및 직업선택의 자유를 침해함으로써 이들의 평등권을 침해하므로, 헌법 제11조에 위반된다.

(2) 법원의 위헌제청신청기각 이유

1) 서울고등법원의 기각이유(89헌마214 사건)

법 제21조 소정의 제한은, 재산권의 행사는 공공복리에 적합하도록 하여야 한다는 헌법 제23조 제2항의 규정에 따른, 재산권의 내재적 제약의 범위내에 속하는 일반적인 제한으로서 누구도 그 제한을 수인하지 않으면 안되는 것이고, 이는 특정인에 대하여 특별한 재산상의 희생을 강제하는 것이라고도 볼 수 없으므로 이와 같은 제한을 부과함에 있어서는 이에 대한 손실보상을 요건으로 할 필요가 없다.

따라서 이 사건 법률조항이 재산권행사의 제한에 따른 보상규정을 두고 있지 아니하였다 하여 헌법 제23조 제3항에 위반된다고 볼 수 없다.

2) 대법원의 기각이유(90헌바16 사건)

법 제21조 제1항·제2항의 규정에 의하여 개발제한구역안에 있는 토지의 소유자는 재산상의 권리행사에 많은 제한을 받게 되고 그 한도내에서 일반토지소유자에 비하여 불이익을 받게 되었음은 명백하지만 "도시의 무질서한 확산을 방지하고 도시주변의 자연환경을 보전하여 도시민의 건전한 생활환경을 확보하기 위하여 또는 국방부장관의 요청이 있어 보안상 도시의 개발을 제한할 필요가 있다고 인정되는 때"에 한하여 가하여지는 위와 같은 제한은 공공복리에 적합한 합리적인 제한이라고 볼 것이고, 그 제한으로 인한 토지소유자의 불이익은 공공의 복리를 위하여 감수하지 않으면 안될 정도의 것이라고 인정되므로 이에 대한 손실보상의 규정을 두지 않았다고 하여 법 제21조 제1항·제2항의 규정을 헌법 제23조 제3항이나 제37조 제2항에 위반되는 것이라고 할 수 없다.

3) 서울지방법원의 기각이유(97헌바78 사건)

이 사건 법률조항에 의한 제한이 토지소유권의 본질적 내용을 침해하는 것이라고 볼 수 없고, 토지의 위치와 기능에 따른 이러한 제한이 토지소유자들에 대한 부당한 차별대우라고 볼 수도 없으며, 토지소유권에 대한 이러한 제한이 토지소유권에 대한 사회적 구속성의 범위 내라고 보는 한, 이에 대한 손실보상 규정을 두지 아니하였다고 하여 이 사건 법률조항이 손실보상에 관한 헌법 규정에 위배된다고 볼 수도 없다.

(3) 건설교통부장관 및 법무부장관의 의견

1) 이 사건 법률조항에 규정된 도시의 확산 방지는 도시의 평면적 확산을 방지하는 것으로서 개발제한구역이 아닌 도시 내부의 고층화를 제한하는 것이 아닌 것으로 해석할 수 있고, 이러한 범위안에서 개발제한구역을 지정하는 목적은 도시의 확산으로 인한 교통난, 식수난 등 도시문제의 사전예방, 우량농경과 도시주변 자연환경의 보전 및 도시의 유휴토지의 확보와 재해예방을 위한 도시공간으로서의 기능을 갖도록 하기 위한 것으로 풀이할 수 있으므로 그 규정내용이 모호하다고 할 수 없다.

2) 개발제한구역내라고 하여 건축행위를 전면적으로 금지하는 것이 아니고 도시의 무한정한 확산방지와 환경보전을 위하여 인구유입시설, 공장 및 유통시설 등 도시적 건축행위만을 장래를 향하여 제한하는 것이며, 그 밖에는 법령에서 정하는 범위내에서 자유로운 이용이 가능하며 원칙적으로 모든 기존건축물의 개량과 함께 주택·공장 등의 증축도 허용하고 있으므로, 개발제한구역으로 지정된 토지소유권자의 재산권을 본질적으로 침해하는 내용의 것이 아닐 뿐만 아니라 그 제한의 정도가 과잉금지나 비례의 원칙에 위반되지도 않는다.

3) 이 사건 법률조항에 의한 개발제한구역의 지정은 재산권의 본질적 내용의 침해가 아니고 헌법 제23조 제2항, 제122조 등에 의하여 공공복리의 증진을 위하여 토지소유자가 수인하여야 할 사회적 제약내의 제한으로서 손실보상의 문제는 발생하지 않는다. 왜냐하면 개발제한구역은 법 제12조 등에 의하여 다른 용도지역, 용도지구와 마찬가지로 도시계획의 일환으로 지정되는 것으로서 개발제한구역으로 지정된 토지라 하더라도 토지재산권의 본래적 기능, 즉 지목에 따른 사용, 수익, 처분을 방해하는 것이 아니라 단순히 구역지정목적에 현저히 위배되는 행위만 제한될 뿐이고, 그밖에 주민들의 일상생활이나 생업에 관한 사항 등 구역보전의 목적에 위배되지 않는 행위는 구역 지정당시의 용도대로 계속 이용하는 것에는 아무런 제한이 없다. 도시계획구역면적이 전국토의 13.5%에 불과한데도 개발제한구역으로 지정된 토지의 면적이 전국토의 5.5%에 달하고 있다는 사실은 곧 개발제한구역의 지정으로 말미암아 그 토지의 소유자에게 특별한 희생이 발생하는 것이 아니라는 것을 말하고 있다. 따라서 개발제한구역의 지정에 따른 손실보상 규정의 결여를 이유로 이 사건 법률조항이 위헌이라는 주장은 그 이유가 없다.

3. 주 문

도시계획법(1971. 1. 19. 법률 제2291호로 제정되어 1972. 12. 30. 법률 제2435호로 개정된 것) 제21조는 헌법에 합치되지 아니한다.

4. 판시사항

(1) 토지재산권의 사회적 의무성
(2) 개발제한구역(이른바 그린벨트) 지정으로 인한 토지재산권 제한의 성격과 한계
(3) 토지재산권의 사회적 제약의 한계를 정하는 기준

(4) 토지를 종전의 용도대로 사용할 수 있는 경우에 개발제한구역 지정으로 인한 지가의 하락이 토지재산권에 내재하는 사회적 제약의 범주에 속하는지 여부(적극)

(5) 도시계획법 제21조의 위헌 여부(적극)

(6) 헌법불합치결정을 하는 이유와 그 의미

(7) 보상입법의 의미 및 법적 성격

5. 결정요지

(1) 법정의견

1) 헌법상의 재산권은 토지소유자가 이용가능한 모든 용도로 토지를 자유로이 최대한 사용할 권리나 가장 경제적 또는 효율적으로 사용할 수 있는 권리를 보장하는 것을 의미하지는 않는다. 입법자는 중요한 공익상의 이유로 토지를 일정 용도로 사용하는 권리를 제한할 수 있다. 따라서 토지의 개발이나 건축은 합헌적 법률로 정한 재산권의 내용과 한계내에서만 가능한 것일 뿐만 아니라 토지재산권의 강한 사회성 내지는 공공성으로 말미암아 이에 대하여는 다른 재산권에 비하여 보다 강한 제한과 의무가 부과될 수 있다.

2) 개발제한구역을 지정하여 그 안에서는 건축물의 건축 등을 할 수 없도록 하고 있는 도시계획법 제21조는 헌법 제23조 제1항, 제2항에 따라 토지재산권에 관한 권리와 의무를 일반·추상적으로 확정하는 규정으로서 재산권을 형성하는 규정인 동시에 공익적 요청에 따른 재산권의 사회적 제약을 구체화하는 규정인 바, 토지재산권은 강한 사회성, 공공성을 지니고 있어 이에 대하여는 다른 재산권에 비하여 보다 강한 제한과 의무를 부과할 수 있으나, 그렇다고 하더라도 다른 기본권을 제한하는 입법과 마찬가지로 비례성원칙을 준수하여야 하고, 재산권의 본질적 내용인 사용·수익권과 처분권을 부인하여서는 아니된다.

3) 개발제한구역 지정으로 인하여 토지를 종래의 목적으로도 사용할 수 없거나 또는 더 이상 법적으로 허용된 토지이용의 방법이 없기 때문에 실질적으로 토지의 사용·수익의 길이 없는 경우에는 토지소유자가 수인해야 하는 사회적 제약의 한계를 넘는 것으로 보아야 한다.

4) 개발제한구역의 지정으로 인한 개발가능성의 소멸과 그에 따른 지가의 하락이나 지가상승률의 상대적 감소는 토지소유자가 감수해야 하는 사회적 제약의 범주에 속하는 것으로 보아야 한다. 자신의 토지를 장래에 건축이나 개발목적으로

사용할 수 있으리라는 기대가능성이나 신뢰 및 이에 따른 지가상승의 기회는 원칙적으로 재산권의 보호범위에 속하지 않는다. 구역지정 당시의 상태대로 토지를 사용·수익·처분할 수 있는 이상, 구역지정에 따른 단순한 토지이용의 제한은 원칙적으로 재산권에 내재하는 사회적 제약의 범주를 넘지 않는다.

5) 도시계획법 제21조에 의한 재산권의 제한은 개발제한구역으로 지정된 토지를 원칙적으로 지정 당시의 지목과 토지현황에 의한 이용방법에 따라 사용할 수 있는 한, 재산권에 내재하는 사회적 제약을 비례의 원칙에 합치하게 합헌적으로 구체화한 것이라고 할 것이나, 종래의 지목과 토지현황에 의한 이용방법에 따른 토지의 사용도 할 수 없거나 실질적으로 사용·수익을 전혀 할 수 없는 예외적인 경우에도 아무런 보상없이 이를 감수하도록 하고 있는 한, 비례의 원칙에 위반되어 당해 토지소유자의 재산권을 과도하게 침해하는 것으로서 헌법에 위반된다.

6) 도시계획법 제21조에 규정된 개발제한구역제도 그 자체는 원칙적으로 합헌적인 규정인데, 다만 개발제한구역의 지정으로 말미암아 일부 토지소유자에게 사회적 제약의 범위를 넘는 가혹한 부담이 발생하는 예외적인 경우에 대하여 보상규정을 두지 않은 것에 위헌성이 있는 것이고, 보상의 구체적 기준과 방법은 헌법재판소가 결정할 성질의 것이 아니라 광범위한 입법형성권을 가진 입법자가 입법정책적으로 정할 사항이므로, 입법자가 보상입법을 마련함으로써 위헌적인 상태를 제거할 때까지 위 조항을 형식적으로 존속케 하기 위하여 헌법불합치결정을 하는 것인 바, 입법자는 되도록 빠른 시일내에 보상입법을 하여 위헌적 상태를 제거할 의무가 있고, 행정청은 보상입법이 마련되기 전에는 새로 개발제한구역을 지정하여서는 아니되며, 토지소유자는 보상입법을 기다려 그에 따른 권리행사를 할 수 있을 뿐 개발제한구역의 지정이나 그에 따른 토지재산권의 제한 그 자체의 효력을 다투거나 위 조항에 위반하여 행한 자신들의 행위의 정당성을 주장할 수는 없다.

7) 입법자가 도시계획법 제21조를 통하여 국민의 재산권을 비례의 원칙에 부합하게 합헌적으로 제한하기 위해서는, 수인의 한계를 넘어 가혹한 부담이 발생하는 예외적인 경우에는 이를 완화하는 보상규정을 두어야 한다. 이러한 보상규정은 입법자가 헌법 제23조 제1항 및 제2항에 의하여 재산권의 내용을 구체적으로 형성하고 공공의 이익을 위하여 재산권을 제한하는 과정에서 이를 합헌적으로 규율하기 위하여 두어야 하는 규정이다. 재산권의 침해와 공익간의 비례성을 다시 회복하기 위한 방법은 헌법상 반드시 금전보상만을 해야 하는 것은 아니다. 입법자는 지정의 해제 또는 토지매수청구권제도와 같이 금전보상에 갈음하거나 기타 손실을 완화할 수 있는 제도를 보완하는 등 여러 가지 다른 방법을 사용할 수 있다.[5)]

(2) 재판관 이영모의 반대의견

1) 모든 국민이 건강하고 쾌적한 환경에서 생활할 수 있는 환경권(헌법 제35조)은 인간의 존엄과 가치 · 행복추구권의 실현에 기초가 되는 기본권이므로 사유재산권인 토지소유권을 행사하는 경제적 자유보다 우선하는 지위에 있다.

2) 도시계획법 제21조는 국가안전보장과 도시의 자연환경 · 생활환경의 관리 · 보전에 유해한 결과를 수반하는 환경오염을 미리 예방하기 위한 필요한 규제입법으로 헌법상 정당성을 갖추고 있다. 이 규제입법으로 말미암아 나대지의 이용이 제한되고 사정변경으로 인하여 토지를 사용하는 데 지장이 생겼다고 할지라도 입법목적에 어긋나지 않는 범위안에서 이를 이용할 수 있는 방법이 있고 또 소유권자의 처분을 제한하는 것도 아니므로, 이와 같은 규제는 성질상 재산권에 내재된 사회적 제약에 불과하다고 보는 것이 상당하다. 법익의 비교형량면에서도 토지소유

---

5) 이 사건 헌재의 결정취지에 따라 현행 「개발제한구역의 지정 및 관리에 관한 특별조치법」(법률 제15990호, 2018. 12. 18., 일부개정)은 매수청구제도를 마련하고 있는데 그 내용은 다음과 같다.

제17조(토지매수의 청구) ① 개발제한구역의 지정에 따라 개발제한구역의 토지를 종래의 용도로 사용할 수 없어 그 효용이 현저히 감소된 토지나 그 토지의 사용 및 수익이 사실상 불가능하게 된 토지(이하 "매수대상토지"라 한다)의 소유자로서 다음 각 호의 어느 하나에 해당하는 자는 국토교통부장관에게 그 토지의 매수를 청구할 수 있다.

1. 개발제한구역으로 지정될 당시부터 계속하여 해당 토지를 소유한 자
2. 토지의 사용 · 수익이 사실상 불가능하게 되기 전에 해당 토지를 취득하여 계속 소유한 자
3. 제1호나 제2호에 해당하는 자로부터 해당 토지를 상속받아 계속하여 소유한 자

② 국토교통부장관은 제1항에 따라 매수청구를 받은 토지가 제3항에 따른 기준에 해당되면 그 토지를 매수하여야 한다.

③ 매수대상토지의 구체적인 판정기준은 대통령령으로 정한다.

제18조(매수청구의 절차 등) ① 국토교통부장관은 토지의 매수를 청구받은 날부터 2개월 이내에 매수대상 여부와 매수예상가격 등을 매수청구인에게 알려주어야 한다.

② 국토교통부장관은 제1항에 따라 매수대상토지임을 알린 경우에는 5년의 범위에서 대통령령으로 정하는 기간에 매수계획을 수립하여 그 매수대상토지를 매수하여야 한다.

③ 매수대상토지를 매수하는 가격(이하 "매수가격"이라 한다)은 「부동산 가격공시에 관한 법률」에 따른 공시지가를 기준으로 해당 토지의 위치 · 형상 · 환경 및 이용 상황 등을 고려하여 평가한 금액으로 한다. 이 경우 매수가격의 산정시기와 산정방법 등은 대통령령으로 정한다.

④ 제1항부터 제3항까지의 규정에 따라 매수한 토지는 「국가균형발전 특별법」에 따른 국가균형발전특별회계의 재산으로 귀속된다.

⑤ 제1항부터 제3항까지의 규정에 따라 토지를 매수하는 경우에 그 매수절차와 그 밖에 필요한 사항은 대통령령으로 정한다.

제27조(이의신청) ① 다음 각 호의 어느 하나에 해당하는 자는 「공익사업을 위한 토지 등의 취득 및 보상에 관한 법률」에 따른 중앙토지수용위원회에 이의신청을 할 수 있다.

1. 제18조에 따라 통보받은 매수 여부에 관한 결정 또는 매수가격에 이의가 있는 자
2. 제21조에 따른 부담금의 부과 · 징수에 대하여 이의가 있는 자

② 제1항에 따른 이의신청에 대하여는 「행정심판법」 제6조에도 불구하고 중앙토지수용위원회가 심리 · 의결하여 재결한다.

권자가 입는 불이익보다 국가안전보장과 공공복리에 기여하는 이익이 더 크고, 입법목적 달성을 위한 합리성·필요성을 갖추었으므로 헌법 제37조 제2항 소정의 기본권제한 한계요건을 벗어나는 것도 아니다. 뿐만 아니라 제한구역내의 다른 토지와 서로 비교하여 보아도 나대지와 사정변경으로 인한 토지의 특성상 재산권의 박탈로 볼 수 있는 정도의 제한을 가한 합리성이 없는 차별취급으로 인정되지 아니하므로 평등원칙을 위반한 것도 아니다.

Ⅲ. 사회적 기속과 공용침해의 구별 및 불가분조항의 원칙

지금까지 헌재결정내용을 간단히 살펴보았지만, 법 제21조의 위헌 여부는 결국 개발제한구역 지정행위가 보상을 요하는 헌법 제23조 제3항의 공용제한에 해당하는가, 그리고 그렇다면 보상규정이 없는 법 제21조는 헌법 제23조 제3항의 불가분조항원칙의 위반으로 위헌인가 하는 문제로 귀결된다. 먼저 전자의 문제를 다룬 다음 후자의 문제를 다루고자 한다.

1. 사회적 기속과 공용침해

(1) 일반희생과 특별희생

단순히 일반희생만을 야기하는 재산권의 사회적 기속은 보상을 요하지 않고, 사회적 기속을 넘어서는 특별희생을 초래하는 재산권의 수용·사용·제한인 공용침해만이 보상을 요하기 때문에[6] 공용침해와 사회적 기속과의 구별이 매우 중요한 문제로 등장하게 되는데, 공용침해의 유형 중 공용수용과 공용사용의 경우에는 일반적으로 특별희생을 야기한다고 보며, 이 경우 그 재산권침해형태도 단순한 재산권에 대한 제한과의 구별이 용이하여 사회적 기속과 공용수용·사용과의 구별기준 문제는 거의 발생하지 아니한다. 그런데 공용제한의 경우에는 사회적 기속과 그 제한형태도 유사하고 그 효과도 다양하여 양자의 구별이 매우 어렵다. 여기서 문제가 되는 개발제한구역이 바로 여기에 속한다. 즉 개발제한구역 지정행위가 헌법 제23조 제1항 및 제2항에 따른 재산권에 대한 단순한 사회적 기속인지, 아니면 헌법 제23조 제3항에 따른 보상을 요하는 공용제한인지가 구별하기 매우 어려운 문

6) 일반희생과 특별희생의 개념 및 그 차이에 대하여 자세한 것은 정연주, 손실보상, 목촌 김도창박사 고희기념논문집, 1993, 425쪽 이하 참조.

제이다. 그런데 이 문제가 해결된 연후에야 비로소 보상규정이 필요한지의 여부가 정해지기 때문에 먼저 양자의 구별기준에 대한 이론을 간단히 살펴보기로 한다.

(2) 공용침해와 사회적 기속과의 구별기준

이는 주로 독일의 학설과 판례에 의하여 체계화되었는데, 여기서는 이를 형식설과 실질설의 두 가지로 나누어 간단히 요지만 소개하기로 한다.[7)]

1) 형식적 기준설

가. 개별행위설(Einzelakttheorie)

이 설은 침해행위가 일반적이냐, 개별적이냐 라는 형식적 기준에 따르는 것으로 개별적 침해, 즉 특정인 또는 특정집단에 대한 침해를 특별희생을 야기하는 것으로 본다. 따라서 여기서는 행위의 성질이나 정도는 고려되지 아니한다. 그러나 이 설에 따르면 재산권에 대한 일반적 제한이라 하더라도 그 제한의 강도가 매우 크기 때문에 특별희생을 야기하는 경우라도 사회적 기속에 속하게 되어 보상을 못한다는 모순에 빠지게 된다.

나. 특별희생설(Sonderopfertheorie)

이는 특정인 또는 특정집단에 대한 침해가 일반인과 비교했을 때 평등의 원칙을 깨면서 이루어진 경우 특별희생을 야기한 것으로 보는 견해로서 개별행위설에 평등원칙 위반여부라는 또 하나의 기준을 추가한 것이다. 따라서 이를 수정된 개별행위설이라고도 한다. 그러나 이에 따르면 모든 관계되는 사람들 또는 집단들의 재산권을 획일적으로 평등하게 침해한다면 아무리 침해의 강도가 높아도 사회적 기속이 되며, 그 해당 집단내부 또는 집단 상호간에서는 평등원칙이 지켜지기 때문에 공용침해가 될 수 없다는 점을 설명할 수 없다.

2) 실질적 기준설

가. 강도설(Schweretheorie)

이는 침해행위의 강도와 범위라고 하는 실질적 기준에 따라 특별희생의 발생여

---

7) 이 구별기준이론에 관하여 자세한 것은 정연주, 재산권의 사회적 기속과 공용침해, 연세법학연구 2집, 1992, 95쪽 이하 참조.

부를 판단하는 것이다. 그러나 어느 정도의 강도와 범위가 기준이냐 하는 것에 대한 해명이 없다.

나. 보호가치성설(Schutzwürdigkeitstheorie)

이는 재산권의 보호가치 있는 실체에 대한 침해를 공용침해로 보는 견해이다. 보호가치있는 실체와 보호가치 없는 실체의 구별은 역사, 일반적 세계관, 언어, 법률의 의미 등을 기준으로 정해야 한다고 한다. 그러나 그 기준이 너무 주관적이고 비법률적이기 때문에 객관적 기준이 될 수 없다는 비판이 제기된다.

다. 사적유용성설(Privatnützigkeitstheorie)

이는 침해행위 이후 재산권의 사적 유용성(사용 · 수익 · 처분권)이 유지되고 있는지의 여부를 기준으로 특별희생의 발생여부를 판단하는 견해이다. 그러나 사적 유용성 자체가 추상적이고 주관적이라 일반적 · 객관적 기준이 될 수 없다는 비판이 제기된다.

라. 기대가능성설(Zumutbarkeitstheorie)

이는 침해행위를 통해 재산권자에게 그 침해의 수인을 기대할 수 있는지의 주관적인 사정을 기준으로 특별희생의 발생여부를 판단하고자 하는 견해이다. 그 기대가능성 여부의 기준은 침해의 경제적 범위와 정도, 일반적 세계관과 시대관, 일반법적 가치 등이 될 수 있다고 한다. 그러나 이 역시 그 기준이 추상적이고 주관적이라는 비판이 제기된다.

마. 목적위배설(Zweckentfremdungstheorie)

이는 침해행위를 통해 해당 재산권이 본래 사용되고 있었던 기능이나 목적과 다른 용도에 사용될 경우에는 특별희생을 야기하는 것으로 보는 견해이다. 그러나 목적에 위배되지 않는 한 아무리 수인의 기대가능성이 없는 강도 높은 침해라도 사회적 기속에 속한다는 모순에 빠지게 된다.

바. 상황구속성설(Situationsgebundenheitstheorie)

이는 주로 토지의 이용제한과 관련한 이론으로, 해당 토지가 놓여있는 상황과 위치 및 주변환경으로 인해서 토지의 일정한 이용이 제한받게 되며, 그와 같은 제한은 재산권에 대한 사회적 기속으로서 보상의 대상에서 제외된다는 것이다. 이는 결국 그 재산권이 처해있는 상황과 재산권의 특성과 이에 따른 재산권자의 사회적 의무를 기준으로 판단하는 것인데, 토지와 관련해서는 매우 설득력있는 견해이긴 하나, 상황과 특성 및 재산권자의 재산권행사의무 자체가 너무 다양하고 주관적이고 그 기준이 모호하다는 비판이 가해진다.

3) 결 어

이상 간단히 살펴본 바와 같이 모든 이론이 나름대로의 일면적인 타당성은 있지만 어느 기준도 양자를 효과적으로 구별시켜주는 완전한 기준이 될 수 없음을 쉽게 알 수 있다. 따라서 그때그때의 구체적인 상황에 따라 여러 학설의 종합적인 조화를 통해 양자를 구별할 수밖에 없다는 견해가 독일과 우리의 통설이라고 할 수 있다. 이는 재산권의 종류와 내용의 다양성, 사회적 기속도의 차이, 상황과 위치의 차이, 추구되는 공익의 다양성 등으로 인해 필연적으로 발생되는 다양성에서 기인하는 불가피한 현상이라고 볼 수 있다.

(3) 개발제한구역지정이 공용제한에 해당되는지의 여부

결국 이러한 여러 기준에 비추어 볼 때 개발제한구역 지정행위는 사회적 기속일 수도 있고, 공용제한일 수도 있다. 즉 예컨대 상황구속성설이나 목적위배설 등에 비추어 보면 구역지정된 토지의 본래의 기능과 목적 등이 개발제한구역 지정행위의 목적에 부합되면 사회적 기속에 해당한다고 볼 수 있으나, 강도설, 기대가능성설, 보호가치성설, 사적유용성설 등에 비추어 보면 이러한 제한이 수인의 기대가능성이 없는 특별희생을 야기하는 공용제한으로 볼 수도 있다. 따라서 결국 해당 토지와 관련된 제반사항을 비교형량하여 그때그때의 상황에 따라 개별적으로 판단할 수밖에 없을 것이나, 분명한 것은 개발제한구역 지정행위가 사안에 따라 특별희생을 야기하는 공용제한에 해당될 수 있으므로 보상을 해줘야 하며, 따라서 일률적으로 사회적 기속으로 간주하여 보상을 거부하는 것은 위헌이며, 이러한 측면에서 헌재의 결정은 기본적으로 타당하다고 본다. 만일 반대의견이나 그동안의 대법원의 견해처럼 재산권의 박탈이나 사용 또는 재산권의 이용·처분을 금지시키는데 이르지 아니하는 재산권에 대한 제한은 일률적으로 보상이 필요 없는 사회적 기속에 속하는 것으로서 공공의 복리를 위하여 감수해야 한다고 한다면 헌법 제23조 제3항에서 정한 공용수용·사용 이외의 보상을 요하는 공용제한은 사실상 존재할 수 없게 되고, 따라서 이 공용제한에 관한 헌법적 규정은 단지 장식적인 것에 불과하게 될 것이다.

2. 불가분조항의 원칙[8)]

앞서 언급한 바와 같이 법 제21조에 의한 제한은 상황에 따라서는 헌법 제23조 제3항의 공용제한에 해당할 수 있고, 따라서 당연히 보상을 해야 하는데, 법 제21조에는 보상규정이 없다. 여기서 이 조항이 단지 보상규정이 없다는 사실 때문에 위헌이 될 것인가 하는 문제가 제기된다. 이 문제는 헌법 제23조 제3항에 도출하는 불가분조항의 원칙하에서 고찰되어야 할 것이다.

(1) 불가분조항의 원칙의 의의

헌법 제23조 제3항은 "공용필요에 의한 재산권의 수용·사용 또는 제한 및 그에 대한 보상은 법률로써 하되, 정당한 보상을 지급하여야 한다"라고 규정하고 있다. 이 규정에 의하여 공용침해에 대한 보상은 반드시 법률로 규정되어 있어야 하며, 공용침해에 관한 규정과 보상에 관한 규정은 불가분이어야 한다. 즉 공용침해의 근거조항과 손실보상의 근거조항은 반드시 하나의 같은 법률속에 동시에 규정되어 있어야 한다. 이처럼 같은 법률에 공용침해에 관한 조항과 보상조항이 함께 규정되어 있어야 한다는 원칙을 소위 불가분조항(Junktimklausel)의 원칙이라고 한다. 이러한 불가분조항의 원칙을 헌법상 명시한 전형적인 예로서 독일기본법을 들 수 있다. 즉 동법 제14조 제3항 제2문은 "공용침해(Enteignung)는 '보상의 종류와 범위를 규정한 법률'로써 또는 법률의 근거하에서만 이루어질 수 있다"라고 규정함으로써 공용침해의 근거조항과 보상의 근거조항이 반드시 같은 법률에 동시에 규정되어 있어야 한다는 원칙을 명백히 하고 있다.

우리의 경우는 헌법 제23조 제3항이 단순히 "공공필요에 의한 재산권의 수용·사용 또는 제한 및 그에 대한 보상은 법률로써 하되…"라고만 규정하고 있어서 독일처럼 불가분조항의 원칙을 명백히 하고 있지는 않지만, 우리의 경우도 불가분조항의 원칙을 요구하고 있는 것으로 보아야 할 것이다. 왜냐하면 첫째, 헌법 제23조 제3항에서의 '법률'은 논리필연적으로 공용침해에 관한 조항과 보상에 관한 조항을 '동시에 규정하고 있는 법률'을 의미한다고 해석되어지며, 둘째, 이 불가분조항

8) 불가분조항의 원칙에 대하여 자세한 것은 정연주, 공용침해와 불가분조항, 고시연구 1992. 4, 117쪽 이하 참조.

의 원칙이 헌법상 요구되어 질 때에 비로소 공용침해에 대한 보상의 확보라고 하는 헌법상 재산권보장의 2차적 내용인 가치보장(Wertgarantie)이 확립될 수 있고,[9] 이것이 바로 헌법 제23조 제1항의 재산권보장의 취지에 부합되기 때문이다.

(2) 불가분조항의 원칙 위반의 효과

불가분조항의 원칙에 따라 보상규정이 없는 공용침해법률은 위헌·무효이고, 이에 근거한 재산권 침해행위는 원칙적으로 취소되어야 한다. 따라서 이 경우 행정청이나 법원은 근거규정이 없는 보상을 직권에 의해서 또는 직접 헌법규정을 근거로 해서 허용해 줄 수는 없다. 결국 법원의 보상에 대한 심사의 범위는 실제로 이루어진 보상이 공용침해법률에 규정된 보상조항이 정한 기준에 부합되는지의 여부를 판단하는 데에 그친다고 하겠다.

이러한 견해는 헌법 제23조의 재산권규정의 내부적 체계로부터 직접 도출되는 것이다. 이에 따르면 재산권 관련법률은 다음 3가지의 경우로 분류될 수 있다.

첫째, 헌법 제23조 제1항 제2문의 규정에 근거한 재산권의 내용과 한계를 정하는 법률이다. 이는 재산권에 대하여 그의 실정법상의 형태를 부여한다.

둘째, 헌법 제23조 제3항의 규정에 근거한 공용침해법률이다. 이는 공공필요에 따른 재산권에 대한 수용·사용·제한의 근거가 되며, 따라서 그에 대한 보상규정을 필요로 한다.

셋째, 헌법 제23조 제1항 제2문에 따른 재산권의 내용과 한계를 정한 규정의 범위를 넘어선, 다시 말해 재산권에 대한 단순한 사회적 기속(헌법 제23조 제2항)의 한계를 넘어선, 따라서 보상을 필요로 하는, 그러나 입법자가 법률 제정 시 공용침해를 예견하지 못했거나 허용하지 않았고, 따라서 보상규정을 가지고 있지 아니한 법률이다. 이러한 법률은 그 적용을 통해 실제로는 재산권자에게 특별희생을 초래하게 되며, 따라서 반드시 보상을 규정하고 있어야 함에도 불구하고 그 보상규정을 가지고 있지 아니하므로 위헌이며, 따라서 이러한 위헌법률에 근거한 공권력 행사로 인해 자신의 재산권이 침해된 자는 원칙적으로 행정쟁송을 통해 침해행위를 취소시킴으로써 자신의 재산권을 회복할 수 있고 또 하여야 한다.

이러한 헌법 제23조의 재산권규정의 내부적 체계로부터 재산권의 보장내용으로

9) 불가분조항의 원칙은 재산권보장적 기능, 입법자에 대한 경고적 기능, 의회의 예산특권의 보장기능 등의 세 가지 기능을 가지므로 헌법상 요구되는 것이다. 이에 대해 자세한 것은 정연주, 전게논문, 120쪽 이하 참조.

서의 존속보장과 가치보장의 이중적 체계가 도출된다.[10] 이에 따르면 재산권보장의 내용은 일차적 · 원칙적으로 재산권의 대상 그 자체의 존속보장, 즉 재산권에 대한 모든 침해행위로부터의 보장이다. 이러한 재산권의 존속보장은 모든 헌법상의 허용조건을 충족시킨 합헌적 공용침해[11]의 경우에만 비로소 가치보장, 즉 손실보상의 보장으로 전환되는 것이다. 따라서 이러한 재산권보장 법리의 2중적 체계에 있어서 헌법은 재산권의 존속보장에 그 우선권을 부여하고 있는 것이고, 이 존속보장우선의 원칙에 따라 결국 불가분조항원칙의 위반에 대한 구제방법은 재산권 침해의 결과에 대한 보상이 아닌 해당 공용침해법률의 위헌 · 무효화와 침해행위 자체의 취소인 것이다.

(3) 불가분조항의 원칙 위반 여부

결국 법 제21조에 따른 제한은 특별희생을 야기하는 공용제한일 수 있고, 따라서 불가분조항의 원칙에 따라 반드시 보상규정이 동시에 마련되어 있어야 하는데, 보상규정이 없으므로 법 제21조는 위헌인 것이다.

Ⅳ. 헌재결정의 문제점

1. 비례의 원칙과 관련하여

그런데 헌재결정은 법 제21조가 헌법 제23조 제1항에 따른 합헌적 규정인데 단지 예외적인 경우에도 아무런 보상 없이 이를 감수하도록 하고 있는 것은 비례의 원칙에 위반되어 당해 토지소유자의 재산권을 과도하게 침해하는 것으로서 헌법에 위반된다고 하면서, 따라서 입법자가 이 사건 법률조항을 통하여 국민의 재산권을 비례의 원칙에 부합하게 합헌적으로 제한하기 위해서는 수인의 한계를 넘어 가혹한 부담이 발생하는 예외적인 경우에 이를 완화하는 보상규정을 두어야 하고 이러한 보상규정은 입법자가 헌법 제23조 제1항 및 제2항에 의하여 재산권의 내용을 구체적으로 형성하고 공공의 이익을 위하여 재산권을 제한하는 과정에서 이를 합헌적으로 규율하기 위하여 두어야 하는 규정이라고 판시함으로써 법 제21조를 헌

---

10) 재산권규정의 2중적 구조 및 이에 따른 존속보장과 가치보장의 관계에 대하여 자세한 것은 정연주, 손실보상, 418쪽 이하 참조.

11) 공용침해의 헌법상 허용조건에 대하여 자세한 것은 정연주, 공용침해의 헌법상 허용조건, 연세법학연구 제3집, 1995, 455쪽 이하 참조.

법 제23조 제3항이 아닌 헌법 제23조 제1항 및 제2항의 범주내에서 비례의 원칙 위반을 이유로 위헌시하고 있다. 그러나 이는 헌법 제23조의 규범적 구조와 특성 및 비례의 원칙의 내용 등에 부합되지 아니하는 논리이다.

앞서 언급한 바와 같이 헌법 제23조는 크게 제1·2항과 제3항의 2중적 구조로 이루어져 있다. 즉 재산권제한 및 형성적 법률유보(존속보장)규정과 공용침해(가치보장)규정으로 이루어져 있는 것이다. 제1항은 재산권의 내용과 한계는 법률로 정하도록 하고 있는데, 이는 제2항에 따라 재산권의 행사가 공공복리에 적합하도록 그 내용과 한계가 정해지는 것이다. 따라서 제1항과 제2항은 표리의 관계에 있는 조항으로서, 이는 재산권의 헌법적 한계 내지 제한을 규정함과 동시에 그 한계내에서의 재산권의 구체적 내용의 형성을 의미하는 것이다. 그러므로 이러한 법률은 재산권 제한적 법률이자 동시에 형성적 법률이며, 재산권은 이러한 사회적 기속이라는 헌법적 한계내에서 구체적으로 그 내용이 형성·보장되는 것이다. 그리고 다른 한편 만일 이러한 제한이 일반희생이 아닌 특별희생을 야기하는 경우에는 그러한 제한·침해는－이미 재산권(사용·수익·처분권)의 본질적 내용을 합헌적으로 침해하는－공용침해로서 보상을 요하게 되고, 이는 제1항의 내용과 한계를 정하는 기본권의 제한 및 형성적 법률이 아니라, 제3항의 공용침해법률에 해당되는 것이고, 따라서 불가분조항의 원칙에 따라 당연히 보상규정이 동시에 마련되어 있어야 하는 것이다.

이에 따라 법 제21조에 의한 제한이 일반적으로 수인할 수 있는 사회적 기속의 범주라면 보상이 필요 없지만, 특별희생을 야기하는 경우라면 보상을 요하는 공용침해법률이며 따라서 보상규정이 존재해야 하는데, 이러한 제한(공용제한)의 경우에도 보상규정이 없으므로, 이는 불가분조항의 원칙 위반이자 헌법 제23조 제3항 위반으로 원칙적으로 그 법률조항의 위헌·무효와 구역지정행위의 취소를 시켜야 한다. 따라서 보상을 하지 않으면 과도한 침해가 되어 헌법 제37조 제2항의 비례의 원칙 위반이 된다는 논리구성은 잘못이다. 즉 재산권제한은 1차적으로 헌법 자체에 따른 한계와 제한이지 헌법 제37조 제2항에 따른 일반적 법률유보가 아닌 것이다. 일반적으로 재산권제한이 비례의 원칙을 위반했다는 것은 사회적 기속법률에 따른 제한이 소기의 공익실현을 위한 수단으로서 비례적이지 못했거나, 공용침해법률에 따른 제한이 필요 이상의 제한을 했다는 것을 의미하며,[12] 이 경우 그 제한행위는 위헌·위법으로서 원칙적으로 취소되어야 하는 것이지 보상을 해준다고

12) 공용침해와 비례의 원칙과의 관계에 대하여는 정연주, 전게논문, 463쪽 이하 참조.

합헌시되는 것은 아니며, 재산권의 본질적 내용을 침해했다면 이미 특별희생을 야기한 것으로 이는 공용침해법률에 해당되는 경우로서－불가분조항의 원칙 등 헌법 제23조 제3항이 정한 공용침해의 합헌적 전제조건이 충족되었다는 전제하에서－보상으로 그 존속보장의 파괴를 가치보장으로 전환시키는 것이다. 그런데 앞서도 언급했듯이 이 사건에서 문제되는 것은 법 제21조에 의한 제한이 특별희생을 야기하는 경우로서 이 경우에는 법 제21조가 헌법 제23조 제1항이 아닌 제3항의 공용침해법률에 해당하므로 당연히 보상규정이 있어야 하는데 없으므로 불가분조항의 원칙 위반 및 헌법 제23조 제3항 위반으로 법 제21조가 위헌·무효가 되고, 구역지정행위는 취소되어야 하는 것이다. 다만 현실적 이유로 헌법불합치결정이 이루어지고, 이에 따라 잠정적으로 그 효력이 지속되는 것에 불과하다. 결국 비례의 원칙을 기준으로 법 제21조의 위헌성을 판단한 것은 헌법 제23조의 규범구조와 재산권보장의 법리 및 비례의 원칙에 대한 오해에서 비롯된 부당한 논리라고 하지 않을 수 없다.

2. 개발제한구역 지정이 공용제한에 해당되는지 여부의 기준과 관련하여

앞서 언급한 바와 같이 개발제한구역 지정이 공용제한에 해당되는지 여부는 해당 토지와 관련된 제반사항을 비교형량하여 그때그때의 상황에 따라 개별적으로 판단할 수밖에 없을 것이나, 분명한 것은 개발제한구역 지정행위가 사안에 따라 특별희생을 야기하는 공용제한에 해당될 수 있으므로 보상을 해줘야 하며, 따라서 일률적으로 사회적 기속으로 간주하여 보상을 거부하는 것은 위헌이며, 이에 따라 개발제한구역 지정으로 인하여 토지를 종래의 목적으로도 사용할 수 없거나 또는 더 이상 법적으로 허용된 토지이용의 방법이 없기 때문에 실질적으로 토지의 사용·수익의 길이 없는 경우에는 토지소유자가 수인해야 하는 사회적 제약의 한계를 넘는 것으로 보아야 한다는 헌재의 결정은 기본적으로 타당하다고 본다.

그러나 다른 한편 헌재결정에 따르면 구역지정 후 토지를 종래의 목적으로 사용할 수 있는 원칙적인 경우에는 획일적으로 사회적 기속에 해당되어 보상이 필요없다고 하는데, 이 경우도 사안에 따라서는 수인의 기대가능성이 없는 특별희생을 야기할 수 있어 보상을 요하게 될 수 있으며, 따라서 이를 일률적으로 부정하고 오로지 구역지정 후 토지를 종래의 목적으로도 사용할 수 없거나 또는 토지를 전혀 이용할 수 있는 방법이 없는 예외적인 경우에만 보상을 인정하는 논리는 앞서 언급한 이유로 잘못된 견해라고 본다.

3. 기타의 문제점

그밖에도 첫째, 보상이 필요 없는 사회적 기속과 보상을 요하는 공용제한과의 구별기준에 대한 논의가 미흡하고, 둘째, 헌법 제23조 제2항에 따른 재산권의 사회적 제약을 재산권의 '내재적 한계'라고 표현함으로써 기본권의 내재적 한계와 기본권에 대한 외부적 제한으로서의 헌법적 제한 내지 한계를 혼동하고 있으며, 셋째, 구역지정행위제도 자체는 토지재산권의 사회적 기속성을 구체화한 것으로서 합헌적 규정이므로 단순위헌이 아닌 헌법불합치결정을 내린다는 논리는, 지정행위가 사회적 기속뿐 아니라 공용제한에 해당할 수도 있으므로 당연히 불가분조항의 원칙에 따라 보상규정이 있어야 하는데 없으므로 구역지정행위 자체와 법 제21조가 이미 위헌이라는 점에 비추어보면 설득력이 없고, 넷째, 입법촉구를 하면서 실지조사 등 많은 준비기간이 필요하다는 등의 이유로 입법자에게 보상법률제정에 대한 기한을 부과하지 않고 있는데, 이는 개발제한구역 지정과 관련한 문제들에 대하여 이미 많은 논의와 연구 및 조사가 이루어졌으며, 해당 토지소유자들은 이미 오랫동안 말할 수 없는 고통을 받아왔고, 그동안의 헌재의 헌법불합치결정에 대하여 많은 경우 입법자가 아무런 개선조치를 취하지 않은 채 방치하고 있다는 사실 등에 비추어 볼 때 입법촉구의 효과를 반감시키는 결정유형이라고 아니할 수 없으며, 다섯째, 재산적 '손실'이 아닌 '손해'라는 용어를 사용함으로써 적법한 재산권 침해에 대한 전보로서의 손실과 불법(위법과 고의 또는 과실)한 침해에 대한 전보로서의 손해와의 구별을 모호하게 하는 등 많은 문제점을 헌재결정은 지니고 있다.

V. 맺는 말

지금까지 헌재결정의 내용과 법 제21조의 위헌성에 대하여 살펴보았다. 이번 헌재결정은 그동안 부정되어왔던 개발제한구역 지정에 대한 보상문제를 헌법상의 재산권보장이론의 측면에서 심도있게 다루고 이를 예외적이나마 긍정하면서 법 제21조에 대한 헌법불합치결정을 내렸다는 점에서 그 의의를 찾을 수 있다. 그러나 헌재결정은 앞서 언급한 다양한 문제점들도 지니고 있다.

사실 앞서도 언급했듯이 원칙적으로는 단순위헌결정을 내리고, 이에 따라 행정청에서는 해당 구역지정을 취소 내지 해제해야 할 것이다.[13] 그러나 그럴 경우 발생되는 여러 혼란과 문제점, 예컨대 법 제21조 자체가 전부 무효가 됨으로써 모든 구역지정이－그로 인한 재산권의 제한이 특별희생에 해당하는지 일반희생에 해당하는 지에 관계없이－취소 내지 해제되게 되어 공익을 심각히 해칠 수 있고, 이 경우－주지하는 바와 같이 위헌결정의 효력은 당해 사건 및 기타 소송이 제기된 사건에까지 소급적으로 미치므로 적어도 이러한 사건들과 관련하여－그동안의 희생에 대한 보상여부가 문제가 될 수 있는 등 많은 법적 혼란이 예상되므로 헌법불합치결정을 내린 것은 불가피했다고 본다. 이와 관련하여 반대의견은 위헌결정에는 소급효가 없고 장래효만 있으므로 단순위헌결정을 내리더라도 문제가 없다고 하나, 앞서도 언급했듯이 단순위헌결정의 경우에는 법 제21조 자체가 무효가 되어 사라지게 되므로 소급효를 인정하지 않는다 하더라도 이는 이미 종료된 사안, 즉 지금까지의 재산권에 대한 제한에 대하여 효력이 미치지 않는다는 것이지 장래에 향하여 구역지정을 해제시키는 것을 부정하는 것은 아니며, 아울러 앞서 언급한 바와 같이 대법원[14]과 헌재[15]는 그동안 위헌결정의 효력을 꾸준히 소급적으로 확대시켜 왔기 때문에 사실상 위헌결정의 효력은 소급적이라고 해도 과언이 아니다.

끝으로 보상의 대상과 방법 등은 기본권의 행사와 제한에 관한 본질적 사안이므로 법률유보의 원칙과 법률의 명확성 및 예측가능성의 원칙에 따라 입법자가 법률로 구체적이고 명확하게 규정해야 하는 것이 원칙일 것이다. 그러나 개발제한구역 지정의 경우 단순한 사회적 기속에 속하는 경우와 공용제한에 해당하는 경우의 두 가지로 구별될 수 있는데, 그 구별기준도 명확하지 않고, 개발제한구역 지정의 특성상 구체적 상황에 따라 그 효과가 다양하기 때문에 입법자가 보상의 대상 등에 대하여 일률적이고 더 이상의 구체화가 필요 없이 명확하게 규정하는 것은 사실상 불가능하므로, 어느 정도의 불명확성과 추상성은 불가피하다고 본다. 이에 따라 구체적인 사안에서 행정청이 보상을 요하는 경우와 그렇지 아니한 경우를 결정하고 이에 대하여 이의가 있는 재산권자는 행정청에 의한 법해석과 법집행의 위법을 이유로 최종적으로 법원의 판단에 따라 구제받을 수 있을 것이다. 물론 보상규정 등 법률 자체에 명백한 하자가 있다면 또 다시 헌재의 판단대상이 될 것이다.

---

13) 여기서 취소·해제 대신에 보상의 근거규정 없이도 보상으로 대신할 수 있느냐 하는 문제가－소위 수용유사침해법리와 관련하여－제기될 수 있는데, 이는 원칙적으로 허용될 수 없다고 본다. 이에 대하여 자세한 것은 정연주, 재산권보장과 수용유사침해, 고시연구, 1991. 5, 103쪽 이하 참조.

14) 예컨대 1991. 6. 11. 90다5450; 1991. 12. 24. 90다8176; 1992. 2. 14. 91누1462; 1993. 1. 15. 92다12377.

15) 예컨대 1993. 5. 13. 92헌가10 등.

16. 제대군인가산점제의 헌법적 문제

- 헌재 1999. 12. 23. 98헌마363 「제대군인지원에 관한 법률」 제8조 제1항 등 위헌확인[1] -

[目 次]

Ⅰ. 머리말

오랫동안 계속되어 온 남북한의 분단과 대립, 북한의 핵문제로 야기된 한반도와 주변국에서의 안보불안과 이해대립, 최근의 남북화해와 북한의 비핵화추진으로 인한 긴장완화, 계속해서 발생되고 있는 군대내의 다양한 사건·사고, 그리고 최근 논의되고 있는 양심적 병역거부의 허용으로 인한 대체복무의 문제 등으로 인해 군

1) 헌재 1999. 12. 23. 98헌마363, 판례집 11-2, 770.

에 대한 관심이 고조되고 있다. 그런데 그와 더불어 군복부여건과 군인의 처우개선 및 군복무에 대한 보상 차원에서의 군가산점제의 재도입문제 역시 중요한 군과 관계된 관심사가 아닐 수 없다.

주지하는 바와 같이 1999년 구 제대군인지원에 관한 법률상의 군가산점제가 헌법재판소에서 위헌결정을 받아 폐지되었다. 그럼에도 불구하고 그 이후 국회는 2008년 가산점을 2.5% 이내로 규정하는 등 예전에 비해 혜택의 폭을 크게 줄이는 내용의 병역법 개정안을 국방위원회에서 통과시킨 바 있다. 그러나 여성계 등의 반대로 최종적으로 법안이 확정되지 못했다. 이처럼 제대군인가산점제의 재도입을 위한 개정 내지 입법안에 대하여 다양한 의견이 개진되어 왔고, 정부 내에서도 견해가 갈려 왔다. 예컨대 과거 구 「제대군인지원에 관한 법률」상 특정 부문의 공무원 시험 시 제대군인가산점제도 관련 조항이 헌법재판소에서 위헌결정을 받았기 때문에 가산점제도 자체가 위헌이라는 견해에서부터 가산점제도의 내용에는 문제가 없지만 보다 적극적이고 다양한 제도의 도입이 요구된다는 입법론적인 견해에 이르기까지 다양한 논의가 진행 중이다.

우리의 안보현실에 비추어, 특히 남북이 분단된 현실을 감안할 때 군의 중요성은 아무리 강조해도 지나치지 않을 것이다. 다른 한편 열악한 복무환경, 군전역 후 사회복귀시의 어려움, 특히 사회에 만연한 군기피풍조를 고려한다면 군의 사기와 자부심 진작 및 군복무에 대한 어떠한 형태의 보상은 절대로 필요하다고 하겠다. 따라서 그 보상 방법의 하나로서 취업 시의 가산점제도는 여전히 나름대로의 의미와 기능을 가진다고 하겠다.

그러므로 여기서는 먼저 과거 구 「제대군인지원에 관한 법률」의 관련 내용과 헌법재판소의 결정내용을 살펴본 후, 지금까지 거론되어 온 군가산점제 재도입안의 내용과 그에 대한 헌법적 문제를 검토하고자 한다.

Ⅱ. 헌재결정의 내용

1. 사건의 개요와 심판의 대상

(1) 사건의 개요

청구인 이○진은 1998. 2. 이화여자대학교를 졸업한, 청구인 조○옥, 박○주, 김○원, 김○정은 같은 대학교 4학년에 재학중이던 여성들로서 모두 7급 또는 9급 국가공무원 공개경쟁채용시험에 응시하기 위하여 준비중에 있으며, 청구인 김○수는 연세대학교 4학년에 재학중이던 신체장애가 있는 남성으로서 역시 7급 국가공무원 공개경쟁채용시험에 응시하기 위하여 준비중에 있다.

청구인들은 제대군인이 6급 이하의 공무원 또는 공·사기업체의 채용시험에 응시한 때에 필기시험의 각 과목별 득점에 각 과목별 만점의 5퍼센트 또는 3퍼센트를 가산하도록 규정하고 있는 제대군인지원에관한법률 제8조 제1항, 제3항 및 동법시행령 제9조가 자신들의 헌법상 보장된 평등권, 공무담임권, 직업선택의 자유를 침해하고 있다고 주장하면서 1998. 10. 19. 이 사건 헌법소원심판을 청구하였다.

(2) 심판의 대상

이 사건 심판의 대상은 제대군인지원에관한법률(1997. 12. 31. 법률 제5482호로 제정된 것. 이하 '이 법'이라 한다) 제8조 제1항 및 제3항, 동법시행령(1998. 8. 21. 대통령령 제15870호로 제정된 것. 이하 '이 시행령'이라 한다) 제9조가 청구인들의 기본권을 침해하는지 여부이며, 이 조항들 및 관련법규의 내용은 다음과 같다.

이 법 제8조(채용시험의 가점) ① 제7조 제2항의 규정에 의한 취업보호실시기관이 그 직원을 채용하기 위한 시험을 실시할 경우에 제대군인이 그 채용시험에 응시한 때에는 필기시험의 각 과목별 득점에 각 과목별 만점의 5퍼센트의 범위안에서 대통령령이 정하는 바에 따라 가산한다. 이 경우 취업보호실시기관이 필기시험을 실시하지 아니한 때에는 그에 갈음하여 실시하는 실기시험·서류전형 또는 면접시험의 득점에 이를 가산한다.

③ 취업보호실시기관이 실시하는 채용시험의 가점대상직급은 대통령령으로 정한다.

이 시행령 제9조(채용시험의 가점비율 등) ① 법 제8조 제1항의 규정에 의하여 제대군인이 채용시험에 응시하는 경우의 시험만점에 대한 가점비율은 다음 각호의 1과 같다.

1. 2년 이상의 복무기간을 마치고 전역한 제대군인 : 5퍼센트
2. 2년 미만의 복무기간을 마치고 전역한 제대군인 : 3퍼센트

② 법 제8조 제3항의 규정에 의한 채용시험의 가점대상직급은 다음 각호와 같다.

1. 국가공무원법 제2조 및 지방공무원법 제2조에 규정된 공무원 중 6급 이하 공무원 및 기능직공무원의 모든 직급

2. 국가유공자등예우및지원에관한법률 제30조 제2호에 규정된 취업보호실시기관의 신규채용 사원의 모든 직급

2. 청구인들의 주장과 관계기관의 의견

(1) 청구인들의 주장

1) 제대군인가산점제도의 입법취지는 병역의무를 자진하여 이행하는 풍토를 조성하는 한편 제대군인의 사회복귀를 도와 병역의무이행으로 인한 불이익을 보상함에 있다고 하는바, 자발적인 병역의무이행 풍토를 조성하는 것은 어디까지나 병역법의 엄격한 적용과 병역의무에 대한 건전한 의식의 형성 등에 의하여 달성하여야 하는 것이지, 공무원 및 공·사기업체의 채용시험에서 제대군인에게 각 과목별로 만점의 3퍼센트 또는 5퍼센트를 가산하도록 하는 제대군인가산점제도를 그 수단으로 사용하는 것은 방법에 있어 적절하지 않으며, 제대군인에 대한 보상은 금전적 또는 다른 합리적인 범위내의 처우이어야 하지 제대군인이라는 특수한 사회적 지위를 창설하여 이들에게 특혜를 부여함으로써 다른 기본권주체의 기본권을 침해하는 방법으로 하여서는 아니된다.

2) 7·9급 공무원 채용시험의 경우 합격점이 평균 80점을 훨씬 상회하고 있고 불과 영점 몇 점차로 합격여부가 좌우되는 상황에서 제대군인에 대하여 시험과목별로 3점 또는 5점을 가산하는 것은 당락에 결정적으로 영향을 미치는바, 가산점 혜택을 받지 못하는 자는 경우에 따라 만점을 받고도 불합격되는 모순이 있을 수 있으며 결국 이들의 응시기회를 사실상 박탈하는 것과 같은 가혹한 결과를 초래하므로 피해의 최소성의 원칙에 어긋난다.

3) 여성과 장애인은 유형·무형의 성적 차별 내지 사회적 편견·냉대로 능력에 맞는 직업을 구하기가 지극히 어려운 것이 현실인데, 제대군인가산점제도는 군복무를 마친 신체적으로 건장한 남성에 비해 상대적으로 사회적 약자인 여성과 장애인을 그들이 이행할 수도 없는 병역의무를 이행하지 않았다는 이유로 직업의 세계에서 몰아냄으로써 그들의 생존을 어렵게 하고 있다.

4) 헌법 제25조는 공무담임권을 보장하고 있는바, 그 취지는 능력주의에 합당한 선발기준을 마련함으로써 모든 국민에게 그 능력과 적성에 따라 공직에 취임할 수 있는 동등한 기회를 보장한다는 것이다. 제대군인가산점제도는 직무수행능력이 아니라 병역의무이행 여부를 공무원선발의 기준으로 삼고 있다는 점에서 국민의 공

무담임권을 침해하고 있다.

5) 헌법 제15조는 직업의 자유를 보장하고 있고, 직업선택의 자유는 직업행사의 자유에 비하여 상대적으로 그 제한폭이 좁다고 할 것인바, 제대군인가산점제도는 여성이나 장애인이 공·사기업체에 취업하는 것을 사실상 차단하고 있으므로 이들의 직업선택의 자유를 침해하는 것이다.

6) 따라서 제대군인가산점제도는 과잉금지원칙에 반하여 청구인들의 헌법상 보장된 평등권, 공무담임권, 직업선택의 자유를 침해하고 있다.

(2) 국가보훈처장의 의견

1) 여성에 대하여는 공무원시험에서 이른바 '여성채용목표제'가 시행되고 있어 합격선에 미달하더라도 추가로 합격처리 될 수 있는바, 이러한 특혜를 부여받는 여성이 제대군인가산점제도로 인한 피해자라고 할 수 없으므로 청구인들 중 여성들은 헌법소원청구의 적격이 없다.

2) 이 법은 1997. 12. 31. 공포되고, 1998. 7. 1. 시행되었는바, 헌법소원 청구기간의 기산점은 그 공포일로 보아야 하고, 따라서 1998. 10. 19.에야 청구된 이 사건 헌법소원은 청구기간을 도과한 것이다.

3) 제대군인가산점제도는 군복무로 인하여 제한된 개인의 권익을 보전해 주는 한편, 현역장병들의 사기가 저하되지 않도록 함으로써 안정된 국방력을 확보하기 위하여 시행되는 제도로서, 군복무 중에는 학업 또는 생업을 포기하여야 하고 취업할 기회와 취업을 준비하는 기회도 상실하게 되는 개인적 희생을 감수하여야 하므로 이러한 손실을 최소한도나마 보전해 줌으로써 전역후 빠른 기간내에 일반사회로 복귀할 수 있도록 해 주는 것이 군복무를 하지 않고 일반 사회생활을 한 사람들과의 형평에 부합한다.

4) 군복무자와 비복무자를 기계적으로 동등하게 취급하여 경쟁하도록 하는 것은 대부분의 군복무자들의 공무담임권과 직업선택의 자유를 원천적으로 제한하는 결과가 되고, 실질적 평등의 원칙에도 어긋난다.

3. 주 문

제대군인지원에관한법률(1997. 12. 31. 법률 제5482호로 제정된 것) 제8조 제1항, 제3항 및 동법시행령(1998. 8. 21. 대통령령 제15870호로 제정된 것) 제9조는 헌법에 위반된다.

4. 판시사항

(1) 제대군인이 공무원채용시험 등에 응시한 때에 과목별 득점에 과목별 만점의 5% 또는 3%를 가산하는 제대군인가산점제도(이하 '가산점제도')가 헌법에 근거를 둔 것인지 여부(소극)

(2) 가산점제도로 인한 차별의 대상

(3) 가산점제도의 평등위반여부를 심사함에 있어 적용되는 심사척도

(4) 가산점제도로 여성, 신체장애자 등의 평등권이 침해되는지 여부(적극)

(5) 가산점제도로 여성, 신체장애자 등의 공무담임권이 침해되는지 여부(적극)

5. 결정요지

(1) 헌법 제39조 제1항에서 국방의 의무를 국민에게 부과하고 있는 이상 병역법에 따라 군복무를 하는 것은 국민이 마땅히 하여야 할 이른바 신성한 의무를 다 하는 것일 뿐, 그러한 의무를 이행하였다고 하여 이를 특별한 희생으로 보아 일일이 보상하여야 한다고 할 수는 없는 것이므로, 헌법 제39조 제2항은 병역의무를 이행한 사람에게 보상조치를 취하거나 특혜를 부여할 의무를 국가에게 지우는 것이 아니라, 법문 그대로 병역의무의 이행을 이유로 불이익한 처우를 하는 것을 금지하고 있을 뿐인데, 「제대군인지원에 관한 법률」 제8조 제1항 및 제3항, 동법시행령 제9조에 의한 가산점제도는 이러한 헌법 제39조 제2항의 범위를 넘어 제대군인에게 일종의 적극적 보상조치를 취하는 제도라고 할 것이므로 이를 헌법 제39조 제2항에 근거한 제도라고 할 수 없고, 제대군인은 헌법 제32조 제6항에 규정된 '국가유공자·상이군경 및 전몰군경의 유가족'에 해당하지 아니하므로 이 헌법조항도 가산점제도의 근거가 될 수 없으며, 달리 헌법상의 근거를 찾아볼 수 없다.

(2) 전체여성 중의 극히 일부분만이 제대군인에 해당될 수 있는 반면, 남자의 대부분은 제대군인에 해당하므로 가산점제도는 실질적으로 성별에 의한 차별이고, 가산점을 받을 수 있는 현역복무를 하게 되는지 여부는 병역의무자의 의사와 관계없이 징병검사의 판정결과, 학력, 병력수급의 사정에 따라 정해지는 것이므로 가산점제도는 현역복무나 상근예비역 소집근무를 할 수 있는 신체건장한 남자와 그렇지 못한 남자, 즉 병역면제자와 보충역복무를 하게 되는 자를 차별하는 제도이다.

(3) 평등위반 여부를 심사함에 있어 엄격한 심사척도에 의할 것인지, 완화된 심

사척도에 의할 것인지는 입법자에게 인정되는 입법형성권의 정도에 따라 달라지게 될 것이나, 헌법에서 특별히 평등을 요구하고 있는 경우와 차별적 취급으로 인하여 관련 기본권에 대한 중대한 제한을 초래하게 된다면 입법형성권은 축소되어 보다 엄격한 심사척도가 적용되어야 할 것인바, 가산점제도는 헌법 제32조 제4항이 특별히 남녀평등을 요구하고 있는 '근로' 내지 '고용'의 영역에서 남성과 여성을 달리 취급하는 제도이고, 또한 헌법 제25조에 의하여 보장된 공무담임권이라는 기본권의 행사에 중대한 제약을 초래하는 것이기 때문에 엄격한 심사척도가 적용된다.

(4) 1) 제대군인에 대하여 여러 가지 사회정책적 지원을 강구하는 것이 필요하다 할지라도, 그것이 사회공동체의 다른 집단에게 동등하게 보장되어야 할 균등한 기회 자체를 박탈하는 것이어서는 아니되는데, 가산점제도는 아무런 재정적 뒷받침 없이 제대군인을 지원하려 한 나머지 결과적으로 여성과 장애인 등 이른바 사회적 약자들의 희생을 초래하고 있으며, 각종 국제협약, 실질적 평등 및 사회적 법치국가를 표방하고 있는 우리 헌법과 이를 구체화하고 있는 전체 법체계 등에 비추어 우리 법체계내에 확고히 정립된 기본질서라고 할 '여성과 장애인에 대한 차별금지와 보호'에도 저촉되므로 정책수단으로서의 적합성과 합리성을 상실한 것이다.

2) 가산점제도는 수많은 여성들의 공직진출에의 희망에 걸림돌이 되고 있으며, 공무원채용시험의 경쟁률이 매우 치열하고 합격선도 평균 80점을 훨씬 상회하고 있으며 그 결과 불과 영점 몇 점 차이로 당락이 좌우되고 있는 현실에서 각 과목별 득점에 각 과목별 만점의 5퍼센트 또는 3퍼센트를 가산함으로써 합격여부에 결정적 영향을 미쳐 가산점을 받지 못하는 사람들을 6급 이하의 공무원 채용에 있어서 실질적으로 거의 배제하는 것과 마찬가지의 결과를 초래하고 있고, 제대군인에 대한 이러한 혜택을 몇 번이고 아무런 제한 없이 부여함으로써 한 사람의 제대군인을 위하여 몇 사람의 비제대군인의 기회가 박탈당할 수 있게 하는 등 차별취급을 통하여 달성하려는 입법목적의 비중에 비하여 차별로 인한 불평등의 효과가 극심하므로 가산점제도는 차별취급의 비례성을 상실하고 있다.

3) 그렇다면 가산점제도는 제대군인에 비하여, 여성 및 제대군인이 아닌 남성을 부당한 방법으로 지나치게 차별하는 것으로서 헌법 제11조에 위배되며, 이로 인하여 청구인들의 평등권이 침해된다.

(5) 헌법 제25조의 공무담임권 조항은 모든 국민이 누구나 그 능력과 적성에 따라 공직에 취임할 수 있는 균등한 기회를 보장함을 내용으로 하므로, 공직자선발

에 관하여 능력주의에 바탕한 선발기준을 마련하지 아니하고 해당 공직이 요구하는 직무수행능력과 무관한 요소를 기준으로 삼는 것은 국민의 공직취임권을 침해하는 것이 되는바, 제대군인 지원이라는 입법목적은 예외적으로 능력주의를 제한할 수 있는 정당한 근거가 되지 못하는데도 불구하고 가산점제도는 능력주의에 기초하지 아니하고 성별, '현역복무를 감당할 수 있을 정도로 신체가 건강한가'와 같은 불합리한 기준으로 여성과 장애인 등의 공직취임권을 지나치게 제약하는 것으로서 헌법 제25조에 위배되고, 이로 인하여 청구인들의 공무담임권이 침해된다.

Ⅲ. 제대군인가산점제 재도입안의 내용

이러한 헌재의 위헌결정에도 불구하고 제대군인에게 일정한 보상을 해주어야 한다는 상당한 국민적 정서와 필요성에 따라 국방부를 비롯한 여러 분야에서 군가산점제를 다시 도입해야 한다는 의견이 계속 제기되어 왔는데, 이러한 요청에 부응하여 정치권에서 군가산점제 재도입안이 구체화된 바 있다. 여기서는 그 중 대표적인 것으로서 국회의원 김성회와 주성영의 재도입안을 살펴보기로 한다.

1. 김성회의원안

(1) 제안이유

1999년 헌법재판소의 '제대군인 가산점제도'의 위헌결정 이후 우리나라의 젊은 이들은 신성한 국방의무를 이행했다는 자긍심보다는 복무기간 동안 희생한 시간과 기회 상실로 인한 피해의식을 크게 느끼고 있다.

국가는 국방의 의무를 성실히 이행한 사람들에 대하여 정당한 보상을 해야 할 의무가 있으며, 그 방안을 마련하여 제공하여야 할 것임. 그 중 제대군인 가산점제도는 군 복무기간 동안의 희생에 대하여 보상하고 제대 후 사회생활로의 원활한 복귀를 지원하기 위한 제도로서 국가가 보상할 수 있는 가장 핵심적인 제도로 미국 등 다른 국가에서도 운영되고 있는 제도이다.

이에 본 법률안에서는 제대군인 가산점제도를 도입하되, 위헌결정의 원인이 된 평등권 침해 및 비례원칙 위반을 해소하기 위하여 가산점 비율을 최소화 하고, 가산점 사용의 횟수와 기간을 제한하였으며, 가산점을 사용하여 합격한 사람에 대하여는 채용 후 호봉 또는 임금 산정시 군 복무기간을 근무경력으로 인정하지 않도록 하는 등의 내용으로 제대군인 가산점제도를 도입하려는 것이다.

(2) 병역법 일부개정법률안

본 개정안은 군가산점제 재도입을 위하여 병역법 일부를 다음과 같이 개정한다는 것이다.

제74조의 2 제1항 중 '취업보호실시기관'을 '취업지원 실시기관(이하 '취업지원실시기관'이라 한다)'으로 하고, 같은 조 제2항을 제7항으로 하며, 같은 조에 제2항부터 제6항까지를 각각 다음과 같이 신설한다.

② 취업지원실시기관의 장은 병역의무를 마친 사람(지원에 따른 군 복무를 마친 자를 포함한다)이 해당 기관의 채용시험에 응시하는 경우에는 필기시험의 각 과목별 득점에 각 과목별 득점의 2퍼센트의 범위 안에서 대통령령으로 정하는 비율에 해당하는 점수(이하 '가점'이라 한다)를 가산한다. 이 경우 취업지원실시기관이 필기시험을 실시하지 아니할 때에는 그에 갈음하여 실기시험·서류전형 또는 면접시험의 득점에 이를 가산한다.

③ 제2항에 따라 가점을 받아 채용시험에 합격하는 사람은 그 채용시험 선발예정인원의 20퍼센트를 초과할 수 없다. 이 경우 가점에 의한 선발인원을 산정하는 경우 소수점 이하는 버린다.

④ 제2항에 따른 채용시험에 응시하는 사람에 대한 가점 부여는 대통령령으로 정하는 응시횟수와 기간을 초과할 수 없다.

⑤ 취업지원실시기관의 장은 제2항에 따라 가점을 받아 채용시험에 합격한 사람에 대하여 호봉 또는 임금을 산정할 때에는 다른 법률의 규정에도 불구하고 군 복무기간을 근무경력으로 산정하지 아니한다. 이 경우 산정 여부의 결정시기는 응시자가 채용시험 전에 가점의 가산을 청구하였던 때로 한다.

⑥ 취업지원실시기관이 실시하는 채용시험의 가점 대상 계급·직급 및 직위와 그 밖에 채용시험의 가점에 필요한 사항은 대통령령으로 정한다.

(3) 개정안의 골자

1) 병역의무를 마친 사람 또는 지원에 따른 군복무를 마친 사람이 국가 등 취업지원 실시기관에 응시하는 경우에는 각 과목별 득점의 2퍼센트의 범위 안에서 가산점을 주도록 함(안 제74조의 2 제2항).

2) 가점을 받아 채용시험에 합격하는 사람은 그 채용시험 선발예정인원의 100분의 20을 초과할 수 없도록 그 상한을 정함(안 제74조의 2 제3항).

3) 채용시험에 응시하는 사람에 대한 가점 부여는 대통령령으로 정하는 횟수와 기간을 초과할 수 없도록 그 사용의 제한을 둠(안 제74조의 2 제4항).

4) 가점을 받아 채용시험에 합격한 사람에 대하여는 호봉 또는 임금을 산정할 때 군 복무기간을 근무경력으로 산정하지 않도록 하여 군 복무에 대한 보상이 이중으로 적용되는 것을 방지함(안 제74조의 2 제5항).

(4) 구 「제대군인지원에 관한 법률」과의 차이점

1) 구법은 필기시험 등의 각 과목별 득점에 각 과목별 '만점'의 '5퍼센트'의 범위안에서 대통령령이 정하는 바에 따라 가산하도록 했으나, 병역법 개정안은 필기시험 등 각 과목별 '본인 득점'의 2퍼센트 범위내에서 가점을 주도록 함으로써 각 과목별 만점이 아닌 실제 응시자가 획득한 득점을 기준으로 했고, 그것도 상한선을 5퍼센트가 아닌 2퍼센트로 하향조정했다.

2) 구법은 가산점을 받아 합격하는 사람의 비율에 상한을 두지 않았으나, 개정안은 채용시험 선발예정인원의 20퍼센트를 초과할 수 없도록 함으로써 상한을 두고 있다.

3) 구법은 가산점이 부여되는 채용시험에의 응시횟수와 가산점부여 기간에 대한 제한을 두지 않았으나, 개정안은 대통령령으로 정하는 횟수와 기간을 초과할 수 없도록 함으로써 제한을 두고 있다.

4) 개정안은 구법과는 달리 가점을 받아 채용시험에 합격한 사람에 대하여는 호봉 또는 임금을 산정할 때 군 복무기간을 근무경력으로 산정하지 않도록 하여 군 복무에 대한 보상이 이중으로 적용되는 것을 방지하고 있다.

2. 주성영의원안

(1) 제안이유

「제대군인지원에 관한 법률」상 제대군인에 대한 지원책은 중기복무와 장기복무 등 주로 5년 이상 복무한 장교·준사관 또는 부사관으로 전역한 사람이 그 대상이고, 그 이하 제대군인에 대한 지원책은 거의 마련되어 있지 아니한 상태임. 병역의무이행자에 대한 「병역법」에서의 지원책도 복직 및 복학을 보장하거나 보충역 복무를 마친 사람이 채용시험에 응시하는 경우에 대통령령이 정하는 바에 따라 3세의 범위 안에서 응시상한연령을 연장하는 것이 고작임.

그나마 제대군인이 국가·기업체 등의 채용시험에 응시한 경우 필기시험의 각 과목별 만점의 5퍼센트 범위 안에서 가점을 주도록 하던 가산점제도 마저 1999년도에 위헌으로 결정되고 이를 대체하기 위한 지원책이 마련되어 있다고는 하나, 인생의 가장 중요한 시기에 2년가량을 국가를 위해 봉사한 제대군인에 대한 지원책으로는 선진외국과 비교하여 볼 때 미흡할 뿐만 아니라 국방의무를 진 자와 그러하지 아니한 자와의 관계를 볼 때도 상대적인 역차별을 받고 있는 실정이어서 군 복무에 대한 자조감은 물론 국방의무에 대한 충성도가 갈수록 약화되고 있다고 할 것임.

따라서 예전의 가산점제도에 대한 형평성을 합리적으로 보완하고, 현역 또는 보충역 복무를 마친 사람에 대한 국가차원의 지원방안을 재정립하기 위하여, 채용시험 때 필기시험의 각 과목별 득점의 3퍼센트 범위 안에서 가점을 주도록 하고 필기시험을 실시하지 아니한 때에는 그에 갈음하여 실시하는 실기시험·서류전형 또는 면접시험의 득점에 가산할 수 있도록 함으로써, 신성한 국방의무에 대한 젊은 이들의 자존감을 살리고 사기를 진작시키며 나아가 국가에 대한 충성심을 고취시키려는 것임.

(2) 「제대군인지원에 관한 법률」 일부개정법률안

주성영의원안은 현행 제대군인지원에 관한 법률 일부를 다음과 같이 개정한다는 것이다. 즉 현행 「제대군인지원에 관한 법률」의 관련 조항인 제16조(채용 시 우대 등)는 "① 취업보호실시기관이 그 직원을 채용하기 위하여 응시연령을 정하여 채용시험을 실시하는 경우 그 채용시험에 응시하는 제대군인(「병역법」 제26조 제1항 제1호의 업무에 복무하고 소집해제된 공익근무요원을 포함한다. 이하 이 조에서 같다)에게는 대통령령으로 정하는 바에 따라 세 살의 범위에서 응시연령 상한을 연장하여야 한다. ② 생략 ③ 취업보호실시기관은 해당 기관에 채용된 제대군인의 호봉이나 임금을 결정할 때에 제대군인의 군 복무기간을 근무경력에 포함할 수 있다. ④ 생략"라고 규정하고 있는데, 제1항 중 '한다.'를 "하며, 그 채용시험에 있어서도 필기시험의 각 과목별 득점에 각 과목별 득점의 3퍼센트의 범위 안에서 대통령령으로 정하는 바에 따라 가산한다. 이 경우 취업보호실시기관이 필기시험을 실시하지 아니하는 때에는 그에 갈음하여 실시하는 실기시험 · 서류전형 또는 면접시험의 득점에 이를 가산한다."로 하고, 같은 조 제3항 중 '포함할 수 있다.'를 '포함하여야 한다.'로 하며, 같은 조에 제5항부터 제7항까지 각각 다음과 같이 신설한다는 것이다.

⑤ 제1항에 따라 가점을 받아 채용시험에 합격하는 사람은 그 채용시험 선발예정인원의 20퍼센트를 초과할 수 없다. 이 경우 가점에 의한 선발인원을 산정하는 경우 소수점 이하는 버린다. 다만, 가점하지 아니한 점수로 합격선을 넘은 가점대상자는 가점 합격자로 보지 아니한다.

⑥ 제1항에 따라 채용시험에 응시하는 사람에 대한 가점 부여는 대통령령으로 정하는 횟수 또는 기간을 초과할 수 없다.

⑦ 취업보호실시기관이 실시하는 채용시험의 가점 대상 계급 · 직급 및 직위와 그 밖에 채용시험의 가점에 관하여 필요한 사항은 대통령령으로 정한다.

또한 동법 제29조 제1항 중 '정당한 사유 없이 제14조 제2항에 따른 고용명령을 이행하지 아니한 자에게는'을 '다음 각 호의 어느 하나에 해당하는 자에게는'으로 하고, 같은 항에 제1호부터 제6호까지를 각각 다음과 같이 신설한다는 것이다.

1. 정당한 사유 없이 제14조 제2항에 따른 고용명령을 이행하지 아니한 자
2. 제16조 제1항을 위반하여 직원을 채용한 자
3. 제16조 제3항을 위반하여 근무경력을 산정한 자
4. 제16조 제4항을 위반하여 합격자를 결정한 자
5. 제16조 제5항을 위반하여 직원을 선발한 자
6. 제16조 제6항을 위반하여 가점을 부여한 자

(3) 개정안의 골자

1) 채용시험의 각 과목별 득점의 3퍼센트 범위 안에서 대통령령으로 정하는 바에 따라 가점을 주도록 함(안 제16조 제1항).

2) 가점을 받아 채용시험에 합격하는 사람은 그 채용시험 선발예정인원의 20퍼센트를 초과할 수 없도록 함(안 제16조 제5항 신설).

3) 채용시험에 응시하는 사람에 대한 가점부여는 대통령령으로 정하는 횟수 또는 기간을 초과할 수 없도록 함(안 제16조 제6항 신설).

4) 제16조 제1항 및 제3항부터 제6항까지를 위반한 자에 대하여 500만원 이하의 과태료를 부과함(안 제29조 제1항).

(4) 구법과의 차이점

1) 구법은 필기시험 등의 각 과목별 득점에 각 과목별 '만점'의 '5퍼센트'의 범위안에서 대통령령이 정하는 바에 따라 가산하도록 했으나, 개정안은 각 과목별 '득점'의 '3퍼센트' 범위 안에서 대통령령으로 정하는 바에 따라 가점을 주도록 함으로써 각 과목별 만점이 아닌 실제 응시자가 획득한 득점을 기준으로 했고, 그것도 상한선을 5퍼센트가 아닌 3퍼센트로 하향조정했다.

2) 구법은 가산점을 받아 합격하는 사람의 비율에 상한을 두지 않았으나, 개정안은 채용시험 선발예정인원의 20퍼센트를 초과할 수 없도록 함으로써 상한을 두고 있다.

3) 구법은 가산점이 부여되는 채용시험에의 응시횟수와 가산점부여 기간에 대한 제한을 두지 않았으나, 개정안은 대통령령으로 정하는 횟수 또는 기간을 초과할 수 없도록 함으로써 제한을 두고 있다.

3. 소 결

위에서 소개한 바와 같이 김성회의원안과 주성영의원안이 기본적으로 유사한 내용인데, 다만 첫째, 김성회의원안은 가산점의 범위를 필기시험 등 각 과목별 본인 득점의 2퍼센트 범위내로 규정한데 반해 주성영의원안은 3퍼센트 범위내로 규정하고 있다는 점, 둘째, 김성회의원안은 채용시험에 합격한 사람에 대하여는 호봉 또는 임금을 산정할 때 군 복무기간을 근무경력으로 산정하지 않도록 하고 있는데, 주성영의원안에는 그러한 제한이 없다는 점, 셋째, 주성영의원안은 정당한 사유 없이 가산점 관련 규정을 위반한 자에게 500만원 이하의 과태료를 부과하도록 규정하고 있으나, 김성회의원안은 그러한 규정이 없다는 점이 양 개정안의 차이점이라 하겠다.

한편 국방부도 군 사기문제 및 병역의무이행자에 대한 보상을 위하여 군필자에 대해 공무원 채용이나 공기업 입사 등에서 가산점제도를 재도입하겠다는 계획을 발표한 바 있다. 국방부안의 내용은 위에서 소개한 두 의원의 개정안과 기본적으로 동일하고, 다만 가산점의 범위를 각 과목별 득점의 2.5%의 범위안에서 대통령령이 정하는 바에 따른다는 점에서만 다소 차이가 있을 뿐이다.

Ⅳ. 제대군인가산점제 재도입에 대한 찬반논란

1. 찬성론

찬성론의 가장 큰 논거는 군 사기의 진작과 병역의무이행자에 대한 보상이 필요하다는 것이다. 학업이나 취업 등과 같은 중대한 인생의 준비시기에 목숨을 걸고 국가를 위하여 헌신한 병역의무이행자들이 군면제자 및 병역비리자에 비하여 오히려 학업이나 사회생활, 경제활동 등에 서 불리한 차별을 받게 되고 어떤 경우에는 그 차이가 평생을 간다는 점이 지적되고 있다. 그렇기 때문에 군가산점제도를 도입하면 병역기피현상을 완화할 수 있다는 주장도 근거로 제시되고 있다.[2)]

아울러 여성 및 장애인과의 평등권 위반문제로 파악하기 보다는, 오히려 복무자가 비복무자에 비하여 2~3년간 취업준비를 하지 못하는 것에 대한 보상으로서 접근해야 한다는 주장도 있다. 즉 병역의무이행으로 인하여 입는 실질적 차별을 보완하는 문제로서 가산점제도를 파악할 필요가 있다는 것이다.[3)]

한편 현재 계류중인 군가산점제도는 위헌결정 당시의 방식보다 제한된 방식이어서 헌법재판소가 지적한 비례성원칙에 부합하는 안이 된다고 한다. 이는 현재의 군가산점제도에 대한 위헌결정의 핵심은 가산점제도 자체가 아니라 가산점의 정도가 지나쳐 위헌이라는 견해에 바탕을 두고 있다.[4)]

2. 반대론

군가산점제의 재도입안에 반대하는 입장은 대체로 헌법재판소 결정의 핵심이 군가산점제도 자체가 위헌이라는 견해에 기초를 두고 있다. 따라서 개정안이 군가산점의 범위를 2% 또는 3% 이내로 하향조정하고, 가산점 합격자의 채용상한을 20%로 한정하며, 가산점 부여 횟수와 기간을 제한하고 있다고 하더라도 이로써 위헌성이 해소되는 것은 아니라는 것이다.[5)] 따라서 반대론은 병역의무를 마친 사람

2) 군복무가산점제 부활 망설일 이유없다, 한국경제, 2010. 12. 29; 군가산점제 부활하되 공감대 넓혀야, 중앙일보, 2011. 1. 11.

3) 군복무가산점제 부활 망설일 이유없다, 한국경제, 2010. 12. 29.

4) 군복무가산점제 부활 망설일 이유없다, 한국경제, 2010. 12. 29.

5) 한국여성정책연구원, 군복무에 대한 사회통합적 보상체계 마련을 위한 정책방안 연구－군가산점제 부활 논쟁을 계기로－, 2007 연구보고서(수시과제)－2, 22쪽, 91쪽. 다음의 기관들도 같은 의견을 제시하고 있음. 국가인권위원회, 김성회의원 대표발의 「병역법 일부개정법률안」에 대한 의견 표명,

에 대한 보상의 필요성은 인정되나, 병역의무를 마친 사람에 대한 보상의 수단으로 여성이나 장애인과 같은 사회적 약자에 대한 기본권 침해가 큰 가산점제도를 재도입하는 것은 타당하지 않고, 가산점제도 이외의 병역의무이행자에 대한 적정하고 합리적인 지원책을 강구할 필요가 있다고 본다.[6]

한편 가산점제도가 실제로는 공무원 시험에 응시하거나 취업보호실시기관에 지원할 경우에 한정하여 부여된다는 점에서 그 효과가 제한적이라는 지적도 있다. 실증적인 자료에 의하면 실제로 군가산점제도가 도입되더라도, 이로써 혜택을 받는 사람은 매년 전체 병역의무이행자 25만명 중에서 겨우 110명에 지나지 않아, 전체 중 0.0004%에 지나지 않는다는 조사결과가 있다.[7]

Ⅴ. 제대군인가산점제 재도입안에 대한 헌법적 검토

1. 가산점제도의 헌법적 근거

가산점제도의 의의는 "누구든지 병역의무의 이행으로 인하여 불이익한 처우를 받지 아니한다."라고 규정한 헌법 제39조 제2항과 관련하여 논의되어야 할 것이다. 그런데 이와 관련하여 헌법재판소는 98헌마363 결정에서 "헌법 제39조 제2항은 병역의무를 이행한 사람에게 보상조치를 취하거나 특혜를 부여할 의무를 국가에게 지우는 것이 아니라, 법문 그대로 병역의무의 이행을 이유로 불이익한 처우를 하는 것을 금지하고 있을 뿐이다. … 그런데 가산점제도는 이러한 헌법 제39조 제2항의 범위를 넘어 제대군인에게 일종의 적극적 보상조치를 취하는 제도라고 할 것이므로 이를 헌법 제39조 제2항에 근거한 제도라고 할 수 없다."라고 판시함으로써[8] 가산점제도가 헌법 제39조 제2항에 근거하지 아니하고, 따라서 이 조항에 의

2008. 9. 8; 법제처, 「병역법 일부개정법률안」에 대한 검토의견, 2008. 9. 15; 한국젠더법학회 · 서울대 공익인권법센터, 「군대와 양성평등」, 2008. 6. 14.

6) 국회 여성가족위원회, 병역법 일부개정안 검토보고서, 2008. 11.

7) 국회 여성위원회 소속 한나라당 이정선 의원이 공개한 행정안전부로부터 제출받은 지난해 국가공무원 공채시험 일반행정 부분 합격 인원 및 점수 분포 자료에 군 가산점 가점비율 2.5%를 적용한 시뮬레이션 결과에 따르면, 분석 결과, 7급 공채시험은 가산점 적용시 남성 합격자는 현재 213명(58.7%)에서 260명(71.6%)으로 47명(12.9%) 증가했다. 여성 합격자는 150명(41.3%)에서 103명(28.4%)으로 줄어들었다. 9급시험에서도 남성은 현재 149명(44%)에서 216명(63.7%)으로 67명(19.8%) 증가하고 여성은 190명(56%)에서 123명(36.3%)으로 감소했다. 이 의원은 "매년 25만명의 제대 군인이 나오고 있지만 국가 공무원 채용시험에서 군 가산점제로 혜택을 받는 남성은 110명으로 전체의 0.0004%"라고 지적했다. 김선화 · 김미숙, 군가산점제도 재도입문제, 이슈와 논점, 제181호, 국회입법조사처, 2011. 1. 14.

하여 정당화되어질 수 없다는 견해를 취하고 있다.

물론 이 조항으로부터 병역의무를 이행한 사람에게 일정한 특혜를 부여할 국가의 의무가 발생되는 것은 아니다. 따라서 그들에게 일정한 특혜를 부여하지 아니했다고 해서 국가가 자신의 의무를 위반한 것도 아니고, 위헌이 되는 것도 아니다. 그러나 병역의무의 이행으로 인하여 불이익한 처우를 받지 아니하도록 일정한 혜택을 병역의무이행자에게 부여할 수 있는 국가의 입법적 재량이 이 조항으로부터 도출될 수 있다고 볼 수는 있다. 사실 헌법재판소의 견해와는 달리 제대군인은 공직채용시험에 있어서 사실상 불리한 처지에 있고, 이는 결과적으로 병역의무이행으로 인한 불이익으로 볼 수 있으므로, 이를 상쇄시키고 실질적인 균등한 기회를 보장하기 위하여 가산점 등의 일정한 혜택을 부여해주는 것은 결과적으로 병역의무의 이행으로 인하여 불이익한 처우를 받지 않도록 하는 조치의 일종으로 볼 수 있는 것이다. 따라서 가산점제도는 일응 헌법 제39조 제2항에 근거하고, 이 조항에 의하여 정당화될 수 있는 제도라고 할 수 있다.[9)]

2. 평등의 원칙과 관련하여

헌재의 위헌결정과 제대군인 가산점제 재도입안에 대한 반대론의 핵심은 가산점제 자체가 남녀차별이라는 평등원칙 위반이라는 것이고, 이러한 평등원칙 위반에 대한 심사척도는 엄격심사기준에 따라야 한다는 것이다.

(1) 군가산점제의 엄격심사 대상 여부

주지하는 바와 같이 헌법상 평등의 원칙은 절대적 평등이 아니라 상대적 평등을 내용으로 하고 있다. 이는 합리적인 정당화 사유가 있으면 차별할 수 있고 상황에 따라서는 차별할 것을 요구하는 것이다. 따라서 일반적으로 합리적인 차별사유의 존재 여부가 평등원칙위반 여부의 척도이고, 이를 완화된 심사척도라고 부른다. 그리고 평등위반 여부에 대한 심사척도와 관련하여 헌법재판소는 입법자에게 일정한 입법형성권을 인정하고 있다.

---

8) 헌재 1999. 12. 23. 98헌마363, 판례집 11-2, 770, 784.

9) 참고로 병역법 제88조 제1항 제1호 위헌제청 등 사건에서 목영준 재판관은 보충의견을 통해 " … 「누구든지 병역의무의 이행으로 인하여 불이익한 처우를 받지 아니한다.」고 규정한 헌법 제39조 제2항의 취지를 존중하여 병역의무의 이행에 따른 기본권 제한을 완화시키거나 그 제한으로 인한 손실을 전보하여주는 제도적 장치를 마련하여, 국방의무의 부담이 전체적으로 국민 간에 균형을 이룰 수 있도록 하여야 한다."라고 주장하고 있다. 헌재 2011. 8. 30. 2008헌가22, 공보 제179호, 1205, 1215.

그러나 다른 한편 헌법재판소는 98헌마363 결정에서 '헌법에서 특별히 평등을 요구하고 있는 경우와 차별적 취급으로 인하여 관련 기본권에 대한 중대한 제한을 초래하게 되는 경우'에는 입법자의 입법형성권은 축소되어 보다 엄격한 심사척도가 적용되어야 할 것이라고 한다. 그런데 가산점제도는 헌법 제32조 제4항이 특별히 남녀평등을 요구하고 있는 '근로' 내지 '고용'의 영역에서 남성과 여성을 달리 취급하는 제도이고, 또한 헌법 제25조에 의하여 보장된 공무담임권이라는 기본권의 행사에 중대한 제약을 초래하는 것이기 때문에 엄격한 심사척도가 적용되며, 이러한 엄격한 심사척도에 비추어 볼 때 제대군인에 대한 가산점제도는 위헌이라고 판시했다.[10)]

1) 가산점제가 근로 내지 고용영역에서의 남녀차별제도인가?

헌재의 견해와는 달리 가산점제도는 제대군인과 비제대군인 사이의 차별구도를 바탕으로 하고 있는 것이지, 남녀간의 차별구도를 전제로 하고 있는 것이 아니다. 물론 사실상 결과적으로 제대군인의 대부분은 남성이고 비제대군인의 대부분은 여성이지만, 적어도 법리적으로는 어디까지나 제대군인에게 혜택을 부여하는 것이지, 남성에게 혜택을 부여하고 상대적으로 여성을 차별하는 것이 아니며, 입법자가 남녀차별을 의도한 것은 더더욱 아닌 것이다. 이는 헌법재판소의 위헌결정이 내려진 이후에 여성 제대군인이 가산점제도의 폐지에 따른 불이익에 대하여 소송을 제기한 것을 보아도 알 수 있다. 또한 남성 중에도 장애자만이 가산점제도로 차별을 받는 것이 아니라, 장애자 이외의 수많은 남성이 비제대군인이거나 또는 제대군인이라고 하더라도 가산점혜택을 받지 못하는 제대군인에 속한다. 따라서 헌법재판소가 이 사건을 성별과는 관계없는 제대군인과 비제대군인과의 차별구도가 아니라, 남성 대 여성, 또는 남성 대 여성 및 장애남성의 차별구도로 파악하는 것은 잘못된 것이라고 하지 않을 수 없다. 따라서 제대군인에 대한 가산점제도는 법리적으로는 성차별과는 관계없는 제대군인과 비제대군인 사이의 차별의 문제이므로, 이를 남녀차별구도로 보는 전제하에서 헌법 제32조 제4항이 특별히 남녀평등을 요구하고 있는 '근로' 내지 '고용'의 영역에서 남성과 여성을 달리 취급하는 제도이고 따라서 엄격심사척도가 적용되어야 한다는 헌법재판소의 논리는 타당하다고 볼 수 없는 것이다.

참고로 미국 연방대법원도 Personnel Administrator of Massachusetts v. Feeney

---

10) 헌재 1999. 12. 23. 98헌마363, 판례집 11-2, 770, 787-788.

(1979) 사건에서 군가산점제는 여성을 차별하는 제도가 아니므로 헌법상 평등권을 침해하는 것이 아니라고 판시했다.[11] 이 사건에서는 매사추세츠 주법에 의해 제대군인을 공무원 채용시험에서 우대하는 제도가 성차별에 해당하는지가 다투어졌다. 여성인 헬렌 휘니는 주 공무원 공개채용시험에 여러 번 응시해 고득점을 받았다. 그러나 일정 점수 이상을 받은 자 중에서 제대군인을 주 공무원으로 우선 채용하고 나머지를 비제대군인 중에서 선발하기로 한 주법 때문에 불합격되었다. 이에 헬렌 휘니는 다양한 미국의 법령과 정책으로 인해 여성은 군대에 입대하는 것에 제약이 있기 때문에 여성이 실제로 징병의 대상이 된 적이 없으며 따라서 직장을 구할 수 있는 기회에 있어서 평생 동안 지속되는 군필자들의 절대 우위가 여성들에게 미치는 효과는 설사 의도하지 않았더라도 치명적이라고 주장하면서 소송을 제기했다.[12] 이 사건에서 연방대법원은 성에 따른 차별의 목적을 입증하지 못하면 주로 남성들로 구성된 집단에게 공무원직 채용의 특혜를 주는 법률은 헌법상 평등조항에 위배되지 않는다고 합헌결정을 내렸다. 즉 연방대법원은 이 사건에서 평등심사기준으로서 단순합리성 심사기준을 채택하였는데 이 심사기준에 의하면 성차별이 되기 위해서는 결과적으로 여성공무원의 수가 적다는 차별효과가 아니라 여성을 차별하겠다는 '차별목적'이 인정되어야 한다. 그러나 제대군인을 우대하는 주법이 사실상 여성을 차별하는 효과를 가지지만, 이 차별의 목적은 제대군인의 군생활을 통한 봉사에 대한 보상에 있지 여성에 대한 차별에 있지 않다는 것이다.

2) 개정안에 따른 가산점제가 기본권에 대한 중대한 제한을 초래하나?

헌법재판소는 98헌마363 사건에서 가산점제도가 헌법 제25조에 의하여 보장된 공무담임권이라는 기본권의 행사에 중대한 제약을 초래하는 것이기 때문에 엄격한 심사척도가 적용된다고 하면서 엄격한 심사척도에 비추어 볼 때 제대군인에 대한 가산점제도는 위헌이라고 판시했다.

물론 헌재의 견해대로 과거의 군가산점제도는 청구인 등의 공무담임권이라는 기본권에 중대한 제약을 초래하는 것으로 헌재가 주장하는 엄격한 심사척도가 적용될 수 있고, 이러한 엄격한 척도에 따라 위헌으로 판단될 소지가 있었다. 왜냐하면 과거의 경우에는 첫째, 가산점 상한선이 5퍼센트로 너무 과도했고, 둘째, 그것도 필기시험의 각 과목별 '득점'이 아닌 각 과목별 '만점'의 5퍼센트의 범위안에서

11) 442 U.S. 256 (1979).

12) 이 사건에 대하여 자세한 것은 Rosenblum, Bruce E,, Discriminatory Purpose and Disproportionate Impact: An Assessment after Feeney, Columbia Law Review 79, November 1979 참조.

가산점을 부여했으며, 셋째, 가산점을 받아 합격하는 사람의 비율에 상한을 두지 않았고, 넷째, 가산점이 부여되는 채용시험에의 응시횟수와 가산점부여 기간에 대한 제한을 두지 않았기 때문이다. 따라서 구법에 따를 때 가산점제도는 합격여부에 결정적 영향을 미쳐 가산점을 받지 못하는 사람들을 공무원채용에 있어서 실질적으로 거의 배제하는 것과 마찬가지의 결과를 초래하고 있다. 즉 가산점 혜택을 부여받지 못하는 비제대군인의 경우에는 합격하기가 매우 어렵거나, 사실상 불가능하다고 볼 수도 있었다. 이는 공직자선발에서 준수되어야 할 능력주의에 대한 심각한 침해이자 공무담임권 행사에 중대한 제약을 초래하는 것이며, 공무담임권의 본질적 내용을 침해하는 결과를 초래할 수도 있다고 하겠다. 이 점에서 구 가산점제도는 기본권에 대한 중대한 제한을 초래했고, 따라서 헌재의 견해대로라면 평등원칙 위반 여부에 대하여 엄격한 심사척도에 따른 심사를 해야 했으며, 심사결과 비례성원칙의 위반으로 위헌으로 판단한 것은 나름대로의 타당성이 있었다고 하겠다.

그러나 앞서 소개한 바와 같이 개정안은 구법의 가산점제와는 내용면에서 상당한 차이가 있다. 즉 첫째, 가산점 상한선을 2 내지 3퍼센트로 하향조정했고, 둘째, 그것도 과목별 '만점'이 아닌 과목별 '득점'의 2 내지 3퍼센트 이내의 가산점이며, 셋째, 개정안은 가산점을 받아 합격하는 사람의 비율이 채용시험 선발예정인원의 20퍼센트를 초과할 수 없도록 함으로써 상한을 두고 있고, 넷째, 가산점이 부여되는 채용시험에의 응시횟수와 가산점부여 기간에 대한 제한을 두고 있는 등 상당한 제한을 가하고 있다. 따라서 개정안에 따르면 구법과는 달리 가산점혜택을 받지 못하는 비제대군인인 응시자의 공무담임권에 대한 제한이 상당히 완화되게 되며, 일응 수인의 기대가능성이 있다고 볼 수 있다. 따라서 구법의 경우와는 달리 가산점제도가 합격여부에 결정적 영향을 미쳐 가산점을 받지 못하는 사람들을 공무원채용에 있어서 실질적으로 거의 배제하는 것과 마찬가지의 결과를 초래한다고 보기 어렵다. 따라서 개정안의 경우에는 공직자선발에서 준수되어야 할 능력주의에 대한 심각한 침해나 공무담임권 행사에 중대한 제약이 초래된다고 볼 수 없고, 공무담임권의 본질적 내용이 침해된다고 보기는 더욱 어렵다. 이 점에서 개정안에 따른 가산점제도는 헌재의 견해에 따른다 하더라도 평등원칙 위반 여부에 대하여 엄격한 심사척도에 따라야 되는 경우에 해당한다고 보기 어렵다.

3) 소 결

결국 엄격한 심사척도에 대한 헌법재판소의 이론에 따른다고 하더라도 개정안에 따른 군가산점제는 엄격한 심사척도의 대상이라고 볼 수 없다. 왜냐하면 첫째, 제대군인에 대한 가산점제도는 법리적으로는 성차별과는 관계없는 제대군인과 비제대군인 사이의 차별의 문제이므로 이를 남녀차별구도로 보는 전제하에서 헌법 제32조 제4항이 특별히 남녀평등을 요구하고 있는 '근로' 내지 '고용'의 영역에서 남성과 여성을 달리 취급하는 제도이고 따라서 엄격심사척도가 적용되어야 한다는 헌법재판소의 논리의 전제가 잘못되었고, 둘째, 구법의 경우와는 달리 가산점제도의 내용이 상당히 완화되어 가산점을 받지 못하는 사람들의 공무담임권 행사에 중대한 제약이 초래된다고 볼 수 없기 때문이다.

(2) 평등원칙 위반 여부

위에서 살펴본 바와 같이 개정안에 따른 군가산점제는 평등원칙 위반 여부와 관련하여 엄격심사의 대상이라고 볼 수 없고, 따라서 일반적인 심사척도인 완화된 합리성심사의 대상이 된다고 하겠다. 결국 정당한 합리적 차별사유의 존재 여부가 관건이라고 하겠다.

1) 차별을 정당화시키는 사유

주지하는 바와 같이 제대군인가산점제도는 군복무로 인하여 제한된 제대군인 개인의 권익을 보전해 주는 한편, 현역장병들의 사기가 저하되지 않도록 함으로써 군복무에 대한 자부심과 동기를 부여하고, 건전한 병역의무이행의 풍토를 조성하고 안정된 국방력을 확보하기 위하여 시행되는 제도로서, 군복무 중에는 학업 또는 생업을 포기하여야 하고 취업할 기회와 취업을 준비하는 기회도 상실하게 되는 개인적 희생을 감수하여야 하므로 이러한 손실, 즉 병역의무이행으로 인한 사회·경제적 불이익을 최소한도나마 보전해 줌으로써 전역후 빠른 기간내에 일반사회로 복귀할 수 있도록 해 주는 것이 군복무를 하지 않고 일반 사회생활을 한 사람들과의 형평에 부합된다고 볼 수 있다. 한마디로 군 사기진작과 병역의무이행에 대한 보상이 입법목적이라고 하겠다.[13] 따라서 제대군인과 비제대군인을 기계적으로 동

---

13) 개정안의 제안이유 참조.

등하게 취급하여 경쟁하도록 하는 것은 대부분의 제대군인들의 공무담임권과 직업선택의 자유를 사실상 원천적으로 제한하는 결과가 될 수 있고, 실질적 평등의 원칙에도 어긋난다고 할 수 있는 것이다. 이처럼 가산점제도는 본인의 의사와 관계없이 국방의 의무를 이행한 제대군인에 대한 법적인 배려로서 비제대군인과의 합리적인 차별사유에 기인하는 것이며, 따라서 헌법상 정당화될 수 있는 것이다.

과거 대법원도 군인 등에 대하여 국가배상청구권을 배제한 국가배상법 제2조 제1항 단서조항에 대한 위헌판결에서 "국가배상법 제2조 제1항 단행의 입법이유의 하나는 군인·군속이 공무수행중에 신체 또는 생명에 피해를 입은 경우에는 군사원호보상법 등에 의하여 재해보상금 등을 지급받게 되어 있음으로 불법행위로 인한 손해배상도 받게 하면 이중이 된다는 것이나, 위 법들의 규정에 의한 재해보상금 등은 군인·군속 등의 복무중의 봉사 및 희생에 대하여 이를 보상하고 퇴직후의 생활 또는 유족의 생활을 부조함에 그 사회보장적 목적이 있고, … 따라서 군인·군속에게 손해배상청구권을 제한 또는 부인하는 국가배상법 제2조 제1항 단행은 헌법 제26조(현행 헌법 제29조), 동법 제8조(현행 헌법 제10조) 및 동법 제32조(현행 헌법 제37조) 제2항에 위반한다."라고 함으로써 군인의 복무중의 희생과 특별신분을 고려할 때 군인과 다른 일반인 사이에 합리적 차별사유가 존재하고, 따라서 일반인과는 달리 국가배상청구권외에 다양한 국가보상청구권을 인정하는 것이 평등의 원칙을 위반하는 것은 아니라고 판시했다.[14] 사실 다른 일반인이나 기타의 공무원들과 비교해서 강제적인 국방의무의 이행과 매우 위험부담이 높은 군복무의 특성에서 오는 합리적 차별사유를 고려할 때 오히려 이들에게 국가배상이외에 국가보상을 '이중적' 내지는 '추가적'으로 허용해주는 것이 타당하다고 볼 수 있으며, 이러한 논리가 합리적 차별사유가 존재할 경우 차별을 요구하는 것을 내용으로 하는 배분적 정의에 입각한 상대적·실질적 평등의 원칙에 부합된다고 볼 수 있는 것이다.

결국 상기 언급한 내용이 제대군인과 비제대군인 상호간의 차별을 정당화시키는 긴절한 공익이라고 볼 수 있다. 그리고 이러한 정당한 공익의 존재 여부에 대한 판단은 입법자의 입법형성권에 속한다고 할 수 있다. 물론 후술하는 바와 같이 이 가산점제도가 정책적으로 효율적이고 바람직한 것인가 하는 문제에 대하여는 의문이 제기될 수 있다. 따라서 입법정책적으로 이 제도가 보완을 요한다든가 또는 다른 제도로 대체될 필요성이 있다는 지적에 대하여는 상당부분 동의할 수 있

---

14) 1971. 6. 22. 70다1010.

다. 그러나 이 제도 자체가 평등원칙 위반으로 위헌이라는 주장에 대하여는 동의하기 어렵다. 입법정책의 문제와 위헌 여부의 문제는 구별되어야 할 것이다.

한편 가산점혜택이 실제로 일부 제대군인에게만 돌아가기 때문에 가산점제가 군 사기진작 등의 목적에 기여할 수 없다는 반론이 있을 수 있다. 그러나 그렇다고 하여 군가산점제의 정당성이 희석되는 것은 아니다. 왜냐하면 앞서 언급한 바와 같이 군가산점제의 입법목적 중 하나는 군 사기진작이고 이는 군가산점제가 가지는 상징적 의미와 결부되어 있기 때문이다. 따라서 실제로 군가산점제의 혜택을 받는 대상이 소수라 할지라도 그 제도가 가지는 군사기 및 자부심과 관련한 상징적 의미는 대단히 큰 것이고, 이는 헌재의 위헌결정으로 인한 군가산점제의 폐지 이후 군가산점과 무관한 남성을 대상으로 실시한 여론조사에서도 압도적 다수가 군가산점제의 부활에 찬성한 것에서도 알 수 있다.[15)]

2) 가산점부여 대상의 제한과 평등원칙 위반 문제

한편 가산점혜택이 실제로 제대군인 중 특정 공무원임용응시자에게만 부여되기 때문에 가산점제도는 비제대군인은 물론 해당 공무원임용응시와는 관련이 없는 다른 여타의 제대군인들도 차별하는 것이 되어 결과적으로 혜택대상이 되는 제대군인과 여타의 제대군인 상호간의 차별성 문제도 제기될 수 있다. 사실 군가산점제의 문제점은 바로 보상이 제대군인 전체에게 돌아가는 것이 아니라 극히 일부에게만 부여된다는데 있다.[16)]

그러나 어느 시기에 어느 대상에게 어떤 순서로 혜택을 부여하는가 하는 것은 민간부문인가 공공부문인가의 여부, 가산점적용대상, 대상업무의 성격, 국가예산, 기타 사안과 관련되는 다양한 공·사익을 고려하여 입법자가 정할 문제이지 반드시 상상할 수 있는 모든 대상에게 '예외 없이' 그리고 '동시에' 혜택이 돌아가야만 하는 것은 아니다. 즉 헌법상 어느 범위에서 어떠한 절차를 거쳐 어느 시점에서 어떠한 내용의 혜택을 부여할 것인가 하는 것은 입법자의 형성의 자유에 속하는 사항으로서 국회가 입법정책적으로 판단하여 법률로 구체적으로 정할 수 있는 것이다. 특히 이 사안의 경우처럼 국가가 국민에게 혜택을 부여할 때에는 국민의 권리를 제한할 때보다 더 넓은 형성의 자유를 가지는 것이 일반적으로 인정될 수 있

15) 조사대상자인 2·30대 남성의 군가산점제 부활에 대한 찬반 여부를 알아 본 결과 73.8%가 찬성하는 것으로 나타났고, 25.7%가 반대, 0.5%가 모른다고 응답하였다. 한국여성정책연구원, 군복무에 대한 사회통합적 보상체계 마련을 위한 정책방안 연구, 43쪽 이하 참조.

16) 한국여성정책연구원, 군복무에 대한 사회통합적 보상체계 마련을 위한 정책방안 연구, 42쪽.

다. 헌법재판소도 교육법 제8조의 2에 관한 위헌심판 사건에서 "헌법상 평등의 원칙은 국가가 언제 어디에서 어떤 계층을 대상으로 하여 기본권에 관한 사항이나 제도의 개선을 시작할 것인지를 선택하는 것을 방해하지는 않는다. 말하자면 국가는 합리적인 기준에 따라 능력이 허용하는 범위 내에서 법적 가치의 상향적 구현을 위한 제도의 단계적 개선을 추진할 수 있는 길을 선택할 수 있어야 한다. 그것이 허용되지 않는다면 모든 사항과 계층을 대상으로 하여 동시에 제도의 개선을 추진하는 예외적인 경우를 제외하고는 어떠한 제도의 개선도 평등의 원칙 때문에 그 시행이 불가능하다는 결과에 이르게 되어 불합리할 뿐 아니라 평등의 원칙이 실현하고자 하는 가치와도 어긋나기 때문이다. 따라서 국가가 종전의 상황을 개선함에 있어서 그 개선의 효과가 일부의 사람에게만 미치고 동일한 상황하에 있는 다른 사람에게는 미치지 않아 그들 사이에 일견 차별이 생기게 된다고 하더라도 그것만으로는 평등의 원칙을 위반한 것이라고는 할 수 없다."라고 판시함으로써 평등의 원칙을 합리적이고 유연하게 적용시키면서 입법자의 입법형성권을 폭넓게 인정하고 있다.[17]

3. 공무담임권과 관련하여

한편 헌법재판소는 98헌마363 결정에서 공무원채용은 능력주의에 따라야 하는데 가산점제도는 해당 공직이 요구하는 직무수행능력과 무관한 요소를 기준으로 불합리하게 국민의 공직취임권을 침해하는 것으로 위헌이라고 주장한다. 구 「제대군인지원에 관한 법률」상의 가산점제도가 해당 공직이 요구하는 직무수행능력과 무관한 요소를 기준으로 삼는 것은 사실이다. 그렇다고 하여 그것이 곧 바로 위헌이 된다고 볼 수는 없다. 왜냐하면 헌법상의 원칙이나 기본권에 대한 일정한 제한은 공익적인 이유로 정당화될 수 있기 때문이다. 물론 비례의 원칙 등 헌법상의 다양한 원칙이 준수되어야 함은 물론이다.

앞서 언급한 바와 같이 개정안에 따른 군가산점제는 구법의 경우와는 달리 내용과 효과면에서 상당한 차이가 있다. 즉 개정안에 따르면 구법과는 달리 가산점혜택을 받지 못하는 비제대군인인 응시자의 공무담임권에 대한 제한이 상당히 완화되게 되어, 개정안의 경우에는 공직자선발에서 준수되어야 할 능력주의에 대한 심각한 침해나 공무담임권 행사에 중대한 제약이 초래된다고 볼 수 없다. 따라서 개정안에 따른 능력주의의 제한은 일응 수인의 기대가능성이 있다고 볼 수 있다.

17) 1991. 2. 11 90헌가27, 판례집 제3권, 11, 25.

개정안에 따른 군가산점제는 능력주의를 완전히 배제하는 것이 아니라 공익적 이유에서 다소 제한하는 것이라고 볼 수 있고, 그 제한의 정도가 과도하다거나 비례성을 상실한 것으로 볼 수 없다. 만일 능력주의에 대한 그 어떤 내용과 정도의 제한도 위헌이라고 한다면, 헌재가 98헌마363 사건에서 언급한 구 공무원임용시험령 및 구 지방공무원임용령상의 공무원선발시의 여성공무원채용목표제나 구 정당법상의 여성공천할당제도 능력주의와 관계없이 여성에게 특혜를 부여하고 결과적으로 남성의 공직취임권을 침해하는 것으로 위헌이라고 해야 할 것이다.

결론적으로 개정안에 따른 군가산점제는 공무담임권을 위헌적으로 침해하는 것으로 볼 수 없다.

4. 비례의 원칙과 관련하여

앞서 살펴본 바와 같이 군가산점제 재도입안은 그 본질과 내용면에서 평등권을 제한하지만 그것이 엄격한 심사척도의 대상이 되는 것은 아니고 완화된 심사척도에 따른 단순 합리성심사의 대상이 된다고 하겠다. 그리고 완화된 심사척도에 따를 때 위에서 지적한 바와 같이 제대군인과 비제대군인 사이에는 분명한 합리적 차별사유가 존재하고, 그 입법목적이 정당하다는 점에서 위헌이라고 보기는 어렵다고 하겠다.

한편 이처럼 군가산점제의 평등원칙 위반 여부에 대하여 완화된 심사척도에 따라 판단할 경우에는 이와는 별도로 이 제도의 비례의 원칙 위반 여부에 대한 심사가 필요하다. 왜냐하면 엄격심사의 경우에는 평등원칙 위반 여부와 관련하여 비례성심사가 필수적으로 수반되지만 완화된 심사척도의 경우에는 그렇지 않기 때문이다.

무릇 입법을 비롯한 모든 공권력작용은 법치국가원리인 비례의 원칙을 준수해야 한다. 특히 기본권이 제한되는 경우에는 더욱 그러하다. 군가산점제의 경우 평등권이나 공무담임권 등의 기본권 제한이 문제되므로 비례의 원칙 위반여부가 심사되어야 함은 당연하다고 하겠다.

개정안에 따른 군가산점제는 구법의 경우와는 달리 비례의 원칙을 위반한다고 볼 수 없다. 첫째, 앞서 언급한 군가산점제의 목적(군의 사기진작, 병역의무이행에 대한 보상 등)이 분명하고 정당하다(목적의 정당성). 둘째, 군가산점제가 앞서 언급했듯이 이러한 입법목적의 달성을 위해 적절하다(수단의 적절성). 셋째, 군가산점제가 위에서 소개한 바와 같이 구법의 경우와는 달리 비제대군인의 평등권과 공무담임권의 제한을 최소화하고 있다(침해의 최소성). 넷째, 비제대군인의 평등권이나 공무담임권의 제한 보다 달성되는 공익이 우월하다고 볼 수 있다(법익의 균형성).

Ⅵ. 맺는 말

결론적으로 개정안에 따른 군가산점제는 위헌이라고 할 수 없다. 그러나 그렇다고 하여 군가산점제가 소기의 목적달성을 위한 충분하고 효율적인 바람직한 제도라고 하는 것은 아니다. 그야 말로 목적달성을 위한 최소한의 소극적·부분적·상징적 제도일 뿐이다. 이 점에서 군가산점제도가 결과적으로 여성과 장애인 등 이른바 사회적 약자들의 희생을 초래하고 있으며, 정책수단으로서의 적합성과 합리성도 상실하고 있다는 개정안에 대한 반대론의 주장은 일면 타당성이 있어 보인다. 사실 그동안의 공익실현을 위한 국가의 정책과 수단들이 대체로 소극적이고 일시적인 미봉책의 성격이 강했으며, 아울러 재정적 뒷받침이 없는 손쉬운 규제일변도의 것으로 그 효율성에도 의문이 제기되어 온 점을 고려할 때 가산점제도가 그 본래의 목적달성을 위한 근본적이고 체계적이며 적극적인 정책이라고 보기는 어렵다. 이제라도 국가는 군가산점제와 더불어 제대군인에 대하여 보편적이면서 적극적이고 합리적인 보상체계를 마련해야 할 것이다.

그러한 군가산점제의 보완 내지 대안책으로서 제대군인을 위한 취업지원센터의 운영, 학자금 장기 저금리융자의 법제화, 민간기업에서 군경력인정의 법제화, 국민연금 군복무기간 반영 등 국민연금혜택의 확대, 세금혜택 및 의료보험 할인적용, 다양한 사회적응훈련제공, 병 급여의 현실화, 제대 후 일정기간 실업수당지급 등이 거론되고 있다.[18)]

군가산점제 재도입과 관련한 다양한 사회적 논란이 있지만 군대는 필요하고, 징병제를 유지하는 한 제대군인에 대한 보상도 필요하다는 것은 모두가 인정할 것이다. 이는 국민과 정부 모두가 노력해야 할 일이며, 어느 쪽에도 그 책임을 전가해서는 안 될 것이다. 국민들은 정부의 노력에 힘을 실어주고 자진해서 병역의무를 이행하는 사회적 풍토 조성에 힘을 기울여야 하고, 정부는 보다 투명하고 공정한 병역제도 운영, 복무환경 개선, 선진 군 문화 창달 및 보다 적극적이고 근본적인 제대군인에 대한 실질적인 보상대책을 수립하여 국민의 요구에 호응해야 할 것이다.

---

18) 제대군인지원방안에 대하여 자세한 것은 한국여성정책연구원, 군복무에 대한 사회통합적 보상체계 마련을 위한 정책방안 연구, 76쪽 이하 참조.

17. 헌법소원과 가처분

– 헌재 2000. 12. 8. 2000헌사471 사법시험령 제4조 제3항 효력정지 가처분신청[1] –

[目 次]

Ⅰ. 머리말

이 글은 헌법소원심판에 있어서의 가처분 문제를 다룬 것이다. 주지하는 바와 같이 가처분이란 본안소송의 확정판결 시까지 잠정적으로 원고의 권리를 보전하려는 가구제의 일종이다. 일반적으로 공권력행사에 의하여 권리가 침해되어 소송을 제기할 경우 판결이 확정되려면 오랜 시간이 소요된다. 따라서 궁극적으로 승소한

1) 헌재 2000. 12. 8. 2000헌사471, 판례집 12-2, 381.

다 하더라도 그 때에는 이미 회복할 수 없는 손해가 발생되어 승소판결이 실질적인 권리구제가 되지 못하는 경우도 생길 수 있다. 이러한 사태를 방지하기 위하여 판결이 확정되기까지 잠정적으로 원고의 권리를 보전하여 승소판결이 원고의 권리보호에 직접 연결될 수 있도록 하는 수단이 바로 가처분제도이다. 따라서 가처분제도는 모든 주관적 쟁송절차에서 요구되며, 특히 최후의 기본권구제절차인 헌법소원심판의 경우에는 더욱 절실히 요구된다고 하겠다. 그런데 현행 헌법소원심판의 경우에는 정당해산심판이나 권한쟁의심판, 또는 행정소송의 경우와는 달리 가처분에 대한 명문의 규정이 없다. 따라서 헌법소원심판의 경우에 과연 가처분이 인정될 수 있는지, 인정된다면 그 내용과 요건 및 절차 등은 어떠한지가 문제될 수 있다. 이와 관련하여 헌법재판소는 그동안 가처분신청을 일관되게 기각시켜왔고 그 결정에서 이유 등에 대한 언급을 전혀 하질 않아, 헌법소원심판에서의 가처분제도의 인정 여부—물론 각하가 아닌 기각을 했다는 점에서 헌법재판소가 헌법소원심판에 있어서의 가처분제도 자체를 부정했다고 볼 수는 없겠지만—와 내용 및 요건 등에 대한 헌법재판소의 분명한 입장을 알 수가 없었다.[2)]

그러던 중 헌법재판소는 2000. 12. 8. 2000헌사471 사법시험령 제4조 제3항 효력정지 가처분신청 사건에서 "사법시험령 제4조 제3항 본문의 효력은 헌법재판소 2000헌마262 헌법소원심판청구사건의 종국결정 선고시까지 이를 정지한다."는 인용결정을 내림으로써 이 문제에 대한 입장을 명확히 했다. 의미 있는 결정이라 하겠다. 따라서 이 글에서는 이 결정과 관련하여 헌법소원심판에 있어서의 가처분의 인정 여부, 내용, 인용요건 등에 대하여 살펴보고자 한다.

Ⅱ. 헌재결정의 내용

1. 사건의 개요와 신청인들의 신청이유 및 심판대상조문

(1) 사건개요와 신청인들의 신청이유

1) 신청인들은 1997년부터 2000년까지 사법시험 제1차시험에 4회 응시하여 내리 불합격한 자들로서, 제1차시험을 4회 응시한 자는 마지막 응시 이후 4년간 제1차

2) 그동안 헌법재판소는 가처분신청에 대하여 일관되게 "신청인들의 이 사건 신청은 이유 없으므로 이를 모두 기각하기로 하여 주문과 같이 결정한다."라고만 판시해 왔으며, 그 이유 등에 대하여 아무런 언급을 하지 않았다. 예컨대 1993. 12. 20. 93헌사81; 1997. 12. 23. 97헌사200; 1999. 10. 21. 98헌사221; 2000. 6. 1. 2000헌사116.

시험에 다시 응시할 수 없도록 하는 사법시험령(1998. 12. 31. 대통령령 제16032호로 개정된 것) 제4조 제3항 본문 규정에 의하여, 2001년부터 4년간 제1차시험에 응시할 수 없다.

2) 이 사건 신청인들을 비롯한 사법시험 제1차시험에 응시하고자 하는 자들 1,286명은, 사법시험령 제4조 제3항에 의하여 사법시험에 응시할 수 없게 되어 판사·검사·변호사 등이 될 수 있는 길을 봉쇄당함으로써, 헌법상 보장되는 직업선택의 자유·공무담임권·행복추구권·평등권 등 기본권을 침해당하게 되었을 뿐만 아니라, 위 사법시험령은 대통령령에 불과하여 반드시 법률에 의하여만 기본권을 제한할 수 있도록 한 헌법 제37조 제2항에도 위배된다고 주장하면서, 2000. 4. 18. 위 조항의 위헌확인을 구하는 헌법소원심판(2000헌마262)을 청구하는 한편, 그들 중 당장 2001년도 사법시험 제1차시험에서 이 사건 규정에 의한 응시자격의 제한을 받게 되는 이 사건 신청인들은 우선 그 자격제한을 피하고자, 2000. 11. 21. 이 사건 규정의 효력정지를 구하는 이 사건 가처분신청을 제기하였다.

(2) 심판대상조문

사법시험령(1998. 12. 31. 대통령령 제16032호로 개정된 것) 제4조(응시자격의 제한)
①~② 생략

③ 제5조의 규정에 의한 제1차시험을 4회 응시한 자는 마지막으로 응시한 제1차시험의 시행일부터 4년이 경과한 날이 속하는 해의 말일까지는 제1차시험에 다시 응시할 수 없다. 본문의 규정에 의하여 응시가 제한되는 자로서 4년이 경과되어 다시 응시하는 경우에도 제1차시험 4회 응시 후에는 또한 같다.

2. 주 문

사법시험령 제4조 제3항 본문의 효력은 헌법재판소 2000헌마262 헌법소원심판 청구사건의 종국결정 선고시까지 이를 정지한다.

3. 판시사항

(1) 헌법재판소법 제68조 제1항 헌법소원심판에서 가처분이 허용되는지 여부(적극)
(2) 헌법재판소법 제68조 제1항 헌법소원심판의 가처분 요건
(3) 헌법재판소법 제68조 제1항 헌법소원심판에서 가처분신청을 인용한 사례

4. 결정요지

(1) 헌법재판소법은 명문의 규정을 두고 있지는 않으나, 같은 법 제68조 제1항 헌법소원심판절차에서도 가처분의 필요성이 있을 수 있고 또 이를 허용하지 아니할 상당한 이유를 찾아볼 수 없으므로, 가처분이 허용된다.

(2) 위 가처분의 요건은 헌법소원심판에서 다투어지는 공권력 행사 또는 불행사의 현상을 그대로 유지시킴으로 인하여 생길 회복하기 어려운 손해를 예방할 필요가 있어야 한다는 것과 그 효력을 정지시켜야 할 긴급한 필요가 있어야 한다는 것 등이 된다. 따라서 본안심판이 부적법하거나 이유 없음이 명백하지 않는 한, 위와 같은 가처분의 요건을 갖춘 것으로 인정되면, 가처분을 인용한 뒤 종국결정에서 청구가 기각되었을 때 발생하게 될 불이익과 가처분을 기각한 뒤 청구가 인용되었을 때 발생하게 될 불이익을 비교형량하여 후자가 전자보다 큰 경우에, 가처분을 인용할 수 있다.

(3) 사법시험령 제4조 제3항이 효력을 유지하면, 신청인들은 곧 실시될 차회 사법시험에 응시할 수 없어 합격기회를 봉쇄당하는 돌이킬 수 없는 손해를 입게 되어 이를 정지시켜야 할 긴급한 필요가 인정되는 반면 효력정지로 인한 불이익은 별다른 것이 없으므로, 이 사건 가처분신청은 허용함이 상당하다.

Ⅲ. 헌법소원심판절차에 있어서의 가처분의 인정여부

앞서 언급한 바와 같이 현행 헌법재판소법은 정당해산심판과 권한쟁의심판에 관해서만 가처분에 관한 규정(제57조 및 제65조)을 두고 있을 뿐, 헌법소원심판절차에 있어서는 가처분에 관하여 명문의 규정을 두고 있지 않아 헌법소원심판의 경우에 가처분이 인정될 수 있는 지가 문제될 수 있다. 그러나 기본권보장과 권력통제라고 하는 헌법소원제도의 본질과 기능에 비추어 볼 때 가처분은 헌법소원심판에 있어서도 당연히 인정되어야 할 것이다. 이하에서는 그 논거에 대하여 간단히 언급하고자 한다.

1. 헌법재판소법 제40조의 준용규정

먼저 헌법소원심판에서의 가처분의 근거규정에 관하여는 일반적 준용규정인 헌법재판소법 제40조를 토대로 검토해보아야 할 것이다. 이 규정의 내용은 다음과 같다.

① 헌법재판소의 심판절차에 관하여는 이 법에 특별한 규정이 있는 경우를 제외하고는 헌법재판의 성질에 반하지 아니하는 한도에서 민사소송에 관한 법령을 준용한다. 이 경우 탄핵심판의 경우에는 형사소송에 관한 법령을 준용하고, 권한쟁의 심판 및 헌법소원심판의 경우에는 「행정소송법」을 함께 준용한다.
② 제1항 후단의 경우에 형사소송에 관한 법령 또는 「행정소송법」이 민사소송에 관한 법령에 저촉될 때에는 민사소송에 관한 법령은 준용하지 아니한다.

이 조항에 따라 헌법소원심판에 있어서는 행정소송법 제23조 제2항의 집행정지 및 민사집행법 제300조(구 민사소송법 제714조)의 가처분규정이 준용된다고 하겠다. 즉 헌법소원심판과 관련하여 헌법재판소법에는 가처분에 관한 특별한 규정이 없으므로 동법 제40조 제1항 제1문에 따라 민사소송법의 규정을 준용해야 할 것인데, 헌법소원심판의 경우에는 동조항 제2문에 따라 행정소송법을 함께 준용해야 할 것이다. 여기서 민사소송법과 행정소송법간의 준용순위가 문제될 수 있는데, 동법 동조 제2항의 취지와 공법소송으로서의 헌법소원심판과 행정소송과의 동질성에 비추어 당연히 행정소송법이 우선 준용되고, 행정소송법에 규정이 없거나, 행정소송법과 저촉되지 않는 범위내에서 민사소송법이 준용된다고 하겠다. 따라서 법해석상 헌법소원심판의 경우 행정소송법 제23조 제2항의 집행정지에 관한 규정이 우선 준용되고, 민사집행법 제300조의 가처분에 관한 규정이 행정소송법 제23조 제2항과 저촉되지 아니하는 한도내에서 준용된다고 하겠다. 그러나 공법소송으로서의 헌법소원심판과 사법소송으로서의 민사소송과의 본질과 기능상의 차이 때문에 실제로 민사소송법의 가처분에 관한 규정이 헌법소원심판에 준용될 수 있을 지는 의문이다. 이에 대하여는 가처분의 내용에서 살펴보기로 한다.

2. 행정소송과의 균형

설사 헌법재판소법 제40조의 준용규정이 가처분에 관해서는 적용되지 않는다고 하더라도 행정소송과의 균형상 헌법소원심판에 당연히 가처분이 인정된다고 보아야 할 것이다. 왜냐하면 행정청의 위법한 처분 등으로 인한 국민의 권리침해를 구제함을 목적으로 하는 행정소송절차에 가처분이 인정되는 점에 비추어 보면, 다양한 공권력의 행사 등으로 인하여 국민의 기본권이 침해되었을 경우 이를 구제하고 공권력을 통제함을 목적으로 하는, 그리고 행정소송보다 더욱 적극적이고 포괄적인 최후의 권리구제수단이라고 할 수 있는 헌법소원심판에 있어서의 가처분의 필요성은 더욱 절실하다 할 것이고, 따라서 가처분이 인정된다는 것은 너무나 당연한 것이라고 볼 수 있기 때문이다.

3. 다른 심판절차에서의 가처분규정과 관련하여

국가기관 상호간의 권한분쟁을 해결하기 위한 권한쟁의심판에 있어서 그 분쟁의 원인이 된 피청구기관의 처분에 대하여도 공익적 이유에서 가처분을 인정하고 있는데,[3] 헌법상 가장 중요한 가치이고, 아울러 국가기관의 존립과 그 권한행사의 궁극적 목적이자 정당성의 근거인 국민의 기본권[4]이 침해된 경우에 이의 효율적인 구제를 위하여 가처분이 인정되는 것은 너무나 당연하다고 하겠다. 이러한 논리는 정당해산심판에 있어서의 가처분과 관련해서도 적용된다고 하겠다.

한편 권한쟁의심판이나 정당해산심판에는 가처분에 관한 별도의 규정이 있는데, 헌법소원심판절차에는 없으므로 반대해석상 헌법소원심판의 경우에는 가처분이 인정될 수 없는 것이 아닌가 하는 의문이 제기될 수 있다. 왜냐하면 헌법재판소법 제40조의 준용규정이 제3장의 일반심판절차에서 규정되어 있어 이 조항이 제4장의 특별심판절차에 규정된 모든 심판절차에 적용되어야 하고, 이 경우 행정소송법 등의 가처분에 관한 규정도 마땅히 모든 심판절차에 준용되어야 할 것인데, 유독 정당해산심판과 권한쟁의심판에 관해서만 가처분에 관한 규정을 별도로 두고 있기 때문에 가처분규정에 관한 준용은 제외되고, 따라서 헌법소원심판의 경우에는 가처분이 인정될 수 없다는 주장도 가능하기 때문이다.

그러나 권한쟁의심판은 국가기관 상호간의 권한분쟁을 이유로 국가기관이 청구인이 되어 제기하는 것으로 국가기관 상호간의 분쟁해결과 권한행사의 합헌성확보 및 이를 통한 공익보호와 정치적 평화유지 등을 목적으로 하는 일종의 객관적 쟁

---

3) 헌법재판소는 1999. 3. 25. 98헌사98 직접처분효력정지 가처분신청사건에서 "권한쟁의심판에서의 가처분결정은 피청구기관의 처분 등이나 그 집행 또는 절차의 속행으로 인하여 생길 회복하기 어려운 손해를 예방할 필요가 있거나 '기타 공공복리상의 중대한 사유가 있어야 하고' 그 처분의 효력을 정지시켜야 할 긴급한 필요가 있는 경우 등이 그 요건이 되고, 본안사건이 부적법하거나 이유없음이 명백하지 않은 한, 가처분을 인용한 뒤 종국결정에서 청구가 기각되었을 때 발생하게 될 불이익과 가처분을 기각한 뒤 청구가 인용되었을 때 발생하게 될 불이익에 대한 비교형량을 하여 행한다."라고 판시함으로써 권한쟁의심판에서의 가처분결정이 특히 공익상의 이유에서 허용됨을 강조하고 있다.

4) 통치권행사의 목적적 정당성과 기본권과의 관계에 대하여 정연주, 현행 정부형태의 문제점과 개혁방안, 동국로리뷰 제1권, 2000, 185쪽 참조.

송이다. 따라서 권한쟁의심판의 경우에는 기본권침해를 이유로 해서 그 구제를 목적으로 기본권주체인 일반 국민이 청구하는 주관적 쟁송의 일종인 헌법소원심판이나 행정소송법상의 항고소송과는 상이한 특수성이 인정될 수 있고,[5] 가처분의 경우에도 그 내용, 요건, 절차 등에서 특수성이 인정될 수 있는 것이다.[6] 이에 따라 권한쟁의심판의 경우에는 가처분에 관한 별도의 규정을 둘 필요성이 일응 인정되며, 헌법재판소법 제65조의 규정이 바로 그러한 경우라고 할 수 있다.[7] 이러한 논리는 정당해산심판의 경우에도 적용된다고 할 수 있고, 동법 제57조의 규정이 바로 그것이다.

4. 법률유보의 문제와 관련하여

법률유보의 원칙에 비추어 보더라도 반드시 별도의 근거규정이 있어야만 가처분이 인정되는 것은 아니다. 즉 설사 헌법재판소법 제40조가 가처분에 관한 사안을 포함하는 것은 아니고, 따라서 결국 가처분에 관한 근거조항이 없다고 가정하더라도 별도의 법적 근거 없이 가처분은 인정될 수 있다고 본다. 그 이유는 다음과 같다.

첫째, 가처분이 효율적 권리구제를 위해, 즉 법치주의의 실현과 재판청구권의 실효성 있는 보장을 위하여 필요하기 때문이다.

둘째, 헌법소원심판을 통한 권리구제절차가 마련되어 있다는 사실 및 그 구제절차에 관한 근거규정 자체가 이미 헌법소원심판을 통한 본안구제의 실효성을 확보하기 위한 가처분에 대한 근거로도 기능할 수 있고, 또한 이것을 전제하고 있다고 볼 수 있기 때문이다.

셋째, 법률유보의 원칙의 측면에서도 크게 문제될 것이 없다고 본다. 물론 법률유보의 원칙상 기본권의 행사와 제한에 관한 본질적인 사항에 대하여는 반드시 법률의 근거가 있어야 하고, 이 가처분에 관한 사항도 재판청구권행사의 본질적이고 기본적인 사항이므로 반드시 법률에 규정되어 있어야 한다고 볼 수도 있다. 그러

5) 개인의 권리침해와 그 구제를 목적으로 하는 주관적 쟁송과 개인의 권리구제와는 관계없이 공권력행사의 적법성통제와 공익보호를 목적으로 하는 객관적 쟁송에 대하여는 정연주, 민중소송과 선거소송, 고시연구 98/2, 116쪽 이하 참조.

6) 헌법재판소도 1999. 3. 25. 98헌사98 결정에서 "권한쟁의심판에서의 가처분결정은 … 기타 '공공복리상의 중대한 사유'가 있어야 하고 …"라고 판시함으로써 권한쟁의심판에 있어서의 가처분결정에는 헌법소원심판의 경우와는 달리 공익보호가 중요한 요건이 된다는 점을 강조하고 있다.

7) 또한 이러한 논리는 행정소송의 경우에도 적용되는데, 예컨대 기관소송의 경우 개별법인 지방자치법 제157조의2 제3항이나 제159조 제3항에 집행정지에 관한 별도의 규정을 두고 있는 것이 그것이다.

나 다른 한편 법률유보의 근본목적은 공권력의 자의와 남용을 막고 국민의 자유와 권리를 보장하는 것이라는 점을 감안할 때[8] 가처분이야말로 바로 국민의 권리보호를 위한 것이고, 그것을 허용한다고 해도 타인의 권리나 공익이 침해될 여지는 크지 않으며, 설사 그 침해가능성이 크다고 하더라도 이미 가처분결정이 해당 사건과 관련되는 공익과 사익의 총체적인 이익형량을 통해 이루어지는 것이기 때문에 법률의 근거 없는 가처분의 인정이 법률유보의 원칙에 위반된다고는 볼 수 없을 것이다.

Ⅳ. 가처분의 내용

1. 문제의 제기

일반적으로 잠정적 권리보전수단인 가구제에는 일정한 처분 등의 효력이나 집행 또는 절차의 속행정지를 내용으로 하는 집행정지제도와 일정한 급부나 지위부여 또는 법률상태의 형성 등을 내용으로 하는 가처분제도가 있다. 이와 관련하여 헌법소원심판에서의 가처분의 내용이 집행정지만을 의미하는지, 아니면 양자 모두를 포함하는지가 문제될 수 있다.

헌법소원심판에 있어서는 앞서 언급한 바와 같이 일반적 준용규정인 헌법재판소법 제40조에 따라 처분의 효력이나 집행정지를 내용으로 하는 행정소송법 제23조 제2항의 집행정지에 관한 규정과 임시의 지위를 정하는 등의 적극적인 내용의 가처분을 가능케 하는 민사집행법 제300조의 가처분에 관한 규정이 준용된다고 하겠다. 그런데 현행 헌법소원제도의 특성[9]에 비추어 볼 때 실제로 민사집행법 제300조의 규정이 준용될 수 있는지는 의문이다. 물론 단순히 헌법재판소법 제40조의 규정해석에만 따르면 이를 인정해야 하겠으나, 공법소송으로서의 헌법소원심판 및 행정소송과 사법소송으로서의 민사소송과의 제도와 본질 및 기능에서의 다양한 차이점과 특성 때문에 민사소송법의 규정이 헌법소원심판에 준용되기는 원칙적으로 어렵다고 본다. 그 논거는 대체로 다음과 같이 요약될 수 있을 것이다.

---

8) 법률유보의 원칙에 대하여 자세한 것은 정연주, 조례제정권의 헌법적 한계와 통제, 심천 계희열박사 화갑기념논문집, 1995, 154쪽 이하 참조.

9) 헌법소원제도의 본질과 특성 및 민사소송제도와의 차이점에 대하여는 정연주, 헌법소원심판청구취하의 효과, 공법연구 제28집 제4호 2권, 2000, 201쪽 이하 참조.

2. 논 거

(1) 권력분립의 원칙 등과 관련하여

권력분립제도의 취지 등에 비추어 볼 때 인정하기 어렵다. 행정권과 입법권의 전문성, 자주성, 1차적 판단권, 입법기관이 가지는 민주적 정당성, 헌법재판권의 본질과 한계 등에 비추어 볼 때[10] 헌법재판권은 일정한 공권력행사를 취소하거나 공권력의 불행사의 위헌을 확인할 수는 있어도 적극적으로 행정작용이나 입법작용 등의 일정한 공권력의 행사를 명령하거나 그를 대신할 수는 없는 것이다. 왜냐하면 행정권이나 입법권의 적극적인 행사는 비록 그것이 잠정적인 것일지라도 행정과 입법의 전문기관인 행정부와 입법부의 독자적이고 자율적인 판단과 결정에 따라 이루어 질 수 있는 배타적인 고유권한에 속하는 문제이기 때문이다. 따라서 가처분의 경우에도 일정한 공권력행사의 효력이나 집행을 잠정적으로 정지시킬 수는 있으나, 공권력주체에게 일정한 공권력의 잠정적 행사(예컨대 잠정적인 행정급부나 입법행위)를 명령하거나, 그를 대신할 수는 없을 것이다.

다시 말해 헌법재판작용 내지 사법작용은 소극적 · 수동적 · 현상유지적인 법(헌법)인식작용으로서 어디까지나 일정한 공권력의 행사 또는 불행사의 위헌 · 위법을 확인하고 취소하는 작용이지, 일정한 공권력의 행사를 명하거나 이를 대신할 수 있는 작용은 아닌 것이다. 또한 헌법재판소는 헌법적 해석과 판단을 고유기능으로 하는 헌법인식기관이지 다양한 이익과 합목적성 · 효율성 · 정치성 등을 판단하는 행정기관이나 입법기관 내지 정책기관이 아니다. 이에 따라 헌법재판소는 적극적이고 미래지향적으로 공권력을 행사하고 이로써 공공복리에 이바지하는 기관이 아니고, 소극적 · 수동적으로 공권력을 통제하고 국민의 기본권을 구제하는 과거회고적이고 현상유지적인 기관인 것이다. 전자의 권한은 어디까지나 행정부와 입법부에 속하는 것이고, 또한 그럴 때에만 행정부와 입법부의 독자성과 전문성 및 자율성이 보장되는 것이다.

한편 권력분립의 원칙은 단순히 3권의 기계적인 분리에 목적이 있는 것이 아니고, 권력 상호간의 다원적이고 기능적인 견제와 균형을 통한 효율적인 권력통제와 권리구제에 그 목적이 있는 만큼, 효율적인 권력통제와 효과적인 권리구제를 위하

---

10) 권력분립의 원칙 및 각 국가권력의 독자성 · 전문성 등에 대하여는 정연주, 무명항고소송, 공법연구 제26집 3호, 1998, 210쪽 이하 참조.

여 적극적인 내용의 가처분을 인정하는 것이 권력분립의 원칙을 침해하는 것은 아니고, 오히려 권력분립의 원칙이 요구하는 바이며, 이에 따라 법치선진국인 독일에서도 인정되고 있는 제도라고 하는 일리 있는 주장도 제기될 수 있을 것이다. 그러나 이러한 권력분립의 원칙 내지 기능적 권력통제의 구체적인 실현형태나 권리구제수단의 구체적인 종류와 방법 등은 그 나라의 법체계 등 제반사항을 고려한 입법정책의 문제라고 볼 수 있기 때문에 반드시 동일할 수는 없다고 본다.

(2) 헌법재판소법 제75조 제3항과 관련하여

가처분의 본안소송에 대한 부종성에 비추어 볼 때 가처분의 내용이 본안소송 및 결정의 내용을 초과할 수는 없다. 왜냐하면 가처분은 본안결정이 신청인의 권리보호에 연결되도록 하는데 불과한 잠정적인 권리보전수단일 뿐이지 종국적인 권리구제를 목적으로 하는 것은 아니기 때문이다. 이러한 점에서 헌법소원심판의 경우 적극적인 내용의 가처분은 원칙적으로 인정되기 어렵다고 본다.

적극적인 내용의 가처분이 필요한 경우는 앞서도 언급했듯이 수익적 작용에 대한 공권력주체의 부작위나 거부의 경우인데, 이 경우 가처분을 통한 적극적인 지위부여나 급부 등이 가능하기 위해서는 위에서 언급한 가처분의 부종성과 그 목적 및 기능적 한계에 비추어 볼 때 적어도 본안결정에서도 이러한 지위부여나 급부 등을 명하는 결정이 이루어 질 수 있어야 한다. 그런데 헌법재판소법 제75조 제3항에 따르면 기본권침해의 원인이 공권력의 불행사인 경우에는 헌법재판소는 본안결정에서 그 불행사가 위헌임을 확인할 수 있을 뿐이다. 따라서 이 경우 가처분의 내용이 이러한 위헌확인의 범위를 초과한 임시의 지위부여나 급부 등의 적극적인 내용까지를 포함하기는 어렵다고 본다.[11)]

이러한 논리는 행정소송의 경우에도 적용된다. 즉 주지하는 바와 같이 행정청의 부작위에 대하여 제기하는 항고소송으로서 의무이행소송이 인정되지 아니하고 단순한 부작위위법확인소송만이 인정되고 있는 현행 행정소송제도하에서의 가처분으로서는 집행정지만이 인정될 수밖에 없고, 따라서 적극적인 내용의 가처분은 인정되기 어렵다는 것도 결국 같은 논리라고 하겠다. 물론 현행 행정소송제도하에서도 이른바 무명항고소송의 일종으로 의무이행소송이 인정될 수 있고,[12)] 이러한 의

---

11) 이와 관련하여 헌법재판소도 1990. 10. 22. 90헌마155 어장출입 및 공작물설치에 대한 헌법소원사건에서 "이 사건과 같은 급부(이행)청구는 헌법재판소법 제75조 제3항에 비추어 헌법소원의 대상이 될 수 없다."라고 판시함으로써 이러한 견해를 간접적으로 뒷받침하고 있다고 볼 수 있다.

12) 의무이행소송의 인정 여부 등에 대하여 자세한 것은 정연주, 무명항고소송, 206쪽 이하 참조.

무이행소송의 인정 여부와는 별도로 현행 행정소송절차에 민사소송법(현행 민사집행법)상의 가처분제도가 인정될 수 있다는 학설[13]이 대두되고 있지만, 이러한 견해는－입법론으로는 몰라도－현행 행정소송법의 관련 규정의 해석상 받아들이기가 어렵다.[14] 판례의 입장은 의무이행소송을 인정하지 않고 있으며,[15] 민사소송법(현행 민사집행법)의 가처분에 관한 규정의 준용도 인정하고 있지 않다.[16]

한편 이러한 논리는 이른바 입법부작위에 대한 헌법소원심판의 경우에도 마찬가지라고 하겠다. 재판에 대한 헌법소원이 인정되고 있지 아니한 현행 제도하에서 가처분은 주로 행정작용이나 입법작용을 대상으로 하게 되는데, 적극적인 행정작위나 입법작위에 대하여는 이 사건 결정에서도 보듯이 가처분으로서 집행정지가 고려된다. 따라서 적극적인 내용의 가처분이 문제되는 것은 주로 행정부작위와 입법부작위에 의한 기본권침해의 경우라고 할 수 있다. 그런데 행정부작위에 대하여는 위에서 언급한 바와 같고, 입법부작위에 대한 가처분의 경우에도 본안결정의 내용은 원칙적으로 그 입법부작위의 위헌을 확인할 수 있을 뿐이기 때문에,[17] 적극적인 내용의 가처분 역시 인정될 수 없다고 하겠다. 만일 그렇지 않다면 이 경우 헌법재판소가 가처분결정으로 입법기관에 대하여 잠정적인 입법을 명하거나 스스로 그러한 내용의 입법을 행할 수 있다는 것인데, 이러한 논리가 권력분립의 원칙, 입법기관이 가지는 민주적 정당성[18], 헌법재판의 한계 등에 비추어 볼 때 정당화될 수는 없음은 다언을 요하지 아니할 것이다.

---

13) 이러한 견해로는 이상규, 신행정법론(상), 1997, 860쪽; 김남진, 행정법 I, 2000, 796쪽.

14) 현행 행정소송절차에 있어서 민사소송법상의 가처분이 인정될 수 없다고 보는 입장으로는 박윤흔, 행정법강의(상), 2000, 942쪽; 김동희, 행정법 I, 2000, 672쪽.

15) 대판 1989. 5. 23. 88누8135.

16) 대결 1959. 11. 20. 4292행항2; 1980. 12. 22. 80두5.

17) 입법부작위에 대한 헌법소원심판에 있어서 인용결정의 경우 그 본안결정의 내용에 관해서는 1994. 12. 29. 89헌마2 조선철도(주)주식의 보상금청구에 관한 헌법소원사건의 다음의 결정주문을 참조: "재조선미국육군사령부군정청법령 제75호 조선철도의 통일을 폐지한 조선철도의통일폐지법률이 시행되기 전에 같은 군정청법령 제2조에 의하여 수용된 조선철도주식회사, 경남철도주식회사 및 경춘철도주식회사 재산의 재산관계권리자로서 같은 법령 제3조에 따라 같은 군정청 운수부장에게 보상청구서면을 제출하여 위 수용으로 인한 보상청구권을 포기하지 않은 것으로 확정된 자 또는 그 보상청구권을 승계취득한 자에 대하여 위 수용으로 인한 손실보상금을 지급하는 절차에 관한 법률을 제정하지 아니하는 입법부작위는 위헌임을 확인한다." 위 결정에 대한 평석은 정연주, 조선철도(주)주식의 보상금청구에 관한 헌법소원, 감정평가 '95 봄호, 1995. 4, 30쪽 이하 참조.

18) 민주적 정당성과 관련한 국회와 헌법재판소와의 차이에 대하여 정연주, 현행 정부형태의 문제점과 개혁방안, 196쪽 참조.

(3) 헌법재판에 있어서의 강제집행제도의 부재와 관련하여

설사 적극적인 내용의 가처분을 인정한다 하더라도 이의 실현을 강제할 방법이 없다. 비록 헌법재판소법 제75조 제1항에 따라 헌법소원의 인용결정이 모든 국가기관과 지방자치단체를 기속한다 하더라도 이들 기관이 가처분결정의 내용을 이행하지 아니한다면 기본권보장은 실효를 거두기 어렵고, 헌법재판소의 권위는 실추될 것이다. 더욱이 우리의 경우 독일 연방헌법재판소법 제35조[19]와 같은 강제집행에 관한 규정이 없다는 점도 감안해야 할 것이다.

(4) 다른 심판절차에서의 가처분규정과 관련하여

정당해산심판과 권한쟁의심판에서의 가처분에 관한 규정인 헌법재판소법 제57조와 제65조에서는 가처분의 내용으로서 피청구인의 '활동정지' 또는 피청구기관의 '처분의 효력정지'만이 인정되고 있다. 사실 정당해산심판이나 권한쟁의심판의 경우에는 공익적 이유에서 헌법소원심판의 경우보다 더욱 포괄적이고 적극적인 내용의 가처분을 인정할 필요성이 있음에도 불구하고 가처분결정의 내용으로서 집행정지만을 규정하고 있음에 비추어,[20] 현행법의 체계와 해석상 헌법소원심판에서 적극적인 내용의 가처분을 허용하기는 어렵다고 할 것이다.

(5) 독일제도와의 차이점과 관련하여

독일의 경우는 연방헌법재판소법 제32조[21]에 포괄적인 내용을 가지는 가처분제도가 규정되어 있다. 이에 따라 독일의 헌법재판절차에서는 집행정지를 포함한 다

---

19) 연방헌법재판소법 제35조의 내용은 다음과 같다. "연방헌법재판소는 결정에서 그 결정내용을 집행할 주체를 정할 수 있다; 또한 연방헌법재판소는 개별사안에서 그 집행의 종류와 방법을 정할 수도 있다."

20) 이와 관련하여 헌법재판소도 앞서 언급한 98헌사98 결정에서 "권한쟁의심판에서의 가처분결정은 피청구기관의 '처분 등이나 그 집행 또는 절차의 속행으로 인하여' 생길 회복하기 어려운 손해를 예방할 필요가 있거나 기타 공공복리상의 중대한 사유가 있어야 하고 그 '처분의 효력을 정지'시켜야 할 긴급한 필요가 있는 경우 등이 그 요건이 되고 … "라고 판시함으로써 권한쟁의심판절차에서의 가처분도 그 처분의 효력을 정지시키는 집행정지를 내용으로 함을 분명히 하고 있다.

21) 가처분(Einstweilige Anordnungen)에 관한 규정인 연방헌법재판소법 제32조 제1항은 "연방헌법재판소는 쟁송사건에 있어서 중대한 불이익을 방지하기 위하여, 급박한 폭력을 저지하기 위하여, 또는 기타의 중대한 사유로 공공복리를 위하여 긴급한 필요가 있는 경우에는 가처분을 통해 분쟁상태를 잠정적으로 규율할 수 있다."라고 규정하고 있다.

양한 내용의 가처분이 인정될 수 있다고 하겠다. 그러나 독일의 법제는 우리와는 상당부분 차이가 있다는 점을 감안해야 할 것이다.

주지하는 바와 같이 우리의 경우에는 행정심판법 제21조 제1항 및 행정소송법 제23조 제1항에 따라 행정쟁송의 제기가 당해 처분의 효력 또는 집행에 영향을 주지 아니한다(집행부정지의 원칙). 그러나 독일의 경우, 우리와는 달리 행정법원법 제80조 제1항에서 집행정지의 원칙을 채택하고 있다.[22] 그리고 재판에 대한 헌법소원이 인정될 뿐 아니라 이것이 일반적인 헌법소원심판의 유형이므로, 헌법소원심판의 경우 가구제제도로서는 집행정지제도의 필요성이 우리보다 적고 적극적인 가처분제도의 필요성이 상대적으로 크다고 할 수 있다.

또한 우리와는 달리 소극적인 부작위위법확인소송이 아닌 적극적인 수익적 급부나 지위부여 등을 명하는 의무이행소송이 인정되고 있고, 이 의무이행소송의 실효성을 뒷받침하기 위하여 가처분에 관한 규정인 행정법원법 제123조가 잠정적인 급부나 지위부여 등의 적극적인 내용의 가처분도 가능하도록 규정되어 있다는 점도 감안해야 할 것이다. 아울러 가처분에 관한 연방헌법재판소법 제32조는 우리와는 달리 특별절차에서가 아니라 일반절차에서 규정되어 있어 헌법소원심판 뿐 아니라 여타의 모든 헌법재판절차에 적용되므로,[23] 다양하고 포괄적인 내용의 가처분제도를 인정할 필요성이 있다고 할 것이다. 더욱이 위에서 언급한 바와 같이 우리와는 달리 본안결정과 가처분결정의 이행을 담보할 수 있는 강제집행제도에 관한 규정이 연방헌법재판소법 제35조에 마련되어 있다는 점도 감안해야 할 것이다.

3. 결어(헌재결정 내용의 문제점)

이상 언급한 이유로 적어도 현행 헌법소원제도하에서는 원칙적으로 민사소송법 제714조(현행 민사집행법 제300조)의 가처분에 관한 규정이 준용되기는 어렵다고 본다. 따라서 헌재가 "헌법재판소법 제40조 제1항에 따라 준용되는 행정소송법 제23조 제2항의 집행정지규정과 민사소송법 제714조(현행 민사집행법 제300조)의 가처분규정에 비추어 볼 때, 이와 같은 가처분결정은 헌법소원심판에서 다투어지는 공권

22) 동조 제2항에 따라 예외적으로 공익적인 이유 등에서 이 집행정지원칙의 적용이 배제될 수 있고, 이 경우에는 집행이 정지되지 않는다. 따라서 집행이 정지되지 않는 예외적인 경우에는 원고가 행정소송에 있어서의 가처분에 관한 규정인 행정법원법 제123조에 따라 집행정지를 내용으로 하는 가처분신청을 할 수 있을 것이다.

23) Vgl. Klein, in: Maunz/Schmidt-Bleibtreu/Klein/Ulsamer, Bundesverfassungsgerichtsgesetz, §32, Rdnr. 2; Schlaich, Das Bundesverfassungsgericht, 1991, S. 240f.; BVerfGE 1, 281(282); 1, 85(86); 11, 339(342); 12, 36(39); 27, 152(156); 66, 26(36).

력 행사 또는 '불행사'의 현상을 그대로 유지시킴으로 인하여 생길 회복하기 어려운 손해를 예방할 필요가 있어야 하고 그 효력을 정지시켜야 할 긴급한 필요가 있어야 한다는 것 등이 그 요건이 된다 할 것이므로 …"라고 판시함으로써[24] 행정소송법 제23조 제2항의 집행정지규정 뿐 아니라, 민사소송법 제714조(현행 민사집행법 제300조)의 가처분규정이 공권력의 '불행사'로 인한 기본권침해의 경우 등에 아무 제한 없이 준용될 수 있는 것처럼 표현하고 있는 것은 문제가 있다고 하겠다. 헌재도 이어서 "그 '효력을 정지'시켜야 할 긴급한 필요가 있어야 한다 …"라고 가처분의 내용을 집행정지로 제한하고 있듯이 가처분의 내용은 원칙적으로 집행정지가 된다고 보아야 할 것이며, 따라서 헌법재판소의 결정은 그 표현에서 뿐 아니라 그 스스로의 논리전개에 있어서도 앞뒤가 모순된다고 여겨진다.

Ⅴ. 가처분의 요건과 절차 등

1. 요 건

헌법소원심판절차에 있어서의 가처분의 요건과 관련하여 헌법재판소는 "위 가처분의 요건은 헌법소원심판에서 다투어지는 공권력 행사 또는 불행사의 현상을 그대로 유지시킴으로 인하여 생길 회복하기 어려운 손해를 예방할 필요가 있어야 한다는 것과 그 효력을 정지시켜야 할 긴급한 필요가 있어야 한다는 것 등이 된다. 따라서 본안심판이 부적법하거나 이유 없음이 명백하지 않는 한, 위와 같은 가처분의 요건을 갖춘 것으로 인정되면, 가처분을 인용한 뒤 종국결정에서 청구가 기각되었을 때 발생하게 될 불이익과 가처분을 기각한 뒤 청구가 인용되었을 때 발생하게 될 불이익을 비교형량하여 후자가 전자보다 큰 경우에, 가처분을 인용할 수 있다."라고 판시하고 있는데, 이러한 헌법재판소가 제시한 가처분의 요건은 헌법소원제도의 특성 및 행정소송법의 집행정지에 관한 규정[25] 등을 고려해 볼 때 타당하다고 볼 수 있다. 이들 요건을 행정소송법의 집행정지규정을 감안하여 정리하면 다음과 같다.

(1) 본안청구가 헌법재판소에 계속되어 있어야 한다(행정소송법 제23조 제2항 참조).[26]

---

24) 헌재 2000. 12. 8. 2000헌사471, 판례집 12-2, 381, 385.

25) 행정소송법상의 집행정지의 요건에 대하여는 박윤흔, 전게서, 935쪽 이하; 김남진, 전게서, 787쪽 이하; 김동희, 행정법Ⅰ, 666쪽 이하 참조.

(2) 회복하기 어려운 손해를 예방할 필요가 있어야 한다.

(3) 그 효력을 정지시켜야 할 긴급한 필요가 있어야 한다.

(4) 본안심판이 부적법하거나 이유 없음이 명백하지 않아야 한다.[27)]

(5) 가처분을 인용한 뒤 종국결정에서 청구가 기각되었을 때 발생하게 될 불이익 보다 가처분을 기각한 뒤 청구가 인용되었을 때 발생하게 될 불이익을 비교형량할 때 후자가 전자보다 커야 한다.[28)]

(6) 신청인은 가처분을 신청하기 전에 다른 권리구제수단을 다 거쳐야 한다. 가처분은 보충적인 것이므로 다른 권리구제방법이 있는 경우에는 가처분이 인정될 수 없을 것이다.[29)]

2. 절 차

가처분은 당사자의 신청이나 헌법재판소의 직권에 의하여 발할 수 있다고 할 것이다. 참고로 독일의 경우에는 이에 관한 명문의 규정이 없지만 일반적으로 이를 인정하고 있다.[30)]

3. 대 상

기본권침해의 원인이 된 공권력행사가 행정처분인 경우[31)] 가처분의 내용은 이

---

26) 이는 가처분의 본안소송에 대한 부종성에 비추어 볼 때 당연하다 하겠다. 그런데 독일의 경우에는 본안소송의 계속전이라도 장래 본안소송의 제기가 확실한 경우에는 가처분신청을 할 수 있다고 본다(Schlaich, aaO, S. 241).

27) 본안소송에서의 승소가능성이 가처분의 요건이 되는 것은 아니지만(Vgl. BVerfGE 7, 367[371];18, 151 [153]; 46, 1[11]; Schlaich, aaO, S. 243; Klein, aaO, Rdnr. 31), 가처분의 본안소송에의 부종성으로 인하여 본안소송이 부적법하거나 명백하게 이유가 없는 경우에는 가처분이 허용될 수 없다고 하겠다. 또한 이러한 경우에는 네번째 요건과 관련하여 볼 때 어차피 본안청구가 인용될 수 없으므로 가처분을 기각한 뒤 본안청구가 인용되었을 때 발생하게 될 불이익을 상정할 수가 없고, 따라서 이익형량의 요건에서 보더라도 가처분신청을 인정하기는 어려울 것이다. 이는 행정소송절차에 있어서의 집행정지에 대하여도 적용된다고 하겠다(대결 1994. 10. 11. 94두23).

28) 이 요건은 사익과 공익의 총체적인 이익형량을 요구하는 것으로 당연한 요건이라고 할 수 있으며, 행정소송법 제23조 제3항에서 "집행정지는 공공복리에 중대한 영향을 미칠 우려가 있을 때에는 허용되지 아니한다."라고 규정한 것도 집행정지의 요건의 하나로서 공익과 사익의 총체적인 이익형량을 요구하는 것이라고 하겠다. 또한 이 요건은 독일의 경우에도 마찬가지로 요구된다. Vgl. BVerfGE 12, 276(279); 50, 37(41); 55, 1(3); 64, 67(70); Schlaich, aaO, S. 243; Gusy, Die Verfassungsbeschwerde, 1988, S. 195.

29) Vgl. BVerfGE 16, 236(239); 17, 120(122).

30) Vgl. BVerfGE 1, 74(75); 1, 281(283); 15, 77(79); 35, 12(14); 42, 103(119f.); Schlaich, aaO, S. 241.

31) 헌법소원의 보충성의 원칙과 관련하여 일종의 보충성원칙의 예외로서 행정처분에 대한 헌법소원심

처분의 효력정지가 될 것인데, 여기서 처분의 효력정지는 처분의 집행 또는 절차의 속행을 정지함으로써 목적을 달성할 수 있는 경우에는 허용될 수 없다고 하겠다(행정소송법 제23조 제2항). 가처분 자체가 공권력행사를 정지함으로써 잠정적으로 권리를 보전하고자 하는 최후의 보충적인 제도이므로 그 가처분은 이러한 목적을 달성할 수 있는 최소한의 불가피한 정도에 그쳐야 할 것이다. 따라서 처분의 효력정지는 그 처분의 집행이나 절차속행의 정지로 목적달성이 불가능한 경우에만 인정된다고 할 것이며, 만일 그렇지 않다면 이는 결과적으로 과잉적 가처분으로서 공권력 및 공익에 대한 필요 이상의 제한이 되는 것이라고 할 수 있다.

4. 결정정족수

헌법재판소는 재판관 7인 이상의 출석으로 심리하고 종국심리에 관여한 재판관의 과반수의 찬성으로 가처분결정이 이루어진다고 하겠다(헌법재판소법 제23조).

5. 이의신청

가처분의 인용결정 또는 기각결정에 대한 불복절차로서는 헌법소원심판이 단심이므로 동일기관의 동일 심급에 대한 재심을 구하는 이의신청을 고려해 볼 수 있겠으나, 헌법재판소법 제39조의 일사부재리의 원칙상, 그리고 이미 그 가처분결정 과정에서 총체적 이익형량을 통해 다양한 사안이 검토되었다는 점을 감안해 볼 때 동일한 사유와 사정을 이유로 한 이의신청은 인정되기 어렵고, 그 필요성도 크지 않다고 여겨진다. 다만 인용결정 이후 가처분사유의 소멸, 사정변경 및 공익상의 이유로 직권 또는 신청에 의해 가처분결정을 취소할 수는 있을 것이다(행정소송법 제24조 참조). 한편 기각결정 이후 청구인은 새로운 사유나 사정변경을 이유로 다시 가처분을 신청할 수 있다고 보아야 할 것이다.

참고로 독일의 경우에는 연방헌법재판소법 제32조에 이의신청에 관한 규정[32)]이 마련되어 있는데, 첫째, 앞서 언급한 바와 같이 독일의 경우에는 가처분규정이 모

판이 제기된 경우가 여기에 해당될 것이다.

32) 이의신청에 관한 연방헌법재판소법 제32조 제3항 및 제4항의 내용은 다음과 같다. 제3항: “가처분의 인용 또는 기각의 결정에 대하여는 이의신청을 제기할 수 있다. 이는 헌법소원심판절차에 있어서의 청구인에게는 적용되지 아니한다. 연방헌법재판소는 이의신청에 대하여 구두변론을 거쳐 결정한다. 구두변론은 이의신청의 사유가 제출된 후 2주내에 행해져야 한다.” 제4항: “가처분에 대한 이의신청은 가처분결정의 집행을 정지하는 효력이 없다. 그러나 연방헌법재판소는 가처분의 집행을 정지할 수 있다.”

든 헌법재판절차에 적용되고,[33] 둘째, 일사부재리에 관한 규정이 없으며, 셋째, 독일의 경우에도 헌법소원심판의 경우에는 이의신청이 인정되지 않는다는 점(동법 제32조 제3항)[34]에 비추어 독일의 이의신청에 관한 규정이 우리의 헌법소원심판에 있어서의 가처분절차에 적용되기는 어렵다고 본다.

6. 효 력

가처분결정은 모든 국가기관과 지방자치단체를 기속한다(헌법재판소법 제75조 제1항, 행정소송법 제23조 제6항 및 제30조 제1항). 이는 가처분의 실효성을 확보하기 위하여 당연히 요구된다고 하겠다.

가처분의 효력은 당해 주문에 정하여는 시기까지 존속한다. 주문에 특별한 정함이 없는 경우에는 본안청구에 대한 종국결정의 선고 시까지 존속한다고 보아야 할 것이다.

Ⅵ. 맺는 말

지금까지 헌법재판소결정의 내용, 헌법소원심판에 있어서의 가처분의 인정 여부와 내용 및 요건 등에 대하여 살펴보았다. 적어도 현행 제도하에서는 헌법소원심판에 있어서의 가처분에 관하여는 원칙적으로 행정소송법 제23조의 집행정지에 관한 규정이 준용될 것이다. 다만 헌법소원심판과 행정소송간의 제도 및 절차상의 차이점과 헌법소원제도의 특성 때문에 준용될 수 없는 부분도 상당부분 있을 것이다.

한편 이러한 헌법소원제도와 행정소송제도와의 차이점 및 헌법소원제도의 특성을 감안해 볼 때, 그리고 헌법소원심판절차에 있어서의 가처분의 인정 여부와 그 근거 및 요건, 절차 등에 대한 의문을 해소한다는 측면에서 헌법재판소법에 헌법소원심판절차에 적용될 수 있는 가처분에 관한 명문규정을 둘 것을 고려해 볼 수 있다. 그 방법으로는 첫째, 현행처럼 헌법재판소법 제4장의 특별심판절차에 가처분규정을 두는 방식을 유지하여 정당해산심판에 관한 제57조나 권한쟁의심판에 관한 제65조의 경우처럼 헌법소원심판에 대하여 별도의 가처분규정을 두는 방법과, 둘

---

33) 따라서 다양한 내용과 성격의 심판절차, 예컨대 권한쟁의심판의 경우 공익적 이유에서의 관련 국가기관의 이의신청 또는 정당해산심판의 경우 해당 정당의 이의신청을 인정할 필요도 있을 것이다.

34) So auch Schlaich, aaO, S. 246.

째, 독일의 경우처럼 일반심판절차에 가처분규정을 두어 모든 헌법재판절차에 적용되도록 하는 방법이 고려될 수 있을 것이다.

그런데 첫째의 방법을 택할 경우 이미 가처분신청에 대한 헌법재판소의 인용결정이 나온 이상 가처분의 인정 여부와 그 근거 및 요건 등에 대한 의문이 제기되기는 어렵고, 또한 그 예상되는 규정내용도 정당해산심판과 권한쟁의심판에서의 가처분규정을 고려해 볼 때 현행 행정소송법을 준용하는 경우와 그 본질에 있어서는 크게 다르다고 보여지지 않기 때문에[35] 헌법소원심판에 별도의 가처분에 대한 명문규정을 둔다고 해서 이번의 헌법재판소결정에서 보듯이 그 운용과정과 내용에 있어서 현행의 경우와 큰 차이가 있을 지는 의문이다. 그리고 둘째의 방식을 택할 경우 우리의 헌법소원제도와 행정소송제도 및 행정소송에서의 가처분제도가 독일의 그것과는 내용, 종류, 대상, 요건, 절차, 강제집행 등의 측면에서 상당부분 차이가 있으므로 독일의 가처분에 관한 규정을 참고하는 데에는 일정한 한계가 있다고 본다.

---

35) 참고로 과거 대한변호사협회의 헌법재판소법 개정법률안을 보면 다음과 같은데, 행정소송법 제23조 및 제24조와 기본적으로 매우 유사하다고 하겠다.
"헌법재판소법 제75조의 2(가처분) (1) 재판부 또는 심판부는 공권력의 행사나 그 집행 또는 절차의 속행으로 말미암아 생길 회복하기 어려운 손해를 예방하기 위하여 긴급한 필요가 있을 때에는 당사자의 신청 또는 직권에 의하여 공권력의 행사나 그 집행 또는 일부를 정지하는 결정을 할 수 있다. 다만, 정지로 인하여 공공복리에 중대한 영향을 미칠 우려가 있을 때에는 그러하지 아니하다. (2) 제1항의 결정을 한 후에 공공복리에 중대한 영향을 미치거나 가처분의 필요가 없어진 때에는 당사자의 요청 또는 직권에 의한 결정으로 가처분을 취소할 수 있다."

18. 헌법규범에 대한 위헌심사

– 헌재 1995. 12. 28. 95헌바3 국가배상법 제2조 제1항 등 위헌소원[1] 및 헌재 2001. 2. 22. 2000헌바38 국가배상법 제2조 제1항 단서 등 위헌소원[2] –

[目 次]

Ⅰ. 머리말

이 글은 헌법규정에 대한 위헌심사의 가능성, 즉 일정한 헌법조항 또는 헌법개정의 내용이 헌법의 핵심적인 상위규정 내지 원칙에 위반될 때, 그리고 그것이 국민의 기본권을 침해할 때 이에 대한 헌법소원 등의 헌법재판에 의한 위헌심사 및 통제가 가능한지의 여부를 국가배상제도에 있어서 국가배상청구금지를 규정한 헌법 제29조 제2항[3]에 대한 헌법소원과 관련하여 살펴본 것이다. 오래전부터 군인·

1) 헌재 1995. 12. 28. 95헌바3, 판례집 7-2, 841.
2) 헌재 2001. 2. 22. 2000헌바38, 판례집 13-1, 289.

군무원 등의 국가배상청구금지규정의 타당성 여부와 더불어 도대체 헌법규정 자체가 위헌심사의 대상이 될 수 있는지, 그리고 가능하다면 어떠한 방법과 절차에 의하여 심사와 통제가 이루어질 수 있는지가 논의되어왔다. 이와 관련하여 주지하는 바와 같이 대법원은 과거 이러한 국가배상청구금지에 관한 근거가 헌법에 규정되어 있지 않을 당시 법률상의 근거규정인 국가배상법 제2조 제1항 단서에 대하여 위헌판결을 내렸고, 이 위헌판결이 있은 이후 이 규정 내지 제도에 대한 위헌시비를 없애기 위하여 직접 헌법 제29조 제2항에 실질적으로 동일한 내용을 헌법개정을 통해 규정하기에 이르렀다. 이에 따라 대체적인 학설과 판례는 더 이상 이 규정 내지 제도에 대한 위헌여부가 문제될 수 없고, 따라서 이 규정에 대한 위헌심사를 할 수 없다는 입장을 견지해오고 있다. 사실 법률규정에 대한 위헌심사는 효율적으로 이루어지고 있는 반면, 헌법규정에 대한 위헌심사의 여부를 헌법재판소는 부정하고 있고, 이에 관한 학설에 있어서도 별로 깊이 있고 체계적인 논의가 이루어지고 있지 못하다. 이에 따라 위헌의 소지가 있는 내용도 그것이 헌법에 규정되어 있을 경우, 단지 헌법규정이라는 이유만으로 이에 대한 위헌심사가능성을 부정하면서 합헌이라고 평가하고, 아울러 그 헌법규정에 근거한 동일한 또는 유사한 내용의 법률규정 역시 그것이 헌법규정에 근거했다는 이유만으로 당연히 합헌이라고 평가되는 것이 일반적인 현상인 것으로 보인다. 이러한 견해는 헌법이론과 헌법재판제도의 취지에 비추어 볼 때, 그리고 국민의 기본권의 효율적인 보장과 구제를 고려할 때 결코 타당하다고 볼 수 없다. 여기서는 대법원과 헌법재판소의 관련 판례를 살펴본 후, 군인·군무원 등의 국가배상청구금지규정인 헌법 제29조 제2항의 위헌성과 이 헌법규정에 대한 위헌심사의 가능성 및 그 방법을 고찰해 보고자 한다.

Ⅱ. 대법원판결의 내용

과거 대법원[4]은 군인·군무원 등의 국가배상청구금지제도가 헌법에는 규정되어

---

3) 헌법 제29조(공무원의 불법행위와 배상책임) ② 군인·군무원·경찰공무원 기타 법률이 정하는 자가 전투·훈련 등 직무집행과 관련하여 받은 손해에 대하여는 법률이 정하는 보상 외에 국가 또는 공공단체에 공무원의 직무상 불법행위로 인한 배상은 청구할 수 없다.
국가배상법 제2조(배상책임) ① (본문생략) 다만, 군인·군무원·경찰공무원 또는 향토예비군대원이 전투·훈련·기타 직무집행과 관련하거나 국방 또는 치안유지의 목적상 사용하는 시설 및 자동차·함선·항공기·기타 운반기구 안에서 전사·순직 또는 공상을 입은 경우에 본인 또는 그 유족이 다른 법령의 규정에 의하여 재해보상금·유족연금·상이연금 등의 보상을 지급받을 수 있을 때에는 이 법 및 민법의 규정에 의한 손해배상을 청구할 수 없다.

있지 않고 단지 법률인 국가배상법 제2조 제1항 단서[5]에 규정되어 있을 때, 이 규정을 위헌이라고 판결했다. 이 판결내용의 내용을 살펴보면 다음과 같다.

헌법 제26조(현행 헌법 제29조)는 공무원의 직무상 불법행위로 손해를 받은 국민은 국가 또는 공공단체에 배상을 청구할 수 있다고 규정하여 공무원의 불법행위로 손해를 받은 국민은 그 신분에 관계없이 누구든지 국가 또는 공공단체에 그 불법행위로 인한 손해전부의 배상을 청구할 수 있는 기본권을 보장하였고 한편 헌법 제32조(현행 헌법 제37조) 제2항에는 국민의 모든 자유와 권리는 질서유지 또는 공공복리를 위하여 필요한 경우에 한하여 법률로써 제한할 수 있으며 제한하는 경우에도 자유와 권리의 본질적인 내용을 침해할 수 없다고 규정하여 헌법 제26조의 규정에 의하여 보장된 국민의 손해배상청구권은 질서유지 또는 공공복리를 위하여 필요한 경우에 한하여 그 배상청구권의 본질적 내용을 침해하지 않는 범위안에서 법률로써 제한할 수 있으나 헌법 제32조 제2항에 의하여 손해배상청구권을 법률로써 제한하는 경우에도 다시 헌법 제9조(현행 헌법 제11조)의 모든 국민은 법 앞에 평등하다. 누구든지 성별, 종교 또는 사회적 신분에 의하여 정치적, 경제적, 사회적, 문화적 생활의 모든 영역에 있어서 차별을 받지 아니한다는 규정에 위반되지 않아야 하며 또 헌법 제8조(현행 헌법 제10조)의 모든 국민은 인간으로서의 존엄과 가치를 가지며 이를 위하여 국가는 국민의 기본적 인권을 최대한으로 보장할 의무를 진다는 규정에도 적합하여야 하므로 결국 헌법 제26조에 의하여 보장된 손해배상청구권을 법률로써 제한함에는 첫째 질서유지 또는 공공복리를 위하여 제한할 필요가 있어야 하고 둘째, 위 제한은 질서유지 또는 공공복리를 위하여 필요한 최소한도에 끝임으로써 손해배상청구권을 최대한도로 보장하여야 하며 어떠한 이유로도 헌법 제26조에 보장된 손해배상청구권의 본질적 내용을 침해하는 정도로 제한할 수 없으며 셋째, 위 제한은 국민평등의 원칙에 적합하게 모든 피해국민에게 평등하게 제한하여야 하며 일부국민 특히 군인군속에 대하여서만 제한하는 경우에는 헌법 제9조의 평등의 원칙에 반하지 않는 합리적인 이유와 범위안에서만 할 수 있다 할 것이요, 이 제한의 범주를 넘은 손해배상청구권의 부인은 위 헌법이 보장

4) 1971. 6. 22. 70다1010.

5) 국가배상법(1967. 3. 3., 법률 제1899호) 제2조 (배상책임) ① 공무원이 그 직무를 집행함에 당하여 고의 또는 과실로 법령에 위반하여 타인에게 손해를 가하였을 때에는 국가 또는 지방자치단체는 그 손해를 배상하여야 한다. 다만, 군인 또는 군속이 전투·훈련 기타 직무집행중에서 발생하였거나 국군의 목적상 사용하는 진지·영내·함정·선박·항공기 기타 운반기구안에서 발생한 전사·순직 또는 공상으로 인하여 다른 법령의 규정에 의하여 재해보상금 또는 유족일시금이나 유족연금 등을 지급받을 수 있을 때에는 이 법 및 민법의 규정에 의한 손해배상을 청구할 수 없다.

한 기본권 자체의 박탈이므로 어떠한 이유로도 헌법의 규정상 불가능하다 할 것인바 한편 국가배상법 제2조 제1항 단행의 입법이유의 하나는 군인·군속이 공무수행중에 신체 또는 생명에 피해를 입은 경우에는 군사원호보상법 등에 의하여 재해보상금 등을 지급받게 되어 있음으로 불법행위로 이한 손해배상도 받게 하면 이중이 된다는 것이나, 위 법들의 규정에 의한 재해보상금 등은 군인·군속 등의 복무중의 봉사 및 희생에 대하여 이를 보상하고 퇴직후의 생활 또는 유족의 생활을 부조함에 그 사회보장적 목적이 있고, 손해배상제도는 불법행위로 인한 손해를 전보하는데 그 목적이 있으므로 양자는 그 제도의 목적이 다르다. 이 규정의 입법이유의 또 하나는 군인·군속이 피해자가 된 불법행위 사고가 많아서 국고손실이 많으므로 이를 최소한으로 감소 내지 방지함에 있다는 것인바 그러한 불법행위가 많다는 이유만으로는 군인·군속에 대하여서만 배상청구권을 부인하여 그들의 희생위에 국고손실을 방지하여야 할 이유가 되지 못한다 할 것이다. 또 군인군속은 국가에 대하여 무정량의 위험근무임무를 부담하는 이른바 특별권력관계에 있음으로 그러한 근무임무의 성질상 공무중의 피해에 대하여는 일반국민과는 달리 이를 자담수인할 의무가 있다고 주장하나 다른 공무원의 고의 또는 과실 있는 직무상의 위법행위로 인하여 군인 또는 군속이 공무중에 입은 손해는 군인 또는 군속이 복종하는 특별권력관계의 내용이나 근무임무에 당연히 포함되는 희생은 아니므로 특별권력관계를 이유로 그 배상청구권을 부인할 수 없을 뿐 아니라, 위험근무임무에 당하거나 특별권력관계에 있음은 비단 군인 또는 군속에 국한되지 않고 경찰공무원이나 다른 위험근무에 당하는 기타 공무원도 다를 바 없다할 것임으로 유독 군인 또는 군속에 대해서만 차별을 할 하등의 합리적 이유도 없다 할 것이다. 따라서 군인·군속에게 손해배상청구권을 제한 또는 부인하는 국가배상법 제2조 제1항 단행은 헌법 제26조에서 보장된 국민의 기본권인 손해배상청구권을 헌법 제32조 제2항의 질서유지 또는 공공복리를 위하여 제한할 필요성이 없이 제한한 것이고, 또 헌법 제9조의 평등의 원칙에 반하여 군인 또는 군속인 피해자에 대하여서만 그 권리를 부인함으로써 그 권리자체의 본질적 내용을 침해하였으며 기본권제한의 범주를 넘어 권리자체를 박탈하는 규정이므로 이는 헌법 제26조, 동법 제8조 및 동법 제32조 제2항에 위반한다.

Ⅲ. 군인 · 군무원 등의 국가배상청구금지제도의 위헌성

지금까지 살펴본 바와 같이 대법원은 군인 · 군무원 등의 국가배상청구금지제도를 주로 평등의 원칙 위반을 이유로 위헌이라고 판시했다.6) 결론적으로 이 판결은－비록 헌법에의 규정이 없을 때이므로 만일 헌법상 근거규정이 있을 경우에도 위헌판결을 내릴지의 여부는 알 수 없으나－내용에 있어서 타당하다고 할 수 있다. 여기서 이 제도의 위헌성을 체계적으로 살펴보면 다음과 같다.

(1) 대법원판결도 언급한 바와 같이 재해보상금 등의 법률이 정하는 국가보상과 불법행위에 대한 국가배상은 그 성립원인과 목적 및 성질을 달리한다. 따라서 양 제도는 이중배상의 관계에 있지 아니하다. 즉 국가배상은 불법행위를 원인으로 한 기본권침해의 경우에 국가가 그 손해를 전보하는 것으로 이는 위법한 공권력 작용에 대한 권리구제를 내용으로 하는 법치주의원리와 헌법 제29조를 근거로 하고 있는 반면, 재해보상금 등의 국가보상은 불법행위를 원인으로 하는 것이 아니라, 군인 · 군속 등의 복무중의 봉사 및 희생에 대하여 이를 보상하고 퇴직 후의 생활 또는 유족의 생활을 부조함에 그 사회보장적 목적이 있는, 즉 이들 특수직종에 종사하는 자들에 대한 사회보장적 배려로서 이는 사회국가원리와 헌법 제34조 등에 근거한 일종의 입법정책의 문제인 것이다. 따라서 전자는 군인 · 군무원 등의 피해자에게 직접 헌법 제29조에 근거하여 인정되는 일종의 청구권적 기본권으로서 이의 이행은 국가의 의무에 속하는 사항이지만, 후자는 이를 구체화하는 근거법률을 통해서만 비로소 당사자에게 인정될 수 있는 일종의 사회적 기본권으로서 이의 이행은 재정 등을 고려한 국가의 입법적 재량에 속하는 것이다. 이처럼 양 제도는 그 성립원인과 목적 및 성질을 달리하므로 이중배상의 관계에 있지 않고, 따라서 군인 · 군무원 등에 대해서만 국가배상청구권을 금지하는 것은 다른 직종의 피해자들과 비교해 볼 때, 이들을 부당하게 차별하는 것으로서 평등의 원칙에 위배된다고 할 수 있다. 사실 다른 직종의 피해자들과 비교해서 군인 · 군무원 등의 매우 위험부담이 높은 직무의 특성에서 오는 합리적 차별사유를 고려할 때 오히려 이들에게 국가배상 이외에 국가보상을 '추가적으로' 배려해주는 것이 타당하다고 볼 수도

6) 이러한 군인 · 군무원 등의 국가배상청구금지제도가 평등의 원칙상 위헌의 소지가 있다는 견해로는 구병삭, 신헌법원론, 1993, 638쪽; 김남진, 행정법I, 1997, 579쪽; 김동희, 행정법I, 1998, 467쪽; 박윤흔, 행정법(상), 1998, 661쪽.

있으며, 이러한 논리가 오히려 합리적 차별사유가 존재할 경우 차별을 요구하는 것을 내용으로 하는 배분적 정의에 입각한 상대적 평등의 원칙에 부합된다고도 볼 수 있다. 만일 국가의 재정적 이유 등으로 이러한 추가적 배려가 불가능할 경우라면 당연히 국가의 의무에 속하는 국가배상을 이행하여야 할 것이고, 국가의 재량에 속하는 국가보상은 부정되어야 할 것이다.

(2) 아울러 군인·군무원·경찰공무원 등 이외의 위험부담이 높은 직종에 종사하는 다른 공무원들에게는 국가배상청구권이 인정된다는 점에서, 그리고 다른 법률이 정하는 보상의 액수가 국가배상법이나 민법에 따른 배상액수보다 적을 경우-더 많지는 못할망정-등을 고려해 볼 때, 이 제도는 명백히 평등의 원칙에 위배되는 것이다

(3) 또한 대법원판결에서도 언급된 바와 같이 이처럼 군인·군무원 등에게 국가배상청구를 금지하는 목적중의 하나가 국고손실을 줄이겠다는 재정적 이유에서 기인했던 것으로 볼 수 있는데, 국가배상이 국가의 불법행위를 원인으로 한다는 점을 고려할 때 이러한 이유는 국가배상청구권이라고 하는 기본권의 박탈을 정당화시킬 수 있는 목적이라고 볼 수 없다. 따라서 이 제도는 비례의 원칙과 기본권의 본질적 내용침해금지의 원칙을 위반한다고 볼 수 있다.

결국 군인·군무원 등의 국가배상청구금지제도는 헌법 제11조의 평등의 원칙, 동법 제37조 제2항의 비례의 원칙과 기본권의 본질적 내용침해의 원칙 등 헌법의 기본적이고 본질적 내용에 속하는 규정 내지 원칙을 위반하여 이들의 국가배상청구권을 박탈하는 것이므로 당연히 위헌이라고 하겠다.

Ⅳ. 헌재결정의 내용

앞서 언급한 바와 같이 국가배상법 제2조 제1항 단서에 대한 대법원의 위헌판결이 있은 이후 이러한 군인·군무원 등의 국가배상청구금지규정 내지 제도에 대한 위헌시비를 없애기 위하여 직접 헌법 제29조 제2항에 실질적으로 동일한 내용을 헌법개정을 통해 규정하기에 이르렀고, 이에 따라 대체적인 학설은 더 이상 이 규정의 위헌여부가 문제될 수 없으며,[7] 따라서 이 규정에 대한 위헌심사를 할 수 없다는 입장을 견지해오고 있다. 이러한 헌법규정 자체에 대한 위헌심사문제와 관련하여 헌재는 1995. 12. 28. 95헌바3 결정에서 헌법 제29조 제2항에 대한 위헌심사의

7) 예컨대 박윤흔, 전게서, 661쪽; 김동희, 전게서, 467쪽; 구병삭, 전게서, 638쪽.

가능성을 부정했고, 이러한 입장은 이후의 유사한 사례에서도 계속 유지되고 있다.[8] 다만 2001. 2. 22. 2000헌바38 결정에서 헌재가 예외적인 상황에서 헌법의 개별조항에 대한 위헌성을 확인할 수 있다는 하경철 재판관의 반대의견이 있었다.[9] 여기서는 가장 대표적인 1995. 12. 28. 95헌바3 결정의 내용을 살펴보기로 한다.

1. 사건의 개요 및 심판의 대상

(1) 사건의 개요

청구인 박○천은 군인으로 대한민국 소유의 군용 차량에 승차하고 가다가 부상을 입게 되자, 그의 가족들인 나머지 청구인들과 함께 국가를 상대로 하여 서울민사지방법원 93가합11758호로 손해배상청구의 소를 제기하고, 헌법재판소법 제41조 제1항에 의하여 헌법 제29조 제2항 및 국가배상법 제2조 제1항 단서에 대한 위헌심판제청을 신청하였는데, 서울민사지방법원이 1994. 12. 21. 위 위헌심판제청의 신청에 대한 기각결정을 하자, 1995. 1. 19. 헌법재판소법 제68조 제2항에 의하여 이 사건 헌법소원심판을 청구하였다.

(2) 심판의 대상

이 사건 심판의 대상인 헌법 제29조 제2항 및 국가배상법 제2조 제1항 단서의 규정은 다음과 같다.

헌법(1987. 10. 29. 전문개정) 제29조(공무원의 불법행위와 배상책임)

① 생략

② 군인·공무원·경찰공무원 기타 법률이 정하는 자가 전투·훈련 등 직무집행과 관련하여 받은 손해에 대하여는 법률이 정하는 보상 외에 국가 또는 공공단체

---

8) 예컨대 헌재 1996. 6. 13. 94헌바20; 1996. 6. 13. 94헌마118 등; 2001. 2. 22. 2000헌바38.

9) "헌법에는 보다 상위의 근본규정에 해당하는 헌법규정과 그러한 근본규정에 해당하지 않는 보다 하위의 헌법규정이 있을 수 있고, 하위의 헌법규정이 상위의 헌법규정과 합치하지 않는 모든 경우에 그 효력을 부인할 수 있는 것은 아니나, 더 이상 감내할 수 없을 정도로 일반인의 정의감정에 합치하지 아니하는 경우에는 헌법의 개별조항도 헌법 제111조 제1항 제1호 및 제5호, 헌법재판소법 제41조 제1항 및 제68조 제2항 소정의 법률의 개념에 포함되는 것으로 해석하여 헌법재판소가 그 위헌성을 확인할 수 있다. 군인 등 신분이라는 이유만으로 국가배상청구권을 박탈한 헌법 제29조 제2항은 상위규정이며 민주주의 헌법의 기본이념이고 근본규정이라고 할 수 있는 헌법 제11조 제1항의 평등원칙에 위배되고 인간의 존엄과 가치를 보장한 헌법 제10조에도 위배된다." 헌재 2001. 2. 22. 2000헌바38, 판례집 13-1, 289, 289-290.

에 공무원의 직무상 불법행위로 인한 배상은 청구할 수 없다.

국가배상법(1967. 3. 3. 법률 제1899호로 제정되어 1981. 12. 17. 법률 제3464호로 개정된 것) 제2조(배상책임) ① (본문생략). 다만, 군인·군무원·경찰공무원 또는 향토예비군대원이 전투·훈련·기타 직무집행과 관련하거나 국방 또는 치안유지의 목적상 사용하는 시설 및 자동차·함선·항공기·기타 운반기구 안에서 전사·순직 또는 공상을 입은 경우에 본인 또는 그 유족이 다른 법령의 규정에 의하여 재해보상금·유족연금·상이연금 등의 보상을 지급받을 수 있을 때에는 이 법 및 민법의 규정에 의한 손해배상을 청구할 수 없다.

2. 청구인들의 주장과 관계인의 의견

(1) 청구인들의 주장요지

헌법 제29조 제2항은 헌법의 근본적 가치체계인 인간의 존엄과 가치 및 국민의 불가침적 기본적 인권을 규정한 헌법 제10조, 평등의 원칙을 규정한 헌법 제11조에 위반되어 무효이다. 국가배상법 제2조 단서는 위와 같은 위헌적인 헌법 제29조 제2항에 근거한 것으로 헌법 제29조 제1항에서 보장하는 국민의 기본적 인권인 국가에 대한 손해배상청구권을 군인이라는 이유로 제한하여 헌법 제11조의 평등의 원칙에 위반하고, 또한 헌법 제37조 제2항의 한계를 벗어나 기본권의 본질적 내용을 침해한 것이므로 위헌 무효이다.

(2) 서울민사지방법원의 위헌제청신청기각 이유

헌법 제29조 제2항은 개정전의 대한민국 헌법(1980. 10. 27. 전문개정된 것)이 규정한 적법한 개정절차에 따라 1987. 10. 29. 개정되고 공포되어 1988. 2. 25.부터 시행되고 있는 대한민국 헌법 중의 한 규정으로서, 이는 헌법개정권자인 대한민국 국민이 헌법 제29조 제1항 소정의 국가배상청구권에 대하여 일정한 한계를 갖도록 한 헌법적 결단의 산물이므로 위 헌법 제29조 제2항 자체가 헌법에 위반된다 할 수 없고, 헌법 제111조 제1항 및 헌법재판소법 제41조 제1항에 의하면 헌법재판소의 위헌심사권은 형식적 의미의 법률을 대상으로 할 뿐 헌법규정 상호간의 충돌로 인한 효력문제까지 그 심사의 대상으로 하는 것은 아니라고 할 것이므로 위 헌법 제29조 제2항이 헌법 제20조, 제11조에 위반된 위헌규정이라는 주장은 이유 없다.

또한 국가배상법 제2조 제1항 단서의 규정은 헌법 제29조 제2항에 직접 근거한 것이므로 헌법 제10조, 제11조, 제29조 제1항 및 제37조 제2항에 위반된다고 할 수 없다.

3. 주 문

(1) 이 사건 심판청구 중 헌법(1987. 10. 29. 전문개정) 제29조 제2항에 대한 부분은 이를 각하한다.

(2) 국가배상법(1967. 3. 3. 법률 제1899호로 제정되어 1981. 12. 17. 법률 제3464호로 개정된 것) 제2조 제1항 단서는 헌법에 위반되지 아니한다.

4. 판시사항

(1) 헌법의 개별규정이 헌법재판소법 제68조 제2항에 의한 헌법소원심판의 대상이 되는지 여부

(2) 헌법의 개별규정간의 논리적 우열관계와 효력성의 차등문제

(3) 국가배상법 제2조 제1항 단서의 위헌 여부

5. 결정요지

(1) 이 사건 심판청구는 헌법 제29조 제2항을 그 대상의 일부로 하고 있으므로, 우선적으로 헌법의 개별조항이 헌법재판소법 제68조 제2항에 의한 헌법소원심판의 대상이 되는지 여부가 문제된다.

(2) 헌법 제111조 제1항 제1호 및 헌법재판소법 제41조 제1항은 위헌법률심판의 대상에 관하여, 헌법 제111조 제1항 제5호 및 헌법재판소법 제68조 제2항, 제41조 제1항은 헌법소원심판의 대상에 관하여 그것이 법률임을 명문으로 규정하고 있으며, 여기서 위헌심사의 대상이 되는 법률이 국회의 의결을 거친 이른바 형식적 의미의 법률을 의미하는 것에는 아무런 의문이 있을 수 없다. 따라서 형식적 의미의 법률과 동일한 효력을 갖는 조약 등은 포함된다고 볼 것이지만 헌법의 개별규정 자체는 그 대상이 아님이 명백하다.

(3) 그럼에도 불구하고, 이른바 헌법제정권력과 헌법개정권력을 준별하고, 헌법의 개별규정 상호간의 효력의 차이를 인정하는 전제하에서 헌법제정규범에 위반한

헌법개정에 의한 규정, 상위의 헌법규정에 위배되는 하위의 헌법규정은 위헌으로 위헌심사의 대상이 된다거나, 혹은 헌법규정도 입법작용이라는 공권력 행사의 결과이므로 헌법재판소법 제68조 제1항에 의한 헌법소원의 대상이 된다는 견해가 있을 수는 있다.

(4) 그러나 우리나라의 헌법은 제헌헌법이 초대국회에 의하여 제정된 반면 그 후의 제5차, 제7차, 제8차 및 현행의 제9차 헌법 개정에 있어서는 국민투표를 거친 바 있고, 그간 각 헌법의 개정절차조항 자체가 여러 번 개정된 적이 있으며, 형식적으로도 부분개정이 아니라 전문까지를 포함한 전면개정이 이루어졌던 점과 우리의 현행 헌법이 독일기본법 제79조 제3항과 같은 헌법개정의 한계에 관한 규정을 두고 있지 아니하고, 독일기본법 제79조 제1항 제1문과 같이 헌법의 개정을 법률의 형식으로 하도록 규정하고 있지도 아니한 점 등을 감안할 때, 우리 헌법의 각 개별규정 가운데 무엇이 헌법제정규정이고 무엇이 헌법개정규정인지를 구분하는 것이 가능하지 아니할 뿐 아니라, 각 개별규정에 그 효력상의 차이를 인정하여야 할 형식적인 이유를 찾을 수 없다. 이러한 점과 앞에서 검토한 현행 헌법 및 헌법재판소법의 명문의 규정취지에 비추어, 헌법제정권과 헌법개정권의 구별론이나 헌법개정한계론은 그 자체로서의 이론적 타당성 여부와 상관없이 우리 헌법재판소가 헌법의 개별규정에 대하여 위헌심사를 할 수 있다는 논거로 원용될 수 있는 것이 아니다.

또한 국민투표에 의하여 확정된 현행 헌법의 성립과정과 헌법 제130조 제2항이 헌법의 개정을 국민투표에 의하여 확정하도록 하고 있음에 비추어, 헌법은 그 전체로서 주권자인 국민의 결단 내지 국민적 합의의 결과라고 보아야 할 것으로, 헌법의 규정을 헌법재판소법 제68조 제1항 소정의 공권력 행사의 결과라고 볼 수도 없다.

(5) 물론 헌법은 전문과 단순한 개별조항의 상호관련성이 없는 집합에 지나지 않는 것이 아니고 하나의 통일된 가치체계를 이루고 있는 것이므로, 헌법의 전문과 각 개별규정은 서로 밀접한 관련을 맺고 있고, 따라서 헌법의 제규정 가운데는 헌법의 근본가치를 보다 추상적으로 선언한 것도 있고, 이를 보다 구체적으로 표현한 것도 있어서 이념적·논리적으로는 규범상호간의 우열을 인정할 수 있는 것이 사실이다. 그러나 그렇다 하더라도, 이때에 인정되는 규범상호간의 우열은 추상적 가치규범의 구체화에 따른 것으로 헌법의 통일적 해석에 있어서는 유용할 것이지만, 그것이 헌법의 어느 특정규정이 다른 규정의 효력을 전면 부인할 수 있

는 정도의 개별적 헌법규정 상호간에 효력상의 차등을 의미하는 것이라고는 볼 수 없다.

(6) 국가배상법 제2조 제1항 단서는 헌법 제29조 제1항에 의하여 보장되는 국가배상청구권을 헌법 내재적으로 제한하는 헌법 제29조 제2항에 직접 근거하고, 실질적으로 그 내용을 같이하는 것이므로 헌법에 위반된다고 할 수 없다.

6. 해 설

한마디로 헌재는 헌법규정은 헌재의 위헌심사의 대상이 될 수 없고, 따라서 그 헌법규정에 근거한 동일한 또는 유사한 내용의 법률규정은 당연히 합헌이라고 판시하고 있는데, 그 논거로서 첫째, 우리 헌법은 독일헌법과는 달리 헌법개정의 한계를 두고 있지 않고, 둘째, 헌법제정규정과 헌법개정규정의 구분이 가능하지 않기 때문에 일정한 헌법개정규정의 헌법제정규정에의 위반여부를 논할 수 없고, 각 개별규정에 그 효력상의 차이를 인정하여야 할 형식적 이유가 없으며, 셋째, 헌법의 성립과 개정은 국민투표에 의하여 확정하도록 하고 있어 그 자체 주권자인 국민의 결단 내지 합의의 결과지 공권력행사가 아니므로 위헌심사의 대상이 될 수 없고, 넷째, 헌법규범 상호간의 우열은 인정되나 이것이 헌법규범 상호간의 효력상의 차등을 의미하는 것은 아니며, 다섯째, 위헌법률심판의 대상은 형식적 의미의 법률이므로 헌법규범이 그 대상이 될 수는 없다는 이유 등을 들고 있다. 이에 따라 헌재는 헌법 제29조 제2항은 헌재의 위헌심사의 대상이 될 수 없으므로 이 헌법조항에 대한 헌법소원을 각하했고, 아울러 국가배상법 제2조 제1항 단서는 헌법 제29조 제2항에 직접 근거하고 실질적으로 그 내용을 같이하는 것이므로 헌법에 위반되지 않는다고 결정했다. 그래서 대법원판결과는 달리 본안문제라고 할 수 있는 헌법 제29조 제2항과 국가배상법 제2조 제1항 단서에서 정한 군인·군무원 등의 국가배상청구금지규정의 내용 자체에 대한 위헌여부는 판단하지 않았다. 이 결정내용과 논거의 문제점은 헌법규정에 대한 위헌심사의 가능성 및 위 헌법조항의 위헌여부에 관하여 고찰하면서 언급하고자 한다.

Ⅴ. 헌법규정에 대한 위헌심사

앞서 대법원판례와 관련하여 언급한 바와 같이 군인·군무원 등의 국가배상청구금지제도는 위헌이라고 본다. 그리고 대법원의 위헌판결 이후 위헌시비를 없애기 위해서 실질적으로 동일한 내용을 헌법에 규정하고 있다는 사실 자체도 이 제도의 위헌성을 시사하는 것이라고 하겠다. 그렇다면 이러한 위헌적 제도 내지 조항이 헌법에 규정될 경우에는 어떻게 되겠는가? 결론적으로 말해서 해당 헌법규정 내지 헌법개정의 내용이 헌법상의 본질적이고 근본적인 상위규정이나 원칙에 위배된다면 그 경우에도 역시 해당 헌법규정은 위헌이고, 그 위헌적 헌법규정에 근거한 동일 또는 유사한 법률규정 역시 당연히 위헌이다. 그리고 해당 헌법규정과 그에 근거한 법률규정은 일정한 조건하에서 헌법재판소에 의하여 헌법소원 등의 방법으로 위헌심사와 통제의 대상이 될 수 있다고 본다. 이를 상세히 고찰해보면 다음과 같다.

1. 헌법상의 근본규범 및 통일성과 헌법규정에 대한 위헌심사의 가능성

위의 헌재결정에서도 살펴본 바와 같이 내용에 관계없이 헌법규정에 대하여는 위헌여부 자체가 문제될 수 없고 따라서 헌재의 위헌심사의 대상이 될 수 없으며, 결국 그 헌법규정에 근거한 법률규정도 합헌일 수밖에 없다는 견해가 국내 판례[10]와 학설의 대체적인 입장인 것 같다. 그렇다면 헌법, 즉 개개의 헌법규정이나 개정

10) 앞서 다룬 헌재결정이 나오기 이전에도 일정한 법률규정의 내용이 위헌이고, 그 법률조항의 근거가 되는 헌법규정에도 위헌의 소지가 있다 하더라도 헌법규정은 위헌심사의 대상이 될 수 없고, 따라서 그 헌법규정에 근거한 위헌적 법률규정 역시 위헌통제의 대상이 될 수 없다는 견해를 헌재 1992. 4. 28. 90헌바27 등 국가공무원법 제66조에 대한 헌법소원사건에서 변정수 재판관은 별개의견으로 다음과 같이 밝히고 있다. “공무원 신분이라는 이유만으로 원칙적으로 노동3권을 박탈하고 예외적으로 법률로써 인정할 수 있도록 규정한 헌법 제33조 제2항은 그보다 상위규정이며 민주주의 헌법의 기본이념이고 헌법핵이라고 할 수 있는 헌법 제11조 제1항 소정의 평등원칙에 위배되는 조항일뿐더러 인간의 존엄과 가치 및 행복추구권을 규정한 헌법 제10조에도 위배되는 조항으로서 앞으로 헌법개정 등을 통해 재검토되어야 할 매우 부당한 위헌적인 헌법규정이다. … 공무원인 근로자의 노동3권 제한이 공익상 꼭 필요하다면 기본권의 일반유보조항인 헌법 제37조 제2항에 의하여 권리의 본질적 내용을 침해하지 아니하는 한도에서 법률로써 제한할 수 있는 것인데도 불구하고 헌법이 제33조 제2항과 같은 특별유보조항을 둔 것은 헌법에 근거규정만 두면 어떠한 법률을 만들어도 괜찮다는 잘못된 인식아래 공무원에 대하여서는 노동3권을 무한정 제한할 수 있도록 하고 그에 대한 위헌시비를 못하게 하기 위한 지극히 권위주의적인 발상에서 나온 것이라고 아니할 수 없다. 만일 헌법규정에 대하여는 어떠한 경우라도 위헌문제를 제기할 수 없다고 한다면 이는 헌법의 기본원칙과 기본권보장에 역행하는 어떠한 내용의 헌법규정을 두어도 괜찮다는 것이 되어 헌법의 본질과 기본권보장은 형해화되고 말 것이다. 위헌적인 헌법 제33조 제2항에 근거하여 국가공무원법 제66조 제1항은 공무원(사실상 노무에 종사하는 자 제외)의 노동3권을 완전히 박탈하였고 이 규정은 교육공무원법 제53조 제4항에 의하여 국공립학교 교원에 대하여서도 적용되고 있는데 당연히 노동3권을 향유하여야 할 국공립학교 교원이나 기타 공무원에 대하여 노동운동을 전면금지하고 있는 국가공무원법 제66조 제1항 본문 및 교육공무원법 제53조 제4항의 각 규정은 공무원의 노동3권의 본질적 내용을 침해하는 것이어서 헌법 제37조 제2항의 일반유보조항에 의하여서도 정당화될 수 없는 위헌적인 법률인 것은 두말할 것도 없으나 위 법률조항들이 헌법의 특별유보조항(제33조 제2항)에 근거를 두고 있기 때문에 아직은 그것에 대하여 쉽사리 위헌선언을 할 수 없을 뿐이다.”

등의 경우에는 도대체 위헌여부가 문제될 수 없고, 따라서 헌법재판에 의한 위헌심사의 대상이 될 수 없는 것인가? 헌법규정에 대한 위헌심사의 가능성을 부정하는 입장에도 두 가지가 있을 수 있는데, 앞서 헌재의 입장처럼 처음부터 위헌여부가 문제될 수 없다는 입장과 위헌여부가 문제되고 따라서 위헌적 헌법규정이 존재할 수 있지만 헌법재판의 대상이 되지 않는다는 입장이 그것이다. 후자의 견해는 논리적이지 못하다고 본다. 왜냐하면 일정한 헌법규정이 일단 위헌이라고 한다면 당연히－위헌심사의 방법과 절차가 존재하는 한－헌법재판에 의한 심사와 통제의 대상이 되어야 하기 때문이다. 이에 대하여는 후술하기로 한다. 어쨌든 헌재결정도 밝히고 있듯이 헌법제정이나 개정은 주권자인 국민의 합의 내지 결단이므로 이에 대한 위헌심사는 인정될 수 없다고 볼 수도 있고, 헌법규정 상호간의 문제는 헌법제정권자 내지 헌법개정권자의 고유권한에 속하는 문제이기 때문에 헌법규정 상호간의 충돌문제는 헌법개정 또는 최후에는 혁명 등을 통해서 해결해야 할 문제이지 헌법재판관이 해결할 문제는 아니라고 볼 수도 있으며,[11] 이것이 권력분립의 원칙에 충실한 견해일 수도 있다. 그러나 다른 한편 헌법에 내포된 헌법제정자의 근본결단의 불가침성을 보장하고 이러한 헌법상의 근본결단의 척도에 의한 개별 헌법규정에 대한 심사권한을 헌법재판소에 위임하는 것이야말로 헌법재판제도를 도입한 헌법의 기본취지에 부합된다는 주장[12]도 설득력 있게 들린다.

이러한 헌법규정에 대한 위헌심사의 문제는 일견 그 발생가능성과 논의의 실익이 없어 보이기도 하지만, 앞서 군인·군무원 등의 국가배상청구금지제도의 경우에서도 보듯이 충분히 제기될 수 있는 문제이고, 특히 우리의 경우 그동안의 잦은 헌법개정과 그 개정과정에서 나타난 정치가 등의 개정관련자들의 헌법의 기본정신과 원칙에 대한 경시 내지는 무시하는 태도 그리고 지나친 당리당략에 치우친 졸속적인 정치적 타협 내지 야합 등으로 점철된 매우 바람직하지 못한 우리의 헌법개정사를 돌이켜 볼 때, 그리고 현재 계속되고 있는 기회주의적이고 당리당략적인 정부형태와 관련한 개헌논의를 바라볼 때, 이러한 헌법규정에 대한 위헌심사에 관한 논의는 매우 의미 있는 작업이라고 생각된다. 이에 관한 국내 판례는 앞서 살펴보았고, 이에 대한 체계적이고 깊이 있는 국내의 학문적 논의는 미흡하기 때문에 여기서는 우리와 헌법의 체계와 근본원리 및 헌법재판제도가 유사한 독일의 관련 헌법규정과 학설 및 판례를 참고로 해서 고찰해 보고자 한다.

---

11) Vgl. Apelt, NJW 1952, S. 733.

12) Vgl. Bachof, NJW 1952, S. 242.

(1) 헌법상의 근본규범과 통일성

1) 주지하는 바와 같이 헌법상의 각 규정들은 형식적·내용적으로 상호 불가분의 밀접한 관련을 맺고 있다. 헌법은 각기 상이한 개별조항들의 아무런 의미 없는 단순한 집합체가 아니며, 형식과 내용에 있어서 상호 유기적인, 그 자체 하나의 통일적인 가치체계인 것이다.[13] 즉 헌법은 국가 내지 공권력 그 자체의 존재와 기능을 정당화시켜주는 일정한 가치를 지향하는 하나의 체계적으로 조직화된 규범집합체인 것이다. 따라서 헌법은 당연히 이러한 근본적 가치질서의 구체적 실현형태로서의 일정한 기본원칙(Verfassungsgrundsätze)과 근본규범(Grundsatznormen)－헌법제정권자의 근본결단－을 지니고 있으며, 이러한 기본원칙과 근본규범의 내용으로서는 일반적으로 민주주의원리, 법치주의원리, 사회국가원리 등의 기본원리와 이러한 기본원리를 바탕으로 한 기본권규정들이 언급되고 있다.[14] 헌법내의 기타의 규정들은 이러한 헌법의 기본원칙과 근본규범으로부터 유래된 것으로서, 이러한 기본원칙과 근본규범을 구체화시키고 보충하는 일종의 부수적인 역할을 하는 것이지 결코 자기목적적인 것이 아니다.[15] 따라서 헌법의 이러한 가치체계적 통일성으로부터 헌법의 모든 규정 내지 개정은 이러한 헌법의 기본원칙과 근본규범에 합치될 것이 요구된다.[16]

헌법은 이처럼 내용과 기능 및 효력이 각기 상이한 다양한 규정들로 이루어져 있기 때문에 동일 헌법내에서라도 효력상 우선순위의 차이가 있는 규범들로 구성된 단계구조를 이루고 있다고 할 수 있다.[17] 따라서 일정한 헌법규정 내지 개정이 헌법의 기본원칙과 근본규범에 위배될 경우 그 해당규정의 위헌여부가 문제될 수 있으며, 앞서 언급한 바와 같이 헌법의 통일성과 단계구조로부터 논리필연적으로 위헌적인 당해 헌법규정 또는 개정의 무효 내지 금지의 결과를 야기하게 된다.

---

13) Vgl. BVerfGE 1, 14(32); 7, 198(205); 19, 206(220); 33, 23(27); 34, 165(183); 49, 24(56); 55, 274(300); Hesse, Grundzüge des Verfassungsrechts der Bundesrepublik Deutschland, 16. Aufl., S. 11f., 26f.; Roellecke, Prinzipien der Verfassungsinterpretation in der Rechtsprechung des Bundesverfassungsgerichts, in: Bundesverfassungsgericht und Grundgesetz, Festgabe für das BVerfG, Bd. 2, 1976, S. 31ff.; Müller, Die Einheit, der Verfassung, S. 230.

14) Vgl. BVerfGE 1, 14(33ff.); Maunz/Zippelius, Dertsches Staatsrecht, 27. Aufl., S. 58ff.

15) Vgl. Maunz, in: Maunz/Dürig, Grundgesetz Kommentar, Art. 93, Rdnr. 23.

16) Vgl. BVerfGE 1, 14(31f.); 3, 225(231ff.); 4, 294ff.; Ulsamer, in: Maunz/Schmidt-Bleibtreu, BVerfGE Kommentar, 90, Rdnr. 83.

17) Stern, Das Staatsrecht der Bundesrepublik Deutschland, Bd. 1, 2. Aufl., 1984, S. 113; Herzog, Hierarchie der Verfassungsnormen und ihre Funktion beim Schutz der Grundrechte, EuGRZ 1990, S. 485.

2) 헌법개정의 한계문제를 직접 헌법에서 다룬 예가 바로 독일 기본법 제79조 제3항이라고 할 수 있다. 동조항은 "각 주에 의한 연방의 구성, 연방입법과정에의 각 주의 원칙적 참여 또는 기본법 제1조와 제20조에 내포되어 있는 기본원칙들에 저촉되는 기본법의 개정은 허용되지 아니한다."라고 규정함으로써 앞서 언급한 헌법의 기본원칙과 근본규범, 즉 민주주의원리, 법치국가원리, 사회국가원리, 연방국가원리 등과 인간의 존엄과 가치를 정점으로 하는 각 기본권규정들의 본질적인 내용은 헌법내의 최상위규범의 효력을 가지는 근본규범으로서 합헌적인 절차에 의한다 할지라도 헌법개정의 대상이 될 수 없음을 명백히 하고 있다.[18)]

이 기본법 제79조 제3항의 기본정신은 헌법(Verfassung)과 헌법률(Verfassungsgesetz)의 구별 및 이에 따른 헌법제정(Verfassunggebung)과 헌법개정(Verfassungsgesetzgebung)의 구별을 그 이론적 출발점으로 하는 Carl Schmitt의 헌법관에서 유래한다고 평가된다. C. Schmitt는 전체로서 하나의 정치적 통일체의 일회적인 근본결단으로서의 헌법제정행위와 이러한 제정헌법을 전제로 하고 이 제정헌법의 바탕위에서 비로소 그 효력이 발생되고 정당화되어지는 헌법률의 제정 내지 개정을 구별한다. 그에 따르면 이러한 헌법제정권자의 정치적 근본결단은 헌법률의 제정 및 개정을 비롯한 모든 규범정립작용에 우선하는 효력을 가진다.[19)] 따라서 일정한 헌법률의 제정 및 개정은 이러한 정치적 근본결단으로서의 헌법에 위배되어서는 아니 될 본질적 한계를 지니고 있다.[20)] 그러므로 새로운 헌법률의 제정 및 개정은 이러한 전체로서의 하나의 체계인 헌법의 동질성과 계속성을 유지하고 그에 부합하는 한도내에서만 가능한 것이고, 이를 통한 또 하나의 새로운 헌법의 제정은 허용될 수 없게 된다.[21)] 결국 C. Schmitt의 견해에 따르면 헌법제정권자가 내린 정치적인 근본결단으로서의 헌법은 이에 근거한 헌법률과는 달리 헌법개정권자에 의해 절대로 침해될 수 없으며, 여기서 헌법제정권자의 근본결단으로서의 헌법은 형식적으로는 기본법 제79조 제3항에서 언급된 기본법상의 기본원칙과 근본규범에 해당된다고 볼 수 있는 논리적 유사성에 비추어 C. Schmitt의 헌법이론과 기본법 제79조 제3항의 기본정신 사이에 공통점이 발견될 수 있다.

---

18) BVerfGE 30, 1(24ff.); Maunz/Dürig, in: Maunz/Dürig, Grundgesetz Kommentar, Art. 79, Rdnr. 29; Hesse, AöR 98, S. 1ff.; Dürig, in: Festgabe für Th. Maunz, 1971, S. 41ff.

19) Vgl. C. Schmitt, Verfassungslehre, 1928, S. 23.

20) Vgl. C. Schmitt, aaO, S. 98.

21) Vgl. C. Schmitt, aaO, S. 103; ders, Die legale Weltrevolution, Der Staat 17, S. 324.

(2) 헌법규정에 대한 위헌심사의 가능성

1) 이러한 맥락에서 볼 때 시원적 국가작용인 헌법제정행위에 의하여 이루어진 제헌헌법의 경우 그 내용이 처음부터 상호 모순된 충돌하는 규범을 지닌다고 하는 것부터가 현실적으로 가능성이 없어 보이고,[22] 아울러 제헌헌법 그 자체를 전제로 하고 그에 의하여 비로소 그 제도적 정당성을 인정받고 있는 헌법재판이 제헌헌법상의 규범 그 자체를 심사한다는 것은 일응 논리적으로 모순되는 것처럼 보여 지기에 제헌헌법상의 규정은 모두 위헌심사의 대상이 될 수 없다고 볼 수도 있다. 그러나 다른 한편 제헌헌법 자체에도 극히 예외적으로 헌법의 기본원칙과 근본규범에 명백히 모순·충돌되는 규정이 존재하고,[23] 이 충돌하는 규정 상호간의 조화로운 해석과 운용이 불가능한 경우를 전적으로 배제할 필요는 없다고 본다. 왜냐하면 헌법제정권력에도 헌법개정권력의 경우와 마찬가지로 일정한 한계가 있다고 보아야 하며, 이러한 견해가 학설상 적지 않게 주장되고 있기도 하다. 사실 헌법제정권력이라고 해서 어떠한 한계도 없는 무한대의 권한일 수도 없고, 헌법제정행위에 의해서 이루어진 제헌헌법이 어떠한 모순도 없는 완전무결한 헌법이 아닐 수도 있다. 앞서도 언급했듯이 헌법이란 일정한 핵심적이고 본질적인 가치를 담고 있는데, 제헌헌법의 규정 중에도 예외적으로 이러한 기본적 가치와 원리에 저촉되는 것이 있을 수 있기 때문에, 이러한 경우에는 헌법의 본질적 가치와 원리를 수호하고 국민의 기본권의 본질적 내용을 보호하기 위하여 이러한 헌법제정의 한계를 일탈한 규정에 대한 그 어떠한 심사와 통제가 이루어져야 할 것이다. 물론 이러한 경우에는 이른바 헌법의 변질이나 헌법개정 등을 통해 문제를 극복하는 것이 일반적인 해결방안이 되겠지만, 이러한 해결책이 불가능하거나 기대될 수 없을 경우에는 최후의 수단으로 헌법재판에 의한 해결도 고려할 수 있는 것이며, 이를 전적으로 배제할 이유가 없다고 본다.

아울러 헌법개정권력에도 헌법의 기본원리와 근본규범에 저촉되어서는 아니된다는 일정한 한계가 존재하며, 만일 헌법개정의 내용이 이러한 헌법의 기본원리와 근본규범에 명백히 저촉된다면 이 경우에도 역시－앞서 언급했듯이 규범상호간의

22) Vgl. Herzog, aaO, S. 485.

23) 문제되는 규정이 제헌당시부터 근본규범에 명백히 저촉된다고 평가될 경우도 있을 수 있고, 처음에는 모순되지 아니하거나 근본규범에 합치되는 조화로운 해석이 가능했으나, 사회의 변천으로 인해 시간이 흐르면서 이러한 조화로운 해석이 불가능해지고 명백히 근본규범에 저촉되는 경우도 있을 수 있을 것이다.

조화적인 해석이나 헌법의 변질 또는 헌법의 재개정 등의 방법으로 해결되지 못할 경우－최후의 수단으로서 헌법재판에 의한 심사와 통제가 이루어져야 할 것이다.[24] 헌법개정 내지 헌법개정권력의 한계를 인정하면서도 다른 한편 이러한 한계를 일탈한 헌법개정에 대한 위헌심사 자체를 부정하는 것은 그 자체가 논리적 모순이고, 헌법개정의 한계를 논하고 이를 인정하는 실익을 스스로 상실하는 것이다. 결국 앞서 언급한 바와 같이 헌법개정권력은 시원적인 헌법제정권력으로부터 근거하고 그것에 의하여 비로소 그 정당성을 인정받는다는 면에서 헌법제정권력과 구별되기는 하지만,[25] C. Schmitt의 견해와는 달리 양자 모두에게 일정한 한계가 존재하고, 따라서 그 한계를 명백히 일탈할 경우에는 이러한 일탈을 통제하고 해결하기 위한 최후의 수단으로서 헌법재판에 의한 위헌심사가 인정되어야 한다는 면에서는 본질적인 차이가 없다고 볼 수도 있다.

2) 한편 독일 기본법 제79조 제3항에 의하여 규정된 헌법개정의 한계는 논리필연적으로 동조항 그 자체에게도 적용된다고 할 것이다. 이는 기본법 제79조 제3항의 입법취지와 규범논리적 요청(Gebot der Normlogik)의 측면에서 볼 때 당연한 것이라고 하겠다. 왜냐하면 그렇지 않을 경우 기본법 제79조 제3항 자체가 합헌적인 절차에 의하여 개정 또는 폐지될 수 있고, 그 다음 아무런 제한 없이 원래는 기본법 제79조 제3항에 의하여 그 개정이 금지되었던 헌법상의 근본규범들이 헌법개정에 의하여 침해될 수 있어 기본법 제79조 제3항의 존재목적과 의의를 상실할 것이기 때문이다.[26] 한편 이러한 위험성을 사전에 예방하기 위하여 기본법 제79조 제3항 그 자체를 헌법개정의 대상이 되지 아니한다고 명시적으로 규정하는 방법을 고려해 볼 수도 있지만, 이는 불필요하고 무의미하다고 생각된다. 왜냐하면 그러한 규정 역시 합헌적으로 개정 또는 폐지될 수 있고, 그 연후에 기본법 제79조 제3항을 개정 또는 폐지할 수 있기 때문이다.[27]

결국 헌법내의 일정한 근본규범에 저촉되는 헌법개정의 금지문제는 이에 관한 명시적인 실정법 규정의 존재 유무에 달려 있는 것이 아니라, 이와는 무관한 하나의 가치체계로서의 헌법의 본질과 이념 및 통일성에서 논리 필연적으로 도출되는 헌법이론의 문제인 것이다. 따라서 기본법 제79조 제3항의 존재유무에 관계없이

24) Vgl. BVerfGE 12, 45; Maunz, aaO, Art. 93, Rdnr. 23.

25) Vgl. Badura, Staatsrecht, 1986, S. 8.

26) Vgl. Maunz/Dürig, aaO, Art. 79, Rdnr. 50; Hesse, aaO, S. 265f.

27) Stern, aaO, S. 115f.

헌법상의 근본규범에 위배되는 일정한 헌법개정은 위헌적 헌법규정으로서 무효이며, 헌법재판소는 이러한 개개의 헌법개정의 위헌심판을 담당해야 할 것이다.[28] 이런 점에서 우리 헌법의 경우에는 독일 기본법 제79조 제3항과 같은 헌법개정의 한계에 관한 규정이 없기 때문에 헌법개정에 대한 위헌심사를 인정할 수 없다는 헌법재판소의 견해는 타당하다고 볼 수 없다.

무릇 헌법재판의 본질과 기능은 헌법전 그 자체를 수호하는 데 있는 것이 아니라, 헌법상의 근본규범에 의하여 징표된 근본가치의 수호에 있는 것이고, 이러한 헌법상 가치의 핵은 헌법의 하위규범인 법률이나 명령·규칙·조례 등의 제정 및 기타의 일반적인 공권력작용에 의해서 뿐만 아니라, 헌법전내에 속해 있는 개개의 헌법규정 또는 개정에 의해서도 침해되어질 수 있기 때문에, 이러한 헌법상 근본규범에 위배되는 위헌적 헌법규정은 당연히 헌법재판에 의한 통제의 대상이 되어야 하기 때문이다. 이것이 바로 헌법의 최후의 수호자, 즉 헌법상의 기본원칙과 근본규범을 정점으로 해서 체계화된 헌법의 통일성의 수호자로서의 헌법재판소의 임무와 사명이며, 헌법재판제도의 궁극적 목적인 것이다. 따라서 이념적·논리적으로는 헌법규범 상호간의 우열을 인정하면서도 이러한 규범 상호간의 우열이 단지 추상적 가치규범의 구체화에 따른 것으로 헌법의 통일적 해석에 있어서는 유용할 것이지만, 그것이 헌법의 어느 특정규정이 다른 규정의 효력을 전면 부인할 수 있는 정도의 개별적 헌법규정 상호간에 효력상의 차등을 의미하는 것이라고는 볼 수 없으므로 헌법규정의 위헌 여부와 이에 따른 헌법재판소의 통제가능성은 인정될 수 없다는 헌재의 견해는 타당하다고 볼 수 없다.

2. 독일 헌법재판제도에서의 헌법규정에 대한 위헌심사

(1) 추상적 규범통제(Abstrakte Normenkontrolle)에 의한 방법

독일 기본법 제93조 제1항 제2호는 "연방헌법재판소는 연방정부와 주정부 그리고 연방의회 구성원의 1/3이상의 신청에 의한 연방법(Bundesrecht) 또는 주법(Landesrecht)의 기본법과의 형식적·실질적인 합치 여부 또는 주법의 그 밖의 연방법과의 합치여부에 대하여 심사·결정한다."라고 규정하고 있고, 이와 동일한 내용이 연방헌법재판소법 제76조에 규정되어 있다. 여기서 '연방법'과 '주법'은 좁은

28) Vgl. BVerfGE 30, 1(15ff.); 34, 9(19f.); Bryde, in: Grundgesetz Kommentar, hrsg. v. v. Münch, 2. Aufl., Art. 79, Rdnr. 25; Herzog, aaO, S. 485.

의미의 형식적 법률인 '연방법률(Bundesgesetze)'과 '주법률(Landesgesetze)'을 의미하는 것이 아니라, 넓은 의미의 '연방규범(Bundesrecht)'과 '주규범(Landesrecht)'을 의미하고 있다. 따라서 여기서 말하는 규범에는 모든 단계의 법규범(Rechtsnormen jeder Rechtsstufe)이 포함되기 때문에[29] 형식적 의미의 일반적 법률(Gesetze im formellen Sinne) 뿐만 아니라, 법률보다 하위규범인 명령(Rechtsverordnungen) · 조례(Satzungen) 등과 법률보다 상위규범인 헌법규정이 당연히 포함된다고 보고 있다.[30] 따라서 일정한 헌법규정 또는 개정의 기본법-즉, 기본법상의 근본규범 내지 상위규범-에의 위반 여부가 문제될 경우 연방정부나 주정부 또는 연방의회 구성원의 1/3이상이 헌법재판소에 위헌심판을 신청할 수 있게 된다.

여기서 문제되는 헌법규정이 구체적으로 기본법상의 어떤 근본규범 내지 상위규범에 위반되는가 하는 것을 밝히는 문제, 즉 위헌판단의 척도와 기준을 명확히 밝히는 문제는 해결하기에 쉬운 일은 아니다. 따라서 해당 헌법규정은 가능한 한 헌법합치적으로 해석(Verfassungskonforme Auslegung der Verfassungsbestimmung)될 것이 요구된다.[31] 그러나 일정한 헌법규정의 헌법합치적 해석이 가능하지 않을 경우 불가피하게 위헌여부의 판단을 해야 하는데, 이때의 헌법상의 판단기준으로서는 일반적으로 기본법상의 성문 또는 불문의 기본원칙과 기본권규정들을 열거할 수 있다. 그러나 그 판단기준은 어디까지나 기본법에 내포되어 있는 원칙과 규범에 국한되기 때문에 기본법에 내포되어 있지 아니한 또는 기본법을 초월하는 초실정법적인 권리나 사상(Überpositives Recht)-예컨대 선국가적 내지 초국가적인 인간의 권리(Vor-und überstaatliche Menschenrechte)-등은 그 위헌여부의 판단기준이 될 수 없을 것이다.[32]

(2) 구체적 규범통제(Konkrete Normenkontrolle)에 의한 방법

기본법 제100조 제1항은 구체적인 재판절차과정에서 적용될 법률이 위헌이라고 판단될 경우 당해법원이 연방헌법재판소-상황에 따라서는 주 헌법재판소-에 그 해당법률의 위헌심판을 제청할 수 있도록 규정하고 있으며, 이에 대하여 연방헌법재판소법 제80조 이하에서 상세히 규정하고 있다. 여기서 구체적 규범통제의 대상

29) Maunz, aaO, Art. 93, Rdnr. 21; Ulsamer, aaO, §76, Rdnr. 14; Schlaich, Das Bundesverfassungsgericht, S. 68f.; Pestalozza, Verfassungsprozeßrecht, 3. Aufl., 1991, S. 122f.

30) Vgl. BVerfGE 12, 45(50f.); 20, 56(89); 30, 1(15ff.).

31) Hesse, aaO, S. 29f.

32) Vgl. Maunz, aaO, Art. 93, Rdnr. 21.

이 되는 규범은 법률(ein Gesetz)이라고 규정되어 있기 때문에 원칙적으로는 형식적 의미의 법률(Gesetze im formellen Sinne)만이 위헌제청의 대상이 된다고 하겠다.[33)]

이와 관련하여 법률보다 상위규범인 헌법규정이 구체적 규범통제의 대상이 될 수 있는가의 문제가 제기될 수 있는데, 헌법개정작용은 연방입법기관에 의한 광의의 법률정립작용의 범주에 속하는 것으로 좁은 의미의 형식적 법률정립작용과 그 본질에 있어서 차이가 없고, 아울러 기본법 제79조가 헌법개정은 '법률'(das vom Bundesgesetzgeber verabschiedete 'Gesetz' zur Änderung des Grundgesetzes)의 형식으로 이루어진다고 규정하고 있기 때문에 이를 구체적 규범통제의 대상에서 제외시킬 필요가 없다고 평가되고 있다.[34)] 따라서 구체적 재판과정에서 일정한 헌법규정이 직접적 또는 간접적으로－예컨대 다른 하위규범을 매개로 해서－헌법－헌법상의 근본규범 내지 상위규범－에 위배된다고 판단될 때 당해 법원은 그 해당 헌법규정－하위규범을 매개할 경우에는 그 하위규범과 더불어－의 위헌심판을 연방헌법재판소에 제청할 수 있으며, 이에 따라 연방헌법재판소는 그 해당 헌법규정에 대한 위헌심판을 할 수 있는 것이다.[35)]

(3) 헌법소원심판절차(Verfassungsbeschwerde Verfahren)에 의한 방법

기본법 제93조 제1항 제4a호는 헌법소원심판제도를 규정하고 있으며, 연방헌법재판소법 제90조 이하에서 이에 대하여 상세히 규정하고 있다. 여기서 헌법소원심판의 대상이 되는 공권력(öffentliche Gewalt)은 모든 형태의 국가작용 즉, 입법·사법·행정작용 모두를 포함하고 있으며,[36)] 입법작용에는 좁은 의미의 형식적 법률(Gesetze im formellen Sinne) 뿐 아니라 헌법규범정립작용 내지 헌법개정작용도 해당된다고 볼 수 있기 때문에,[37)] 일정한 위헌적 헌법규정에 의하여 직접적 또는 간접적으로－예컨대 문제된 헌법규정에 근거한 하위규범이나 기타의 행정작용(보충성원칙의 예외나 비적용의 경우)을 직접 매개로 해서－청구인의 헌법상 보장된 기본권이 침해된 경우 연방헌법재판소는 청구인의 헌법소원심판제기에 따라 침해된 기본권

33) BVerfGE 1, 202(206ff.); 7, 358(363); 17, 208(209); 29, 348(358); 48, 40(44f.); 56, 1(11); Maunz, aaO, Art. 100, Rdnr. 7; Ulsamer, aaO, Art. 80, Rdnr. 27.

34) Vgl. Ulsamer, aaO, § 80, Rdnr. 45f.; Schlaich, aaO, S. 76.

35) Vgl. BVerfGE 3, 225(231ff.)

36) Maunz, aaO, Art. 93, Rdnr. 69; Gusy, Die Verfassungsbeschwerde, 1988, S. 13f.; Zuck, Das Recht der Verfassungsbeschwerde, 2. Aufl., S. 177ff.

37) Schmidt-Bleibtreu, in: BVerfGG Kommentar, § 90, Rdnr. 83f.; Zuck, aaO, S. 195f.; Gusy, aaO, S. 19.

의 구제와 더불어 해당 헌법규정에 대한 위헌심사를 할 수 있다고 본다.[38] 사실 이러한 입장이 국민의 기본권구제의 기능 뿐 아니라 헌법수호의 기능까지도 그 사명으로 하고 있는 헌법소원제도의 목적과 본질에도 부합하는 것이라 하겠다.

3. 우리 헌법재판제도에서의 헌법규정에 대한 위헌심사

(1) 독일의 제도 및 이론의 우리 법제에의 적용가능성

1) 헌법규정에 대한 위헌심사와 관련한 독일의 관계규정 및 판례와 학설이 우리의 실정에도 그대로 적용되어질 수 있는 가에는 다소의 의문이 따를 수 있다. 첫째, 독일에서 일반적으로 인정되고 있는 헌법전내의 단계적 구조이론이－독일 기본법 제79조 제3항에 해당되는 규정을 갖고 있지 아니한－우리의 헌법에도 적용될 수 있는 가이다. 둘째, 우리의 헌법개정절차는 독일과는 달리－독일의 경우 연방의회 재적의원(Mitglieder des Bundestages)의 2/3이상 그리고 연방참사원 표결수(Stimmen des Bundesrates)의 2/3이상의 동의로써 헌법개정안이 의결·확정된다[39]－국회의 의결(재적의원 2/3 이상의 찬성, 헌법 제130조 제1항)외에 최종적으로 국민투표(국회의원 선거권자 과반수의 투표와 투표자 과반수의 찬성, 헌법 제130조 제2항)에 의하여 헌법개정안이 확정되기 때문에 이처럼 국민투표를 거친 헌법개정에 대한 헌법재판소에 의한 통제가 가능할 수 있겠는가 그리고 또한 정당화되어질 수 있겠는 가이다. 셋째, 현행헌법에 헌법재판제도를 도입할 당시의 헌법개정권자의 의도에 비추어볼 때 헌법재판을 통한 규범통제의 대상으로 과연 헌법자체의 규정이나 이에 대한 개정 등이 예상되었겠는 가이다.

이러한 의문점은 간단히 대답되어질 수 있는 성질의 것은 물론 아니다. 그러나 우리 헌법 또한 형식적·내용적으로 대등한 다수의 규정들의 단순한 집합체가 아니고, 일정한 헌법제정권자의 근본결단과 기본원칙을 그 기본바탕으로 하고 있으며, 헌법의 다른 규정들은 이 근본규범으로부터 도출되고 그 근본규범을 구체화하고 보충하는 부수적 규범(Sekundäres Verfassungsrecht)이라고 하는 것을 부인할 수는 없다고 본다. 따라서 우리 헌법 역시 그 기능과 내용 및 효력을 달리하는 다양한 상위·하위규범들로 이루어진 단계적 구조를 가지고 있다고 하겠으며, 따라서 내용상 상하의 규범들 간의 충돌 또한 충분히 가능한 것이다. 아울러 이 헌법상의

38) Vgl. BVerfGE 4, 294ff.; 30, 1ff.

39) Art. 79 Abs. 2 GG.

근본규범 내지 이 근본규범을 통해 징표된 근본가치는 그 어떤 형태의 침해로부터도 보호되어야 한다는 것 또한 의문의 여지가 없으며, 여기서 그 침해행위가 일반하위규범 정립작용이건 또는 헌법개정작용이건 차이가 있을 수 없다. 물론 일반법률의 개정이나 독일에서의 헌법개정절차와는 달리 우리의 경우 헌법개정은 최종적으로 국민투표로 확정되기 때문에 그 헌법개정행위에는 보다 직접적이고 강력한 민주적 정당성이 부여될 수는 있을 것이다. 그러나 그렇다고 하여 국민투표를 매개로 한 헌법개정에 의한 헌법의 근본규범에 대한 침해행위가 전적으로 정당화되어질 수 있는 것은 아니다. 왜냐하면 그렇지 않다면 국민투표를 통해서라면 어떠한 내용의 헌법개정도 가능하다는 결론에 도달하게 되고, 이에 따라 결국 헌법은 내용적으로 형해화될 수밖에 없을 것이기 때문이다.

2) 한편 직접민주주의적 요소로서의 국민투표는 외형상 대의제도와 모순된다고 평가되고 있으나, 다른 한편 대의제도가 가지는 단점을 보완하는 제도로서 보충적으로 운용된다면 대의제도와 조화될 수 있다고 보는 것이 일반적인 시각이고, 따라서 우리헌법도 대의제도를 바탕으로 하면서도 국민투표제도를 가미하고 있다. 그런데 이러한 국민투표제도가 지니는 헌법적 의미와 순기능을 높이 평가하면서도 동시에 그것이 지니는 역기능과 한계도 아울러 유념해야 하리라고 생각한다. 사실 국민주권의 실현방법의 하나로서의 국민투표제도가 지니는 직접적인 민주적 정당성부여라는 기능과 관련하여 국민투표제도에 무한한 신뢰와 절대적인 정당성을 부여하는 것이 일반적인 경향이지만, 이러한 일반적인 기대와 인식과는 달리 현대국가에서의 국민투표의 실질적 기능과 경험은 많은 문제점도 아울러 지니고 있다고 할 수 있다. 즉 국민의 정치적인 자결력과 판단능력 및 책임감의 한계와 국가영역과 작용의 광활성·다양성으로 인해 직접민주주의 대신 간접민주주의를 바탕으로 하는 대의제도와 전문가정치가 불가피한 현대국가에 있어서 선진국은 선진국대로 후진국은 후진국대로 직접민주제적 요소인 국민투표제도는 일정한 한계를 가질 수밖에 없고, 상황에 따라서는 대의제도를 무력화시키고 국민 내지 주권자의 의사라는 미명아래 그리고 위장적이고 불명확한 민주적 정당성을 바탕으로 독재정치와 헌법의 본질적 내용 침해 또는 특정정파의 이해관철을 정당화시키는 도구로 전락되고 남용될 수 있으며, 이를 우리의 불행한 헌정사가 웅변적으로 보여주고 있다.[40] 사실, 특히 후진국일수록, 특정 권력기관이 국민투표발의권을 가질 경우 이

---

40) 2000헌바38 사건의 반대의견에서 하경철 재판관은 "주지하듯이 유신헌법은 1972. 10. 17. 전국에 비상계엄을 선포하고 이른바 10·17 비상조치에 따라서 국회를 해산시키고, 정당의 정치활동을 중

발의권자가 국민투표의 시기 · 내용 · 설문용어 등 제반사항을 일방적으로 정함으로써 그의 권력을 정당화시키고 정적을 타파하기위한 수단으로서, 또는 독재자가 의회를 무시하고 자신의 정치적 의도를 관철시키기 위하여 국민투표를 선호하고 남용하는 예가 많으며, 이 경우 국민투표발의권자의 의도에 반해서 국민투표가 부결된 경우가 매우 적다는 사실을 각국의 헌정사가 보여주고 있다.[41] 이러한 경험적 실제는 국민투표가 본래의 기대와는 달리 국민주권의 실현방법으로서 민주적 정당성부여와 대의제도의 보완 및 권력통제 내지 견지의 기능을 제대로 발휘하지 못한다는 것을 보여준다. 물론 국민투표제도가 앞서 언급한 바와 같이 국민주권의 직접적 실현방법으로서 국민주권의 이념을 실현하고, 대의제도와 선거제도의 결함을 보완하며, 권력통제와 견제의 기능을 가지고, 국민의 구체적 · 경험적 의사를 파악할 수 있다는 점 등의 다양한 의미와 순기능을 가지고 있다는 사실을 결코 과소평가해서는 안되겠지만, 그렇다고 이를 모든 것을 정당화시키는 전가의 보도로 취급

지시키는 등 헌법의 일부조항의 효력을 정지시킨 상태에서 개헌에 관한 찬반토론도 없이 제정된 것이고, 그 후로도 유신체제 내내 긴급조치 제1호와 제9호 등에 의하여 개헌논의와 비판 등은 금지되었고 엄벌되어 왔다. 이 사건 헌법조항은 이와 같이 위헌적인 절차로 개정된 비민주적 유신헌법에서 탄생하여 제5공화국 헌법을 거쳐 제6공화국 헌법에까지 이어져 오고 있는 권위주의 시대의 잔재이다. 그리고 이들 헌법이 비록 국민투표에 의하여 확정되기는 하였으나, 국민투표제도가 이론적인 장점에도 불구하고 집권자에 의한 정치적 이용가능성이라는 폐해가 있으며, 실제로 과거 권위주의 권력이 이를 악용한 사실, 또 그 방식이 이 사건 헌법조항과 같은 개별조항별로 찬반을 묻는 것이 아니라 개정헌법전체에 대한 일괄적인 찬반 투표이기 때문에 개별조항에 대한 반대방법이 없었다는 점 및 계엄 등 공포 분위기와 그 연장선 아래서 국민투표가 시행된 점등을 고려할 때, 이 사건 헌법조항이 진정한 민의를 반영한 헌법개정권력의 결단의 산물이라고 할 수 있을지 의문이다. 국민투표를 거쳤다고 하여서 절차적 합법성의 결여가 치유되는 것은 아니다. 만일 국민투표에 의하여 확정되기만 하면 어떠한 내용의 헌법개정도 가능하다고 본다면, 국민투표는 불법적 '힘'의 결단을 곧 '법'으로 만드는 합법화수단 외에 다른 아무 것도 아닐 것이며, 독재권력에 의하여 언제든지 남용될 수 있는 가능성을 내포하고 있는 것이다. 그러므로 국민투표를 거쳐서 헌법개정이 되었다 하여 국민투표를 거치지 않은 헌법개정의 경우보다 더욱 높은 정당성을 부여하거나 우위의 효력을 부여할 수 없는 것이며 또 이를 이유로 하여 위헌심사가능성을 부인할 수도 없다 할 것이다."라고 주장하고 있다. 헌재 2001. 2. 22. 2000헌바38, 판례집 13-1, 289, 297-298.

41) 개헌안에 대한 국민투표가 부결된 예로서 동아일보 1999. 5. 19. A9쪽에는 '개헌안 국민투표 이례적 부결'이라는 제목의 기사를 싣고 있는데, 그 내용을 소개하면 다음과 같다. "국가의 중요안건이 국민투표에서 부결되는 일은 좀처럼 없다. 하물며 … 헌법개정안이 국민투표에서 부결된다는 것은 상상하기 어렵다. 후진국에서는 더욱 그렇다. 그러나 中美 과테말라에서 이런 일이 생겼다. 과테말라 정부는 36년간에 걸친 좌익반군과의 내전 끝에 96년 타결한 평화협상의 내용을 담은 개헌안을 국민투표에 붙였다. 그러나 찬반비율은 1대2로 반대가 압도적으로 많았다. 투표율도 18.4%로 극히 저조했다. … 개헌안 부결의 가장 큰 원인은 주민들의 무관심. 주민들은 기권율이 매우 높았으며 투표 참가자의 대부분도 찬성과 반대의 차이를 정확히 알지 못했다고 영국 BBC방송이 전했다." 이 기사는 국민투표에 대한 부결은 지극히 예외적인 현상으로서 국민투표가 국민투표발의자가 의회를 무시하고 자신의 정치적 의도를 관철시키고 정당성을 부여하기 위한 일종의 정치적 탈출구로서의 통과의례로 전락될 가능성이 매우 높다는 사실과 국민투표제에 대한 국민의 무관심, 구체적 내용에 대한 인식과 정치적 판단능력의 한계 등 국민투표제도가 지니는 문제점과 그 허실을 시사해주는 것이라고 하겠다.

해서도 안 될 것이다. 따라서 헌법개정의 경우 그것이 국민투표를 거쳤다는 이유만으로 그 내용과 법적 효과를 불문하고 위헌여부가 문제될 수 없고, 헌재의 위헌심사에서 제외된다는 견해는 타당성이 없다. 국민주권의 이념이 헌법의 지고의 근본이념임에는 분명하고, 이러한 국민주권의 이념은 모든 국가권력의 창설과 행사의 최후적 정당성을 국민의 의사에 귀착시키는 것을 의미하지만, 여기서의 국민의 의사는 구체적·경험적 의사가 아닌 미래지향적이고 당위적인 국민전체와 국익을 위한 추정적 의사라는 점을 유념해야 할 것이다.

이런 점에서 국민투표에 의하여 확정된 현행 헌법의 성립과정과 헌법 제130조 제2항이 헌법의 개정을 국민투표에 의하여 확정하도록 하고 있음에 비추어 헌법은 그 전체로서 주권자인 국민의 결단 내지 국민적 합의의 결과라고 보아야 할 것으로 헌법의 규정을 헌법재판소법 제68조 제1항 소정의 공권력 행사의 결과라고 볼 수 없고, 따라서 이러한 국민의 결단인 헌법개정은 위헌심사의 대상이 될 수 없다고 판시한 헌재의 견해는 타당하다고 보기 어렵다.

무릇 헌법이라고 하는 것은, 마치 민주주의의 본질이 가치중립적인 단순한 상대적 민주주의가 아니고 가치관계적인 방어적 민주주의(Streitbare Demokratie)[42]인 것처럼, 그 자체가 지니고 있는 근본가치에 대한 내부 또는 외부로부터의 그 어떤 침해행위에 대하여도 조건반사적인 방어적 본능과 속성을 지니고 있기 때문에, 국민투표에 의한 헌법개정행위라고 할지라도 그것이 헌법의 근본가치를 명백히 침해할 경우에는 그 헌법개정은 이미 정당화되어질 수 없으며, 이러한 위헌적 헌법개정을 헌법재판에 의하여 통제함으로써 헌법의 근본가치와 통일성을 수호하는 것이 헌법재판제도의 근본취지라고 보아야 하기 때문에 우리의 헌법 및 헌법재판제도하에서도 당연히 위헌적 헌법규정에 대한 헌법재판소의 위헌심사는 가능하며 또한 가능해야 할 것이다. 이런 점에서 우리의 경우에는 독일 기본법 제79조 제1항 제1문과는 달리 헌법개정을 법률의 형식으로 하도록 규정하고 있지 아니하기 때문에 우리 헌법의 각 개별규정 가운데 무엇이 헌법제정규정이고 무엇이 헌법개정규정인지를 구분하는 것이 가능하지 아니할 뿐 아니라, 각 개별규정에 그 효력상의 차이를 인정하여야 할 형식적인 이유를 찾을 수 없고, 또한 독일 기본법 제79조 제2항과는 달리 헌법개정을 위하여 국회에서의 의결 외에 국민투표를 거쳐야 하는 우리 헌법 제130조 등을 고려할 때 우리 헌법재판소가 헌법의 개별규정에 대하여 위헌심사를 할 수 없다고 하는 헌재의 견해는 타당하다고 보기 어렵다.

---

42) Vgl. BVerfGE 5, 85(139); 28, 36(48f.); 30, 1(19f.); Hesse, aaO, S. 259f.

(2) 위헌심사의 구체적 방법

독일에서와 같은 추상적 규범통제제도를 가지고 있지 아니한 우리의 헌법재판제도에 있어서는 대체로 구체적 규범통제와 헌법소원심판에 의한 위헌심사의 방법이 고려될 수 있다고 하겠다.

1) 구체적 규범통제에 의한 방법

헌법 제107조 제1항과 제111조 제1항 제1호에 따라 법률이 헌법에 위반되는 여부가 재판의 전제가 된 경우에는 법원은 헌법재판소에 그 해당법률의 위헌심판을 제청할 수 있고, 이에 따라 헌법재판소는 그 위헌여부를 판단하게 된다. 이와 동일한 내용을 헌법재판소법 제41조 이하에서 상세히 규정하고 있다. 여기서 구체적 규범통제의 대상이 되는 규범으로서 '법률'이라고만 규정되어 있는데, 우리의 법제에 있어서 '법률'은 원칙적으로 일반적인 절차에 의하여 국회에서 제정·개정된 '좁은 의미의 형식적 법률'만을 의미하고 있고, 독일에서와는 달리 헌법률(Verfassungs'gesetz')또는 헌법개정 '법률'('Gesetz' zur Änderung des Grundgesetzes)이라는 용어를 사용하지 않고 있기 때문에 구체적 규범통제의 대상에 개개의 헌법규정 또는 개정이 포함될 수 있겠는가 하는 의문이 제기될 수 있다. 현행 헌법개정 당시 구체적 규범통제제도를 도입한 헌법개정권자는 규범통제의 대상이 되는 법률에는 오로지 형식적 의미의 법률만이 해당되는 것으로 의도한 것으로 보고, 따라서 헌법규정은 당연히 대상에서 제외되는 것으로 보는 것이 일반적인 견해라고 할 수 있다.

그러나 다른 한편 헌법개정작용도 넓은 의미의 국가에 의한－국민투표가 매개되기는 하지만－입법작용의 범주에 속하는 것이며, 따라서 입법기관에 의한 일반적 규범정립작용과 그 본질에 있어서 유사하고－비록 그 형식과 내용에 있어서 형식적 의미의 법률보다는 상위에 있기는 하지만－다만 그 개정절차상의 차이만 있는 것이기 때문에 이를 구체적 규범통제의 대상에서 당연히 배제시킬 필요는 없다고 보며, 헌법의 통일성의 수호를 그 사명으로 하는 규범통제제도의 취지에 비추어 이러한 개개의 헌법규정 또는 개정도 구체적 규범통제의 대상으로 하는 것이 가능하고 또한 바람직하다고 보는 견해가 있을 수 있다. 더욱이 헌법수호자로서의 역할을 포괄적으로 담당하는 추상적 규범통제제도를 가지고 있지 아니한 우리의 헌법재판제도에 있어서는, 앞서도 언급했듯이 그 동안의 너무 잦은 그리고 매우 부정적인 측면을 지니고 있는 우리의 헌법개정사를 돌이켜 볼 때, 구체적 규범통제의 수단을 통해서나마 위헌적 헌법규정 또는 개정에 대한 위헌심판이 이루어질 것이 절실히 요청되는 측면이 있는 것도 사실이다. 따라서 우리의 경우에도 독일의 경우처럼 일정한 헌법규정 또는 개정을 위헌법률심판의 대상이 되는 것으로 법률의 범위를 넓게 인정하자는 주장이 제기될 수도 있을 것이다.

그러나 앞서도 언급했듯이 우리의 경우에는 독일의 경우와는 달리 헌법개정이 법률의 형식으로 이루어지지 아니하고, 국회의 의결 외에 국민투표를 거치도록 되어있으므로 헌법개정은 일응 국회에서의 의결만으로 이루어지는 법률의 개정과는 다르며, 따라서 헌법개정이 국회에서 제정되는 형식적 의미의 법률만을 뜻하는 헌법재판소법 제41조 제1항 및 동법 제68조 제2항에서의 '법률'에 속한다고는 할 수 없으므로, 이에 대한 위헌법률심판에 의한 구체적 규범통제와 소위 위헌법률심사형 헌법소원심판의 제기는 어렵다고 할 것이다.

2) 헌법소원심판에 의한 방법

헌법 제111조 제1항 제5호에 근거한 헌법재판소법 제68조 제1항 본문은 "공권력의 행사 또는 불행사로 인하여 헌법상 보장된 기본권을 침해받은 자는 법원의 재판을 제외하고는 헌법재판소에 헌법소원의 심판을 청구할 수 있다."라고 규정하고 있는데 여기서 '공권력의 행사'에는 모든 국가공권력 작용-법원의 재판은 제외-이 해당됨은 의문의 여지가 없으며, 따라서 입법작용 등의 규범정립작용이 당연히 이에 포함된다. 그런데 여기서 이러한 공권력작용에 개개의 헌법규정 또는 개정작용이 포함될 수 있는지가 문제된다.

결론적으로 헌법개정작용도 하나의 광의의 입법작용으로서 헌법재판소법 제68조 제1항의 공권력작용에 해당된다고 볼 수 있다. 왜냐하면 헌법 제128조 이하에서 규정된 헌법개정절차는 국가기관의 공권력행사에 의하여 시작되어 국가기관의 공권력행사에 의하여 완성되기 때문이다. 물론 일반법률개정의 경우와는 달리 국민투표가 필수적으로 수반되어 국민투표에 의하여 확정되기는 하지만, 그렇다고 헌법개정작용의 공권력작용으로서의 성질이 상실되는 것은 아니다. 즉 국민투표만을 놓고 볼 때 이는 일종의 사인의 공법행위로서(합성행위) 그 자체 공권력작용은 아니지만, 헌법개정이 헌법 제128조 제1항에 따라 국회재적의원 과반수 또는 대통령의 발의로 제안되고, 그 개헌안은 동법 제130조 제1항에 따라 국회재적의원 3분의 2이상의 찬성으로 의결되고, 동법 동조 제2항에 따라 개헌안에 대한 국회의원선거권자 과반수의 투표와 투표자 과반수의 찬성이 있으면, 국민투표법 제89조에 따라 투표의 결과가 중앙선거관리위원회에 의하여 집계되고 공표되며 대통령과 국회의장에게 통보하도록 되어있고, 대통령이 헌법 제130조 제3항에 따라 공포하도록 되어 있는 일련의 헌법개정절차를 고려할 때, 국민투표는 전 개정절차중 하나의 과정을 이루는 것이므로 이로 인해 헌법개정작용의 공권력작용으로서의 성질이 부인될 수는 없다고 하겠다.[43)]

한편 이러한 광의의 입법작용으로서의 헌법개정이 헌법소원심판의 대상이 되기 위해서는 이로 인한 기본권침해의 직접성 · 현재성 · 자기관련성이 인정되어야 할 것이다. 여기서는 특히 직접성이 문제가 될 것인데, 이 글에서 위헌여부가 문제되는 헌법 제29조 제2항의 경우에는 이 헌법규정이 직접 구체적으로 군인 · 군무원 등의 국가배상청구권을 확정적으로 박탈하고 있으므로 이 헌법조항의 기본권침해의 직접성은 일응 인정될 수 있다고 하겠다.[44)]

따라서 일정한 헌법규정에 의하여 청구인의 특정한 기본권이 직접적 또는 간접적으로－해당 헌법규정에 근거한 하위의 규범이나 기타 행정작용을 직접 매개로 해서[45)]－침해 되었을 경우에는 그 침해된 기본권의 구제와 더불어 해당 헌법규정

43) 예컨대 국민투표행위와 유사한 선거행위에 있어서도 사인의 공법행위의 일종인 투표행위가 이루어지고 후보자의 당선이 사실상 투표로 확정된다 하더라도 국가기관에 의하여 선거가 이루어지고 준법률행위적 행정행위로서의 확인에 해당하는 선거관리위원회의 당선인 결정이라고 하는 행정작용 내지 공권력작용으로 완성된다는 점에서 선거작용은 공권력작용에 해당되며, 따라서 이에 대한 소송도 당선인을 결정한 선거관리위원회위원장을 피고로 해서 그 당선결정이라고 하는 공권력작용을 대상으로 제기하게 된다(공직선거법 제15장 참조).

44) 이 경우 헌법 제29조 제2항이 아닌 국가배상법 제2조 제1항 단서가 직접 청구인의 기본권을 침해하고 있고, 따라서 이 법률조항을 대상으로 헌법소원을 제기한 후 헌법재판소가 이 법률조항과 더불어 위 헌법조항에 대하여도－"헌법재판소는 공권력의 행사 또는 불행사가 위헌인 법률 또는 법률의 조항에 기인한 것이라고 인정될 때에는 인용결정에서 당해 법률 또는 법률의 조항이 위헌임을 선고할 수 있다"고 규정한 헌법재판소법 제75조 제5항의 유추적용과 직권심리주의를 통하여－위헌결정을 내리는 방법도 고려될 수 있으나, 이 법률조항은 위 헌법조항으로부터 직접 근거하고 실질적 내용이 동일하므로, 결국 헌법 제29조 제2항이 직접 침해한 것으로 보아야 할 것이다. 더 나아가 국가배상법 제2조 제1항 단서에도 불구하고 국가배상을 청구하고 이에 대한 거부처분 등에 대하여 헌법소원심판을 제기하거나(일반법원에서의 권리구제가능성이 없다는 등의 이유에 근거한 보충성원칙의 예외의 경우로서), 행정소송을 제기한 후, 동시에 이 법률조항에 대한 위헌법률심판제청을 신청하면서 간접적으로 위 헌법조항에 대하여도 헌재의 위헌심사의 대상이 되도록 하는 방법도 고려될 수 있으나, 이는 기대가능하지 아니한 우회적인 절차로서 신속하고 효율적인 권리구제의 요청에 반하다고 할 수 있다.

45) 이 경우에는 위헌적 헌법규정에 근거한 법률이 직접 기본권을 침해하는 경우와 그 헌법규정 및 법률규정에 근거한 행정작용에 의하여 기본권이 침해되는 경우의 두가지를 생각할 수 있는데, 전자의 경우에는 직접적으로는 위헌적 헌법규정에 근거한 해당법률에 대한 헌법소원이 제기되어 그 법률에 대한 위헌결정과 더불어 헌법재판소법 제75조 제5항의 유추적용과 직권심리주의를 통하여 근거 헌법규정에 대한 위헌결정을 내릴 수 있을 것이고, 후자의 경우에는 첫째, 해당 행정작용에 대한 행정소송을 제기한 후 그 근거법률에 대한 위헌법률심판제청을 신청하여 관할 법원에 의한 위헌제청

에 대한 위헌심사 및 통제가 이루어져야 하는 것이다. 이것이 모든 공권력작용으로부터 국민의 기본권을 보호하고자 하는－기본권구제의 사각지대의 영으로의 수렴화－기능과 이를 통해 헌법의 근본가치와 통일성을 수호하고자 하는 기능을 겸비한 헌법소원제도의 본질과 목적에 부합하는 것이라고 하겠다. 따라서 헌법규정이나 개정이 헌법재판소법 제68조 제1항 소정의 공권력행사의 결과라고 볼 수 없기 때문에 헌법소원 등 위헌심사의 대상이 될 수 없다는 헌재의 견해는 타당하다고 보기 어렵다.

Ⅵ. 맺는 말

결국 군인·군무원 등의 국가배상청구권을 박탈한 헌법 제29조 제2항은 그 내용이 헌법 제11조의 평등의 원칙, 동법 제37조 제2항의 비례의 원칙과 기본권의 본질적 내용침해금지의 원칙 등 헌법의 근본적이고 핵심적인 내용에 속하는 상위헌법규정 내지 원칙을 위반하여 국가배상청구권의 본질적 내용을 직접 침해하는 규정이므로 당연히 위헌이고, 이 문제에 대한 규범조화적 해석이나 해당 헌법조항의 변질 또는 개정 등의 다른 방법에 의한 해결이 불가능하거나 기대되지 아니하므로－위 헌법조항에 근거하고 실질적으로 동일한 내용으로 규정된 국가배상법 제2조 제1항 단서를 포함하여－헌법재판소의 위헌심사와 통제의 대상이 되어야 할 것이다.

지금까지 헌법규정에 대한 위헌심사의 문제를 우리 헌재의 결정 그리고 독일의 관련규정과 학설 및 판례를 중심으로 고찰해 보았다. 물론 독일에서 논의되는 문제를 우리의 상황에 그대로 적용하는 데에는 많은 어려움이 따른다. 우리와 독일은 헌법체계와 헌법재판제도에 있어서 서로 많은 유사점을 가지고 있지만, 다른 한편 많은 상이점도 가지고 있기 때문이다. 그러나 헌법상의 기본원칙과 근본규범 및 이를 바탕으로 한 국민의 기본권보장과 실현이 헌법과 국가의 궁극적 목적이라고 한다면, 이러한 헌법상의 근본가치에 대한 그 어떤 형태의 침해도 허용될 수

에 따라－만일 위헌제청신청이 기각될 경우에는 헌법재판소법 제68조 제2항에 따른 헌법소원의 제기를 통해서－헌법재판소가 근거법률에 대한 위헌결정을 내리면서 동시에 헌법재판소법 제75조 제5항의 유추적용과 직권심리주의를 통하여 근거 헌법규정에 대한 위헌결정을 내리거나, 둘째 직접 그 행정작용에 대한 헌법소원을－보충성원칙의 예외의 사유가 있거나, 해당 행정작용에 대한 다른 법률에 구제절차가 없는 경우에는 보충성원칙의 비적용의 경우로서－제기한 후, 헌법재판소가 해당 행정작용에 대해서 뿐 아니라, 역시 헌법재판소법 제75조 제5항의 유추적용과 직권심리주의를 통하여 근거 법률과 헌법규정에 대하여 위헌결정을 내리는 방법이 고려될 수 있을 것이다.

없는 것이며, 이러한 근본가치의 수호가 바로 국가권력의 존립목적이자 사명이라는 점에 대하여는 의문의 여지가 없을 것이다. 따라서 이러한 헌법적 가치의 핵이 헌법 자체의 규정에 의하여 침해된다면 헌법의 최후의 수호자로서의 헌법재판소는 이러한 근본가치를 사수하기 위하여 이러한 침해를 방어하고 통제하여야 할 것이며, 이것이 바로 헌법재판제도의 궁극적 목적인 것이다.

19. 현행 국회의원선거제도의 비례성 증대방안

[目 次]

Ⅰ. 머리말

이 글의 목적은 국회의원선거제도의 비례성 증대방안을 제시하는 것이다. 이는 현행 선거제도가 선거권자의 의사를 제대로 반영하지 못한다는 문제의식에서 출발한다. 즉 각 정당에게 유권자의 지지도에 비례하는 의석이 배분되지 못한다는 것이다. 이는 헌법상 평등선거의 원칙에 위배된다. 평등선거의 원칙은 대표의 정확성과 비례성을 요구한다.

이러한 비례성 증대방안은 주로 비례대표선거제도의 개혁을 중심으로 제시되는데, 비례대표선거제도는 정당투표를 전제로 한다. 따라서 정당투표를 통해 각 정당이 획득한 득표율에 비례한 의석을 해당 정당이 가져가도록 선거제도를 설계하는 것이 이 글의 목적이다. 이러한 제도적 개혁을 통해 평등선거의 원칙을 실현하고, 결국 진정한 민주주의를 실현하자는 것이다.

이러한 문제점을 개선하고자 2015년 2월 중앙선거관리위원회는 독일식에 가까운 권역별 '연동형 비례대표제'를 제안했다. 즉 전국을 서울, 부산-울산-경남, 인천-경기-강원, 대구-경북, 광주-전북-전남-제주, 대전-세종-충북-충남의 6개 권역으로 나누고, 국회의석을 지역구 200석, 비례대표 100석으로 조정하면서 양자를 지금처럼 상호 아무 관련성이 없는 단순한 병립식이 아니라 연동형으로 결합시키는 방식이다. 이러한 개선방안은 비례대표제의 활성화를 통해 대표의 정확성과 비례성을 증대시킨다는 점에서 현행 제도 보다는 진일보한 내용이라고 평가할 수 있다. 그러나 권역별 선거구제의 문제, 의원정수의 문제, 지역구의석과 비례대표의석의 비율문제 등 동의하기 어려운 점이 다수 존재한다. 따라서 이러한 미흡한 추가적 문제점까지 고려한 보다 근본적인 개혁방안이 요구된다.

결론적으로 이 글의 골자는 비례대표의석을 대폭 늘리고, 현행 지역구선거제도와 비례대표선거제도의 결합방식을 연동형으로 전환하면서 양자의 의석비율을 개혁하자는 것이다.

Ⅱ. 국회의원선거제도와 정당민주주의

주지하는 바와 같이 현대사회가 요구하는 민주주의는 정치적 다원성을 바탕으로 하는 다원적 민주주의라고 할 수 있다. 그리고 이 다원적 민주주의는 소수보호를 그 전제로 하고 있다. 그런데 다원적 민주주의는 주로 정당을 통해 이루어 질 수밖에 없다.[1] 따라서 다원적 민주주의는 정당정치와 정당본위의 선거 및 복수정당제를 바탕으로 하는 정당민주주의를 그 근간으로 하고 있다. 이를 위해 헌법 제8조 제1항도 복수정당제를 보장하고 있다.[2]

이처럼 정책의 개발, 국민의사의 국정에의 반영, 민의의 형성과 결집, 인재의 발굴, 중앙과 지방의 매개, 국정통제, 책임정치의 실현 등은 대부분 정당을 통해 이루어지며, 특히 정치·사회적으로 취약한 신진·소수세력의 정치 및 선거에의 참여는 주로 정당을 통해 실현 가능하다는 점에서 정당민주주의는 정치적 다원성과 소수보호를 핵심적 가치의 하나로 하고 있다. 다수의 의사만이 존중받아야 할 의사는 결코 아니다. 즉 존중받아야 할 의사와 가치 및 민주주의의 본질은 다수냐 소수냐의 문제와는 원칙적으로 무관한 것이다. 따라서 정당민주주의가 성공하기 위해서는 소수보호를 전제로 다양한 국민의 의사가 굴절 없이 국정에 반영될 수 있는 여건이 마련되어야 하고, 이러한 여건을 마련하기 위해서는 바로 정당투표를

1) 다원적 정치의사형성과정에서의 정당의 기능에 대하여 장영수, 지방자치와 정당, 정당과 헌법질서, 심천 계희열박사 화갑기념논문집, 1995, 342쪽 이하.

2) 이러한 복수정당제를 통한 정당민주주의와 다원적 민주주의의 실현에 대하여는 정연주, 1인 1표 국회의원선거제도의 위헌성, 헌법논총 제13집, 헌법재판소, 2002. 12, 529쪽 이하 참조.

바탕으로 하는 비례대표선거제도를 중심으로 한 국회의원선거제도가 그러한 기능을 완수할 수 있는 제도적 장치로 설계되어야 한다. 그리고 이는 각 정당에게 국민의 지지도에 비례적인 의석수가 배분될 것을 전제로 한다. 그런데 현행 선거제도는 그런 점에서 상당한 문제점을 가지고 있다. 즉 현행 비례대표선거제도는 국민의 의사의 굴절 없는 반영과 비례적인 대의, 기능대표 내지 전문가 대표, 소수보호, 정당민주주의의 활성화, 그리고 왜곡된 선거구제의 문제나 사표의 양산 및 선거구간의 인구편차 문제 등 다수대표선거제가 가지는 여러 가지 단점의 보완 등 다양한 장점과 특성을 살리지 못한다는 것이다. 구체적으로는 비례대표의석수가 제기능을 발휘하기 불가능할 정도로 너무 적다. 그리고 현행의 지역구선거와 비례대표선거의 단순 병립식 결합방식으로는 각 정당의 지지도에 비례적인 의석배분이 어렵고, 결과적으로 다수정당에 유리하고 소수·신생정당에게 불리하며, 다원적 민주주의와 정당민주주의의 이념과 조화되기 어렵고, 결국 비례성과 표의 등가성 등 평등선거의 원칙을 실현하기 어렵다.

Ⅲ. 비례대표선거와 평등선거의 원칙

헌법 제41조 제1항은 "국회는 국민의 보통·평등·직접·비밀선거에 의하여 선출된 국회의원으로 구성한다."라고 규정함으로써 평등선거의 원칙을 천명하고 있다. 이에 따라 선거제도에 있어서는 제1차적·원칙적으로 평등선거의 원칙이 관철되어야 하고, 그럴 때 비로소 대표의 정확성과 지지도에 비례하는 의석배분이 실현된다.

주지하는 바와 같이 평등선거의 원칙은 선거의 기본원칙 중 하나로서 이는 투표의 산술적 계산가치의 평등과 투표의 성과가치의 평등을 의미한다.[3)] 오늘날 선거제도에서 주로 문제가 되는 것은 투표의 성과가치의 평등인데, 이는 선거인의 투표가치가 동등한 가치로 평가되어지고, 대표자선정이라는 선거결과 내지 대의기관 구성에 동등한 영향력을 행사할 수 있을 것을 요구한다.[4)] 이 원칙은 모든 선거인

---

3) 평등선거의 원칙에 대하여 정연주, 독일의 선거제도와 우리 선거제도의 문제점, 인권과 정의, 제177호, 대한변호사협회, 1991. 5, 26쪽 이하; Maunz, in: Maunz/Dürig, Grundgesetz Kommentar, Art. 38, Rdnr. 48f.; Jarass/Pieroth, Grundgesetz für die Bundesrepublik Deutschland, Art. 38, Rdnr. 6; v. Münch, in: v. Münch(hrsg.), Grundgesetz-Kommentar, Art. 38, Rdnr. 45ff.; Stern, Das Staatsrecht der Bundesrepublik Deutschland, Bd. I, 2. Aufl., S. 304ff.; BVerfGE 5, 148(157); 12, 73(77); 16, 130(138ff.); 86, 84(91) 참조.

4) 정연주, 앞의 글, 26쪽 이하.

에게 1인 1표(one man, one vote)를 인정함을 의미할 뿐만 아니라, 투표의 성과가치의 평등, 즉 1표의 투표가치가 대표자 선정이라는 선거의 결과에 대하여 기여한 정도에 있어서도 평등하여야 함(one vote, one value)을 의미한다. 이 원칙에 따라 정당투표를 바탕으로 하는 비례대표선거제도에 있어서는 당연히 정당투표를 통해 나타난 선거인의 지지도가 의석배분에 비례적으로 반영되어야 하고, 그렇지 못할 경우 이는 평등선거의 원칙에 위반되며, 결국 비례대표제를 실시하는 의미를 퇴색시키는 것이다.

Ⅳ. 현행 비례대표선거제도의 문제점

1. 결합방식의 문제

우리 국회의원선거제도는 지역구선거와 비례대표선거의 결합형이다. 그런데 현행 선거제도의 유형과 관련하여 헌법 제41조 제3항은 "국회의원의 선거구와 비례대표제 기타 선거에 관한 사항은 법률로 정한다."고 규정하여 선거유형에 관한 구체적인 것은 법률에 위임했고, 이에 따라 공직선거법 제21조 제2항은 "하나의 국회의원지역선거구에서 선출할 국회의원의 정수는 1인으로 한다."라고 규정하고 있고, 동법 제146조 제2항은 "투표는 직접 또는 우편으로 하되, 1인 1표로 한다. 다만, 국회의원선거, 시·도의원선거 및 자치구·시·군의원선거에 있어서는 지역구의원선거 및 비례대표의원선거마다 1인 1표로 한다."라고 규정하고 있으며, 비례대표국회의원의석의 배분방식과 관련하여 동법 제189조는 "① 중앙선거관리위원회는 비례대표국회의원선거에서 유효투표총수의 100분의 3 이상을 득표하였거나 지역구국회의원총선거에서 5석 이상의 의석을 차지한 각 정당(이하 이 조에서 "의석할당정당"이라 한다)에 대하여 당해 의석할당정당이 비례대표국회의원선거에서 얻은 득표비율에 따라 비례대표국회의원의석을 배분한다. ② 제1항의 득표비율은 각 의석할당정당의 득표수를 모든 의석할당정당의 득표수의 합계로 나누어 산출한다. ③ 비례대표국회의원의석은 각 의석할당정당의 득표비율에 비례대표국회의원 의석정수를 곱하여 산출된 수의 정수의 의석을 당해 정당에 먼저 배분하고 잔여의석은 소수점 이하 수가 큰 순으로 각 정당에 1석씩 배분하되, 그 수가 같은 때에는 당해 정당 사이의 추첨에 의한다. 이하 생략"라고 규정하여, 결과적으로 소선거구다수대표제의 지역구선거와 비례대표제의 단순한 병립식, 즉 지역구대표와 비례대표를 독립적으로 선출하는 병립형이고, 비례대표의석의 경우 유효투표총수의 100

분의 3 이상을 득표하였거나 지역구국회의원총선거에서 5석 이상의 의석을 차지한 각 정당에게만 의석을 배분하는 봉쇄조항을 두었으며, 의석할당은 일종의 이른바 해어니마이어식의 할당방식으로 이루어진다고 볼 수 있다.

그런데 이러한 결합방식은 앞서 언급한 바와 같이 정당에 대한 지지도에 비례적인 의석배분을 어렵게 하여 진정한 비례대표제의 기능을 살리기 어렵고, 평등선거의 원칙과 조화되기 어려우며, 결과적으로 굴절 없는 민의의 반영과 정치적 다양성 및 소수보호를 핵심으로 하는 다원적 민주주의와 정당민주주의의 이념을 약화시킬 수 있다.5)

2. 비례대표 의석수의 문제

(1) 현행 공직선거법상의 의석수

의원정수와 관련하여 헌법 제41조 제2항은 "국회의원의 수는 법률로 정하되, 200인 이상으로 한다."로 규정하여 의원정수가 200인 이상으로 하고 구체적인 숫자는 법률에 위임했고, 국회의 의원정수를 규정한 현행 공직선거법은 제21조 제1항은 "국회의 의원정수는 지역구국회의원과 비례대표국회의원을 합하여 300명으로 한다."고 규정하여 현재 총 300명이다. 그리고 공직선거법 [별표 1] 국회의원지역선거구구역표에 지역구 253석으로 규정하고 있어 결과적으로 국회는 지역구 253석, 비례대표 47석으로 구성되어 있다. 두말할 것도 없이 비례대표 47석으로는 비례대표선거제도의 기능을 달성하기가 사실상 불가능하다.

(2) 의원정수와 법률유보의 원칙

한편 지역구의석수를 별표의 형식으로 규정하는 것은 형식적으로는 법치주의원리를 준수한 것으로 볼 수 있지만, 매 선거시마다 지역구 의석수와 비례대표의석

---

5) 1970년대 이후에 민주화가 되면서 선거제도를 만든 국가들 중에서 우리 같은 선거제도를 가진 나라는 찾아보기 어렵다. 1970년대에 민주화가 된 스페인, 포르투갈의 경우, 국회의원선거제도는 정당득표율에 따라 국회 의석을 배분하는 비례대표제선거제도(연동형 비례대표제)를 택했다. 1980년대에 민주화가 된 중남미의 우루과이, 브라질 같은 국가도 마찬가지였다. 1990년대 이후에 선거 제도를 택한 동유럽의 국가들도 우리처럼 소선거구제 중심의 국회의원 선거 제도를 택한 경우는 드물다. 한편 1990년대에 영국으로부터 자치권을 획득한 영국의 스코틀랜드, 웨일즈 지방도 자치의회를 구성하기 위한 선거제도를 택해야 했다. 영국의 국회의원선거제도는 지역구에서 1등하면 당선되는 소선거구제였지만, 스코틀랜드와 웨일즈의 선택은 달랐다. 이들 지방에서는 자치의회선거제도로 정당득표율에 따라 의석을 배분하는 연동형 비례대표제를 택했다.

수와의 의석결합비율이 달라지는 것은 그 자체 법적 안정성과 예측가능성의 측면에서 바람직하지 못하다. 그리고 이는 비례대표선거제도 내지 비례대표의원을 경시하고 있다는 것을 암시한다고도 볼 수 있다. 즉 우리 국회의원선거제도와 국회의 기능면에서 지역구선거제도와 지역구의원이 주이고, 비례대표선거제도와 비례대표의원이 보조적이라는 인상을 주기에 충분하고, 실제의 국정운영에 있어서도 그런 점을 부인하기 어렵다. 따라서 후술하는 바와 같이 비례대표의석수를 늘리되, 결합방식의 유형과 양자의 의석비율을 공직선거법-별표가 아닌-본문에 명시하는 것이 요구된다. 그것이 앞서 언급한 법적 안정성과 예측가능성의 측면에서 뿐 아니라, 선거제도가 통치구조의 구성과 작용에 관한 본질적인 사항이자 선거권과 피선권이라는 기본권의 본질적인 사항이라는 점에서 법치주의원리, 특히 법률유보의 원칙의 정신에 부합된다고 하겠다.

3. 비례대표제의 기능상실

비례대표제는 다수대표제에 비하여 대표의 정확성과 지지도에 상응하는 비례적인 의석확보, 사표방지, 선거구획정의 문제점 해소, 소수보호, 전문가정치 실현 등의 장점을 가지고 있다고 평가된다. 그런데 우리의 선거제도는 정당투표를 바탕으로 한 비례대표제를 도입했음에도 불구하고 이러한 장점을 제대로 살리지 못하고 있다. 이는 앞서 언급한 우리 선거제도의 문제점에서 기인하는 것이다.

다른 한편 실제 비례대표의원의 대의활동도 소기의 목적을 달성하지 못하고 있다는 사실을 다음과 같은 현상에서도 엿볼 수 있다. 이 역시 앞서 언급한 비례대표선거제도의 문제점에서 상당부분 기인하는 것으로 평가될 수 있다.

첫째, 정치현실에서 비례대표의원은 국민의 대표이자 국민에 대한 봉사자가 아니라 감투를 나눠 쓰고 특혜를 받는 곳이라는 인식이 있음을 부인하기 어렵다. 고유의 역할이 없고 한번만 하거나 돌아가면서 하거나, 건너가는 자리로 인식되는 비례대표의원직이 올바른 국민의 대표 구실을 하기는 어렵다. 이는 곧 국회의원 전반에 대한 인식을 저하시킨다.

둘째, 비례대표마저 지역대표의 중간단계로 만들어버림으로써 국회 전체를 지역대표성으로 채우는 결과를 낳게 만든다. 지역대표는 정치적으로 의회의 구성요소 중 하나이지만, 헌법상 원칙적으로 국회의원은 지역구의원이나 비례대표의원 모두 자유위임하에서 국민과 국가 전체를 대표하는 것이다. 그리고 추가로 지역대표성 외에 계층대표와 직능대표성 등도 가진다는 점에서 이러한 현상은 문제가 있다.

셋째, 가뜩이나 심각한 양극화와 불평등 문제를 국회가 치유하기는커녕 더욱 악화시키는 우를 범할 수 있다. 지역구선거에서 소상공인과 비정규직 등 취약계층이나 소수·신진세력은 결코 유력한 후보를 배출하거나 다수의 지지를 획득하기 어려운 것이 현실이다. 이러한 문제들을 해결하는 것이 비례대표제도의 기능 중 하나인데, 현실은 이러한 소기의 목적을 달성하지 못하고 있다.[6)]

그 결과 실제로 국회와 정당 내부에서 비례대표의 역할이 과소평가되고, 이에 따라 국민들의 평가도 비판적으로 되는 악순환을 겪고 있다고 볼 수 있다. 현실에 있어 비례대표는 독자적이고 지속적인 의의를 인정받지 못하고, 일회성 인물영입 수단이나 한번만 하고 물러나야 하는 자리로 받아들여지고 있으며, 국회 내에서도 열위의 지위로 평가되면서 이후 지역구 국회의원이 되기 위한 징검다리 정도로 인식되고 있다. 아울러 비례대표 국회의원들 역시 이러한 잘못된 인식과 관행을 인정하면서 임기의 절반은 초선비례로 궂은 일을 맞다가 임기후반에는 출마지역을 정하고 지역구 출마를 하기 위한 활동으로 의정활동 자체를 변화시키는 것을 당연하게 받아들이기도 한다.

Ⅴ. 개선방안

1. 연동형 비례대표제의 도입

(1) 현행 제도의 내용과 현실

앞서 언급한 바와 같이 현행 제도는 지역구의석과 비례대표의석이 각각 별개로 고정된 형태로서 일본의 병립식[7)]과 유사하다. 병립식은 앞서 언급한 바와 같이 비례대표의석수와 지역구 다수대표의석수가 별도로 정해지고 양자가 독립하여 결합한 것으로서 의석배분에 있어서도 양자가 각각 이미 고정적으로 정해진 의석을 별

6) 전순옥, "비례대표는 '감투 나눠먹기'가 아니다!", 프레시안, 2016. 2. 26.

7) 일본의 중의원의원선거제도는 1994년 중선거구제에서 소선거구 다수대표제와 정당명부식 비례대표제의－1인 2표제－병립식으로 개정되었다. 이에 따라 총 500석의 중의원의석 중 300석은 소선거구 다수대표제로 지역구에서 선출되고, 나머지 200석은 11개의 권역별로 비례대표제에 의하여 선출된다. 지역구의석 300석과 비례대표의석 200석은 각각 별개로 고정되어 있고, 정당명부는 후보자순위가 고정되어 있는 고정명부로서 각 권역별로 작성되고, 비례대표의석은 각 권역별로 각 정당의 득표율에 따라 배분된다. 그리고 비례대표의석의 배분에는 지역구선거에서 5석 이상의 의원을 당선시켰거나, 제2표에 의한 총 유효투표수 중 2% 이상의 득표율을 올린 정당만이 참여할 수 있도록 저지조항을 마련했다. 한편 지역구선거와 정당명부에 의한 비례대표선거에의 중복입후보를 허용하고 있다.

도로 배분하게 된다. 즉 제1표에 의하여 지역구당선자가 정해지고, 제2표에 의하여 비례대표당선자가 정해진다. 따라서 독일식 연동형에서와는 달리 초과의석이 발생할 가능성이 없다.[8] 이 제도는 상이한 선거제도의 물리적 결합으로서 절반의 비례대표효과만을 가진다고 볼 수 있지만, 다른 한편 연동형과 비교해 볼 때 다수세력의 형성에 유리하고 제1당 내지 대정당에게 유리하다고 평가된다. 실제로 1996년 일본의 중의원선거에서 제1당인 자민당은 다수대표선거에서의 득표율 38.6%, 비례대표선거에서의 득표율 32.8%로 총 47.8%의 의석을 차지했다.

우리의 경우 전체 의석 중 지역구의석이 253석인데 비례의석이 47석에 불과해 비례성이 매우 낮은 수준이다. 그러나 보다 근본적인 문제점은 우리와 같이 지역구와 비례대표를 병립식으로 결합시킨 선거제도는 비례성이 낮을 수밖에 없다는 것이다. 비례성을 결정하는 요인이 전적으로 비례대표 의석수에 달려있기 때문이다.

실제로 지난 2016년 총선결과를 비례성을 나타내는 이득률[9]로 살펴보면, 새누리당 1.17(42.20/36.01), 더민주당 1.55(42.60/27.45), 국민의당 0.46(13.10/28.75), 정의당 0.27(2.10/7.78)로 이득률이 매우 낮다.[10]

그런데 지역구의석과 비례대표의석의 비율을 1 : 1로의 조정하는 경우에도 병립식을 고수하는 한 이러한 이득률은 크게 개선되지 않는다. 의석비율을 1 : 1로의 조정한 병립식을 2016년 총선에 적용할 경우 이득률로 보면, 여전히 새누리당과 더불어민주당은 각각 1.10, 1.33으로 과대대표되고, 국민의당과 정의당은 각각 0.68과 0.55로 심각한 과소대표를 보인다.

(2) 연동형 도입의 필요성

지역구의석과 비례대표의석의 결합방식 중 연동형은 지역구선거와 비례대표선거의 당선인 결정을 연동하는 방식으로 정당이 얻은 득표율로 먼저 각 정당이 획득할 전체 의원총수를 결정하고, 당선인은 먼저 지역구의원, 그 다음이 비례대표의원의 순으로 채우는 방식이다. 따라서 연동형에서는 각 정당의 지지도에 따른 의석배분이 가능해 대표의 비례성과 정확성이 실현될 수 있다.

따라서 비례성 증대를 위해서는 비례의석의 비율도 확대해야 하지만 보다 근본

8) 초과의석문제에 대하여는 후술함.

9) 이득률은 의석점유율을 득표율로 나눈 값으로 이득률이 1에 근접할수록 비례성이 높다. 1보다 낮으면 과소대표, 1보다 높으면 과대대표된다.

10) 김종갑·이정진, 독일식 비례대표제의 도입논의와 고려사항, 이슈와 논점, 제1245호, 국회입법조사처, 2017. 1. 13, 3쪽 참조.

적으로는 양자의 결합방식을 연동형으로 변경해야 한다. 즉 효율성의 측면에서 보면 비례대표의석 확대보다 독일과 같은 연동형으로의 전환이 훨씬 효율적이다. 예컨대 현행의 병립식에서 연동형으로 전환하면 비례대표의석의 비율을 지역구의석의 1/4로만 늘려도 병립식에서 비례대표의석의 비율을 지역구와 동수(1 : 1)로 설정했을 때보다 더 높은 비례성을 나타낸다. 이를 지난 2016년 총선에 적용하여 이득률로 보면, 4 : 1의 연동형에서는 새누리당과 국민의당, 정의당의 경우 0.90 내지 0.92의 이득률로서 높은 비례성을 보이고, 더불어민주당의 과대대표도 1 : 1의 병립식에서보다 완화되는 것으로 나타난다(1.33→1.22).[11)]

독일의 연동형 비례대표제의 경우 각 정당의 총의석수가 정당명부에 대한 제2투표의 결과 획득한 득표율에 따라 정해진다. 즉 1차적으로 각 정당이 차지할 수 있는 총 의석수가 연방을 단위로 각 정당이 획득한 제2표의 유효득표율에 따라 배분되는 것이다. 이렇게 연방차원에서 각 정당에 배분된 의석수가 다시 각 정당의 주명부로－역시 유효득표율에 따라－재분배된다.[12)] 이처럼 연동형의 경우에는 각 정당이 차지할 수 있는－지역구의석과 비례대표의석을 모두 포함하여－총 의석수가 이미 정당투표인 제2표의 득표율에 따라 정해지므로 독일식은 비례대표제의 기본 바탕위에 지역구선거를 통한 인물선거적 요소를 혼합한 것이라고 할 수 있다. 이 연동형이 병립식에 비하여 비례성,[13)] 즉 득표율과 대표율의 일치 내지 대표형성의 정확성, 평등선거의 원칙, 소수·신진·개혁세력의 의회진출가능성, 정당민주주의와 다원적 민주주의 등의 관점에서 보다 합리적이고 비례대표제의 기본취지에 부합된다. 물론 의회의 안정된 다수세력의 형성이라는 측면에서는 병립식이 효과적이라고 볼 수도 있으나, 연동형을 취한다고 해서 반드시 군소정당이 난립하고 의회의 다수세력형성이 어려운 것도 아니고, 설사 다수정당이 난립하고 여소야대현상이 나타난다고 하여 반드시 국정의 혼란이 오는 것도 아니다. 이러한 문제는 선

---

11) 이득률 새누리당 0.92(33.10/36.01) 더민주당 1.22(33.40/27.45) 국민의당 0.92(26.40/28.75) 정의당 0.90(7.00/7.78). 김종갑·이정진, 앞의 글, 3쪽 참조.

12) 독일 연방의회의 경우 지금까지는 총 323개의 소선거구에서 1명씩 선출되는 지역구 의원과 16개주별로 정당명부식 비례대표제에 의해 선출되는 328명을 합쳐 656명으로 구성되었다(§1 BWG). 그러나 선거법개정으로 2002년 가을에 실시된 연방의회 총선에서는 각각 299석으로 줄어 총 598명으로 구성되게 된다(Art. 1 Nr. 1 des 13. Ges. z. Änd. des BWG v. 15.11.1996 - BGBl. I S. 1712).

13) 전 세계 87개 자유민주주의 국가들을 대상으로 선거제도의 비례성을 비교분석한 연구에 따르면, 비례성이 가장 높은 제도는 연동형 비례제로 나타난다. Michael Gallagher, “Electoral Institutions and Representations”, Comparing democracies 4 : elections and voting in a changing world / edited by Lawrence LeDuc, Richard G. Niemi and Pippa Norris, London ; Thousand Oaks, CA : SAGE Publications, 2014, p. 20.

거제도와 직결되는 또는 선거제도만을 유일한 원인으로 하는 것이 아니며, 여러 다양하고 복잡한 요소들과 관련되는 문제이고, 이를 독일 등 여러 국가의 예에서도 알 수 있다. 따라서 정당투표를 바탕으로 한 1인 2표제에 의한 비례대표제의 경우 진정한 비례대표제의 특성을 살리고, 선거 및 정치제도개혁의 취지도 살리려면 독일식 연동형을 채택해야 한다고 본다.[14)]

그런데 독일식 연동형 비례대표제의 경우 특정정당의 지역구선거에서 차지한 의석수가 그 정당의 제2표의 득표율에 따라 획득한 총 의석수보다 많을 때 이른바 초과의석(Überhangmandate)이 발생하는데, 결과적으로 그 수만큼 의회의 총 의석수가 늘어나게 된다.[15)] 왜냐하면 각 정당에 대한 의석배분순서는 먼저 지역구의석이고 그 다음이 비례대표의석을 채우는 방식인데, 만일 그 해당정당이 이미 차지한 지역구의석수가 그 정당에게 배분된 총 의석수보다 많을 때는 추가 배분될 비례대표의석이 당연히 없게 되고, 그 정당이 이미 획득한 지역구의석은 모두 인정되므로 그 정당에게 배분될 총 의석수를 초과한 지역구의석수 만큼 불가피하게 의회 총 의석수(의원정수)가 늘어나게 된다. 이러한 초과의석은, 예컨대 어떤 특정 주에서의 선거참여율이 전체의 평균치보다 현저히 낮을 때, 또는 어떤 정당이 자신의 지역구의석을 대부분 극소수의 상대적 다수로서만－다른 정당은 매우 큰 다수로서 획득한 것에 비하여－획득할 때 발생된다고 볼 수 있다. 일반적으로 초과의석의 발생은 의회의 다수형성이나 정당구도에 커다란 영향을 미치지 못하는 것으로 평가된다.

2. 지역구의석과 비례대표의석의 비율조정 및 비례대표의원정수 증원

(1) 지역구의석과 비례대표의석의 비율조정

여기서 소선거구 다수대표의석수와 비례대표의석수의 비율이 문제될 수 있다. 이는 제1당의 안정의석 확보에 영향을 줄 수 있는데, 일반적으로 소선거구 다수대표의석수가 많을수록 제1당 내지 대정당에게 유리하다고 평가된다. 따라서 정국안정을 중요시한다면 지역구의석수를 높여야 할 것이고 대표형성의 정확성을 꾀하려면 비례대표의석수를 높여야 할 것이다. 앞서 언급한 바와 같이 중앙선관위는 국

14) 같은 견해로서 김종갑·이정진, 인물대표성과 비례성의 조화를 위한 선거제도 개선방향, 이슈와 논점, 제1272호, 국회입법조사처, 2017. 3. 9, 1쪽 이하.

15) 독일에 있어서 초과의석에 대하여 자세한 것은 Schreiber, Handbuch des Wahlrechts zum Deutschen Bundestag, Carl Heymanns, 6. Aufl., 1998, S. 158ff.

회의석을 지역구 200석, 비례대표 100석의 2 : 1의 비율로 조정하는 개선안을 제안한 바 있다.

그런데 연동형을 취한다면 비례대표제와 다수대표제와의 결합효과를 극대화시키고 과도한 초과의석의 발생을 방지하기 위하여 의석비율이 1 : 1이 되는 것이 이상적일 것이다. 즉 연동형의 도입으로 인해 발생하는 대표의 비례성 증대와 평등선거의 원칙에서 요구되는 표의 등가성을 강화하기 위해서, 그리고 연동형의 도입으로 야기되는 부작용의 일종인 초과의석의 발생을 억제하기 위해서는 양자의 의석비율이 1 : 1이 되는 것이 합리적이다. 현재 이처럼 지역구의석과 비례대표의석의 비율이 1 : 1인 모범적인 사례가 바로 독일이다. 따라서 우리의 경우도 만일 연동형 비례대표제를 도입하면 독일처럼 비례대표의석의 비중을 확대하고 양자의 비율을 1 : 1로 조정하면 초과의석의 발생가능성을 낮출 수 있다.[16]

독일식 연동제를 2016년 총선에 도입했을 때 초과의석의 발생가능성을 예측해 보면 지역구와 비례의 비율이 1.62 : 1(253석 : 156석)이 될 때까지는 초과의석이 발생하는 것으로 나타난다. 더불어민주당의 배분의석은 109석으로 지역구에서 얻은 110석보다 1석 적어 초과의석이 1석 발생한다. 이 초과의석을 차단하기 위해서는 총 배분의석을 409석에서 410석으로 1석 늘려야 한다. 배분의석이 410석일 때 비로소 더불어민주당의 배분의석이 110석이 되어 초과의석이 더 이상 발생하지 않는다.[17] 결국 독일식 비례제의 장점으로 알려진 '득표 대비 의석점유의 완전비례 상태'가 되도록 하기 위해서는 5.38 : 1인 현행 비율을 최소한 1.62 : 1(253 : 157)까지 확대해야 한다는 뜻이 된다.

앞서 언급한 바와 같이 실제로 독일의 경우 왕왕 초과의석이 발생한다. 그러나 그 원인 중 하나는 후술하는 바와 같이 독일이 각 주별 비례대표명부를 작성하기 때문이다. 이는 독일이 연방국가이기 때문이라고 하겠다. 따라서 연동형 비례대표제를 도입하더라고 전국단위 비례명부제를 취한다면 초과의석의 발생가능성을 더욱 낮출 수 있다.

결국 지역구와 비례대표의 비율을 1 : 1로 하고, 더욱이 후술하는 바와 같이 비례대표명부작성을 전국단위로 한다면 초과의석의 발생가능성은 사실상 없다고 볼 수 있다.

---

16) Grzeszick, Wahlrecht: Ist nach der Reform vor der Reform?－Eine Bewertung des Bundestags- und Europawahlrechts nach den letzten Wahlen, Zeitschrift für Gesetzgebung, 29. Jahrgang 2014, S. 239ff.

17) 김종갑, 독일의 선거제도 개혁논의와 한국에의 시사점이슈와 이슈, 이슈와 논점, 제1283호, 국회입법조사처, 2017. 3. 17., 4쪽 참조.

(2) 비례대표의원정수의 대폭적 증원

그런데 이러한 의석비율의 조정은 현행 의원정수하에서는 필연적으로 지역구의석의 대폭적인 축소를 수반한다. 그런데 이는 현재의 정치현실에 비추어 사실상 불가능하며, 다른 한편 만난을 무릅쓰고 굳이 지역구의석의 대폭적인 축소를 밀어붙일 필요성도 없다. 지역구의석의 소폭적인 축소와 전체 의원정수의 증원이 대안이다. 그런데 의원정수의 확대는 많은 반대에 부딪친다. 우선 예산상의 문제가 따른다. 아울러 국민들 대다수가 반대한다. 특히 국민들로부터 외면받는 국회의원들의 낮은 신뢰도가 큰 원인이다. 그동안 국회가 국민의 대의기관으로서 제기능을 하지 못했기 때문이다. 이는 여론조사결과가 보여준다. 2016년 7월 다섯째주 한국갤럽의 정례 여론조사에서 국회의원 정수문제에 대한 설문조사를 한 결과 57%는 줄여야 한다, 29%는 현재 적당하다고 답변했다. 86%가 반대한 것이다. 늘려야 한다는 건 7%에 불과했다.[18]

1) 현행 의원정수의 문제점

결론적으로 현재의 의원정수로는 국회의 기능을 다하기 어렵다. 실제 1987년 이래 고정된 의원정수는 급증하는 국정과제에 대한 국회의 대처능력을 현저히 약화시킨다. 예컨대 400조원을 넘어서는 국가예산을 겨우 300명의 의원이 심사한다는 것은 불가능에 가깝다. 그러기에 북한 국방비의 255배를 지출하고도 남북 대치 상황에서 북한 잠수함의 소재조차 파악하지 못했던 사태를 국회가 제대로 통제하지 못하게 된다. 재벌과 대기업의 횡포에 내몰린 노동자와 소상인과 청년들이 절망의 하소연을 하는 현장에 국회의원 한 사람 나오지 않는 기막힌 현실도 여기서 파생한다. 그래서 의원의 증원과 비례대표의 확대는 가장 절실한 정치 과제가 된다.[19]

앞서 언급한 바와 같이 선관위의 개선안은 국회의석을 지역구 200석, 비례대표 100석의 총 의석수 300석을 유지하고 있다.

2) 의원정수확대의 필요성

의원정수의 확대는 다음과 같은 효과를 가져 온다.

첫째, 국민의 대표성이 강화된다. 의원정수가 부족하다는 것은 의원들이 대표해

18) '금단의 사과' 의원정수 늘리나, 한자릿수 확대 '눈치보기', 연합뉴스, 2015. 11. 12.

19) 한상희, "그래도 국회의원 수는 늘려야 한다", 경향신문, 2015. 9. 13.

야 하는 국민의 수는 늘어나고 각 개별 국민의 대표성이 줄어든다는 것이다. 현재 OECD 평균은 인구 9만7000명당 1명이다. 이를 기준으로 삼으면 우리의 국회의원 수는 510명이 돼야 한다.

둘째, 다양성이 확보된다. 사회가 복잡해지면서 다양한 갈등이 발생해 정치의 '갈등조정' 기능이 더욱 요구된다. 국회의원은 단순히 법안을 만드는 것뿐만 아니라 국민에 의해 선출된 '대변자'로 여러 갈등을 해결하는 역할도 부여받고 있다. 특히 여성, 장애인, 비정규직 노동자 등 사회적 약자를 대변할 수 있는 사람이 더욱 필요하다. 의원수를 확대하지 않고 이를 채우면 좋겠지만, 그렇게 하려면 다른 분야를 축소해야 하는 경우가 생길 수 있다.

셋째, 국회의원의 특권과 기득권 타파를 위해서도 정수 확대가 필요하다. 국회의원은 누리는 것에 비해 일하지 않는다는 비판을 받는다. 그래서 의원 숫자를 줄여야 한다는 말도 나오지만, 그건 오히려 권력을 강화해주는 꼴이다. 300명이 가졌던 권력을 200명이 가지면 개인의 권위는 더욱 올라간다. 그렇게 줄이다 한 사람이 권력을 가지면 '독재'가 된다. 다수가 경쟁하는 체제에서는 오히려 특권의식을 가지기 어렵다.

넷째, 국회의원 수가 늘어나면 국회의원들이 제대로 일을 할 수 있게 될 것이다. 국회상임위원회가 두 개의 특별위원회를 포함해서 18개다. 예결특위와 윤리특위는 겸직이고 국회운영위와 정보위원회도 겸직이다. 국회의원 300명이 14개 상임위원회에 배치돼 있는데 하나의 위원회에 최소 16명에서 최대 30명까지이다.

다섯째, 헌법재판소가 지역간 인구편차를 2:1로 줄이도록 했기 때문에 의원정수를 늘리지 않으면 253개의 지역구를 줄이거나 비례대표를 줄일 수밖에 없다. 지역구를 지나치게 줄이면 지역의 대표성이 떨어지게 된다. 인구가 많은 도시지역은 한개 지역에 국회의원이 3명이지만 농촌지역에는 6~7개 자치군을 합쳐야 국회의원 1명이 나오는 구조다. 그러면 그만큼 지역대표성이 약화되니까 정치서비스를 받을 권리가 약해지는 것이다.

사실 의회 규모를 확대하는 것은 민주복지국가가 되기 위한 최소요건이라고 할 수 있다. 의원에 대한 경제적 특혜를 축소하고 의원정수를 늘려야 대통령과 사법부, 검찰과 관료, 독점 재벌을 견제할 수 있다.[20)]

결국 국민정서에는 반하지만 헌법이론적으로 그리고 현실적으로 따져보면 의원정수의 증가가 국민들에게 손실이 아니라 오히려 득이 된다고 할 수 있다. 또한

20) 국회의원 정수 확대, 왜 국민에게 이로울까?, [Why뉴스] CBS노컷뉴스 권영철 선임기자, 2015. 8. 11.

예산상의 문제는 앞서 언급한 바와 같이 의원의 다양한 특권과 세비를 줄이면 되지만,[21] 그와는 별도로 국회의원이 늘어나면 세비부담 증가로 인한 손실보다는 국민들이 내는 세금의 누수를 막을 수 있는 부분이 훨씬 더 많다는 점에서 이익형량상 유리하다.[22]

3) 외국의 예 및 적절한 의원정수

우리의 경우 국회의원 1인당 인구수는 약 17만명이다. 그런데 2014년을 기준으로 OECD 국가의 국회의원 1인당 인구수는 멕시코 6만5270명, 스페인 8만5546명, 영국 9만8066명, 프랑스 11만4834명, 독일 13만5446명이다. 특히 비례대표제를 채택한 북유럽의 경우 인구 550만 수준의 핀란드가 200명의 의원을, 인구 천만이 되지 않는 스웨덴이 349석의 의석을 보유하고 있다. 특히 덴마크, 스웨덴, 핀란드, 네덜란드, 벨기에, 스위스, 오스트리아, 뉴질랜드 등 우리가 부러워하는 높은 '삶의 질'을 유지하는 국가들은 인구 규모에 비해 국회의원 숫자가 우리보다 훨씬 많다.

1948년 제헌국회 당시 국회의원은 200명이었다. 이후 1987년 민주화로 탄생한 13대 국회는 299명, 현재 19대 국회는 300명이다. 제헌국회와 비교해 총 인구수가 2.5배 늘어나는 동안 국회의원수는 1.5배 증가에 그쳤다. 제헌국회는 국회의원 1명이 국민 10만 명을 대표했다면, 지금은 약 17만명을 대표해, 인구수를 기준으로 한 대표성은 크게 낮아졌다고 볼 수 있다. 시대 변화에 따라 국민들의 다양한 요구와 다원화된 가치를 반영하려면 의원정수를 확대해야 한다.

국회의 핵심 역할인 입법기능과 예산심의·확정기능, 행정부와 사법부에 대한 감시견제 및 통제기능 등이 활성화되기 위해서도 이를 가능케 하는 의원정수와 다양한 구성이 필요하다. 18대 국회는 13대 국회에 비해 처리 의안이 9.4배가 늘었지만, 임기만료로 폐기된 법안은 47.7배가 증가했다. 건수 올리기 식 법안 발의, 의원들의 전문성 부족도 문제지만 환경노동위원회, 미래창조과학방송통신위원회, 교육문화체육관광위원회 등 복수의 정부 부처를 맡는 상임위원회 구조와 의원 1명이

---

21) OECD 기준으로 의원정수는 작지만, 의원들이 받아가는 세비는 높다. OECD 평균은 국민소득(GDP)의 2.8배인데, 우리는 5.5배다. 의원정수 확대와 함께 세비를 50~60% 삭감할 필요가 있다.

22) 국회의원 1인당 세비가 연봉 1억4320만원이고 보좌진과 차량유지비 등을 감안하면 연간 7억원 정도가 소요된다. 60명을 늘릴 경우 420억원의 예산이 추가로 소요되고 90명을 늘릴 경우 630억원의 예산이 더 필요하다. 그런데 국회의 예산규모는 전체 예산규모에 비하면 말 그대로 '조족지혈'이다. 2015년도 예산이 375조 4천억원이고 추경예산이 11조 5천억원 편성됐다. 올해 1년 예산이 386조 9천억원 거의 4백조원에 육박한다. 국회예산은 전체 예산규모에 비하면 0.1%를 조금 넘고 0.2%에는 못미치는 규모다. 이 예산으로 전체 예산을 감시하는 것이다.

여러 개의 상임위원회를 겸직하는 현실도 문제이다. 1987년 민주화 이후 부활한 국정감사와 국정조사도 마찬가지이다. 지난해의 경우 국정감사는 피감기관이 총 672개로 상임위원회 한 곳당 42개 기관을 맡았다. 하루 평균 2~3개 기관을 감사해야 하고 국정조사 역시 정책적 사안 보다는 정치적 사안에 집중되면서 부실, 졸속이라는 비판과 함께 매번 국정감사 무용론이 제기되고 있다. 국회 운영방식도 문제가 있지만 기본적으로 거대한 행정부와 사법부를 견제하기에는 국회의원이 부족하다고 볼 수 있다.

결국 외국의 입법례와 우리의 정치현실 및 국회의 기능, 지역구의석수의 대폭적 축소의 어려움과 부수적 지역대표성, 비례대표의석비율 등 다양한 사안을 고려할 때 전체의석수는 500석이 적당하다고 여겨진다.

3. 비례대표명부작성과 선거구 문제

(1) 비례대표선거구 문제

연동형 비례제의 도입과 관련하여 비례대표명부를 전국 단위로 작성하느냐, 아니면 그동안 정치권에서 주장되어 온 바와 같이 권역별로 실시하느냐가 문제가 될 수 있다. 앞서 언급한 바와 같이 선관위는 권역별 비례대표제를 제안했다. 그러나 이는 타당하지 못하고 비례대표제의 본질과 기능을 살리기 어렵다.

결론적으로 권역별이 아닌 전국구, 즉 전국을 하나의 선거구로 하는 명부작성과 정당득표율집계 및 의석배분방식이 채택되어야 한다. 이러한 전국명부방식은 먼저 투표와 대표간의 비례성 증대에 보다 효율적이다.[23] 전국명부방식이 권역별명부방식보다 높은 비례성을 보일 수 있는 것은 두 가지 이유 때문이다. 우선 전국명부로 하면 개별 권역간 구분으로 인해 의석으로 전환되지 못하고 버려지는 사표가 줄어든다. 또 전국명부방식의 경우 권역별명부방식보다 초과의석이 발생할 확률이 낮다. 권역명부가 작성되는 선거구가 많을수록 정당의 득표율에 따른 배분의석보다 지역구의석이 많을 확률이 높아질 수밖에 없고, 반대로 선거구가 클수록 그 확률은 낮아지게 된다. 초과의석의 발생가능성이 낮다는 것은 비례성이 높아진다는 의미이다.[24] 일반적으로 초과의석의 발생에 영향을 미치는 변수는 지역구와 비례

23) 비례대표제의 경우 선거구가 커질수록 투표와 대표(의석)간의 비례효과는 커진다.

24) 김종갑·이정진, 뉴질랜드 비례대표제의 주요 특징 및 시사점, 이슈와 논점, 제1254호, 국회입법조사처, 2017. 2. 9, 3쪽.

대표의 의석비율, 명부작성방식, 분할투표율, 선거구의 크기 등을 들 수 있는데, 이 중 의석비율과 명부작성방식이 일반적으로 가장 큰 영향을 미치는 요인이라 할 수 있다. 일반적으로 독일식 비례제를 도입한 국가 중 가장 성공적인 사례로 뉴질랜드를 예로 들고 있는데, 뉴질랜드의 경우 초과의석이 거의 발생하지 않고 상당히 높은 정당지지도의 비례성을 확보하고 있는 이유가 뉴질랜드가 채택한 전국명부방식에 기인하고 있다고 평가된다. 즉 뉴질랜드는 전국명부방식을 채택하고 있기 때문에 권역명부방식에서 발생할 수 있는 초과의석이 상당부분 상쇄되는 효과를 보인다는 것이다. 그러한 점에서 연동형 비례대표제를 도입할 경우 뉴질랜드와 같은 전국명부방식은 그 자체 높은 비례성 확보와 더불어 초과의석의 발생으로 인한 비례성 저하와 총의석수의 증가를 최소화할 수 있는 방안이 될 수 있다.[25)]

또한 전국명부방식하에서 전국적 또는 전문가적 인물의 당선가능성을 높이고, 선거구분할의 문제점을 해소하며, 소수·신진·개혁정당의 의회진출가능성을 높이고, 특정 지역 내지 특정 권역에서의 특정정당 내지 대정당의 지배－우리의 지역분할구도를 상기하라－를 배제할 수 있다. 즉 전국구가 아닌 권역별로는 지역갈등 해소에 도움이 되지 않고, 우리와 같은 심화된 지역구도하에서는 특정권역에서 특정정당이 당선자를 휩쓰는 현상이 나타날 가능성이 높아 오히려 지역갈등을 증폭시킬 우려마저 있다. 결국 권역별 비례대표의원선출제도는 앞서 언급한 비례대표선거제의 장점과 도입취지를 퇴색시키는 것으로서 오히려 우리의 지역분할구도를 증폭시키고 고착화시키는 역기능을 가질 수도 있다.

참고로 독일의 경우에는 각 주별로 정당명부를 작성하되, 각 정당의 의석배분은 전국을 하나로, 즉 연방단위로 각 정당이 획득한 제2표의 득표율에 따라 의회의 총 의석수가 배분되는 방식을 취하고 있다. 물론 이러한 의석배분에는 유효득표율 5% 이상 또는 3인 이상의 지역구 당선자를 낸 정당만이 참여 할 수 있다. 또한 여기서의 총 의석수에는 무소속후보자로 제1표에 의해 지역구에서 당선된 자의 수와 저지조항을 통과하지 못한 정당의 후보자로 제1표에 의해 지역구에서 당선된 자의 수는 제외된다. 그 다음 이렇게 배분된 각 정당의 의석수는 각 주별로 역시 각 주의 정당이 획득한 제2표의 득표율에 따라 배분된다. 그 다음 이렇게 배분된 각 주의 정당의석수는 각 소선거구 다수대표선거에서 당선된 의석수를 제외한 다음 각 주의 정당명부에 등재된 순위에 따라 배분된다. 만일 동일 후보자가 지역구선거와 비례대표선거에서 모두 당선된 경우에는 지역구 선거에서 당선된 것으로 간주한

25) 김종갑·이정진, 앞의 글, 4쪽.

다. 여기서 앞서 언급한 바와 같이 특정정당의 지역구선거에서 차지한 의석수가 그 정당의 제2표의 득표율에 따라 획득한 총 의석수보다 많을 때 초과의석이 발생하는데, 결과적으로 그 수만큼 의회의 총 의석수가 늘어나게 된다.

이처럼 독일의 경우 비록 정당명부작성이 주단위로 이루어지긴 하지만, 제2표의 득표율집계와 각 정당에 대한 총의석수의 배분이 기본적으로는 연방단위로 이루어지고, 저지조항의 적용도 연방단위로 이루어지는 것을 볼 때,[26] 독일의 비례대표선거는 사실상 그 효과면에서 연방단위로 실시되고 있다고 해도 과언이 아닐 것이다. 아울러 주차원에서 정당명부작성이 이루어지는 것은 독일의 지방분권적 역사, 그리고 독일이 하나의 독립한 국가적 성격을 지닌 주들로 이루어진 연방국가라고 하는 사실과 무관하지 않다.

한편 독일의 경우 만일 이러한 개별 주명부 방식을 연방명부로 변경하여 총의석 598석을 연방단위에서 배분하면 모든 주의 정당득표율이 합산되기 때문에 초과의석이 발생할 가능성이 더욱 낮아지게 된다.

따라서 독일과는 달리 연방국가가 아닌 단일국가인 우리의 경우, 그리고 앞서도 언급했듯이 사회적·지역적 통합의 필요성이 절실한 우리의 현실에 비추어 볼 때 권역별이 아닌 전국을 하나의 선거단위로 하는 비례대표제가 절실히 요구된다고 하겠다.

한편 그동안 과거 권역별 비례대표제를 주장해온 일부 정치권의 선거법 개정안에 따르면 권역별 비례대표제를 실시할 경우 권역별로 정당이 차지할 수 있는 의석수의 상한을 2/3로 제한하고 있다. 이는 권역별로 비례대표선거가 이루어질 경우 특정지역에서 특정정당이 배타적으로 지배할 가능성이 크고 이는 지역대립을 심화시켜 사회통합을 오히려 저해하고 결과적으로 비례대표제의 도입취지에 반한다는 취지에서 제기되는 대안책으로 여겨진다. 그러나 앞서도 언급했듯이 이러한 예상되는 문제점은 전국단위의 비례대표선거구제로 해결되어야지, 이러한 미봉책으로 해결될 문제는 아니다. 아울러 권역별로 정당이 차지할 수 있는 의석수의 상한을 득표율에 상관없이 2/3로 제한하는 등의 강제적인 의석할당은 유권자의 민의와 지지도를 무시하는 처사로서 득표율에 따른 비례적인 의석배분을 요구하는 비례대표제의 본질과 표의 등가성을 본질로 하는 평등선거의 원칙 및 정당민주주의의 이념에 위배되는 위헌적인 발상이라고 하지 않을 수 없다.

---

26) 독일도 처음에는 정당별 득표율집계와 의석배분 그리고 저지조항의 적용이 1차적으로 주차원에서 이루어졌으나, 1953년과 1956년의 선거법개정이후 모두 연방차원에서 행해지고 있다.

(2) 중대선거구제의 도입문제

1) 비례성의 증대와 중대선거구제의 장점

현행 지역구국회의원선거제도는 소선거구다수대표제이다. 그런데 이 제도는 대표의 정확성, 비례적인 대의, 평등선거의 원칙, 소수보호, 정당민주주의를 바탕으로 하는 다원적 민주주의 등과 조화를 이루기 어렵다. 따라서 다수대표제와 비례대표제를 결합하는 선거제도를 유지시키는 한 비례성의 증대 등 위에서 언급한 장점을 실현시키기 위해서는 다수대표제 선거구의 확대가 대안으로 떠오른다. 즉 중대선거구제를 도입하는 것이다. 왜냐하면 중대선거구제하에서는 상대적으로 낮은 득표율로도 당선이 가능하기 때문에 범지역적인 대의기능이 가능하고, 사표가 줄어들어 대의의 비례성과 민주적 정당성 확보가 용이해지며, 소수세력의 당선이 용이해지고 다당제의 출현가능성이 커져[27] 결과적으로 평등선거의 원칙과 대표의 정확성, 소수보호와 정당민주주의를 바탕으로 하는 다원적 민주주의의 실현이 용이해진다고 평가된다.

또한 다른 한편 비례대표제와 중대선거구제가 결합할 경우 초과의석의 발생을 억제한다고 평가된다. 왜냐하면 초과의석은 일반적으로 거대정당에 집중하여 발생하게 되는데, 소선거구제에서 나타나는 거대정당의 의석독점을 완화하면 정당간 의석분점이 나타나고, 이는 초과의석의 발생확률을 낮추게 되기 때문이다. 다수대표제 지역선거구를 확대할수록 의석점유의 분산효과는 커지게 된다.[28]

2) 중대선거구제도입의 문제점

그러나 이는 다음과 같은 이유에서 적절한 개선방안이라고 보기 어렵다.

첫째, 중대선거구제가 소수세력과 신진세력의 의회진출을 용이하게 하고, 돈 안 드는 선거를 가능하게 하며, 지역초월적 대의기능을 가지고 있어 지역갈등을 완화시키는데 기여할 수 있고, 사표를 줄이는 장점을 가지고 있다고 주장된다. 그러나 실제로는 그러한 기대와는 달리 기존의 전국적 인물 등 기성정치인에게 유리하고, 지역구가 넓어져 선거비용과 지역구관리비용이 오히려 훨씬 증가되어 결과적으로

---

27) Vgl. Nohlen, “Wahlsysteme in Reformprozesse”, Strohmeier, Gerd(hrsg.), Wahlsystemreform, Nomos, 2009, S. 45ff.

28) Behnke, Überhangmandate und negatives Stimmgewicht : Zweimannwahlkreise und andere Lösungsvorschläge, Zeitschrift für Parlamentsfragen, Heft 2/2010, S. 247ff.

다수세력과 대정당에게 유리하며, 또한 지역구가 다소 넓어진다 하더라도 전국구가 아닌 한 중대선거구로는 지역갈등해소에 도움이 되지 않고, 우리와 같은 심화된 지역구도하에서는 특정지역에서 특정정당이 당선자를 휩쓰는 현상이 나타날 가능성이 높아 오히려 지역갈등을 증폭시킬 우려마저 있다고 여겨진다. 설사 중대선거구제가 소수세력과 신진세력의 의회진출을 용이하게 하고 사표를 줄이는 효과를 가져온다고 할지라도, 이러한 효과는 이미 비례대표제로 보완이 되는 것이기 때문에 굳이 중대선거구제를 비례대표제에 결합시키는 것은 의미가 없고, 체계정당성에 부합된다고 보기도 어려우며, 그 성공적인 예도 찾아보기 어렵다.

둘째, 만일 각 정당이 각 선거구의 의원정수만큼의 후보자를 낼 수 있게 한다면 대정당이나 특정지역에서의 특정정당이 당선자를 모두 독식하는 현상이 나타날 가능성이 높아 선거제도의 개혁을 통해 해결하고자 하는 문제점이 오히려 증폭되는 결과가 초래될 수 있다. 그렇지 않고 반대로 각 정당이 각 지역구에서 오직 1명의 후보자만을 낼 수 있도록 제한할 경우에도 반드시 소수세력이나 군소정당에게 유리하다고는 할 수 없다. 왜냐하면 우리의 지역구도와 정당구조하에서는 소수세력이나 신진세력 또는 지역적 기반이 약한 세력의 지역구선거를 통한 의회진출은 여전히 어려워 결과적으로 기성의 대정당들이 의석을 독점하게 되고 여타의 세력의 의회진출은 여전히 어려울 수밖에 없을 것이기 때문이다. 설사 그렇지 않고 반대로 소수세력과 군소정당에게 유리한 결과가 초래된다면 그 경우에는 오히려 의회에서의 군소정당의 난립이 우려될 수 있고, 이러한 현상이 비례대표제와의 결합으로 증폭될 가능성이 높다고 볼 수도 있다. 한편 해당 선거구에서의 각 정당의 후보자수를 획일적으로 제한할 경우 이러한 제한은 대정당과 군소정당간의 실질적 차이와 국민의 정당에 대한 지지도의 차이를 무시하는 것으로서 대정당에게 지나치게 불리하게 작용하게 되어 결과적으로 평등의 원칙과 비례의 원칙에의 위반의 소지가 있고, 아울러 투표의 성과가치의 평등과 정당 등 선거참여자의 실질적 기회균등을 내용으로 하는 평등선거의 원칙 및 역시 정당 등 선거참여자의 자유로운 선거참여와 후보자배출을 내용으로 하는 자유선거의 원칙에의 위반의 소지도 있으며, 결국 선거인의 지지도와 의석수간의 비례성을 저하시킨다.

셋째, 중대선거구제의 경우 1등 당선자와 후순위 당선자간의 득표수는 현저한 차이를 보일 확률이 높고,[29] 따라서 이는 민주적 정당성의 크기의 현저한 차이를, 그리고 결과적으로 투표의 성과가치의 평등을 내용으로 하는 평등선거의 원칙에

29) 물론 이러한 당선자간의 득표수의 차이는 소선거구제하에서도 발생되는 불가피한 현상이긴 하지만, 중대선거구제하에서는 이러한 현상이 증폭될 가능성이 더 높을 수 있다.

대한 위반을 초래하게 된다.

넷째, 중대선거구제의 경우에는 의원의 지역대표성과 대의제도의 중요한 기능인 책임정치실현기능이 약화될 우려가 있다. 물론 국회의원은 자유위임의 원칙에 따라 국가와 국민 전체를 대표하여 국익과 양심에 따라 대의활동을 하는 것이지, 특정지역과 지역주민을 대표하는 것은 아니기 때문에 헌법상 원칙적으로 국회의원에게 지역대표성이 인정될 수는 없다고 하겠다.[30] 그러나 자유위임의 원칙과 조화될 수 있는 한도내에서는 적어도 정치적으로는 국회의원에게 보충적·부수적인 지역대표성을 인정할 필요가 있는데, 소선거구제의 경우와는 달리 중대선거구제의 경우에는 한 선거구에 복수의 의원이 의정활동을 하게 되므로 상대적으로 지역대표성이 약화되는 문제점이 있다. 아울러 책임정치실현기능을 가지는 대의제도의 경우 차기선거에서 지역유권자의 지역대표의원에 대한 책임추궁과 신임부여가 가능해야 하는데, 역시 앞서 언급한 이유로 중대선거구제의 경우 상대적으로 대의활동에 대한 의원의 책임소재가 모호해져 명확한 책임추궁과 신임부여가 어려워지고 결과적으로 책임정치실현기능이 약화될 수 있다는 문제점도 있다.

결국 이러한 여러 가지 문제점을 가지고 있기 때문에 현재 중대선거구제를 채택하고 있는 선진국은 찾아보기 어렵고, 일본도 앞서 언급한 바와 같이 1994년에 중선거구제에서 소선거구제와 비례대표제의 병립식으로 개정한 바 있다. 더욱이 우리의 경우 과거 군사정부시절 집권여당과 독재정권의 강화수단으로 중선거구제를 채택했던 부정적인 경험을 가지고 있다. 결과적으로 중대선거구제는 소선거구제의 단점과 비례대표제의 단점을 결합한 제도로서 그 주장되는 장점과는 달리 실제로는 오히려 위에서 언급한 바와 같이 투표방법에 따라 소수집단이 철저히 배제될 수 있고, 선거비용의 부담이 크고, 보궐선거·재선거가 복잡하고, 유권자와 의원간의 관계가 소원해지기 쉽고, 다수세력의 형성이 어렵다는 등의 여러 문제점들이 지적되어 왔다. 더욱이 그 주장되는 중대선거구의 장점은 비례대표제로써 어느 정도 실현될 수 있기 때문에 굳이 비례대표제와 중대선거구제의 결합을 고려할 필요는 없다고 본다.

결국 비례대표제로 선거의 본질적 기능을 기본적으로 충족시키고, 소선거구 다수대표제로 안정된 다수형성과 정국안정 및 지역대표성도 어느 정도는 도모할 수 있다고 본다.[31]

---

30) 대의제도의 이념적 기초인 자유위임의 원칙에 대하여 자세한 것은 정연주, 현행선거제도의 문제점, 고시계, 제39권 제8호, 1994. 8, 85쪽 이하 참조.

31) Nohlen에 따르면 민주적 선거의 기능은 대체로 첫째, 선거인의 신임의 피선거인에게로의 정확한

Ⅵ. 맺는 말

선거제도는 진정한 다원적 민주주의를 실현시키기 위해 정당민주주의와 평등선거의 원칙을 구현해야 하고, 이를 위해 정당투표를 바탕으로 하는 비례대표제가 실시되는 것이다. 그런데 현행 국회의원선거제도는 그러한 이념을 제대로 실현시키지 못하고 있다. 그 원인은 현행 제도가 이러한 목적달성을 가능케 하는 제도적 장치로 설계되어 있지 않기 때문이다. 결국 진정한 비례대표제의 기능을 실현시키고 그 장점을 살리기 위해서는 각 정당에 대한 선거인의 지지도에 비례적인 의석배분을 핵심내용으로 하는 연동형 비례대표제가 도입되어야 한다. 이럴 때 비로소 표의 등가성을 요구하는 평등선거의 원칙뿐 아니라 비례대표제도의 이념과 장점 중의 하나인 진정한 의미의 기능대표 내지 전문가대표 및 소수정당 내지 소수세력의 보호가 실현될 수 있고, 다양한 정치세력과 정치적 견해가 대의 내지 반영될 수 있는 것이다.

그 동안 다수대표제를 근간으로 하는 우리의 국회의원선거제도가 지나친 지역색과 인물위주의 선거로 이루어졌고, 아울러 정당 자체가 개성있는 참신한 정책과 강령에 의해 기능하기 보다는 지방색과 특정인물 중심으로 설립되고 운영되어온 점에 비추어, 이제부터라도 각 정당이 분명한 정치적 색깔과 독특한 정책과 강령으로 무장되고 각 정당간의 기회균등이 모든 정치과정에서 실질적이고 효과적으로 보장됨으로써 진정한 정당민주주의의 실현이 선행되어야 하겠고, 아울러 우리 선거제도가 가지고 있는 다양한 문제점이 위에서 제시한 방향으로 개선되어야 할 것이다.

결국 연동형 비례대표제, 양자의 의석비율 1 : 1, 의석정수의 400석 내지 500석으로의 증대, 전국단위의 비례대표명부작성 등이 도입되어야 한다. 그리고 이러한 사항들은 모두 선거권·피선거권이라고 하는 기본권의 본질적 내용이자 대의제도와 선거제도라는 통치구조의 조직과 작용에 관한 본질적 사항이므로 법률유보의 원칙에 따라 공직선거법 등에 명문화되어야 할 것이다.

결집, 둘째 기능할 수 있는 대표의 형성, 셋째 정부에 대한 효율적 통제 등의 세 가지로 간단히 요약될 수 있다(Vgl. Nohlen, Wahlrecht und Parteiensystem : Zur Theorie und Empirie der Wahlsysteme, Bundeszentrale für Politische Bildung ; Bd. 1470, 2014, S. 23ff.). 첫째와 셋째－특히 대통령제 정부형태하에서－의 기능은 비례대표제하에서, 둘째의 기능은 다수대표제하에서 실현가능성이 크다는 점을 인정한다면, 이러한 양제도의 1 : 1의 결합은 일응 이론적인 측면에서 긍정적으로 평가될 수 있을 것이다.

20. Marbury v. Madison 판결의 재조명

- 미국 연방대법원 5 U.S. (1 Cranch) 137 (1803) -

[目 次]

Ⅰ. 머리말

Marbury v. Madison 판결은 아마 미국 뿐 아니라 세계 사법사상 가장 널리 알려진, 가장 중요한, 그리고 가장 많이 인용되는 판례의 하나일 것이다. 주지하는 바와 같이 이 판결은 입법행위와 집행행위에 대한 사법부의 위헌심사권을 확립했다. 즉 미국 연방헌법은 연방법원이 위헌심사권을 가지는지의 여부에 대하여 아무런 언급을 하고 있지 않지만 대법원은 이 판결로써 이러한 권한을 확립한 것이다. 따라서 이 판례는 사법부의 위헌법률심사권 확립의 효시로서 그 이후 미국뿐 아니라 전 세계적으로 지대한 영향력을 미쳐 왔으며, 그 의의는 아무리 강조해도 지나치지 않을 것이다.

그러나 다른 한편 그 판결배경과 논증과정에 적지 않은 문제점이 지적될 수 있다. 모든 재판은, 특히 헌법재판에 있어서는 그 결과뿐 아니라 그 과정과 논증에 있어서도 정당해야 함은 두말할 필요가 없고, 그럴 때 그 판결이 설득력을 가지며, 추후 유사한 사건에 있어서도 예측을 가능하게 한다. 따라서 이 글에서는 이 판결의 결과적 의의만을 강조한 그동안의 문헌에서와는 달리 그 배경과 논증과정의 문제점을 살펴보고자 한다. 이러한 작업은 우리의 헌법재판에 있어서도 시사하는 점이 많은데, 헌법재판의 의의를 다시 한번 되새기면서 헌법재판의 과정과 결과에 있어서 일관되고 설득력 있는 논증의 중요성을 강조한다는 점에서, 그리고 이러한 문제점에 대한 검토를 통해 이 판결의 역사적 의의를 재평가한다는 점에서 나름대로의 의미가 있다고 본다.

따라서 이 글에서는 이 판결의 배경과 요지를 살펴 본 다음, 그 문제점을－이미 그 당시에 제기되었던 또는 제기될 수 있었던 문제점과 오늘날 우리의 시각에서 제기될 수 있는 문제점을 중심으로－검토하는 순서로 논의를 전개하고자 한다.

Ⅱ. 사건의 개요

주지하는 바와 같이 이 판결의 배경에는 이 사건에 대한 대법원장 John Marshall의 정치적 관련성이 깊게 깔려있다.[1] 1800년의 대통령선거는 세 명의 후보자들, 즉 현직 대통령인 John Adams, Thomas Jefferson, 그리고 Aaron Burr 상호간의 치열한 경쟁속에서 이루어졌다. Jefferson이 주민선거(popular vote)에서 다수표를 획득했으나 선거인단선거(electoral college vote)에서는 Burr와 동표를 이루었다. 그래서 결국 헌법 제2조 제2항에 따라 하원에 의하여 최종적으로 Jefferson이 대통령으로 당선되었고 현직 대통령인 Adams는 물러나게 되었다. 정권교체 직전인 1801년 1월 당시 Adams 대통령의 국무장관이던 Marshall은 연방대법원의 3대 대법원장으로 임명되었다. 따라서 Marshall은 Adams 대통령의 잔여임기동안 국무장관과 대법원장을 겸직했던 것이다.

한편 연방주의자(Federalist)인 Adams와 그의 추종자들은 선거패배 이후 공화주의자(Republican)인 Jefferson이 취임하기 전에 마지막까지 자신들의 영향력을 행사하기 위한 다양한 시도를 하게 된다. 그 중 하나로 1801년 1월 13일 의회는 대법원에서의 공화주의자의 영향력을 축소하기 위해 대법관 정수를 6인에서 5인으로 축소하

---

1) 이 판결의 배경에 대한 자세한 것은 Alstyne, A Critical Guide to Marbury v. Madison, Duke L. J. (1969) 1; O'Fallon, Marbury, Stan. L. Rev., Vol. 44, No. 2 (1992) 219; Sullivan & Gunther, Constitutional Law, 14th ed. (2001) 3.

는 순회판사법(Circuit Judge Act)을 제정했다.[2] 그러나 이러한 변화는 오래가지 못했다. 1802년 Jefferson 취임 이후 의회는 이 법을 폐지하고 연방대법관에 의한 순회법원판사 봉직제도를 부활시키면서 신설된 순회법원판사직을 폐지시켰다.

다른 한편 Adams의 임기만료가 1주일도 채 남지 않은 1801년 2월 27일 의회는 42인의 치안판사 임명권을 대통령에게 부여하는 콜럼비아특별구조직법(Organic Act of the District of Columbia)을 제정했다. 이에 따라 Adams는 치안판사 지명을 동년 3월 2일과 Jefferson 취임 하루전인 3일에 발표하고, 상원은 이를 인준했다. 그리고 대법원장이자 국무장관인 Marshall은 이 치안판사들에 대한 임명장에 즉각 서명을 하고, 자신의 동생인 James Marshall로 하여금 임명장을 전달하도록 했다. 그런데 이 중 이 사건의 원고인 William Marbury에 대한 것을 포함하여 몇몇 임명장은 Jefferson의 취임 이전까지 전달되지 못했다. 이에 새로이 취임한 Jefferson 대통령은 신임 국무장관인 James Madison으로 하여금 미쳐 전달되지 않은 임명장의 전달을 거부하도록 지시했다. 이에 Marbury는 1801년 12월 Madison으로 하여금 자신의 임명장(commission)을 전달하도록 명령하는 직무집행영장(writ of mandamus)발급을 구하는 소송을 연방대법원에 제기했다.[3] 이 소송에서 Marbury는 1789년의 연방법원조직법(Judiciary Act)이 처음부터, 즉 원심관할로 대법원에 제기된 소송절차에서 직무집행영장을 발급할 권한을 대법원에게 부여하고 있다고 주장했다.

결국 이 사건은 1800년의 대통령선거에서 패배한 후 퇴임하는 연방주의자들이 제퍼슨의 당선과 취임사이의 기간에 자신들에게 충성하는 판사들로–당시 Adams 대통령이 퇴임직전 일련의 판사들(이른바 'Midnight Judges')을 임명함으로써–연방법원을 채우려고 하는 시도에서 비롯된 것으로 Adams와 Jefferson 내지 연방주의자와 공화주의자 사이의 권력싸움이 Marbury의 임명장을 매개로 연방대법원으로 옮겨간 것이라고 할 수 있다.[4]

---

2) 아울러 이 법은 연방대법관이 동시에 순회판사로 봉직하는 제도를 폐지하고, 대신 순회법원에 16인의 판사직을 신설했다.

3) 이처럼 Marbury는 1801년 12월에 소송을 제기했지만 대법원은 1803년까지 이 사건을 심리하지 못했다. 왜냐하면 의회가 법률로써 대법원의 1802년 6월과 12월 회기를 폐지했기 때문이다. 이러한 의회의 조치에 대한 합헌성 여부는 한번도 법원에서 심사된 적이 없다. 그러나 이 조치를 합헌으로 보기는 어려울 것이다.

4) 이러한 정치적 배경에 대하여 자세한 것은 Sullivan & Gunther, supra, 11.

Ⅲ. 판결의 요지

연방대법원은 대법원을 원심으로 한 이 사건이 헌법상에 명시된 대법원의 관할권을 위반했다고 판시함으로써 결과적으로 원고인 Marbury에게 불리한 판결을 내렸다. 즉 대법원은 비록 1789년의 연방법원조직법이 대법원을 원심으로 하는 사안에서의 직무집행영장발급에 관한 관할권을 대법원에게 부여하고 있지만, 이 법은 의회가 헌법에 열거된 사항 이외의 원심관할권(original jurisdiction)을 대법원에게 허용한 것으로 위헌·무효라고 판결했다. 대법원의 판결내용은 Marshall이 전개한 논증구조를 바탕으로 대체로 다음과 같이 요약될 수 있을 것이다.

1. Marbury는 임명장에 대한 권리를 가지고 있는가?

이 첫 번째 질문에 대하여 대법원은 임명을 위한 모든 절차가 이루어졌기 때문에 Marbury는 임명장에 대한 권리가 있다고 판시했다. 즉 임명장이 대통령에 의하여 서명되었을 때 이미 임명행위가 이루어졌고, 그 임명장에 미합중국의 봉인이 국무장관에 의하여 부서되었을 때 임명은 완성된 것이기 때문에 Marbury는 임명장을 교부받을 권리를 가진다는 것이다.[5)]

이와 관련하여 Jefferson 대통령은 전달(delivery)은 일정한 행위의 유효성을 위한 본질적인 요소들 중의 하나라는 사실은 의문의 여지가 없는 원칙이므로 임명은 효력이 없다고 반박했다.[6)] 그러나 대법원은 이러한 견해를 배척하면서, 전달은 단지 관행일 뿐이고 따라서 Marbury에 대한 임명거부는 이미 부여된 법적 권리를 침해하는 것이라고 판시했다.

2. 법은 Marbury에게 구제수단을 제공하고 있는가?

대법원은 이 두 번째 질문에 대하여도 긍정적인 대답을 하고 있다. 즉 Marbury는 법에 따른 구제수단을 강구할 권리를 가진다는 것이다. 왜냐하면 시민의 자유의 본질은 한 개인이 침해를 입었을 때 바로 그가 법의 보호를 요구할 권리를 가진다는 데에 있기 때문이라는 것이다.[7)] 그에 따르면 미국정부는 법의 지배하에 있

5) 5 U.S. 162.

6) Alstyne, supra, 9.

지 사람의 지배하에 있지 않고, 따라서 대통령을 포함하여 누구도 법위에 있지 않다는 것이다.

대법원은 이와 관련하여 언제 사법부가 구제수단을 제공할 수 있는지의 여부에 대한 기준을 제시하고 있는데, 특정인에게 특별한 의무가 주어지는 경우에는 사법부는 구제수단을 제공할 수 있고, 반면 사안이 행정부의 재량에 맡겨진 정치적 문제일 경우에는 그렇지 않다는 것이다. 다시 말해 해당 정부부서가 정치적인 기관으로서 단지 대통령의 의지를 이행하거나 헌법적 내지 법률적 재량을 행사하는 경우에는 그러한 행위는 오직 정치적으로만 검토될 수 있을 뿐이고, 이에 반해 특별한 의무가 법에 의하여 주어지고, 개인의 권리가 그러한 의무이행에 의존되어 있을 경우에는 권리가 침해되었다고 주장하는 개인은 그 침해된 권리의 구제를 위하여 법에 호소할 권리를 가진다는 것이다.[8] 결국 이 사건의 경우에는 후자에 해당되는 것으로서 마땅히 Marbury는 자신의 침해된 권리를 구제받기 위해 법에 호소할 수 있고, 또한 법은 이를 구제해 주어야 한다는 것이다.

3. 대법원의 직무집행영장발급은 적절한 구제수단인가?

대법원은 과연 대법원이 침해된 권리를 구제하기 위한 수단으로 직무집행영장을 발급할 수 있는가의 질문에 대하여도 긍정적인 답변을 했다. 여기서도 대법원은 앞서 제시한 권리구제수단의 제공가능성 여부에 대한 구별기준을 다시 적용하고 있다. 즉 행정부가 특정한 이행의무를 가지는 행정적 행위(ministerial acts)와 행정부의 재량에 맡겨진 정치적 행위(political acts)를 구별하면서 본질적으로 정치적인 행위이거나 헌법과 법률에 의하여 행정부의 재량에 맡겨진 행위는 결코 사법심사의 대상이 될 수 없지만, 법에 의하여 개인의 권리에 영향을 미치는 행위를 할 의무가 주어졌다면 그러한 행위로 인한 권리침해에 대하여는 사법부는 구제수단을 제공해야 한다는 것이다.[9] 예컨대 법안에 대한 거부권행사문제나 누구를 공직에 임명할 것인지의 문제 등은 전적으로 대통령의 재량에 맡겨진 것으로 사법심사의 대상이 될 수 없지만, 행정부가 일정한 행위를 해야 할 또는 해서는 안될 법적인 의무를 가지는 경우라면 그러한 의무의 위반으로 인한 권리침해에 대하여는 원칙적으로 사법부가 직무집행영장발급을 비롯한 구제수단을 제공할 수 있다는 것이다.

---

7) 5 U.S. 163.

8) Id.

9) 5 U.S. 170-171.

이로써 이 판결은 행정부의 집행행위의 합헌성을 심사할 사법부의 권한을 확립하게 된다.[10] 그러나 다른 한편 이러한 집행행위에 대한 위헌심사권 확립과 관련한 대법원의 견해는 상당한 비판을 불러일으켰다.[11]

4. 법원조직법은 직무집행영장발급에 관한 원심관할권을 대법원에게 부여하고 있는가?

대법원은 이에 대하여도 긍정적인 답변을 하고 있다. 앞서 언급한 바와 같이 Marbury는 대법원이 법원조직법 제13조에 따라 직무집행영장발급을 구하는 그의 소송을 심리할 원심관할권(original jurisdiction)을 가진다고 주장했다. 그리고 이러한 주장에 대법원은 동의했다.[12] 즉 법원조직법 제13조가 대법원에게 직무집행영장발급에 관한 원심관할권을 부여하고 있다고 동조항을 해석한 Marbury의 견해에 대법원이 동조한 것이다.

5. 법원조직법은 위헌인가?

이처럼 대법원은 Marbury가 임명장에 대한 권리를 가지고 있고, 법이 Marbury에게 구제수단을 제공하고 있으며, 대법원은 그 구제수단으로서 직무집행영장을 발급할 권한을 가지고 있다고 판시하면서, 이제 논의를 관할권문제로 전환하고 있다.

위에서 언급한 바와 같이 대법원은 1789년의 연방법원조직법 제13조가 직무집행영장발급에 관한 원심관할권을 대법원에게 부여한 것이라고 결론을 내린 후 이 조항이 연방헌법 제3조에 위반되는지의 여부를 판단했다. 여기서 대법원은 헌법 제3조는 대법원의 원심관할권을 열거하고 있으며, 의회는 이를 확장할 수 없다고 판시했다.[13] 즉 헌법 제3조 제2항 제2문은 "대사, 공사, 영사에 관한 사건 및 주가 당사자인 사건에서 대법원은 원심관할권을 가진다."[14]라고 규정하고 있고 의회는

---

10) 행정부의 집행행위, 특히 대통령의 행위를 심사할 수 있는 사법부의 권한은 미국역사상 매우 중요한 연방대법원판결들의 바탕을 이루었다. 예컨대 United States v. Nixon(418 U.S. 683 [1974]) 사건에서 형사소송에서 사용할 목적으로 대통령의 대화녹취테이프를 제출하라는 소환장에 대통령이 따라야 한다는 대법원의 판결은 결국 Nixon 대통령의 하야를 가져왔다. 이 사건에 대하여 자세한 것은 Chemerinsky, Constitutional Law, 2nd ed. (2002) 346-350.

11) 이러한 비판 내지 반발에 대해 자세한 것은 Warren, The Supreme Court in United States History, Vol. 1 (rev. ed. 1947) 232; Harrison, The Constitutional Origins and Implications of Judicial Review, Va. L. Rev., Vol. 84 (1998), 361.

12) 5 U.S. 174.

13) Id.

직무집행영장발급을 구하는 사건을 이 원심관할사건목록에 추가할 수 없다는 것이다.

이에 따르면 만일 대법원과 하급법원 상호간의 권한분배가 전적으로 의회의 재량에 맡겨진 것이라면, 다시 말해 의회가 헌법에 열거된 대법원의 원심관할사건목록에 더 많은 사건을 추가시키는 것이 허용된다면 헌법 제3조 제2항은 무의미하게 된다는 것이다.[15] 따라서 대법원은 권리구제를 위한 하나의 수단으로서 직무집행영장을 발급할 수는 있지만, 헌법 제3조의 규정 때문에 대법원이 이를 상고심이 아닌 원심관할법원으로서는 할 수 없다는 것이고, 이를 위반하여 직무집행영장발급에 관한 원심관할권을 대법원에게 부여한 법원조직법 제13조는 헌법에 위반된다는 것이다.

결국 이 사건을 통해 의회가 헌법에서 열거한 대법원의 원심관할권을 확대할 수 없다는 원칙과 연방법원은 제한된 관할권을 가진 법원이라는 원칙이 확립됐으며, 이러한 원칙이 오늘날까지 지켜져 오고 있다.[16]

6. 대법원은 법원조직법을 위헌 · 무효라고 선언할 수 있는가?

대법원은 법원조직법 제13조를 위헌이라고 판단한 다음 최종적인 문제, 즉 위헌임에도 불구하고 대법원이 당해 법조항에 기속되고 이를 적용해야 하는가, 아니면 위헌 · 무효라고 선언할 수 있는가 하는 문제를 다루었다. 이에 대법원은 헌법에 위반되는 법을 위헌 · 무효라고 선언할 수 있다고 판시하면서 다음과 같은 논거를 제시하고 있다.

첫째, 대법원은 헌법은 국가권력에 대하여 한계를 지우고 있으며, 만일 국가권력에 사법적 통제가 이루어지지 않는다면 이러한 한계는 의미를 상실하게 될 것이라고 주장한다. 따라서 헌법의 이러한 한계를 위반하는 입법에 대하여 사법적 통제가 이루어져야 하며, 따라서 그 해당 법률에 대한 위헌 · 무효선언을 할 때 비로소 헌법적 한계의 의미가 실현될 수 있다는 것이다. 대법원은 입법권은 제한되어 있

14) Article Ⅲ Section 2 Paragraph 2 in part: "In all cases affecting Ambassadors, other public Ministers and Consuls, and those in which a State shall be Party, the supreme Court shall have original Jurisdiction."

15) 5 U.S. 174.

16) 그러나 이러한 결론의 전제로서 대법원이 제시했던 대법원의 원심관할과 상고심관할 사항이 상호배타적이라는 견해는 지켜지지 않고 있다. 즉 대법원은 그 이후 의회가 대법원의 원심관할에 속하는 사항에 대한 경합관할권을 지방법원(district courts)에 허용할 수 있다고 판시한 바 있다. 예컨대 Ames v. State of Kansas, 111 U.S. 449 (1884).

으며, 헌법이 성문화된 이상 그러한 제한이 왜곡되거나 망각되어서는 안된다고 주장하고 있다.[17] 성문헌법의 기초자들은 헌법을 한 국가의 근본적이고 영속적인 법으로 간주하고 있으며, 따라서 헌법에 위반되는 입법행위는 무효라는 것이다.[18]

둘째, 대법원은 사법부가 적용할 법률의 합헌성 여부를 결정하는 권한은 사법부의 기능에 내재하는 본질적인 요소라고 주장한다. 즉 무엇이 법인지 선언하는 것은 단연코 사법부의 고유한 영역이자 임무이며,[19] 따라서 사법부가 일정한 사건에 법을 적용하는 경우 필연적으로 그 법을 해석해야 하는데, 만일 헌법과 법률이 상호 모순될 때 사법부는 당연히 헌법을 우선시해서 헌법이 그 사건을 규율하도록 해야 한다는 것이다.[20]

셋째, 대법원은 헌법 제3조 제2항 제1문에 따른 '이 헌법하에서 제기되는 모든 사건(all Cases arising under this Constitution)'을 관할할 연방법원의 권한은 헌법에 위반되는 법률을 위헌 · 무효라고 선언할 권한을 아울러 포함한다고 주장한다.

넷째, 대법원은 판사는 공직취임시 헌법을 준수한다는 선서를 하는데, 만일 그들이 위헌법률을 적용하게 된다면 이러한 선서를 위반하는 것이라는 논거에서 위헌법률심사권을 정당화시키고 있다.[21]

다섯째, 대법원은 헌법 제6조[22]의 최고법조항(supremacy clause)에 따라 헌법과 헌법에 합치되는 법률만이 국가의 최고법이고, 그 중에서도 헌법이 제일 먼저 언급됐다는 점에서 위헌법률심사권을 정당화시키고 있다.[23] 즉 헌법은 국가의 최고법이고, 헌법에 합치되는 법률만이 그에 상응하는 지위를 가지기 때문에 헌법에 위반되는 법률에 대하여는 법원이 당연히 위헌 · 무효선언을 할 수 있다는 것이다. 만일 그렇지 않다면 이는 헌법을 도외시하고 오로지 법률만을 고려한다는 것으로서 의회가 헌법상 명백히 금지된 입법을 행하더라도 그러한 입법행위를 유효한 것으로 선언하는 것으로, 결국 이는 입법부에 사실상 무한대의 권한을 부여하는 것이라는 것이다.

---

17) 5 U.S. 176.

18) 5 U.S. 177.

19) Id.

20) 5 U.S. 178.

21) 5 U.S. 180.

22) Article VI Paragraph 2 in part: "This Constitution, and the Laws of the United States which shall be made in Pursuance thereof; … shall be the supreme Law of the Land; …"

23) 5 U.S. 180.

Ⅳ. Marbury v. Madison 판결의 문제점

1. Marshall의 제척문제와 관련하여

이 사건에 있어서 대법원장인 Marshall은 이 사건의 이해관계자라고 할 수 있다. 왜냐하면 Marshall은 원고인 Marbury에 대한 임명장에 당시 국무장관으로서 서명을 했고 그 임명장 전달의 책임을 담당하고 있었기 때문이다. 따라서 오늘날의 시각에서 볼 때 이는 당연히 이 사건에서의 제척사유가 되고, 따라서 Marshall은 이 사건에서 배제되었어야 하며, 본인 스스로도 이 사건을 회피했어야 했고, Madison 측에서도 기피신청을 했어야 했다.[24)]

아울러 그 당시에 우리의 법률조항과 같은 제척 · 기피 · 회피와 같은 규정이 없었더라도 이는 법의 일반원칙이자 적법절차원리가 당연히 요구하는 것으로서 당시에도 이미 적용되었어야 할 기본원리라고 하겠다. 아울러 이 사건의 판결 자체가 헌법이나 다른 법률에 대법원의 위헌법률심사제도에 관한 규정이 있어서 그에 근거하여 이루어 진 것이 아니고 헌법해석과 원리에 근거하여 이루어졌으며, 따라서 위헌법률심사제도 자체가 판례로써 확립되었다는 점을 감안한다면 이러한 제척문제는 그에 대한 법률의 규정유무를 떠나서 법의 일반원리와 적법절차원리에 근거해서 그 당시에 이미 거론되고 관철되었어야 했다.

아마도 Marshall은 이 사건을 앞서 언급한 바와 같이 Marbury와 정치적 동지인 연방주의자들에게 현실적으로 가능한 최선의 성의표시를 하고 정적에게 타격을 입히면서 대법원의 권한을 확립하기 위한 절호의 기회로 판단했을 것이고,[25)] 따라서 이러한 다분히 정치적인 의도를 가지고 자신도 이해관계를 가지는 사건임에도 불구하고 대법원장이자 주심재판관으로 이 사건에서 주도적인 역할을 했을 것이다.

---

24) 참고로 우리의 경우 제척기피 및 회피와 관련하여 헌법재판소법 제24조는 다음과 같이 규정하고 있다: ① 재판관이 다음 각 호의 1에 해당하는 경우에는 그 직무집행에서 제척된다.
1.-4. 생략
5. 기타 재판관이 헌법재판소외에서 직무상 또는 직업상의 이유로 사건에 관여하였던 경우
② 생략
③ 재판관에게 심판의 공정을 기대하기 어려운 사정이 있는 경우에는 당사자는 기피신청을 할 수 있다.
④ 생략
⑤ 재판관은 제1항 또는 제3항의 사유가 있는 때에는 재판장의 허가를 얻어 회피할 수 있다.
⑥ 생략

25) McCloskey, The American Supreme Court (1960) 26.

그러나 그 점에서−이 판결의 결과적 의의와는 별도로−이 판결의 배경과 과정은 상당히 잘못된 것으로 판결의 무효사유가 된다고 하겠다. 사실 이미 이 사건에서 위헌법률심사권에 대한 논의가 된 것 자체가 처음부터 위헌법률심사제도를 확립하고자 하는 순수한 법리적 의도로 접근한 것이 아니라, 앞서 언급한 바와 같이 직무집행명령을 내릴 경우 정부가 이를 수용하지 않을 것이라는 개연성이 높기 때문에 이를 회피하면서 자신과 정적관계에 있는 정부와 의회에 경고를 보내고자 하는, 즉 대법원의 체면도 세우고 Marbury에 대한 성의도 표시하면서 작심을 하고 정부와 의회에 타격을 입힐 방법으로서 불가피하게 위헌법률심사제도를 도출할 수 밖에 없었던, 다분히 정치적인 의도로 접근했다는 것 자체가 처음부터 문제라고 하겠다.[26][27]

한편 이러한 제척문제가 당연히 그 당시에도 거론되었어야 했고, Marshall도 그러한 문제점을 알고 있었을 것이라는 점은 그 후 역시 Marshall이 관련된 사건인 Martin v. Hunter's Lessee 사건[28]에서 Marshall이 사건심리에 관여하지 아니했다는 사실에서도 알 수 있다. 이 사건에서 Marshall은 문제된 소송물로서의 토지에 대한 소유권분쟁과 관련하여 그 토지에 대하여 자신의 동생과 함께 계약을 했었다.[29]

이러한 이유로 결과적으로 이 판결이 위헌법률심사제도를 확립했다는 점에서 매우 커다란 의의를 인정하면서도 Marshall의 이 사건과의 깊은 정치적 관련성으로 인해 이 판결의 배경과 과정에는 수긍하기 어려운 하자가 있었다고 볼 수 있다.

2. 관할권문제와 관련하여

한편 대법원이 관할권문제와 더불어 관할권문제 이외에 제기된 사안들을 고려하고 심사한 것이 타당한지에 대해 의문이 제기될 수 있다. 주지하는 바와 같이 법원의 심리과정에서 가장 먼저 심사되어야 할 사항은 관할권문제라고 하는 것은

---

26) 이 사건의 바탕에 깔려있는 이러한 정치적인 배경 때문에 Marshall과 그의 동료 연방주의 판사들에 대한 탄핵을 지지하는 정서가 의회내에 팽배했었다. Sullivan & Gunther, supra, 12; McCloskey, supra, 28.

27) 그 후 오랫동안, 즉 1857년 Dred Scott v. Sandford 판결 때까지 어떠한 연방법률에 대하여도 한번도 위헌결정을 내린 적이 없었다. 이 Dred Scott사건에서 대법원은 노예제도에 관한 의회의 이른바 미주리협정(Missouri Compromise)을 위헌이라고 선언하면서, 노예는 시민이 아니고 일종의 재산권이라고 판결했는데[60 U.S. (19 How.) 393], 이는 결국 남북전쟁을 촉발하는 하나의 원인이 되었다. 이에 대하여는 Chemerinsky, supra, 666.

28) 14 U.S. (1 Wheat.) 304 (1816).

29) 이에 대하여 자세한 것은 Sullivan & Gunter, supra, 69.

미국 판례의 오래된 원칙이다.30) 따라서 대법원이 이 사건에서 먼저 관할권문제를 다룬 것은 타당하다. 그런데 여기서 대법원이 일단 이 사건의 관할권을 대법원이 가지고 있지 않다고 판단한 이상 대법원의 다른 여타의 판단부분은 적절치 못하다고 볼 수도 있다.31) 다시 말해 이 사건을 일단 관할권위반으로 판단한 이상 다른 부분에 대하여 굳이 심리·판단할 필요가 없었다는 것이다.

그럼에도 불구하고 왜 굳이 대법원은 관할권문제 이외의 다양한 사항에 대하여도 판단을 했을까? 생각건대 대법원은 문제된 법조항의 위헌성을 심사하지 않고는 이 사건을 해결할 수 없다고 판단했을 수 있다. 아니면 위에서 지적한 바와 같이 Marbury에 대한 임명장 교부를 거부한 Jefferson 행정부에 대해 단순히 타격을 가할 의도의 결과일 수도 있다. 사실 Marshall은 Marbury에게 유리한－임명장교부를 내용으로 하는 직무집행영장의 발급을 명하는－판결은 정치적으로 아무 의미가 없을 것이라는 것을 알았을 것이다. 왜냐하면 Jefferson 행정부는 그러한 판결을 무시했을 것이고, 그 경우 대법원의 권위는 그 설립 초기부터 심대한 손상을 받을 것이 분명했기 때문이다. 그 때문에 대안으로 Marshall이 굳이 판결의 서두에서 Jefferson 행정부의 Marbury에 대한 임명장 교부 거부가 부당하다는 견해를 밝혔다고－이것이 Marshall이 Marbury에게 할 수 있는 최선의 성의표시라는 것을 알면서－볼 수도 있다.

그러나 다른 한편 오늘날의 시각에서 보면－Marshall의 위에서 언급한 바와 같은 정치적 의도를 별론으로 한다면－결과적으로 이러한 대법원의 입장은 충분히 수긍이 될 수 있다. 즉 관할권위반문제로 인해 사건을 단순히 각하시키고 더 이상의 판단을 하지 않을 수도 있었지만 굳이 다양한 법리적 문제에 대하여 추가로 판단을 한 것은 결과적으로 매우 커다란 의미를 지녔고 나름대로 정당화될 수 있다는 것이다. 예컨대 대법원도 지적하고 있듯이32) 이 사건의 여러 가지 쟁점 중 핵심이라고 할 수 있는 헌법에 위반되는 법률이 국가의 법률로서 효력을 가질 수 있느냐의 문제는 국가의 이해에 직결되는 매우 중요한 문제라고 할 수 있다. 따라서 이러한 중요한 헌법적 해명은 당연히 대법원이 판단할 수 있고, 또한 판단하여야 할 것이다. 우리의 경우에도 오늘날 헌법재판에 있어서 예컨대 소의 이익의 결여로 인해 사건을 각하시킬 수 있음에도 불구하고 중요한 헌법적 해명이나 유사한 사안의 재발방지 또는 헌법질서유지 등 공익적 이유에서 사건의 본안문제까지 판

30) 예컨대 Ex parte McCardle, 74 U.S. (7 Wall.) 506 (1869).

31) Chemerinsky, supra, 40.

32) 5 U.S. 176.

단하는 경우가 있고 이러한 헌법재판소의 입장이 학계에서도 많은 지지를 받고 있는 현실에서도 알 수 있듯이 헌법재판의 의의는 다른 재판의 경우와는 달리 단순히 당해 사건을 해결하고 당사자의 침해된 권리를 구제하는 데서 그치는 것이 아니라 중요한 헌법적 해명과 헌법질서 유지, 권력통제 및 기본권보장이라고 하는 보다 고차원적이고 광범위한 공익추구에서 그 의의와 기능 및 특성을 발견할 수 있는 것이다.[33] 이러한 논리는 헌법재판을 중요한 기능의 하나로 담당하고 있는 미국의 연방대법원의 경우에도 그대로 적용될 수 있다고 본다.

따라서 앞서 언급한 바와 같이 Marshall이 이 사건에서 관할권 위반을 인정하면서도 사건을 단순 각하시키지 않고 굳이 본안에서 위헌법률심사권 등 다양한 중요한 헌법적인 사안에 대하여 언급하고 판단한 것은 그 정치적인 배경을 별론으로 한다면 결과적으로 타당하고, 당시로서는 정말 대단한 시도로서 Marshall의 탁월함을 인정하지 않을 수 없는 대목이다.

3. 위헌심사의 대상이 된 법원조직법 제13조의 위헌여부

법원조직법 제13조의 관련부분을 적시하면 다음과 같다.

"… 연방대법원은 순회법원과 특별한 규정이 있는 경우 주법원으로부터의 상고심관할권을 가진다; 그리고 해군과 해사관할법원으로서 기능할 경우의 지방법원에 대한 금지영장발급권과 법의 원칙과 관례에 의하여 보장된 경우에 지정된 법원과 연방정부공직자에 대한 직무집행영장발급권을 가진다."[34]

앞서 언급한 바와 같이 대법원은 이 법원조직법 제13조를 직무집행영장발급에 관한 원심관할권을 대법원에 부여하는 규정으로 해석했다. 그러나 다른 한편 이 법조항이 직무집행영장발급에 관하여 반드시 대법원을 원심법원으로 한 것으로 해석해야만 하는지는 의문이다.

예컨대 이 규정은 대법원이 상고심관할권을 가질 경우에만 적용되는 것으로 해석될 수도 있을 것이다.[35] 즉 대법원에 당해 사건이 상고심으로 계속될 경우 대법

---

33) 이러한 헌법재판의 기능 및 특성에 대하여 자세한 것은 정연주, 헌법소원심판청구취하의 효과, 공법연구 28/4, 2000. 8, 191쪽 이하 참조.

34) The Judiciary Act of 1789, 1 Stat. 73, Section 13: "… The Supreme Court shall also have appellate jurisdiction from the circuit courts and courts of the several states, in the cases herein after specially provided for; and shall have power to issue writs of prohibition to the district courts, when proceeding as courts of admiralty and maritime jurisdiction, and writs of mandamus, in cases warranted by the principles and usages of law, to any courts appointed, or persons holding office, under the authority of the United States."

원이 직무집행영장을 발급할 수 있다는 의미로 해석될 여지가 있다는 것이다. 왜냐하면 이 법조항에는 상고심관할이 명시적으로 언급된 유일한 관할유형이기 때문이다. 또는 단순히 대법원이 정당하게 관할권을 가지는 사건에서 대법원에게 직무집행영장발급권을 부여하는 것으로 해석될 여지도 있다. 결국 이러한 해석하에서는 이 법조항은 직무집행영장발급에 관하여 대법원에게 원심관할권을 부여한 것이 아니고, 단순히 대법원이 관할권을 가질 경우에는 구제수단으로서 직무집행영장발급권을 대법원에 부여한다는 내용일 뿐이다. 그 경우 이 조항은 대법원이 원심관할권을 가지는 사항에 대해 규정한 헌법 제3조에 위반된다고 보기 어렵게 된다.

한편 이러한 논리는 오늘날 우리의 경우 보편화된 합헌적 법률해석의 원리를 적용한다면 더욱 설득력을 가지게 된다. 즉 이 법조항의 경우 위에서 언급한 바와 같이 대법원의 견해와 다른 해석도 가능하고, 다른 한편 적어도 이 법조항이 반드시 대법원에게 직무집행영장발급에 관한 원심관할권을 부여한 것이라는 사실이 명백하다고 할 수는 없기 때문에 합헌적인 것으로 해석할 여지가 충분히 있는 것이다.

이처럼 법원조직법 제13조에 대한 해석이 다양할 수 있고, 적어도 대법원에게 직무집행영장발급에 관한 원심관할권을 부여한 것이라는 입법자의 의도가 명백하지 아니함에도 불구하고 대법원에게 직무집행영장발급에 관한 원심관할권을 부여한 것이라고 단정적으로 대법원이 해석한 것은 아마도 그렇지 않을 경우 결국 당해 법조항에 대하여 위헌선언을 내릴 기회를 상실하게 되고, 이는 위헌법률심사권을 확립할 수 있는 기회의 상실을 의미하게 되며, 결과적으로 Marshall이 정적에게 타격을 줄 수 있는 기회를 상실하게 되기 때문에 이러한 기회를 놓치지 않기 위하여 다분히 작위적인 의도에서 그런 것인 아닌가 하는 의문도 제기될 수 있다.[36] 그러나 설사 이 법조항을 합헌적인 것으로 해석하여 결과적으로 위헌선언을 내릴 수 없게 된다 하더라도 당해 법조항에 대한 대법원의 위헌심사과정 자체가 이미 대법원의 위헌법률심사권을 확립한 것이 되며, 아울러 앞서 언급한 바와 같이 과연 헌법에 명시적 근거가 없는 위헌법률심사권을 대법원 등 연방법원이 가질 수 있는가의 문제는 국가와 국민의 이해가 걸린 정치적·헌법적 문제이므로 중요한 헌법적 해명의 차원에서 사건의 해결과 더불어 연방법원의 위헌법률심사권을 확인할 수 있는 것이다.

---

35) 이러한 입장으로는 예컨대 Alstyne, supra, 14.

36) Tribe, American Constitutional Law, 3rd ed. (2000) 212.

4. 대법원의 원심관할권을 규정한 헌법 제3조의 해석과 관련하여

한편 대법원의 견해대로 법원조직법 제13조가 직무집행영장발급에 관한 사건을 대법원의 원심관할권으로 규정한 것이 명백하다고 가정할 경우 이 법조항은 반드시 헌법 제3조에 위반될 것인가?

이와 관련하여 대법원은 앞서 언급한 바와 같이 헌법 제3조는 대법원의 원심관할권을 열거하고 있으며, 의회는 이를 확장할 수 없는데, 의회는 법원조직법 제13조를 통해 직무집행영장발급을 구하는 사건을 헌법에 열거된 대법원의 원심관할사건목록에 추가했기 때문에 이 조항은 위헌이라고 판시했다. 즉 헌법 제3조 제2항 제2문은 “대사, 공사, 영사에 관한 사건 및 주가 당사자인 사건에서 대법원은 원심관할권을 가진다.”라고 규정하고 있고 의회는 직무집행영장발급을 구하는 사건을 이 원심관할사건목록에 추가할 수 없는데, 만일 의회가 헌법에 열거된 대법원의 원심관할사건목록에 더 많은 사건을 추가시키는 것이 허용된다면 헌법 제3조 제2항은 무의미하게 된다는 것이다.[37)]

그러나 이러한 견해에 대하여도 의문이 제기될 수 있다. 왜냐하면 헌법 제3조 제2항 제2문은 대법원의 원심관할권에 관한 예시규정으로 해석될 여지도 있기 때문이다. 물론 그럴 경우 Marshall이 주장하듯이 이 헌법조항의 의의가 상실될 수 있을지도 모른다. 왜냐하면 의회의 입법을 통해 대법원의 원심관할권이 무한정으로 확대될 수 있기 때문이다. 그러나 이 규정을 어떠한 경우에도 의회의 입법을 통해 헌법상 정해진 원심관할권을 침해할 수 없다는 최소한의 보장규정으로 이해하는 것도 충분히 가능하고,[38)] 그럴 경우 이 조항의 존재의의는 여전히 상존하는 것이며, 그러한 해석이 반드시 바람직하지 않은 것도 아니다. 그리고 그것은 일종의 입법정책 내지 헌법정책의 문제일 수도 있는 것이다. 다시 말해 이 헌법조항을 통해 헌법제정자는 어떠한 경우에도 의회가 변경할 수 없는 대법원의 원심관할권을 보장하면서 나머지에 대하여는 입법자에게 위임한 것으로 해석하는 것이 타당할 수도 있다. 또한 이처럼 헌법조항을 예시적 규정으로 유연하게 해석하는 것이 오늘날 보편화된 헌법의 규범조화적 해석과 추상적인 헌법의 해석에 있어서 요구

---

37) 사실 의회가 연방대법원의 원심관할권을 확장할 수 없다고 한 이러한 Marshall의 견해는 앞서도 언급했듯이 순수한 헌법적 해석의 문제에 바탕을 둔 것이라기보다는 다분히 정치적인 의도에서 나온 고도의 우회적인 노림수라고 할 수 있고, 이 때문에 결과적으로 대법원은 의회를 통제할 수 있는 막강한 지위를 확립할 수 있게 된 것이다. McCloskey, supra, 27; Tribe, supra, 212.

38) Chemerinsky, supra, 44.

되는 헌법해석의 유연성의 추세와도 부합된다고 하겠다. 그리고 그것이 입법자의 입법권 존중과 민주적 정당성, 그리고 권력분립의 원칙의 측면에서도 타당하다고 하겠다.

헌법 제3조 제2항 제2문을 이처럼 유연하게 해석할 때 법원조직법 제13조는－설사 직무집행영장발급에 관한 사건을 대법원의 원심관할권으로 규정한 것으로 해석되는 경우라 하더라도－헌법에 합치된다고 볼 수도 있으며, 다른 한편 이 사건에서 위헌심사의 기준이 되는 헌법 제3조 제2항 제2문 자체의 해석이 위에서 언급한 것처럼 불분명하여 적어도 법원조직법 제13조가 헌법에 위반되는지의 여부가 불분명한 경우라고 할 수 있어, 결과적으로 이 법조항에 대한 일종의 합헌적 법률해석이 가능한 경우라고 볼 수도 있는 것이다.

한편 여기서도 이러한 헌법 제3조 제2항 제2문에 대한 유연한 해석의 결과 법원조직법 제13조를 합헌이라고 판결할 경우 이 법조항에 대하여 위헌선언을 내릴 기회를 상실하게 되고, 이는 위헌법률심사권을 확립할 수 있는 기회의 상실을 의미하게 되는 것이 아닌가 하는 의문이 제기될 수 있다. 그러나 앞서 언급한 바와 같이 설사 이 법조항을 합헌적인 것으로 해석하여 결과적으로 위헌선언을 내릴 수 없게 된다 하더라도 당해 법조항에 대한 대법원의 위헌심사과정 자체가 이미 대법원의 위헌법률심사권을 확립한 것이 되며, 아울러 위에서도 강조한 바와 같이 과연 헌법에 명시적 근거가 없는 위헌법률심사권을 대법원 등 연방법원이 가질 수 있는가의 문제는 국가와 국민의 이해가 걸린 정치적·헌법적 문제이므로 중요한 헌법적 해명의 차원에서 사건의 해결과 더불어 연방법원의 위헌법률심사권을 확인할 수 있는 것이다.

5. 위헌법률심사제도와 관련하여

위에서 언급한 문제점을 모두 별론으로 하더라도 과연 대법원의 위헌법률심사제도가 헌법해석상 필연적인 것인지, 그리고 이 사건에서 반드시 위헌판결을 내렸어야 했는지에 관한 대법원의 견해에 대하여 다음과 같은 의문이 제기될 수 있다.

(1) 권력통제문제와 관련하여

권력분립의 원칙상 공권력은 사법권에 의해 통제되지 않으면 남용될 수 있고, 권력 상호간의 견제와 균형을 위해서는 위헌법률심사제도가 반드시 필요하다고 주장될 수 있다. 위에서 언급한 바와 같이 이 사건에서 대법원은 헌법은 국가권력에 대하여 한계를 지우고 있으며, 만일 국가권력에 사법적 통제가 이루어지지 않는다면 이러한 한계는 그 의미를 상실하게 될 것이라고 주장한다. 따라서 헌법의 이러한 한계를 위반하는 입법에 대하여 사법적 통제가 이루어져야 하며, 따라서 그 해당 법률에 대해 위헌선언을 내릴 수 있을 때 비로소 헌법적 한계의 의미가 실현될 수 있다는 것이다. 입법권은 제한되어 있으며, 성문화된 헌법이 존재하는 이상 그러한 제한이 왜곡되거나 망각되어서는 안된다고 대법원은 주장하고 있다.39)

물론 사법제도는 반드시 필요하고 공권력은 사법권에 의하여 반드시 통제되어야 한다. 그것이 권력분립원칙의 본질적 요소의 하나임에는 틀림없다. 그러나 그렇다고 선험적으로 사법권에 위헌법률심사제도가 반드시 포함된다는 결론에 도달할 수는 없을 것이다.40) 그것은 오히려 입법정책 내지 헌법정책의 문제일 수 있다. 그리고 사법제도와 성문헌법을 가지고 있으면서 위헌법률심사제도가 없는 나라도 많이 있다.41) 성문헌법이 필연적으로 위헌법률심사제도를 요구하는 것은 아니기 때문이다. 따라서 헌법이나 법률에 위헌심사제도에 관한 규정이 없을 경우 헌법해석과 판례를 통해 위헌심사제도를 확립할 수도 있지만 그렇지 않을 수도 있다. 예컨대 의회 스스로가 입법의 합헌성을 판단한다고 해서 성문헌법이 침해되고, 입법권이 반드시 남용되는 것은 아닐 것이다.42) 이 경우 오히려 사법부는 입법부의 해석을 최종적인 것으로 간주할 것이고, 따라서 법률과 헌법 상호간의 갈등을 해결할 임무를 입법부에 부여하게 되는 것이다.43) 사실 이러한 입장은 Thomas Jefferson이

---

39) 5 U.S. 176.

40) 대체로 이러한 입장에서 Marshall의 논거에 대하여 의문을 제기한 견해로는 예컨대 Hand, The Bill of Rights (1958) 4; Bickel, The Least Dangerous Branch: The Supreme Court at the Bar of Politics, 2nd ed. (1986), 1; Alstyne, supra, 16.
한편 사법권에 의한 입법행위의 무효화에 대한 논의의 대략에 관하여는 Levy, Judicial Review, History, and Democracy: An Introduction, Judicial Review and the Supreme Court, Selected Essays edited by Leonard W. Levy (1967) 12. 또한 사법권에 의한 입법행위와 집행행위의 무효화로 인해 파생되는 정치영역에 대한 부작용과 관련하여 사법부의 위헌심사권에 대한 한계를 논의한 문헌에 대하여는 Nagel, Constitutional Cultures: The Mentality and Consequences of Judicial Review (1989) 22.

41) 이에 대한 자세한 것은 Cappelletti & Adams, Judicial Review of Legislation: European Antecedents and Adaptations, Harv. L. Rev., Vol. 79 (1966) 1211; Jackson & Tushnet, Comparative Constitutional Law (1999) 455.

42) Casto, James Iredell and the American Origins of Judicial Review, Conn. L. Rev., Vol. 27, No. 2 (1995) 329; Melhorn, Jr., A Moot Court Exercise: Debating Judicial Review Prior to Marbury v. Madison, Const. Commentary, Vol. 12, No. 3 (1995) 327.

43) Cappelletti, Fundamental Guarantees of the Parties in Civil Litigation: Comparative Constitutional, International, and Social Trends, Stan. L. Rev., Vol. 25 (1973) 654.

헌법이 상위법이라는 개념을 부정하고 의회에서 제정된 다른 규범과 동등하다고 주장했던 데에서도 알 수 있듯이[44] 의회제도에 있어서 당시의 전통적 관행이라고 볼 수 있다.[45] 따라서 권력통제의 시각에서 필연적으로 위헌법률심사제도가 도출되는 것은 아니라는 것이다.

(2) 사법권의 기능 및 본질과 관련하여

위에서 언급한 바와 같이 대법원은 사법부가 적용할 법률의 합헌성 여부를 결정하는 것은 사법부의 기능에 내재하는 본질적인 것이라고 주장한다. 즉 무엇이 법인지 선언하는 것은 단연코 사법부의 고유한 영역이자 임무라는 것이며,[46] 따라서 위헌법률심사권은 사법권에 당연히 포함된다고 주장한다.

그러나 이에 대하여 위헌법률심사권 없이도, 즉 당해 법률의 합헌성 여부를 결정하지 않고도 그 법률을 해석하고 적용할 수 있다는 반론이 제기될 수 있다.[47] 그리고 앞서 언급한 바와 같이 사법제도와 성문헌법을 가지고 있으면서 위헌법률심사제도를 가지고 있지 않은 나라도 많이 있다. 따라서 사법부가 법을 해석하고 적용한다고 해서 반드시 위헌법률심사권이 사법부에 부여되어야 한다는 결론이 도출되는 것은 아니라는 것이다.

(3) 헌법 제3조의 해석과 관련하여

앞서 언급한 바와 같이 대법원은 헌법 제3조 제2항 제1문에 따른 '이 헌법하에서 제기되는 모든 사건'을 관할할 연방법원의 권한은 헌법에 위반되는 법률을 위헌이라고 선언할 권한을 아울러 내포한다고 주장한다.

그러나 이에 대하여는 '이 헌법하에서 제기되는 모든 사건에 대한 관할권'이 반드시 헌법이 행정권의 행위나 주의 행위 및 연방법률 보다 우위에 있다는 것을 전제하는 것으로 볼 필요는 없다는 반론이 제기된다.[48] 이에 따르면 이 헌법조항이 반드시 위헌법률심사제도를 전제하는 것으로 해석될 필요는 없다는 것이고, 따라서 법률에 대한 위헌선언을 하지 않고 사건을 해결하기 위하여 당해 법률을 적용

44) Smith, John Marshall: Definer of a Nation (1996) 94.

45) Tribe, supra, 210.

46) 5 U.S. 177.

47) 예컨대 Chemerinsky, supra, 45.

48) 예컨대 Currie, Federal Courts: Cases and Materials, 47th ed. (1990) 27.

할 수도 있다는 것이며, 따라서 위헌법률심사권 없이도 이 조항은 의미를 지닌다는 것이다.

(4) 판사의 공직취임선서와 관련하여

위에서 언급한 바와 같이 대법원은 위헌법률심사제도의 정당화근거의 하나로서 판사의 공직취임선서를 들고 있다. 즉 판사는 공직취임 시 헌법을 준수한다는 선서를 하는데, 만일 그들이 위헌법률을 적용하게 된다면 이러한 선서를 위반하는 것이라는 논거에서 위헌법률심사권을 정당화시키고 있다.

그러나 이러한 논거에는 다음과 같은 반론이 제기될 수 있다. 즉 만일 판사에게 당해 법률에 대하여 위헌결정을 내릴 권한이 없다면 위헌법률을 적용하더라고 그들이 선서를 위반하는 것은 아니라는 것이다.[49]

또한 공직취임시의 헌법준수선서는 판사에만 국한된 것이 아니고 모든 공직자에게 요구되는 것으로, 이는 단지 해당 공직자의 정치적 성향과 원칙을 시험해보기 위한 것으로 도입된 것이지 공직자의 구체적인 임무수행을 기속하는 것은 아니라는 반론도 있다.[50]

결국 이러한 헌법준수선서제도로부터 바로 위헌심사제도가 도출되는 것은 아니라는 것이다.

(5) 헌법 제6조의 해석과 관련하여

앞서 언급한 바와 같이 대법원은 헌법 제6조의 최고법조항(supremacy clause)에 근거하여 위헌법률심사권을 정당화시키고 있다. 즉 헌법은 국가의 최고법이고, 헌법에 합치되는 법률만이 그에 상응하는 지위를 가지기 때문에 헌법에 위반되는 법률에 대하여는 법원이 당연히 위헌선언을 할 수 있다는 것이다.

이에 대하여는 헌법이 모든 여타의 법보다 우위를 점하고 있다는 사실이 반드시 사법부가 하위법을 무효화시키는 위헌법률심사권한을 가지는 것으로 해석할 필요는 없다는 반론이 제기된다.[51] 이 최고법조항은 단지 의회가 헌법에 의해 위

49) Id.

50) 이는 과거 Pennsylvania주 대법원의 Eakin 판결[Eakin v. Raub, 12 S. & R. 330 (Pa. 1825)]에서의 위헌법률심사권을 반대하는 Gibson판사의 소수의견이다. Gunther, Constitutional Law, 12th ed. (1991) 16-18.

51) Chemerinsky, supra, 46.

임된 또는 권한이 부여된 법률만을 제정해야 한다는 것을 선언한 것에 불과하다는 것이다.

물론 이에 대하여 헌법 제6조가 다른 법에 대하여는 헌법에 의거한(in Pursuance thereof) 법률이라고 규정하고 있듯이 절차와 내용면에서 반드시 헌법에 합치되는 법률만이 유효한 법률로서 국가의 최고법이라는 의미이고, 이는 법률보다 헌법이 우위하는 것을 전제로 하는 것이고, 따라서 헌법이 진정한 최고법이며, 그보다 하위법인 법률을 통제하기 위해서는 불가피하게 사법부에 의한 위헌법률심사제도가 전제되어야 하고, 따라서 이 헌법 제6조의 최고법조항에 근거해서 위헌법률심사권을 도출하는 것은 정당하다는 재반론을 할 수 있을 것이다.[52]

Ⅴ. 맺는 말

앞서도 이야기했듯이 이 사건에서 대법원의 결론이 잘못되었다고 주장하거나 이 사건의 역사적 의의를 폄하할 생각은 전혀 없다. 오히려 그 반대이다. 더욱이 그 당시의 시대적 상황이나 일천한 사법부의 경험 및 헌법이론수준을 생각할 때 정말로 당시로서는 생각하기 어려운 놀라운 판결로서 이 사건의 의의를 아무리 강조해도 지나치지 않을 것이다. 물론 위에서도 지적되었듯이 사법부의 위헌심사권에 대하여는 미국 헌법상 명문의 규정이 없을 뿐만 아니라, 이를 헌법 해석 내지 이론상 반론의 여지가 전혀 없이 필연적으로 도출되는 제도로 보기는 어려울 것이다.[53] 그러나 다른 한편 위헌심사제도와 관련하여 Marshall이 확립한 연방법원의 위헌심사제도 이외의 다른 대안이 헌법상 도출될 수 있는 것도 아니다.[54] 지금까지 어느 누구도 의회의 해석이 최종적이라거나 어떤 다른 대안이 존재할 수 있다는 주장을 설득력 있게 제시하지 못했다. 결국 이는 대법원에 의하여 비로소 확립되었으며, Marshall은 그를 위한 이상적인 기회를 포착하고 이를 십분 활용한 것이다.

그러나 다른 한편 앞서도 지적한 바와 같이 이 판결의 배경과 논증과정에는 판결 당시부터 제기되었거나 제기될 수 있었던 문제점들이 있었고, 아울러 오늘날의

52) 이처럼 최고법조항에 근거해서 연방법원의 위헌법률심사권을 정당화시키는 견해로는 Wechsler, Toward Neutral Principles of Constitutional Law, Harv. L. Rev., Vol. 73 (1959) 3.

53) 이와 관련하여 헌법제정회의(Constitutional Convention)에 관한 기록들을 근거로 헌법제정자들이 연방법원의 위헌심사권을 당연한 것으로 여겼기 때문에 연방법원에 대한 위헌법률심사권의 부여를 헌법에 명백히 하지 않았다는 주장도 있다. 예컨대 Berger, Congress v. The Supreme Court (1969) 49.

54) Tribe, supra, 211.

시각에서도 제기될 수 있는 다양한 문제점들이 있었다. 무릇 헌법재판의 의의는 개별 사건만을 해결하고 권리구제만을 해주는데서 그치는 것이 아니라 중요한 헌법적 해명과 기본권 수호, 권력통제, 헌법질서유지 등 보다 포괄적이고 고차원적이며 거시적인 기능을 가진다는 점에서 그 판결과정에 정치적인 의도가 배제된 채 설득력 있는 그리고 논리정연하고 수미일관하는 논증이 전제되어야 함은 물론이고, 이것은 어쩌면 그 판결의 결과보다도 더욱 중요할 수 있다. 그럴 때에 비로소 그 판결이 설득력과 지속적인 생명력을 가지고 당사자와 국가기관을 기속할 수 있는 것이며, 당사자와 국가기관도 기꺼이 승복하게 되는 것이다. 사실 이 사건의 경우가 아니더라도 이론의 여지없이 위헌심사권을 확립할 수 있었을 사안은 그 후에 얼마든지 있었고 그럴 경우 정치적인 의도가 배제된 채 보다 순수한 헌법이론과 원리의 바탕위에서 보다 논리정연한 논증과정을 통해 위헌법률심사권을 확립했더라면 더욱 바람직하지 않았나 하는 생각도 한편 들어간다.

무릇 법치주의는 결과뿐 아니라 과정의 합법성과 정당성을 요구한다. 아무리 결과가 훌륭하더라도 과정에 문제가 있다면 이는 더 이상 정당화될 수 없고 법치주의에 부합된다고 볼 수 없는 것이다. 이런 점에서 우리의 헌법재판을 비롯한 모든 사법심사에 있어서 판결의 결과 뿐 아니라 과정의 정당성 확보에 더욱 유념해야 할 것이다.

21. 비례대표제와 5% 저지조항

– 독일 연방헌법재판소 1990. 9. 29. 연방선거법결정[1) –

[目 次]

Ⅰ. 머리말

1990년 10월 3일에는 역사적인 동·서독통일이 이루어졌고, 이어서 두 달후인 12월 2일에는 최초의 전통일독일의 연방의회선거가 있었다. 선거결과[2) 과거 서독지역의 기존의 제도화된 다수정당들(CDU, CSU, SPD, FDP)－이미 이들의 동독지역의 자매정당들과 통합하여－뿐만 아니라 독일통일로 이어진 동독에서의 거센 민주화 물결로 인해 한때는 구시대의 유물로서 역사의 뒤안길로 사라지지 않을까 예상되기도 했고 이제는 소수정당으로 전락한 과거 공산당(SED)의 후신인 민주사회주의당(PDS)과 역시 동독지역의 신생 군소정당인 Bündnis90/Grüne가 연방의회에 진출하게 되었는데, 이러한 결과는 독일연방선거법과 그동안의 선거제도의 실제에 비추어 보면 매우 이례적인 것이라고 아니할 수 없다. 왜냐하면 연방의회선거가 실시되기 전에 많은 사람들은 이들 극좌정당을 비롯한 군소정당들이 연방선거법상 이른바 5% 저지조항(5%-Sperrklausel)으로 인해 지금까지의 선거관계에서 보듯이 그

1) BVerfGE 82, 322.

2) 선거결과에 대한 상세한 것은 Frankfurter Allgemeine Zeitung 1990. 12. 4. 2쪽 이하 참조.

들의 연방의회 진출이 좌절되리라고 예상했기 때문이다.

많은 사람들의 이러한 예상을 깨고 이들의 연방의회에의 진출을 가능하게 했던 결정적인 원인은 바로 동년 9월 29일에 있었던 연방헌법재판소의 연방선거법상의 5% 저지조항에 대한 한정적 헌법불합치결정이라고 할 수 있다. 이러한 연방헌법재판소의 결정이 없었던들 민주사회주의당(PDS)과 Bündnis90/Grüne의 연방의회진출은 불가능했는데, 결국 이들은 이 결정에 따라 아무런 제한 없이 자신들이 얻은 유효득표수에 비례하여 연방의회의 의석을 차지할 수 있었다.[3)]

이 글에서는 독일통일과 이에 따른 전독일연방의회선거를 계기로 살펴본 일응 성공적인 독일의 연방의회선거제도가 우리의 정치현실과 선거제도에도 많은 참고가 되리라는 기대하에 위 독일 연방헌법재판소의 결정을 살펴보고, 그와 관련하여 독일의 선거제도 및 우리 선거제도의 문제점을 고찰보고자 한다.

Ⅱ. 독일의 선거제도

1. 선거제도의 유형

선거제도에는 여러 가지 유형이 있으나 일반적으로 크게 다수대표선거제(Mehrheitswahlsystem)와 비례대표선거제(Verhältniswahlsystem)의 두 가지로 대별할 수 있다. 국가마다 각기 상이한 선거제도를 가지고 있는데 대체로 이 두 가지 제도 중 어느 하나 또는 그 혼합형 내지는 변형제도를 택하고 있다. 여기서는 독일의 선거제도를 살펴보기에 앞서 이 양 제도의 일반적인 장·단점을 간단히 언급하고자 한다.

(1) 다수대표제

다수대표선거제는 선거제도유형 중 가장 보편적이고 오랜 역사를 가진 선거제도인데, 이는 다수결원리의 선거제도상의 실현형태로서 후보자 중에서 다수표를 획득한 사람을 당선자로 결정하는 가장 단순한 형태의 선거제도를 말한다. 이 제도는 다시 유효투표수의 과반수 이상의 득표자만을 당선자로 하는 절대다수대표제와 후보자 중 단순히 가장 많은 득표를 한 사람을 당선자로 하는 상대다수대표제

3) 선거결과 PDS는 전유효득표수의 불과 2.4%, 그리고 Bündnis90/Grüne 또한 겨우 1.2%라는 낮은 비율의 표수를 획득했는데, 결과적으로 연방헌법재판소의 5% 저지조항에 대한 한정적 헌법불합치결정의 도움을 받아 각각 17석과 8석의 연방의회의석을 차지하게 되었다.

로 나눌 수 있다.

다수대표제는 특정 후보자에 대한 인물본위의 선거제도로서 당선자와 대의기관의 가장 직접적인 민주적 정당성의 확보를 가능하게 하며, 의회내의 다수세력의 형성과 이를 통한 양당제도의 확립을 용이하게 하여, 정부의 정책집행을 뒷받침해주기 위한 인정되고 원활한 의회기능의 확보와 유지를 가능케 한다는 제도적인 장점을 가지고 있다. 그러나 반면에 다수대표제에서는 낙선된 후보자들에게 주어진 표는 사표로 전락되어 의회의 구성에서 완전히 무시되기 때문에 의회의 의사결정과정에서 정치적 소수세력의 의사를 충분히 반영시킬 수 없어 소수자보호에 미흡하다는 제도상의 단점과, 특히 상대다수대표제에서는 각 정당의 득표율과 그 확보된 의석수 사이에 반드시 정비례관계가 성립되는 것은 아니기 때문에 타정당에 비하여 득표수에서는 앞섰지만 의석수에서는 뒤지는 소위 Bias현상이라고 하는 불합리한 결과가 초래될 수도 있어서, 결국 이 선거제도는 투표의 산술적 계산가치의 평등(Zählwertgleichheit)뿐만 아니라 그 성과가치의 평등(Erfolgswertgleichheit)도 아울러 실현하고자 하는 선거제도에 있어서의 대원칙인 평등선거의 원칙[4])에 비추어 볼 때 문제점이 있다고 하겠다.

(2) 비례대표제

비례대표선거제는 다수대표제의 결점을 시정하기 위하여 고안된 선거제도라고 할 수 있는데, 이는 소수보호의 정신과 정치세력의 지지도에 상응한 비례적인 대의의 실현형태로서 각 정치세력의 득표율에 비례한 정치적 대표기능을 각 해당 정치세력에게 배분하는 선거제도를 말한다. 이는 각 정당의 득표율에 비례하는 의석수를 각 해당 정당에 부여함으로써 가능한 한 모든 정당이 의회에 진출할 수 있도록 하려는 선거제도로서 사회의 다양한 이해관계나 정치적 의사가 그대로 의회의 구성에 반영되도록 하려는 것이다.[5])

따라서 비례대표선거제에서는 소수에게도 의회진출의 기회를 부여함으로써 소수자보호의 민주정치원리에도 합치되고, 앞서 언급한 투표의 산술적 계산가치의 평등과 성과가치의 평등을 실현하고자 하는 평등선거의 원칙과 그리고 이 원칙에서 도출된 선거에 있어서 각 정당간의 기회균등(Chancengleichheit)의 원칙[6])에도 충실

4) Vgl. Maunz, in : Maunz/Dürig, Grundgesetz Kommentar, Art.38, Rdnr. 48f.; Pieroth, in: Jarass/Pieroth, Grundgesetz Kommentar, Art.38, Rdnr. 8.

5) Vgl. BVerfGE 51, 222(253).

한 것이며, 아울러 현대적 민주정치의 본질인 정당정치제도에 적합하여 정책과 강령을 위주로 한 정당본위의 선거제도를 확립·발전시킬 수 있는 등 정당민주주의 원리에도 합치된다는 제도적 장점을 가지고 있다.

그러나 반면에 비례대표선거제에서는 지나친 소수정당보호로 인해 의회내의 군소정당의 난립과 국민의사의 분열을 초래하고 의회내의 안정된 다수세력의 형성을 저해할 우려가 있어 결국 정국주도를 위한 안정되고 원활한 의회의 기능확보를 어렵게 할 수도 있으며, 아울러 선거절차와 과정이 정당의 일방적인 정치적 영향과 주도하에서 행해지기 때문에 일반대중이 정치에서 소외당하기 쉽고, 후보자의 선정과 그 순위결정권 등 후보자명부의 작성이 정당의 간부들에게 독점되고 선거인은 후보자의 선정에 거의 영향을 미치지 못하는 등 당선자와 대의기관의 민주적 정당성의 확보에도 문제점이 있다고 하겠다.

2. 독일의 연방의회선거제도

(1) 다수대표제와 비례대표제의 혼합형

독일의 연방의회선거제도–사실상 과거 서독의 연방의회선거제도–는 다수대표제와 비례대표제의 혼합형이라고 할 수 있다.[7] 즉 연방의회선거는 특정지역에서 특정후보자를 직접 선출(Personenwahl)하는 다수대표제와 각 정당이 제출한 비례대표의원후보자명부(Landeslisten)에 대한 선거인 비례대표제가 결합한 것인데,[8] 연방의회의원의 절반은 지역구 중심의 다수대표제에 의해 선출되고(Direktmandate), 나머지 절반은 후보자명부 중심의 비례대표제에 의해 선출된다(Listenmandate). 이에 따라 모든 선거인은 연방의회선거시 각각 두 표씩을 행사하도록 되어 있는데, 하나는 지역구의원선출(제1투표[die Erststimme])에, 다른 하나는 각 정당에 의해 제출된 후보자명부에 대하여(제2투표[die Zweitstimme]) 행해진다.[9] 그리고 지역구선거인 제1투표에 있어서는 가장 많은 득표를 한 후보자가 당선되는 상대다수대표제가 적용되며,[10] 후보자명부에 대한 제2투표에 있어서는 투표결과 각 정당이 획득

---

6) Vgl. BVerfGE 47, 198(227f.); Badura, Staatsrecht, S. 293f.; Stein, Staatsrecht, S. 82.

7) 다수대표제와 비례대표제의 혼합형인 독일의회선거제도는 연방의회선거 뿐 아니라 주의회선거에도 그대로 적용된다.

8) §1 Bundeswahlgesetz(BWG).

9) §4 BWG.

10) §5 BWG.

한 유효득표수의 총 유효득표수에 대한 비율에 따라 해당 정당이 획득할 총의석수가 정해지고, 그 중 지역구의석을 제외한 나머지 의석에 대하여 비례대표의석이 배분된다.[11)]

한편 당선된 후보자가 사망하거나 사퇴했을 경우 또는 연방의회구성 후 의원이 사망하거나 사임했을 경우 그 후임자는, 전임자가 제1투표에 의해 당선된 지역구의원이건 또는 제2투표에 의해 당선된 비례대표의원이건 이에 관계없이, 전임자가 속해 있던 정당의 후보자명부의 차순위후보자로 결정된다.[12)] 따라서 연방의회선거에 있어서는 투표결과 의회의원만 당선되는 것이 아니라, 그 예비후임자도 아울러 당선된다는 것을 알 수 있다.[13)] 그리고 선거제도의 운영과정에서 특정정당이 제1투표의 결과 확보한 지역구의석수가 제2투표의 결과 확보한 총의석수 보다 많아서 그 차이만큼의 초과의석(Überhangmandate)이 생길 수가 있는데, 이 경우 의회의 전체 의석수는 예외적으로 이 초과의석수만큼 증가하게 된다.[14)]

결국 독일의 연방의회선거제도는 상대다수대표제에 비례대표제가 결합한 것인데, 선거의 결과적 측면에서 본다면 다수대표제적 요소에는 그리 큰 의미가 부여되는 것은 아니며, 원칙적으로 비례대표제적 요소가 그 근간을 이룬다고 할 수 있다.[15)]

(2) 5% 저지조항

앞서 언급한 바와 같이 비례대표선거제는 소수자보호와 평등선거의 원칙의 관철을 그 특징으로 하기 때문에 다수대표제와 비례대표제의 아무런 제한 없는 단순한 혼합형은 의회내의 군소정당의 난립과 국민의사의 분열을 초래하여, 의회내의 안정된 다수세력의 형성을 저해해 결국 안정된 정국주도를 위한 원활한 의회기능의 확보를 어렵게 할 수 있다. 이는 비례대표선거제를 택했던 과거 독일의 바이마르공화국 시절에 의회내의 지나친 군소정당의 난립과 극도의 분열로 인해 의회내의 안정된 다수세력의 확보가 어려웠고, 결국 원활한 의회기능과 전국주도의 능력이 있는 내각의 구성과 유지가 불가능했던 역사적 경험속에서 잘 드러나고 있다.

---

11) Vgl. §6 Abs. 1ff. BWG. 이러한 수학적인 비례에 따른 의석배분방법을 Hare/Niemeyer 산출방법이라고 하는데 이에 대한 자세한 것은 Model/Creifelds/Lichtenberger, Staatsbürger-Taschenbuch, S. 114 참조.

12) §48 Abs. 1 BWG.

13) BVerfGE 7, 63(72).

14) §6 Abs. 5 BWG.

15) Vgl. BVerfGE 16, 130(139).

독일의 현행 연방의회선거법은 이러한 쓰라린 과거에 대한 반성으로, 선거에서 일정수 이상의 득표율을 올렸거나 당선자를 낸 정당에게만 의석배분에 참여케 함으로써 의회내의 군소정당의 난립을 막고 다수세력의 형성을 촉진시키려고 고안된 제도인 소위 5% 저지조항(Sperrklausel)을 규정하고 있다. 이에 따르면 각 후보자명부에 대한 제2투표의 경우, 선거결과에 따른 각 정당에 대한 비례대표의석의 배분에 있어서는 제2투표의 결과 전국을 단위로 전체 유효득표수의 5% 이상을 획득했거나 또는 제1투표의 결과 지역에서 적어도 3명 이상의 당선자를 낸 정당만이 참여할 수 있다.[16] 결국 이 5% 저지조항은 의회내의 군소정당의 난립과 분열을 방지하고 안정된 다수세력의 형성을 통해 정국주도능력이 있는 의회와 정부내각의 구성과 기능을 확립시켜 준다는 목적을 위하여 평등선거의 원칙, 특히 투표의 성과가치평등의 원칙에 대한 제한을 가하는 것이다. 이 조항은 바로 이러한 제도상의 목적 때문에 헌법상 정당화되어질 수 있으며, 연방헌법재판소도 이 5% 저지조항이 초래하는 평등선거의 원칙에 대한 제한을 위에서 언급한 같은 이유에서 정당화되어질 수 있다고 보고 이 조항을 일관되게 합헌으로 결정하고 있다.[17] 그 동안의 연방의회선거결과를 살펴보면 이 5% 저지조항은 독일에서의 정당제도와 의회제도의 안정화와 이를 통한 의원내각제의 토착화에 상당한 기여를 했다고 일응 평가할 수 있겠다.[18]

한편 이 5% 저지조항은 소수민족정당(Pareien nationaler Minderheiten)에게는 적용되지 아니한다.[19] 이는 이들 소수민족정당들이 다른 일반정당과는 달리－정책과 강령에 의한 대등한 경쟁을 하기 보다는 이와는 관계없이－자신들의 지지기반인 소수민족의 이익을 대변하기 위한 것이라는 특수한 정치적·사회적 상황과 필연적인 인적·물적 조직상의 취약함으로 인하여 이들 정당이 5% 저지조항을 극복하기란 사실상 불가능하기 때문에 이들에게 예외를 인정한 것이라고 볼 수 있다.

(3) 평 가

이상에서 살펴본 바와 같이 독일의 선거제도는 다수대표제와 5% 저지조항에 의하여 제한된 비례대표제의 결합형으로서 양 선거제도의 장점을 살리고, 단점을 서

16) §6 Abs.6 S. 1 BWG.

17) BVerfGE 1, 206(247f.); 4, 31(40); 6, 84(92ff.); 51, 222(236).

18) Dazu auch Badura, Staatsrecht, S. 294.

19) §6 Abs. 6 S. 2 BWG.

로 보완한 일응 합리적이고 우수한 선거제도라고 볼 수 있다. 즉 한편에서는 선거를 통한 직접적인 민주적 정당성의 확보와 안정된 의회민주주의의 확립, 다른 한편에서는 평등선거의 원칙과 정당민주주의 원리를 실현한 비교적 성공적인 선거제도인 것이다.

실제로 선거를 통한 독일연방의회의 구성과 기능을 살펴보면 연방의회는 그 동안 의회의 지나친 분열을 초래할 정도가 아닌 불과 몇 개의 정당들(CDU, CSU, SPD, FDP, Die Grünen 등)에 의하여 지배되어 왔고, 이들로부터 비교적 안정된 다수세력이 형성되어 결과적으로 CDU/CSU 자매정당과 SPD에 의한 일종의 양당제도가 확립되어 왔다고 볼 수 있다.

Ⅲ. 연방헌법재판소의 결정내용

1990년 12월 2일에 실시될 역사적인 통일독일의 연방의회선거를 앞두고 선거법과 관련하여 여러 가지 문제가 제기되었는데, 그 중에서도 연방선거법의 동독지역에로의 확대 적용으로 인하여 동독지역의 정당들에게도 그대로 적용될 5% 저지조항을 내용으로 하는 연방선거법 제6조 제6항 제1문 전단규정이 연방의회선거의 준비 및 실시와 관련하여 많은 문제점과 위헌시비를 야기하였다. 결국 이 문제는 앞서 언급한 바와 같이 연방헌법재판소의 1990년 9월 29일의 결정으로 일단락되었다. 이 연방헌법재판소의 결정은 독일의 연방의회선거제도 및 동서독통일에 따른 선거법통합과 관련된 매우 중요한 문제를 다루고 있기 때문에 여기서 이에 대하여 고찰해 보고자 한다.

1. 사건의 경위

제12대 연방의회선거를 앞두고 공화당(Die Republikaner)과 녹색당(Die Grünen) 및 좌익연맹(Linke Liste)과 민주사회주의당(PDS)의 연합인 Linke Liste/PDS, 그리고 기타 2명의 정당인은 선거 시 자신들에게 불리하게 적용될 연방선거법 제6조 제6항 제1문 전단의 5% 저지조항과 동법 제53조 제2항이 기본법 제21조 제1항[20]과 제38조 제1항[21]에 의하여 보장된 자신들의 권리를 침해하였다는 이유로 연방의회

20) Art. 21 Abs. 1 GG: "정당은 국민의 정치적 의사형성에 기여함을 목적으로 한다. 정당의 설립은 자유이다. ⋯."

21) Art. 38 Abs. 1 GG: "연방의회의원은 보통 · 직접 · 자유 · 평등 · 비밀선거에 의하여 선출된다. ⋯"

(Bundestag)와 연방참사원(Bundesrat)을 상대로 기관쟁의와 헌법소원심판청구를 연방헌법재판소에 제기하였다.

2. 당사자들의 견해

(1) 신청인 · 청구인의 주장

기관쟁의심판절차에서의 신청인과 헌법소원심판절차에서의 청구인은 연방의회가 “1990년 8월 3일의 동 · 서독간의 선거조약과 1990년 8월 20일의 수정조약에 관한 법률－1990년 8월 29일의 선거조약에 대한 동의법(Das Gesetz zu dem Vertrag vom 3. August 1990 zur Vorbereitung und Durchführung der ersten gesamtdeutschen Wahl des Deutschen Bundestages zwischen der Bundesrepublik Deutschland und der Deutschen Demokratischen Republik sowie zu dem Änderungsvertrag vom 20. August 1990)”[22] 제1조에서 이 선거조약과 수정조약에 동의했고, 아울러 동법 제2조 제2호의 규정을 통해 연방선거법 제6조 제6항의 5% 저지조항이 동독지역에서도 그대로 확대 적용된다는 전제하에 후보자명부통합을 내용으로 하는 개정 연방선거법 제53조 제2항을 제정함으로써 자신들의 기본법 제38조 제1항과 제21조 제1항에 의하여 보장된 평등선거권(Recht auf Gleichheit der Wahl)과 기회균등권(Recht auf Chancengleichheit)을 침해했고, 한편 연방참사원은 동법 제1조와 제2조 제2호에 동의함으로써 앞서 언급한 자신들의 권리를 침해했다고 주장한다. 즉 연방선거법 제6조 제6항 제1문 전단의 5% 저지조항은 자신들과 같은 일부지역에 한정된－특히 동독지역의 경우－소수정당에게는 매우 불리하고 불합리한 조항으로서, 이들 정당들에게는 지금까지 전독일지역의 선거구에서 자신들의 정당을 설립할 시간적 여유가 없었으므로 이들이 5% 저지선을 극복하여 의회에 진출하기란 사실상 불가능하다는 것이다. 또 이 점을 보완하기 위하여 마련된 개정된 연방선거법 제53조 제2항의 소위 후보자명부통합제도(정당들간의 제휴로 하나의 통합된 후보자명부를 만들어 이를 통해 전체로서 5% 저지선을 극복할 기회를 부여하는 제도)는 이들 소수정당들이－특히 동독지역의－5% 저지선의 극복을 위해서 후보자명부통합제도의 목적을 달성하기 위한 조건을 갖춘 다른 정당을 찾아 제휴할 수 있는 사실상의 가능성이 매우 적기 때문에 그 실효성이 없어 결과적으로 이 규정은 원래의 제도목적에 역행된다는 것이다. 따라서 연방선거법 제53조 제2항은 위헌 · 무효이고, 동법 제6조 제6항 제1문은 제12대 전독

22) BGBl Ⅱ, S. 813.

일연방의회선거에 적용되는 한 위헌이라고 주장한다.

(2) 피신청인 · 피청구인의 주장

주된 피신청인·피청구인인 연방의회는 의회에서의 군소정당의 난립을 방지하여 의회내의 안정된 다수세력의 확보에 이바지하는 5% 저지조항은 그 제도적 목적에 비추어 예외 없이 전 독일연방의회선거에도 적용되어야 하며, 여기서 파생되는 신청인·청구인이 주장하는 바와 같은 문제점은 개정된 연방선거법 제53조 제2항에서 규정한 각 정당간의 후보자명부통합제도를 통해 해결될 수 있다고 주장한다. 다시 말해 이 제도를 통해 모든 소수정당들은 이 제도의 전제조건에 부합하는, 즉 자신과 같은 주에서 경쟁관계에 있지 아니한 정치적 성격이 유사한 파트너정당과 제휴하여 후보자명부를 통합시킴으로써 전체로서 5% 저지선을 극복하여 결국 의회에 진출할 수 있고, 여기서 파트너정당을 가진 정당과 이들보다는 많은 득표를 했으나 결과적으로 5% 저지선을 극복하지 못하여 의회에 진출하지 못한 정당과의 불평등이 정당화되어 질 수 있는 것이며, 따라서 이 제도는 정당간의 실질적인 기회균등의 원칙에도 합치된다고 주장한다.

피청구인측 보조참가인인 연방정부의 견해도 연방의회의 주장과 대체로 일치한다.

3. 주 문

(1) 헌법소원심판절차

1) 동의법을 통해 개정된 연방선거법 제53조 제2항은 기본법 제38조 제1항에서 보장한 청구인의 평등선거권을 침해한 것으로 무효이다.

2) 연방선거법 제6조 제6항 제1문 전단의 규정은 제12대 전 독일연방의회선거와 관련하여 전 독일지역을 하나의 선거단위로 하여 확대 적용되는 한 기본법 제38조 제1항 제1문에서 보장한 청구인의 평등선거권을 침해한 것이며, 그 한도에서 이 규정은 기본법에 합치되지 아니한다.

(2) 기관쟁의심판절차

연방의회는 동의법의 제정을 통해, 연방참사원은 이 동의법에 대한 동의를 통해 기본법 제21조 제1항과 제38조 제1항에서 보장된 청구인의 기회균등권을 침해했다.

4. 이 유

(1) 선거에 있어서, 특히 비례대표선거에 있어서의 대원칙은 각 표의 균등을 내용으로 하는 평등선거의 원칙이다. 기본법 제38조 제1항 제1문에서의 평등선거의 원칙도 이처럼 형식적 의미의 평등(Gleichheit im formalen Sinne)으로 이해되어야 하고, 이에 따라 주어진 각 표의 가치는 동일하게 다루어져 투표의 산술적 계산가치의 평등(Zählwertgleichheit)뿐 아니라 그 성과가치의 평등(Erfolgswertgleichheit)도 아울러 지켜져야 한다. 그리고 각 정당간의 형식적 의미의 평등의 원칙, 특히 선거에 있어서의 기회균등의 원칙도 앞서 언급한 기본법 제21조 제1항(기본법 제38조 제1항 제1문과 관련하여)에서 규정하고 있는 정당설립의 자유와 복수정당제의 보장 및 이에 따른 정당의 헌법상의 지위에서 당연히 도출되는 것이다. 따라서 이러한 평등선거의 원칙과 각 정당간의 기회균등의 원칙에 대한 제한은 극히 불가피하고 객관적인 사유로 인해서만 가능하다. 그런데 여기서 5% 저지조항의 적용으로 야기되는 문제점, 즉 제2투표의 결과 전체 유효투표수의 5% 이상을 획득한 정당은 의석을 할당받고 그렇지 못한 정당은 전혀 의석을 배분받지 못하는 비례대표제선거에 있어서의 평등선거의 원칙에 대한 제한은 이를 통해 의회에서의 군소정당의 난립을 막고, 의회내의 안정된 다수세력을 형성시켜 줌으로써 의회의 원활한 기능을 확보한다는 데 그 합리적인 사유가 존재하므로 일응 정당화되어질 수 있는 것이다.

그러나 5% 저지조항은 그때그때의 시대적·정치적 상황과 장소에 따라 달리 적용되어야 하며, 만일 이 규정이 적용될 수 없는 특별한 사유가 존재한다면 선거법은 원래대로 형식적 의미의 평등선거의 원칙하에서 가치중립적으로 규정되고 기능하여야 한다. 이런 점에서 볼 때 동독지역에의 정당들은 대부분 최근에, 즉 통일을 전후하여 설립된 것이어서(그 이전에는 공산당독재와 사회주의원칙에 위배되는 강령을 가진 정당의 설립금지규정으로 인해 타정당의 설립이 사실상 불가능했음) 이들에게는 눈앞에 닥친 제12대 전 독일연방의회선거준비를 위한 시간적 여유가 없고, 이들의 인적·물적 조직이 너무 취약하여 이들에게 제2투표의 총 유효투표수의 5% 이상을 획득할 것을 기대하기란 사실상 불가능하다. 그런데 이는 이들 정당의 정치적 능력이나 강령 등에 원인이 있는 것이 아니라 금번 제12대 전 독일연방의회선거에서 5% 저지조항의 동독지역에로의 부당한 확대 적용에 원인이 있는 것이다.

(2) 피신청인 · 피청구인은 이 5% 저지조항의 동독지역에로의 확대 적용에서 발생하는 이러한 문제점은 각 정당간의 제휴, 즉 개정된 연방선거법 제53조 제2항에서 규정하고 있는, 같은 주에서 서로 경쟁관계에 있지 아니한 정당간의 후보자명부통합제도를 통해서－즉 이를 통해 결과적으로 전체 유효투표수의 5% 이상을 획득할 수 있는 가능성이 증대되므로－해소될 수 있다고 주장한다. 그러나 이 제도의 적용을 받을 것으로 예상되는 동독지역의 신생 · 군소정당이 이 제도를 통해 5% 저지조항을 극복하기 위하여 그 제도적 목적에 적합한 다른 정당과 제휴할 수 있는 사실상의 가능성은 매우 적다. 물론 추상적 · 이론적으로는 모든 정당에게 제휴를 통한 후보자명부통합의 가능성이 열려 있기는 하지만 정치적 실제상황에서 살펴보면 그렇지 못하다. 왜냐하면 이러한 소수정당이－특히 동독지역에서의－후보자명부통합제도를 통해 자신의 취약함을 보완하여 5% 이상의 유효투표수를 획득할 수 있기 위해서는 그 파트너정당으로서 사실상 서독지역의 기존의 제도화된 역량있는 중 · 다수정당을 찾을 수밖에 없는데, 이러한 기존의 서독정당들은 이미 동독지역에 설립된 자매정당과 제휴를 했고, 이에 따라 모든 주에서 후보자명부를 제출한 결과 연방선거법 제53조 제2항의 규정에 의해 파트너정당으로서의 대상에서 제외되기 때문에 동독지역의 소수정당이 5% 저지선을 극복하기 위하여 후보자명부통합을 위한 파트너정당을 발견하기란 사실상 거의 불가능하게 되었다. 따라서 연방선거법 제53조 제2항의 적용을 받을 것으로 예상되는 소수정당들은 자신의 정치적 능력이나 강령 등에 관계없이 이러한 사실상의 시대적 · 정치적 상황으로 인해 동맹제휴정당을 찾지 못하게 되고, 이로 인해 5% 저지선을 극복하지 못하여 결국 비례대표의석배분에 전혀 참여할 수 없게 될 것이다. 이는 결국 정당의 기회균등의 원칙과 평등선거의 원칙에 위배된다.

이러한 이유 때문에 개정 연방선거법 제53조 제2항은 위헌 · 무효이며, 동법 제6조 제6항 제1문 전단은 제12대 전 독일연방의회선거에서 전 독일지역을 하나의 선거단위로 하여 확대 적용되는 한 기본법에 합치되지 아니한다. 따라서 입법자에게는 새로운 선거규정의 제정이 요청되는데, 이는 눈앞에 닥친 전 독일연방의회선거에서 이들 신생 · 군소정당들이 새로 제정될 선거법규정에 적응 · 준비할 기회와 시간을 고려하여 단시일 내에 이루어져야 할 것이다.

5. 평 가

이상에서 살펴본 바와 같이 연방헌법재판소의 결정이유에 따르면 일반적으로는 군소정당의 난립을 막고 안정된 의회내의 다수세력의 확보를 위해서 5% 저지조항의 적용이 정당화되어질 수 있으나, 제12대 전 독일연방의회선거에서처럼 매우 빨리 진행된 통일이라고 하는 역사적 소용돌이 속에서 선거에 대한 충분한 준비와 조직력을 확보하지 못한 동독지역의 신생·군소정당들이 이러한 예외적인 특수한 시대적·정치적 상황으로 인해 5% 저지선을 극복하기란－선거결과 사실로 입증되었듯이－거의 불가능하며 이는 이들 정당에게 그 귀책사유가 있는 것이 아니라 불가피하고 예상치 못한 예외적인 상황에 그 원인이 있으므로 이들에게 5% 저지조항을 적용하는 것은 정당화되어질 수 없고, 아울러 이 문제점을 해결하기 위한 후보자명부통합제도는 그 제도목적의 실현을 위한 기대가능하고 적합한 제도가 아니기 때문에 결국 정당간의 기회균등과 평등선거의 원칙에 위반되는 위헌적 규정이라는 것이다.

이 연방헌법재판소의 결정취지는 대체로 타당한 것으로 여겨진다. 왜냐하면 결국 5% 저지조항은 앞서 언급한 그 제도상 목적의 실현을 위하여 불가피하게 비례대표제의 이념적 요청인 평등선거의 원칙과 정당간의 기회균등의 원칙을 제한하는 것인데, 무릇 일정한 원칙에 대한 예외가 헌법상 정당화되어지기 위해서는 그 제도상의 목적적 정당성 이외에 그 제도실현의 방법과 절차의 정당성이 확보되어져야 하고, 아울러 그 목적과 수단 사이에 비례의 원칙이 준수되어야 한다. 그런데 이번 제12대 연방의회선거에 있어서는 선거결과 사실로 입증되었듯이 예외적인 시대적·정치적 상황으로 인해 동독지역의 신생·소수정당들이 독자적으로 또는 후보자명부통합을 통해 5% 저지선을 극복하는 것이 사실상 기대가능하지 않고 이에 대한 귀책사유가 이들 자신들에게 있는 것이 아니기 때문에 이들에게 5% 저지조항을 확대 적용하는 것은 그 목적달성을 위한 방법과 절차적 정당성 확보에 문제가 있다고 할 수 있으며, 아울러 5% 저지조항의 이들에 대한 제한 없는 확대 적용은 이를 통해 달성되는 제도적 목적에 비추어 적합하고 불가피한 최후의 수단으로 보기 어렵고, 이들에게 최소한의 희생만을 강요하는 비례적인 것(달성되는 목적과 그를 통해 희생되는 이익 사이의 비교형량의 결과)이라 보기도 어렵기 때문에 법치국가적 요청인 비례의 원칙에 위반된다고 보지 않을 수 없다.

이러한 견해는 소수민족정당(Parteien nationaler Minderheiten)에 대하여 5% 저지조항의 적용을 배제시킨 연방선거법 제6조 제6항 제2문의 특별규정과 비교해 볼 때도 타당한 것이라 하겠다. 왜냐하면 이들 소수민족정당들은 다른 일반정당과는 달리－정책과 강령에 대한 대등한 경쟁을 하기 보다는 이와는 관계없이－자신들의 지지기반인 소수민족의 이익을 대변하기 위한 것이라는 특수한 정치적·사회적 상황과 필연적인 인적·물적 조직상의 취약함으로 인하여 이들 정당이 저지조항을 극복하기란 사실상 불가능하며, 따라서 이들에게 5% 저지조항을 통해 평등선거의 원칙에 대한 제한을 적용하는 것은 그 수인의 기대가능성이 없기 때문이다.[23)]

Ⅳ. 맺음말

지금까지 다수대표제와 비례대표제에 대한 일반적 고찰과 독일 연방선거법상의 관계규정 및 5% 저지조항에 대한 독일연방헌법재판소의 결정내용을 통해 독일의 연방의회선거제도에 대하여 살펴보았는데, 결과적으로 독일의 선거제도는 이론적으로 일응 우수하며 실제에 있어서도 대체로 성공적인 것으로 평가될 수 있겠다. 이에 비하여 우리의 국회의원선거제도는 그 이론과 실제에 있어서 상당한 문제점을 지니고 있다. 여기서는 그 문제점 중 이 글의 주제인 비례대표국회의원선출방식과 관련하여 지역구의석과 비례대표의석의 결합방식 문제에 대해서만 간단히 언급하고자 한다.

현행 국회의원선거제도는 지역구의석과 비례대표의석이 각각 별개로 고정된 형태로서 일본의 병립식[24)]과 유사하다. 병립식은 비례대표의석수와 지역구 다수대표의석수가 별도로 정해지고 양자가 독립하여 결합한 것으로서 의석배분에 있어서도 양자가 각각 이미 고정적으로 정해진 의석을 별도로 배분하게 된다. 즉 제1표에 의하여 지역구당선자가 정해지고, 제2표에 의하여 비례대표당선자가 정해진다. 따라서 독일의 혼합식에서와는 달리 초과의석이 발생할 가능성이 없다. 이 제도는 상이한 선거제도의 물리적 결합으로서 절반의 비례대표효과만을 가진다고 볼 수 있지만, 다른 한편 이 제도는 혼합식과 비교해 볼 때 다수세력의 형성에 유리하고

---

23) Vgl. Seifert, Bundeswahlrecht Kommentar, 3. Aufl., 1976, §6 Rdnr. 28; Schreiber, Handbuch des Wahlrechts zum Wahlrechts zum Deutschen Bundestag, 4. Aufl., 1990, §6 Rdnr. 22ff.; BVerfGE1, 208(257f.); 4, 31(40); 5, 77(83); 6, 84(97f.).

24) 일본의 중의원의원선거제도는 1994년 중선거구제에서 소선거구 다수대표제와 정당명부식 비례대표제의－1인 2표제－병립식으로 개정되었다. 이에 따라 총 500석의 중의원의석 중 300석은 소선거구 다수대표제로 지역구에서 선출되고, 나머지 200석은 11개의 권역별로 비례대표제에 의하여 선출된다. 지역구의석 300석과 비례대표의석 200석은 각각 별개로 고정되어 있고, 정당명부는 후보자순위가 고정되어 있는 고정명부로서 각 권역별로 작성되고, 비례대표의석은 각 권역별로 각 정당의 득표율에 따라 배분된다. 그리고 비례대표의석의 배분에는지역구선거에서 5석 이상의 의원을 당선시켰거나, 제2표에 의한 총 유효투표수 중 2% 이상의 득표율을 올린 정당만이 참여할 수 있도록 저지조항을 마련했다. 한편 지역구선거와 정당명부에 의한 비례대표선거에의 중복입후보를 허용하고 있다.

제1당 내지 대정당에게 유리하다고 평가된다. 실제로 1996년 일본의 중의원선거에서 제1당인 자민당은 다수대표선거에서의 득표율 38.6%, 비례대표선거에서의 득표율 32.8%로 총 47.8%의 의석을 차지했다.

이에 반해 독일의 혼합식의 경우는 앞서 소개한 바와 같이 각 정당의 총의석수가 정당명부에 대한 제2투표의 결과 획득한 득표율에 따라 정해진다. 즉 지역구의 석수와 비례대표의석수가 미리 별도로 정해지고 양자의 의석배분이 별개로 이루어지는 것이 아니라, 일차적으로 각 정당이 차지할 수 있는 총 의석수가 연방을 단위로 각 정당이 획득한 제2표의 유효득표율에 따라 배분되는 것이다. 이렇게 연방차원에서 각 정당에 배분된 의석수가 다시 각 정당의 주명부로－역시 유효득표율에 따라－재분배된다.[25)] 이처럼 혼합식의 경우에는 각 정당이 차지할 수 있는－지역구의석과 비례대표의석을 모두 포함하여－총 의석수가 이미 제2표의 득표율에 따라 정해지므로 독일식은 비례대표제의 기본바탕위에 지역구선거를 통한 인물선거적 요소를 혼합한 것이라고 할 수 있다. 이 혼합식이 병립식에 비하여 득표율과 대표율의 일치 내지 대표형성의 정확성, 평등선거의 원칙, 소수·신진·개혁세력의 의회진출가능성, 정당민주주의와 다원적 민주주의 등의 관점에서 보다 합리적이고 비례대표제의 기본취지에 부합된다고 평가된다. 물론 위에서 언급했듯이 의회의 안정된 다수세력의 형성이라는 측면에서는 병립식이 효과적이라고 볼 수도 있으나, 혼합식을 취한다고 해서 반드시 군소정당이 난립하고 의회의 다수세력형성이 어려운 것도 아니고, 설사 다수의 정당이 난립하고 여소야대현상이 나타난다고 하여 반드시 국정의 혼란이 오는 것도 아니다. 이러한 문제는 선거제도와 직결되는 또는 선거제도만을 유일한 원인으로 하는 것이 아니며, 여러 다양하고 복잡한 요소들과 관련되는 문제이고, 이를 미국이나 독일의 예에서도 알 수 있다. 따라서 1인 2표제에 의한 정당투표 비례대표제를 실시할 경우 진정한 비례대표제의 특성을 살리고, 대표의 정확성이란 선거제도의 기본이념원칙에 충실하면서, 선거 및 정치제도개혁의 취지도 살리고자 한다면 국회의원선거나 지방의회의원선거제도에서 지역구의석과 비례대표의석의 결합방식은 혼합식이 되어야 한다고 본다.

그동안 다수대표제를 근간으로 하는 우리의 국회의원선거제도가 지나친 지역색과 인물위주의 선거로 이루어졌고, 아울러 정당 자체가 개성있는 참신한 정책과

---

25) 독일 연방의회의 경우 과거 총 323개의 소선거구에서 1명씩 선출되는 지역구 의원과 16개주별로 정당명부식 비례대표제에 의해 선출되는 328명을 합쳐 656명으로 구성되었다(§1 BWG). 그러나 선거법개정으로 2002년 가을에 실시된 연방의회 총선에서는 각각 299석으로 줄어 총 598명으로 구성되게 된다(Art. 1 Nr. 1 des 13. Ges. z. Änd. des BWG v. 15.11.1996-BGBl. I S. 1712).

강령에 의해 기능하기 보다는 지방색과 특정인물 중심으로 설립되고 운영되어온 점에 비추어, 이제부터라도 각 정당이 독일에서처럼 분명한 정치적 색깔과 독특한 정책과 강령으로 무장되고 각 정당간의 기회균등이 모든 정치과정(선거 및 선거유세 캠페인, 정당의 자금조달 등)에서 실질적이고 효과적으로 보장됨으로써 진정한 정당 민주주의의 실현이 선행되어야 하겠고, 아울러 우리 선거제도가 가지고 있는 앞서 언급한 문제점의 보완을 위해 독일식 선거제도의 도입이 한번쯤 고려해봄직 하다고 하겠다. 우리의 숙원인 조국의 통일을 지향하면서 언젠가는 이루어질 역사적인 통일조국의 최초의 남북한총선거를 상상해 볼 때, 그 동안의 공산당 유일독재하의 북한과 동독과의 정치적 상황의 유사성에 비추어 최초의 전 독일선거에 있어서와 유사한 문제점이 우리에게도 발생할 수도 있을 것이고, 이 경우 앞서 언급한 연방헌법재판소의 결정내용은 우리에게 좋은 참고가 될 수 있을 것이다.

22. 비상입법자로서의 헌법재판소

- 독일 연방헌법재판소 1993. 5. 28. 낙태판결[1] -

[目 次]

Ⅰ. 머리말

이 글은 헌법재판소가 예외적으로 입법자의 역할을 수행할 수 있는지의 여부를 고찰한 것이다. 즉 헌법재판소가 일정한 법률조항에 대하여 위헌결정을 내리고 무효화시킬 수밖에 없는데, 이에 대한 후속조치로서 입법자가 대체입법을 상당한 기간 동안 할 수 없어 심각한 법적 공백상태의 지속이 우려되는 예외적인 상황에서 헌법재판소가 입법자를 대신해 잠정적인 입법적 조치를 결정주문을 통해 취함으로써 입법자가 새로운 입법을 할 때까지의 법적 공백을 메우는 일종의 비상입법자의 역할을 할 수 있는지, 그리고 있다면 그 근거는 무엇인지에 대하여 검토한 것이다.

이러한 논의의 단초를 제공한 것은 독일 연방헌법재판소의 1993. 5. 28.의 이른바 제2차 낙태판결이다. 연방헌법재판소는 이 판결주문에서 문제가 된 낙태문제를 규율하는 개정형법조항에 대하여 위헌·무효결정을 내리면서 동시에 입법자에 의

1) BVerfGE 88, 203.

한 새로운 입법이 있을 때까지 잠정적으로 적용될 규정을 마련했다. 따라서 이 사건에서 연방헌법재판소는 앞서 언급한 바와 같이 입법자를 대신하여 잠정적인 규정을 마련함으로써 일종의 입법자의 역할을 수행한 결과를 낳은 것이다. 이와 유사한 경우가 이미 1975. 2. 25.의 연방헌법재판소의 제1차 낙태판결[2]에서 발생했다. 연방헌법재판소는 이 판결주문에서도 당시 문제가 된 제5차 개정형법 제218a조에 대하여 위헌·무효결정을 내리면서 동시에 의회에 의한 새로운 입법조치가 있을 때까지 잠정적으로 적용될 몇 가지 규율을 마련한 바 있다.

좌우간 이는 매우 이례적인 결정유형이지만 예외적으로 발생할 수 있고, 또한 실제로 발생한 사안에 대한 연방헌법재판소의 결정이라는 점에서 이에 대한 헌법적 고찰이 필요한 사안이라고 하겠다. 또한 낙태문제처럼 첨예한 이해대립과 갈등을 초래함으로써 입법기관의 합의도출의 어려움을 야기하여 조속한 입법을 어렵게 만드는 사안은 우리의 경우에도 얼마든지 발생할 수 있는 사안이고, 특히 제2차 낙태판결이 동서독간의 통일과 그에 따른 법질서 통합과정에서 필연적으로 야기되는 과도적 상황에서 이루어진 결정이라는 점에 비추어 우리의 경우에도 독일에서처럼 통일이 시급한 과제이고 만일 통일이 이루어진다면 독일에서와 같은 과도적 상황이 우리에게도 발생할 수 있다는 점을 고려한다면, 그리고 우리와 독일의 헌법재판제도가 매우 유사하다는 점을 고려한다면 여기서 다루는 독일 연방헌법재판소의 결정유형은 우리에게 시사하는 점이 많다고 하겠다.

따라서 여기서는 먼저 제2차 낙태판결의 배경과 요지를 살펴보고, 헌법재판소가 내린 결정주문내용의 입법적 기능 및 그 근거와 그에 대한 비판, 그리고 그러한 입법적 기능의 헌법적 의미와 우리법제에의 적용가능성 등에 대하여 살펴보기로 한다. 앞서 언급한 바와 같이 이 글의 주제는 헌법재판소가 예외적으로 입법적 기능을 행사할 수 있는지의 여부 및 그 정당화를 위한 헌법적 근거를 고찰해보는 것이기 때문에 이 판결의 구체적 내용과 그에 대한 평가는 생략한다.[3]

---

2) BVerfGE 39, 1.

3) 독일 연방헌법재판소의 제2차 낙태판결의 구체적 내용과 그에 대한 문제점에 대하여는 강태수, 인공임신중절에 대한 규율, 독일통일의 법적 조명, 1994, 박영사, 161쪽 이하 참조.

Ⅱ. 2차 낙태판결의 배경 및 내용

1. 2차 낙태판결까지의 과정

통일이 되기 이전 서독지역에서는 낙태는 원칙적으로 금지되었고, 낙태에 대한 처벌규정인 형법 제218조 등에 따르면 낙태는 형법상 생명에 대한 범죄로서 3년 이하의 징역이나 벌금, 임산부 자신의 경우에는 1년 이하의 징역 또는 벌금에 처해졌다. 다만 예외적인 정당화 사유(예컨대 의학적, 우생학적, 형사적 사유 등)가 있는 경우에만 의사에 의한 낙태가 처벌되지 아니하였다. 이를 일정한 적응증을 기준으로 낙태허용 유무를 결정한다고 해서 적응증규정(Indikationsregelung)이라고 불렀다. 이들 규정은 연방헌법재판소가 수태후 12주가 경과하기 이전에 임산부의 동의를 얻어 의사가 행한 낙태는 처벌되지 아니한다는 1974. 6. 18.의 제5차 개정형법 제218a조에 대하여 위헌결정(제1차 낙태판결)을 내린 후에 마련된 것이다.[4)]

이에 반하여 동독에서는 1972년의 낙태법(Gesetz über die Unterbrechung der Schwangerschaft)에서 낙태가 여성의 권리로서 인정되었다. 즉 이 법에 따르면 수태 후 12주 이내의 낙태는 여성의 권리이며(전문 및 제1조), 수태 후 12주가 경과했어도 광범위한 의학적·사회적 사유가 있는 한 임산부의 신청에 의해 낙태가 허용된다(제2조 제1항). 이러한 동독의 낙태에 관한 규정에서는 수태 후 12주라는 기간이 낙태의 허용기준이 되기 때문에 이를 기간규정(Fristenregelung)이라고 불렀다.

이처럼 과거 서독의 경우에는 낙태를 원칙적으로 금지하면서 예외적으로만 허용하는 등 낙태에 대하여 엄격한 입장을 취하면서 결과적으로 태아의 생명권 등 태아의 권리를 여성의 자기결정권 등 여성의 권리보다 우선시킨 반면, 동독의 경우에는 임신으로 인한 사회 각 분야에서의 여성의 불이익을 철폐하고 각종 사회보장제도를 통해 여성의 직업활동과 가족생활이 조화를 이루도록 여성의 낙태권을 보장함으로써 결과적으로 여성의 자기결정권을 태아의 생명권보다 우선시켰다고 볼 수 있다.

한편 그러던 중 1990년 10월 3일 동·서독이 통일되고, 통일이 동독이 서독에 편

---

4) 이는 당시 193명의 연방의회의원과 Baden-Württemberg, Saarland, Bayern, Schleswig-Holstein 등 4개 주정부가 제5차 개정형법 제218a조에 대하여 제기한 추상적 규범통제소송에서 연방헌법재판소가 위헌결정을 내린 사건으로 이미 위에서 언급했듯이 이 판결에서 연방헌법재판소는 결정주문에서 제5차 개정형법 제218a조에 대하여 위헌·무효결정을 내리면서 동시에 입법자에 의한 새로운 입법조치가 있을 때까지 잠정적으로 적용될 몇가지 규율을 마련했다(BVerfGE 39, 1[2f.]).

입되는 흡수통일방식으로 이루어짐에 따라 원칙적으로 서독의 법질서가 동독지역에 적용되게 되었다. 그러나 낙태문제와 관련한 서독의 법질서가 그대로 동독지역에 적용되는 데에는 많은 문제가 있었다. 왜냐하면 주지하는 바와 같이 동독지역은 서독지역과 비교하여 오랫동안 상이한 정치적·경제적·사회적·문화적 상황에 처해 있었기 때문에 서독지역에 적용되어온 낙태에 관한 규율을 그대로 그리고 즉시 동독지역에 적용하는 것은 무리였고, 비효율적이었으며, 이는 동·서독인 간의 내적인 갈등만을 야기시킬 수 있었기 때문이다. 따라서 1990년 8월 31일의 통일조약(Einigungsvertrag)[5] 제31조 제4항은 1992년 12월 31일까지 동·서독지역에 통일적으로 적용될 새로운 규정을 통독 후 새로운 입법자가 제정하도록 하였고, 그때까지의 과도기간에는 통일조약 부속문서[6]에 의하여 동독의 낙태법은－동법과 동법 시행령 중 서독의 기본법에 명백히 저촉되는 일부조항은 삭제되었지만－12주 이내의 낙태는 허용된다는 기간규정의 골격이 유지된 채 계속 동독지역에 적용되도록 되었다. 따라서 결국 통일 이후에도 과도적으로 양 지역에 각각 상이한 법질서가 적용되다가 연방의회는 1992년 7월 27일 양 지역에 공통적으로 적용될 규율을 마련하게 되었는데, 이것이 양 지역을 적절히 만족시킬 일종의 타협적 내용을 지닌 형법개정법률로서의 임산부와가족지원법(Schwangeren- und Familienhilfegesetz)이었다. 이 법률에 의해 개정된 동·서독의 양 지역 모두에 적용될 낙태에 관한 형법규정인 제218a조는－동법 제218조는 여전히 낙태는 원칙적으로 3년 이하의 징역 또는 벌금에 처한다고 규정하면서도－임산부가 수태 후 12주 이내에 법률이 인정하는 상담소에서 상담을 거쳤다는 증명서를 의사에게 제출한 후 임산부의 요청에 따라 이루어진 낙태는 위법하지 않다고 규정했다. 또한 동법 제219조에 따르면 상담은 기록되지 않고, 임산부의 희망에 따라 익명으로 행해지며, 임산부가 낙태결정을 내리는데 필요한 정보를 얻은 후 상담소는 즉시 증명서를 발급하도록 하였다.[7] 이에 따라 임산부는 수태 후 상담을 조건으로 12주 이내에 합법적으로 낙태를 할 수 있도록 되었다. 따라서 이를 상담조건부 기간규정(Fristenregelung mit Beratungspflicht)이라 부른다. 결국 통일 이후 전 독일지역에 적용될 새로운 낙태에 관한 형법규정은 과거 서독 형법의 낙태규정을 개정한 일종의 절충적 규정이지만, 실제로는 구 서독의 규정보다는 구 동독의 규정에 가까운, 따라서 임산부의 낙태를 폭넓게 허용하여 태아의 생명권보다는 여성의 자기결정권을 우선시키는 내용에 보다 가깝다고

---

5) BGBl Ⅱ, S. 889.

6) Anlage Ⅱ Kapitel Ⅲ Sachgebiet C Abschnitt I Nr. 4 und Nr. 5.

7) BVerfGE 88, 203(226ff.)에 소개된 관련규정 참조.

할 수 있었다.

그런데 개정형법의 이러한 상담조건부 기간규정에 대하여 그 효력발생시기인 1992년 8월 5일 이전에 이미 위헌시비가 강하게 일면서 Bayern 주정부와 248명의 연방의회의원들이 법률효력정지 가처분신청과 함께 역시 Bayern 주정부와 249명의 연방의회의원들이 이 사건 추상적 규범통제를 신청하게 되었다. 연방헌법재판소는 새 낙태규정의 효력발생 하루전날인 1992년 8월 4일 가처분신청 원고측의 주장을 받아들여 보안소송의 심판때까지 새 낙태규정의 효력발생을 잠정적으로 정지시키는 가처분결정을 내렸다.[8] 그 결과 낙태에 관하여 구 동독지역에는 구 동독의 기간규정이, 그리고 구 서독지역에는 구 서독의 적응증규정이 당분간 계속 효력을 갖게 했다.[9]

2. 2차 낙태판결의 내용

그 후 연방헌법재판소는 1993년 5월 28일 이 사건의 본안판결에서 문제된 낙태에 대한 개정형법규정인 제218a조 등에 대하여 위헌결정을 내렸다. 이 사건에서 연방헌법재판소는 개정된 새 낙태규정이 태아의 생명권과 인간의 존엄성을 보호할 국가의 의무를 위반하는 상황을 허용하는 것이기 때문에 위헌이라는 논거를 제시했다.[10] 이는 위에서 소개한 1975년의 제1차 낙태판결에서 제시한 위헌논거[11]와 동일하다고 할 수 있다.

한편 연방헌법재판소는 앞서 언급한 바와 같이 결정주문에서 문제된 형법조항인 제218a조 등에 대한 위헌·무효선언과 동시에 입법자에 의한 새로운 입법이 있을 때까지 낙태문제에 대하여 적용될 잠정적인 규율, 즉 경과규정(Übergangsregelung)을 마련했다.

그리고 이 사건에서 이러한 위헌의견으로서의 다수의견 외에 Mahrenholz와 Sommer의 반대의견 및 Böckenförde의 반대의견이 있었다.

위헌결정과 경과규정의 내용을 간단히 살펴보면 다음과 같다.

---

8) BVerfGE 86, 390.

9) BVerfGE 86, 390(393).

10) BVerfGE 88, 203(251ff.).

11) BVerfGE 39, 1(42).

(1) 위헌결정의 요지

연방헌법재판소는 결정주문의 Ⅰ.에서 수태 후 12주 내에 상담 후 이루어진 낙태가 위법하지 않다고 규정한 개정형법 제218a조 제1항 등에 대하여 위헌 · 무효결정을 내렸다. 그 이유는 낙태는 원칙적으로 헌법상 금지되는 위법한 행위로서 낙태에 있어서 위법성조각사유는 헌법이 허용하는 예외적 사유(의학적, 우생학적, 형사적 사유 등)에 국한되며, 따라서 이러한 예외적 사유가 없을 경우의 낙태는 정당하지 못하다는 것이다. 이는 이미 위에서 언급한 바와 같이 제1차 낙태판결에서와 같이 태아의 생명권에 대한－기본법 제1조 제1항에 근거한－국가의 보호의무를 그 논거로 하고 있다.[12] 즉 국가는 인간의 생명을 보호할 의무를 지며, 따라서 국가는 스스로 태아의 생명을 침해해서도 안될 뿐 아니라 임산부를 포함한 제3자의 침해에 대해서도 보호할 의무를 지기 때문이라는 것이다. 따라서 태아는 임신기간 동안 산모에 대하여 생명권을 가지며 국가는 이러한 태아의 생명권을 그 산모의 침해에 대하여도 보호해야만 한다는 것이다. 따라서 태아의 생명에 대한 결정을 산모에게만 맡길 수는 없다고 한다. 물론 국가의 보호의무의 범위는 서로 상충되는 양측의 기본권을 고려하여 정해진다고 한다. 즉 한편에서는 태아의 생명권과 다른 한편에서는 산모의 생명권, 개성신장의 자유, 신체에 관한 권리, 인간의 존엄성 등이 고려된다는 것이다. 그런데 여성 내지 산모의 기본권은 태아의 생명권을 보호하기 위한 여성의 출산의무를 일반적으로 폐지하는 정도로 넓게 미치는 것은 아니기 때문에 여성 내지 산모의 기본권을 우선시킬 수밖에 없는 예외적 사유가 있는 경우를 제외한다면 원칙적으로 태아의 생명권이 우선하며, 따라서 낙태는 원칙적으로 위법한 것으로 금지된다는 것이다.

아울러 연방헌법재판소는 상담의 목적은 태아의 생명을 보호하는 것이라고 하면서 이 점에서 미흡하고 불명확하게 상담의무의 내용과 절차 및 담당기관의 조직 등에 대하여 규정한 개정형법 제219조에 대하여도 위헌 · 무효결정을 내렸다.

(2) 경과규정의 요지

연방헌법재판소는 상기 언급한 바와 같이 개정형법 제218a조 제1항과 제219조 등이 위헌 · 무효라고 결정하면서 동시에 이 조항을 대신하여 법적인 공백과 혼란

12) BVerfGE 88, 203(251ff.).

을 막기 위하여 입법자에 의한 새로운 입법이 있을 때까지 적용될 경과규정을 결정주문 Ⅱ.에서 스스로 마련했다. 그 내용을 요약하면 다음과 같다.

먼저 이 결정에 따르면 연방헌법재판소의 1992년 8월 4일의 가처분결정에 따라 구 서독지역과 구 동독지역이 분리되어 낙태에 관하여 각각 상이한 법질서가 적용되도록 했던 것을 1993년 6월 15일까지 지속시키면서 동시에 1993년 6월 16일부터 입법자에 의한 새로운 입법이 있을 때까지 주문에서 정한 잠정적 조치[13)]가 적용되도록 했다.[14)] 이러한 조치의 내용은 낙태처벌에 관한 형법규정에 대한 것뿐 아니라, 이와 관련된 질병보험 및 노동법상의 영역과 태아의 생명을 위한 헌법상의 보호의무 등 다양한 내용을 포함하고 있다.

그 중 중요한 핵심적인 내용은 먼저 법적으로 인정된 상담소에서 늦어도 낙태 3일전에 상담을 거쳤다는 증명서를 의사에게 제시한 후 임산부의 신청에 따라 수태 후 12주 이내에 의사에 의하여 이루어진 낙태의 경우에는 형법 제218조가 적용되지 않아 처벌되지 않는다는 것이다.

아울러 연방헌법재판소는 상담의 목적은 태아의 생명을 보호하는 것인데, 이 점에서 상담에 관하여 미흡하고 불명확하게 규정하고 있는 개정형법 제219조에 대하여 위헌·무효결정을 내리면서 상담에 대한 엄격하고 보다 명확한 요건을 제시했다. 그 상담과 관련한 강화된 내용의 요지는 첫째, 낙태희망일 3일전 상담의무, 둘째, 상담기관의 분만설득의무, 셋째, 상담기관의 설립허가제도 및 상담기록과 연례적인 보고서제출의무, 넷째, 낙태시술의료기관과 상담기관의 분리원칙 등이다.

(3) 결 어

이처럼 위헌·무효로 결정된 개정형법 제218a조 제1항과 연방헌법재판소에 의한 경과규정은 일정한 상담을 거친 후 이루어진 낙태가 처벌되지 않는다는 것에는 동일하다. 다만 전자의 경우 일정한 상담을 거친 후의 낙태는 그 자체 위법하지 않은 반면, 후자의 경우에는 그 상담요건이 보다 명확하고 엄격해졌다는 점과 그러한 상담을 거친 낙태라 하더라도 역시 위법하고 다만 처벌하지 않는다는 점에서 구별된다고 하겠다. 따라서 이러한 연방헌법재판소의 잠정적 조치의 내용은 기본적으로는 일정한 요건하에서 상담을 통한 낙태를 허용하되 그 요건을 까다롭게 해서 태아의 생명권에 대한 보호를 강화했다는 점에서, 즉 위헌결정받은 형법 제218a

13) 결정주문의 Ⅱ의 2호부터 9호까지의 내용(BVerfGE 88, 203[209ff.]).

14) 결정주문의 Ⅱ의 1호(BVerfGE 88, 203[209]).

조의 상담조건부 기간규정보다 상담의 내용을 보다 엄격히 그리고 까다롭게 강화했다는 점에서 일종의 강화된 상담조건부 기간규정이라고 부를 수 있을 것이다.[15) 그리고 일정한 상담을 거친 낙태라 하더라도 위법이기 때문에 그 비용이 법정보험에 의해 지급되지 않게 된다는 점에서 양자의 실질적인 차이가 있다고 하겠다. 결국 연방헌법재판소의 경과규정내용은 구 서독에 적용되었던 원칙적인 낙태금지의 원칙과 구 동독에 적용되었던 기간규정을 절충한, 즉 태아의 생명권도 고려하면서 동시에 여성의 자기결정권을 우선시한 구 동독지역의 법질서와 문화 및 정서 등도 고려한 일종의 타협적 규율이라고 평가할 수 있을 것이다.[16)]

Ⅲ. 헌법재판소의 입법적 행위에 대한 헌법적 검토

1. 낙태판결에서의 경과규정의 법적 성격

위에서 살펴본 바와 같이 제2차 낙태판결 결정주문상의 경과규정은 낙태문제에 관한 새로운 규정이 입법자에 의하여 마련될 때까지 잠정적으로 적용될 규범적 조치로서 일종의 입법조치라고 할 수 있고, 따라서 이러한 경과규정은 법률의 효력을 가진다고 볼 수 있다.[17)] 왜냐하면 이는 잠정적이고 예외적이지만 기존의 법률조항이 위헌·무효화됨에 따라 그를 대신해서 그 법적 공백을 제거하기 위하여 입법자에 의한 새로운 법률조항이 마련될 때까지 해당 사안을 규율할 규범이기 때문이다.[18)] 따라서 연방헌법재판소는 이 사건 결정주문에서의 경과규정을 통해 비상입법자(Notgesetzgeber)[19)] 내지 대체입법자(Ersatz-Gesetzgeber)[20)]로서 기능한 것으로 볼 수 있다. 물론 이는 그 자체 이미 입법자의 입법권을 침해하면서 권력분립의 원칙 및 죄형법정주의를 포함한 법치주의원리 등을 위반하는 것이지만 뒤에서 살펴보는 바와 같이 이를 정당화시키는 예외적 상황이 존재한다면 허용될 수도 있는 현상이라고 볼 수 있을 것이다.

15) 허영, 독일통일과 법질서통합과정, 독일통일의 법적 조명, 1994, 박영사, 104쪽.

16) Vgl. Schlaich, Das Bundesverfassungsgericht, 4. Aufl., 1997, S. 317.

17) Schneider, Die Vollstreckungskompetenz nach §35 BVerfGG-ein Notverordnungsrecht des Bundesverfassungsgerichts?, NJW 1994, S. 2591; Lerche, Das Bundesverfassungsgericht als Notgesetzgeber, insbesondere im Blick auf das Recht des Schwangerschaftsabbruchs, in: Heinze/Schmitt(Hrsg.), Festschrift für Gitter, 1995, S. 512f.; Schlaich, aaO, S. 318; Pestalozza, Verfassungsprozeßrecht, 3. Aufl., 1991, S. 267.

18) Schneider, aaO, S. 2593.

19) Lerche, aaO, S. 513: Pestalozza, aaO, S. 267.

20) Schlaich, aaO, S. 318.

2. 비상입법자로서의 헌법재판소

(1) 헌법재판소의 입법적 행위의 불가피성

이처럼 헌법재판소는 예외적으로 입법자의 역할을 수행하게 된다. 이러한 현상은 이 사건에서처럼 일정한 법률조항에 대하여 위헌결정을 내리고 무효화시킬 수밖에 없는데, 이에 대한 후속조치로서 입법자가 새로운 대체입법을 상당한 기간동안 할 수 없어 심각한 법적 공백상태가 지속될 수밖에 없는 지극히 예외적인 상황에서 헌법재판소 스스로가 입법자를 대신해 잠정적인 규범적 조치를 마련할 때 나타날 수 있다. 즉 헌법재판소에 의하여 위헌·무효로 선언된 기존의 법률조항이 정치적·사회적 상황 등의 이유로 입법자에 의한 새로운 합헌적 법률조항으로 신속히 대체되기가 어려워 장기간 지속되는 법적 공백과 혼란이 우려될 경우, 또는 상황에 따라서는 사안 자체가 시간적으로 극히 긴급할 경우, 예컨대 선거법조항에 근거해서 선거가 곧 실시될 예정인 상황에서 그 해당 선거법조항에 대한 위헌·무효결정이 내려질 경우[21] 등이 이러한 헌법재판소의 입법적 조치를 불가피하게 요구하는 경우에 해당된다고 할 수 있을 것이다.

따라서 이러한 경우는 우려되는 법적 공백상태를 제거하기 위하여 헌법재판소 스스로가 하나의 새로운 입법적 조치를 발할 수밖에 없는 불가피한 상황에 해당한다고 볼 수 있는 것이다. 물론 이는 당연히 잠정적인 조치로서 입법자 스스로가 새로운 법률규정으로 대체할 때까지만 효력을 가진다. 그러나 실제에 있어서는 헌법재판소에 의해 발해진 입법적 조치가 사실상 지속적인 조치로 간주되는 경우도 있을 수 있을 것이다. 왜냐하면 이 낙태판결의 경우에서처럼 이해당사자간 또는 기본권주체간에 첨예한 이해대립이 있고 매우 다루기 어려운 논란의 여지가 큰 사안에 있어서 입법자의 새로운 입법이 또다시 헌법에 위반되는 결과가 초래될 것을

---

21) 예컨대 통독 후 최초로 치러지는 연방의회선거(1990년 12월 2일)를 앞두고 연방선거법 제53조 제2항 및 제6조 제6항 제1문에 대하여 제기된 헌법소원 및 기관쟁의사건에서 연방헌법재판소는 연방선거법 제53조 제2항 대한 위헌·무효결정 및 제6조 제6항 제1문에 대한 한정위헌결정을 내렸는데(1990년 9월 29일), 여기서 연방헌법재판소는 곧 실시될 연방의회선거 이전 적절한 시기에 입법기관이 적절한 입법을 행할 의지가 있고 또한 여건상 가능하다고 판단하기 때문에 연방헌법재판소 스스로가 - 연방헌법재판소법 제35조에 따른 - 선거실시를 위한 법적 근거를 마련하지는 않는다고 판시하고 있다(BVerfGE 82, 322[352]). 이는 만일 그러한 입법이 시기적으로 불가능하다거나 입법자가 신속한 입법을 행할 의지가 없다고 판단되면 연방헌법재판소 스스로가 입법적 조치를 마련할 수 있다는 것을 의미한다. 이 판례에 대하여 자세한 것은 정연주, 비례대표제와 5% 저지조항, 헌법판례연구[I], 박영사, 2002, 449쪽 이하 참조.

우려하여 헌법재판소의 입법적 조치의 내용을 입법자 스스로가 수용하는 것이 객관적으로 예상되는 경우가 있을 수 있기 때문이다.

어쨌든 이 사건의 경우 이러한 경과조치 없이 낙태규정에 대하여 단순위헌·무효결정을 내린다면 낙태문제를 규율할 근거규정이 없어져 법적 혼란과 공백이 발생되어 결과적으로 기존의 위헌법률조항이 적용되는 경우보다–한시도 방치할 수 없고 급시를 요하는 태아의 생명권 등의 보호차원에서 헌법상 도저히 용인될 수 없는–더 큰 위헌상태를 야기할 것이다.[22)][23)] 또한 만일 헌법불합치결정이나 입법촉구결정 등의 변형결정이 이루어진다면 당분간 기존의 위헌법률조항이 계속 적용되어 현재의 위헌적 상황이 계속될 수밖에 없어 별다른 제한 없이–특히 그동안의 낙태와 관련한 동독지역의 법질서와 실제를 고려한다면–쉽게 낙태가 이루어져 태아의 생명권 등에 대한 심각한 기본권침해가 발생할 수 있어 이 경우 역시 헌법상 용인될 수 없는 매우 심각한 위헌상태를 야기하게 될 것이다. 더욱이 변형결정을 통해 위헌법률의 효력을 지속시킬 경우 앞서 지적한 바와 같이 이러한 경과조치가 내려질 수밖에 없었던 사유 중의 하나가 통일로 인하여 불가피하게 발생하는 과도기 내지 격동기라는 당시의 역사적·정치적 배경하에서 입법기관이 신속히 낙태문제에 대한 합헌적인 입법을 할 가능성이 적었다는 점을 고려한다면[24)] 위헌법률의 효력이 장기간 지속될 가능성이 있어 이러한 변형결정은 합리적이고 합헌적인 해결책이 될 수 없는 것이다.

한편 개정형법조항 이전까지 적용되었던–구 서독지역과 구 동독지역에 각각 별개의 법질서가 적용되었던–기존의 법질서를 계속 적용시키게 할 경우를 고려할 수 있겠으나, 이는 첫째, 상이한 법질서가 통일된 한 국가안에서 계속 존속하는 것 자체가 바람직하지 않고, 둘째, 그동안의 동독지역에서의 낙태상황과 그동안 동독지역에 적용되어온 낙태에 관한 법질서를 고려해 볼 때 동독지역에서 낙태가 무분별하게 이루어질 것이고 이는–앞서 언급했던 아무런 경과조치 없이 단순위헌·무효결정만 내려지는 경우와 유사하게–태아의 생명권보호라는 측면에서

---

22) So auch Lerche, aaO, S. 512; Schneider, aaO, S. 2593.

23) 제1차 낙태판결에서도 연방헌법재판소는 당시 문제된 개정형법조항인 제218a조에 대한 위헌·무효결정과 함께 몇 가지 경과조치를 마련했는데, 이 경우에도 연방헌법재판소가 경과조치를 취할 수밖에 없었던 이유는 단순위헌·무효결정이 야기할 법적 공백과 혼란을–태아의 생명권보호차원에서–피하기 위한 것이라고 하겠다. Vgl. Schlaich, aaO, S. 317.

24) 설사 어느 정도의 조속한 입법의 가능성이 존재한다 하더라도 그때까지의 기간을 사각지대 없이 합헌적으로 규율할, 즉 태아의 생명권이 무분별하게 침해되는 위헌적인 법적 공백과 혼란을 제거할 잠정적인 입법적 조치가 간절히 요구되는 것이다.

볼 때 헌법상 용인할 수 없는, 그리고 위헌·무효화된 개정형법조항이 계속 적용되는 상황보다 더욱 커다란 위헌상태를 야기할 수 있기 때문에 구 동독지역에도 헌법에 합치되는 법질서가 즉시 적용되어야 할 긴급한 필요성이 있다는 점에서 적절한 대안이라고 볼 수 없다. 물론 이 사안은 연방헌법재판소의 판결취지에서도 보는 것처럼 그리고 방금 위에서 해당 개정형법조항의 효력을 지속시킬 경우 발생할 수 있는 심각한 문제점에 대하여 언급한 내용과 관련해서도 알 수 있듯이 문제된 개정형법조항은 그 전체로서 명백한 위헌이지 그 조항 중 일부분만에 대한 부분위헌결정이나 또는 합헌적 법률해석을 해 합헌결정을 내릴 수 있는 사안은 더더구나 아니다.[25)]

결국 위에서 들은 이러한 긴박한 예외적인 상황이 헌법재판소가 불가피하게 입법자를 대신해서 입법자가 새로운 입법을 할 때까지 잠정적으로 적용될 입법적 조치를 발할 수밖에 없는 현상을 정당화시킬 수 있다고 하겠다.

(2) 권력분립원칙과 관련하여

그런데 이러한 헌법재판소에 의한 입법적 행위는 원칙적으로 입법자 내지 의회의 권한을 침해하는 것으로서 권력분립의 원칙에 위배된다고 볼 수도 있다. 왜냐하면 입법권은 배타적인 의회의 권한이기 때문이다. 헌법재판소는 입법자가 제정한 법률에 대하여 위헌결정 등을 통해 사후적인 심사와 통제만을 할 수 있을 뿐이지 입법자를 대신해서 일정한 법률을 제정할 수는 없는 것임은 물론이다.[26)] 그러나 이는 통상의 경우에 그렇다는 것이고 위에서 언급한 바와 같은 헌법이 예정하지 못한 극히 예외적인 경우에 불가피하게 헌법재판소가 입법자의 역할을 대신 수행할 수밖에 없는 경우를 권력분립의 원칙이 배제하는 것은 아니라고 하겠다.

주지하는 바와 같이 권력분립의 원칙은 국가기관과 권력의 분리를 통해 권력 상호간의 견제와 균형을 도모하고 이로써 국민의 자유와 권리를 보호하려는 헌법원리이다. 여기서 국가권력의 상호 분리 및 견제와 균형은 그 자체 수단이며, 최후의 궁극적인 목적은 국민의 자유와 권리의 보호에 있음은 물론이다. 따라서 헌법재판소가 입법자를 대신해서 입법적 조치를 마련하는 것은 형식적으로는 권력분립의 원칙에 위반된다고 볼 수 있지만, 그것이 국민의 긴절한 기본권을 보호하기 위하여 그리고 헌법정신과 이념으로부터 더욱 이탈하는 결과를 막기 위해 불가피하다

25) Vgl. Lerche, aaO, S. 509.

26) Schneider, aaO, S. 2593.

면 실질적으로는 권력분립의 원칙에 위반된다고 볼 수 없고 오히려 권력분립의 원칙상 요구된다고도 볼 수 있는 것이다.

또한 이 사안에서처럼 입법자의 조속한 입법을 기대하기가 어렵고, 헌법재판소의 결정을 통한 입법적 조치가 일시적인 조치이며,[27] 사항적으로 불가피한 최소한의 내용만을 규정하고 있고, 그 조치의 내용이 기존의 법률규정에 나타난 본래의 입법자의 견해를 합헌적인 범위내에서 최대한 반영한 것이라면, 그리고 향후 입법자가 입법을 한다면 하게 될－입법기관의 평균적·추정적 견해에 기초한－예상되는 입법내용을 반영한 것이라면, 이러한 입법적 조치는 입법자를 무시하는 월권행위라고 보기 어렵고, 그 예외적인 상황에 의하여 정당화될 수 있는 불가피한 조치로서 권력분립의 원칙에 위배되는 행위라고 단정해서는 안될 것이다.

사실 이 사안에서는 입법자의 추정적 의도를 가능한 한 유지하려 했고, 사항적으로 불가피한 최소한의 정도를 넘어서지 않았다.[28] 아울러 기간적으로도 위에서 언급한 바와 같이 연방헌법재판소는 이 판결에서의 경과규정이 입법자가 새로운 입법을 할 때까지만 효력을 가진다는 점을 분명히 하고 있다.[29][30] 즉 입법자의 의

---

27) 경과규정 자체가 이미 입법자의 권한을 침해하는 것임에는 틀림없지만, 이러한 경과규정은 의회의 새로운 입법을 있을 때까지만 효력을 갖는 것이기 때문에 결과적으로 그 경과규정의 존속여부와 기간은 어디까지나 입법자의 손에 달렸다는 점에서 입법자의 권한에 대한 침해를 최소화하는 것이라고 하겠다. Vgl. Eckart Klein, in: Benda/Klein, Lehrbuch des Verfassungsprozßrechts, 1991, S. 525.

28) Lerche, aaO, S. 512.

29) BVerfGE 88, 203(209).

30) 여기서 이러한 기간적 한계와 관련하여 입법자에 의한 새로운 법률규정이 연방헌법재판소의 결정내용 및 취지에 부분적 또는 전체적으로 부합되지 않을 경우 연방헌법재판소의 경과규정의 효력은 지속되는지, 즉 입법자에 의한 새로운 법률규정이 오로지 연방헌법재판소의 판결내용 및 취지와 완전히 일치하는 경우에만 경과규정의 효력이 종료되는지의 여부가 문제될 수 있다. 결론적으로 말하면 입법자의 의한 새로운 법률규정이 연방헌법재판소의 결정내용 및 취지에 부분적 또는 전체적으로 부합되지 않는다고 하더라도 연방헌법재판소의 경과규정의 효력은 종료된다고 보아야 할 것이다(So Lerche, aaO, S. 515). 따라서 설사 입법자에 의한 새로운 법률규정이 연방헌법재판소에 의하여 이미 위헌·무효결정을 받은 법률규정과 부분적 또는 전체적으로 동일한 내용을 담고 있다고 하더라도 입법자에 의한 그 어떤 입법이 이루어진다면 연방헌법재판소에 의한 경과규정은 그 때부터 효력을 상실해야 하는 것이다. 여기서 입법자에 의한 새로운 법률규정이 위헌이라는 이유로 또 다시 그에 대한 헌법소송이 제기되는 것은 별개의 문제이다(Vgl. Schlaich, aaO, S. 325). 이는 결국 연방헌법재판소 결정의 기속력(Bindungskraft, 연방헌법재판소법 제31조 제1항)의 문제인데, 이러한 기속력은 위헌·무효화된 당해 법률규정에만 미치는 것이지 그 후에 이루어진 새로운 입법에 까지 미치는 것은 아니다. 왜냐하면 규범통제와 관련한 연방헌법재판소의 결정은 일반적·법률적 효력(Gesetzeskraft, 연방헌법재판소법 제31조 제2항. 이러한 일반적 기속력으로서의 법률적 효력에 대하여는 Pestalozza, aaO, S. 328 이하 참조)을 지닌 기속력을 가지는데, 입법자는 헌법 내지 헌법질서에 기속되는 것이지 자신이 제정하는 법률 내지 법률질서에 기속되는 것은 아니기 때문에(Vgl. Art. 20 Abs. 3 GG) 이러한 법률적 효력을 가지는 과거의 헌법재판소의 판례에 기속되는 것은 아니다. 따라서 연방헌법재판소는 입법자의 새로운 입법행위(설사 그 내용이 전체적으로 또는 부분적으로 과거 소송대상이었던 법률규정과 동일하다고 하더라도 더 이상 그 과거의 법률과 동일시되어질 수는 없

도의 한도내에서, 즉 해당 법률규정에 나타난 입법자의 의도의 큰 틀을 훼손하지 않고－오히려 그것을 적극적으로 실현하고자 하는 범위내에서－그 의도를 합헌적인 한계내에서 충분히 반영했고, 결과적으로 입법자를 최대한 존중했다고 볼 수 있다.[31] 다시 말해 헌법상 도저히 용인될 수 없는 상황을 피하기 위하여 불가피하게 요구되는 최소한도로만－개정형법조항에 나타난－입법자의 의도와 개념에서 벗어나고자 했다고 볼 수 있는 것이다.[32] 예컨대 이 판결에서 연방헌법재판소는 경과규정에 의하여 규율되는 낙태에 대한 형벌은 본래 입법자에 의하여 규정된 한계를 넘어서 확장되지 않는다고 명백히 밝히고 있다.[33] 또한 실제로 그 후 개정된 낙태관련 형법규정[34]이 내용상 이러한 연방헌법재판소의 잠정적인 경과규정의 기본틀[35]을 유지하고 있다는 사실이 이를 뒷받침하고 있다. 즉 현행 형법 제218조는

다)를 과거의 헌법재판소의 판례가 아닌 헌법 자체를 통해 다시 재단해야 하며, 그럴 때 입법자는 변화되는 사회적 요구와 법질서에 적응해야 하는 민주적 정당성을 지닌 입법자의 책임을 완수할 수 있고, 그럴 때에 법치·사회국가적 민주주의와 조화될 수 없는 법발전의 경직화를 예방할 수 있는 것이다. 또한 연방헌법재판소는 그럴 때에만 자신의 판례를 수정하고 이를 통해 판례를 새로운 상황에 적응시키고 발전시킬 기회를 가질 수 있는 것이다. 과거에 위헌으로 평가되었던 법률은 시대가 바뀜에 따라 합헌으로 평가 될 수도 있고, 그 반대의 경우도 가능한 것이다. 연방헌법재판소의 한번의 판단이 더 이상의 발전과 변화가 허용될 수 없는 최후의 판단일 수는 없다. 결국 연방헌법재판소 판결의 기속력은 입법자가 이미 위헌·무효화된 법률규정과 같거나 유사한 내용의 법률을－입법자가 상황의 변화 등을 이유로 그러한 입법행위를 불가피한 것으로 판단하는 한－새롭게 제정할 수 있는 입법형성의 자유를 방해하지 않는다고 할 것이다(BVerfGE 77, 84[103f.]; Schlaich, aaO, S. 324ff.).

다만 이러한 입법자의 입법형성의 자유에는 기관상호간존중의 원칙(Organtreue)이라는 불문의 헌법개념에 의한 제한을 받는다고 하겠다(Vgl. Lerche, aaO, S. 515). 이 원칙에 따르면 어떠한 국가기관도 다른 국가기관을 경시해서는 안된다. 따라서 하나의 국가기관이 다른 국가기관의 견해나 결정과 다른 견해나 결정을 취하고자 할 경우에는 반드시 그를 정당화시키는 불가피한 사유가 존재해야 할 것이다. 왜냐하면 그러한 불가피한 정당화사유가 없음에도 불구하고 다른 헌법기관의 견해나 결정과 다른 견해나 결정을 취하는 것은 결과적으로 권한남용에 해당하는 것으로서 다른 헌법기관을 경시하는 결과를 초래하는 것이기 때문이다. 결국 입법자는 연방헌법재판소의 선행판결에 기속되지는 않지만, 선행판결의 내용과 취지에 부합되지 않는, 또는 이미 선행판결에 의하여 위헌·무효판결을 받은 법률과 부분적 또는 전체적으로 동일한 내용의 새로운 입법은 그를 정당화시키는 특별한 사유가 존재할 때에만 허용된다는 제한을 받는 것이고, 그 한도내에서만 입법형성의 자유가 인정된다고 하겠다.

따라서 이 사안에서 연방헌법재판소의 낙태판결의 내용과 취지에 부합되지 않는, 또는 이 판결에 의하여 위헌·무효판결을 받은 개정형법조항과 부분적 또는 전체적으로 동일한 내용의 새로운 입법이 입법자에 의하여 이루어진다 하더라도 만일 상황의 변화나 법질서의 변화 등 그를 정당화시키는 특별한 사유가 존재한다면 그러한 입법은 정당화될 수 있고, 따라서 그러한 입법과 동시에 연방헌법재판소의 경과조치는 효력을 상실한다고 보아야 할 것이다.

31) Vgl. Lerche, aaO, S. 511.

32) Vgl. Lerche, aaO, S. 513.

33) BVerfGE 88, 203(337).

34) 현행 형법 제218a조 이하.

35) 결정주문의 Ⅱ의 2호 이하의 내용(BVerfGE 88, 203[210ff.]).

여전히 낙태를 원칙적으로 3년 이하의 징역 또는 벌금에 처한다고 규정하면서도 동법 제218a조는 임산부가 수태 후 12주 이내에 법률이 인정하는 상담소에서 낙태 희망일로부터 늦어도 3일전에 상담을 거쳤다는 증명서를 의사에게 제출한 후 임산부의 요청에 따라 의사에 의하여 이루어진 낙태의 경우에는 동법 제218조가 적용되지 않아 처벌되지 않도록 규정되어 있는 등 이 사건 결정주문의 경과규정의 내용과 거의 유사한 내용으로 규정하고 있다. 이는 연방헌법재판소가 결정을 통해 잠정적인 입법조치를 취하면서도 입법자가 장래 입법을 하게 될 경우 예상되는 입법의 내용을 최대한 반영한 것으로 입법자의 입법권을 최대한 존중한 것으로 볼 수 있다. 또한 이러한 입법조치는 당연히 잠정적인 경과규정에 불과하고, 따라서 입법자가 새로운 입법을 하는 즉시 이러한 경과규정은 바로 효력을 상실하는 것이다.

한편 이 경우 연방헌법재판소의 이러한 입법적 조치가 향후의 입법방향을 제시하는 입법자에 대한 일종의 권고(Empfehlung)로서 기능할 수 있는지의 문제가 제기될 수 있다.[36] 위에서 이미 언급한 바와 같이 이러한 입법적 조치는 법적 공백을 제거하기 위하여 불가피하게 요구되는 잠정적 조치이고, 그 내용은 본래의 입법자의 의도를 합헌적 범위내에서 최대한 반영하고자 한 것이며, 아울러 위의 각주 30)에서도 언급한 바와 같이 연방헌법재판소 판결의 기속력은 새로운 입법을 행할 입법자를 기속하지 아니한다는 점에 비추어 볼 때, 그리고 권력분립의 원칙에 비추어 볼 때 연방헌법재판소의 이러한 입법적 조치가 향후의 입법방향을 제시하는 입법자에 대한 일종의 권고로서 기능할 수는 없다고 보아야 할 것이다. 따라서 입법자의 새로운 입법이 연방헌법재판소가 마련한 입법적 조치의 내용의 범주내에서 이루어져야 하는 것은 아니며, 연방헌법재판소는 단지 이러한 경과규정을 통해 입법자의 새로운 입법이 경과규정의 내용을 따를 경우 그 입법은 헌법에 합치된다는 사실만을 시사할 뿐이다.[37] 만일 그렇지 않다면 이는 입법자의 입법권을 침해하는 결과를 초래하게 될 것이다. 결국 낙태에 관한 연방헌법재판소의 경과규정은 유일한 합헌적 규정이 아니고, 단지 가능한 해결책의 하나일 뿐이다.

(3) 법치주의원리와 관련하여

한편 이러한 입법적 조치가 독일 기본법 제103조 제2항 및 제104조 제1항에서 규정하고 있는 죄형법정주의를 포함한 법률유보의 원칙, 특히 형벌 등 기본권의

36) 이에 대하여 Lerche, aaO, S. 515f.

37) Lerche, aaO, S. 515.

제한에 관한 사항은 반드시 의회가 제정한 형식적 의미의 법률에 규정되어 있어야 한다는 원칙("법률 없으면 형벌없다.")에 위반되는지의 여부가 문제된다. 왜냐하면 이 낙태에 관한 사안에서는 입법기관이 제정한 법률에 의해서가 아니라 연방헌법재판소 결정에 의한 잠정적 조치를 통해 형벌에 대한 사항 등 기본권의 제한에 대한 사항이 규율되기 때문이다. 그러나 앞서 언급한 바와 같이 이 연방헌법재판소의 조치는 통상적인 경우가 아닌 비상적 상황에서 불가피하게 요구되는 것이고, 따라서 헌법제정자 또는 헌법개정자도 예상하지 못한 상황이라 당연히 (헌)법적 근거가 없을 수밖에 없으며,[38] 결과적으로 더 큰 위헌상태의 발생을 예방하고, 더 큰 기본권과 공익을 보호하기 위하여 불가피하게 헌법재판소가 예외적이고 보충적인 입법자의 지위에서 규범적 조치를 취하는 것이기 때문에 이 경우 통상의 법률유보의 원칙과 죄형법정주의를 적용할 수는 없을 것이다.[39][40]

주지하는 바와 같이 법치주의원리란 국가권력을 법률에 기속시킴으로써 국가권력을 통제하고 이로써 국민의 자유와 권리를 보호하려는 헌법상의 기본원리이다. 여기서 법률을 통한 국가권력의 통제는 그 자체 수단에 불과하고 최후의 궁극적인 목적은 국민의 자유와 권리의 보호에 있음은 물론이다. 따라서 헌법재판소가 입법

---

38) 이러한 헌법재판소의 입법적 행위에 대한 (헌)법적 근거의 문제는 후술한다.

39) So Lerche, aaO, S. 514.

40) 앞서 언급한 바와 같이 이 사건에서 연방헌법재판소는 경과규정에 의하여 규율되는 낙태에 대한 형벌은 본래 입법자에 의하여 규정된 한계를 넘어서 확장되지 않는다고 명백히 밝히고 있다. 그러면서 그렇기 때문에 연방헌법재판소에 의한 경과규정이 법률유보의 원칙과 죄형법정주의를 규정한 기본법 제103조 제2항과 제104조 제1항에 결과적으로 합치된다고 판시하고 있는데(BVerfGE 88, 203[337]), 이러한 견해는 타당하지 못하다. 왜냐하면 경과규정에 의하여 규율되는 낙태에 대한 형벌이 본래 입법자에 의하여 규정된 한계를 넘어서 확장되지 않는다는 사실은 앞서 권력분립의 원칙과 관련하여 언급한 바와 같이 연방헌법재판소가 경과규정을 통해 입법자의 의도를 가능한 한 존중하고 반영한다는 점에서, 즉 권력분립의 원칙을 지킨다는 점에서 경과조치를 정당화시키는 논거로 기능할 수는 있으나, 그렇다고 해서 이러한 사실이 경과조치가 법률유보의 원칙에 합치된다는 논거로 기능할 수 있다는 것을 의미하지는 않기 때문이다. 아마도 연방헌법재판소는 경과규정을 통해서는 원래 입법자가 정한 형벌의 범위를 넘어서 처벌되지 않기 때문에 형벌사항에 대하여는 반드시 의회가 제정한 형식적 의미의 법률로 정한다는 죄형법정주의를 포함한 법률유보의 원칙의 틀을 벗어나지 않았고 따라서 의회가 아닌 연방헌법재판소에 의하여 마련된 경과규정에 있어서 결과적으로 법률유보의 원칙은 지켜진 것이고, 따라서 기본법 제103조 제2항과 제104조 제1항에 위반되는 것은 아니라는 의미에서 그러한 주장을 한 것으로 보인다. 그러나 앞서 언급한 바와 같이 연방헌법재판소의 경과규정이 법률유보의 원칙에 위반되지 않는 것은 바로 이 경우에는 예외적으로 연방헌법재판소가 입법자로서 기능한 것이고, 따라서 그 한도내에서 입법자의 지위에 서는 것이기 때문에 이 경우에는 반드시 의회가 제정하는 형식적 의미의 법률을 통한 기본권제한만을 요구하는 통상의 법률유보의 원칙을 적용할 수는 없고, 이미 연방헌법재판소에 의한 입법적 조치가 바로 법률로서 기능한 것이며, 따라서 입법자가 아닌 연방헌법재판소가 낙태에 관한 사항을 규율한다고 해서 이것이 법률유보의 원칙을 위반한 것은 아니라는 논리가 타당하다고 할 것이다. 따라서 뒤에서 언급하는 바와 같이 이 경우에는 경과조치 자체가 법률의 효력을 가지기 때문에 일반 법률이 갖추어야 할 일반적인 형식과 법률유보의 원칙이 요구하는 요건을 갖추어야 할 것이다.

자를 대신해서 마련한 규범적 조치를 통해 국민의 기본권과 형벌에 관한 사항을 규율하는 것은 형식적으로는 법치주의원리에 위반된다고 볼 수 있지만, 그것이 앞서도 강조했듯이 국민의 긴절한 기본권을 보호하기 위하여 그리고 헌법정신과 이념으로부터 더욱 이탈하는 결과를 막기 위해 불가피하다면 실질적으로는 법치주의원리에 위반된다고 볼 수 없고 오히려 법치주의원리가 요구하고 있다고도 볼 수 있는 것이다.

한편 이러한 헌법재판소에 의한 입법적 조치는 마치 우리 헌법 제76조에 규정된 대통령의 국가긴급권의 일종으로서의 긴급명령이나 긴급재정경제명령의 경우와 유사하다고 하겠다. 여기서 헌법이 규정하고 있는 일정한 비상상황하에서 대통령은 긴급명령 등을 발할 수 있으며, 이러한 명령은 법률의 효력을 가지는 것이다. 이는 국회가 제기능을 할 수 없는 예외적 상황속에서 국회를 대신하여 대통령이 법률의 효력을 가지는 명령을 발하는 것이고, 이는 헌법적 위기를 극복하고 기본권을 수호하기 위하여 대통령에게 부여된 비상권한인 것이다. 따라서 이러한 경우 대통령이 이러한 명령을 발한다고 하여 국회의 권한을 침해하고 권력분립의 원칙을 위반하는 것은 아니며, 또한 위기극복을 위하여 불가피할 경우 이러한 긴급명령을 통해 형벌에 관한 사항을 규율한다 하더라도 이것이 죄형법정주의와 법률유보의 원칙을 위반하는 것이라고 할 수도 없다. 다만 뒤에서도 언급하는 바와 같이 헌법 제76조에 규정된 대통령의 비상권한의 경우에는 그 요건에도 나와 있듯이 헌법제정자가 이미 그러한 상황을 예측할 수 있었고, 따라서 헌법에 그 근거가 마련되어 있는 것이며, 반면 이 사안에서처럼 연방헌법재판소가 잠정적인 입법조치를 발하는 경우에는 그러한 상황을 헌법제정자 또는 헌법개정자가 예측할 수 없었기 때문에 헌법에 그 근거가 마련되어 있지 않을 뿐이다.

한편 이 사건에서 경과규정이 너무 세부적인 사항까지 규율하고 있어 이 역시 연방헌법재판소가 입법자의 권한을 침해한 것이 아니냐 하는 비판이 제기될 수 있다. 그러나 앞서 언급한 바와 같이 이 사안에서는 연방헌법재판소는 일종의 입법자로서 기능할 수밖에 없기 때문에[41] 그 한도에서 그 조치의 내용 및 형식과 관련

41) 위의 각주 21)에서 소개한 바와 같이 연방헌법재판소는 1990년 9월 29일의 연방선거법 제53조 제2항 등에 대한 위헌판결에서 구술심리과정에서 문제된 선거법규정이 위헌결정을 받을 경우 연방대통령이 선거일로 정한 1990년 12월 2일을 감안하여 입법기관이 그 이전 적절한 시기에 불가피한 선거법의 개정을 할 수 있다는 의지와 가능성을 분명히 했기 때문에 연방헌법재판소 스스로가－연방헌법재판소법 제35조에 따른－규범적 조치를 발함으로써 선거시행을 위한 법적 근거를 마련할 필요성은 배제된다고 판시하고 있는데(BVerfGE 82, 322[352]), 이는 결국 연방헌법재판소의 위헌결정 이후 입법기관이 적기에 필요한 법률보완이나 개정을 하지 못할 경우 연방헌법재판소 스스로가 입법자의 지위에서 적절한 입법을 행할 수 있다는 것을 의미하는 것이다.

해서도 입법자와 동일한 과제와 기능을 수행할 수밖에 없는 것은 당연하다고 하겠다. 따라서 법치주의원리, 특히 법률유보의 원칙 및 죄형법정주의와 관련하여 헌법재판소의 잠정적인 입법조치는 그 자체 법률의 효력을 가지므로 당연히 법률조문의 형식으로 이루어져야 하고, 내용상 기본권의 행사와 제한에 관한 본질적인 사항을 규정하고 있어야 하며, 명확성의 원칙도 충족시켜야 하는 등 법률유보의 원칙상 일반적으로 요구되는 요건을 충족시켜야 할 것이다.42)

(4) 비상적 입법행위의 주체

한편 여기서 이러한 비상적 입법행위는 오로지 헌법재판소에 의해서만 발해질 수 있는 것인지 아니면 대통령 등 다른 헌법기관이 그 비상적 입법행위의 주체가 될 수는 없는 것인지 하는 문제가 제기될 수 있을 것이다. 독일의 경우 예컨대 기본법 제81조에 따른 연방정부와 연방대통령 및 연방참사원 등 입법관련기관에 의하여 이루어지는 이른바 입법비상사태제도(Gesetzgebungsnotstand)를 고려해 볼 수 있겠으나 이 제도는 여러 입법관련기관들에 의하여 절차가 진행된다는 점에서 이미 이 사건에서와 같은 비상상황에 대한 적절한 대응수단이라고 보기 어렵고, 한편 연방대통령을 대안으로 고려해 본다 하더라도 연방대통령은 기본법상 그러한 권한이 없을 뿐 아니라 그러한 권한을 행사할 적절한 위치에 있지도 아니하다.43) 따라서 결국 독일의 법질서내에서 연방헌법재판소가 이러한 비상적 입법행위를 발할 수 있는 유일하고 적절한 지위에 있다고 볼 수밖에 없다.44)

헌법재판소에게 위헌결정에 관한 권한과 의무가 주어진 이상 그로부터 야기되

---

42) Vgl. Lerche, aaO, S. 513ff.

43) 바이마르헌법 제48조 제2항에 따른 헌법의 수호자로서의 제국대통령의 비상입법권 남용의 문제점과 관련하여, 그리고 그러한 문제점으로 인해 대통령의 비상입법권에 대하여 현행 기본법은 의도적으로 아무런 규정을 마련하고 있지 않다는 사실과 관련하여 Herzog, Die Vollstreckung von Entscheidungen des Bundesverfassungsgerichts, Der Staat 4(1965), S. 45f.; Schneider, aaO, S. 2591.

44) 연방헌법재판소는 연방헌법재판소법 제35조에 따른 집행결정의 효과적인 수행을 위해서 그때그때의 상황에서 판결의 목적을 달성하기 위한 가장 사안에 적합하고, 가장 빠르고, 가장 단순하고, 가장 목적에 부합하는 방법을 연방헌법재판소 스스로가 선택할 수 있도록 폭넓은 여지를 연방헌법재판소에 부여한다는 뜻에서 동법은 의식적으로 집행에 관한 별도의 특별한 절차를 규정하지 않았으며, 헌법의 수호자(Hüter der Verfassung)로서의 연방헌법재판소에 의한 집행을 통해서 판결에 의하여 요구되는 목표에 정확히 도달될 것이 담보된다고 판시하고 있다(BVerfGE 6, 300[304]). 이러한 연방헌법재판소의 견해는 뒤에서 다루고 있는 바와 같이 낙태판결에서 잠정적인 경과규정이 연방헌법재판소법 제35조에 근거해서 이루어진다는 점에서는 이를 부정하는 필자의 견해와 다르지만, 그러한 경과조치를 마련하는 주체로서 헌법의 수호자로서의 헌법재판소가 적절하고 유일한 대안일 수밖에 없다는 결론에서는 필자의 견해와 동일하다고 하겠다.

는 문제의 해결을 위한－다른 기관에 의한 해결이 불가능하고 적절치 못하다면－최후의 권한과 의무도 헌법재판소에게 부여된다고 해석될 수 있다.[45] 즉 헌법재판소는 예외적이고 불가피한 경우에 최후로 자신의 판결을 통해 직접적으로 야기되는－법적 공백 등의－결과를 스스로 해결하고 규율할 권한을 가지고 있다고 해석될 수 있는 것이다.[46] 결국 헌법체계, 규범통제권 등 헌법재판소의 관할권의 내용과 특성, 헌법재판소의－정치적 평화유지기능을 포함한－준 정치적 기능 및 준 입법적 기능,[47] 헌법재판소의 기본권보호기관으로서의 지위 및 최후의 헌법수호자로서의 지위 등을 고려해 볼 때, 아울러 대통령과는 달리 중립적이며 권한남용의 가능성이 가장 적은 헌법기관이라는 점을 상기할 때 헌법재판소가 비상적 입법행위의 적절한 주체라고 할 수 있을 것이다.

(5) 결 어

지금까지 살펴본 바와 같이 연방헌법재판소가 일정한 법률조항에 대하여 위헌·무효결정을 내릴 수밖에 없는 경우 발생되는 법적 공백을 제거하기 위하여 불가피하다면 위헌·무효결정과 동시에 일정한 요건하에서 잠정적인 입법적 조치를 발할 수 있다. 그리고 그 전제요건은 다음과 같이 정리될 수 있을 것이다.

첫째, 입법자 스스로 위헌·무효결정 이후에 발생되는 법적 공백을 제거하기 위한 입법을－시간적 또는 정치적인 이유 등으로－조속히 행할 수 없고, 둘째, 헌법상 도저히 용인할 수 없는－위헌·무효화된 법률규정이 적용되는 경우보다－더 큰 위헌적인 법적 공백과 혼란을 피하기 위하여, 셋째, 비상적인 입법조치가 입법자의 새로운 입법이 있을 때까지만 적용되는 잠정적인 규율이어야 하고, 넷째, 그 조치의 내용이 기존의 법률규정에 나타난 본래의 입법자의 견해를 합헌적인 범위내에서 최대한 반영하는 한편 향후 입법자가 입법을 한다면 하게 될－입법기관의 평균적·추정적 견해에 기초한－예상되는 입법내용을 최대한 반영해야 하고, 즉 입법자의 의도를 가능한 한 최대한도로 존중하고 관철시켜야 하고, 다섯째, 그 내용은

---

45) Vgl. Eckart Klein, aaO, S. 525.

46) Roellecke는 연방헌법재판소법 제35조는 연방헌법재판소의 판결의 직접적인 결과를 스스로 규율할 수 있는 일반적이고 포괄적인 권한을 연방헌법재판소에 부여하는 규정으로 해석되어야 한다고 주장한다(Roellecke, aaO, §35 BVerfGG Rdnr. 13ff.).

47) 규범통제의 경우 단순위헌결정에서도 그렇지만, 특히 다양한 변형결정에 있어서는 헌법재판소의 결정이 사실상 법률의 내용을 보완 내지 보충하는 효과를 가지는 등 헌법재판소가 폭넓게 입법권에 관여한다고 볼 수 있고, 따라서 사실상 헌법재판소는 이미 준 입법자의 지위에서 준 입법권을 행사한다고 볼 수 있는 것이다.

현상을 유지하기 위한, 그리고 법적 혼란을 피하기 위한 최소한의 것이어야 하며, 여섯째, 그 형식이 일반법률이 갖추어야 할 형식, 예컨대 조문형식, 일반성, 추상성, 명확성 등을 갖추어야 하고, 기타 법치주의원리상 지켜져야 할 제 원칙, 예컨대 기본권의 제한이나 행사에 관한 본질적인 사항을 반드시 정해야 한다는 본질성 이론, 비례의 원칙, 기본권의 본질적 내용침해금지의 원칙 등이 준수되어야한다는 것 등을 들 수 있을 것이다.

결국 헌법재판소의 비상적 입법행위가 이러한 요건을 충족시킨다면 이는 권력분립의 원칙과 민주주의원리 및 법치주의원리를 위반한 것이라고 볼 수 없고, 헌법상 정당화되어 질 수 있다고 본다. 더욱이 정당화사유 및 요건과 관련해서도 누차 언급했듯이 이러한 경과조치가 그러한 경과조치를 취하지 않을 경우 발생할 수 있는 보다 더 큰－헌법상 더욱 용인하기 어려운 위헌적인－법적 공백과 혼란을 피하고 긴절한 기본권침해를 방지하기 위하여 불가피하게 최후로 이루어지는 조치라는 점을 상기한다면 이는 오히려 헌법상 요구되는 헌법재판소의 권한이자 동시에 의무라고도 할 수 있을 것이다. 따라서 이를 해태하는 것은 일종의 헌법재판소의 직무유기라고까지도 볼 수 있을 것이다.

3. 입법적 조치를 발할 수 있는 법적 근거

(1) 연방헌법재판소의 입장

연방헌법재판소는 이러한 경과규정을 별다른 설명 없이 판결의 집행에 관한 규정(Regelung der Vollstreckung)인 연방헌법재판소법 제35조에 근거해서 마련한다고 했다.[48] 이는 아마도 연방헌법재판소가 결정주문에서 취한 잠정적 조치가 결정의 효력을 담보하고－입법자에 의한 새로운 입법조치가 있을 때까지－일정기간동안 위헌·무효결정을 받은 법규정을 대신해서 낙태문제를 규율하도록 하는, 따라서 결정의 내용을 집행하는 일종의 강제집행조치의 성질을 가진다는 점에서, 그리고 연방헌법재판소법상 이러한 조치를 취하기 위한 근거로서 제35조의 규정 이외에 별도의 명문규정을 발견하기 어렵다는 점에서 동법 제35조에 근거해서 이러한 잠정적 조치를 취한 것으로 여겨진다.

---

48) 제1차 낙태판결에서도 연방헌법재판소는 별다른 설명 없이 단지 새로운 입법이 있을 때까지 법적 명확성을 위해서(im Interesse der Rechtsklarheit) 연방헌법재판소법 제35조에 따라 경과규정을 마련한다고만 했다(BVerfGE 39, 1[68]).

(2) 입법적 조치의 근거

1) 연방헌법재판소법 제35조

연방헌법재판소법 제35조의 내용은 다음과 같다: "연방헌법재판소는 결정에서 그 결정내용을 집행할 주체를 정할 수 있다; 또한 연방헌법재판소는 개별사안에서 그 집행의 종류와 방법을 정할 수도 있다."

이러한 연방헌법재판소법 제35조에 따른 집행조치는 연방헌법재판소 결정의 내용이 당사자의 거부 등으로 이행될 수 없을 것에 대비해서 그 결정의 집행을 강제하기 위하여 취해지는 조치이다.[49] 또한 이는―주로 급부나 수인의 의무와 관련되어―결정의 효력을 담보하기 위하여 취해지는 구체적인 집행의 주체와 종류 및 방법 등을 의미하는 것이다.[50]

그런데 낙태판결에서 연방헌법재판소가 취한 경과규정은 결정의 집행에 관한 문제가 아니다. 즉 연방헌법재판소가 자신의 결정의 집행을 거부하는 그 어떤 저항으로부터 판결의 내용을 관철시켜야만 하는 경우에 해당하는 문제가 아닌 것이다. 오히려 그 반대로 바로 결정의 내용, 즉 당해 법률조항의 위헌·무효를 수용함으로 해서 야기될 수 있는 법적 공백이라는 결과를 연방헌법재판소 스스로가 극복하고자 하는데서 야기되는 문제인 것이다. 다시 말해 입법자가 연방헌법재판소의 결정을 무시하기 때문에 그러한 저항을 극복하기 위하여 취해지는 강제집행조치가 아니라, 오히려 입법자가 연방헌법재판소 결정의 취지를 존중하고 그를 따르고자 하나 정치적인 이유 등의 현실적인 여건상 이에 신속하게 부응할 수 없을 경우 이를 그대로 방치하는 것이―단기간에 해소되기 어려운―엄청난 법적 혼란과 수인할 수 없는 기본권침해, 즉 헌법상 용인할 수 없는 상태를 야기할 우려가 있기 때문에 연방헌법재판소가 입법자를 대신해서 불가피하게 취하는 조치이기 때문에[51] 이를 연방헌법재판소법 제35조에 근거한 집행조치에 해당한다고 볼 수는 없다.[52] 또한 연방헌법재판소법 제35조의 규정에 있는 '개별사안(Einzelfall)'의 표현에서도 알 수 있듯이 이 규정에 따른 조치는 어디까지나 구체적이고 개별적인 사안을 집

---

49) 이 규정의 입법배경과 내용에 대하여는 Pestalozza, aaO, S. 259ff.

50) Vgl. Franz Klein, in: Maunz/Schmidt-Bleibtreu/Klein/Ulsamer, Bundesverfassungsgerichtsgesetz, §35, Rdnr. 13; Pestalozza, aaO, S. 264.

51) Vgl. Pestalozza, aaO, S. 267.

52) Vgl. Lerche, aaO, S. 510.

행하기 위하여 취해지는 것이지[53] 이 사안에서처럼 일정기간동안 일반적으로 적용되는 추상적인 법률적 규범을 마련하기 위한 것은 아니다.[54][55] 따라서 이 사안에서는 문제된 개정형법조항이 위헌 · 무효가 됨에 따라 불가피하게 발생하는 법적 공백과 혼란상태를 잠시도 용인할 수 없는 상황에서 그를 극복하기 위하여 예외적이고 잠정적인 규범적인 조치를 마련한 것이지 결정의 효력을 담보하고 집행하기 위하여 취해진 조치로 볼 수 없는 것이다.

또한 연방헌법재판소법 제35조에 따른 조치는 결정의 내용이 당사자 등에 의한 별도의 추가적인 행위가 있어야 만이 이행될 경우에 그 추가적인 이행을 담보하고 강제하기 위하여 취해지는 조치이지 일정한 결정 그 자체로 이미 그 목적이 달성되는 경우에 적용되는 것이 아니다. 이 사건에서처럼 해당 법률조항에 대한 단순위헌 · 무효결정이 내려진 경우 그 결정의 효력과 이행은 해당 법률조항의 무효화로 이미 달성된 것이기 때문에, 그러한 결정이 추가로 강제집행의 대상이 될 수는 없고, 또한 그러한 강제집행이 필요한 것도 아니다.[56] 즉 일정한 법률조항의 위헌 · 무효가 결정내용인 경우 그 결정내용에 대한 또는 그 무효화된 법률조항의 무효화를 위한 강제집행은 처음부터 상상할 수가 없는 것이다.[57] 다시 말해 위헌결정을 통해 이미 결정의 효력과 이행은 달성된 것이며, 별도의 추가적인 집행이나 행위가 있어야 하는 것은 아니다.

연방헌법재판소는 그동안 이 낙태판결 이전까지 연방헌법재판소법 제35조에 근거해서 여러 건의 집행조치를 결정주문에서 마련한 바 있다.[58] 그중 대표적인 그리고 전형적인 예로서 과거 공산당에 대한 위헌결정의 이행을 담보하기 위한 집행조치를 마련한 1957년 5월 21일의 연방헌법재판소의 결정[59]을 들 수 있다. 이 결정에서 연방헌법재판소는 독일 공산당(Kommunistische Partei Deutschlands)에 대하여 위헌결정을 내린 1956년 8월 17일의 연방헌법재판소의 결정주문[60] 제 I 의 제3호

53) Vgl. Pestalozza, aaO, S. 266.

54) Vgl. Pestalozza, aaO, S. 267.

55) 이 사건에서와 같은 입법적 조치를 취할 수 있는 권한을 도대체 연방헌법재판소가 행사할 수 있는가의 여부를 별론으로 한다면 어쨌든 연방헌법재판소법 제35조가 이러한 입법적 조치의 근거가 될 수는 없다는 점에서는 결과적으로 필자와 같은 견해로서 Herzog, aaO, S. 45f.; Schneider, aaO, S. 2593f.; Schlaich, aaO, S. 318; Pestalozza, aaO, S. 267.

56) Schlaich, aaO, S. 318; Pestalozza, aaO, S. 267.

57) Vgl. Lerche, aaO, S. 509.

58) 그 구체적인 사례에 대하여는 Pestalozza, aaO, S. 267ff.; Roellecke, aaO, Rdnr. 10; F. Klein, aaO, Rdnr. 2 참조.

59) BVerfGE 6, 300.

의 내용[61]의 집행과 관련하여 문제가 된 공산당 Landesverband Saar를 1956년 8월 17일의 연방헌법재판소의 결정에 의하여 해산된 독일 공산당의 대체조직으로 판단하고 연방헌법재판소법 제35조에 따라 이를 해산시킬 집행의 주체로서 Saarland 주의 내무장관을 지정하면서 Saarland 주 내무장관이 이러한 집행을 실현하기 위한 목적으로 모든 경찰조직에 대한 지시·명령권을 가진다는 내용의 집행조치를 취했다.[62] 이처럼 연방헌법재판소법 제35조에 따른 집행은 주로 구체적인 개별사안으로서의 결정의 집행(이 사건에서는 위헌인 피고정당의 해산)을 거부하는 또는 거부할 것으로 예상되는 피고(이 사건에서는 공산당 Landesverband Saar)와 관련하여 그를 대신하여 결정의 집행을 담당할 주체(이 사건에서는 Saarland 주 내무장관)와 그 구체적인 내용과 방법(이 사건에서는 공산당 해산과 그를 위한 경찰조직에 대한 지시·명령권) 등을 정하는 것이다. 다시 말해 이 공산당사건에서는 결정이 내려짐으로써 바로 결정의 목적이 달성되는 것이 아니라 결정의 내용에 따른 추가적인 후속행위가 있을 때 비로소 결정의 내용과 목적이 달성되는 것이기 때문에 이 경우에는 도대체 이러한 결정의 내용을 집행한다는 논리가 성립될 수 있고, 따라서 연방헌법재판소법 제35조에 근거한 판결의 집행을 위한 강제집행조치가 필요하고 적절한 경우에 해당하는 것이다.

결국 연방헌법재판소가 이 제2차 낙태판결 등에서 연방헌법재판소법 제35조에 근거해서 이러한 입법적 조치를 마련한 것은 지금까지 언급한 이유로 타당하지 못하다고 하겠다.

2) 불문의 비상권한

이처럼 연방헌법재판소법 제35조는 경과규정 등 연방헌법재판소의 입법적 조치의 법적 근거라고 볼 수 없다. 만일 그렇지 않다면 연방헌법재판소는 이 규정에 근거하여 그 어떠한 내용과 성격의 조치라도 취할 수 있다는 결론에 도달하여 매우 광범위한 형성의 자유를 행사하게 되면서 초능력적인 헌법재판소를 출현시키는 결과 권력분립의 원칙을 정면으로 위배하게 되는 등 헌법과 조화될 수 없는 결과를 초래할 것이다. 아울러 우리의 경우처럼 이러한 강제집행에 관한 규정을 갖고

60) BVerfGE 5, 85(86f).

61) 이 결정의 요지는 독일 공산당은 위헌으로서(결정주문 I. 1) 해체되고(결정주문 I, 2), 그 대체조직을 설립하거나 기존의 조직을 대체조직으로 전환하여 지속시키는 것은 금지된다(결정주문 I, 3)는 것 등이다.

62) BVerfGE 6, 300f.

있지 아니한 국가의 경우 이 사건에서와 같은 예외적인 사안이 발생했을 때 그러한 입법적 조치를 취할 수 없다는 모순된 결론에 도달하게 될 것이고, 이는 기본권과 공익실현에 엄청난 위험성을 초래하면서 헌법상 도저히 용인할 수 없는 더 큰 위헌상태와 법적 공백을 방치하는 결과를 낳을 것이다. 그렇다고 이에 대한 별도의 다른 근거 규정을 찾을 수 있는 것도 아니다. 따라서 이 경우 이러한 입법적 조치는 헌법상 직접 도출되는 불문의 비상권한(Notkompetenz)에 근거한다고 볼 수밖에 없을 것이다.[63] 이는 그렇지 아니할 경우 지금까지 언급한 바와 같이 연방헌법재판소가 불가피하게 입법자로서 기능하는 상황보다 헌법에 더욱 배치되는 상황이 발생하게 되리라는 점에서 헌법상 정당화될 수 있을 것이다.

물론 이는 통상의 권력분립의 원칙, 법치주의원리, 민주주의원리, 의회의 배타적인 입법권 등 헌법규정 또는 헌법원리의 예외이므로 원칙적으로는 그 근거가 헌법에 규정되어 있어야 할 것이다. 예컨대 독일의 경우 위에서 언급했던 기본법 제81조의 입법비상사태제도나 우리의 경우 헌법 제76조의 대통령의 긴급명령권 등을 그 예로 들 수 있을 것이다. 그런데 독일 기본법 제81조의 입법비상사태제도나 헌법 제76조에 규정된 대통령의 긴급명령권의 경우에는 그 요건에도 나와 있듯이 헌법제정자가 이미 그러한 상황을 예측할 수 있었고, 따라서 헌법에 그 근거가 마련되어 있는 것이며, 반면 이 사안에서처럼 연방헌법재판소가 잠정적인 입법조치를 발하는 경우에는 그러한 상황을 헌법제정자 또는 헌법개정자가 예측할 수 없었기 때문에 헌법에 그 근거가 마련되어 있지 않은 것이다. 이는 헌법이 예상한 헌법재판소의 권한은 아니지만, 그렇다고 헌법재판소의 권한 밖이라고 단정할 수도 없다. 어차피 이 사안이 헌법이 통상 예정한 사안이 아니고, 헌법이 통상 예정한 방법을 통해 해결할 수 없는 상황이라면 헌법이 통상 예정하지 아니한 방법을 통해 해결할 수밖에 없을 것이며, 그러한 불문의 권한을 위한 불문의 법적 근거의 생성이 헌법상 반드시 불가능하고 배척되어야만 하는 것도 아니라고 본다. 사실 헌법재판에 있어서 위헌여부의 판단기준이 되는 헌법상의 제 원칙에는 헌법상 명문의 규정이 없는, 그러나 다른 헌법상의 원칙이나 기본원리, 법의 일반원칙이나 조리로부터 도출된 불문의 법원리나 법적 근거도 많이 있음을 상기할 때 이는 충분히 정당화될 수 있는 논리라고 하겠다. 또한 규범통제에 있어서 흔히 볼 수 있는 헌법재판소의 변형결정도 처음부터 그에 대한 명문의 근거규정이 있었던 것이 아니라, 단순위헌·무효결정으로 야기되는 보다 큰 기본권 침해와 법적 공백을 제거하기 위

63) Lerche, aaO, S. 511.

하여 불가피하게 헌법상 요구되고 정당화되어 왔던 조치라는 점을 상기 할 때, 그 한도에서 그러한 변형결정을 내릴 수 있는 헌법재판소 권한에 대한 근거 역시 헌법해석상 도출되는 불문의 비상권한이라고 볼 수도 있는 것이다.[64)]

결국 더 큰 위헌상태와 어떠한 이유에서도 도저히 용인할 수 없는 심각한 기본권침해를 야기할 수 있는 법적 공백과 혼란이 예상됨에도 불구하고 명문의 근거가 없다고 해서 그러한 조치를 취할 수 없다면 그것이야말로 더 큰 헌법위반이요, 더 나아가 헌법의 최후의 수호자로서의 헌법재판소의 직무유기라고 아니할 수 없을 것이다.

Ⅳ. 우리법제에의 적용가능성

독일에서처럼 낙태문제를 비롯하여 이해와 견해가 각자의 처해진 상황이나 장소·시간·문화 등의 차이에 따라 첨예하게 대립하는 사안은 우리에게도 얼마든지 있을 수 있고, 아울러 우리도 과거 독일의 경우처럼 분단된 국가로서 미래의 통일과정에서 독일에서와 같은 예외적이고 과도적인 그리고 법적 통합과정에서 대단히 극복하기 어려운 문제가 발생할 가능성은 항상 존재한다고 볼 수 있다. 더욱이 우리가 독일과 거의 유사한 헌법체계와 헌법재판제도를 가지고 있다는 점을 고려한다면 낙태판결에서의 연방헌법재판소의 입법적 행위와 그 배경 및 그에 관한 논의는 우리에게 시사하는 점이 매우 크다고 하겠다. 그 점에서 독일의 경우를 전제로 지금까지 필자가 전게한 이러한 연방헌법재판소의 입법적 행위에 대한 헌법적 논리는 우리의 경우에도 적용될 수 있다고 본다.

이러한 잠정적인 입법조치의 주체로서 우리의 경우 헌법재판소 이외에 헌법 제76조에 규정되어 있는 긴급명령이나 제77조에 규정되어 있는 비상계엄 등의 대통령의 국가긴급권을 감안하여 대통령을 고려해 볼 수는 있겠으나, 먼저 이 사안이 헌법에서 규정된 긴급권한을 행사할 수 있는 대상에 해당되지 아니하고, 또한 그 요건을 충족시킬 수도 없으며, 특히 비상계엄을 통해서는 국회의 권한에 대하여 특별한 조치를 취할 수 없기 때문에 대통령이 적절한 주체로 고려될 수는 없을 것

---

64) 독일과는 달리 우리의 경우에는 여전히 헌법재판소법상 이러한 변형결정에 대한 근거규정이 전혀 없지만 지금까지 수없이 많은 변형결정이 이루어져 왔고, 통설도 이를 인정하고 있음은 주지의 사실이다. 따라서 명문의 법적 근거 없이 변형결정을 행하는 헌법재판소의 권한은 단순위헌·무효결정으로부터 필연적으로 야기되는 헌법상 용인할 수 없는 법적 공백 등 더 큰 위헌상태를 제거하기 위하여 헌법상 불가피하게 요구된다는 점에서 정당화될 수 있고, 이 점에서 헌법해석상 도출되는 불문의 비상권한이 그 근거라고 볼 수 있는 것이다.

이다. 아울러 대통령이 헌법상 국정의 최고책임자로서의 지위를 가지고 헌법을 수호할 책무를 지닌다 하더라도 우리의 정치현실에 비추어 볼 때 대통령이 의회의 특정정파의 정치적 이해를 대변할 위험성이 매우 높기 때문에 헌법의 최후의 수호자로서 제대로 기능할지도 의문이다. 또한 권한남용의 위험도 크다. 따라서 그러한 책무는 역시 중립적이고 독립적이며 권력통제와 기본권수호의 보루로서, 그리고 헌법의 최후의 수호자로서의 헌법재판소가 담당하는 것이 가장 적절하다고 여겨진다.[65] 따라서 도대체 현행 헌법상 이 사안에서와 같은 예외적인 상황에서 비상적인 입법행위를 통해 국민의 기본권을 조화롭게 보장하고, 법적 공백과 혼란을 방지하며, 헌법을 수호할 지위에 있는 국가기관은 헌법재판소밖에 없으며, 따라서 그런 이유에서 헌법재판소에 의한 비상적인 입법행위는 정당화될 수 있다고 본다. 물론 이는 앞서 언급한 바와 같이 헌법이 예상한 헌법재판소의 권한은 아니지만, 그렇다고 헌법재판소의 권한 밖이라고 단정할 수도 없다.

또한 위에서도 지적했듯이 독일 연방헌법재판소가 이러한 비상적인 입법조치를 취할 수 있는 법적 근거는 연방헌법재판소의 입장과는 달리 강제집행에 관한 규정이 아니고, 헌법상 불문의 비상권한이라고 했는데, 이러한 논리 역시 우리에게도 적용된다고 본다. 특히 독일과는 달리 강제집행에 관한 규정을 갖고 있지 아니한 우리의 경우[66]에는 더욱 더 헌법상의 불문의 비상권한이 그 근거라고 볼 수밖에 없을 것이다.

Ⅴ. 맺는 말

지금까지 헌법재판소가 예외적으로 입법자의 역할을 수행할 수 있는지의 여부 및 그 근거 등에 대하여 독일 연방헌법재판소의 제2차 낙태판결을 중심으로 검토

---

65) 위의 각주 48)에서도 언급한 바와 같이 연방헌법재판소는 연방헌법재판소법 제35조에 따른 집행결정의 효과적인 수행을 위해서 그때그때의 상황에서 판결의 목적을 달성하기 위한 가장 사안에 적합하고, 가장 빠르고, 가장 단순하고, 가장 목적에 부합하는 방법을 연방헌법재판소 스스로가 선택할 수 있도록 폭넓은 여지를 연방헌법재판소에 부여한다는 뜻에서 동법은 의식적으로 집행에 관한 별도의 특별한 절차를 규정하지 않았으며, 헌법의 수호자(Hüter der Verfassung)로서의 연방헌법재판소에 의한 집행을 통해서 판결에 의하여 요구되는 목표에 정확히 도달될 것이 담보된다고 판시하고 있다(BVerfGE 6, 300[304]). 이러한 연방헌법재판소의 견해는 이 사안에서 경과규정이 연방헌법재판소법 제35조에 근거해서 이루어진다는 점에서는 필자의 견해와 다르지만, 그러한 경과조치를 마련하는 주체로서 헌법의 수호자로서의 헌법재판소가 적절하고 유일한 대안일 수밖에 없다는 결론에서는 필자의 견해와 동일하다고 하겠고, 이러한 논리는 우리의 경우에도 적용된다고 본다.

66) 우리 헌법재판소법상 강제집행규정의 흠결과 문제점에 대하여 정연주, 헌법소원과 가처분, 고시계 2001. 3, 13쪽 이하; 독일 연방헌법재판소, 독일연방정부론, 2001, 337쪽 참조.

해 보았다. 그리고 이러한 헌법적 논의가 우리제도에도 적용될 수 있는지의 여부도 살펴보았다. 결론적으로 헌법재판소는 일정한 법률조항에 대하여 위헌결정을 내리고 무효화시킬 수밖에 없는데, 이에 대한 후속조치로서 입법자가 대체입법을 상당한 기간 동안 할 수 없어 심각한 법적 공백상태의 지속이 우려되는 예외적인 상황에서 헌법재판소가 입법자를 대신해 잠정적인 입법적 조치를 결정주문을 통해 함으로써 입법자가 새로운 입법을 할 때까지의 법적 공백을 메우는 일종의 비상입법자의 역할을 수행할 수 있다. 그리고 이러한 논리는 우리의 법제에도 적용될 수 있다고 본다.

결국 낙태판결에서 취해진 연방헌법재판소의 경과규정은 입법자를 대신해서 불가피하게 이루어진 잠정적이고 예외적인 조치로서 태아와 산모의 기본권의 조화로운 실현을 도모하는 한편, 헌법상 용인할 수 없는 법적 공백을 제거하려는 일종의 입법적 행위로서 헌법상 불문의 비상권한에 근거한 것으로 보아야 할 것이다. 이 점에서 이러한 잠정적인 입법조치의 근거를 연방헌법재판소법 제35조의 집행규정에서 찾고 있는 연방헌법재판소의 입장은 잘못된 것이라고 할 수 있다. 만일 그렇지 않다면 다른 한편 연방헌법재판소는 이 규정에 근거하여 그 어떠한 내용과 성격의 조치라도 취할 수 있다는 결론에 도달하여 매우 광범위한 형성의 자유를 행사하게 될 것이고 이는 권력분립의 원칙을 정면으로 위배하는 결과를 초래하게 될 것이다. 아울러 우리의 경우처럼 이러한 강제집행에 관한 규정을 갖고 있지 아니한 국가의 경우 이 사건에서와 같은 예외적인 사안이 발생했을 때 그러한 입법적 조치를 취할 수 없다는 모순된 결론에 도달하게 될 것이고, 이는 기본권과 공익의 실현에 엄청난 위험성을 초래하면서 헌법상 도저히 용인할 수 없는 더 큰 위헌상태와 법적 공백을 방치하는 결과를 낳을 것이다. 따라서 독일 연방헌법재판소법 제35조와 같은 강제집행에 관한 규정 유무에 관계없이 그러한 비상입법조치의 근거는 헌법상의 불문의 비상권한에서 찾을 수밖에 없다고 본다.

이 경우 이러한 입법적 조치는 그를 불가피하게 요구하는 예외적인 상황에서 앞서 제시한 전제조건을 충족시킬 때에만 비로소 헌법상 정당화될 수 있고, 권력분립의 원칙, 민주주의원리, 법치주의원리 등의 헌법원리와 조화될 수 있음은 물론이다.

대한민국헌법

[시행 1988.2.25.] [헌법 제10호, 1987.10.29., 전부개정]

유구한 역사와 전통에 빛나는 우리 대한국민은 3·1운동으로 건립된 대한민국임시정부의 법통과 불의에 항거한 4·19민주이념을 계승하고, 조국의 민주개혁과 평화적 통일의 사명에 입각하여 정의·인도와 동포애로써 민족의 단결을 공고히 하고, 모든 사회적 폐습과 불의를 타파하며, 자율과 조화를 바탕으로 자유민주적 기본질서를 더욱 확고히 하여 정치·경제·사회·문화의 모든 영역에 있어서 각인의 기회를 균등히 하고, 능력을 최고도로 발휘하게 하며, 자유와 권리에 따르는 책임과 의무를 완수하게 하여, 안으로는 국민생활의 균등한 향상을 기하고 밖으로는 항구적인 세계평화와 인류공영에 이바지함으로써 우리들과 우리들의 자손의 안전과 자유와 행복을 영원히 확보할 것을 다짐하면서 1948년 7월 12일에 제정되고 8차에 걸쳐 개정된 헌법을 이제 국회의 의결을 거쳐 국민투표에 의하여 개정한다.

제1장 총 강

제1조 ① 대한민국은 민주공화국이다.
② 대한민국의 주권은 국민에게 있고, 모든 권력은 국민으로부터 나온다.

제2조 ① 대한민국의 국민이 되는 요건은 법률로 정한다.
② 국가는 법률이 정하는 바에 의하여 재외국민을 보호할 의무를 진다.

제3조 대한민국의 영토는 한반도와 그 부속도서로 한다.

제4조 대한민국은 통일을 지향하며, 자유민주적 기본질서에 입각한 평화적 통일 정책을 수립하고 이를 추진한다.

제5조 ① 대한민국은 국제평화의 유지에 노력하고 침략적 전쟁을 부인한다.
② 국군은 국가의 안전보장과 국토방위의 신성한 의무를 수행함을 사명으로 하며, 그 정치적 중립성은 준수된다.

제6조 ① 헌법에 의하여 체결·공포된 조약과 일반적으로 승인된 국제법규는 국내법과 같은 효력을 가진다.
② 외국인은 국제법과 조약이 정하는 바에 의하여 그 지위가 보장된다.

제7조 ① 공무원은 국민전체에 대한 봉사자이며, 국민에 대하여 책임을 진다.
② 공무원의 신분과 정치적 중립성은 법률이 정하는 바에 의하여 보장된다.

제8조 ① 정당의 설립은 자유이며, 복수정당제는 보장된다.
② 정당은 그 목적·조직과 활동이 민주적이어야 하며, 국민의 정치적 의사형성에 참여하는데 필요한 조직을 가져야 한다.

③ 정당은 법률이 정하는 바에 의하여 국가의 보호를 받으며, 국가는 법률이 정하는 바에 의하여 정당운영에 필요한 자금을 보조할 수 있다.

④ 정당의 목적이나 활동이 민주적 기본질서에 위배될 때에는 정부는 헌법재판소에 그 해산을 제소할 수 있고, 정당은 헌법재판소의 심판에 의하여 해산된다.

第9조 국가는 전통문화의 계승·발전과 민족문화의 창달에 노력하여야 한다.

제 2 장 국민의 권리와 의무

第10조 모든 국민은 인간으로서의 존엄과 가치를 가지며, 행복을 추구할 권리를 가진다. 국가는 개인이 가지는 불가침의 기본적 인권을 확인하고 이를 보장할 의무를 진다.

第11조 ① 모든 국민은 법 앞에 평등하다. 누구든지 성별·종교 또는 사회적 신분에 의하여 정치적·경제적·사회적·문화적 생활의 모든 영역에 있어서 차별을 받지 아니한다.

② 사회적 특수계급의 제도는 인정되지 아니하며, 어떠한 형태로도 이를 창설할 수 없다.

③ 훈장등의 영전은 이를 받은 자에게만 효력이 있고, 어떠한 특권도 이에 따르지 아니한다.

第12조 ① 모든 국민은 신체의 자유를 가진다. 누구든지 법률에 의하지 아니하고는 체포·구속·압수·수색 또는 심문을 받지 아니하며, 법률과 적법한 절차에 의하지 아니하고는 처벌·보안처분 또는 강제노역을 받지 아니한다.

② 모든 국민은 고문을 받지 아니하며, 형사상 자기에게 불리한 진술을 강요당하지 아니한다.

③ 체포·구속·압수 또는 수색을 할 때에는 적법한 절차에 따라 검사의 신청에 의하여 법관이 발부한 영장을 제시하여야 한다. 다만, 현행범인인 경우와 장기 3년 이상의 형에 해당하는 죄를 범하고 도피 또는 증거인멸의 염려가 있을 때에는 사후에 영장을 청구할 수 있다.

④ 누구든지 체포 또는 구속을 당한 때에는 즉시 변호인의 조력을 받을 권리를 가진다. 다만, 형사피고인이 스스로 변호인을 구할 수 없을 때에는 법률이 정하는 바에 의하여 국가가 변호인을 붙인다.

⑤ 누구든지 체포 또는 구속의 이유와 변호인의 조력을 받을 권리가 있음을 고지받지 아니하고는 체포 또는 구속을 당하지 아니한다. 체포 또는 구속을 당한 자의 가족등 법률이 정하는 자에게는 그 이유와 일시·장소가 지체없이 통지되어야 한다.

⑥ 누구든지 체포 또는 구속을 당한 때에는 적부의 심사를 법원에 청구할 권리를 가진다.

⑦ 피고인의 자백이 고문·폭행·협박·구속의 부당한 장기화 또는 기망 기타의 방법에 의하여 자의로 진술된 것이 아니라고 인정될 때 또는 정식재판에 있어서 피고인의 자백이 그에게 불리한 유일한 증거일 때에는 이를 유죄의 증거로 삼거나 이를 이유로 처벌할 수 없다.

第13조 ① 모든 국민은 행위시의 법률에 의하여 범죄를 구성하지 아니하는 행위로 소추되지 아니하며, 동일한 범죄에 대하여 거듭 처벌받지 아니한다.

② 모든 국민은 소급입법에 의하여 참정권의 제한을 받거나 재산권을 박탈당하지 아니한다.

③ 모든 국민은 자기의 행위가 아닌 친족의 행위로 인하여 불이익한 처우를 받지 아니한다.

第14조 모든 국민은 거주·이전의 자유를 가진다.

第15조 모든 국민은 직업선택의 자유를 가진다.

第16조 모든 국민은 주거의 자유를 침해받지 아니한다. 주거에 대한 압수나 수색을 할 때에는 검사의 신청에 의하여 법관이 발부한 영장을 제시하여야 한다.

第17조 모든 국민은 사생활의 비밀과 자유를 침해받지 아니한다.

第18조 모든 국민은 통신의 비밀을 침해받지 아니한다.

第19조 모든 국민은 양심의 자유를 가진다.

第20조 ① 모든 국민은 종교의 자유를 가진다.

② 국교는 인정되지 아니하며, 종교와 정치는 분리된다.

第21조 ① 모든 국민은 언론·출판의 자유와 집회·결사의 자유를 가진다.

② 언론·출판에 대한 허가나 검열과 집회·결사에 대한 허가는 인정되지 아니한다.

③ 통신·방송의 시설기준과 신문의 기능을 보장하기 위하여 필요한 사항은 법률로 정한다.

④ 언론·출판은 타인의 명예나 권리 또는 공중도덕이나 사회윤리를 침해하여서는 아니된다. 언론·출판이 타인의 명예나 권리를 침해한 때에는 피해자는 이에 대한 피해의 배상을 청구할 수 있다.

第22조 ① 모든 국민은 학문과 예술의 자유를 가진다.

② 저작자·발명가·과학기술자와 예술가의 권리는 법률로써 보호한다.

第23조 ① 모든 국민의 재산권은 보장된다. 그 내용과 한계는 법률로 정한다.

② 재산권의 행사는 공공복리에 적합하도록 하여야 한다.

③ 공공필요에 의한 재산권의 수용·사용 또는 제한 및 그에 대한 보상은 법률로써 하되, 정당한 보상을 지급하여야 한다.

第24조 모든 국민은 법률이 정하는 바에 의하여 선거권을 가진다.

第25조 모든 국민은 법률이 정하는 바에 의하여 공무담임권을 가진다.

第26조 ① 모든 국민은 법률이 정하는 바에 의하여 국가기관에 문서로 청원할 권리를 가진다.

② 국가는 청원에 대하여 심사할 의무를 진다.

第27조 ① 모든 국민은 헌법과 법률이 정한 법관에 의하여 법률에 의한 재판을 받을 권리를 가진다.

② 군인 또는 군무원이 아닌 국민은 대한민국의 영역안에서는 중대한 군사상 기밀·초병·초소·유독음식물공급·포로·군용물에 관한 죄중 법률이 정한 경우와 비상계엄이 선포된 경우를 제외하고는 군사법원의 재판을 받지 아니한다.

③ 모든 국민은 신속한 재판을 받을 권리를 가진다. 형사피고인은 상당한 이유가 없는 한 지체없이 공개재판을 받을 권리를 가진다.

④ 형사피고인은 유죄의 판결이 확정될 때까지는 무죄로 추정된다.
⑤ 형사피해자는 법률이 정하는 바에 의하여 당해 사건의 재판절차에서 진술할 수 있다.

第28조 형사피의자 또는 형사피고인으로서 구금되었던 자가 법률이 정하는 불기소처분을 받거나 무죄판결을 받은 때에는 법률이 정하는 바에 의하여 국가에 정당한 보상을 청구할 수 있다.

第29조 ① 공무원의 직무상 불법행위로 손해를 받은 국민은 법률이 정하는 바에 의하여 국가 또는 공공단체에 정당한 배상을 청구할 수 있다. 이 경우 공무원 자신의 책임은 면제되지 아니한다.
② 군인·군무원·경찰공무원 기타 법률이 정하는 자가 전투·훈련등 직무집행과 관련하여 받은 손해에 대하여는 법률이 정하는 보상외에 국가 또는 공공단체에 공무원의 직무상 불법행위로 인한 배상은 청구할 수 없다.

第30조 타인의 범죄행위로 인하여 생명·신체에 대한 피해를 받은 국민은 법률이 정하는 바에 의하여 국가로부터 구조를 받을 수 있다.

第31조 ① 모든 국민은 능력에 따라 균등하게 교육을 받을 권리를 가진다.
② 모든 국민은 그 보호하는 자녀에게 적어도 초등교육과 법률이 정하는 교육을 받게 할 의무를 진다.
③ 의무교육은 무상으로 한다.
④ 교육의 자주성·전문성·정치적 중립성 및 대학의 자율성은 법률이 정하는 바에 의하여 보장된다.
⑤ 국가는 평생교육을 진흥하여야 한다.
⑥ 학교교육 및 평생교육을 포함한 교육제도와 그 운영, 교육재정 및 교원의 지위에 관한 기본적인 사항은 법률로 정한다.

第32조 ① 모든 국민은 근로의 권리를 가진다. 국가는 사회적·경제적 방법으로 근로자의 고용의 증진과 적정임금의 보장에 노력하여야 하며, 법률이 정하는 바에 의하여 최저임금제를 시행하여야 한다.
② 모든 국민은 근로의 의무를 진다. 국가는 근로의 의무의 내용과 조건을 민주주의원칙에 따라 법률로 정한다.
③ 근로조건의 기준은 인간의 존엄성을 보장하도록 법률로 정한다.
④ 여자의 근로는 특별한 보호를 받으며, 고용·임금 및 근로조건에 있어서 부당한 차별을 받지 아니한다.
⑤ 연소자의 근로는 특별한 보호를 받는다.
⑥ 국가유공자·상이군경 및 전몰군경의 유가족은 법률이 정하는 바에 의하여 우선적으로 근로의 기회를 부여받는다.

第33조 ① 근로자는 근로조건의 향상을 위하여 자주적인 단결권·단체교섭권 및 단체행동권을 가진다.
② 공무원인 근로자는 법률이 정하는 자에 한하여 단결권·단체교섭권 및 단체행동권을 가진다.
③ 법률이 정하는 주요방위산업체에 종사하는 근로자의 단체행동권은 법률이 정하는 바

에 의하여 이를 제한하거나 인정하지 아니할 수 있다.

제34조 ① 모든 국민은 인간다운 생활을 할 권리를 가진다.

② 국가는 사회보장·사회복지의 증진에 노력할 의무를 진다.

③ 국가는 여자의 복지와 권익의 향상을 위하여 노력하여야 한다.

④ 국가는 노인과 청소년의 복지향상을 위한 정책을 실시할 의무를 진다.

⑤ 신체장애자 및 질병·노령 기타의 사유로 생활능력이 없는 국민은 법률이 정하는 바에 의하여 국가의 보호를 받는다.

⑥ 국가는 재해를 예방하고 그 위험으로부터 국민을 보호하기 위하여 노력하여야 한다.

제35조 ① 모든 국민은 건강하고 쾌적한 환경에서 생활할 권리를 가지며, 국가와 국민은 환경보전을 위하여 노력하여야 한다.

② 환경권의 내용과 행사에 관하여는 법률로 정한다.

③ 국가는 주택개발정책등을 통하여 모든 국민이 쾌적한 주거생활을 할 수 있도록 노력하여야 한다.

제36조 ① 혼인과 가족생활은 개인의 존엄과 양성의 평등을 기초로 성립되고 유지되어야 하며, 국가는 이를 보장한다.

② 국가는 모성의 보호를 위하여 노력하여야 한다.

③ 모든 국민은 보건에 관하여 국가의 보호를 받는다.

제37조 ① 국민의 자유와 권리는 헌법에 열거되지 아니한 이유로 경시되지 아니한다.

② 국민의 모든 자유와 권리는 국가안전보장·질서유지 또는 공공복리를 위하여 필요한 경우에 한하여 법률로써 제한할 수 있으며, 제한하는 경우에도 자유와 권리의 본질적인 내용을 침해할 수 없다.

제38조 모든 국민은 법률이 정하는 바에 의하여 납세의 의무를 진다.

제39조 ① 모든 국민은 법률이 정하는 바에 의하여 국방의 의무를 진다.

② 누구든지 병역의무의 이행으로 인하여 불이익한 처우를 받지 아니한다.

제3장 국 회

제40조 입법권은 국회에 속한다.

제41조 ① 국회는 국민의 보통·평등·직접·비밀선거에 의하여 선출된 국회의원으로 구성한다.

② 국회의원의 수는 법률로 정하되, 200인 이상으로 한다.

③ 국회의원의 선거구와 비례대표제 기타 선거에 관한 사항은 법률로 정한다.

제42조 국회의원의 임기는 4년으로 한다.

제43조 국회의원은 법률이 정하는 직을 겸할 수 없다.

제44조 ① 국회의원은 현행범인인 경우를 제외하고는 회기중 국회의 동의없이 체포 또는 구금되지 아니한다.

② 국회의원이 회기전에 체포 또는 구금된 때에는 현행범인이 아닌 한 국회의 요구가

있으면 회기중 석방된다.

제45조 국회의원은 국회에서 직무상 행한 발언과 표결에 관하여 국회외에서 책임을 지지 아니한다.

제46조 ① 국회의원은 청렴의 의무가 있다.

② 국회의원은 국가이익을 우선하여 양심에 따라 직무를 행한다.

③ 국회의원은 그 지위를 남용하여 국가·공공단체 또는 기업체와의 계약이나 그 처분에 의하여 재산상의 권리·이익 또는 직위를 취득하거나 타인을 위하여 그 취득을 알선할 수 없다.

제47조 ① 국회의 정기회는 법률이 정하는 바에 의하여 매년 1회 집회되며, 국회의 임시회는 대통령 또는 국회재적의원 4분의 1 이상의 요구에 의하여 집회된다.

② 정기회의 회기는 100일을, 임시회의 회기는 30일을 초과할 수 없다.

③ 대통령이 임시회의 집회를 요구할 때에는 기간과 집회요구의 이유를 명시하여야 한다.

제48조 국회는 의장 1인과 부의장 2인을 선출한다.

제49조 국회는 헌법 또는 법률에 특별한 규정이 없는 한 재적의원 과반수의 출석과 출석의원 과반수의 찬성으로 의결한다. 가부동수인 때에는 부결된 것으로 본다.

제50조 ① 국회의 회의는 공개한다. 다만, 출석의원 과반수의 찬성이 있거나 의장이 국가의 안전보장을 위하여 필요하다고 인정할 때에는 공개하지 아니할 수 있다.

② 공개하지 아니한 회의내용의 공표에 관하여는 법률이 정하는 바에 의한다.

제51조 국회에 제출된 법률안 기타의 의안은 회기중에 의결되지 못한 이유로 폐기되지 아니한다. 다만, 국회의원의 임기가 만료된 때에는 그러하지 아니하다.

제52조 국회의원과 정부는 법률안을 제출할 수 있다.

제53조 ① 국회에서 의결된 법률안은 정부에 이송되어 15일 이내에 대통령이 공포한다.

② 법률안에 이의가 있을 때에는 대통령은 제1항의 기간내에 이의서를 붙여 국회로 환부하고, 그 재의를 요구할 수 있다. 국회의 폐회중에도 또한 같다.

③ 대통령은 법률안의 일부에 대하여 또는 법률안을 수정하여 재의를 요구할 수 없다.

④ 재의의 요구가 있을 때에는 국회는 재의에 붙이고, 재적의원과반수의 출석과 출석의원 3분의 2 이상의 찬성으로 전과 같은 의결을 하면 그 법률안은 법률로서 확정된다.

⑤ 대통령이 제1항의 기간내에 공포나 재의의 요구를 하지 아니한 때에도 그 법률안은 법률로서 확정된다.

⑥ 대통령은 제4항과 제5항의 규정에 의하여 확정된 법률을 지체없이 공포하여야 한다. 제5항에 의하여 법률이 확정된 후 또는 제4항에 의한 확정법률이 정부에 이송된 후 5일 이내에 대통령이 공포하지 아니할 때에는 국회의장이 이를 공포한다.

⑦ 법률은 특별한 규정이 없는 한 공포한 날로부터 20일을 경과함으로써 효력을 발생한다.

제54조 ① 국회는 국가의 예산안을 심의·확정한다.

② 정부는 회계연도마다 예산안을 편성하여 회계연도 개시 90일전까지 국회에 제출하고, 국회는 회계연도 개시 30일전까지 이를 의결하여야 한다.

③ 새로운 회계연도가 개시될 때까지 예산안이 의결되지 못한 때에는 정부는 국회에서 예산안이 의결될 때까지 다음의 목적을 위한 경비는 전년도 예산에 준하여 집행할 수

있다.

1. 헌법이나 법률에 의하여 설치된 기관 또는 시설의 유지·운영
2. 법률상 지출의무의 이행
3. 이미 예산으로 승인된 사업의 계속

第55조 ① 한 회계연도를 넘어 계속하여 지출할 필요가 있을 때에는 정부는 연한을 정하여 계속비로서 국회의 의결을 얻어야 한다.

② 예비비는 총액으로 국회의 의결을 얻어야 한다. 예비비의 지출은 차기국회의 승인을 얻어야 한다.

第56조 정부는 예산에 변경을 가할 필요가 있을 때에는 추가경정예산안을 편성하여 국회에 제출할 수 있다.

第57조 국회는 정부의 동의없이 정부가 제출한 지출예산 각항의 금액을 증가하거나 새 비목을 설치할 수 없다.

第58조 국채를 모집하거나 예산외에 국가의 부담이 될 계약을 체결하려 할 때에는 정부는 미리 국회의 의결을 얻어야 한다.

第59조 조세의 종목과 세율은 법률로 정한다.

第60조 ① 국회는 상호원조 또는 안전보장에 관한 조약, 중요한 국제조직에 관한 조약, 우호통상항해조약, 주권의 제약에 관한 조약, 강화조약, 국가나 국민에게 중대한 재정적 부담을 지우는 조약 또는 입법사항에 관한 조약의 체결·비준에 대한 동의권을 가진다.

② 국회는 선전포고, 국군의 외국에의 파견 또는 외국군대의 대한민국 영역안에서의 주류에 대한 동의권을 가진다.

第61조 ① 국회는 국정을 감사하거나 특정한 국정사안에 대하여 조사할 수 있으며, 이에 필요한 서류의 제출 또는 증인의 출석과 증언이나 의견의 진술을 요구할 수 있다.

② 국정감사 및 조사에 관한 절차 기타 필요한 사항은 법률로 정한다.

第62조 ① 국무총리·국무위원 또는 정부위원은 국회나 그 위원회에 출석하여 국정처리상황을 보고하거나 의견을 진술하고 질문에 응답할 수 있다.

② 국회나 그 위원회의 요구가 있을 때에는 국무총리·국무위원 또는 정부위원은 출석·답변하여야 하며, 국무총리 또는 국무위원이 출석요구를 받은 때에는 국무위원 또는 정부위원으로 하여금 출석·답변하게 할 수 있다.

第63조 ① 국회는 국무총리 또는 국무위원의 해임을 대통령에게 건의할 수 있다.

② 제1항의 해임건의는 국회재적의원 3분의 1 이상의 발의에 의하여 국회재적의원 과반수의 찬성이 있어야 한다.

第64조 ① 국회는 법률에 저촉되지 아니하는 범위안에서 의사와 내부규율에 관한 규칙을 제정할 수 있다.

② 국회는 의원의 자격을 심사하며, 의원을 징계할 수 있다.

③ 의원을 제명하려면 국회재적의원 3분의 2 이상의 찬성이 있어야 한다.

④ 제2항과 제3항의 처분에 대하여는 법원에 제소할 수 없다.

第65조 ① 대통령·국무총리·국무위원·행정각부의 장·헌법재판소 재판관·법관·중앙선거관리위원회 위원·감사원장·감사위원 기타 법률이 정한 공무원이 그 직무집행에 있

어서 헌법이나 법률을 위배한 때에는 국회는 탄핵의 소추를 의결할 수 있다.
② 제1항의 탄핵소추는 국회재적의원 3분의 1 이상의 발의가 있어야 하며, 그 의결은 국회재적의원 과반수의 찬성이 있어야 한다. 다만, 대통령에 대한 탄핵소추는 국회재적의원 과반수의 발의와 국회재적의원 3분의 2 이상의 찬성이 있어야 한다.
③ 탄핵소추의 의결을 받은 자는 탄핵심판이 있을 때까지 그 권한행사가 정지된다.
④ 탄핵결정은 공직으로부터 파면함에 그친다. 그러나, 이에 의하여 민사상이나 형사상의 책임이 면제되지는 아니한다.

제 4 장 정 부

제 1 절 대통령

제66조 ① 대통령은 국가의 원수이며, 외국에 대하여 국가를 대표한다.
② 대통령은 국가의 독립 · 영토의 보전 · 국가의 계속성과 헌법을 수호할 책무를 진다.
③ 대통령은 조국의 평화적 통일을 위한 성실한 의무를 진다.
④ 행정권은 대통령을 수반으로 하는 정부에 속한다.

제67조 ① 대통령은 국민의 보통 · 평등 · 직접 · 비밀선거에 의하여 선출한다.
② 제1항의 선거에 있어서 최고득표자가 2인 이상인 때에는 국회의 재적의원 과반수가 출석한 공개회의에서 다수표를 얻은 자를 당선자로 한다.
③ 대통령후보자가 1인일 때에는 그 득표수가 선거권자 총수의 3분의 1 이상이 아니면 대통령으로 당선될 수 없다.
④ 대통령으로 선거될 수 있는 자는 국회의원의 피선거권이 있고 선거일 현재 40세에 달하여야 한다.
⑤ 대통령의 선거에 관한 사항은 법률로 정한다.

제68조 ① 대통령의 임기가 만료되는 때에는 임기만료 70일 내지 40일전에 후임자를 선거한다.
② 대통령이 궐위된 때 또는 대통령 당선자가 사망하거나 판결 기타의 사유로 그 자격을 상실한 때에는 60일 이내에 후임자를 선거한다.

제69조 대통령은 취임에 즈음하여 다음의 선서를 한다.
"나는 헌법을 준수하고 국가를 보위하며 조국의 평화적 통일과 국민의 자유와 복리의 증진 및 민족문화의 창달에 노력하여 대통령으로서의 직책을 성실히 수행할 것을 국민 앞에 엄숙히 선서합니다."

제70조 대통령의 임기는 5년으로 하며, 중임할 수 없다.

제71조 대통령이 궐위되거나 사고로 인하여 직무를 수행할 수 없을 때에는 국무총리, 법률이 정한 국무위원의 순서로 그 권한을 대행한다.

제72조 대통령은 필요하다고 인정할 때에는 외교 · 국방 · 통일 기타 국가안위에 관한 중요정책을 국민투표에 붙일 수 있다.

제73조 대통령은 조약을 체결 · 비준하고, 외교사절을 신임 · 접수 또는 파견하며, 선전포고와 강화를 한다.

제74조 ① 대통령은 헌법과 법률이 정하는 바에 의하여 국군을 통수한다.

② 국군의 조직과 편성은 법률로 정한다.

제75조 대통령은 법률에서 구체적으로 범위를 정하여 위임받은 사항과 법률을 집행하기 위하여 필요한 사항에 관하여 대통령령을 발할 수 있다.

제76조 ① 대통령은 내우 · 외환 · 천재 · 지변 또는 중대한 재정 · 경제상의 위기에 있어서 국가의 안전보장 또는 공공의 안녕질서를 유지하기 위하여 긴급한 조치가 필요하고 국회의 집회를 기다릴 여유가 없을 때에 한하여 최소한으로 필요한 재정 · 경제상의 처분을 하거나 이에 관하여 법률의 효력을 가지는 명령을 발할 수 있다.

② 대통령은 국가의 안위에 관계되는 중대한 교전상태에 있어서 국가를 보위하기 위하여 긴급한 조치가 필요하고 국회의 집회가 불가능한 때에 한하여 법률의 효력을 가지는 명령을 발할 수 있다.

③ 대통령은 제1항과 제2항의 처분 또는 명령을 한 때에는 지체없이 국회에 보고하여 그 승인을 얻어야 한다.

④ 제3항의 승인을 얻지 못한 때에는 그 처분 또는 명령은 그때부터 효력을 상실한다. 이 경우 그 명령에 의하여 개정 또는 폐지되었던 법률은 그 명령이 승인을 얻지 못한 때부터 당연히 효력을 회복한다.

⑤ 대통령은 제3항과 제4항의 사유를 지체없이 공포하여야 한다.

제77조 ① 대통령은 전시 · 사변 또는 이에 준하는 국가비상사태에 있어서 병력으로써 군사상의 필요에 응하거나 공공의 안녕질서를 유지할 필요가 있을 때에는 법률이 정하는 바에 의하여 계엄을 선포할 수 있다.

② 계엄은 비상계엄과 경비계엄으로 한다.

③ 비상계엄이 선포된 때에는 법률이 정하는 바에 의하여 영장제도, 언론 · 출판 · 집회 · 결사의 자유, 정부나 법원의 권한에 관하여 특별한 조치를 할 수 있다.

④ 계엄을 선포한 때에는 대통령은 지체없이 국회에 통고하여야 한다.

⑤ 국회가 재적의원 과반수의 찬성으로 계엄의 해제를 요구한 때에는 대통령은 이를 해제하여야 한다.

제78조 대통령은 헌법과 법률이 정하는 바에 의하여 공무원을 임면한다.

제79조 ① 대통령은 법률이 정하는 바에 의하여 사면 · 감형 또는 복권을 명할 수 있다.

② 일반사면을 명하려면 국회의 동의를 얻어야 한다.

③ 사면 · 감형 및 복권에 관한 사항은 법률로 정한다.

제80조 대통령은 법률이 정하는 바에 의하여 훈장 기타의 영전을 수여한다.

제81조 대통령은 국회에 출석하여 발언하거나 서한으로 의견을 표시할 수 있다.

제82조 대통령의 국법상 행위는 문서로써 하며, 이 문서에는 국무총리와 관계 국무위원이 부서한다. 군사에 관한 것도 또한 같다.

제83조 대통령은 국무총리 · 국무위원 · 행정각부의 장 기타 법률이 정하는 공사의 직을 겸할 수 없다.

제84조 대통령은 내란 또는 외환의 죄를 범한 경우를 제외하고는 재직중 형사상의 소추를 받지 아니한다.
제85조 전직대통령의 신분과 예우에 관하여는 법률로 정한다.

제 2 절 행정부

제 1 관 국무총리와 국무위원

제86조 ① 국무총리는 국회의 동의를 얻어 대통령이 임명한다.
② 국무총리는 대통령을 보좌하며, 행정에 관하여 대통령의 명을 받아 행정각부를 통할한다.
③ 군인은 현역을 면한 후가 아니면 국무총리로 임명될 수 없다.
제87조 ① 국무위원은 국무총리의 제청으로 대통령이 임명한다.
② 국무위원은 국정에 관하여 대통령을 보좌하며, 국무회의의 구성원으로서 국정을 심의한다.
③ 국무총리는 국무위원의 해임을 대통령에게 건의할 수 있다.
④ 군인은 현역을 면한 후가 아니면 국무위원으로 임명될 수 없다.

제 2 관 국무회의

제88조 ① 국무회의는 정부의 권한에 속하는 중요한 정책을 심의한다.
② 국무회의는 대통령·국무총리와 15인 이상 30인 이하의 국무위원으로 구성한다.
③ 대통령은 국무회의의 의장이 되고, 국무총리는 부의장이 된다.
제89조 다음 사항은 국무회의의 심의를 거쳐야 한다.
1. 국정의 기본계획과 정부의 일반정책
2. 선전·강화 기타 중요한 대외정책
3. 헌법개정안·국민투표안·조약안·법률안 및 대통령령안
4. 예산안·결산·국유재산처분의 기본계획·국가의 부담이 될 계약 기타 재정에 관한 중요사항
5. 대통령의 긴급명령·긴급재정경제처분 및 명령 또는 계엄과 그 해제
6. 군사에 관한 중요사항
7. 국회의 임시회 집회의 요구
8. 영전수여
9. 사면·감형과 복권
10. 행정각부간의 권한의 획정
11. 정부안의 권한의 위임 또는 배정에 관한 기본계획
12. 국정처리상황의 평가·분석
13. 행정각부의 중요한 정책의 수립과 조정
14. 정당해산의 제소

15. 정부에 제출 또는 회부된 정부의 정책에 관계되는 청원의 심사
16. 검찰총장·합동참모의장·각군참모총장·국립대학교총장·대사 기타 법률이 정한 공무원과 국영기업체관리자의 임명
17. 기타 대통령·국무총리 또는 국무위원이 제출한 사항

第90조 ① 국정의 중요한 사항에 관한 대통령의 자문에 응하기 위하여 국가원로로 구성되는 국가원로자문회의를 둘 수 있다.
② 국가원로자문회의의 의장은 직전대통령이 된다. 다만, 직전대통령이 없을 때에는 대통령이 지명한다.
③ 국가원로자문회의의 조직·직무범위 기타 필요한 사항은 법률로 정한다.

第91조 ① 국가안전보장에 관련되는 대외정책·군사정책과 국내정책의 수립에 관하여 국무회의의 심의에 앞서 대통령의 자문에 응하기 위하여 국가안전보장회의를 둔다.
② 국가안전보장회의는 대통령이 주재한다.
③ 국가안전보장회의의 조직·직무범위 기타 필요한 사항은 법률로 정한다.

第92조 ① 평화통일정책의 수립에 관한 대통령의 자문에 응하기 위하여 민주평화통일자문회의를 둘 수 있다.
② 민주평화통일자문회의의 조직·직무범위 기타 필요한 사항은 법률로 정한다.

第93조 ① 국민경제의 발전을 위한 중요정책의 수립에 관하여 대통령의 자문에 응하기 위하여 국민경제자문회의를 둘 수 있다.
② 국민경제자문회의의 조직·직무범위 기타 필요한 사항은 법률로 정한다.

제 3 관 행정각부

第94조 행정각부의 장은 국무위원 중에서 국무총리의 제청으로 대통령이 임명한다.

第95조 국무총리 또는 행정각부의 장은 소관사무에 관하여 법률이나 대통령령의 위임 또는 직권으로 총리령 또는 부령을 발할 수 있다.

第96조 행정각부의 설치·조직과 직무범위는 법률로 정한다.

제 4 관 감사원

第97조 국가의 세입·세출의 결산, 국가 및 법률이 정한 단체의 회계검사와 행정기관 및 공무원의 직무에 관한 감찰을 하기 위하여 대통령 소속하에 감사원을 둔다.

第98조 ① 감사원은 원장을 포함한 5인 이상 11인 이하의 감사위원으로 구성한다.
② 원장은 국회의 동의를 얻어 대통령이 임명하고, 그 임기는 4년으로 하며, 1차에 한하여 중임할 수 있다.
③ 감사위원은 원장의 제청으로 대통령이 임명하고, 그 임기는 4년으로 하며, 1차에 한하여 중임할 수 있다.

第99조 감사원은 세입·세출의 결산을 매년 검사하여 대통령과 차년도국회에 그 결과를 보고하여야 한다.

第100조 감사원의 조직·직무범위·감사위원의 자격·감사대상공무원의 범위 기타 필요한

사항은 법률로 정한다.

제5장 법 원

제101조 ① 사법권은 법관으로 구성된 법원에 속한다.

② 법원은 최고법원인 대법원과 각급법원으로 조직된다.

③ 법관의 자격은 법률로 정한다.

제102조 ① 대법원에 부를 둘 수 있다.

② 대법원에 대법관을 둔다. 다만, 법률이 정하는 바에 의하여 대법관이 아닌 법관을 둘 수 있다.

③ 대법원과 각급법원의 조직은 법률로 정한다.

제103조 법관은 헌법과 법률에 의하여 그 양심에 따라 독립하여 심판한다.

제104조 ① 대법원장은 국회의 동의를 얻어 대통령이 임명한다.

② 대법관은 대법원장의 제청으로 국회의 동의를 얻어 대통령이 임명한다.

③ 대법원장과 대법관이 아닌 법관은 대법관회의의 동의를 얻어 대법원장이 임명한다.

제105조 ① 대법원장의 임기는 6년으로 하며, 중임할 수 없다.

② 대법관의 임기는 6년으로 하며, 법률이 정하는 바에 의하여 연임할 수 있다.

③ 대법원장과 대법관이 아닌 법관의 임기는 10년으로 하며, 법률이 정하는 바에 의하여 연임할 수 있다.

④ 법관의 정년은 법률로 정한다.

제106조 ① 법관은 탄핵 또는 금고 이상의 형의 선고에 의하지 아니하고는 파면되지 아니하며, 징계처분에 의하지 아니하고는 정직·감봉 기타 불리한 처분을 받지 아니한다.

② 법관이 중대한 심신상의 장해로 직무를 수행할 수 없을 때에는 법률이 정하는 바에 의하여 퇴직하게 할 수 있다.

제107조 ①법률이 헌법에 위반되는 여부가 재판의 전제가 된 경우에는 법원은 헌법재판소에 제청하여 그 심판에 의하여 재판한다.

② 명령·규칙 또는 처분이 헌법이나 법률에 위반되는 여부가 재판의 전제가 된 경우에는 대법원은 이를 최종적으로 심사할 권한을 가진다.

③ 재판의 전심절차로서 행정심판을 할 수 있다. 행정심판의 절차는 법률로 정하되, 사법절차가 준용되어야 한다.

제108조 대법원은 법률에 저촉되지 아니하는 범위안에서 소송에 관한 절차, 법원의 내부규율과 사무처리에 관한 규칙을 제정할 수 있다.

제109조 재판의 심리와 판결은 공개한다. 다만, 심리는 국가의 안전보장 또는 안녕질서를 방해하거나 선량한 풍속을 해할 염려가 있을 때에는 법원의 결정으로 공개하지 아니할 수 있다.

제110조 ① 군사재판을 관할하기 위하여 특별법원으로서 군사법원을 둘 수 있다.

② 군사법원의 상고심은 대법원에서 관할한다.

③ 군사법원의 조직·권한 및 재판관의 자격은 법률로 정한다.

④ 비상계엄하의 군사재판은 군인·군무원의 범죄나 군사에 관한 간첩죄의 경우와 초병·초소·유독음식물공급·포로에 관한 죄중 법률이 정한 경우에 한하여 단심으로 할 수 있다. 다만, 사형을 선고한 경우에는 그러하지 아니하다.

제 6 장 헌법재판소

제111조 ① 헌법재판소는 다음 사항을 관장한다.

1. 법원의 제청에 의한 법률의 위헌여부 심판
2. 탄핵의 심판
3. 정당의 해산 심판
4. 국가기관 상호간, 국가기관과 지방자치단체간 및 지방자치단체 상호간의 권한쟁의에 관한 심판
5. 법률이 정하는 헌법소원에 관한 심판

② 헌법재판소는 법관의 자격을 가진 9인의 재판관으로 구성하며, 재판관은 대통령이 임명한다.

③ 제2항의 재판관중 3인은 국회에서 선출하는 자를, 3인은 대법원장이 지명하는 자를 임명한다.

④ 헌법재판소의 장은 국회의 동의를 얻어 재판관중에서 대통령이 임명한다.

제112조 ① 헌법재판소 재판관의 임기는 6년으로 하며, 법률이 정하는 바에 의하여 연임할 수 있다.

② 헌법재판소 재판관은 정당에 가입하거나 정치에 관여할 수 없다.

③ 헌법재판소 재판관은 탄핵 또는 금고 이상의 형의 선고에 의하지 아니하고는 파면되지 아니한다.

제113조 ① 헌법재판소에서 법률의 위헌결정, 탄핵의 결정, 정당해산의 결정 또는 헌법소원에 관한 인용결정을 할 때에는 재판관 6인 이상의 찬성이 있어야 한다.

② 헌법재판소는 법률에 저촉되지 아니하는 범위안에서 심판에 관한 절차, 내부규율과 사무처리에 관한 규칙을 제정할 수 있다.

③ 헌법재판소의 조직과 운영 기타 필요한 사항은 법률로 정한다.

제 7 장 선거관리

제114조 ① 선거와 국민투표의 공정한 관리 및 정당에 관한 사무를 처리하기 위하여 선거관리위원회를 둔다.

② 중앙선거관리위원회는 대통령이 임명하는 3인, 국회에서 선출하는 3인과 대법원장이 지명하는 3인의 위원으로 구성한다. 위원장은 위원중에서 호선한다.

③ 위원의 임기는 6년으로 한다.

④ 위원은 정당에 가입하거나 정치에 관여할 수 없다.

⑤ 위원은 탄핵 또는 금고 이상의 형의 선고에 의하지 아니하고는 파면되지 아니한다.

⑥ 중앙선거관리위원회는 법령의 범위안에서 선거관리·국민투표관리 또는 정당사무에 관한 규칙을 제정할 수 있으며, 법률에 저촉되지 아니하는 범위안에서 내부규율에 관한 규칙을 제정할 수 있다.

⑦ 각급 선거관리위원회의 조직·직무범위 기타 필요한 사항은 법률로 정한다.

第115條 ① 각급 선거관리위원회는 선거인명부의 작성등 선거사무와 국민투표사무에 관하여 관계 행정기관에 필요한 지시를 할 수 있다.

② 제1항의 지시를 받은 당해 행정기관은 이에 응하여야 한다.

第116條 ① 선거운동은 각급 선거관리위원회의 관리하에 법률이 정하는 범위안에서 하되, 균등한 기회가 보장되어야 한다.

② 선거에 관한 경비는 법률이 정하는 경우를 제외하고는 정당 또는 후보자에게 부담시킬 수 없다.

제 8 장 지방자치

第117條 ① 지방자치단체는 주민의 복리에 관한 사무를 처리하고 재산을 관리하며, 법령의 범위안에서 자치에 관한 규정을 제정할 수 있다.

② 지방자치단체의 종류는 법률로 정한다.

第118條 ① 지방자치단체에 의회를 둔다.

② 지방의회의 조직·권한·의원선거와 지방자치단체의 장의 선임방법 기타 지방자치단체의 조직과 운영에 관한 사항은 법률로 정한다.

제 9 장 경 제

第119條 ① 대한민국의 경제질서는 개인과 기업의 경제상의 자유와 창의를 존중함을 기본으로 한다.

② 국가는 균형있는 국민경제의 성장 및 안정과 적정한 소득의 분배를 유지하고, 시장의 지배와 경제력의 남용을 방지하며, 경제주체간의 조화를 통한 경제의 민주화를 위하여 경제에 관한 규제와 조정을 할 수 있다.

第120條 ① 광물 기타 중요한 지하자원·수산자원·수력과 경제상 이용할 수 있는 자연력은 법률이 정하는 바에 의하여 일정한 기간 그 채취·개발 또는 이용을 특허할 수 있다.

② 국토와 자원은 국가의 보호를 받으며, 국가는 그 균형있는 개발과 이용을 위하여 필요한 계획을 수립한다.

第121條 ① 국가는 농지에 관하여 경자유전의 원칙이 달성될 수 있도록 노력하여야 하며,

농지의 소작제도는 금지된다.

② 농업생산성의 제고와 농지의 합리적인 이용을 위하거나 불가피한 사정으로 발생하는 농지의 임대차와 위탁경영은 법률이 정하는 바에 의하여 인정된다.

第122조 국가는 국민 모두의 생산 및 생활의 기반이 되는 국토의 효율적이고 균형있는 이용·개발과 보전을 위하여 법률이 정하는 바에 의하여 그에 관한 필요한 제한과 의무를 과할 수 있다.

第123조 ① 국가는 농업 및 어업을 보호·육성하기 위하여 농·어촌종합개발과 그 지원등 필요한 계획을 수립·시행하여야 한다.

② 국가는 지역간의 균형있는 발전을 위하여 지역경제를 육성할 의무를 진다.

③ 국가는 중소기업을 보호·육성하여야 한다.

④ 국가는 농수산물의 수급균형과 유통구조의 개선에 노력하여 가격안정을 도모함으로써 농·어민의 이익을 보호한다.

⑤ 국가는 농·어민과 중소기업의 자조조직을 육성하여야 하며, 그 자율적 활동과 발전을 보장한다.

第124조 국가는 건전한 소비행위를 계도하고 생산품의 품질향상을 촉구하기 위한 소비자보호운동을 법률이 정하는 바에 의하여 보장한다.

第125조 국가는 대외무역을 육성하며, 이를 규제·조정할 수 있다.

第126조 국방상 또는 국민경제상 긴절한 필요로 인하여 법률이 정하는 경우를 제외하고는, 사영기업을 국유 또는 공유로 이전하거나 그 경영을 통제 또는 관리할 수 없다.

第127조 ① 국가는 과학기술의 혁신과 정보 및 인력의 개발을 통하여 국민경제의 발전에 노력하여야 한다.

② 국가는 국가표준제도를 확립한다.

③ 대통령은 제1항의 목적을 달성하기 위하여 필요한 자문기구를 둘 수 있다.

제 10 장 헌법개정

第128조 ① 헌법개정은 국회재적의원 과반수 또는 대통령의 발의로 제안된다.

② 대통령의 임기연장 또는 중임변경을 위한 헌법개정은 그 헌법개정 제안 당시의 대통령에 대하여는 효력이 없다.

第129조 제안된 헌법개정안은 대통령이 20일 이상의 기간 이를 공고하여야 한다.

第130조 ① 국회는 헌법개정안이 공고된 날로부터 60일 이내에 의결하여야 하며, 국회의 의결은 재적의원 3분의 2 이상의 찬성을 얻어야 한다.

② 헌법개정안은 국회가 의결한 후 30일 이내에 국민투표에 붙여 국회의원선거권자 과반수의 투표와 투표자 과반수의 찬성을 얻어야 한다.

③ 헌법개정안이 제2항의 찬성을 얻은 때에는 헌법개정은 확정되며, 대통령은 즉시 이를 공포하여야 한다.

부 칙 <제10호, 1987.10.29.>

제1조 이 헌법은 1988년 2월 25일부터 시행한다. 다만, 이 헌법을 시행하기 위하여 필요한 법률의 제정·개정과 이 헌법에 의한 대통령 및 국회의원의 선거 기타 이 헌법시행에 관한 준비는 이 헌법시행 전에 할 수 있다.

제2조 ① 이 헌법에 의한 최초의 대통령선거는 이 헌법시행일 40일 전까지 실시한다.

② 이 헌법에 의한 최초의 대통령의 임기는 이 헌법시행일로부터 개시한다.

제3조 ① 이 헌법에 의한 최초의 국회의원선거는 이 헌법공포일로부터 6월 이내에 실시하며, 이 헌법에 의하여 선출된 최초의 국회의원의 임기는 국회의원선거후 이 헌법에 의한 국회의 최초의 집회일로부터 개시한다.

② 이 헌법공포 당시의 국회의원의 임기는 제1항에 의한 국회의 최초의 집회일 전일까지로 한다.

제4조 ① 이 헌법시행 당시의 공무원과 정부가 임명한 기업체의 임원은 이 헌법에 의하여 임명된 것으로 본다. 다만, 이 헌법에 의하여 선임방법이나 임명권자가 변경된 공무원과 대법원장 및 감사원장은 이 헌법에 의하여 후임자가 선임될 때까지 그 직무를 행하며, 이 경우 전임자인 공무원의 임기는 후임자가 선임되는 전일까지로 한다.

② 이 헌법시행 당시의 대법원장과 대법원판사가 아닌 법관은 제1항 단서의 규정에 불구하고 이 헌법에 의하여 임명된 것으로 본다.

③ 이 헌법중 공무원의 임기 또는 중임제한에 관한 규정은 이 헌법에 의하여 그 공무원이 최초로 선출 또는 임명된 때로부터 적용한다.

제5조 이 헌법시행 당시의 법령과 조약은 이 헌법에 위배되지 아니하는 한 그 효력을 지속한다.

제6조 이 헌법시행 당시에 이 헌법에 의하여 새로 설치될 기관의 권한에 속하는 직무를 행하고 있는 기관은 이 헌법에 의하여 새로운 기관이 설치될 때까지 존속하며 그 직무를 행한다.

판례색인

【헌법재판소판례】

【대법원판례】

【하급심판례】

【독일연방헌법재판소판례】

【미국연방대법원판례】

사항색인

[저자 약력]

연세대학교 법대 (법학사)
연세대학교 대학원 법학과 (법학석사)
독일 뮌헨대학교 법대 (법학박사)
미국 University of Washington School of Law, Visiting Scholar
독일 한스자이델재단 초청교수
독일 뮌헨대학교 법대 연구교수
한국공법학회, 한국헌법학회 등 각종 학회 회원
한국공법학회 학술장려상 수상
중구청 규제개혁위원
법제처 법령정비위원회 위원
건설교통부 토지보상제도개선연구 검토위원회 위원
변호사시험, 사법시험, 외무고시, 행정고시, 입법고시 등 각종 국가고시 출제위원
헌법재판소 연구원
사법연수원 외래교수
법제처 법령해석심의위원회 위원
국방부 정책심의위원회 위원
법제처 법제자문관
청와대 경호처 외래교수
전남대학교 법대 교수
동국대학교 법대 교수
현 성신여대 법대 교수

■ 주요 논저

Das deutsche und das koreanische Enteignungsinstitut-insbesondere die Enteignung zugunsten privater Unternehmen nach dem Grundgesetz der Bundesrepublik Deutschland sowie nach der Verfassung der Republik Korea, Verlag V. Florentz, München, Germany, 1991
독일통일의 법적 조명(공저), 박영사, 1994
법치국가의 기초이론(공역), Grundtheorie des Rechtsstaates, 박영사, 1994
독일연방정부론(공저), 백산자료원, 2001
헌법판례연구[I], 박영사, 2002
헌법연구, 법영사, 2014
헌법소송론, 법영사, 2015
그 외 논문 다수

헌법연구 (1)

2019년 3월 5일 인쇄
2019년 3월 10일 발행

저 자 정 연 주
발 행 인 고 호 균
발 행 처 **법 영 사**

저자와의 협의하에 인지첩부를 생략함

06302 서울시 강남구 논현로 130
전화 (501)8898(대) Fax (501)8895
등록 1987. 5. 11. 제3-125호(윤)
Homepage : www.bubyoungsa.co.kr
E-mail : bys1986@hanmail.net

※ 파본은 교환해 드립니다. **정가 33,000원**

ISBN 978-89-7032-319-0